DIREITO SUMULAR

ROBERTO ROSAS

DIREITO SUMULAR

Comentários às Súmulas
do Supremo Tribunal Federal
(incluindo as Súmulas Vinculantes)
e do Superior Tribunal de Justiça

14ª edição, revista e atualizada

DIREITO SUMULAR
Comentários às Súmulas do Supremo Tribunal Federal
(incluindo as Súmulas Vinculantes)
e do Superior Tribunal de Justiça

© ROBERTO ROSAS

1ª edição: 1978; 2ª edição: 1981; 3ª edição: 1986; 4ª edição: 1989;
5ª edição: 1990; 6ª edição: 1991; 7ª edição: 1995; 8ª edição: 1997;
9ª edição: 1998; 10ª edição: 2000; 11ª edição: 2002; 12ª edição: 2004;
13ª edição: 2006.

ISBN 978-85-392-0130-3

Direitos reservados desta edição por
MALHEIROS EDITORES LTDA.
Rua Paes de Araújo, 29, conjunto 171
CEP 04531-940 – São Paulo – SP
Tel.: (11) 3078-7205 – Fax: (11) 3168-5495
URL: www.malheiroseditores.com.br
e-mail: malheiroseditores@terra.com.br

Composição
PC Editorial Ltda.

Capa
Criação: Vânia Lúcia Amato
Arte: PC Editorial Ltda.

Impresso no Brasil
Printed in Brazil
08.2012

A
Víctor Nunes Leal,
Gonçalves de Oliveira
e José Pereira Lira,
juristas que acreditaram nas Súmulas
como instrumento de aplicação do Direito.

*Esta 14ª edição é dedicada
a duas grandes figuras do mundo jurídico:
Geraldo Ataliba e César Ásfor Rocha.*

GERALDO ATALIBA *(1936/1995) foi incansável divulgador
do Direito Tributário. Professor Titular
da Pontifícia Universidade Católica de São Paulo-PUC/SP,
onde foi Reitor, e da Universidade de São Paulo-USP.
Incentivador de jovens tributaristas,
formou uma geração que hoje honra o direito tributário.
Autor de clássicos trabalhos: "Hipótese de Incidência Tributária",
"República e Constituição" e "Contribuição de Melhoria".*

CÉSAR ÁSFOR ROCHA *projeta até hoje sua longa experiência
de advogado e dirigente da OAB/CE.
Professor da Universidade Federal do Ceará/UFCE,
onde obteve o título de Mestre. Foi Juiz do TRE/CE.
Em Brasília, é Ministro do STJ e seu Ex-Presidente (2008-2010).
Foi Ministro do TSE e Corregedor-Geral Eleitoral,
bem como Corregedor-Geral no Conselho Nacional de Justiça.
Biógrafo de Clóvis Beviláqua e autor do livro
"A Efetividade da Jurisdição".
É Diretor-Geral da Escola Nacional de Formação
e Aperfeiçoamento de Magistrados-ENFAM.*

SUMÁRIO

Introdução 9
Súmulas do Supremo Tribunal Federal (1 a 736) 13
Súmulas Vinculantes do Supremo Tribunal Federal (1 a 32) 387
Súmulas do Superior Tribunal de Justiça (1 a 498) 397
Índice Numérico das Súmulas
    Supremo Tribunal Federal 561
    Súmulas Vinculantes do Supremo Tribunal Federal 563
    Superior Tribunal de Justiça 565
Índice Alfabético-Remissivo 567

INTRODUÇÃO

1. No Brasil, a informação da jurisprudência – isto é, o acesso aos julgados – tem sido prestigiada pelas revistas especializadas, que, naturalmente, editam os acórdãos com atraso.

No século XIX e início do século XX a grande difusão foi feita pela revista *Direito*, de J. J. do Monte. Com o surgimento da *Revista do Supremo Tribunal Federal/RSTF*, na década de 20, surgiu novo alento nessa informação. Entretanto, essa revista, de edição privada, tornou--se um escândalo, porque a editora foi acusada de receber benefícios fiscais para importação de todo o material (papel, tintas de impressão etc.) e desviar essa finalidade em projetos próprios. Morreu. Surgiu em 1957 a *Revista Trimestral de Jurisprudência/RTJ*, editada até hoje pelo STF. Ao lado, de grande importância e de notáveis contribuições, a *Revista Forense/RF* (desde 1904) e a *Revista dos Tribunais/RT* (desde 1912). É claro que o primeiro Regimento Interno do STF (RISTF 1891) já determinava a publicação de suas decisões no *Diário Oficial* (art. 128, § 19).

Atribui-se, portanto, à escassez de informações a dificuldade na divulgação das decisões dos tribunais e, muitas vezes, à divergência entre julgados sobre a mesma tese e, às vezes, sobre os mesmos fatos. Acreditamos que o mundo informático melhorou essa difusão, e o acesso é expressivo nos mais longínquos rincões.

A Constituição de 1891 impunha à Justiça Federal e à Estadual a consulta à jurisprudência dos tribunais, para a aplicação do Direito respectivo (federal ou estadual) (art. 59, III, e § 2º).

Como observou Castro Nunes, a inobservância da jurisprudência do STF (que era a segunda instância federal) levava ao recurso extraordinário para corrigir esse desrespeito, e tinha como objetivo a uniformização da jurisprudência na aplicação do direito federal (*Teoria e Prática do Poder Judiciário*, 1943, p. 539).

2. No processo normativo há a produção da norma e sua aplicação. São duas atitudes diferentes, porque, ainda que seja importante a relação entre essas duas funções, a primeira surge da técnica legislativa, dentro do processo legislativo, que, além de longo capítulo constitucional, ainda depende de regras internas de elaboração das normas (por exemplo, o *Manual de Redação*); a segunda etapa é a da aplicação da norma pelo jurista, especialmente pelo juiz. Este estará diante do dilema ontológico: ser apenas receptor passivo ou, então, integrante da elaboração do Direito? O art. 5º da Lei de Introdução às Normas do Direito Brasileiro (atual denominação da Lei de Introdução ao Código Civil, dada pela Lei 12.376, de 30.12.2010) não abandona o magistrado, e o ampara, numa colaboração na aplicação do Direito, porque ele se socorrerá dos fins sociais da lei e das exigências do bem comum (Tércio Sampaio Ferraz Jr., *Direito, Retórica e Comunicação*, 2ª ed., São Paulo, Saraiva, 1997, p. 68).

Veremos, adiante, as várias etapas do processo decisório judicial e a importante função dos julgados anteriores – que têm várias denominações, como "acórdão", "precedente", "jurisprudência", "súmula" e "direito sumular".

Que é *acórdão*? É a concentração de um julgado. É a forma material de expressão da decisão judicial.

Que é o *precedente*? É uma decisão anterior persuasiva para decisões futuras. Não é compulsória; apenas norteará o futuro julgador a seguir aquela decisão. Serve de informação, de simplificação de trabalho. Não é obrigatório.

Que é a *jurisprudência*? Significa mais que o precedente. Pode até ser formada com um precedente. Se o STF, em sessão plenária, ou o STJ, em sessão da Corte Especial, decidem num julgamento em processo sobre determinada tese, ali estará a jurisprudência. É claro que o prestígio dessa jurisprudência será maior com a ratificação de outros julgados. Não sendo julgamento de órgão plenário, somente pode entender-se a jurisprudência com a consolidação de julgados reiterados.

Que é a *súmula*? Esta reflete a jurisprudência de um tribunal ou de uma seção especializada autorizada a emitir a consolidação (v. voto do Min. Carlos Mário Velloso sobre o conceito de "súmula" na ADI 594, *RTJ* 151/20).

Que é *direito sumular*? É o reflexo do Direito emanado de súmulas de um tribunal.

Concluímos, então, que não importa o nome quando o tribunal fixa entendimento e diretriz. É a chamada *força vinculante* da decisão, pouco importa o nome – "orientação", "precedente", "jurisprudência", "súmula". Como afirma Calmon de Passos, seja o que for, obriga (*RTRF-1ª Região* 9/163, n. 1), porque repugnam decisões diversas,

INTRODUÇÃO 11

baseadas em interpretações diversas, sobre a mesma regra jurídica. Como observa a Min. Ellen Gracie Northfleet, a maioria das questões trazidas ao foro, especialmente ao foro federal, é constituída de causas repetitivas, onde, embora diversos as partes e seus patronos, a lide jurídica é sempre a mesma ("Ainda sobre o efeito vinculante", *Revista de Informação Legislativa* 131/133). Há conteúdo compulsório em tudo isso e, portanto, a obediência a essas decisões, por todos os níveis.

Dirão: mas há liberdade do juiz em decidir! Verdade. Mas o verbete de uma súmula somente será decisivo depois de muito debate – por isso foi sumulado. A liberdade judicial, apanágio do Estado Democrático, dirige-se às novas questões, a novas leis, aos temas em aberto. Aí, sim, o juiz, com sua livre decisão, prestará notável serviço à Justiça.

3. Quais os percalços da súmula?

A súmula pode ser perigosa se elaborada com defeito. A lei também. E há leis inconstitucionais e decretos ilegais. A súmula pode ser malredigida? A lei também.

O que é sumulado? Somente teses controvertidas, e não textos legais eventuais (por exemplo, tributação anual). A súmula pode não adotar a melhor tese, mas oferece norte e segurança, ao contrário da vacilação de julgados, ora numa corrente, ora noutra direção.

A súmula sofre o mesmo processo da legislação – isto é, alteração por nova interpretação e, principalmente, nova legislação, alterando aquele enunciado. Hoje notamos essa influência com o Código Civil de 2002, que altera várias súmulas do STF (Súmula 165: compra pelo mandante, alterada pelo art. 497; Súmula 494: venda do ascendente ao descendente, art. 496; Súmula 377: comunhão de aquestos, art. 1.672 – todos do CC/2002).

4. A importância da súmula está consagrada.

A Lei 8.038/1990 (art. 38) permitiu ao relator negar seguimento a recurso contrário à *súmula* do respectivo tribunal (CPC, art. 557). No art. 475, § 3º, do CPC (redação da Lei 10.352, de 26.12.2001) não há sujeição ao duplo grau de jurisdição nas sentenças de interesse da União, Estado e Município, se fundadas em jurisprudência do Plenário do STF ou em súmula do STF ou do tribunal superior competente.

5. Questão muito debatida, e extremada de opiniões, é a da *súmula vinculante*. O que significa?

O processo de elaboração de uma súmula é exaustivo, depende da existência de pronunciamento único (mas expressivo) ou, então, da reiteração. O debate sempre foi longo, até a edição. Para a vinculação dessa súmula a julgados futuros há necessidade de processo especial, de maior debate, porque aquele verbete será aplicado automaticamente. Então, a chamada *súmula vinculante* não pode ser fruto de decisão aligeirada, rápida; e muito menos é a vinculação de qualquer decisão do Tribunal. Não basta o STF reunir-se, decidir, para que automaticamente todas essas decisões sejam vinculantes. Se as súmulas atuais decorrem de lento e burocrático procedimento, mais ainda o é para a súmula vinculante.

Ao lado dessa expressão, outra aparece: a "súmula impeditiva de recursos" – isto é, a impossibilidade de interposição de recursos se a decisão recorrida estiver apoiada em súmula do STF. Esta hipótese minora a recorribilidade contra orientação assentada do STF; no entanto, permite ao juiz discordar da súmula do STF. O juiz pode não aplicá-la, a pretexto de não se adequar à hipótese, de ser outra a matéria; no entanto, parece total inversão hierárquica a não vinculação.

O efeito vinculante foi consagrado na Emenda Constitucional 3/1993, ao estabelecê-lo quanto às decisões definitivas de mérito nas ações declaratórias de constitucionalidade (nova redação do art. 102 da CF/1988, acrescentando o § 2º).

Destaque-se, mais, o disposto no § 2º do art. 102 da CF/1988 na redação dada pela Emenda Constitucional 45/2004: "As decisões definitivas de mérito, proferidas pelo Supremo Tribunal Federal, nas ações diretas de inconstitucionalidade e nas ações declaratórias de constitucionalidade produzirão eficácia contra todos e efeito vinculante, relativamente aos demais órgãos do Poder Judiciário e à Administração Pública direta e indireta, nas esferas federal, estadual e municipal".

SUPREMO TRIBUNAL FEDERAL
Súmulas 1 a 736

SÚMULAS
DO SUPREMO TRIBUNAL FEDERAL

1. *É vedada a expulsão de estrangeiro casado com brasileira, ou que tenha filho brasileiro, dependente da economia paterna.*

A Constituição de 1891 permitia ao Poder Executivo a expulsão, do território nacional, de súditos estrangeiros perigosos à ordem pública ou nocivos aos interesses da República (art. 72, § 33). As Constituições de 1934 e 1937 ficaram silentes. No entanto, o Decreto 470, de 8.6.1938, dispôs sobre a expulsão de estrangeiros, apontando exceções, como a do estrangeiro que tivesse filhos brasileiros vivos, oriundos de núpcias legítimas. Já a Constituição de 1946 dispôs a respeito, restringindo a expulsão quando o estrangeiro nocivo à ordem pública fosse casado com cônjuge brasileiro e tivesse filho brasileiro dependente da economia paterna (art. 143).

Em várias oportunidades após o Diploma Maior de 1946 o STF indeferiu a expulsão quando se apresentasse um dos dois requisitos: cônjuge brasileiro ou filho brasileiro dependente da economia paterna.

No HC 35.402 (rel. Min. Hahnemann Guimarães, j. 7.1.1959) adotou-se jurisprudência elaborada no sentido de proteção da família, no amparo à mulher e aos filhos, que ficariam inexoravelmente ao desamparo da assistência material e moral do expulso (*RTJ* 10/446; *RF* 195/328).

No HC 43.847 (rel. Min. Aliomar Baleeiro, j. 6.12.1966) apontou o Relator que não se expulsará o estrangeiro se, solteiro, tiver filho brasileiro, legalmente reconhecido. Não se expulsará o viúvo se for pai de brasileiro. Numa e noutra hipótese, o filho é dependente economicamente do pai. Não se expulsará, ainda, se, casado com brasileira, perdurando o matrimônio, não tiver tido ou houver perdido filho brasileiro.

No HC 30.573 o Min. Hahnemann Guimarães expôs perfeitamente a equivalência da conjunção "e" à conjunção alternativa "ou", indicando as duas situações excludentes da expulsão. Na realidade, o benefício é concedido à família formada por elemento brasileiro, que assim é protegido, quer se trate apenas do cônjuge ou dos filhos. Também não há falar em malícia do estrangeiro em se ter casado com brasileira. Se ludibriado, o cônjuge teria as vias do art. 1.556 do CC/2002 (art. 218 do CC/1916), isto é, a anulação do casamento contraído por erro essencial quanto à pessoa do outro cônjuge. Acontece em inúmeros casos que a própria esposa requer o *habeas corpus* em nome do marido estrangeiro.

A Constituição de 1967 e a Emenda Constitucional de 1969 não mencionavam o citado dispositivo. No entanto, o Decreto-lei 941, de 13.10.1969, dispôs que não se procederia à expulsão se o estrangeiro tivesse "cônjuge brasileiro do qual não esteja desquitado ou separado; ou filho brasileiro dependente da economia paterna" (art. 74); porém, não constituiria impedimento à expulsão o casamento com brasileiro ou a adoção de filho brasileiro supervenientes à instauração do inquérito com aquela finalidade (parágrafo único do art. 74) (*RTJ* 55/481).

De se ressalvar a substituição da expressão "desquitado" por "separado judicialmente" e "divorciado" (Lei 6.515, de 26.12.1977, art. 39; CC/2002, arts. 1.571 e ss.).

Assinala Bento de Faria, entre as circunstâncias impeditivas da expulsão, o fato de ser o estrangeiro casado com brasileira ou ter filhos brasileiros, contanto que residam no Brasil, porque a simples ocorrência desse fato confere automaticamente a qualidade de cidadão brasileiro, nos termos do art. 68 da CF/1891 (Bento de Faria, *Sobre o Direito de Expulsão*, 1929, p. 154).

A Súmula 1 não seria aplicável caso o expulsando fosse estrangeiro casado com brasileira quando dissolvida a sociedade conjugal pelo desquite (HC 36.686, *RF* 193/326). A proteção é dada à família do expulsando, e não a ele. Se já foi dissolvida a sociedade conjugal, não há argumentar-se com a indissolubilidade do vínculo conjugal (HC 53.180, *RTJ* 73/414). Dentro dessa linha, valeria perquirir sobre a proteção dada pelo desquitado à ex-mulher, em termos de obrigação alimentar. Seria plausível essa invocação, porém já repelida pelo anterior Estatuto do Estrangeiro (Decreto-lei 941/1969, art. 74, I), e repisada pelo atual (Lei 6.815, de 19.8.1980):

"Art. 75. Não se procederá à expulsão: (...) II – quando o estrangeiro tiver: a) cônjuge brasileiro do qual não esteja divorciado ou separado, de fato ou de direito, e desde que o casamento tenha sido celebrado há mais de 5 (cinco) anos; ou b) filho brasileiro que, comprovadamente, esteja sob sua guarda e dele dependa economicamente.

"§ 1º. Não constituem impedimento à expulsão a adoção ou o reconhecimento de filho brasileiro supervenientes ao fato que o motivar.

"§ 2º. Verificados o abandono do filho, o divórcio ou a separação, de fato ou de direito, a expulsão poderá efetivar-se a qualquer tempo."

De se ressalvar a substituição da expressão "desquitado" por "separado judicialmente" e "divorciado" (Lei 6.515, de 26.12.1977, art. 39; CC/2002, arts. 1.571 e ss.).

É de se cotejar a Súmula 1 com a Súmula 421, esta não impedindo a extradição ainda que o extraditando seja casado com brasileira ou tenha filho brasileiro.

Os dois institutos (expulsão e extradição) são diversos. A extradição é pedido formulado por Estado estrangeiro em virtude de crime cometido no Exterior. Já a expulsão decorre de atentado à segurança nacional, à ordem política ou social ou nocividade aos interesses nacionais. Num, o fato motivador ocorreu no Exterior. No outro, o motivo ocorreu no Brasil.

Em outro caso o STF não admitiu a alegação da filiação porque a filha somente foi reconhecida depois da expulsão (HC 52.184, *RTJ* 70/96).

Inaplicável a Súmula 1 quando os filhos brasileiros não residem no Brasil e não vivem às expensas do pai (HC 55.556, rel. Min. Xavier de Albuquerque, *RTJ* 83/761); com reconhecimento da filiação posterior ao ato de expulsão (HC 55.687, rel. Min. Soares Muñoz, *RTJ* 84/835); a expulsão será efetuada se o filho não vier a sofrer consequências econômicas decorrentes deste ato (HC 54.785, rel. Min. Moreira Alves, *RTJ* 85/86) (v. a Lei 6.815, de 19.8.1980, art. 76).

A Lei 6.964, de 9.12.1981, alterou a Lei 6.815/1980, destacando-se o art. 75: "Não se procederá à expulsão: (...) II – quando o estrangeiro tiver: a) cônjuge brasileiro do qual não esteja divorciado ou separado de fato ou de direito, e desde que o casamento tenha sido celebrado há mais de 5 (cinco) anos; b) filho brasileiro que, comprovadamente, esteja sob sua guarda e dele dependa economicamente". Essa lei foi regulamentada pelo Decreto 86.715, de 10.12.1981.

O STJ concedeu *habeas corpus* a estrangeiro com filho brasileiro nascido posteriormente ao fato criminoso (1ª Seção, HC 38.946-DF, rel. Min. José Delgado, j. 11.5.2005, *DJU* 27.6.2005, p. 205), invocando o precedente do HC 31.449-DF (rel. para o acórdão Min. Teori Albino Zavascki, j. 12.5.2004, *DJU* 31.5.2004, p. 169, com a seguinte ementa: "*Habeas corpus* – Lei 6.815/1980 (Estatuto do Estrangeiro) – Expulsão – Estrangeiro com prole no Brasil – Fator impeditivo – Tutela do interesse das crianças – Arts. 227 e 229 da CF de 1988 – Decreto n. 99.710/1990, Convenção sobre os Direitos da Criança" (v. STJ, HC 88.882).

Diante do art. 226, § 3º, da CF/1988, deve ser repensado o alcance da Súmula 1, pois é reconhecida a união estável como entidade familiar para efeito da proteção do Estado. Se o Estado protege o cônjuge e o filho, impedindo a expulsão, protegerá também quando há união estável. Que a caracteriza? Depende de prova e justificação. A estabilidade deve ser razoável, e não mera simulação ou união de última hora (José Francisco Rezek, *Direito Internacional Público*, 6ª ed., São Paulo, Saraiva, 1996, p. 199; v. Súmula STF-421).

2. Concede-se liberdade vigiada ao extraditando que estiver preso por prazo superior a 60 dias.

A aplicação da Súmula 2 está *obstada* pelo art. 95, § 1º, do Decreto-lei 941/1969.

O art. 9º do Decreto-lei 394, de 28.4.1938 (revogado pelo Decreto-lei 941/1969, por sua vez revogado pela Lei 6.815/1980), que regulava a extradição, apenas assinalava que dentro do prazo de 60 dias, contados da data em que recebida a requisição, o Estado requerente deveria apresentar o pedido formal de extradição, não sendo mantida a prisão além do dito prazo. No HC 32.949 (*RF* 161/342) concedeu-se a ordem com liberdade vigiada, porquanto estava o prazo legal da prisão do extraditando expirado sem ultimação do processo.

A lei, portanto, não previa a liberdade vigiada. Era mera construção pretoriana no sentido de se evitar prolongada detenção do extraditando sem solução para seu caso.

No pedido de Ext 226, oriundo da Itália, julgado a 14.2.1960, observava o Min. Gonçalves de Oliveira que antes de formulado o pedido o réu só poderia ficar preso durante 60 dias. Depois, a lei era expressa; *a contrario sensu*, entendeu-se que poderia ser preso novamente, mas prisão sem termo.

O Decreto-lei 941, de 13.10.1969, que definia a situação jurídica do estrangeiro no Brasil, previa que, dentro de 90 dias da data em que houver sido solicitada a prisão, o Estado requerente deveria apresentar o pedido formal de extradição (art. 93, § 2º), não sendo mantida além desse prazo (§ 3º do art. 93), ficando vedada expressamente pelo § 1º do art. 95 a concessão de liberdade vigiada. Dizia o texto: "A prisão perdurará até o julgamento final do Supremo Tribunal Federal, não sendo admitida a concessão de liberdade vigiada".

A Lei 6.815, de 19.8.1980 (Estatuto do Estrangeiro), no parágrafo único do art. 84 repete esse texto, complementando com maiores restrições, além da liberdade vigiada: "(...) a prisão domiciliar, nem a prisão-albergue".

Note-se que referido diploma legal impõe prazo para o julgamento do pedido de extradição. Convenhamos na inutilidade desse preceito legal impeditivo da liberdade vigiada, princípio de elaboração jurisprudencial dos mais salutares, porquanto a demora nesse julgamento pode acarretar o recolhimento indefinido ao cárcere, às vezes, de inocentes. Na forma da Súmula 2, possibilita-se ao Ministro--Relator a concessão da medida liberatória. O art. 213 do RISTF também impede a liberdade vigiada. Em despacho na Ext 332 o Min. Thompson Flores não admitiu a liberdade vigiada (*DJU* 17.6.1975, p. 4.251). O STF admitiu a liberdade do extraditando (Ext 1.054).

Ainda com pertinência ao tema, o Estatuto do Estrangeiro, ao admitir a prisão preventiva do extraditando, impõe ao Estado requerente a apresentação do pedido formal de extradição no prazo de 90 dias da data em que houver sido solicitada a prisão, não sendo mantida além do prazo de 90 dias, nem se admitindo novo pedido pelo mesmo fato, sem que a extradição haja sido formalmente apresentada (art. 81, § 2º, da Lei 6.815, de 19.8.1980).

Para a diligência, a fim de complementar a instrução do processo de extradição, o STF concederá o prazo improrrogável de 45 dias, que, encerrado, propiciará o indeferimento do pedido caso não cumprida a diligência (art. 95, § 4º, do Decreto-lei 941). Assim já decidiu o STF: Ext 310, *RTJ* 63/8; Ext 312, *RTJ* 71/623; HC 51.977, *RTJ* 70/334 (v. Gilda Russomano, *A Extradição no Direito Internacional e no Direito Brasileiro*, Rio de Janeiro, J. Konfino Editor, 1973; José Francisco Rezek, *Perspectiva do Regime Jurídico da Extradição – Estudos de Direito Público em Homenagem a Aliomar Baleeiro*, Brasília, UnB, 1976, p. 253).

Segundo o art. 5º, LXI, da CF/1988, "ninguém será preso senão em flagrante delito ou por ordem escrita e fundamentada de autoridade judiciária competente, (...)". Logo, não há prisão administrativa, por força de ordem administrativa. A prisão será solicitada pelo Ministério da Justiça ao STF (*RTJ* 188/217).

V.: Súmula 367-STF; Ext 1.054.

3. A imunidade concedida a deputados estaduais é restrita à Justiça do Estado.

Súmula *superada*, conforme declarado pelo STF no julgamento do RE 456.679.

Apesar da opinião contrária de João Barbalho, as imunidades parlamentares sempre foram reconhecidas no direito constitucional brasileiro, principalmente pela E. Corte, que, a 6.10.1906, reconheceu a legitimidade desse privilégio para membros das Assembleias locais (*O Direito*, vol. CIII, p. 443), inclusive não podendo seus membros ser presos administrativamente sem licença da respectiva Câmara, desde que a Constituição do Estado, interpretada pela Justiça local, assim o estatuísse.

Com o advento da Constituição de 1891, Aristides Milton advertia que os senadores e deputados estaduais gozavam de imunidades, de acordo com as respectivas Constituições. Não se estendiam elas, e nem podiam ser, aos membros de outros Estados (*A Constituição do Brasil*, p. 91). Da mesma forma, Ruy Barbosa perguntava o que significaria a Assembleia Estadual sem que os seus membros gozassem de imunidades e pudessem as autoridades estaduais, sempre delegadas pelo Executivo, subtrair ao Legislativo alguns dos seus membros, prendê-los, ameaçá-los, constrangê-los. É de primeira intuição que a Assembleia Legislativa, no regime federativo, de independência e harmonia dos Poderes, sem essa garantia, seria anomalia do próprio sistema, pois que não se cuida de um privilégio individual, do interesse particular, porém de necessidade de ordem pública, de condição mesma da vida e independência da corporação política.

No RC 552, julgado em 9.7.1926 (rel. Min. Heitor de Souza), acentuou a Corte: "Atendendo a que as imunidades em favor dos deputados estaduais, legítimas e justificáveis para assegurar ao Poder Legislativo, de que são eles representantes, a independência necessária e indispensável em face dos demais Poderes – Executivo e Judiciário –, de modo a garantir a harmonia e independência entre esses três Poderes estaduais, não podem, mesmo quando expressas e insofismáveis, restringir ou paralisar a ação da Justiça Federal" (*Arquivo Judiciá*rio 2/414).

Em outros acórdãos a Corte já salientara seu ponto de vista no sentido das imunidades (acórdãos de 6.10.1900, 29.5.1901 e 5.8.1911).

Na vigência da Constituição de 1934 Pontes de Miranda observava que a imunidade não passava dos limites do Estado-membro (*Comentários à Constituição de 1934*, t. I, p. 492).

Na presença da Constituição de 1946 o STF já se pronunciava no HC 29.866 (rel. Min. Ribeiro da Costa, j. 27.8.1947), restringindo aos limites territoriais do Estado interessado as imunidades consagradas nas Constituições Estaduais (*Arquivo Judiciário* 85/841): "A irradiação das imunidades dos deputados às Assembleias Estaduais é restrita aos limites territoriais do Estado, em relação às autoridades locais. As imunidades não alcançam as autoridades federais. Fora desse dilema, estaria ferido o princípio da Constituição que atribui às autoridades federais competência em toda a União (...)".

A doutrina constitucional é corrente no sentido da Súmula 3, não considerando as imunidades perante as autoridades federais (Aurelino Leal, *Teoria e Prática da Constituição Federal*, p. 306; Eduardo Espínola, *Constituição dos Estados Unidos do Brasil*, vol. I, p. 298; Pedro Aleixo, *Imunidades Parlamentares*, p. 105; Alcino Pinto Falcão, *Da Imunidade Parlamentar*, p. 104; Barbosa Lima Sobrinho, *As Imunidades dos Deputados Estaduais*, p. 77).

Raul Machado Horta aprecia o alcance do enunciado da Súmula 3, observando que ela não é oponível à Justiça Federal, e para esta torna-se dispensável a solicitação de prévia licença de prisão ou processo criminal de deputado estadual (*RDP* 3/50).

A jurisprudência a respeito surgiu na Primeira República, sob a vigência da Constituição de 1891, e não se alterou no período da Constituição de 1946.

Ingressou, afinal, no domínio eminente da jurisprudência predominante do STF, e a consagração jurisprudencial precede o Ato Institucional 2. Assim, a outorga constitucional não alterou ou modificou as imunidades parlamentares no seu alcance e conteúdo, pois elas remanesceram nas partes mantidas das Constituições Federal e Estaduais após a Carta de 1969 ("Imunidades parlamentares do deputado estadual", *RDP* 3/32).

O eminente constitucionalista mineiro, no evolver do seu trabalho, discorda da orientação jurisprudencial, afirmando que as palavras, os votos e as opiniões dos deputados ficariam, a juízo de autoridade federal, sujeitos a imputação criminal, anulando o sentido da própria inviolabilidade. A destruição das imunidades, por via oblíqua, não contemplada em regra constitucional expressa, afetaria irremediavelmente a independência do Poder Legislativo e a forma republicana representativa e comprometeria, nas relações entre órgãos do Estado Federal, o princípio comum da independência e da harmonia dos Poderes. A oponibilidade das imunidades dos deputados estaduais às autoridades federais decorre do sistema constitucional federal (ob. cit.).

Não há imunidade de deputado estadual na Justiça Militar (*RTJ* 32/405).

Dir-se-á que a Constituição Federal de 1988 manda incorporar, no que couber, ao direito constitucional legislado dos Estados as disposições constantes da Carta Federal (art. 11 do ADCT). Assim, insere no plano estadual as imunidades do membro do Poder Legislativo.

Ocorre, no entanto, dispor expressamente sobre a ampliação dessas imunidades ao âmbito estadual (art. 27, § 1º, da CF/1988 – Emendas Constitucionais 1/1992 e 19/1998).

A nosso ver, a melhor orientação está com Carlos Maximiliano, admitindo que, pelo menos dentro das raias do Estado que representam, devem os membros das Assembleias regionais ficar livres de constrangimentos por parte de autoridades administrativas ou judiciárias do País (*Comentários à Constituição*, vol. II, p. 57).

Nem a irresponsabilidade absoluta, nem a inocuidade das imunidades (v. Súmulas STF-4 e 245).

A Emenda Constitucional 1/1969 restringiu as imunidades, excluindo os casos de injúria, difamação ou calúnia ou os previstos na Lei de Segurança Nacional. A Emenda Constitucional 11/1979 (à Constituição de 1969) apenas excluiu o crime contra a segurança nacional (redação do art. 32) (v. Emenda Constitucional 22/1982).

Ao julgar o HC 58.410, o STF adotou o voto do Relator, Min. Moreira Alves, para considerar válida a norma constitucional estadual que deu o foro do Tribunal de Justiça para o deputado estadual nos crimes dolosos contra a vida, ao excluir, portanto, a competência do Tribunal do Júri. A Constituição Estadual pode, com base no poder implícito, atribuir a seus agentes políticos as mesmas prerrogativas de função de natureza processual penal com que a Constituição Federal cerca os deputados federais (*RTJ* 102/62).

A Constituição de 1988 manda aplicar suas regras sobre imunidade aos deputados estaduais (art. 27, § 1º); logo, ampliou as imunidades, além dos limites da Súmula (*RTJ* 158/283) (CF/1988, art. 53, Emenda Constitucional 35/2001). O STF não admitiu a imunidade de vereador por lei estadual (reserva legal da União) na ADI 371-SE (rel. Min. Maurício Corrêa, *DJU* 23.4.2004). O STF reafirmou a não limitação da imunidade (RE 45.667-9).

4. *Não perde a imunidade parlamentar o congressista nomeado ministro de Estado.*

Súmula cancelada no julgamento do Inq 104 (*RTJ* 99/479, rel. Min. Djaci Falcão).

A Constituição de 1946 (art. 45) dispunha que desde a expedição do diploma até a inauguração da legislatura seguinte os membros do Congresso Nacional não poderiam ser presos, salvo em flagrante de crime inafiançável, nem processados criminalmente, sem prévia licença de sua Câmara. A Emenda 1/1969 apenas dispunha que durante as sessões, e quando para elas se dirigissem ou delas regressassem, os deputados e senadores não poderiam ser presos, salvo em flagrante de crime comum ou perturbação da ordem pública (art. 32, § 1º). Mas naquele Diploma Maior (art. 51) bem como na Emenda 1 (art. 36) preceituava-se que não perderia o mandato o deputado ou senador investido na função de ministro de Estado; disposição repetida no art. 56, I, da CF/1988. Portanto, subsistem as imunidades, porquanto o mandato do congressista persiste.

O parlamentar investido na função de ministro de Estado não perde o mandato. Logo, deduz-se a coexistência das faculdades inerentes ao mandatário, que não as perde, pois continua com o mandato e, em consequência, todos os direitos que garantem o mandato, inclusive a imunidade.

O *leading case* que informou a Súmula 4 (QC 140, rel. Min. Pedro Chaves, j. 11.5.1962) tratava de queixa crime oferecida contra o Ministro da Justiça que era deputado federal. O Relator despachou no sentido de se encaminhar a queixa à Câmara dos Deputados, provocando sua manifestação quanto à licença necessária ao prosseguimento da queixa. Acentuou o Min. Pedro Chaves que há quem sustente, e com fundados argumentos, que a imunidade é garantia do "exercício" do mandato, e não um atributo dele, não sendo, assim, necessária a licença do Parlamento para o processo do parlamentar afastado do exercício. Continua o despacho no sentido divergente dessa orientação, com escudo no então art. 45 da Constituição de 1946, que assegurava a imunidade "desde a expedição do diploma", período que antecede o exercício (v. Súmulas STF-3 e 245). Deputado afastado de suas funções para exercício no Poder Executivo não tem imunidade parlamentar (Inq 104, *RTJ* 99/477, e HC 78.093, j. 11.12.1998).

O deputado não perde o mandato, porém não leva consigo a imunidade material ou processual. V. Inq 105 (rel. Min. Néri da Silveira), quando não se admitiu a imunidade em relação a delito que ocorrera durante o afastamento do parlamentar. A reassunção não implica abranger período anterior com a imunidade (*RTJ* 99/487).

No MS 25.579 o STF considerou a circunstância do cargo de ministro de Estado exercido por parlamentar.

5. A sanção do projeto supre a falta de iniciativa do Poder Executivo.

Súmula insubsistente pela superveniente promulgação da Constituição Federal de 1988 (ADI/MS 1.381, RTJ 187/97); e aplicável na vigência da Constituição de 1946, não o sendo em face do art. 57, parágrafo único, "a", da CF/1967, na redação da Emenda Constitucional 1/1969 (Tribunal Pleno, Rp 890, RTJ 69/625).

A lei é ato complexo, ato-regra ou procedimento. O ato complexo é a união de várias vontades, corporificadas no escopo da resolução de interesses comuns. Para Jellineck, é a criação de uma vontade unitária (*Sistema di Diritto Pubblico Subiettivo*, p. 244).

Roberto Lucifredi exemplifica com os atos complexos legislativos, "nascentes da un concorso paritario di volontà" (*Novissimo Digesto Italiano*, vol. I, t. II, p. 1.500; Biscaretti di Ruffia, "Il rinvio presidenziale delle leggi dopo lo scioglimento delle Camere", *Rivista Trimestrale di Diritto Pubblico*, 1964, p. 3).

O processo de elaboração legislativa não se exaure na votação pelo Poder Legislativo. Nos vários regimes a situação apresenta-se diferentemente.

No regime parlamentar, ao contrário do regime presidencial, a função legislativa apresenta-se mais integrada no Poder Legislativo. A Constituição italiana chega a afirmar que "a função legislativa é exercida coletivamente pelas duas Câmaras". O Presidente da República ficou privado da sanção ou veto. Concede-se-lhe no regime constitucional peninsular a faculdade de pedir o reexame (*richiesta di riesame*).

No regime presidencial o veto exprime a participação ativa do Governo na direção da coisa pública. A doutrina norte-americana consagra a tese da participação no processo legislativo através do veto: "It is true that power is one of negation only, but the history of its origin shows that even in its qualified form, it is legislative in its nature, a brake rather than a steam chest, but nevertheless a very important part. of machinery for making laws" (Taft, *Our Chief Magistrate and his Powers*, 1916, p. 16; Munro, *The Government of United States*, 5ª ed., 1947, p. 174).

Outros autores acentuam claramente o aspecto positivo do veto na elaboração da lei: "It should not be overlooked that the veto power is not always merely negative in nature; it's also a positive instrument of presidential legislative leadership" (Schwartz, *American Constitutional Law*, 1955, p. 100; Corwin, *The President: Office and Power*, 3ª ed., p. 342).

Muito se discutiu sobre a convalidação da falta de iniciativa da lei, através da sanção.

José Afonso da Silva afirma que a regra da reserva tem como fundamento pôr na dependência do titular da iniciativa a regulamentação dos interesses vinculados a certas matérias (*Princípios do Processo de Formação das Leis no Direito Constitucional*, p. 191). Para o citado constitucionalista, a sanção supre a falta de iniciativa governamental nos casos em que a Constituição conferiu ao Executivo a exclusividade da iniciativa da lei. Na mesma linha estão: Pontes de Miranda, *RDA* 72; Seabra Fagundes, *RDA* 72/423. De opinião contrária, temos: Francisco Campos, *RDA* 73/380; Caio Tácito, *RDA* 68/341; e Manoel Gonçalves Ferreira Filho, *Do Processo Legislativo*, p. 178.

Toda essa discussão girava em torno da Constituição de 1946. Na vigência dessa Carta Magna também havia a competência exclusiva do Presidente da República para a iniciativa de certas leis (art. 67). Com o Ato Institucional 1/1964 estabeleceu-se a iniciativa privativa do Presidente da República para projetos de lei que criassem ou aumentassem a despesa pública. Essa regra foi repetida no Ato Institucional 2/1965 e nas Constituições posteriores. Na Constituição de 1969 (art. 57, parágrafo único) não se admitiam emendas que aumentassem a despesa prevista nos projetos de iniciativa exclusiva do Presidente da República.

A rigor, dentro da técnica legislativa, a emenda assim oferecida é inconstitucional, viciada *ab initio*. Se o Chefe do Poder Executivo julga esse projeto inconstitucional, deverá vetá-lo. Não o fazendo, supriria a inconstitucionalidade por falta de iniciativa.

O STF examinou a invalidade da Súmula 5 nesses casos (Rp 890, rel. Min. Oswaldo Trigueiro, *RTJ* 69/632). A Corte reafirmou a não aplicação da Súmula 5 a partir da Emenda Constitucional 1 (Rp 1.051, *RTJ* 103/36, rel. Min. Moreira Alves, e Rp 1.099, *RTJ* 103/82, rel. Min. Oscar Corrêa; Ronaldo Poletti, *Controle da Constitucionalidade das Leis*, p. 169).

A última orientação da Corte não dava convalidação ao projeto que, surgindo de emenda ou iniciativa, aumentava despesa – logo, inválido *ab initio* (ADI 2.867-7).

Nessa linha, a Constituição de 1988 dá iniciativa privativa ao Executivo para o aumento da remuneração de cargos, funções ou empregos públicos (art. 61, § 1º, II, "a") e genericamente não se admite aumento de despesa nos projetos de iniciativa do Executivo, organização dos serviços administrativos do Legislativo, Judiciário e Ministério Público (art. 63).

A Súmula 5 não foi aplicada por se tratar de aumento de despesa (RE 119.103, rel. Min. Octávio Gallotti, *DJU* 23.3.1990; Menelick de Carvalho Netto, *A Sanção no Procedimento Legislativo*, Belo Horizonte, 1992, p. 273).

6. *A revogação ou anulação, pelo Poder Executivo, de aposentadoria, ou qualquer outro ato aprovado pelo Tribunal de Contas, não produz efeitos antes de aprovada por aquele Tribunal, ressalvada a competência revisora do Judiciário.*

Os atos administrativos submetidos ao Tribunal de Contas são atos complexos, porquanto se formam pela conjugação da vontade da Administração e do Tribunal. Há concurso de vontades de órgãos diferentes para que se forme o ato único.

Como acentua José Cretella Jr., entende-se por *ato complexo* o ato administrativo que só se concretiza pela manifestação da vontade, concomitante ou sucessiva, de mais de um órgão do Estado, quer singular, quer coletivo. Concluindo-se, portanto, *a contrario sensu*, que não se desfaz pela vontade de um só daqueles órgãos, por si só, mas tão somente pela ação conjugada dos mesmos organismos que lhe deram existência e validade (*Tratado de Direito Administrativo*, vol. II, pp. 93 e 324; Víctor Nunes Leal, *Problemas de Direito Público*, p. 228; Seabra Fagundes, "Revogação e anulamento do ato administrativo", *RF* 107/431).

No RMS 8.657, julgado em 6.9.1961, o Relator, Min. Víctor Nunes, em erudita exposição, demonstrou, apoiado em Seabra Fagundes, que a aprovação do ato converte-o em procedimento da autoridade que o outorga. Sendo o ato, em tal caso, do Tribunal de Contas, e não mais da autoridade administrativa, a competência para torná-lo sem efeito se desloca desta para aquele. Por isso, nessa hipótese não pode ter qualquer efeito executório, nem mesmo condicionalmente, o ato anulatório emanado da autoridade administrativa, a qual representa apenas a primeira etapa do processo de anulação. Acrescentou, ainda, o eminente Magistrado que não se nega, com isso, que a Administração possa, por motivo de legalidade, anular os próprios atos. O que ela não pode é anular os atos do Tribunal de Contas. Concluiu S. Exa. assim ementando o acórdão no RMS 8.657: "É inoperante o ato administrativo que anula outro já aprovado pelo Tribunal de Contas. O fiscalizado não pode converter-se em fiscal do seu próprio fiscal. O ato de anulação só produz efeitos depois que, por sua vez, foi aprovado pelo Tribunal de Contas". Anteriormente, o Min. Castro Nunes negava à Administração competência para anular ato de aposentadoria aprovado pelo Tribunal de Contas (*RDA* 72/212). No mesmo sentido, o Min. Nelson Hungria, apontando a posição jurisprudencial do Tribunal de Contas. Julgar da legalidade não é apenas apreciar a regularidade formal do ato administrativo, é julgar de todas as condições intrínsecas e extrínsecas de sua legalidade. Assim, a decisão do Tribunal de Contas, quando aprobatória, não apenas dá executoriedade ao ato, como cria uma situação definitiva na órbita administrativa (*RT* 275/25). Também o Min. Hahnemann Guimarães votara no mesmo sentido (RMS 4.404, *RF* 191/96).

Ao Tribunal de Contas cabe função jurisdicional: portanto, com decisão específica, que não pode ser desfeita unilateralmente, tanto que essas decisões não podem ser revistas pelo Poder Judiciário, como afirmou o Min. Rafael de Barros Monteiro, exceto quanto ao aspecto formal (RE 55.821, *RTJ* 43/151) (v. Roberto Rosas, "A função jurisdicional do Tribunal de Contas do Distrito Federal", *RDA* 93/430; *Revista do Tribunal de Contas do Distrito Federal* 1/105).

Nessa linha, o STF julgou válida decisão do Poder Executivo que desfez aposentadoria julgada ilegal pelo Tribunal de Contas. O servidor insurgiu-se contra a decisão da Corte de Contas, no que foi obstado. O ato era complexo. Se não houver anuência do Tribunal, sua validade estará prejudicada (*RTJ* 65/501; Celso Antônio Bandeira de Mello, *Curso de Direito Administrativo*, 28ª ed., São Paulo, Malheiros Editores, 2011, pp. 428 e 953-954; Sérgio de Andréa Ferreira, *RDP* 80/75).

Não se configura a aplicação da Súmula 6 quando a Administração desfaz o ato pendente de aprovação do Tribunal de Contas, comumente ocorrido com aposentadoria ainda não aprovada pela Corte de Contas. O ato complexo não se completou (*RTJ* 58/382 e 70/701). A alteração fica condicionada à aprovação pelo Tribunal de Contas (RE 72.363, *RTJ* 80/795). Da mesma forma, quando o Tribunal de Contas declara a ilegalidade opera-se a definitividade. A Emenda Constitucional 7/1977 alterou essa posição do STF (MS 19.973, *RTJ* 77/29), permitindo ao chefe do Poder Executivo a ordenação da aposentadoria e seu registro na Corte de Contas *ad referendum* do Poder Legislativo (CF/1969, art. 72, § 8º. Tal norma não existe na Constituição de 1988: art. 71, III).

7. Sem prejuízo de recurso para o Congresso, não é exequível contrato administrativo a que o Tribunal de Contas houver negado registro.

A Constituição de 1946 dispunha que os contratos de interesse da receita ou despesa só se reputavam perfeitos depois de registrados pelo Tribunal de Contas. A recusa do registro suspenderia a execução do contrato até pronunciamento do Congresso Nacional (art. 77, § 1º).

A Emenda Constitucional 7/1977 dispôs que o chefe do Poder Executivo poderia ordenar a execução de ato ou o seu registro, ainda que sustado pelo Tribunal de Contas (art. 72, § 8º), exceto contrato (art. 72, § 5º, "b").

Na Carta de 1967 e na Constituição de 1988 foi subtraída tal competência do Tribunal de Contas, apenas cabendo a esse órgão solicitar ao Congresso Nacional que determine a sustação da execução ou outras medidas que julgar necessárias (art. 71, § 1º, da CF/1988). Extinto ficou o chamado registro prévio.

8. Diretor de sociedade de economia mista pode ser destituído no curso do mandato.

No julgamento do RE 56.690, o Min. Ribeiro da Costa, reportando-se à formação da Súmula 8, observou que os presidentes e os diretores das entidades estatais estavam tão somente executando ato emanado do Presidente da República que, mediante decreto, determinou a seus diretores ou presidentes (dessas entidades) que assim fizessem, sob pena de responsabilidade. Daí a decisão do STF considerando esses impetrantes meros representantes do Presidente da República, cujo mandato, embora por tempo determinado, não impedia a exoneração, porque isto importava que o Presidente da República ficasse armado de poderes para executar seu programa de governo.

Essa restrição parece odiosa.

A Lei de Reforma Administrativa (Decreto-lei 200/1967) considera a sociedade de economia mista como entidade sob a forma de sociedade anônima cujas ações com direito a voto pertençam em sua maioria à União ou a entidade da Administração indireta. Essa forma societária acarreta o respeito aos dispositivos concernentes à sociedade anônima; no entanto, a sociedade de economia mista não está impedida de adotar normas administrativas, visto que ela integra a Administração indireta. Essa normatividade será estabelecida nos estatutos da sociedade (v. Hely Lopes Meirelles, *Direito Administrativo Brasileiro*, 37ª ed., São Paulo, Malheiros Editores, 2011, pp. 409-410).

9. Para o acesso de auditores ao Superior Tribunal Militar só concorrem os de segunda entrância.

A Constituição Federal de 1988 estabelece (art. 123, parágrafo único, II), para escolha dos ministros civis, que um será escolhido dentre os juízes-auditores. A Lei 8.457, de 4.9.1992, organiza os órgãos de primeira instância da Justiça Militar com um juiz-auditor e um juiz-auditor substituto por auditoria. Portanto, apenas os juízes-auditores concorrem à escolha de ministro do STM. A Lei de Organização Judiciária Militar – Decreto-lei 1.003, de 21.10.1969 –, em seu art. 5º, estabelece: "Serão de uma única entrância todas as Auditorias, com exceção da Auditoria de Correição, que será de segunda entrância e funcionará junto ao Superior Tribunal Militar". Tal entendimento foi confirmado na Constituição de 1988, que passou a denominar de primeira instância o juízo *a quo* dessa Justiça Castrense.

O Decreto-lei 1.003, de 21.10.1969, que regia a organização judiciária militar, preceituou, em seu art. 28: "A carreira da Magistratura Civil da Justiça Militar inicia-se no cargo de Auditor Substituto de Primeira Entrância, sendo providos, por promoção, subsequentemente, os cargos de Auditor Substituto de Segundo Entrância, e os de Auditor de Primeira, de Segunda e de Terceira Entrância".

Contudo, a Lei 6.621, de 22.12.1978, modificou o artigo supracitado, que passou a vigorar da seguinte forma: "A carreira da Magistratura Civil da Justiça Militar inicia-se no cargo de Auditor Substituto, sendo providos, por promoção, subsequentemente, os cargos de Auditor e Auditor Corregedor".

Assim, o sistema de entrância na Justiça Militar teve seu término com o advento da Lei 6.621/1978, que modificou substancialmente a redação do art. 28 do Decreto-lei 1.003/1969, sendo preservada a mesma técnica pela Lei 8.547, de 4.12.1992, em seus arts. 33, 36 e 39, de seguinte teor:

"Art. 33. O ingresso na carreira da Justiça Militar dar-se-á no cargo de Juiz-Auditor Substituto (...)".

"Art. 36. A promoção ao cargo de Juiz-Auditor é feita dentre os Juízes-Auditores Substitutos (...)."

"Art. 39. A nomeação para cargo de Juiz-Auditor Corregedor é feita mediante escolha do Superior Tribunal Militar, em escrutínio secreto, dentre Juízes-Auditores situados no primeiro terço da classe."

E o art. 3º, § 1º, "b", assim leciona, *in verbis*: "§ 1º. Os ministros civis são escolhidos pelo Presidente da República, dentre brasileiros com mais de 35 (trinta e cinco) anos e menos de 65 (sessenta e cinco) anos de idade, sendo: (...) b) 2 (dois) por escolha paritária, dentre Juízes-Auditores e membros do Ministério Público da Justiça Militar".

10. *O tempo de serviço militar conta-se para efeito de disponibilidade e aposentadoria do servidor público estadual.*

Dispunha a Constituição de 1937 (art. 15, § 3º) ser da competência privativa da União a organização das Forças Armadas. Regra que subsistiu nas demais Constituições, até a presente Carta (art. 142, § 1º). Diante disso, o legislador baixou o Decreto-lei 9.500, de 23.7.1943, referente à lei de serviço militar, que assegurava ao funcionário público ou extranumerário federal, estadual ou municipal contar, de acordo com a legislação militar, para efeitos de aposentadoria, o tempo de serviço ativo prestado às Forças Armadas. Quanto à contagem no âmbito federal era matéria pacífica, porquanto o antigo Estatuto dos Funcionários (Lei 1.711) assegurava o cômputo para efeito de aposentadoria e disponibilidade do período de serviço ativo nas Forças Armadas prestado durante a paz, computando-se pelo dobro em operações de guerra (art. 80, II). Observou o Min. Gonçalves de Oliveira, ao ensejo de exarar parecer na Consultoria-Geral da República, que, se a União tem competência para legislar sobre determinada matéria, pode expedir normas para atingir o escopo visado, em toda sua plenitude. Acrescentou que, dispondo sobre o serviço militar, pode a legislação federal expedir normas que assegurem direitos e vantagens a todos os que prestem tal serviço, não só na esfera federal, como na dos Estados ou Municípios (*Pareceres do Consultor-Geral da República*, vol. LV, p. 161) (art. 1º da EC 20/1998, redação dada ao art. 40, § 9º).

11. *A vitaliciedade não impede a extinção do cargo, ficando o funcionário em disponibilidade, com todos os vencimentos.*

Observou o Min. Víctor Nunes, no julgamento do RE 49.824, que a garantia da vitaliciedade dos professores, inscrita no art. 168, IV, da CF/1946, não envolvia, necessariamente, a inamovibilidade, que é garantia diferente. Havendo extinção do cargo em virtude de lei, a garantia do funcionário vitalício é a mesma do funcionário estável.

A doutrina nunca foi infensa à extinção do cargo com vitaliciedade (Mário Masagão, *Curso de Direito Administrativo*).

Na Constituição, o funcionário estável ficará em disponibilidade remunerada (art. 41, § 3º, da CF/1988).

A vitaliciedade está em vias de extinção, apenas assegurada aos magistrados (art. 95, I, da CF/1988), ministros (ou conselheiros) de Tribunais de Contas (art. 73, § 3º, da CF/1988) e membros do Ministério Público (art. 128, § 5º, I, "a", da CF/1988), além de professores catedráticos e titulares de ofício de justiça nomeados até 24.1.1967 (art. 194 da CF/1967, com a Emenda 1/1969) (v. art. 6º da EC 19/1998, redação dada ao art. 41).

12. A vitaliciedade do professor catedrático não impede o desdobramento da cátedra.

Adota-se o mesmo comentário da Súmula 11. Aqui, fala-se em "desdobramento" (v. Súmula STF-46).

13. A equiparação de extranumerário a funcionário efetivo, determinada pela Lei 2.284, de 9.8.1954, não envolve reestruturação, não compreendendo, portanto, os vencimentos.

Essa equiparação não deferiu novos níveis de vencimento (*RTJ* 52/489).

14. Não é admissível, por ato administrativo, restringir, em razão da idade, inscrição em concurso para cargo público.

Súmula cancelada pelo Tribunal Pleno no julgamento do RE 74.355 (*RTJ* 70/147).

O STF, em vários julgados, admitiu que as instruções de concurso fixassem o limite de idade (RMS 8.784 e 8.703).

Na realidade, a Constituição declara acessíveis os cargos públicos a todos os brasileiros, desde que preencham os requisitos estabelecidos em lei (CF/1988, art. 37, I). Assim, o requisito da idade máxima ou mínima para inscrição em concurso somente pode ser fixado em lei, nunca nas instruções, meramente atos administrativos, ao arbítrio da autoridade pública (RE 67.067, *RTJ* 52/420; *RDA* 102/136).

A nosso ver, o princípio constitucional da acessibilidade aos cargos não pode ser tolhido pela mera intenção administrativa, que está aquém da conveniência administrativa. De fato, à Administração deve ser dada a oportunidade de discricionariamente recrutar seus servidores numa faixa de idade, segundo sua conveniência. Mas a lei criadora dos cargos indica esse parâmetro (v. Hely Lopes Meirelles, *Direito Administrativo Brasileiro*, 37ª ed., São Paulo, Malheiros Editores, 2011, p. 465; *RTJ* 75/243, 74/878, 72/952).

Não parece destoar do princípio constitucional, não trazendo uma delegação de poderes, a norma legal que defira ao regulamento a fixação da idade (*RTJ* 75/894). Parece-nos inviável que o regulamento disponha onde a lei não fixou, tomando-se por base o art. 37, II, da CF/1988, o que seria uma limitação (de modo diverso, *RTJ* 75/806).

Outro aspecto importante é a discriminação pela idade para ingresso (*RTJ* 75/242). A Lei 6.334/1976 fixou em 50 anos a idade-limite para ingresso no serviço público, excluídas as carreiras que tenham idade especial (policial, diplomacia).

Em conclusão, a Súmula deve ser entendida como a possibilidade de a lei reguladora do concurso fixar a idade (RE 80.336, rel. Min. Moreira Alves, *RTJ* 75/892; RE 73.320, *RTJ* 74/408; RE 85.670, rel. Min. Cordeiro Guerra) (v. art. 7º, XXX, da CF/1988).

O STJ considerou impossível a limitação de idade de candidatos a concurso (CF/1988, arts. 7º, XXX, e 39, § 2º). As exceções ao acesso aos cargos públicos estão na Constituição (RMS 289, *DJU* 17.12.1990, p. 15.348, e RMS 697; Celso Antônio Bandeira de Mello, *Curso de Direito Administrativo*, 28ª ed., São Paulo, Malheiros Editores, 2011, p. 282; inconstitucionalidade do limite: RMS 21.033, *DJU* 11.10.1991).

O STF admitiu a restrição quando razoável em razão da natureza do cargo (MS 21.046: defensor público – não cabível a limitação; RE 174.407, *RTJ* 153/354: auditor do Tribunal de Contas – admitiu a limitação; *RT* 717/301; RE 209.714: fiscal de tributos – não admitiu a limitação; RE 176.479-1: agente penitenciário – admitiu) (*RSTJ* 110/15).

O STF exige que a idade para o concurso esteja prevista em lei (ADI 243-1).

V.: Súmula STF-683; RE 74.486 (*RTJ* 68/463) e RE 88.968 (*RTJ* 93/1.207).

15. *Dentro do prazo de validade do concurso, o candidato aprovado tem o direito à nomeação, quando o cargo for preenchido sem observância da classificação.*

Dispunha o art. 13 da Lei 1.711 que a nomeação deveria obedecer à ordem de classificação dos candidatos habilitados (art. 10 da Lei 8.112/1990). Mostrou o Min. Orosimbo Nonato, na ACi 7.387, que, exaurido o prazo de validade do concurso, não poderia o concursado alegar direito adquirido à nomeação; apenas se configurava uma *spes iuris*, porque subordinada estava a prazo, que se exauria, e porque a Administração não está constrangida a prover os cargos neste ou naquele decurso de tempo. Acrescentou, mais, o eminente Magistrado que esse direito surgiria apenas na ocorrência de preterição ilegal, isto é, se nomeação ocorresse contra o resultado do concurso, no prazo de validade deste. A demora no provimento do cargo não constitui mora.

Hely Lopes Meirelles pensa da mesma forma, porque a conveniência e a oportunidade do provimento ficam à inteira discrição do Poder Público. O que não se admite é a nomeação de outro candidato, que não o vencedor do concurso (*Direito Administrativo Brasileiro*, 37ª ed., São Paulo, Malheiros Editores, 2011, pp. 476-482); assim também decidiu o STF. Só há direito caso se verifique o preenchimento, no prazo de validade do concurso, por terceiro, ou fora da classificação (*RTJ* 56/654). Assim ocorreu com a nomeação de funcionário para o exercício do cargo referente ao concurso (RE 85.091, *RTJ* 84/973). Concursado pediu sua nomeação para cargo vago, após ser preenchido por outro concursado, mas após o prazo de validade do concurso (TFR, ACi 55.387, rel. Min. Carlos Mário Velloso; ACi 53.731, rel. Min. Aldir Passarinho, *DJU* 2.4.1980, p. 2.012; RE 85.977, *RTJ* 91/550; voto do Min. Néri da Silveira na Rp 1.101, *RTJ* 111/518) (v. art. 37, IV, da CF/1988; Celso Antônio Bandeira de Mello, *Regime Constitucional dos Servidores*, p. 70; *RTJ* 181/182).

V. art. 37, IV, da CF/1988, sobre preferência do aprovado.

16. *Funcionário nomeado por concurso tem direito à posse.*

Um dos acórdãos referidos na Súmula dá o alcance desse enunciado. O professor Guilherme Estellita, aprovado em concurso para a cátedra de Direito Judiciário Civil da Faculdade Nacional de Direito, fora nomeado pelo Presidente da República para esse cargo apesar de ter sido aprovado em segundo lugar, mas a vaga ocorrera com a aposentadoria de outro professor. O Presidente da República posteriormente desfez o ato através de outro decreto. Contra esta atitude o professor Guilherme Estellita requereu mandado de segurança, que lhe foi indeferido pelo STF à unanimidade. Acentuou o Relator, Min. Ary Franco, que o Presidente não estava obrigado a atender à solicitação do impetrante, e se não o fizesse não violaria direito algum (MS 4.609, *RTJ* 3/651).

Em acórdão posterior o Min. Víctor Nunes abordou o alcance da Súmula 16, acentuando que o funcionário nomeado por concurso tem direito à posse, porque o concurso é uma promessa que obriga o Estado. Se o candidato, que atende às condições, é nomeado, não pode a Administração impedir a posse. Daí resulta que o candidato em tais condições tem direito a completar os atos subsequentes, um deles o exercício efetivo do cargo ou função (*RTJ* 51/6).

17. A nomeação de funcionário sem concurso pode ser desfeita antes da posse.

Na Súmula anterior vimos que o funcionário nomeado por concurso tem direito à posse. Situação diversa ocorre aqui, porquanto nesta Súmula a nomeação ocorreu sem concurso prévio (v. CF/1969, art. 97, § 1º; *RTJ* 110/402).

A regra desta Súmula dirige-se a nomeações livres (como ministros dos tribunais superiores, quando não de carreira, bem como juízes de Tribunais Regionais – Federais, do Trabalho etc.), ministros e conselheiros dos Tribunais de Contas etc.). Ainda que efetivos, e até vitalícios, esses cargos, são preenchidos discricionariamente. No entanto, há muita dúvida sobre o alcance dessa redação, porque, se a nomeação é discricionária, a invalidação é arbitrária, porque o nomeado tem 30 dias para a posse. O STF, no julgamento do MS 20.781 (23.11.1988), discutiu amplamente essa Súmula.

18. Pela falta residual, não compreendida na absolvição pelo juízo criminal, é admissível a punição administrativa do servidor público.

O Min. Víctor Nunes sintetizou na ementa da AR 598 o espírito desta Súmula:

"1. Imputado ao funcionário um fato único, definido em tese como crime, não funcional, a absolvição criminal exclui a punição administrativa (CC, art. 1.525). *[CC/2002, art. 935]*

"2. Não sendo funcional o crime, não se pode falar em 'resíduo administrativo', em face da absolvição pela Justiça Criminal, se não tiverem sido feitas outras acusações ao funcionário."

No MS 18.213 (*RTJ* 49/574) alegou o impetrante que fora absolvido na Justiça Criminal por falta de provas suficientes para a condenação. Fundamentando seu voto contrário, o Min. Djaci Falcão observou que a sentença criminal não guarda força, por si só, para retirar do fato o caráter de falta residual. Em outro aresto também se alegou a absolvição do réu em decorrência da insuficiência de provas e extinção da punibilidade (*RTJ* 49/611; RE 85.905, *RTJ* 85/282, rel. Min. Leitão de Abreu; AR 976, rel. Min. Moreira Alves, *RTJ* 83/18; RE 83/492, rel. Min. Rodrigues de Alckmin, *RTJ* 83/492).

Acentua Hely Lopes Meirelles que "a absolvição criminal só afasta a responsabilidade administrativa e civil quando ficar decidida a inexistência do fato ou a não autoria imputada ao servidor, dada a independência das três jurisdições. A absolvição na ação penal, por falta de provas ou ausência de dolo, não exclui a culpa administrativa e civil do servidor público, que pode, assim, ser punido administrativamente e responsabilizado civilmente" (*Direito Administrativo Brasileiro*, 37ª ed., São Paulo, Malheiros Editores, 2011, p. 546). Aplica-se, aqui, a consequência do art. 935 do CC/2002 (art. 1.525 do CC/1916) (v. Roberto Rosas, "A reparação do dano causado pelo crime", *Revista do STM* 1/85, 1975; RE 99.958, rel. Min. Rafael Mayer, *RTJ* 106/893).

Não cabe à Administração aguardar a decisão da instância penal para punir o funcionário (*RTJ* 71/762). Se a sentença penal afirmar a inexistência do fato ou da autoria ou, ainda, a insuficiência de provas, essa decisão penal é vinculativa para a Administração. No entanto, a falta residual persistirá (*RTJ* 71/765, 56/328). Quando as decisões ordinárias (penais) afirmam a inexistência de resíduo, nada há a apurar no âmbito administrativo (*RTJ* 71/279).

Se o juiz não considera boa a prova, e não diz que é insuficiente, aceita-se a reintegração do funcionário (*RTJ* 47/334). V. observações de Aguiar Dias, *Responsabilidade Civil em Debate*, Rio de Janeiro, Forense, 1983, p. 21. Lei 8.112/1990, art. 126: "A responsabilidade administrativa do servidor será afastada no caso de absolvição criminal que negue a existência do fato ou sua autoria".

19. *É inadmissível segunda punição de servidor público, baseada no mesmo processo em que se fundou a primeira.*

A questão foi posta pelo Min. Víctor Nunes no RMS 8.084:

"Se o processo administrativo já estava encerrado com aplicação da pena cabível, que era a disponibilidade, como poderia o prefeito aplicar ao impetrante nova pena, desta vez a máxima, que foi a demissão a bem do serviço público, sem instaurar novo inquérito, onde lhe fosse garantida ampla defesa, como quer o art. 189, II, da CF? [CF/1967]

"Aqui está o ponto crucial da controvérsia. A disponibilidade fora imposta mediante processo; mas a demissão foi decretada sem processo algum, porque o anterior, já encerrado, não poderia servir para aplicação de segunda penalidade, autêntico *bis in idem*."

O fato pode acarretar a responsabilidade disciplinar em vários aspectos, decorrentes de várias ordens punitivas. Reflete bem sobre esse ponto, com apoio no princípio do *ne bis in idem* em matéria disciplinar, Cino Vitta, em seu *Diritto Amministrativo*, para admitir a cumulação da responsabilidade penal com a civil e da disciplinar com a penal. São duas esferas de situações. Não se adotam, portanto, sanções da mesma natureza (Caio Tácito, *RDA* 46/381; Waline, *Traité Élémentaire* ..., 1958, p. 228).

Marcello Caetano foi mais longe (*Do Poder Disciplinar*), para negar a possibilidade de instauração de novo processo administrativo para apuração de responsabilidade de funcionário já punido pela mesma falta.

Não se considerou *bis in idem* a demissão do servidor com base em inquérito quando já fora punido com suspensão, livremente (*RTJ* 56/346; RE 120.570, rel. Min. Sepúlveda Pertence, *RTJ* 138/658; *RTJ* 185/220).

20. É necessário processo administrativo, com ampla defesa, para demissão de funcionário admitido por concurso.

A regra maior está contida na Constituição, que somente permite a demissão do funcionário estável mediante sentença judiciária ou processo administrativo em que lhe seja assegurada ampla defesa (CF/1988, arts. 41, § 1º, e 5º, LV).

Vale relembrar a distinção entre *efetividade* e *estabilidade*. De qualquer modo, a Súmula 21 completa o sentido desta.

21. Funcionário em estágio probatório não pode ser exonerado nem demitido sem inquérito ou sem as formalidades legais de apuração de sua capacidade.

Segundo o art. 41 da CF/1988, o funcionário adquire a estabilidade depois de três anos de efetivo exercício, quando nomeado em virtude de concurso (Emenda Constitucional 19/1998). Portanto, naquele período que antecede o final desse prazo o funcionário só será demitido após a apuração de sua inaptidão em inquérito ou com formalidades regulares (*RTJ* 71/758, 51/762 e 125). Se a investidura foi regular não há possibilidade de demissão sem inquérito administrativo (*RTJ* 73/582). Se o servidor foi nomeado, em caráter efetivo, para cargo isolado, impossível a dispensa (*RTJ* 74/792, 67/142). Diversa a situação quando há a nulidade do concurso, acarretando a da nomeação (RE 85.557, *RTJ* 82/305; *RTJ* 110/74).

V. Benjamin Zymler, *Direito Administrativo e Controle*, Fórum, 2005, p. 401.

22. O estágio probatório não protege o funcionário contra a extinção do cargo.

No RMS 13.239 o Min. Aliomar Baleeiro, examinando caso de extinção de cargo ocupado por funcionário em estágio probatório, asseverou que não há direito líquido e certo do recorrente a permanecer nos quadros do funcionalismo depois de suprimido o cargo, não tendo préstimo a alegação de estar em estágio probatório (*RTJ* 36/465). Observou o Min. Víctor Nunes que esta é uma das características pelas quais se distingue o estágio probatório da estabilidade, pois o funcionário estável, extinto o cargo, fica em disponibilidade (*RTJ* 33/495). Pode haver a extinção ainda no estágio (RE 84.523, rel. Min. Cordeiro Guerra, *RTJ* 86/545; RE 90.181, rel. Min. Aldir Passarinho, *RTJ* 106/1.021).

23. Verificados os pressupostos legais para o licenciamento da obra, não o impede a declaração de utilidade pública para desapropriação do imóvel, mas o valor da obra não se incluirá na indenização, quando a desapropriação for efetivada.

Decretada a declaração de utilidade pública para fins de desapropriação, não se veda ao proprietário a possibilidade de fazer construções. Como afirmou o Min. Gonçalves de Oliveira, o decreto de desapropriação, em nosso Direito, não importa alienação da propriedade, mas apenas declara a utilidade pública do imóvel para fins previstos em lei. Antes de efetivar-se a expropriação o particular tem direito de levantar no seu imóvel as construções que lhe aprouver, não tendo, porém, direito de ser indenizado, salvo se a expropriante assentir na construção (RE 49.820, *RDA* 72/182; *RTJ* 43/619). Critica-se a parte final da Súmula 23 porque, se a declaração de desapropriação não impede o direito de construir, a construção levantada deve ser indenizada (Hely Lopes Meirelles, *Direito Administrativo Brasileiro*, 37ª ed., São Paulo, Malheiros Editores, 2011, p. 661).

24. Funcionário interino substituto é demissível, mesmo antes de cessar a causa da substituição.

No caso examinado no MS 9.198 o impetrante foi nomeado substituto de procurador, sendo demitido poucos meses após. Observou o Min. Luiz Gallotti, Relator do feito, que o advérbio "automaticamente", usado na lei com relação à dispensa, está a indicar que ela não admite, no caso, qualquer espécie de estabilidade, porquanto, admitida esta, a dispensa automática não seria possível, teria de ser precedida por um inquérito administrativo (*DJU* 16.11.1962, p. 642; v. arts. 37, XI, da CF/1988 e 232-235 da Lei 8.112, de 11.12.1990).

25. **A nomeação a termo não impede a livre demissão, pelo Presidente da República, de ocupante de cargo dirigente de autarquia.**

    V.: comentários à Súmula STF-8; MS 18.794, *RTJ* 51/295; *RTJ* 56/680, 67/883 e 123/268.

    O STF discutiu o alcance desta Súmula à luz da parte final do art. 37, II, da CF/1988, ao admitir a demissão, porém com motivação, e não em caráter discricionário absoluto, e sim regrado (ADI 1.949, sessão de 18.11.1999).

26. **Os servidores do Instituto de Aposentadoria e Pensões dos Industriários não podem acumular a sua gratificação bienal com o adicional de tempo de serviço previsto no Estatuto dos Funcionários Civis da União.**

    A passagem do voto do Min. Luiz Gallotti explica a questão: "O que os recorrentes pretendem, e se admitiu, é perceber cumulativamente os adicionais por tempo de serviço concedidos na lei geral e os adicionais por tempo de serviço concedidos na lei especial que lhes diz respeito (esta, até mais vantajosa), isto com fundamento em que esta lei fala em acréscimo, como se gratificação adicional por tempo de serviço e acréscimo de vencimentos por tempo de serviço não fossem a mesma coisa, apenas sob rótulos diferentes" (RMS 10.496, *DJU* 24.5.1963, p. 317).

27. **Os servidores públicos não têm vencimentos irredutíveis, prerrogativa dos membros do Poder Judiciário e dos que lhes são equiparados.**

    No regime anterior à Constituição Federal de 1988 a regra constitucional da irredutibilidade de vencimentos somente beneficiava os juízes e o Ministério Público, não beneficiando os demais funcionários. Ainda que houvesse equiparação desses funcionários aos juízes, essa equiparação poderia ser desfeita (RMS 11.381, *DJU* 8.8.1963, p. 646).

    Hoje, a Constituição Federal (art. 37, XV) a estendeu a todos "os servidores públicos, civis e militares", além de considerá-la garantia dos juízes (art. 95, III) e dos membros do Ministério Público (art. 128, § 5º, I, "c").

28. *O estabelecimento bancário é responsável pelo pagamento de cheque falso, ressalvadas as hipóteses de culpa exclusiva ou concorrente do correntista.*

No RE 3.876, relatado pelo saudoso Min. Aníbal Freire, o STF decidiu sobre a responsabilidade do banco que paga cheque falso ou apresentado mediante ato falso, sem culpa do correntista: deve, portanto, suportar os danos consequentes, pois o pagamento é feito com seus fundos, porque o crime de falsidade foi dirigido contra ele e porque este é um dos riscos de sua profissão (*RF* 96/73). Em seu voto, o Min. Filadelfo Azevedo observou que só se atenua a responsabilidade do banco provando que houve concorrência de culpa por parte do correntista.

No RE 47.929 o tema voltou a ser tratado pelo Min. Gonçalves de Oliveira. Afirmou S. Exa. que, em princípio, a responsabilidade pelo pagamento de cheque falso é do banco. Ele pode elidir sua responsabilidade, ou mitigá-la, dividindo-a com o correntista, se provar culpa por parte deste; a saber: que tenha culposamente contribuído para o prejuízo do estabelecimento. Cita a opinião de Carlos Fulgêncio da Cunha Peixoto, para quem o pagamento pelo prejuízo do cheque falso deve ser suportado pelo banco (*RF* 199/384). Havendo culpa concorrente, ambas as partes devem reembolsar, por metade, o valor dos cheques (RE 66.137, *RTJ* 56/712). Não se imputa ao banco a responsabilidade pelos atos de seus clientes, como a emissão de cheque sem fundos. Cabe ao banco zelar pelo cadastro de seus clientes, porém não impedirá a atitude do cliente, de cadastro perfeito, de emitir cheque sem provisão de fundos (RE 82.687, rel. Min. Xavier de Albuquerque, *RTJ* 77/649; art. 39, parágrafo único, da Lei 7.357, de 2.9.1985) (Código do Consumidor, art. 14, § 3º). V. Sérgio Cavalieri Filho, *Programa de Responsabilidade Civil*, 6ª ed., 3ª tir., São Paulo, Malheiros Editores, 2006, p. 421.

O STJ entendeu que banco e cliente são culpados pela devolução de cheque furtado após encerramento da conta (REsp 712.591).

29. *Gratificação devida a servidores do "sistema fazendário" não se estende aos dos Tribunais de Contas.*

O Decreto 48.656, de 3.8.1960, estendeu a percentagem dada pela Lei 3.756, de 20.4.1960, aos servidores dos órgãos que integram o Ministério da Fazenda. Funcionários do Tribunal de Contas pleitearam essa extensão, negada pelo STF sob alegação de não pertencerem ao sistema fazendário.

30. *Servidores de coletorias não têm direito à percentagem pela cobrança de contribuições destinadas à Petrobrás.*

Conforme esclarece o Min. Barros Barreto, embora confiada aos coletores federais a arrecadação de quotas compulsórias da Petrobrás, para a contraentrega de títulos, quando atingirem determinada soma, não fazem jus aqueles exatores à percepção de comissões sobre as importâncias recolhidas. A Petrobrás S/A, entidade de economia mista, não está enquadrada nos invocados arts. 49 e 50 da Lei 1.233, de 27.12.1950 (*DJU* 23.7.1962, p. 257).

31. *Para aplicação da Lei 1.741, de 22.11.1952, soma-se o tempo de serviço ininterrupto em mais de um cargo em comissão.*

A Lei 1.741, de 22.11.1952, assegurava ao ocupante de cargo de caráter permanente e de provimento em comissão, quando afastado dele, depois de mais de 10 anos de exercício ininterrupto, o direito de continuar a perceber o vencimento do mesmo cargo. A jurisprudência interpretou esse dispositivo no sentido da soma do serviço nessas condições, porém interrompido, em outros cargos.

32. *Para aplicação da Lei 1.741, de 22.11.1952, soma-se o tempo de serviço ininterrupto em cargo em comissão e em função gratificada.*

V. os comentários anteriores.

33. *A Lei 1.741, de 22.11.1952, é aplicável às autarquias federais.*

V. os comentários à Súmula STF-31.

34. *No Estado de São Paulo, funcionário eleito vereador fica licenciado por toda a duração do mandato.*

A Constituição do Estado de São Paulo de 1969 dispunha que, quando a vereança fosse remunerada, o vereador deveria afastar-se do cargo e optar pelos vencimentos ou pelo subsídio, contando-se-lhe o tempo de serviço público singela e exclusivamente para fins de aposentadoria. Quando a vereança fosse gratuita, havendo incompatibilidade de horário, afastar-se-ia do serviço no dia da sessão (art. 111, I). O art. 104 da CF/1967 tratava da situação do funcionário público investido em mandato eletivo federal ou estadual. A Emenda Constitucional 6, de 4.6.1976, deu-lhe nova redação, fixando, quanto aos vereadores: "§ 3º. Investido no mandato de vereador, havendo compatibilidade de horários, perceberá as vantagens de seu cargo, emprego ou função, sem prejuízo dos subsídios a que faz jus. Não havendo compatibilidade, aplicar-se-á a norma prevista no § 1º deste artigo".

Acrescentou o § 5º: "É vedado ao vereador, no âmbito da Administração Pública direta ou indireta Municipal, ocupar cargo em comissão ou aceitar, salvo concurso público, emprego ou função".

A Constituição do Estado de São Paulo de 1989 manda aplicar ao servidor público, no exercício do mandato eletivo, o disposto no art. 38 da CF/1988 (art. 125).

35. *Em caso de acidente do trabalho ou de transporte, a concubina tem direito de ser indenizada pela morte do amásio, se entre eles não havia impedimento para o matrimônio.*

A Lei Orgânica da Previdência Social bem como a Lei de Acidentes do Trabalho (art. 11, "c") já deferiam à dependente econômica do contribuinte indenização em caso de acidente no trabalho.

Washington de Barros Monteiro discordava quanto à indenização por morte do amásio em desastre ou acidente (*Curso de Direito Civil*, vol. 2, p. 21).

Em estudo, o Min. Gonçalves de Oliveira ponderou que o art. 22 da Lei das Estradas de Ferro (Lei 2.681, de 7.12.1912) não restringe a indenização ao credor legal dos alimentos, estendendo-a a todos aqueles aos quais a morte do viajante privar de alimentos (*RF* 92/97). Opinião idêntica a de Aguiar Dias, *Da Responsabilidade*, vol. II.

V.: comentários à Súmula STF-380; *RF* 68/718.

O Decreto 77.077, de 24.1.1976, que consolidou as Leis da Previdência Social, considerava dependente do segurado a companheira mantida há mais de cinco anos (art. 13, I), sendo lícita a designação da companheira (art. 14). Hoje, a Lei 8.213, de 24.7.1991 (art. 16), não estabelece prazo, mas fala em "união estável".

Aspecto importante nesta Súmula é a inexistência de impedimento para o casamento dos concubinos. Se um deles é casado, a relação é de adultério. Se um é desquitado, impedido para o casamento, porém já com a sociedade conjugal dissolvida, não é de se indeferir a aplicação da Súmula a esse caso, pois essa relação não é nem de adultério, e até os filhos nascidos são naturais. Portanto, a cláusula final da Súmula deve ser entendida com abrandamento.

[Ressalve-se a substituição da expressão "desquite" por "separação judicial" (Lei 6.515, de 26.12.1977, art. 39; CC/2002, arts. 1.571 e ss.).]

Se o objetivo é a proteção da concubina que vivia sob a dependência econômica do falecido, mais se aplica essa intenção, diante do art. 225, § 3º, da CF/1988; isto é, a proteção do Estado à união estável como entidade familiar (v. Lei 8.441, de 13.7.1992, art. 1º, § 1º, e Lei 8.971, de 29.12.1994; v. art. 16 da Lei 8.213/1991, que trata dos Planos de Benefícios da Previdência).

V. CC/2002, arts. 1.723 e 1.727.

36. Servidor vitalício está sujeito à aposentadoria compulsória, em razão da idade.

A Constituição não distingue funcionário vitalício ou não para efeito de aposentadoria. Portanto, a aposentadoria compulsória por implemento de idade é aplicável em todos os casos.

37. Não tem direito de se aposentar pelo Tesouro Nacional o servidor que não satisfizer as condições estabelecidas na legislação do serviço público federal, ainda que aposentado pela respectiva instituição previdenciária, com direito, em tese, a duas aposentadorias.

O Min. Luiz Gallotti acentuou, sobre a questão em tela:

"A dupla aposentadoria por um só emprego, concedida a ferroviários, representa favor anômalo, que, por isso mesmo, há de ter aplicação estrita, nos termos da lei, sem qualquer ampliação pela via regulamentar ou interpretativa.

"A lei que concede a ferroviários, além da aposentadoria paga pelo Tesouro Nacional, outra pela Caixa ou Instituto exige tenham eles 35 anos de serviço com salário integral" (RE 52.449, *DJU* 5.9.1963, p. 825).

38. Reclassificação posterior à aposentadoria não aproveita ao servidor aposentado.

A reclassificação deveria atingir apenas os servidores em atividade, não os aposentados (*RTJ* 55/324). Havendo simples mudança de denominação, não há reclassificação (RMS 15.800) (*RTJ* 66/270).

A Súmula 38 foi ratificada em julgados mais recentes: *RTJ* 92/1.327; 95/490 e 924; 98/1.232; 104/263; 109/683, rel. Min. Néri da Silveira; e 107/1.083. Mas no RE 98.544 (*RTJ* 107/1.215), sendo Relator o Min. Moreira Alves, não se aplicou a Súmula 38: a lei de reclassificação foi aplicada aos inativos para efeito de melhoria de proventos, como qualquer lei que aumenta ou melhora os proventos, sem caracterizar vinculação ou equiparação.

As Súmulas 4 e 173 do TCU adotaram a orientação desta Súmula. Mas hoje, de acordo com o art. 40, § 4º, da CF/1988, "os proventos da aposentadoria serão revistos, na mesma proporção e na mesma data, sempre que se modificar a remuneração dos servidores em atividade (...) inclusive quando decorrentes da transformação ou reclassificação do cargo ou função em que se deu a aposentadoria, na forma da lei".

39. À falta de lei, funcionário em disponibilidade não pode exigir, judicialmente, o seu aproveitamento, que fica subordinado ao critério de conveniência da Administração.

Em passagem de voto do Min. Víctor Nunes coloca-se a questão: "O aproveitamento não é obrigatório para a Administração Pública, mas no sentido de que o funcionário em disponibilidade não pode compelir a Administração a aproveitá-lo, contrariando seus próprios critérios de conveniência" (ERE 3.245, *DJU* 25.7.1963, p. 385) (CF/1988, art. 41, § 3º).

40. A elevação da entrância da comarca não promove automaticamente o juiz, mas não interrompe o exercício de suas funções na mesma comarca.

Afirmou o Min. Gonçalves de Oliveira que não pode o juiz, elevada a entrância da comarca, perder sua jurisdição na comarca, da qual era titular, em respeito ao princípio – também de ordem constitucional – da irremovibilidade, na qual se inclui, implicitamente, o direito à jurisdição plena (RMS 7.689; RE 69.384, *RTJ* 56/186). A Súmula pretende evitar a interrupção das atividades de juiz de certa entrância quando a comarca for elevada a entrância superior à do juiz. Dar-se-ia por incompetente? A divisão em entrâncias é de natureza administrativa, não influindo sobre a jurisdição. O CPC/1973, art. 132, determina que o juiz "que concluir a audiência julgará a lide, salvo se estiver convocado, licenciado, afastado por qualquer motivo, promovido ou aposentado, (...)". Não é o caso previsto na Súmula.

41. Juízes preparadores ou substitutos não têm direito aos vencimentos da atividade fora dos períodos de exercício.

Só a substituição enseja o direito aos vencimentos da atividade. Distinguem-se: *vencimentos* e *vencimento* pela atividade e exercício. Segundo a Lei Orgânica da Magistratura Nacional (Lei Complementar 35, de 14.3.1979), a categoria dos juízes substitutos (Justiça Estadual, Militar ou do Trabalho) integra a Magistratura e tem exercício permanente, nada impedindo sua não convocação, pois essa lei não lhes assegura a vitaliciedade senão após dois anos de exercício (art. 22, II). Ocorre, ainda, a existência do juiz togado, de investidura temporária (art. 17, § 4º).

42. É legítima a equiparação de juízes do Tribunal de Contas, em direitos e garantias, aos membros do Poder Judiciário.

É perfeitamente admissível que as Constituições e leis estaduais ampliem os favores concedidos pela Constituição Federal aos servidores públicos.

Refere-se esta Súmula à lei amazonense que deu vitaliciedade aos membros do Tribunal de Contas Estadual. Adota-se o paradigma federal que equipara os ministros do TCU aos ministros do STJ (CF/1988, art. 73, § 3º). Duvidosa seria a equiparação somente para efeito de remuneração. Opõe-lhe obstáculo o art. 75 da CF/1988. O modelo de controle financeiro e orçamentário aplica-se aos Estados (Rp 753, *RTJ* 46/461).

43. Não contraria a Constituição Federal o art. 61 da Constituição de São Paulo que equiparou os vencimentos do Ministério Público aos da Magistratura.

A referência é à Constituição estadual de 1947.

Essa equiparação é hoje vedada pelo art. 37, XIII, da CF/1988. O STF julgou inconstitucional dispositivo semelhante expresso na Constituição da Guanabara (Rp 754, *RTJ* 50/218) (v. art. 94, "c", da Constituição do Estado de São Paulo: "(...) c) subsídios fixados com diferença não excedente a dez por cento de uma para outra entrância, e da entrância mais elevada para o cargo de Procurador-Geral de Justiça, cujo subsídio, em espécie, a qualquer título, não poderá ultrapassar o teto fixado nos arts. 37, XI, da Constituição Federal e 115, XII, desta Constituição").

44. O exercício do cargo pelo prazo determinado na Lei 1.341, de 30.1.1951, art. 91, dá preferência para a nomeação interina de procurador da República.

A norma contida nessa lei está superada.

45. *A estabilidade dos substitutos do Ministério Público Militar não confere direito aos vencimentos da atividade fora dos períodos de exercício.*

O Decreto-lei 1.003/69 (revogado pela Lei 8.457, de 4.9.92), alterou a legislação anterior.

Dispunha o § 4º do art. 97 que os atuais substitutos de procurador da Justiça Militar da União que tenham adquirido estabilidade nessas funções poderiam ser aproveitados em cargo inicial de carreira.

V. Súmula STF-41.

Em julgamento posterior a Corte estabeleceu que os substitutos de advogado de ofício da Justiça Militar, regidos pelo Decreto-lei 3.815/1941, não podiam ser demitidos senão mediante processo administrativo (MS 20.394, rel. Min. Rafael Mayer, *DJU* 26.10.1984).

Dessa forma, a antiga Lei Orgânica do Ministério Público da União 1.341/1951 preceituou, em seus arts. 3º e 59, § 3º:

"Art. 3º. O ingresso nos cargos iniciais das carreiras far-se-á mediante concurso de provas e títulos, entre bacharéis em Direito de comprovada idoneidade moral e que tenham mais de 4 (quatro) anos de prática forense e idade máxima de 35 (trinta e cinco) anos. Se se tratar funcionário público, será de 45 (quarenta e cinco) anos a idade máxima para a inscrição no concurso".

"Art. 59. Cada promotor terá 2 (dois) substitutos, sem ônus para os cofres públicos, designados pelo Presidente da República, dentre bacharéis em Direito.

"(...).

"§ 3º. Nenhum direito ou vantagem terá o substituto além do vencimento do cargo do substituído e somente durante o período da convocação."

Alguns promotores de Justiça Militar substitutos recorreram à Justiça por meio de mandados de segurança a fim de terem declarados os mesmos direitos e vantagens dos promotores de Justiça Militar titulares, o que não foi aceito pelo STF, dando origem a esta Súmula 45 (MS 8.754, MS 8.899 e MS 8.674).

A redação do art. 125 da CF/1946 permaneceu substancialmente a mesma na CF/1967, em seu art. 137, bem como no art. 94 da EC 1/1969.

Com a promulgação da CF/1988, o inciso II do art. 37 contempla, *in verbis*: "II – a investidura em cargo ou emprego público depende de aprovação prévia em concurso público de provas ou de provas e títulos, ressalvadas as nomeações para cargo em comissão declarados em lei de livre nomeação e exoneração". Dispõe o art. 128, § 5º, da CF/1988: "Leis complementares da União e dos Estados, cuja iniciativa é facultada aos respectivos Procuradores-Gerais, estabelecerão a organização, as atribuições e o estatuto de cada Ministério Público, observadas, relativamente a seus membros: (...)".

Com a redação dada pela Emenda Constitucional 19/1998 tão somente restou consolidado o entendimento prévio perpetrado na redação original. Corroborando o entendimento ínsito na Constituição, foi promulgada a Lei Complementar 75, de 20.5.1993, passando a dispor sobre o Ministério Público da União, extinguindo de vez a figura do promotor de justiça militar substituto.

Com relação aos promotores substitutos que existiam antes da promulgação da atual Constituição Federal, o "Ato das Disposições Constitucionais Transitórias" tratou de incorporar todos aqueles que detinham mais de cinco anos no cargo, como se pode observar, *in verbis*: "Art. 19. Os servidores públicos civis da União, dos Estados, do Distrito Federal e dos Municípios, da Administração direta, autárquica e das fundações públicas, em exercício na data da promulgação da Constituição, há pelo menos 5 (cinco) anos continuados, e que não tenham sido admitidos na forma regulada no art. 37 da Constituição, são considerados estáveis no serviço público".

46. *Desmembramento de serventia de justiça não viola o princípio de vitaliciedade do serventuário*.

Assinalou o Min. Pedro Chaves que o direito de vitaliciedade que a CF/1969 conferia, em seu art. 194, aos titulares de ofício de justiça é objetivo em relação ao próprio ofício, não correspondendo a uma espécie de suserania sobre parcela territorial do Estado. Fosse na conformidade do entendimento deles, "nem as comarcas poderiam ser desmembradas, nem as varas desdobradas, nem as cátedras multiplicadas, pois aos juízes e catedráticos também é concedida vitaliciedade" (RE 47.657).

V. comentários às Súmulas STF-11 e 12.

A Súmula 46 foi reafirmada em julgamentos posteriores: *RTJ* 58/677, 64/726, 65/390 e 67/350.

No RE 94.542 (rel. Min. Moreira Alves, *RTJ* 106/270) entendeu-se que a Súmula 46 se aplica a desmembramento territorial de serventia e a desmembramento de serventias acumuladas (desanexação) (v. art. 236 da CF/1988).

V. art. 29 da Lei 8.935, de 18.11.1994, que regulamenta o art. 236 da CF/1988, dispondo sobre serviços notariais e de registro (*Lei dos Cartórios*).

47. Reitor de universidade não é livremente demissível pelo Presidente da República durante o prazo de sua investidura.

A Lei 5.540, de 28.11.1968, que fixa normas de organização e funcionamento do ensino superior, dispõe, no art. 16, sobre os mandatos de reitores e vice-reitores, fixando-os em quatro anos. O STF tem jurisprudência assente sobre os mandatos de prazo determinado, conforme abordou o Min. Víctor Nunes no MS 10.213 (*DJU* 2.5.1963, p. 226).

Se há alguma acusação ao reitor, deve ser encaminhada ao Conselho Federal de Educação, a quem cabe apreciar seus fundamentos (Lei 4.024/1961, art. 9º, "g"; art. 48 da Lei 5.540, de 28.11.1968; Lei 6.733, de 4.12.1979, que dispôs sobre a nomeação dos dirigentes das fundações instituídas ou mantidas pela União). A força desse enunciado decorria da vitaliciedade da cátedra. O cargo de reitor era projeção do exercício da cátedra.

48. É legítimo o rodízio de docentes-livres na substituição do professor catedrático.

Trata-se de medida da maior importância para os ocupantes de cargo de magistério superior. É medida de equidade que permite a todos os docentes-livres o acesso à interinidade no exercício da titulação.

49. A cláusula de inalienabilidade inclui a incomunicabilidade dos bens.

O tema desenvolvido nesta Súmula põe termo à controvérsia que girou em torno da cláusula de inalienabilidade e incomunicabilidade e seu alcance.

Para uns a inalienabilidade inclui a incomunicabilidade (Clóvis Beviláqua, *Código Civil Comentado*, 11ª ed., vol. II, p. 140; Eduardo Espínola, in *RT* 54/464 e *Questões Jurídicas e Pareceres*, p. 289; Cândido de Oliveira, *Manual do Código Civil*, vol. 5º, § 159; Itabaiana de Oliveira, *Tratado de Direito das Sucessões*, vol. I, § 728; e Pontes de Miranda, *Tratado de Direito de Família*).

Para outros a cláusula de inalienabilidade não envolve a cláusula de incomunicabilidade (Spencer Vampré, *Manual de Direito Civil*, vol. III, n. 194; Azevedo Marques, in *RT* 94/299; Carlos Maximiliano, *Direito das Sucessões*, n. 695).

Clóvis Beviláqua admite a inclusão, porque, sendo inalienável o bem, não pode se comunicar ao outro cônjuge, mesmo quando de comunhão o regime adotado, pois acarretaria a alienação do bem através de sua divisão em meações distintas.

Carlos Maximiliano e outros consideravam que o art. 1.723 do CC/1916 (art. 1.911 do CC/2002) distinguiu a alienabilidade da incomunicabilidade, bem como o art. 263, II (art. 1.668, I, do CC/2002), só excluiu da comunhão os bens incomunicáveis.

Em conclusão, se os bens inalienáveis são, por sua natureza mesma, incomunicáveis, estão eles incluídos na referência expressa do n. I do art. 1.668 do CC/2002 (n. II do art. 263 do CC/1916), que trata dos bens incomunicáveis. Na corrente de Clóvis também se incluem, mais modernamente, Washington de Barros Monteiro (*Curso de Direito Civil*, vol. 6, p. 147; "Doação", *RTJ* 52/100, 56/369, 49/208 e 56/289), Orlando Gomes (*Direitos Reais*, 5ª ed., p. 124) e Caio Mário da Silva Pereira (*Instituições ...*, vol. IV, p. 104; *RSTJ* 121/251).

V. CC/2002, art. 1.911.

50. *A lei pode estabelecer condições para a demissão de extranumerário.*

Afirmou o Min. Víctor Nunes que garantir servidor extranumerário contra demissões arbitrárias não significa equipará-lo aos estáveis, pois haverá entre um e outros uma diferença essencialíssima, pois os estáveis ficavam em disponibilidade (Ag 24.716).

51. *Militar não tem direito a mais de duas promoções na passagem para a inatividade, ainda que por motivos diversos.*

Sendo benefício a ser concedido por ocasião da reforma, o STF admitiu a promoção além do quadro (v. Lei 5.774, de 23.9.1971 – Estatuto dos Militares –, arts. 66, 67 e 155; dizia o art. 66: "Não haverá promoção de militar por ocasião de sua transferência para a reserva remunerada".

A Lei 6.880, de 9.12.1980, *[revogou a Lei 5.774/1971]* determina que não haverá promoção de militar por ocasião de sua transferência para a reserva remunerada ou reforma. Entende-se como "promoção" a ascensão na hierarquia militar. De outra forma, o beneficio de uma promoção, em termos de soldo na passagem para a reserva remunerada ou reforma, foi extinto, de acordo com a Medida Provisória 2.215-10, de 31.8.2001. No entanto, há duas exceções na própria medida provisória:

"Art. 32. Ficam assegurados os direitos dos militares que, até 29 de dezembro de 2000, contribuíram para a pensão militar correspondente a 1 (um) ou 2 (dois) postos ou graduações acima da que fizerem jus".

"Art. 34. Fica assegurado ao militar que, até 29 de dezembro de 2000, tenha completado os requisitos para se transferir para a inatividade o direito à percepção de remuneração correspondente ao grau hierárquico superior ou melhoria dessa remuneração."

Outra situação que permitiria segunda promoção é a prevista no art. 110 da Lei 6.880/1980, que trata da reforma por incapacidade definitiva dos militares e apoiados em normas técnicas previstas nas Portarias 113/DGP, de 6.12.2001, e 102/DGP, de 15.7.2004.

52. A promoção de militar, vinculada à inatividade, pode ser feita, quando couber, a posto inexistente no quadro.

Pela Lei 4.902, de 16.12.1965, considera-se agregado o militar excedente em seu quadro por haver sido promovido indevidamente, ou por outro motivo (art. 5º, "c").

À semelhança da Súmula 51, há promoção naquelas condições, mesmo em posto inexistente no quadro a que estiver vinculado o militar.

O art. 67 da Lei 5.774/1971 – hoje revogada – dizia respeito à promoção por ocasião da reforma. Tal situação já não era acolhida pela Lei 5.774/1971, e muito menos pela Lei 6.880/1980, que a substituiu.

Sobre a mesma matéria, a Medida Provisória 2.215-10, de 31.8.2001, não menciona qualquer suporte jurídico à promoção de militar quando passar para a inatividade. Seu posto permanecerá o mesmo em qualquer situação, quer por transferência para a reserva remunerada, quer por reforma. Ou seja: não há previsão de qualquer promoção quando o militar ingressar na inatividade.

No entanto, existe a ressalva do art. 110 da Lei 6.880, de 9.12.1980, que prevê a promoção ao grau hierárquico imediato ao que possuir quando julgado incapaz definitivamente por estar enquadrado nos incisos I e II do art. 108.

50 DIREITO SUMULAR

53. *A promoção de professor militar, vinculada à sua reforma, pode ser feita, quando couber, a posto inexistente no quadro.*

A Lei 4.902, 16.12.1965, que dispõe sobre a inatividade dos militares, é genérica, não distinguindo quadros, inclusive o Magistério Militar. Portanto, aplica-se o mesmo princípio anterior (art. 27 da Lei 5.701, de 9.9.1971).

O professor militar, na atualidade, é um oficial no serviço ativo. O antigo quadro chamado Magistério foi extinto e previa, após aprovação do oficial em concurso, duas promoções consecutivas.

Inexistem hoje o quadro Magistério Militar e suas respectivas vantagens apoiadas em legislações já revogadas.

Os professores militares, após aprovação em concurso público, permanecem em seus respectivos quadros de origem. Concorrem em igualdade de condições com os demais integrantes de sua arma, serviço ou quadro, mantendo-se a antiguidade prevista no almanaque ou lista para avaliação para promoção. Ou seja, esses militares não mais passam obrigatoriamente para a reserva quando ingressarem na situação de professores titulares.

54. *A reserva ativa do Magistério Militar não confere vantagens vinculadas à efetiva passagem para a inatividade.*

V. comentários anteriores.

O Magistério Militar foi extinto.

V. Súmula STF-53.

55. *Militar da reserva está sujeito à pena disciplinar.*

O Regulamento Disciplinar do Exército dispunha sobre sua aplicação também aos oficiais da reserva.

Esta Súmula compreendia a possibilidade de o militar da reserva emitir opiniões sobre assuntos políticos e externar pensamentos e conceitos ideológicos, filosóficos ou relativos a matéria pertinente ao interesse público. Isso foi permitido pela Lei 7.524, de 17.7.1986.

A CF/1988, no art. 142, § 3º, I, determina que "as patentes, com prerrogativas, direitos e *deveres* a elas inerentes, são conferidas pelo Presidente da República e asseguradas em plenitude aos oficiais da ativa, da reserva ou *reformados*, sendo-lhes privativos os títulos e postos militares, e, juntamente com os demais membros, o uso dos uniformes das Forças Armadas" (grifos nossos). E o Decreto 4.346, de

26.8.2002, em seu art. 2º, estabelece que estão sujeitos ao Regulamento Disciplinar do Exército os militares na ativa, na reserva remunerada e os reformados, de acordo com o Anexo I (relação de transgressões de ns. 56 a 58).

56. Militar reformado não está sujeito à pena disciplinar.

O Regimento Disciplinar do Exército não é aplicável aos militares reformados.

V. Súmula STF-55.

57. Militar inativo não tem direito ao uso do uniforme fora dos casos previstos em lei ou regulamento.

A Constituição Federal de 1967 dispunha que os uniformes seriam usados na forma que a lei determinasse. Para isso, o anterior Estatuto dos Militares (Decreto-lei 1.029, de 21.10.1969) dizia que o uso dos uniformes era privativo dos militares em serviço ativo das Forças Armadas (art. 69); porém, o militar da inatividade remunerada poderia usar uniformes em solenidades militares, cerimônias cívicas comemorativas das grandes datas nacionais e atos sociais solenes (art. 70).

V. Célio Lobão Ferreira, *Direito Penal Militar*, 1975, p. 113; v. art. 42, § 1º, da CF/1988.

Os militares da reserva ou reformados têm direito ao uso de uniforme nas condições previstas na Seção II do Capítulo II, arts. 76 a 78, da Lei 6.880, de 9.12.1980, atual Estatuto dos Militares.

V. Súmula STF-55.

58. É válida a exigência de média superior a quatro para aprovação em estabelecimento de ensino superior, consoante o respectivo regimento.

Súmula superada – Essa Súmula atendia a situação transitória, superada em virtude da alteração da legislação, com a vigência da Lei 5.540/1968 e do Decreto-lei 464/1969.

59. Imigrante pode trazer, sem licença prévia, automóvel que lhe pertença desde mais de seis meses antes do seu embarque para o Brasil.

Situação deferida pela Lei 2.145/1953.

60. Não pode o estrangeiro trazer automóvel quando não comprovada a transferência definitiva de sua residência para o Brasil.

A Lei 2.145/1953 exigia a transferência permanente de residência.

61. Brasileiro domiciliado no Estrangeiro, que se transfere definitivamente para o Brasil, pode trazer automóvel licenciado em seu nome há mais de seis meses.

Aplica-se, *a contrario sensu*, a observação anterior.

62. Não basta a simples estada no Estrangeiro por mais de seis meses para dar direito à trazida de automóvel com fundamento em transferência de residência.

V. Súmula STF-60.

63. É indispensável, para trazida de automóvel, a prova do licenciamento há mais de seis meses no País de origem.

V. Súmula STF-60.

64. É permitido trazer do Estrangeiro, como bagagem, objetos de uso pessoal e doméstico, desde que, por sua quantidade e natureza, não induzam finalidade comercial.

A legislação posterior confirmou essa permissão.

65. A cláusula de aluguel progressivo anterior à Lei 3.494, de 19.12.1958, continua em vigor em caso de prorrogação legal ou convencional da locação.

Súmula superada pela revogação expressa da Lei 3.494/1958, prevista na Lei 4.494, de 25.11.1964 (art. 42). Quanto ao aluguel progressivo, a Lei 8.245, de 18.10.1991, prevê várias fórmulas para o reajuste (art. 68).

66. É legítima a cobrança do tributo que houver sido aumentado após o orçamento, mas antes do início do respectivo exercício financeiro.

O Min. Aliomar Baleeiro fez crítica a essa orientação da Súmula 66, que considera não indispensável a precedência da lei tributária em relação à autorização orçamentária. Bastaria que fosse anterior ao início do exercício financeiro, podendo ser posterior à lei de aprovação do orçamento. Para o ilustre Mestre essa interpretação era contrária à Constituição de 1967 (*Direito Tributário Brasileiro*, 2ª ed., p. 81) (*RTJ* 74/444) (Rubens Gomes de Sousa, *Comentários ao Código Tributário Nacional*, São Paulo, Ed. RT, 1975, p. 112). Se a lei tributária foi editada num exercício com vigência no exercício seguinte, a incidência é legítima. Há previsão do contribuinte (RE 85.829, rel. Min. Cordeiro Guerra, *RTJ* 80/295). Inadmissível a exigência no mesmo exercício financeiro da entrada em vigência da lei instituidora do tributo (RE 89.450, rel. Min. Cordeiro Guerra, *RTJ* 89/327).

V. CF/1988, art. 150, III, "b", e Súmula 67.

V. Carlos Mário Velloso, "O princípio da anterioridade: uma visão da jurisprudência", in *Temas de Direito Público*, p. 258; Paulo de Barros Carvalho, *Curso de Direito Tributário*, 8ª ed., p. 66; Roque Antônio Carrazza, *Curso de Direito Constitucional Tributário*, 27ª ed., São Paulo, Malheiros Editores, 2011, pp. 200 e ss.; v. ECs 32/2001 e 42/2003.

67. É inconstitucional a cobrança do tributo que houver sido criado ou aumentado no mesmo exercício financeiro.

O princípio da anterioridade, previsto no art. 150, III, "b", da CF/1988, não permite que nenhum tributo seja exigido ou aumentado sem que a lei o estabeleça, nem cobrado, em cada exercício, sem que a lei que o houver instituído ou aumentado esteja em vigor antes do início do exercício financeiro (RE 69.545, *RTJ* 54/559; v. Aliomar Baleeiro, *Direito Tributário Brasileiro*, 2ª ed., p. 83).

O art. 104 do CTN dispõe que a lei referente a impostos sobre o patrimônio ou a renda entre em vigor no primeiro dia do exercício subsequente àquele em que ocorra sua publicação, instituindo ou majorando tais impostos ou definindo novas hipóteses de incidência. Entre a lei do tributo e sua vigência deve intercalar-se a lei orçamentária (*RTJ* 71/188). É inconstitucional a lei com publicação concluída no exercício em que se procedeu ao lançamento (*RTJ* 69/600).

V. distinção entre *vigência* e *eficácia* da lei (voto do Min. Moreira Alves no RE 85.373, *RTJ* 83/505; Misabel de Abreu Machado Derzi, "O contribuinte em um Estado Democrático de Direito", *Revista Brasileira de Estudos Políticos* 67/155).

V. Súmula STF-66.

68. É legítima a cobrança, pelos Municípios, no exercício de 1961, de tributo estadual, regularmente criado ou aumentado, e que lhes foi transferido pela Emenda Constitucional 5, de 21.11.1961.
[CF/1946]

Orientação transitória, sem eficácia atualmente (*RTJ* 68/449).

69. A Constituição Estadual não pode estabelecer limite para o aumento de tributos municipais.

A Constituição Federal assegura a autonomia municipal pela Administração própria, no que respeite ao seu peculiar interesse, especialmente quanto à decretação e arrecadação dos tributos de sua competência, que estão discriminados na própria Constituição.

Os princípios relativos ao aumento dos tributos também são indicados pela Constituição Federal. Portanto, não poderá haver interferência da Constituição Estadual limitando o aumento (Aliomar Baleeiro, *Direito Tributário Brasileiro*, 2ª ed., p. 73).

70. É inadmissível a interdição de estabelecimento como meio coercitivo para cobrança de tributos.

V. Súmula STF-323 e comentários à Súmula STF-547.

71. Embora pago indevidamente, não cabe restituição de tributo indireto.

V. o enunciado da Súmula STF-546.

72. No julgamento de questão constitucional, vinculada a decisão do Tribunal Superior Eleitoral, não estão impedidos os ministros do Supremo Tribunal Federal que ali tenham funcionado no mesmo processo, ou no processo originário.

A impossibilidade de julgamento, por impedimento de ministro que atuou em julgamento de matéria eleitoral no TSE, traria, inevitavelmente, problemas quanto ao *quorum*. Atualmente a Constituição compõe o TSE com três ministros do STF e outros mencionados. Impedidos aqueles ministros, dificilmente o STF poderia examinar matéria constitucional oriunda do TSE que tivesse a participação anterior desses ministros (art. 173 do Regimento).

O STF declarou inexistir impedimento à participação no julgamento da ADPF 144 (*DJU* 16.3.2010) e reiterou o texto em relação à ADI 2.321.

Não há impedimento, no julgamento de ação direta de inconstitucionalidade relativa a ato do TSE, dos ministros atuantes no ato impugnado (STF, ADI 3.345).

73. A imunidade das autarquias, implicitamente contida no art. 31, V, "a", da Constituição Federal, [CF/1946; CF/1988, art. 150, § 2º] abrange tributos estaduais e municipais.

A extensão da imunidade das autarquias também aos tributos estaduais e municipais suscitou controvérsia, defendida pelos intérpretes dos poderes implícitos, tanto que o Consultor-Geral da República, mais tarde Ministro, Gonçalves de Oliveira opinara favoravelmente à sua existência (*Pareceres* 111/263).

Parece inexistir dúvidas com o texto do art. 150, § 2º, da CF/1988. Prevalece, portanto, o princípio da imunidade recíproca (*RTJ* 55/268).

V. Súmula STF-119.

74. O imóvel transcrito em nome de autarquia, embora objeto de promessa de venda a particulares, continua imune de impostos locais.

Súmula não mais em vigor, segundo a ementa do acórdão no RE 69.781 (rel. Min. Barros Monteiro, *RTJ* 56/462).

Dispôs o Ato Complementar 57, de 10.7.1969: "Sem prejuízo da tributação sobre o patrimônio, a renda e os serviços vinculados a outras finalidades não essenciais das autarquias, os imóveis de propriedade destas prometidos à venda a particulares estão sujeitos ao ônus tributário, a cargo dos promitentes compradores, desde a data do contrato que serviu de base para a transação".

O art. 150, § 2º, da CF/1988 estendeu a chamada "imunidade recíproca" dos entes tributantes "às autarquias e às fundações instituídas e mantidas pelo Poder Público", mas limitando essa vedação ao "que se refere ao patrimônio, à renda e aos serviços, vinculados a suas finalidades essenciais ou às delas decorrentes" – confirmando, portanto, a disposição do referido Ato Complementar 57.

Em consequência, como acima dito, não mais vigora essa Súmula (v. Aliomar Baleeiro, *Direito Tributário Brasileiro*, 2ª ed., p. 102; *RTJ* 67/180 e 62/116) (TFR, ACi 24.421, rel. Min. Washington Bolívar, *DJU* 2.4.1980, p. 2.006).

V. Súmula STF-583.

75. Sendo vendedora uma autarquia, a sua imunidade fiscal não compreende o Imposto de Transmissão Inter Vivos, que é encargo do comprador.

A imunidade da autarquia não é estendida ao particular (Ato Complementar 57; Aliomar Baleeiro, *Direito Tributário Brasileiro*, 2ª ed., p. 102).

V. Súmula STF-303.

76. As sociedades de economia mista não estão protegidas pela imunidade fiscal do art. 31, V, "a", da Constituição Federal.
[CF/1946; CF/1988, art. 150, § 2º]

A Constituição, quando fala em imunidade da autarquia, quer restringir a essa pessoa jurídica tal condição excepcional; portanto, excluindo as sociedades de economia mista, fundações etc.

Acentua o Min. Baleeiro que esta Súmula se aplica apenas ao caso de não existir lei federal de isenção em favor da sociedade de economia mista. Se essa lei existe, deve prevalecer (Aliomar Baleeiro, *Direito Tributário Brasileiro*, 2ª ed., p. 104). Com a vedação de a União conceder isenções de impostos estaduais e municipais supera-se a dúvida (arts. 151, III, e 173, § 3º, da CF/1988).

77. Está isenta de impostos federais a aquisição de bens pela Rede Ferroviária Federal.

O art. 28 da Lei 3.115, de 16.3.1957, deu à Rede Ferroviária Federal isenção de direitos de importação, Imposto de Consumo e taxas aduaneiras. Somente quanto a esses impostos. Generalizou-se, estendendo a isenção a todos os impostos federais. O elenco constitucional é bem maior.

78. Estão isentas de impostos locais as empresas de energia elétrica, no que respeita às suas atividades específicas.

O tema não merecia discussão em virtude do § 2º do art. 19 da CF/1969: "A União, mediante lei complementar e atendendo a relevante interesse social ou econômico nacional, poderá conceder isenções de impostos estaduais e municipais".

No caso, o Decreto-lei 2.281, de 5.6.1940, concedeu essa isenção, e se polemizou sobre a possibilidade de a União conceder tal isenção relativamente a impostos locais. Mesmo depois da Emenda Constitucional 1 admitia-se a validade da lei anterior que regulou a matéria (somente não subsistiria se infringisse princípio constitucional) (v. Souto Maior Borges, *Lei Complementar Tributária*, p. 76; RE 79.081 e 83.835, rel. Min. Cordeiro Guerra, *RTJ* 77/658).

Hoje, de acordo com o art. 151, III, da CF/1988, à União está vedado instituir isenções de tributos de competências dos Estados, do Distrito Federal e dos Municípios.

79. O Banco do Brasil não tem isenção de tributos locais.

Diferentemente da Súmula 77, onde a Rede Ferroviária Federal teve a seu favor a lei específica prevendo a isenção, aqui não existe a lei, apesar de ambas as pessoas serem sociedades de economia mista. Acresce que o disposto no art. 19, § 2º, da CF/1969 tratava apenas de isenção por via de lei complementar. No caso, há lei ordinária, se bem que anterior à Constituição. O Banco é sociedade de economia mista (art. 173, § 2º, da CF/1988).

V. art. 151, III, da CF/1988.

80. Para a retomada de prédio situado fora do domicílio do locador exige-se a prova da necessidade.

Súmula superada.

No advento da Lei 1.300, de 28.12.1950, era muito comum a retomada para uso próprio, sujeitando-se o locador à multa prevista na lei caso não houvesse a ocupação.

A Lei 4.494, de 25.11.1964, era mais rígida quanto às consequências pela não utilização do imóvel, com prisão simples ou multa elevada (art. 17). A prova da necessidade era exigida na Lei 4.494/1964 quando o locador residia em prédio próprio (art. 11, V) (*RTJ* 44/559 e 62/201). Com a instituição da "denúncia vazia" (Lei 8.245, de 18.10.1991), permitindo livremente ao locador a retomada, está superada a regra sumulada. A Súmula 80 está temperada pela Súmula 483.

Como acentuou o Min. Eloy da Rocha, o uso próprio, a que se referia a Lei do Inquilinato, "não supõe, por força, a residência permanente". O uso temporário do prédio, em outra localidade, se comprovada a necessidade, pode servir de fundamento do pedido de retomada (RE 68.399, *RTJ* 52/781) (v. Roberto Rosas, *Locação*, São Paulo, Ed. RT, 1973, pp. 1 e 193; v. Lei 8.245, de 18.10.1991, art. 47, III).

81. *As cooperativas não gozam de isenção de impostos locais, com fundamento na Constituição e nas leis federais.*

A isenção de impostos locais pretendida pelas cooperativas tem dado margem a muita discussão.

Nos EMS 17.623, o STF, pelo Tribunal Pleno, julgou válida a revogação de favor fiscal em benefício de cooperativas em São Paulo, travando-se interessante divergência entre o Min. Oswaldo Trigueiro e o Min. Aliomar Baleeiro (*RT* 149/691). Anteriormente a questão foi suscitada nos ERE 61.116 (*RTJ* 50/490). Assinala o Min. Aliomar Baleeiro, em seu trabalho: "Mas o problema assumiu novo aspecto com o art. 2º do Ato Complementar 27/1966, segundo o qual o disposto no art. 4º do Decreto-lei 59/1966 não exclui a aplicação do § 1º do art. 58 do CTN. Isto é, a cooperativa, em princípio, pode ser equiparada a comerciante, produtor ou industrial, sem embargo da definição do Decreto-lei 59, no art. 4º: 'As cooperativas, qualquer que seja sua categoria ou espécie, são entidades de pessoas, com forma jurídica própria, de natureza civil, para prestação de serviços ou exercício de atividades sem finalidade lucrativa, não sujeitas à falência, distinguindo-se das demais sociedades pelas normas e princípios estabelecidos na presente lei'" (*Direito Tributário Brasileiro*, 2ª ed., p. 230).

A questão impõe-se em relação ao ICMS. A Constituição Federal comete aos Estados e ao Distrito Federal a instituição desse imposto nas operações realizadas por produtores, industriais e comerciantes.

Conceituar "comerciante" é tarefa assaz dificultosa. O Decreto-lei 406/1968 mandou incluir as cooperativas entre os devedores desse tributo, tanto que a jurisprudência do STF que se assentara pela não dívida do ICM passou então a admiti-la depois do Decreto-lei 406. Novamente a tributação das cooperativas voltou a ser discutida no STF, decidindo em 1977 (RE 76.699) pela incidência de ICM nas operações efetuadas pelas cooperativas após a vigência do Decreto-lei 406/1968. Não interessa a existência de lucro, e sim o preenchimento dos requisitos fixados pelo Decreto-lei 406. Tanto é verdade que a Lei Complementar 24, de 6.1.1975, fixou a isenção para as cooperativas de produção (art. 14). Estabeleceu-se a isenção do tributo com relação à entrega da mercadoria do cooperado à cooperativa de produção, e somente. Ficaram vencidos os Mins. Moreira Alves, Alckmin e Eloy da Rocha, prevalecendo o voto do Min. Cunha Peixoto.

V.: Súmula STF-84; art. 174, § 2º, da CF/1988; Renato Lopes Becho, "O lucro nas aplicações financeiras das cooperativas", *Revista Dialética de Direito Tributário* 41/74.

82. *São inconstitucionais o Imposto de Cessão e a Taxa sobre Inscrição de Promessa de Venda de Imóvel, substitutivos do Imposto de Transmissão, por incidirem sobre ato que não transfere o domínio.*

Na promessa de venda há apenas um direito real potestativo, porém não transferindo a propriedade, o domínio (*RTJ* 59/547).

83. *Os ágios de importação incluem-se no valor dos artigos importados para incidência do Imposto de Consumo.*

O Imposto de Consumo *ad valorem* incidia sobre as mercadorias importadas, tomando-se para seu cômputo o preço da mercadoria, as despesas e os direitos, taxas e adicionais.

Não existe mais o Imposto de Consumo.

84. *Não estão isentos do Imposto de Consumo os produtos importados pelas cooperativas.*

Essa questão foi debatida no RE 60.003 (*RTJ* 43/400). V. comentários à Súmula STF-81.

Não existe mais o Imposto de Consumo.

85. *Não estão sujeitos ao Imposto de Consumo os bens de uso pessoal e doméstico trazidos, como bagagem, do Exterior.*

Esses bens não têm destinação comercial.

Não existe mais o Imposto de Consumo.

86. *Não está sujeito ao Imposto de Consumo automóvel usado, trazido do exterior pelo proprietário.*

A Súmula 86 surgiu do entendimento de que o importador, comerciante ou não, estava sujeito ao Imposto de Consumo; não se operando, todavia, sua incidência quando se tratasse de bem de uso pessoal trazido pelo proprietário ao transferir a sua residência para o Brasil.

No RMS 18.815, o Relator, Min. Barros Monteiro, ficou vencido, alegando que a Lei 4.502/1964 enumerou, no art. 17 e respectivas alíneas, os bens que constituem bagagem. Os automóveis não estavam incluídos entre esses bens do viajante. Preponderou a opinião do Min. Oswaldo Trigueiro, apoiado pelo Min. Djaci Falcão, segundo a qual "a Lei 4.502/64 não inovou na matéria, de sorte que com ela não e incompatível a súmula" (*RDA* 102/49; *RTJ* 54/849).

Não existe mais o Imposto de Consumo.

87. Somente no que não colidirem com a Lei 3.244, de 14.8.1957, são aplicáveis acordos tarifários anteriores.

A Lei 3.244, de 14.8.1957, revogou os acordos tarifários anteriores. V. Súmulas 130 e 131; Decreto Legislativo 14/1960.

88. É válida a majoração da Tarifa Alfandegária, resultante da Lei 3.244, de 14.8.1957, que modificou o Acordo Geral sobre Tarifas Aduaneiras e Comércio (GATT), aprovado pela Lei 313, de 30.7.1948.

Havendo conflito entre duas normas de Direito Interno e Internacional, prevalece a regra *lex posterior derogat priori*.

89. Estão isentas do Imposto de Importação frutas importadas da Argentina, do Chile, da Espanha e de Portugal, enquanto vigentes os respectivos acordos comerciais.

Essa isenção decorre de acordo internacional (*RTJ* 63/440).

90. É legítima a lei local que faça incidir o Imposto de Indústrias e Profissões com base no movimento econômico do contribuinte.

O Imposto de Indústrias e Profissões foi substituído, em parte, pelo ISS, se bem que a Emenda Constitucional 18 e a Constituição de 1967 restringiram esse tributo à prestação de serviços, não se incluindo o comércio e a produção de bens. A Constituição Federal de 1988 confirmou essa orientação (art. 156, III).

Segundo o art. 9º do Decreto-lei 406/1968, que revogou o art. 72 do CTN, a base de cálculo do imposto é o preço do serviço (*RTJ* 69/209).

91. A incidência do Imposto Único não isenta o comerciante de combustíveis do Imposto de Indústrias e Profissões.

Conforme acentuamos no comentário anterior, o ISS está regulado no Código Tributário Nacional com as alterações do Decreto-lei 406/1968 e, posteriormente, da Lei Complementar 56, de 15.12.1987, que em sua Lista de Serviços não inclui o comércio de combustíveis (*RTJ* 45/400).

92. É constitucional o art. 100, II, da Lei 4.563, de 20.2.1957, do Município de Recife, que faz variar o Imposto de Licença em função do aumento do capital do contribuinte.

A base de cálculo para a licença, segundo o Código Tributário do Recife da época, devia ser o capital, com alteração para mais, sobre o valor do aumento.

93. Não está isenta do Imposto de Renda a atividade profissional do arquiteto.

A Constituição de 1946 (art. 203) declarava livres de qualquer imposto os direitos de autor, preceito não reproduzido a partir da Constituição de 1967.

Nos termos daquela Constituição, era necessário verificar o alcance da atividade do arquiteto, considerando-se, ou não, os trabalhos de sua autoria como propriedade intelectual. No RE 38.931 assim não foi considerado. Nos embargos a esse acórdão o Min. Hahnemann Guimarães deu nova configuração em relação ao Imposto de Renda, porquanto o Imposto não grava diretamente os direitos do autor, mas os rendimentos do trabalho.

Caminho certo é o trilhado pela Lei dos Direitos do Autor, considerando como obras protegidas as de arquitetura (Lei 9.610/1998, art. 7º, X; v. a anterior Lei dos Direitos Autorais, Lei 5.988, de 14.12.1973, art. 6º, X).

94. É competente a autoridade alfandegária para o desconto, na fonte, do Imposto de Renda correspondente às comissões dos despachantes aduaneiros.

A Lei 2.879, de 21.9.1956, mandava recolher pelas repartições competentes as comissões que competissem aos despachantes aduaneiros. Sobre essa arrecadação então era feito o desconto do Imposto de Renda.

95. Para cálculo do Imposto de Lucro Extraordinário, incluem-se no capital as reservas do ano-base, apuradas em balanço.

As reservas são consideradas extensão do capital.

96. *O Imposto de Lucro Imobiliário incide sobre a venda de imóvel da meação do cônjuge sobrevivente, ainda que aberta a sucessão antes da vigência da Lei 3.470, de 28.11.1958.*

Enunciado de caráter transitório.

97. *É devida a alíquota anterior do Imposto de Lucro Imobiliário quando a promessa de venda houver sido celebrada antes da vigência da lei que a tiver elevado.*

A data do negócio jurídico determinou a alíquota a prevalecer.

98. *Sendo o imóvel alienado na vigência da Lei 3.470, de 28.11.1958, ainda que adquirido por herança, usucapião ou a título gratuito, é devido o Imposto de Lucro Imobiliário.*

Enunciado de caráter transitório.

99. *Não é devido o Imposto de Lucro Imobiliário quando a alienação de imóvel adquirido por herança, ou a título gratuito, tiver sido anterior à vigência da Lei 3.470, de 28.11.1958.*

Enunciado de caráter transitório, não sendo devido, de acordo com o Decreto-lei 1.042, de 21.10.1969 (arts. 2º, III, e 6º).

100. *Não é devido o Imposto de Lucro Imobiliário quando a alienação de imóvel adquirido por usucapião tiver sido anterior à vigência da Lei 3.470, de 28.11.1958.*

Enunciado de caráter transitório, porque somente aplicável nos casos previstos na parte final.

101. *O mandado de segurança não substitui a ação popular.*

Em presença da Constituição de 1988 não teria significado o dissídio. O mandado visa a garantir direito líquido e certo turbado por ilegalidade ou abuso de poder (CF/1988, art. 5º, LXIX); a ação popular visa a anular ato lesivo ao patrimônio público ou de entidades públicas, à moralidade administrativa etc. (art. 5º, LXXIII). A legitimidade ativa nas duas situações é diversa. Pontes de Miranda tem opinião diversa da exposta nesta Súmula: nada obsta a que, em vez de propor ação constitutiva negativa, proponha o cidadão a ação mandamental

(*Comentários à Constituição de 1946*, t. V, p. 400; *Comentários à Constituição de 1969*, t. V, p. 638).

Em linha diversa do ilustre Jurista, portanto na esteira da Súmula, estão: José Afonso da Silva, *Ação Popular Constitucional*, 2ª ed., São Paulo, Malheiros Editores, 2007, p. 89; Paulo Barbosa de Campos Filho, *Ação Popular Constitucional*, p. 54; Hely Lopes Meirelles, *Mandado de Segurança e Ações Constitucionais*, 33ª ed., São Paulo, Malheiros Editores, 2010, p. 178; Roberto Rosas, *Do Abuso de Poder*, 1968.

Quando é afetado o direito de várias pessoas, qualquer delas pode impetrar o mandado de segurança; portanto, aparente interesse coletivo ou difuso não pode ser amparado pela ação popular, porque a própria Lei do Mandado de Segurança assim determina a solução (v. Hely Lopes Meirelles, *Mandado de Segurança e Ações Constitucionais*, cit., 33ª ed., p. 176). Observara Castro Nunes sobre a prestabilidade do mandado de segurança para defender o patrimônio público da lesão que redundara em ofensa de direito individual (*RDA* 27/239).

Para melhor entendimento desta Súmula cabe distinguir *direito*, *pretensão* e *interesse*. Muitas vezes há interesse reflexo, decorrente da prática de atos genéricos, e até de interesse público (José Carlos Barbosa Moreira, *Direito Aplicado*, p. 114). Entendeu o STF que o mandado de segurança é incabível quando o impetrante não tem em vista a defesa de direito subjetivo, mas mero interesse reflexo (RE 103.299, rel. Min. Francisco Rezek, *RTJ* 120/328; *RTJ* 119/226).

O STF examinou essa questão em mandado de segurança contra aumento dos subsídios de deputados e senadores, quando considerou-se a impossibilidade da substituição da ação popular pelo mandado de segurança (Emília Viotti da Costa, *O Supremo Tribunal Federal e a Construção da Cidadania*, 2001, p. 125).

102. *É devido o Imposto Federal do Selo pela incorporação de reservas, em reavaliação de ativo, ainda que realizada antes da vigência da Lei 3.519, de 30.12.1958.*

Enunciado de caráter transitório.

103. *É devido o Imposto Federal do Selo na simples reavaliação do ativo realizada posteriormente à vigência da Lei 3.519, de 30.12.1958.*

A Lei 3.519/1958 dispunha que na alteração do capital sobre qualquer entrada ou aumento haveria a incidência do Imposto.

104. Não é devido o Imposto Federal do Selo na simples reavaliação de ativo anterior à vigência da Lei 3.519, de 30.12.1958.

Enunciado de caráter transitório.

105. Salvo se tiver havido premeditação, o suicídio do segurado no período contratual de carência não exime o segurador do pagamento do seguro.

Observou Carvalho Santos o caráter antissocial ou imoral, atentatório à ordem pública, do seguro feito antecedendo o suicídio. Há, no entanto, necessidade de o segurador provar que foi ele deliberado, pois se resultar de grave – embora momentânea – perturbação da inteligência não anulará o contrato (*Comentários* ..., vol. XIX, p. 286).

Para Clóvis essa morte é uma fatalidade. O indivíduo não a quis, obedeceu a forças irresistíveis (*Comentários* ..., art. 1.440). Como consequência, distingue-se o suicídio em *voluntário* e *involuntário*. Cláusula que exclua indenização no suicídio involuntário é inoperante, porque contrária à finalidade econômica do contrato de seguro.

Acentua Washington de Barros Monteiro que, para contornar as objeções, costumam as companhias seguradoras estabelecer um período de carência; superado este, exclui-se a investigação sobre as causas do suicídio, se voluntário ou involuntário. A inserção da referida cláusula destrói o próprio vínculo do contrato de seguro (*Curso de Direito Civil*, vol. 5, p. 369). No Código Civil italiano encontramos dispositivo regulador da espécie: "In caso di suicidio dell'assicurato, avvenuto prima che siano decorsi 2 (due) anni dalla stipulazione del contratto, l'assicuratore non è tenuto al pagamento delle somme assicurate, salvo patto contrario".

Convém lembrar que o suicídio, como ato de extremo desespero, não teria caráter de voluntário (Isaac Halpern, *Contrato de Seguro*, 2ª ed., p. 521).

Reiteradamente o STF negou a validade escusante da responsabilidade da companhia seguradora (ERE 8.226, *Arquivo Judiciário* 80/119; RE 2.729; Ag 88.815, *RTJ* 104/1.114).

O Min. Gonçalves de Oliveira, em voto, assentou a direção que veio a prevalecer na Súmula, observando:

"Somente em hipótese em que o segurado celebrasse o contrato de caso pensado e se suicidasse para deixar bem a família com o seguro é que se poderia cogitar de suicídio voluntário, exclusivo da responsabilidade da seguradora.

"Nos demais casos, equipara-se a morte do segurado à morte natural: foi um louco que se acidentou, que morreu" (RE 50.389, *RF* 200/81). Insurgiu-se contra essa opinião o Min. Luiz Gallotti: "Em tais casos, o seguro não poderá ser feito, e, se for convencionado, será nulo, pois interessa à ordem pública não estimular o duelo nem o suicídio". Na esteira desta Súmula 105, o Min. Aliomar Baleeiro apontou a reiterada jurisprudência no seu sentido (Ag 34.851, *RTJ* 37/628).

A jurisprudência do STF tem estendido a regra ao seguro de acidentes pessoais (*RTJ* 75/299).

O CC/2002, art. 798, estabelece: "O beneficiário não tem direito ao capital estipulado quando o segurado se suicida dentro dos primeiros 2 (dois) anos da vigência inicial do contrato, ou da sua recondução depois de suspenso, observado o disposto no parágrafo único do artigo antecedente". E o parágrafo único, referido, dispõe que nesse caso "o segurador é obrigado a devolver ao beneficiário o montante da reserva técnica já formada".

V.: José Carlos Barbosa Moreira, *Direito Aplicado*, p. 30; Súmula STJ-61; Sérgio Cavalieri Filho, *Programa de Responsabilidade Civil*, 6ª ed., 3ª tir., São Paulo, Malheiros Editores, 2006, pp. 462-464; Manoel Justino Bezerra Filho, "O suicídio do segurado ante o novo Código Civil", in *Estudos em Homenagem ao Min. Moreira Alves*, São Paulo, Ed. RT, 2003, p. 459.

106. *É legítima cobrança de Selo sobre registro de automóvel, na conformidade da legislação estadual.*

A propósito da espécie versada nesta Súmula, votou o Min. Gonçalves de Oliveira: "O Estado pode decretar impostos sobre 'atos regulados por lei estadual' (art. 19, VI). Foi o que fez, na espécie, o Estado de São Paulo. Instituiu sobre a emissão de certificado de propriedade de veículo. Esse certificado não é regulado por lei federal, mas estadual. Sobre ele pode o Estado instituir o Imposto de Selo, nos termos do art. 19, VI, da CF" (RE 42.028).

Desde a Emenda 1/1969 não mais é atribuída ao Estado essa possibilidade.

107. *É inconstitucional o Imposto de Selo de 3%, ad valorem, do Paraná, quanto aos produtos remetidos para fora do Estado.*

A Lei 4.299, de 23.12.1963, que fixava a competência dos Estados para a cobrança do Imposto de Vendas e Consignações/IVC, assentou que, quando o objeto do contrato fosse produto agrícola, pecuário ou extrativo, sobre a operação de venda ou consignação para fora do Estado em que fora produzida a coisa incidiria a tributação.

V. CF/1988, art. 155, § 2º.

108. É legítima a incidência do Imposto de Transmissão Inter Vivos sobre o valor do imóvel ao tempo da alienação e não da promessa, na conformidade da legislação local.

A propósito desta Súmula, é importante o voto do Min. Pedro Chaves nos ERE 38.352: "O imposto previsto no art. 19, III, da CF e atribuído ao Estado, desde 1891, é da Transmissão de Propriedade Imobiliária *Inter Vivos*, o velho Imposto de Sisa. Recai o tributo sobre a transmissão e não sobre a promessa de transmissão. Enquanto promessa, o ato é intributável. Caracterizada a promessa, aperfeiçoa-se a transmissão, sobre ela incide o tributo".

Prevalece esse enunciado, conforme afirma o Min. Aliomar Baleeiro, enquanto não forem legisladas normas gerais de direito financeiro (*Direito Tributário Brasileiro*, 2ª ed., p. 161) (*RTJ* 69/783 e 167, 64/728 e 61/97).

Hoje esse imposto é da competência dos Municípios (CF/1988, art. 156, I).

109. É devida a multa prevista no art. 15, § 6º, da Lei 1.300, de 28.12.1950, ainda que a desocupação do imóvel tenha resultado da notificação e não haja sido proposta a ação de despejo.

O Decreto-lei 890, de 25.9.1969, aboliu a notificação prévia nas retomadas.

110. O Imposto de Transmissão Inter Vivos não incide sobre a construção, ou parte dela, realizada pelo adquirente, mas sobre o que tiver sido construído ao tempo da alienação do terreno.

Assinalou o Min. Víctor Nunes, esclarecendo o significado desta Súmula, que ela não ficou bem redigida: "De um lado, a Súmula afirma o princípio de que a construção 'realizada pelo adquirente', isto é, em seu nome e por sua conta, está livre da Sisa. De outro, declara tributável 'o que tiver sido construído ao tempo da alienação do terreno'. O vocábulo 'alienação', ali empregado, faz pensar na escritura definitiva, isto é, na construção existente, nessa data. Parece-me que, pelo entendimento predominante no Tribunal, o momento a ser considerado é o contrato de construção, em regra contemporânea da promessa de venda, e não a escritura definitiva de alienação do terreno, pois aquele contrato é que define a situação jurídica do contribuinte, em relação à outra; ele é que comprova que a construção, ou parte dela, não foi realizada em nome e por conta do primitivo proprietário, mas em nome e por conta do comprador ou promitente comprador" (RE 55.884).

111. É legítima a incidência do Imposto de Transmissão Inter Vivos sobre a restituição, ao antigo proprietário, de imóvel que deixou de servir à finalidade da sua desapropriação.

A questão foi bem colocada pelo Min. Hahnemann Guimarães: "A retrocessão resulta do direito de preempção ou preferência que tem o expropriado sobre o bem que saiu do seu patrimônio. Mas este direito de prelação ou preferência não exclui o pagamento do Imposto de Transmissão de propriedade, porque, com a expropriação, extingue-se o domínio do expropriado e incorpora-se o bem no patrimônio do expropriante. Se esse patrimônio é alienado, depois, voltando ao patrimônio do expropriado, há transmissão de propriedade, que justifica o pagamento do imposto" (RE 47.259 e 53.381, *RTJ* 54/416).

112. O Imposto de Transmissão Causa Mortis é devido pela alíquota vigente ao tempo da abertura da sucessão.

Decidiu a 1ª Turma do STF, pelo voto do Min. Aliomar Baleeiro, no RE 69.553 (*RTJ* 54/703): "O fato gerador do Imposto de Transmissão *Causa Mortis* é instantâneo, nos termos do art. 1.572 do CC, [CC/1916; CC/2002, art. 1.784] aplicável por força dos arts. 109 e 110 do CTN. A falta de encerramento do processo do inventário, no qual se liquida aquele tributo, não altera a transmissão para sujeitá-la aos efeitos do art. 105 do CTN".

A propósito desta Súmula, o Min. Baleeiro tece considerações em seu livro *Direito Tributário Brasileiro*, 2ª ed., pp. 446 e 583 (*RTJ* 63/695, 61/541, 60/597 e 58/765). O enunciado foi mantido no RE 85.317 (*RTJ* 93/628).

V. Paulo Cézar Pinheiro Carneiro, *Comentários ao Código de Processo Civil*, vol. IX, t. 1, Rio de Janeiro, Forense, 2003, p. 138.

113. *O Imposto de Transmissão* Causa Mortis *é calculado sobre o valor dos bens na data da avaliação.*

Eis as observações do Min. Baleeiro sobre este enunciado: "O Código Tributário Nacional é silente acerca de qual o valor à data da avaliação" (*Direito Tributário Brasileiro*, 2ª ed., p. 161). Segundo o art. 38 do CTN, a base de cálculo do imposto é o valor venal dos bens ou direitos transmitidos. No entanto, a Súmula tem sido aplicada (RE 81.928, rel. Min. Cordeiro Guerra, *RTJ* 78/584, e RE 82.457, *RTJ* 79/608).

Não se argumente com desvalorização até o pagamento do imposto, porque é devida a correção monetária sobre o valor do imposto, como tem acentuado o STF (RE 97.459, rel. Min. Djaci Falcão, *RTJ* 106/382; RE 98.589, rel. Min. Aldir Passarinho, *RTJ* 109/322).

114. *O Imposto de Transmissão* Causa Mortis *não é exigível antes da homologação do cálculo.*

O cálculo do Imposto de Transmissão *Causa Mortis* é julgado antes da partilha (CPC/1973, art. 1.013, § 2º); depois é efetuado o pagamento do imposto (CPC/1973, art. 1.026).

V. RE 82.457, rel. Min. Cordeiro Guerra (*RTJ* 79/608).

115. *Sobre os honorários do advogado contratado pelo inventariante, com a homologação do juiz, não incide o Imposto de Transmissão* Causa Mortis.

O imposto deve incidir sobre a herança líquida, sobre os bens transmitidos.

116. *Em desquite ou inventário, é legítima a cobrança do chamado Imposto de Reposição, quando houver desigualdade nos valores partilhados.*

[*Ressalve-se a substituição da expressão "desquite" por "separação judicial" e "divórcio" (Lei 6.515, de 26.12.1977, art. 39; CC/2002, arts. 1.571 e ss.).*]

É devido o Imposto de Transmissão *Inter Vivos*, com a dedução do Imposto *Causa Mortis*, quando um dos herdeiros fica com todo o espólio, ou um dos cônjuges com todos os bens do casal, pagando ao(s) outro(s) o valor de seus quinhões.

V. Yussef Said Cahali, *Divórcio e Separação*, 10ª ed., 2002, p. 161.

117. *A lei estadual pode fazer variar a alíquota do Imposto de Vendas e Consignações em razão da espécie do produto.*

A Emenda 1/1969, dispondo contra a Súmula, fixou a uniformidade da alíquota (§ 5º do art. 23). Crê o Min. Aliomar Baleeiro que o Senado pode estabelecer alíquota para as operações intraestaduais, outra para as interestaduais, e ainda outra para o mercado interno (*Direito Tributário Brasileiro*, 2ª ed., p. 225).

V. CF/1988, art. 155, V.

118. *Estão sujeitas ao Imposto de Vendas e Consignações as transações sobre minerais, que ainda não estão compreendidos na legislação federal sobre o Imposto Único.*

Súmula prejudicada com a vigência da Lei 4.425/1964 (v. 1ª Turma, RE 70.138, *RTJ* 74/675).

O imposto único sobre transação de minerais incidia uma só vez (art. 21, IX, da EC 1/1969; Aliomar Baleeiro, *Direito Tributário Brasileiro*, 2ª ed., p. 278).

V. CF/1988, art. 155, § 3º.

119. *É devido o Imposto de Vendas e Consignações sobre a venda de cafés ao Instituto Brasileiro do Café, embora o lote, originariamente, se destinasse à exportação.*

O tema deste enunciado tem pertinência com a Súmula 73, que foi reexaminada em aresto do STF.

Afirmou o Min. Oswaldo Trigueiro que, sem embargo da jurisprudência compreendida na Súmula 73, o STF não foi ao ponto de declarar que a imunidade tinha sentido amplo e irrestrito, de tal sorte que as autarquias em nenhuma hipótese devessem pagar qualquer tributo ao Fisco Estadual ou Municipal (RMS 16.539, *RDA* 102/243). Concluiu S. Exa. que não se considera o IBC imune à tributação quando negocia com o Exterior – não tendo direito líquido e certo de não pagar o imposto incidente sobre suas transações ou transferências no mercado interno.

O Min. Aliomar Baleeiro seguia orientação diferente, porque o IBC desempenha serviço federal, não havendo, portanto, compra e venda.

A corrente predominante aliou-se à tese do Min. Oswaldo Trigueiro. Em julgados posteriores o STF considerou a imunidade tributária da autarquia federal Instituto Brasileiro do Café, pois a atividade de compra e venda do café relacionava-se com suas finalidades essenciais, ainda que o café fosse destinado à exportação (RE 88.625, rel. Min. Cordeiro Guerra, *RTJ* 89/614).

120. *Parede de tijolos de vidro translúcido pode ser levantada a menos de metro e meio do prédio vizinho, não importando servidão sobre ele.*

A disposição do CC/2002, art. 1.301 (art. 573 do CC/1916) de impedir a construção de janelas, frestas e óculos maiores de 10cm de largura por 20cm de comprimento visa a proteger o vizinho contra a intromissão da vizinhança através de olhares. Como observa Clóvis Beviláqua, todas as medidas na construção são apenas para dar luz, e somente isso, tal a mínima dimensão permitida (*Comentários* ..., vol. 3, p. 89).

Carvalho Santos acentua que as frestas, seteiras e óculos são aberturas feitas especialmente para dar entrada ao ar e à luz, mas onde a vista não alcança (*Código Civil Interpretado*, vol. VIII, p. 142). Da mesma forma, colocaríamos nessa situação a parede de vidro translúcido, cujo material resistente é assente de tal maneira que apenas permite a entrada de luz, sendo intransponível a visão, portanto indevassável.

No STF a configuração de parede de vidro translúcido como "janela" sofreu objeções por parte do Min. Hahnemann Guimarães. Para S. Exa., "janela" é a abertura que permite visão. No caso da parede de tijolos de vidro translúcido não há visão, e sem visão não pode haver janela (RE 49.474).

Em longo e erudito voto sobre o assunto, o Min. Gonçalves de Oliveira acompanhou a opinião do Min. Hahnemann Guimarães, porque, não havendo abertura, nem vão, nem visão para o prédio vizinho, mas simples parede de tijolos translúcidos, não há janelas (ERE 49.474).

Não constituindo servidão, defere-se ao proprietário vizinho o direito de levantar sua parede quando lhe aprouver (Virgílio de Sá Pereira, *Manual do Código Civil*, vol. VIII, p. 286).

121. *É vedada a capitalização de juros, ainda que expressamente convencionada.*

O *anatocismo* é considerado como a capitalização de juros. O Decreto 22.626, de 7.4.1933, art. 4º, chamado "Lei de Usura", proibiu a contagem de juros dos juros (revogado tacitamente pela Lei 4.595/1964).

Vários juristas interpretaram o citado diploma como não proibindo a capitalização quando expressamente estipulada (Camilo Nogueira da Gama, *Penhor Rural*, 2ª ed., n. 38). Contra essa opinião opõe-se o Min. Orosimbo Nonato, alegando que a vedação se caracteriza (RE 17.785).

Em vários julgados a Corte ratificou a Súmula 121: *RTJ* 92/1.341, 89/608 e 99/854. Admite-se sua não incidência quando lei especial adote critério de fixação e contagem dos juros, como bem demonstrou o Min. Djaci Falcão no RE 96.875 (*RTJ* 108/282) e ficou assente na Súmula 596.

Admissível a capitalização de juros nas operações do SFH, desde que pactuada (STJ, REsp 629.487-RS, rel. Min. Fernando Gonçalves, *DJU* 2.8.2004, p. 412); v. capitalização de juros em cartão de crédito: EREsp 915.570; e Medida Provisória 2.170-36, de 23.8.2001; STJ, REsp 890.460 e 821.357.

V. Súmula STJ-93.

Na ADI 2.316 discute-se o art. 5º da Medida Provisória 2.170-36, de 23.8.2001.

122. *O enfiteuta pode purgar a mora enquanto não decretado o comisso por sentença.*

Permitiu-se ao enfiteuta a purgação da mora, ainda que o Código Civil/1916 considerasse extinta a enfiteuse pelo comisso quando o foreiro deixasse de pagar as pensões devidas, por três anos consecutivos (art. 692, II).

Lafayette Rodrigues Pereira, referindo-se às enfiteuses eclesiásticas, afirma que, neste caso, poderá o foreiro purgar a mora (*Direito das Coisas*, n. 245). Idêntica é a opinião de Coelho da Rocha (*Direito Civil Português*, § 557). Veja-se o exaustivo estudo do Des. Oswaldo Aranha Bandeira de Mello sobre a enfiteuse na *RF* 204/49.

V. Súmulas STF-169 e 170 (*RTJ* 77/323, 76/605 e 76/665).

O CC/2002 proibiu a constituição de novas enfiteuses (art. 2.038), subordinando-se as já existentes, até sua extinção, ao Código Civil de 1916.

123. *Sendo a locação regida pelo Decreto 24.150, de 20.4.1934, o locatário não tem direito à purgação da mora prevista na Lei 1.300, de 28.12.1950.*

A purgação da mora na locação comercial suscitou muitas dúvidas, principalmente em relação à aplicação da legislação da locação residencial – no caso, as revogadas Leis 1.300/1950 e 4.494/1964.

Em 1967, o Governo, procurando obviar a discussão, baixou o Decreto-lei 322, que posteriormente teve seu art. 5º declarado inconstitucional pelo STF, porque não se referia a matéria de finanças públicas ou segurança nacional, como exigia a Constituição de 1967. Exatamente esse art. 5º permitia a purgação da mora em locação comercial (RE 62.731, *RTJ* 45/559).

Posteriormente foi promulgada a Lei 5.334, de 12.10.1967, repetindo o inquinado art. 5º; porém, o STF não aplicou esse princípio, mantendo reiteradamente a Súmula 123 (RE 67.239, *DJU* 3.10.1969; RE 67.419, *DJU* 3.10.1969; RE 63.627, *DJU* 29.8.1969).

Ao locatário caberia a ação consignatória, e não a purgação, havendo atraso ou obstáculo. Argumenta-se que o CC/2002, art. 401, I (CC/1916, art. 959, I) permite a purgação da mora por parte do devedor, oferecendo este a prestação mais a importância dos prejuízos decorrentes até o dia da oferta (*RF* 206/410).

Na doutrina, afirmaram Luiz Antônio de Andrade e Marques Filho que a circunstância de pertencer o contrato de locação à categoria daqueles protegidos pela Lei de Luvas não impediria que o locatário purgasse a mora. Também da mesma opinião Espínola Filho (*Locação Predial e Territorial Urbana*, vol. 11, p. 395) (v. Luiz Antônio de Andrade, *Os Novos Aluguéis na Locação de Imóveis*, 1965, p. 96). A Súmula continuou em vigor (v.: Roberto Rosas, *Locação – Jurisprudência do STF Comentada*, São Paulo, Ed. RT, 1973, p. 109; José da Silva Pacheco, *Tratado das Ações de Despejo*, p. 341). A Súmula 123 foi mantida em inúmeros julgados. Depois se admitiu a purgação da mora prevista no CC/2002, art. 401, I (CC/1916, art. 959, I). Ademais, se o Decreto 24.150/1934 condicionava a prorrogação do contrato à prova do exato cumprimento do mesmo, não se permitiria essa prorrogação com o inadimplemento do pagamento dos aluguéis. A Lei 5.334 (art. 5º) deferia a purgação da mora nas locações para fins não residenciais, e não expressamente a locação do Decreto 24.150/1934. Novamente o tema mudou de posição com a Lei 6.649, de 16.5.1979 (revogada pela Lei 8.245, de 18.10.1991), que aplicava a purgação da mora às locações amparadas pelo Decreto 24.150/1934 (art. 36, § 4º).

A Súmula foi aplicada até mais recentemente (*RTJ* 89/919 e 88/713).

Hoje, com a revogação expressa do Decreto-lei 24.150/1934 pela Lei 8.245, de 18.10.1991, e a aplicação desta lei aos imóveis urbanos, cabe a purgação da mora (art. 62, II).

124. É inconstitucional o Adicional do Imposto de Vendas e Consignações cobrado pelo Estado do Espírito Santo sobre cafés da cota de expurgo entregues ao Instituto Brasileiro do Café.

V. comentários à Súmula STF-107.

125. Não é devido o Imposto de Vendas e Consignações sobre a parcela do Imposto de Consumo que onera a primeira venda realizada pelo produtor.

Não existe mais o Imposto de Consumo.

Observando a situação do IPI no Código Tributário Nacional (art. 49), substituto do Imposto de Consumo, diz o Min. Aliomar Baleeiro: "O art. 49, em termos econômicos, manda que, na base de cálculo do IPI, deduza-se do valor do *output*, isto é, do produto acabado, a ser tributado, o *quantum* do mesmo imposto suportado pelas matérias-primas, que, como *input*, o industrial empregou para fabricá-lo. A tanto equivale calcular o imposto sobre o total, mas deduzir igual imposto pago pelas operações anteriores sobre o mesmo volume de mercadorias. Assim, o IPI incide apenas sobre a diferença a maior ou 'valor acrescido' pelo contribuinte" (*Direito Tributário Brasileiro*, 2ª ed., p. 196).

126. É inconstitucional a chamada Taxa de Aguardente, do Instituto do Açúcar e do Álcool.

A Comissão Executiva do Instituto do Açúcar e do Álcool/IAA, pela Resolução 995/1954, resolveu que o acréscimo do preço de Cr$ 2,00, estabelecido, seria recolhido pelos produtores ao IAA, sendo, como consequência do não recolhimento, requisitado o produto. A Constituição de 1946 fixava a competência da União para legislar sobre requisições. No caso, não houve o exercício dessa iniciativa.

127. É indevida a Taxa de Armazenagem, posteriormente aos primeiros 30 dias, quando não exigível o Imposto de Consumo, cuja cobrança tenha motivado a retenção da mercadoria.

Não existe mais o Imposto de Consumo.

A isenção do Imposto de Consumo envolvia a Taxa de Armazenagem (*RTJ* 66/249). O art. 5º do Decreto-lei 517/1969 alterou, em parte, a Súmula.

128. É indevida a Taxa de Assistência Médica e Hospitalar das instituições de previdência social.

O STF julgou inconstitucional essa cobrança, e o Senado Federal chancelou com a Resolução 26, de 1.12.1959.

129. Na conformidade da legislação local, é legítima a cobrança de Taxa de Calçamento.

A Taxa de Calçamento, nesse caso, teria o sentido de contribuição de melhoria. Sua constitucionalidade ficou reconhecida no STF (*RF* 87/386). No entanto, a jurisprudência posterior impede que a taxa encoberte o fato gerador da contribuição de melhoria (*RTJ* 61/160 e 85/715).

130. A Taxa de Despacho Aduaneiro (art. 66 da Lei 3.244, de 14.8.1957) continua a ser exigível após o Decreto Legislativo 14, de 25.8.1960, que aprovou alterações introduzidas no Acordo Geral sobre Tarifas Aduaneiras e Comércio (GATT).

Acentuou o Min. Víctor Nunes que a simples promulgação do Decreto Legislativo 14/1960, que derrogou a Lei 3.244/1957, substituindo-lhe a Lista III, de concessões tarifárias, não poderia ter o efeito, sem cláusula expressa em tal sentido, de restaurar disposições revogadas da legislação anterior (RMS 8.831). O Min. Aliomar Baleeiro fez considerações sobre as Súmulas 130 e 131, chegando ao ponto de propor a revisão dessas Súmulas, porque há uma enormíssima incongruência entre estas e a Súmula 142, eis que, ao passo em que a Súmula 142 diz que a Taxa Aduaneira é um adicional do Imposto de Importação e, então, deve ser excluída quando for excluído esse Imposto de Importação, as Súmulas 130 e 131 sustentam tese contrária (RE 69.234).

V. Súmulas 131 e 308.

131. Taxa de Despacho Aduaneiro (art. 66 da Lei 3.244, de 14.8.1957) continua a ser exigível após o Decreto Legislativo 14, de 25.8.1960, mesmo para as mercadorias incluídas na vigente Lista III do Acordo Geral sobre Tarifas Aduaneiras e Comércio (GATT).

V. comentários à Súmula STF-130.

132. Não é devida a Taxa de Previdência Social na importação de amianto bruto ou em fibra.

Sendo o amianto bruto ou em fibra mercadoria livre de direitos, não há incidência do tributo.

133. Não é devida a Taxa de Despacho Aduaneiro na importação de fertilizantes e inseticidas.

A taxa não era devida porquanto esses produtos estavam isentos de impostos de importação.

134. A isenção fiscal para a importação de frutas da Argentina compreende a Taxa de Despacho Aduaneiro e a Taxa de Previdência Social.

V. comentário à Súmula STF-133.

135. É inconstitucional a Taxa de Eletrificação de Pernambuco.

Esta taxa recaía sobre as operações de vendas e consignações que estão sob regime das mercadorias transferidas, isto é, as transações já tributadas na fonte.

136. É constitucional a Taxa de Estatística da Bahia.

Argumentaram alguns Ministros da Excelsa Corte que a taxa em discussão era, evidentemente, um Imposto de Importação sobre mercadorias estrangeiras, principalmente o Min. Hahnemann Guimarães. Ponto rebatido pelo Min. Víctor Nunes.

O tema da constitucionalidade dessa taxa voltou à baila na discussão da Taxa de Estatística cearense, ficando vencidos os Mins. Evandro Lins, Gonçalves de Oliveira, Prado Kelly e Villas Boas. Acentuou o Min. Aliomar Baleeiro: "E, neste caso, é com a agravante afrontosa de distinguir e discriminar pelo destino e pela origem da mercadoria. A situação é de absoluta clareza. O Imposto de Vendas será uniforme, sem discriminações pela procedência e pelo destino da mercadoria" (RMS 14.256, *RTJ* 38/401).

137. A Taxa de Fiscalização da Exportação incide sobre a bonificação cambial concedida ao exportador.

O preço recebido pelo exportador inclui as bonificações.

138. *É inconstitucional a Taxa Contra Fogo, do Estado de Minas Gerais, incidente sobre prêmio de seguro contra fogo.*

Abordando o alcance dessa taxa, afirmou o Min. Gonçalves de Oliveira: "No caso dos autos, parece que o Estado de Minas Gerais está fazendo o seguinte: o tributo cobrado é tipicamente um imposto, na minha opinião, pelo seguinte: só quem paga este imposto são os contratantes; aqueles que fazem contrato de seguro. Quer dizer, este imposto, a meu parecer, se identifica com aquele enumerado, expressamente, no art. 15, VI, como da competência da União" (RMS 8.408).

139. *É indevida a cobrança do Imposto de Transação a que se refere a Lei 899/1957, art. 58, IV, "e", do antigo Distrito Federal.*

Enunciado de caráter transitório. O Imposto de Transações, além de incidir sobre as empreitadas, que era, nesse caso, tributo privativo da União, também era exigido sobre cessão de direitos à promessa.

140. *Na importação de lubrificantes é devida a Taxa de Previdência Social.*

A Constituição Federal de 1946 instituiu o Imposto Único sobre o consumo de lubrificantes. No caso, o fato gerador era a importação, e não o consumo.

141. *Não incide a Taxa de Previdência Social sobre combustíveis.*

V. a Súmula anterior.

142. *Não é devida a Taxa de Previdência Social sobre mercadorias isentas do Imposto de Importação.*

Considerou-se a Taxa de Despacho Aduaneiro como adicional do Imposto de Importação.
V. comentários à Súmula STF-130.

143. *Na forma da lei estadual, é devido o Imposto de Vendas e Consignações na exportação de café pelo Estado da Guanabara, embora proveniente de outro Estado.*

A Lei 4.299, de 23.12.1963, dispôs sobre o assunto, após a Súmula.
V. Súmula STF-107.

144. *É inconstitucional a incidência da Taxa de Recuperação Econômica de Minas Gerais sobre contrato sujeito ao Imposto Federal do Selo.*

A Taxa de Recuperação Econômica de Minas Gerais incidia sobre os instrumentos dos contratos, sujeitos a tributação federal. Portanto, existia uma bitributação, donde a declaração de inconstitucionalidade.

Nos ERE 61.116 o STF aplicou a Súmula 144 em relação às cooperativas (*RTJ* 50/490 e 54/21; Aliomar Baleeiro, *Direito Tributário Brasileiro*, 2ª ed., p. 67).

V. Ricardo Perlingeiro Mendes da Silva, *Execução contra a Fazenda Pública*, São Paulo, Malheiros Editores, 1999, p. 130.

145. *Não há crime quando a preparação do flagrante pela Polícia torna impossível a sua consumação.*

Assinalou o Min. Carvalho Mourão, apoiado em Carrara, que há uma tentativa impossível (não suscetível, portanto, de punição) por parte do instigado. Provoca-se o que, da parte dele, apenas é a revelação de sua intenção criminosa (*Arquivo Judiciário* 56/6). Em outro julgado, informador da Súmula, também se adotou a mesma orientação.

Heleno Fragoso faz críticas a esse enunciado, aceitando, no entanto, uma redação mais consentânea com a realidade: "A preparação do flagrante, como excludente do crime, não prescinde do induzimento ou provocação pela autoridade, ou com o seu concurso" (*Revista Brasileira de Criminologia e Direito Penal* 9/165 e 7/143).

Não há flagrante preparado na falta da suposta vítima se a vítima é real, e não há encenação, não há preparação do flagrante (RHC 55.215, *RTJ* 8/76). É indiferente que o flagrante tenha sido forjado pela Polícia. É relevante a impossibilidade de consumação do crime (RHC 54.654, *RTJ* 84/399). Não há preparação do flagrante quando ocorre depois da consumação (RHC 54.077, *RTJ* 77/134; HC 61.253, *RTJ* 108/174).

146. *A prescrição da ação penal regula-se pela pena concretizada na sentença, quando não há recurso da acusação.*

Ao interpretar o alcance do art. 110, parágrafo único, da antiga Parte Geral do CP, o grande mestre Nelson Hungria balizou nova orientação no tema prescricional no direito penal. Dispunha esse artigo: "A prescrição, depois de sentença condenatória de que somente o réu tenha recorrido, regula-se também pela pena imposta e verifica-se nos mesmos prazos".

O ilustre penalista acentuou, ao apreciar caso concreto:

"A prescrição se regula pela pena imposta, desde que não interposta apelação pelo Ministério Público, impossibilitando uma *reformatio in pejus*, e deve ser declarada se, entre o recebimento da denúncia e a própria sentença condenatória, já decorreu tempo suficiente.

"Concretizada a pena, com a qual concordou o Ministério Público, essa é a pena que *ab initio* era justa. A pena cominada *in abstracto*, a que se referia a denúncia, revelou-se, na espécie, demasiada.

"A pena adequada, a pena que realmente devia ter sido solicitada pelo Ministério Público, era a que veio a ser imposta pelo juiz. Assim, a prescrição deve ser entendida como relacionada, desde o princípio, à pena aplicada *in concreto*" (HC 38.186).

Redarguiu a essa opinião o Min. Luiz Gallotti, porquanto o Código Penal, no citado dispositivo, mandava contar a prescrição depois da sentença, e não antes. Referia-se ao trânsito em julgado total, não ao trânsito em julgado para uma das partes.

A Corte voltou a examinar o assunto, com a opinião antiga do Min. Luiz Gallotti contrária à Súmula 146, mas defendida pelo Min. Aliomar Baleeiro (RHC 47.529, *RTJ* 54/403).

O Código Penal de 1969 (Decreto-lei 1.004), que não chegou a entrar em vigor, alterava a redação do Código de 1940, justificando-se assim na "Exposição de Motivos" (art. 111, § 1º): "Em matéria de prescrição, o Projeto expressamente elimina a prescrição pela pena em concreto, estabelecendo que, depois da sentença condenatória de que somente o réu tenha recorrido, ela se regula também, *daí por diante*, pela pena imposta. Termina-se, assim, com a teoria brasileira da prescrição pela pena em concreto, que é tecnicamente insustentável e que compromete gravemente a eficiência e a seriedade da repreensão".

Dois dispositivos referentes à prescrição em matéria penal merecem ser transcritos do Código Penal de 1969:

"Art. 109. A prescrição, *antes de transitar em julgado* a sentença final, salvo o disposto no parágrafo único do art. 110, regula-se pelo máximo da pena privativa de liberdade cominada ao crime (...).

"Art. 110. A prescrição, *depois de transitar em julgado* a sentença condenatória, regula-se pela pena imposta e verifica-se nos prazos fixados nos artigos anteriores (...)."

O primeiro enunciado tratava da prescrição antes do trânsito em julgado da sentença condenatória; o segundo, depois do trânsito em julgado.

A expressão "antes de transitar em julgado" significa a renúncia do Estado à punição, a prescrição do direito de punir abstratamente. Já a expressão "depois de transitar em julgado" indica a renúncia à execução da pena, a prescrição do direito de aplicar a sanção corretamente.

Fixam-se, então, dois termos iniciais – a data do crime e o trânsito em julgado da sentença condenatória – até chegar-se ao enunciado da Súmula, que, em última análise, é a prescrição da execução da pena, regulando essa prescrição pela pena concretizada na sentença, não havendo recurso do Ministério Público.

Deduzimos, daí, que, não havendo apelação do Ministério Público, o réu também não recorreu, e perdeu o prazo para o fazer; ou o réu recorreu sozinho; ou o réu foi absolvido em primeira e em segunda instâncias.

Em verdade, os princípios desta Súmula não estão na lei; a Corte os construiu, em autêntica orientação pretoriana, para adotar a tese de que a prescrição, com base na pena da sentença, retroage, fixada ao início da ação penal, isto é, o recebimento da denúncia.

Com precisão, Henrique Fonseca de Araújo responde às críticas, justas do ponto de vista técnico, injustas do ponto de vista humano:

"Entre nós, principalmente, onde a morosidade da Justiça, por acúmulo de serviço, não constitui exceção, quando se trata de processo com réu em liberdade, a realidade nos apresenta, frequentemente, casos assim: sentença condenatória largamente distanciada do recebimento da denúncia, não em meses, mas em anos, quando, com base no máximo da pena cominada, ainda não se acha prescrita a pretensão punitiva do Estado.

"Aplicada uma pena pequena, de um ano de reclusão, por exemplo, sem possibilidade sequer de concessão do *sursis*, não estaria prescrita, logicamente, a pretensão executória da pena, e, consequentemente, o condenado deveria ser recolhido à prisão" ("O Supremo Tribunal Federal e a prescrição pela pena em concreto", in *Estudos de Direito Público em Homenagem a Aliomar Baleeiro*, Brasília, UnB, 1976, p. 95; v. também: Nilson Vital Naves, "O Supremo Tribunal Federal e o princípio da prescrição pela pena em concreto", *RF* 249/95 e *RT* 472/284; Luiz Vicente Cernicchiaro, "Alguns aspectos da Lei 6.416", *RIL* 59/111).

Não entrando em vigor a Reforma Penal de 1969, posteriormente a Lei 6.416/1977 alterou a redação do art. 110 do CP de 1940 para:

"§ 1º. A prescrição, depois da sentença condenatória com trânsito em julgado para a acusação, regula-se, também, pela pena aplicada e verifica-se nos mesmos prazos.

§ 2º. A prescrição, de que trata o parágrafo anterior, importa, tão somente, em renúncia do Estado à pretensão executória da pena principal, não podendo, em qualquer hipótese, ter por termo inicial data anterior à do recebimento da denúncia."

Depois desse novo texto, o STF teve oportunidade de aplicar a Súmula 146. Havendo recurso da acusação para agravar a pena, não é aplicável (RC 1.337, rel. Min. Djaci Falcão, *RTJ* 88/791), e não somente recurso para outro efeito que não a majoração (RE 90.583, rel. Min. Xavier de Albuquerque, *RTJ* 89/688). Consuma-se a prescrição, com base na pena concretizada na sentença, sem recurso do Ministério Público, no período entre a sentença e o acórdão confirmatório (RC 1.320, rel. Min. Xavier de Albuquerque, *RTJ* 88/32) (v. RHC 55.294, *RTJ* 83/747).

Após a Lei 6.416/1977 o STF examinou inúmeras vezes essa Súmula (*RTJ* 103/458, 895 e 1.019, 104/125 e 418, 105/153 e 312, 109/99).

A Lei 7.209, de 11.7.1984 (que alterou a Parte Geral do Código Penal), dispôs sobre a matéria, art. 110, § 1º: "A prescrição, depois da sentença condenatória com trânsito em julgado para a acusação ou depois de improvido seu recurso, regula-se pela pena aplicada, não podendo, em nenhuma hipótese, ter por termo inicial data anterior à da denúncia ou queixa" (*redação dada pela Lei 12.234/2010*).

V.: Súmula STF-604; Cézar Roberto Bittencourt, *Tratado de Direito Penal*, 9ª ed., vol. I, São Paulo, Saraiva.

V. Lei 12.234, de 5.5.2010, e Súmula STJ-438.

147. *A prescrição de crime falimentar começa a correr da data em que deveria estar encerrada a falência, ou do trânsito em julgado da sentença que a encerrar ou que julgar cumprida a concordata.*

A antiga Lei de Falências (Decreto-lei 7.661, de 21.6.1945, art. 199, parágrafo único; v. a Lei de Recuperação de Empresas e de Falências, n. 11.101, de 9.2.2005, art. 182) fixava o início do prazo prescricional de extinção da punibilidade de crime falimentar a partir da data em que transitasse em julgado a sentença que encerrava a falência ou que julgava cumprida a concordata; pôs os juízes diante de obstáculos intransponíveis quando a realidade do processo falimentar mostra a eternidade desses processos, tornando impossível a extinção da punibilidade do falido em caso de crime falimentar. Como observou o Min. Pedro Chaves no HC 39.916, o falido é o menos culpado pelo atraso do processo de falência, ficando sempre na dependência da provocação do síndico, do liquidatário, do curador das massas falidas ou do próprio juiz.

Mas o STF se rendeu à realidade e admitiu também a prescrição a partir da data em que deveria estar encerrada a falência, com apoio no art. 132, § 1º, da anterior Lei de Falências (dispositivo sem correspondência na Lei 11.101/2005): "Salvo caso de força maior, devidamente provado, o processo da falência deverá estar encerrado 2 (dois) anos depois do dia da declaração".

Essa orientação encontra apoio em Trajano de Miranda Valverde (*Comentários à Lei de Falências*, art. 132), apoiando a iniquidade de ficar o autor do crime falimentar aguardando anos para se defender (v. Súmulas STF-592 e 564). A Súmula foi mantida no RE 94.930 (rel. Min. Cordeiro Guerra, *RTJ* 103/1.223).

V. o art. 182 da Lei 11.101, de 9.2.2005 (Lei de Recuperação de Empresas e de Falências), que dispõe:

"Art. 182. A prescrição dos crimes previstos nesta Lei reger-se-á pelas disposições do Decreto-lei n. 2.848, de 7 de dezembro de 1940 – Código Penal, começando a correr do dia da decretação da falência, da concessão da recuperação judicial ou da homologação do plano de recuperação extrajudicial.

"Parágrafo único. A decretação da falência do devedor interrompe a prescrição cuja contagem tenha iniciado com a concessão da recuperação judicial ou com a homologação do plano de recuperação extrajudicial."

148. *É legítimo o aumento de tarifas portuárias por ato do Ministro da Viação e Obras Públicas.*

O STF julgou válida a portaria do Ministro da Viação, hoje dos Transportes, no sentido da alteração do valor das taxas de serviço portuário, com base na Lei 3.421 de 10.7.1958, que criou o Fundo Portuário Nacional e a Taxa de Melhoramento dos Portos, exigindo a aprovação, do Ministro da Viação, das tarifas portuárias revistas de cinco em cinco anos.

149. É imprescritível a ação de investigação de paternidade, mas não o é a de petição de herança.

Sendo a ação de estado meramente declaratória, ela é imprescritível. Assim ocorre em relação à ação de investigação de paternidade. O interesse de agir consistirá apenas na obtenção de decisão declarando a existência ou inexistência de uma relação jurídica, como acentua Amaral Santos (*Direito Processual Civil*, vol. 1, p. 209). A distinção há que se fazer entre a ação declaratória do estado de filiação e a ação condenatória tendente aos efeitos patrimoniais decorrentes desse estado de filiação, isto é, através da ação de petição de herança. Esta é prescritível, nos termos do art. 205 do CC/2002 (CC/1916, art. 177), porque é ação patrimonial.

Observa Washington de Barros Monteiro que, enquanto vivo, assiste ao filho o direito de reclamar a investigação. A imprescritibilidade descansa na conexão existente entre o interesse do indivíduo e o interesse do Estado. Além disso, o *status familiae* implica coincidência de direitos e deveres, que impede possa alguém liberar-se dos deveres, despojando-se dos direitos (*Curso de Direito Civil*, vol. 2, p. 265) (*RTJ* 76/768).

A razão da Súmula 149 deve-se ao largo dissenso doutrinário e jurisprudencial, por se entender a ação de investigação de paternidade como ação de estado e pelos efeitos da sentença nessa ação. Na linha da prescrição ficaram Clóvis Beviláqua, Carlos Maximiliano e Arnoldo Medeiros da Fonseca. Na tese da Súmula, pela imprescritibilidade: Pontes de Miranda, Câmara Leal, Carpenter, Orlando Gomes e Nélson Carneiro (*Do Reconhecimento dos Filhos Adulterinos*, n. 291) e Caio Mário da Silva Pereira (*Reconhecimento de Paternidade e seus Efeitos*, 1977, p. 98) (RE 80.426, rel. Min. Aliomar Baleeiro, *RTJ* 74/581; RE 78.969, rel. Min. Bilac Pinto, *RTJ* 75/518; RE 76.768, rel. Min. Antônio Neder, *RTJ* 76/768) (Sílvio Rodrigues, *Direito Civil Aplicado*, vol. 1, p. 161; Alcides de Mendonça Lima, "Ação negatória de paternidade", *RePro* 18/17 – posição contrária à Súmula) (v.: arts. 20 e 27 do Estatuto da Criança e do Adolescente, Lei 8.069/1990; art. 227, § 6º, da CF; Lei 8.560, de 29.12.1992; REsp 112.208, j. 28.6.1999; CC/2002, arts. 1.601 e 1.824-1.828).

150. Prescreve a execução no mesmo prazo de prescrição da ação.

Pelo Código de Processo de 1939 a ação executória, sendo ação nova, não estava adstrita ao prazo prescricional da ação condenatória. Não se entendendo assim, não haveria nova ação, como pensava Pedro Batista Martins (*Comentários* ..., vol. III, p. 282). No primeiro sentido segue Liebman, porque a sentença condenatória, apesar de ter eficácia meramente declarativa pelo que diz respeito ao direito material, é, sem dúvida, constitutiva quanto à ação executória, e a execução é processo novo e distinto do de cognição. Para o grande processualista parece certa a opinião de que, depois da sentença condenatória, recomeça a correr prazo de prescrição igual ao disposto em lei para ação respectiva (*Processo de Execução*, 2ª ed., p. 60; v. também Amílcar de Castro, *Comentários ao Código de Processo Civil*, vol. VIII, São Paulo, Ed. RT, p. 398).

151. *Prescreve em um ano a ação do segurador sub-rogado para haver indenização por extravio ou perda de carga transportada por navio.*

A jurisprudência mais antiga do STF adotava a prescrição de 20 anos para a ação de ressarcimento do segurador contra o transportador, nos termos do art. 442 do CComercial, que dispunha que "todas as ações fundadas sobre obrigações comerciais contraídas por escritura pública ou particular prescrevem, não sendo intentadas, dentro de 20 anos". Passou a Corte a adotar o prazo de 1 ano, previsto no art. 449, 3, do CComercial, segundo o qual prescreviam em 1 ano as ações de avarias simples. Argumentou-se que o segurador agia como sub--rogado segundo o art. 728 do CComercial: "Pagando o segurador um dano acontecido à coisa segura, ficará sub-rogado em todos os direitos e ações que ao segurado competirem contra terceiro; e o segurado não pode praticar ato algum em prejuízo do direito adquirido dos seguradores" (v. transporte terrestre – RE 87.581, rel. Min. Xavier de Albuquerque, *RTJ* 82/999) (v. CC/2002, art. 205).

152. *A ação para anular venda de ascendente ao descendente, sem consentimento dos demais, prescreve em quatro anos, a contar da abertura da sucessão.*

Revogada pela Súmula 494 (v. comentários a essa Súmula).

153. *Simples protesto cambiário não interrompe a prescrição.*

Entre as causas interruptivas da prescrição não se aponta o protesto cambiário, que somente vale para constituir em mora o devedor. Feito extrajudicialmente, não atende ao art. 202, II, do CC/2002

(CC/1916, art. 172), que faz interromper a prescrição pelo protesto, ainda que ordenado por juiz incompetente – portanto, protesto judicial.

Outrossim, o art. 867 do CPC/1973, ao tratar do protesto para prevenir responsabilidade e ressalvar direitos, refere-se ao protesto judicial, e não ao cartorário (Rubens Requião, *Curso de Direito Comercial*, 6ª ed., p. 451).

154. Simples vistoria não interrompe a prescrição.

A vistoria, sendo medida preventiva e não preparatória da ação, não interrompia a prescrição. Nem se poderia alegar que o réu foi citado para a vistoria; o art. 202, I, do CC/2002 (CC/1916, art. 172, I) diz que a citação interrompe a prescrição; mas é citação para a ação, e não para a vistoria.

Com o art. 846 do CPC/1973 instituiu-se a produção antecipada de provas, desaparecendo nominalmente a vistoria. Essa produção antecipada de provas pode consistir em exame pericial, desde que haja fundado receio de se tornar impossível a verificação de certos fatos na pendência da ação (CPC/1973, art. 849). Neste caso, fala-se "na pendência da ação"; logo, já houve a citação e a interrupção da prescrição.

Há distinção entre medidas preparatórias, como requisito para ajuizamento da ação, e outras que podem existir sem a propositura da demanda. Se a vistoria tem como escopo a produção de provas para futura demanda, então, a citação interrompe a prescrição. Essa observação encontra-se excelentemente exposta no RE 100.469 (rel. Min. Djaci Falcão, *RTJ* 108/1.305).

V. Marcos Chaves, "Vistoria e interrupção da prescrição", *Revista OAB/DF* 11/273; v. também, Flávio Luiz Yarshell, *Antecipação da Prova Sem o Requisito da Urgência e Direito Autônomo à Prova*.

155. É relativa a nulidade do processo criminal por falta de intimação da expedição de precatória para inquirição de testemunha.

O art. 222 do CPP manda que, expedida a carta precatória, sejam as partes intimadas. Não satisfeita esta formalidade, o art. 572, I, considera sanada a nulidade decorrente se não arguida em tempo oportuno.

É de mencionar a observação do Min. Gonçalves de Oliveira a propósito do alcance desse enunciado sumular, porquanto sempre teve opinião diversa do exposto: "A Súmula não diz expressamente que fica convalidada a nulidade desde que arguida nos prazos dos artigos postos em referência, mas sim que é relativa a nulidade do processo criminal, e toda vez que o réu mostrar que a sentença condenatória se baseou em depoimentos tomados contra determinação expressa da lei, que manda que se intime o advogado da expedição de precatória, segundo o art. 222 do CPP, então, ele, o paciente, pode protestar, em qualquer época. Assim, sempre que tal ocorrer, entendo que o réu – cuja liberdade não pode ser alienada por seu advogado – tem o direito de vir, pessoalmente, por *habeas corpus* ou em apelação, requerer ao tribunal a nulidade do processo, por prejuízo em sua defesa" (HC 40.531; RHC 48.901, *DJU* 3.9.1971, p. 4.605).

Para haver essa nulidade relativa é necessária a existência de prejuízo (RHC 54.562, *RTJ* 78/773; RHC 52.876, *RTJ* 74/20).

V. Súmula STJ-273.

156. *É absoluta a nulidade do julgamento, pelo Júri, por falta de quesito obrigatório.*

Dispõe o parágrafo único do art. 564 do CPP que ocorrerá a nulidade por deficiência dos quesitos ou das suas respostas e contradições entre estas (HC 56.331, rel. Min. Soares Muñoz, *RTJ* 89/73). A formulação desordenada dos quesitos cerceia a compreensão dos jurados (HC 59.949, *DJU* 10.9.1982, p. 8.795).

V. Júlio Fabbrini Mirabete, *Processo Penal*, 2005, p. 579.

157. *É necessária prévia autorização do Presidente da República para desapropriação, pelos Estados, de empresa de energia elétrica.*

Na Constituição de 1946 já se dispunha que o aproveitamento dos recursos de energia hidráulica dependia de autorização ou concessão conferidas exclusivamente a brasileiros, dependendo de autorização ou concessão federal (art. 153). Na Carta de 1969 também assim se dispunha (art. 168, § 1º). Portanto, a revogação dessa concessão somente se poderia fazer através de autorização do Poder Executivo Federal (v. CF/1988, art. 21, XII, "b").

158. *Salvo estipulação contratual averbada no Registro Imobiliário, não responde o adquirente pelas benfeitorias do locatário.*

Dispõe o art. 578 do CC/2002 (CC/1916, art. 1.199) que não é lícito ao locatário reter a coisa alugada, exceto no caso de benfeitorias necessárias, ou no de benfeitorias úteis, se estas houverem sido feitas com expresso consentimento do locador. Esse dispositivo restringe o alcance do art. 1.219 do CC/2002 (CC/1916, art. 516), o qual defere o direito de retenção pelo valor das benfeitorias necessárias e úteis.

Segundo a linguagem do Código, as benfeitorias úteis aumentam ou facilitam o uso da coisa, ao passo que as necessárias são as que têm por fim conservar a coisa ou evitar que se deteriore (CC/2002, art. 96, § 2º; CC/1916, art. 63, § 2º). Logo, no primeiro caso o locatário tem interesse na sua realização, porquanto revertem em seu benefício no uso da coisa. Portanto, as benfeitorias úteis, para serem indenizadas, devem ser consentidas pelo locador. Somente assim poderá o locatário exercer o direito de retenção.

Acentua Clóvis que o locatário usa da coisa alheia e, se nela quer fazer despesas meramente úteis, para aumento das vantagens que o uso lhe dá, é preciso que peça autorização ao proprietário (*Comentários* ..., vol. 4, p. 302; v. também Arnoldo Medeiros da Fonseca, *Direito de Retenção*, 3ª ed., p. 221).

Como observou o Min. Aliomar Baleeiro no RE 69.292, se o locador não se premuniu por meio de cláusula contratual que excluísse a indenização das benfeitorias úteis ou proibisse alteração não autorizada da estrutura e partes do prédio, deverá pagá-la ao locatário.

No enunciado da Súmula 158 ressalva-se a situação do adquirente do imóvel locado que não é responsável pelas benfeitorias, isto é, segundo o art. 578 do CC/2002 (CC/1916, art. 1.199), benfeitorias úteis, porquanto às necessárias defere-se o *jus retentionis*, salvo se houver estipulação contratual averbada no Registro Imobiliário (RE 66.524, *DJU* 3.10.1969; RE 70.288, *DJU* 25.9.1970; ERE 44.145, *RTJ* 34/451).

Dispõe, hoje, o art. 35 da Lei 8.245, de 18.10.1991: "Salvo expressa disposição em contrário, as benfeitorias necessárias introduzidas pelo locatário, ainda que não autorizadas pelo locador, bem como as úteis, desde que autorizadas, serão indenizáveis, e permitem o exercício do direito de retenção".

159. *Cobrança excessiva, mas de boa-fé, não dá lugar às sanções do art. 1.531 do Código Civil.* [*CC/1916; CC/2002, art. 940*]

O art. 940 do CC/2002 (CC/1916, art. 1.531) quer atingir aquele que pedir mais do que for devido. Como observa Clóvis, é outra pena civil imposta ao que tenta extorquir o alheio, sob color de cobrar dívidas (*Comentários* ..., vol. 5, p. 240).

Washington de Barros Monteiro, analisando esse dispositivo, assinala que não se comina a referida penalidade sem prova de má-fé da parte do credor que faz a cobrança excessiva. A pena é tão grande e tão desproporcionada que só mesmo diante de prova inconcussa e irrefragável de dolo deve ser aplicada (*Curso* ..., vol. 5, p. 432).

A jurisprudência do STF mais recuada não discrepava dessa orientação. Assim no RE 3.755, rel. Min. Waldemar Falcão (Otávio Kelly, *Interpretação do Código Civil no STF*, vol. 2º, p. 115): "Os casos de *plus petitionibus* têm sido considerados como aspecto de ato ilícito, pelo quê a jurisprudência se orienta no sentido de somente reconhecer legítima a aplicação da penalidade do art. 1.531 do CC [CC/1916] se provados o dolo, a má-fé ou culpa grave da parte do credor que reclama, judicialmente, dívida já paga".

Outro acórdão (RE 79/558, RTJ 86/515), da lavra do Min. Laudo de Camargo: "Não há lugar para a aplicação do art. 1.531 do CC [CC/1916] quando a parte procede por equívoco, e não por malícia" (Prado Kelly, ob. cit., p. 116).

V. também CC/2002, art. 939.

160. *É nula a decisão do tribunal que acolhe, contra o réu, nulidade não arguida no recurso da acusação, ressalvados os casos de recurso de ofício.*

O art. 617 do CPP impede a agravação da pena quando somente o réu houver apelado da sentença.

O tribunal aplica a norma *tantum devolutum quantum appellatum*. Se o Ministério Público recorre por um fundamento e o tribunal acolhe o recurso por outro fundamento, a decisão é nula (RC 1.260, rel. Min. Xavier de Albuquerque, RTJ 76/672; HC 55.232, RTJ 89/57; HC 56.927, RTJ 90/74; HC 56.580, RTJ 90/825; RTJ 98/811 e 1.008, 103/1.023, 109/556 – Min. Francisco Rezek).

Se o réu é absolvido, porém o Ministério Público recorre, em face da prova, e o tribunal anula o processo por vício de citação, acolheu nulidade não arguida no recurso ministerial (HC 64.855, *DJU* 26.6.1987).

V.: Júlio Fabbrini Mirabete, *Processo Penal*, 2005, p. 713; RTJ 186/1.040.

161. *Em contrato de transporte, é inoperante a cláusula de não indenizar.*

Aguiar Dias, em erudita monografia, defende a validade da chamada "cláusula de irresponsabilidade", principalmente no contrato de transporte. Assim expõe como contrapeso ao vulto excessivo que a vida moderna trouxe aos encargos da reparação do dano (*Da Cláusula de Não Indenizar*). A tese do eminente jurista não prevaleceu, mormente no contrato de transporte, porque, tratando-se de contrato de adesão, não se poderia fortalecer o contratante contra o contratado, que necessita do transporte sem discutir as cláusulas contratuais, às vezes ambíguas, contraditórias, que têm como finalidade a desobrigação (*RTJ* 72/202).

No Decreto-lei 234, de 28.2.1967, inseriu-se essa proibição em relação ao transporte aéreo (art. 7º).

Henri Lalou afirma que as cláusulas de exoneração ou atenuação das faltas não são admitidas em matéria de delitos ou quase delitos (*Traité Pratique de la Responsabilité Civile*, 1962, p. 360).

O Código Civil português considera nulas as cláusulas que excluam ou limitem a responsabilidade do transportador pelos acidentes que atinjam a pessoa transportada (art. 504º, n. 3).

Apesar do disposto na Lei 2.681, de 7.12.1912 (Lei das Estradas de Ferro), adotando a teoria do risco presumido, o Código Civil de 1916 apegou-se à teoria da culpa no art. 159 (CC/2002, art. 186): "Aquele que, por ação ou omissão voluntária, negligência, ou imprudência, violar direito, ou causar prejuízo a outrem, fica obrigado a reparar o dano".

Com isso, a jurisprudência brasileira tornou-se hermética, não aceitando o risco presumido, até por volta da década de 40 do século passado.

Com o progresso espantoso dos meios de transporte e o desenvolvimento industrial, os benefícios desses avanços deveriam participar mais ativamente das vicissitudes. Aceitou-se, então, o princípio *ubi emolumentum, ibi onus.*

Na década de 40 o STF passava a ouvir vozes dissonantes, como de Orosimbo Nonato e Filadelfo Azevedo, numa abertura jurisprudencial, principalmente em prol da responsabilidade objetiva do patrão pelos atos de seus empregados e prepostos.

Essa abertura tornou-se norma, até consolidar-se em inúmeros arestos consagrando a teoria do risco e a responsabilidade objetiva.

Dessa construção pretoriana partiu-se para a legislação que passou a abandonar o princípio da culpa ínsito no Código Civil.

A legislação brasileira considera como causas de exoneração da responsabilidade o caso fortuito ou força maior (CC/2002, art. 393; CC/1916, art. 1.058).

Evitou-se a discussão sobre o sentido e o alcance da força maior e do caso fortuito e os traços distintivos de ambas as situações. Os dois casos equivalem-se para excluir a responsabilidade do devedor.

Também não são considerados como atos ilícitos: a legítima defesa, o exercício regular de um direito e o estado de necessidade (CC/2002, art. 188; CC/1916, art. 160).

Para o Código Penal (art. 25) entende-se como legítima defesa o uso moderado dos meios necessários para repelir injusta agressão, atual ou iminente, a direito daquele que a usa ou de outrem.

O estado de necessidade é caracterizado por quem pratica o fato para salvar de perigo atual, que não provocou por sua vontade, nem podia de outro modo evitar, direito próprio ou alheio cujo sacrifício, nas circunstâncias, não era razoável exigir-se (art. 24 do CP).

Já o exercício regular de um direito está ligado, *a contrario sensu*, ao abuso de direito.

Para Henri Capitant, secundado por Esmein, a cláusula de irresponsabilidade é estipulada pela parte contraente, declarando a não responsabilidade perante a outra parte contraente pelo dano resultante da possível inexecução de obrigação.

Saber-se da aceitação, ou não, dessa cláusula é exatamente o limite da validade, porquanto, se for aceita e cumprida, nada há a discutir. Ao contrário, da negativa de cumprimento surge a discussão do valor e alcance (José de Aguiar Dias, *Cláusula de Não Indenizar*, 2ª ed., 1955).

A afirmativa de Marcel Waline sobre o fim da autonomia da vontade no direito contratual, se não parece absoluta, tem procedência acentuada. Assim, no âmbito da elaboração das cláusulas, entre elas as limitativas ou exonerativas da responsabilidade, não havendo norma legal impondo restrições, somente a ordem pública pode repeli-las. Assim tem ocorrido. Quando essas cláusulas exorbitam, atingindo o interesse público, evidente é a nenhuma valia.

De forma idêntica temos de examinar a moralidade da estipulação. Direito e Moral sempre estiveram irmanados. Será moral a exoneração das consequências pelas faltas do contratante?

A imposição de cláusulas pelo mais forte nos leva a pensar na fábula onde o mais forte predomina com sua vontade. As cláusulas leoninas são constantes imposições, tolhendo a liberdade de contratar.

Da mesma maneira a cláusula potestativa, sem valor, segundo o art. 122 do CC/2002 (CC/1916, art. 115, *in fine*): "(...) entre as condições defesas se incluem as que privarem de todo efeito o negócio jurídico, ou o sujeitarem ao puro arbítrio de uma das partes". Fica, portanto, ao arbítrio da parte contratante a execução, ou não, da obrigação. Isto é inválido.

A cláusula limitativa atinge o máximo com a cláusula de irresponsabilidade, significando a não indenização.

A cláusula limitativa estipula o grau de indenização por perdas e danos. Ela não é absoluta, nem eximente. Na cláusula de não indenizar há a irresponsabilidade, para a indenização.

A cláusula limitativa distingue-se da cláusula penal porque na primeira há estipulação até determinado grau, ao passo que na segunda há a função de pena previamente estabelecida. O *quantum* caracteriza com antecipação a cláusula penal.

A transação assemelha-se à cláusula de irresponsabilidade, distinguindo-se quanto ao surgimento do fato jurídico que dá origem ao ressarcimento. Na transação previne-se ou se termina um litígio, mediante concessões mútuas, enquanto a cláusula é anterior ao fato jurígeno.

A cláusula de irresponsabilidade por ato de terceiro só é válida nos casos em que pode haver isenção de responsabilidade.

Vários diplomas legais brasileiros impedem as cláusulas de irresponsabilidade ou limitativas da responsabilidade.

A Lei das Estradas de Ferro (Lei 2.681, 7.12.1912) estabeleceu, no art. 12: "A cláusula de não garantia das mercadorias, bem como a prévia determinação do máximo de indenização a pagar, nos casos de perda ou avaria, não poderão ser estabelecidas pelas estradas de ferro senão de modo facultativo e correspondendo a uma diminuição de tarifa. Serão nulas quaisquer outras cláusulas diminuindo a responsabilidade das estradas de ferro estabelecida na presente Lei".

Já a antiga Lei de Acidentes do Trabalho (Decreto-lei 7.036, de 10.11.1944) considerava nulos todos os acordos que tivessem por objeto a renúncia dos benefícios nela estipulados.

Pelo conhecimento de transporte provam-se o recebimento da mercadoria e a obrigação da empresa de transporte de entregá-la no lugar do destino, reputando-se não escrita qualquer cláusula restritiva ou modificativa dessa prova ou obrigação (art. 1º do Decreto 19.473, de 10.12.1930).

Diversas Súmulas da Jurisprudência Predominante do STF não apoiam as cláusulas de irresponsabilidade.

Idêntica solução é dada no Código Civil português no art. 504º, n. 3.

Em relação às atividades bancárias, destaca-se o problema da responsabilidade pelo pagamento de cheque falso, declarando-se responsável o estabelecimento bancário, ressalvadas as hipóteses de culpa exclusiva ou concorrente do correntista (Súmula STF-28). É muito comum nos contratos bancários de depósito a inserção da cláusula de irresponsabilidade do banco pelo pagamento de cheque falso.

Ainda no contrato de transporte, não se elide a responsabilidade do transportador pelo acidente com o passageiro por culpa de terceiro (Súmula STF-187).

Não se admite a exclusão de indenização do direito comum no acidente do trabalho quando haja caso de dolo ou culpa do empregador (Súmula STF-229).

Quanto à responsabilidade do patrão por ato de seu empregado, superou-se antiga jurisprudência. Hoje é presumida a responsabilidade do patrão (Súmula STF-341; STJ, REsp 958.833).

As agências locadoras de automóveis eximiam-se de responsabilidade pelos danos causados pelos locatários usando o carro locado. A Súmula STF-492 expungiu essa orientação, para considerar as empresas locadoras responsáveis solidariamente com o locatário.

A jurisprudência brasileira tem fixado regras contrárias às cláusulas exonerativas de responsabilidade. Em geral com apoio na legislação; outras vezes, autêntica construção pretoriana.

No seguro de responsabilidade civil de veículos automotores exime-se de responsabilidade o causador do dano. Não havendo o seguro, persiste a responsabilidade do dono do veículo.

Também no âmbito de seguro de responsabilidade, existindo este, valida-se a cláusula de irresponsabilidade, porquanto o seguro visa a cobrir o dano.

Na responsabilidade pela transmissão de notícias, as companhias procuravam eximir-se de quaisquer defeitos ou erros na transmissão. Com a unificação oficial desses serviços, menos se admite o erro ou defeito, porque o utilitário não pode escolher o melhor serviço.

Em relação ao transporte gratuito de pessoas a jurisprudência tem entendido não haver exoneração da responsabilidade.

Nos contratos onerosos, quando ocorre a evicção, o evicto tem direito a recobrar o preço que pagou pela coisa evicta ainda que expressamente tenha excluído esta responsabilidade (CC/2002, art. 449; CC/1916, art. 1.108). Quanto aos vícios redibitórios, cláusula expressa no contrato exime o alienante da responsabilidade (CC/1916, art. 1.102; disposição não contemplada no Código de 2002).

Pelo contrato de locação o locador obriga-se a entregar ao locatário a coisa alugada, com suas pertenças, em estado de servir ao uso a que se destina, e a mantê-la nesse estado, pelo tempo do contrato, exceto havendo cláusula eximente de responsabilidade (CC/2002, art. 566, I; CC/1916, art. 1.189, I).

No âmbito do contrato de empreitada é muito comum a estipulação de cláusulas de irresponsabilidade, primeiramente em relação aos riscos na empreitada de lavor (CC/2002, art. 612; CC/1916, art. 1.239). Idem quanto à solidez e segurança da obra de vulto (CC/2002, art. 618; CC/1916, art. 1.245).

O CC/2002, art. 649 (CC/1916, art. 1.284) ao equiparar ao depósito necessário o das bagagens dos hóspedes dos hotéis e, em consequência, a responsabilidade dos depositários, vai contra a pretensão dos hoteleiros à exclusão de responsabilidade por simples afixação de aviso nas portarias dos hotéis.

A mesma disciplina estende-se ao depósito de veículos nos estacionamentos privados, nas garagens.

Na atividade bancária, o comum fornecimento de informações confidenciais vem acompanhado da exclusão de responsabilidade pela divulgação das mesmas. O STF decidiu que essa exclusão é válida, mormente porque o fornecedor não pretendia veiculá-las.

O Código Civil de 2002 (arts. 927 e ss.), no capítulo da responsabilidade civil, nada diz sobre as cláusulas limitativas ou as de irresponsabilidade. Já, no contrato de transporte considera-se nula qualquer cláusula excludente da responsabilidade (art. 734, *in fine*).

Importante o disposto no art. 54 do Anteprojeto do Código Geral de Aplicação das Normas Jurídicas, de autoria do professor Valladão: "As obrigações decorrentes de atos ilícitos regem-se segundo a lei do lugar do ato, mas a indenização a ser concedida ou reconhecida no Brasil não poderá ser inferior à prevista, para o caso, pela lei brasileira".

A moderna concepção de responsabilidade objetiva no Direito Brasileiro obriga o causador do dano a ressarcir os prejuízos independentemente da pesquisa da culpa.

Em decorrência, mais grave se tornou verificar o alcance da validade das cláusulas de não responsabilidade ou limitativas de responsabilidade. Alguns textos legais brasileiros negam validade a essa exoneração (transporte terrestre, transporte aéreo).

Também a jurisprudência do STF nega validade a essas cláusulas.

Admite-se a validade da cláusula desde que regularmente discutida e aceita por ambas as partes. Os contratantes não podem encontrar-se em situações diversas (v. Álvaro Luiz Damásio Galhanone, "A cláusula de não indenizar", *RT* 565/30; Código Brasileiro de Aeronáutica (Lei 7.565/1986), arts. 10, II, 247 e 285; *RTJ* 119/338; art. 51, I, do Código do Consumidor, Lei 8.078, de 11.9.1990).

V. CC/2002, art. 734:

"Art. 734. O transportador responde pelos danos causados às pessoas transportadas e suas bagagens, salvo motivo de força maior, sendo nula qualquer cláusula excludente da responsabilidade.

"Parágrafo único. É lícito ao transportador exigir a declaração do valor da bagagem a fim de fixar o limite da indenização."

V. Sérgio Cavalieri Filho, *Programa de Responsabilidade Civil*, 6ª ed., 3ª tir., São Paulo, Malheiros Editores, 2006, pp. 336 e 341.

162. *É absoluta a nulidade do julgamento pelo Júri quando os quesitos da defesa não precedem aos das circunstâncias agravantes.*

O Min. Luiz Gallotti dá as dimensões exatas desta Súmula: "A jurisprudência do STF já se firmou no mesmo sentido da decisão recorrida, ou seja, no sentido de que os quesitos da defesa devem ser formulados antes dos relativos à qualificação do homicídio, isto é, imediatamente depois dos concernentes ao fato principal, como está expresso no art. 484, III, do Código de Processo" (v. Espínola Filho, *Código de Processo Penal Anotado*, vol. I, pp. 498-500). É a ordem lógica que se impõe, inclusive para evitar respostas contraditórias, porquanto, respondido favoravelmente o quesito da defesa e assim excluída a criminalidade do fato, prejudicados estarão os quesitos que qualificariam o homicídio (AI 25.921, *RTJ* 104/752 e 110/623; Júlio Fabbrini Mirabete, *Processo Penal*, 2005, p. 575).

163. *Salvo contra a Fazenda Pública, sendo a obrigação ilíquida, contam-se os juros moratórios desde a citação inicial para a ação.*

Súmula superada com a vigência da Lei 4.414, de 24.9.1964.

Aplicou-se o art. 1.536, § 2º, do CC/1916 (CC/2002, art. 405): "Contam-se os juros da mora, nas obrigações ilíquidas, desde a citação inicial". O STF considerou que a restrição ("salvo contra a Fazenda Pública") está derrogada pelo disposto no art. 1º da Lei 4.414, de 24.9.1964 (RE 114.967, j. 20.5.1988; acórdão de 12.9.1991, *RTJ* 137/53).

V.: Súmulas STF-254 e 255 e STJ-54; RE 80.796, *RTJ* 85/149; RE 78.396, rel. Min. Djaci Falcão, *RTJ* 74/170; RE 90.010, *RTJ* 90/685.

164. *No processo de desapropriação, são devidos juros compensatórios desde a antecipada imissão de posse, ordenada pelo juiz por motivo de urgência.*

Os juros compensatórios são contados desde a ocupação do imóvel, e sobre seu valor atual feita a correção monetária (RE 48.540, *RTJ* 54/355, 66/253 e 72/113; RE 96.619, rel. Min. José Néri, *RTJ* 108/719).

Ainda que o expropriado consinta, são devidos os juros (*RTJ* 76/282).

V.: Súmula STF-345; Carlos Mário Velloso, "Desapropriação", *RDP* 34/11; RE 85.704, *RTJ* 83/266 e 145/925; Súmulas STJ-12, 13, 69, 113 e 144.

165. *A venda realizada diretamente pelo mandante ao mandatário não é atingida pela nulidade do art. 1.133, II, do Código Civil.*
[CC/1916]

Dispunha o CC/1916, art. 1.133, II, que "não podem ser comprados, ainda em hasta pública: (...) II – pelos mandatários, os bens, de cuja administração ou alienação estejam encarregados" (v. CC/2002: "Art. 497. Sob pena de nulidade, não podem ser comprados, ainda que em hasta pública: I – pelos tutores, curadores, testamenteiros e administradores, os bens confiados à sua guarda ou administração; ...") (v. CC/2002, art. 117).

O sentido desse dispositivo, como afirma Clóvis, tem caráter moral, para evitar influências contra o mandante com prejuízos para sua fazenda.

Distinguem-se, no entanto, a compra feita pelo mandatário que tinha poderes de administração e a venda feita diretamente pelo mandante ao mandatário.

Carvalho Santos, ao examinar uma das hipóteses, acentua que, se o mandante comparece ao ato e assina a escritura de venda, ao mandatário, dos bens de cuja administração este estava encarregado, esta será anulável. Observa, ainda, nesta hipótese, que não poderá prevalecer a venda, por isso que o Código expressamente proíbe que o mandatário adquira bens de cuja administração estava encarregado. O comparecimento do mandante, aí, não tem influência alguma, por isso que o que a lei veda é que o administrador, no exercício de suas funções, tenha preparado o terreno para forçar a alienação (Carvalho Santos, *Código Civil Interpretado*, vol. XVI, p. 135). Washington de Barros Monteiro segue a mesma orientação, porque pode o mandatário, em tese, fomentar ou preparar situação desfavorável que aconselhe ou imponha a necessidade da venda; iludido pelas maquinações e artifícios de seu procurador, poderia o mandante ser induzido a operação com a qual, de outra forma, provavelmente não concordaria (*Curso de Direito Civil*, vol. 5, p. 97). Nesta linha decisão do STF no RE 17.409, onde o mandante foi ilaqueado na sua boa-fé pelo mandatário (*RTJ* 55/497).

De modo diverso pensa Sílvio Rodrigues, considerando odiosa limitação à liberdade do mandante, impedindo-o de vender o que é seu a quem bem entenda. Se for burlado pelo mandatário, que, através de expediente astucioso, o conduzir a vender com prejuízo um bem que esteve sob sua administração, poderá anular o negócio jurídico, pela ação específica do dolo (*Direito Civil*, vol. 3, p. 178; v. *RTJ* 64/676).

A jurisprudência mais antiga do STF não impedia a venda direta ao mandatário se na operação figurasse pessoalmente o próprio mandante (RE 4.944, rel. Min. Bento de Faria, *DJU* 2.2.1943, p. 580). Essa decisão foi confirmada em embargos contra os votos vencidos de Filadelfo Azevedo, Laudo de Camargo e Orosimbo Nonato. Este, em declaração de voto, acentuou que, se o comparecimento do mandante, que vende ao mandatário, faz extinguir o mandato para a alienação, o mesmo ocorre quando o outorgado tinha poderes para administrar (*RF* 100/479).

Nos EAR 124 decidiu o STF que o comparecimento pessoal do mandante ao ato, a fim de realizar a venda, receber o preço e assinar a escritura, importa revogação da procuração outorgada ao mandatário. Portanto, não fica impedido de adquirir.

No RE 66.768, sendo Relator o Min. Djaci Falcão, examinou-se a extensão da Súmula 165. Versava a questão ação cominatória contra o procurador e administrador dos bens para prestar contas da administração.

Acentuou-se que a administração é medida da extensão dos poderes do mandato, e no mandato se contém; mas não é instituto diverso do mandato, nem foge da tese proclamada pela Súmula.

O mandato legal do n. I do art. 1.133 do CC/1916, ou o convencional, do n. II, podia conter poderes de administração, que é simples medida de extensão do mandato.

Quer se trate de mandato convencional, quer legal, ambas as modalidades se coadunam com a Súmula 165, que exclui a nulidade no caso de venda direta do mandante ao mandatário com poderes de vender ou de administrar, porquanto cessa aí o mandato. Acentuou o Min. Djaci Falcão que a Súmula se refere exclusivamente ao mandatário, e não ao administrador.

O Projeto de Código Civil (1975) não considera proibida a venda direta feita ao mandatário ou por intermédio de outro procurador com poderes especiais (art. 489, II).

Ao julgar o RE 97.519 (rel. Min. Moreira Alves, *RTJ* 105/1.261), o STF considerou abrangidas pela Súmula as hipóteses do art. 1.133, II, do CC/1916, isto é, mandatário encarregado da venda do bem e mandatário encarregado da administração desse bem.

V. Sílvio Rodrigues, *Direito Civil Aplicado*, vol. 1, p. 101.

O STJ admitiu a legitimidade de terceiro para postular a nulidade (REsp 32.104-2, rel. Min. Nilson Naves, *RSTJ* 62/288; v. também Francisco Amaral, *Direito Civil. Introdução*, 6ª ed., Rio de Janeiro, Renovar, 2006, p. 450).

166. *É inadmissível o arrependimento no compromisso de compra e venda sujeito ao regime do Decreto-lei 58, de 10.12.1937.*

O arrependimento está vedado no compromisso de compra e venda de imóvel loteado. Assim dispõe o art. 15 do Decreto-lei 58/1937: "Os compromissários têm o direito de, antecipadamente ou ultimando o pagamento integral do preço, e estando quites com os impostos e taxas, exigir a outorga da escritura de compra e venda" (Roberto Rosas, "O direito de arrependimento nos contratos", *RJTJDF* 6/7).

A Lei 6.766, de 19.12.1979, dispôs: "São irretratáveis os compromissos de compra e venda, cessões e promessas de cessão, os que atribuam direito a adjudicação compulsória e, estando registrados, confiram direito real oponível a terceiros" (art. 25).

V.: Súmula STF-412; José Eduardo Soares de Melo, *Curso de Direito Tributário*, p. 280; CC/2002, arts. 420 e 463.

167. *Não se aplica o regime do Decreto-lei 58, de 10.12.1937, ao compromisso de compra e venda não inscrito no Registro Imobiliário, salvo se o promitente vendedor se obrigou a efetuar o registro.*

Preceitua o art. 23 do Decreto-lei 58/1937: "Nenhuma ação ou defesa se admitirá, fundada nos dispositivos desta Lei, sem apresentação de documento comprobatório de registro por ela instituído" (V. art. 466-B do CPC: "Art. 466-B. Se aquele que se comprometeu a concluir um contrato não cumprir a obrigação, a outra parte, sendo isso possível e não excluído pelo título, poderá obter uma sentença que produza o mesmo efeito do contrato a ser firmado"; RE 89.191, rel. Min. Djaci Falcão, *RTJ* 87/1.063; RE 90.837, rel. Min. Xavier de Albuquerque, *RTJ* 89/691).

V.: art. 25 da Lei 6.766, de 19.12.1979; J. J. Calmon de Passos, "A ação de adjudicação compulsória em face da Lei 6.766/79 (Parcelamento do Solo Urbano)", *RF* 285/23; Súmulas STF-166 e 413.

Esta Súmula não tem sido aplicada pelo STJ.

168. *Para os efeitos do Decreto-lei 58, de 10.12.1937, admite-se a inscrição imobiliária do compromisso de compra e venda no curso da ação.*

Numa interpretação liberal, o STF admitiu a inscrição no Registro de Imóveis no curso da lide, para se admitir a adjudicação compulsória.

169. *Depende de sentença a aplicação da pena de comisso.*

A imposição de pena ao enfiteuta, com a perda do domínio útil, somente ocorre através de sentença.

V. Súmula STF-122.

170. *É resgatável a enfiteuse instituída anteriormente à vigência do Código Civil. [CC/1916]*

Clóvis Beviláqua e Paulo de Lacerda, ambos examinando o art. 693 do CC/1916, assentaram, com apoio em Gabba, que esse dispositivo não se aplica aos aforamentos constituídos antes da vigência do Código Civil.

O art. 2.038 do CC/2002 proíbe a constituição de novas enfiteuses, subordinando-se as existentes ao Código de 1916.

171. Não se admite, na locação em curso, de prazo determinado, a majoração de encargos a que se refere a Lei 3.844, de 15.12.1960.

Súmula superada pela revogação da Lei 4.494, de 25.11.1964 (art. 42), pela Lei 3.844, de 15.12.1960, revogada pela Lei 6.649, de 16.5.1979, revogada, por sua vez, pela Lei 8.245, de 18.10.1991 (art. 90).

172. Não se admite, na locação em curso, de prazo determinado, o reajustamento de aluguel a que se refere a Lei 3.085, de 29.12.1956.

A Lei 3.085/1956 foi revogada pela Lei 3.844/1960, revogada, por sua vez, pela Lei 4.494/64.

V. arts. 68 e ss. da Lei 8.245/1991.

173. Em caso de obstáculo judicial admite-se a purga da mora, pelo locatário, além do prazo legal.

Havendo força maior impeditiva do ato judicial consistente na purgação da mora, o juiz poderá marcar outra data para sua realização, mediante requerimento fundamentado e devidamente instruído (CPC/1973, art. 183).

Em determinadas circunstâncias essa purgação pode ser impedida por motivo relevante (*RT* 177/874).

174. Para a retomada do imóvel alugado, não é necessária a comprovação dos requisitos legais na notificação prévia.

Com a redação dada pelo Decreto-lei 890, de 26.9.1969, ao art. 11, § 4º, da Lei 4.494, de 25.11.1964 (revogada pela Lei 6.649, de 16.5.1979, revogada, por sua vez, pela Lei 8.245, de 18.10.1991), foi abolida a notificação prévia como requisito para a retomada do imóvel. Dispensava-se a prática de ato verdadeiramente inócuo, uma vez que, sistematicamente, o locatário, notificado, não desocupava o prédio, preferindo aguardar o decurso do prazo de 90 dias e a propositura da ação a fim de, contestando-a, ver o processo desenrolar-se normalmente e retardar a entrega do prédio. Donde a flexibilidade dada pela Súmula 174, apenas manifestando ao locatário o desejo do locador de retomar o imóvel.

O Decreto-lei 4, de 7.2.1966, que regulava a ação de despejo de prédios não residenciais, no entanto, referia-se à notificação para a desocupação desses imóveis (arts. 3º e 4º, III). Objetar-se-ia que a referência da Súmula era relativa à Lei 1.300, de 28.12.1950, que se destinava às locações residenciais; entretanto, tornou-se de aplicação genérica a qualquer locação. Mas a notificação do Decreto-lei 4 era baseada no princípio da denúncia vazia, sem mencionar as razões, tanto na notificação ou na ação de despejo.

A matéria hoje está regulada pela Lei 8.245/1991, art. 6º.

175. *Admite-se a retomada de imóvel alugado para uso de filho que vai contrair matrimônio.*

A Lei 4.494, de 25.11.1964, art. 11, III (revogada pela Lei 6.649, de 16.5.1979, revogada, por sua vez, pela Lei 8.245, de 18.10.1991), veio atender à interpretação jurisprudencial que entendeu ampliativamente deferir a retomada do imóvel ao filho que ia contrair matrimônio.

Na Lei 1.300, de 28.12.1950 (art. 15, XII), falava-se em pedir o prédio para residência de descendente viúvo ou casado. A atual legislação – Lei 8.245, de 18.10.1991 – refere-se à concessão do despejo "para uso próprio, de seu cônjuge ou companheiro, ou para uso residencial de ascendente ou descendente que não disponha, assim como seu cônjuge ou companheiro, de imóvel residencial próprio".

Maior razão assiste hoje à Súmula e à jurisprudência, porquanto as sanções em virtude da não ocupação do imóvel são drásticas (crime de ação pública, punível com detenção de três meses a um ano – substituível por prestação de serviços à comunidade – e multa – art. 44, II e parágrafo único, da Lei 8.245/1991).

V. Súmula STF-484.

176. *O promitente comprador, nas condições previstas na Lei 1.300, de 28.12.1950, pode retomar o imóvel locado.*

A partir da Lei 4.494, de 25.11.1964, a legislação de locações atendeu à precedência jurisprudencial. Ademais, a promessa de compra e venda irrevogável e irretratável é título de *jus in re*, oponível *erga omnes*. V., hoje, Lei 8.245, de 18.10.1991, art. 8º, §§ 1º e 2º, e art. 47, § 2º.

177. *O cessionário do promitente comprador, nas mesmas condições deste, pode retomar o imóvel locado.*

V.: comentários à Súmula STF-176; RE 58.086, *RTJ* 361/944.

178. *Não excederá de cinco anos a renovação judicial de contrato de locação fundada no Decreto 24.150, de 20.4.1934.*

Observou o Min. Hahnemann Guimarães que a renovação deve ser dada em termos que satisfaçam, tanto quanto possível, a vontade das partes. Um dos meios mais indicados para se apurar essa vontade é o último contrato celebrado. Se locador e locatário concordaram em limitar suas obrigações recíprocas ao prazo de três anos, não deve o juiz renová-las por tempo maior. A renovação pode ser feita ainda quando o contrato é inferior a cinco anos, se a soma dos prazos atinge esse lapso de tempo (RE 15.209, *RF* 131/81).

V., atualmente, Lei 8.245, de 18.10.1991, art. 51.

179. ***O aluguel arbitrado judicialmente nos termos da Lei 3.085, de 29.12.1956, art. 6º, vigora a partir da data do laudo pericial.***

Silenciava a lei quanto ao momento inicial de vigência do novo aluguel revisto na locação comercial. Como acentuou o Min. Luiz Gallotti no RE 48.608, aguardar a decisão final do pleito, com trânsito em julgado, seria estabelecer-se a burla da lei, sem atender a que um aumento de alugueres reputado justo na época da perícia só prevaleceria muito tempo depois. Esse tempo se ampliaria na razão direta da capacidade que tivessem o locatário e seu advogado de retardar a decisão final.

Decidiu o STF no sentido de considerar o aluguel a partir do laudo pericial, porquanto de outra forma, como seja o trânsito em julgado da sentença, daria margem a protelações por parte do vencido.

Hoje a matéria está regulada pelos arts. 68 a 70 da Lei 8.245, de 18.10.1991 – especialmente o art. 69.

180. ***Na ação revisional do art. 31 do Decreto 24.150, de 20.4.1934, o aluguel arbitrado vigora a partir do laudo pericial.***

V. comentários à Súmula STF-179.

É de se acentuar a observação do Min. Luiz Gallotti quanto à necessidade de reexame desta Súmula (RE 68.258, *RTJ* 53/835; RE 84.841, *RTJ* 83/478).

V. Lei 8.245, de 18.10.1991, art. 69.

181. ***Na retomada, para construção mais útil, de imóvel sujeito ao Decreto 24.150, de 20.4.1934, é sempre devida indenização para despesas de mudança do locatário.***

O Decreto 24.150, de 20.4.1934 (art. 20), concedia indenização ao locatário que, por motivo de condições melhores, não pudesse renovar o contrato de locação, principalmente visando ao ressarcimento dos prejuízos com que tivesse de arcar em consequência dos encargos da mudança, perda do lugar do comércio ou indústria e desvalorização do fundo de comércio (RE 54.765, *RF* 212/94).

As decisões vacilaram quanto ao entendimento da cláusula "por motivo de condições melhores". Vários acórdãos decidiram no sentido de deferir a indenização em sentido amplo nos casos de retomada para uso próprio e construção mais útil, e outros somente neste caso. Argumentava-se que havia sentido de lucro em ambas as hipóteses. De qualquer forma, o locatário perderia o fundo de comércio.

V. Lei 8.245, de 18.10.1991, arts. 47, IV, 52, I, e 61.

182. Não impede o reajustamento do débito pecuário, nos termos da Lei 1.002, de 24.12.1949, a falta de cancelamento da renúncia à moratória da Lei 209, de 2.1.1948.

Observou o Min. Gonçalves de Oliveira nos ERE 48.704 que esse cancelamento era necessário até a Lei 1.002, de 24.12.1949, pois esta permitiu expressamente o reajuste de dívidas "embora não tenham os devedores a respeito delas requerido os favores das Leis ns. 209 e 457, de 1948" (art. 2º, III).

A falta de cancelamento, por si só, não é óbice à concessão dos favores das leis de reajustamento pecuário. Podem ocorrer outras causas da não concessão.

183. Não se incluem no reajustamento pecuário dívidas estranhas à atividade agropecuária.

A jurisprudência, na omissão da lei, esclareceu que o auxílio prestado pela União é somente aos pecuaristas incapazes de solver compromissos financeiros.

184. Não se incluem no reajustamento pecuário dívidas contraídas posteriormente a 19.12.1946.

Enunciado de caráter transitório. A Lei 1.002, de 24.12.1949, fixou a data de 19.12.1946 como determinante das dívidas que resultem de atividades pecuárias.

185. Em processo de reajustamento pecuário, não responde a União pelos honorários do advogado do credor ou do devedor.

Nesse caso os honorários advocatícios não são equiparados a despesas judiciais, segundo a jurisprudência.

186. Não infringe a lei a tolerância da quebra de 1% no transporte por estrada de ferro prevista no regulamento de transporte.

Buscando subsídios no Direito Comparado, o Min. Gonçalves de Oliveira partiu do pressuposto de que quem despacha a mercadoria sabe, de antemão, que fica sujeito a essa possibilidade. O Min. Luiz Gallotti objetou, porquanto a lei não dispunha sobre a matéria (*RF* 198/91).

187. A responsabilidade contratual do transportador, pelo acidente com o passageiro, não é elidida por culpa de terceiro, contra o qual tem ação regressiva.

A Lei 2.681, de 7.12.1912, antecipou-se ao Código Civil de 1916 na adoção da teoria da responsabilidade objetiva. O risco assumido pela atividade empresarial, mais tarde dogma da responsabilidade civil, está expresso no art. 17 da citada lei, ao considerar sempre presumida a culpa, só se admitindo a excludente por caso fortuito, força maior, culpa do viajante.

Aplicou-se, analogicamente, esse preceito a todo transporte: carros, ônibus etc. Já observara, em 1925, José Antônio Nogueira que seria um ultraje ao bom senso o pretender-se que tal artigo não se pode aplicar a companhias de bondes porque as estradas de ferro elétricas que constituem a maior parte da viação urbana não têm comumente essa denominação de estrada de ferro (*Aspectos de um Ideal Jurídico*, p. 324).

A simples alegação da culpa de terceiro não exclui a responsabilidade do transportador, que tem obrigação de resultado, portanto, de levar o passageiro ao final da viagem, não podendo, assim, ver obstaculizada sua trajetória. Dessa forma, o Min. Pedro Chaves, num dos casos que informaram a Súmula 187, afirmou que a responsabilidade resulta do contrato (ERE 36.265). O simples acidente causado por terceiro não poderá constituir força excludente da responsabilidade do transportador.

O Código Civil italiano adota semelhante disposição (art. 2.055): "Colui che ha risarcito il danno ha regresso contro ciascuno degli altri, nela misura determinata della gravità della rispettiva colpa e dell'entità delle conseguenze che ne sono derivate" (v. CPC, art. 70, III) (RE 80.641, *RTJ* 75/605; RE 80.412, *RTJ* 86/837; RE 84.146, *RTJ* 90/552).

O ato de terceiro é equiparável a caso fortuito ou de força maior. Um passageiro foi atingido por pedra lançada dentro do ônibus (RE 113.194, *DJU* 7.8.1987; *RTJ* 119/1.290 e 122/1.180).

V. CC/2002, art. 930.

188. O segurador tem ação regressiva contra o causador do dano, pelo que efetivamente pagou, até ao limite previsto no contrato de seguro.

Dispõe o CC/2002, art. 346, III (CC/1916, art. 985, III) que "a sub-rogação opera-se, de pleno direito, em favor: (...) III – do terceiro interessado, que paga a dívida pela qual era ou podia ser obrigado, no todo ou em parte". Ora, o segurador, por efeito da sub-rogação legal, tem o direito de exigir o reembolso da quantia que despendeu (*RTJ* 60/444; RE 85.676, rel. Min. Djaci Falcão, *RTJ* 86/262; Wagner Barreira, "Sub-rogação do segurado", in *Estudos em Homenagem a Orlando Gomes*, p. 143; *RTJ* 119/1.200).

189. Avais em branco e superpostos consideram-se simultâneos e não sucessivos.

Sustentou o Min. Hahnemann Guimarães que os avais sucessivos estabelecem solidariedade entre os avalistas e o devedor indicado no primeiro aval. Garantem aqueles solidariamente o cumprimento da obrigação indicada (RE 22.087). Contra essa opinião se opôs o Min. Gonçalves de Oliveira.

As relações derivadas entre os avalistas, nessa situação, são de coavalistas.

Para a doutrina dos avais sucessivos o avalista é avalista do anterior; portanto, há solidariedade entre os dois.

O credor, ou portador do título, não tem interesse em discutir a matéria. Os coavalistas têm. Ilustremos a questão: três avalistas ("X", "Y", "Z") por avais superpostos; "Z" pagou integralmente o título. Pode cobrar dos outros ("X", "Y"), ou somente de "Y"? A corrente esposada na Súmula assegura que eles são simultâneos; portanto, "Z" poderá cobrar de "X" e "Y". Se esses avais fossem sucessivos "Z" só poderia cobrar de "Y", baseado na sucessão.

V. os estudos sobre a matéria (João Eunápio Borges, *Do Aval*; Milton Evaristo dos Santos, in *RT* 141/517; Rubens Requião, *Curso de Direito Comercial*, n. 388; *RTJ* 97/329; Alfredo de Assis Gonçalves Neto, *Aval*, São Paulo, Ed. RT, 1987, p. 97).

190. O não pagamento de título vencido há mais de 30 dias, sem protesto, não impede a concordata preventiva.

V. Lei 11.101, de 9.2.2005 (Lei de Recuperação de Empresas e de Falências).

Preleciona Trajano de Miranda Valverde que não se há de impedir o falido que, no curso dos 30 dias, quando se preparava para confessar a falência, teve esta requerida por um credor de promover concordata suspensiva. O impedimento existe para a concordata suspensiva; para o ingresso em juízo do pedido de concordata preventiva a lei não adota o critério de vencimento de obrigação líquida (*Comentários à Lei de Falências*, vol. II, p. 224; J. C. Sampaio de Lacerda, *Manual de Direito Falimentar*, 11ª ed., p. 250).

191. Inclui-se no crédito habilitado em falência a multa fiscal simplesmente moratória.

Revogada pela Súmula 565 (RE 80.093, *RTJ* 82/809; RE 85.354, rel. Min. Cordeiro Guerra, *RTJ* 80/276) (v. J. C. Sampaio de Lacerda, *Manual de Direito Falimentar*, p. 172). De acordo com o art. 83, III e VII, da Lei 11.101, de 9.2.2005 (Lei de Recuperação de Empresas e de Falências), as multas tributárias são classificadas em sétimo lugar na ordem de preferências.

A multa fiscal essencialmente punitiva é acessória da dívida fiscal; portanto, nos casos de imposição direta por infração da lei penal ou administrativa. No RE 79.625 (*RTJ* 80/104) o Pleno do STF cancelou esta Súmula e manteve a de n. 192.

A anterior Lei de Falências (Decreto-lei 7.661, de 21.6.1945, art. 23, parágrafo único, III) excluía as multas fiscais do processo de falência, nada tratando no da concordata, não repetido o dispositivo na atual Lei de Recuperação de Empresas e de Falências (Lei 11.101, de 9.2.2005, art. 5º, I e II) – que, ao contrário, dispõe, no art. 83, VII: "Art. 83. A classificação dos créditos na falência obedece à seguinte ordem: (...) VII – as multas contratuais e as penas pecuniárias por infração das leis penais ou administrativas, inclusive as multas tributárias; (...)".

192. Não se inclui no crédito habilitado em falência a multa fiscal com efeito de pena administrativa.

V. comentários à Súmula anterior.

193. *Para a restituição prevista no art. 76, § 2º, da Lei de Falências, conta-se o prazo de 15 dias da entrega da coisa e não da sua remessa.*

Dispõe a vigente Lei de Recuperação de Empresas e de Falências (Lei 11.101, de 9.2.2005, art. 85, parágrafo único; v. Decreto-lei 7.661, de 21.6.1945, antiga Lei de Falências, art. 76, § 2º que pode ser pedida a restituição de coisa vendida a crédito e entregue ao falido nos 15 dias anteriores ao requerimento da falência, se ainda não alienada pela massa.

194. *É competente o Ministro do Trabalho para a especificação das atividades insalubres.*

O art. 190 da CLT atribui ao Ministro do Trabalho a qualificação das atividades insalubres.

195. *Contrato de trabalho para obra certa, ou de prazo determinado, transforma-se em contrato de prazo indeterminado quando prorrogado por mais de quatro anos.*

Como observou o Min. Gonçalves de Oliveira, a própria equidade manda que o empregador encarregado de obra tamanha que requeira tempo superior a quatro anos para sua conclusão indenize os trabalhadores que ficaram a seu serviço tanto tempo (RE 45.629) (v. arts. 443, 445 e 451 da CLT e Lei 2.959, de 17.11.1956).

196. *Ainda que exerça atividade rural, o empregado de empresa industrial ou comercial é classificado de acordo com a categoria do empregador.*

O Min. Pedro Chaves situou a questão: "Se uma empresa industrial tem necessidade de estender suas atividades ao campo, por um princípio de unidade de tratamento, que se coloca perfeitamente à sombra do princípio da isonomia, não é justo que aqueles que trabalham para ela na cidade tenham um tratamento diferente daqueles que prestam os mesmos serviços, à mesma empresa, com a mesma finalidade, no terreno rural" (ERE 47.609). O Estatuto do Trabalhador Rural, Decreto-lei 704/1969, art. 5º, assim dispunha. Esse Decreto-lei foi revogado pela Lei Complementar 11, que manteve o texto (art. 29), artigo posteriormente revogado especificamente pela Lei Complementar 16.

197. O empregado com representação sindical só pode ser despedido mediante inquérito em que se apure falta grave.

Dispõe o art. 543 da CLT que o empregado eleito para cargo de administração sindical ou representação profissional não poderá, por motivo de serviço, ser impedido do exercício das suas funções, nem transferido sem causa justificada. Além deste dispositivo legal, aplica-se a Convenção Internacional de Genebra relativa à aplicação dos princípios do direito de organização e de negociação coletiva (v. CF/1988, art. 8º, VIII).

198. As ausências motivadas por acidente do trabalho não são descontáveis do período aquisitivo das férias.

O art. 131, III, da CLT não considera descontável do período aquisitivo do direito a férias a ausência do empregado por motivo de acidente do trabalho.

199. O salário das férias do empregado horista corresponde à média do período aquisitivo, não podendo ser inferior ao mínimo.

Quando o salário for pago por diárias, horas, tarefa, viagem, comissão, percentagem ou gratificação, tomar-se-á por base a média percebida no período correspondente às férias a que tem direito (art. 142 da CLT).

Observa Luiz José de Mesquita que o enunciado na Súmula, embora de acordo com o § 1º do art. 142 da CLT, redunda em prejuízo do empregado horista se seu salário for maior no momento de entrar em gozo de férias (*Comentários às Súmulas do STF em Matéria Trabalhista*, p. 46).

200. Não é inconstitucional a Lei 1.530, de 26.12.1951, que manda incluir na indenização por despedida injusta parcela correspondente a férias proporcionais.

A Lei 1.530/1951 dera nova redação ao art. 146, parágrafo único, da CLT. Várias observações foram feitas quanto à constitucionalidade dessa lei, entre elas a de Mozart Víctor Russomano: "No Senado, porém, a emenda da Câmara que modificava o art. 142, parágrafo único, foi rejeitada; mas, por um lapso do órgão de redação, apareceu na redação definitiva, sendo sancionada pelo Poder Executivo" (*Comentários ... – art. 142 –*, vol. II, p. 355).

Diante disso, o Decreto-lei 1.535, de 13.4.1977, confirmando o texto já alterado pela Lei 1.530, dispôs: "Na cessação do contrato de trabalho, após 12 (doze) meses de serviço, o empregado, desde que não haja sido demitido por justa causa, terá direito à remuneração relativa ao período incompleto de férias, de acordo com o art. 130, na proporção de 1/12 por mês de serviço ou fração superior a 14 (catorze) dias".

201. *O vendedor pracista, remunerado diante comissão, não tem direito ao repouso semanal remunerado.*

Luiz José de Mesquita critica essa Súmula: "Falso, portanto, o argumento de que os salários consistentes em comissão percentual sobre as vendas não são suscetíveis de qualquer ou ponderável redução por força do maior ou menor número de dias de repouso obrigatório, pelo quê se equiparam estes empregados à comissão dos mensalistas e não aos que trabalham por produção" (*Comentários às Súmulas do STF em Matéria Trabalhista*, p. 55).

Há tendência para prevalecer a Súmula 27 do TST. No RE 79.238, julgado em 26.2.1975, o Min. Thompson Flores considerou essa Súmula como revogada, porém não foi acompanhado nessa diretriz (*RTJ* 85/133). Diz a Súmula 27 do TST: "É devida a remuneração do repouso semanal e dos dias feriados ao empregado comissionista, ainda que pracista".

202. *Na equiparação de salário, em caso de trabalho igual, toma-se em conta o tempo de serviço na função, e não no emprego.*

O art. 461 da CLT dispõe que, sendo idêntica a função, a todo trabalho de igual valor, prestado ao mesmo empregador, na mesma localidade, corresponderá igual salário, sem distinção de sexo.

203. *Não está sujeita à vacância de 60 dias a vigência de novos níveis de salário-mínimo.*

Discorda-se desse enunciado, bem como do Prejulgado 2/1963 do TST, no sentido da Súmula, porquanto se contrapõe ao art. 116 da CLT, que impõe o prazo de 60 dias.

204. *Tem direito o trabalhador substituto, ou de reserva, ao salário-mínimo no dia em que fica à disposição do empregador sem ser aproveitado na função específica; se aproveitado, recebe o salário contratual.*

Em voto que prevaleceu no Tribunal Pleno, observou o Min. Gonçalves de Oliveira: "Eles têm direito, pelo menos, ao salário-

-mínimo. Se trabalham, recebem a diferença entre o salário-mínimo e o salário normal nas horas que trabalharam" (ERE 39.259).

205. Tem direito a salário integral o menor não sujeito a aprendizagem metódica.

A distinção entre menor aprendiz e menor simplesmente empregado decorre da política trabalhista, impedindo a preferência ao menor aprendiz, caso o salário fosse menor.

206. É nulo o julgamento ulterior pelo Júri com a participação de jurado que funcionou em julgamento anterior do mesmo processo.

Em bem-lançado voto, o Min. Gonçalves de Oliveira sintetizou com maestria a impossibilidade da participação de jurado que funcionou em julgamento anterior do mesmo processo. Igualmente, com a notória capacidade de sempre, também o Min. Luiz Gallotti, em reiterados pronunciamentos sobre a matéria (*Arquivo Judiciário* 103/23). Eis o trecho essencial do voto do Min. Gonçalves de Oliveira:

"O art. 607, § 3º, *[revogado pela Lei 11.689/2008]* impede que tome parte no segundo julgamento, em caso de protesto por novo Júri, o jurado que tenha tomado parte no julgamento anterior.

"A regra se aplica a todos os julgamentos do Júri. Não há razão para que só vigore em caso de protesto. O que há, a meu ver, é defeito de técnica na enunciação da norma, que tem ação ampla.

"Com efeito, o CPP, art. 458, *[sic; seria art. 448, § 2º]* manda aplicar aos jurados as regras disciplinadoras dos impedimentos dos juízes. Ora, o Código proíbe que o juiz julgue, em duas instâncias, o mesmo processo" (RE 49.353).

Em votos dos Mins. Thompson Flores e Eloy da Rocha a matéria foi exaustivamente estudada no HC 45.854 (*RTJ* 53/780 e 56/227).

V. Júlio Fabbrini Mirabete, *Processo Penal*, 2005, p. 561.

207. As gratificações habituais, inclusive a de Natal, consideram-se tacitamente convencionadas, integrando o salário.

Dispõe o art. 457 da CLT que integram o salário não só a importância fixa estipulada como também as comissões, percentagens, gratificações ajustadas etc. (*RTJ* 110/1.144).

V.: Súmula STF-209; *RTJ* 180/772.

208. *O assistente do Ministério Público não pode recorrer, extraordinariamente, de decisão concessiva de* **habeas corpus**.

Quando o *habeas corpus* é denegado, a via é o recurso ordinário; mas, em relação ao concedido, cabe o recurso extraordinário interposto pelo Ministério Público. A Emenda Regimental 3/1975 do STF limitou o recurso extraordinário, incabível quando o *habeas corpus* não trancou a ação penal, nem impediu a restauração ou a renovação, nem declarou a extinção da punibilidade.

Segundo o art. 271 do CPP, ao assistente será permitido propor meios de prova, requerer perguntas às testemunhas, aditar o libelo e os articulados e arrazoar os recursos interpostos pelo Ministério Público. Não se menciona a possibilidade de recorrer (*RTJ* 126/164).

209. *O salário-produção, como outras modalidades de salário- -prêmio, é devido, desde que verificada a condição a que estiver subordinado, e não pode ser suprimido, unilateralmente, pelo empregador, quando pago com habitualidade.*

V. comentários à Súmula STF-207.

210. *O assistente do Ministério Público pode recorrer, inclusive extraordinariamente, na ação penal, nos casos dos arts. 584, § 1º, e 598 do Código de Processo Penal.*

Se o assistente da acusação tem a faculdade de apelar da sentença equiparado ao terceiro interessado, pode também interpor recurso extraordinário, segundo os ensinamentos de Castro Nunes (*Teoria e Prática do Poder Judiciário*, p. 337) (HC 51.407, *RTJ* 69/365; RE 86.047, *RTJ* 83/559; RE 87.167, *RTJ* 83/989; *RTJ* 97/789 e 123/310).

211. *Contra a decisão proferida sobre o agravo no auto do processo, por ocasião do julgamento da apelação, não se admitem embargos infringentes ou de nulidade.*

A Súmula está revogada, porque o Código de Processo Civil atual aboliu o agravo no auto do processo. Vê-se no agravo retido o seu substituto. No entanto, ainda que válida a similitude, só cabem embargos da decisão não unânime na apelação. O agravo retido é julgado como preliminar, e como agravo, que não subiu, quando da interposição, porque o agravante requereu a retenção (v.: Clito Fornaciari Jr., *RePro* 7-8/305; Marcos Afonso Borges, *Comentários ao Código de Processo Civil*, vol. 2, p. 259). Entretanto, há interpretação extensiva para admitir os embargos quando a decisão no agravo retido for de mérito.

V.: decisão no TFR pelo não cabimento (*RTFR* 111/119, rel. Min. Carlos Mário Velloso; Súmula STF-35).

Em voto predominante do Min. Thompson Flores, decidiu o STF que essa Súmula se refere à ilegitimidade *ad processum*, quando assim declara o juiz no despacho saneador (ERE 65.291, *RTJ* 51/767).

Em outro julgado da Excelsa Corte, o Min. Amaral Santos declarou aplicável essa Súmula quando a sentença não seja terminativa. Se a sentença for terminativa, cabem embargos de nulidade (ERE 64.934, *RTJ* 52/103).

212. Tem direito ao adicional de serviço perigoso o empregado de posto de revenda de combustível líquido.

Conforme o disposto no art. art. 189 da CLT. "Serão consideradas atividades ou operações insalubres aquelas que, por sua natureza, condições ou métodos de trabalho, exponham os empregados a agentes nocivos à saúde, acima dos limites de tolerância fixados em razão da natureza e da intensidade do agente e do tempo de exposição aos seus efeitos". E dispões o art. 190: "O Ministério do Trabalho aprovará o quadro das atividades e operações insalubres e adotará normas sobre os critérios de caracterização da insalubridade, os limites de tolerância aos agentes agressivos, meios de proteção e o tempo máximo de exposição do empregado a esses agentes".

213. É devido o adicional de serviço noturno, ainda que sujeito o empregado ao regime de revezamento.

Não pode haver restrição ao princípio de que o salário noturno é superior ao diurno.

214. A duração legal da hora de serviço noturno (52 minutos e 30 segundos) constitui vantagem suplementar, que não dispensa o salário adicional.

Essa hora é fixada pelo Decreto-lei 9.666, de 28.8.1946, que deu nova redação ao art. 73, e seus §§, da CLT.

215. Conta-se a favor de empregado readmitido o tempo de serviço anterior, salvo se houver sido despedido por falta grave ou tiver recebido a indenização legal.

É o disposto no art. 453 da CLT.

216. Para decretação da absolvição de instância, pela paralisação do processo por mais de 30 dias, é necessário que o autor, previamente intimado, não promova o andamento da causa.

Um dos casos de extinção do processo no atual Código de Processo Civil é a não promoção dos atos e diligências que competirem ao autor, por mais de 30 dias (CPC/1973, art. 267, III). Para isso, haverá a intimação pessoal para suprir a falta em 48 horas (CPC, art. 267, § 1º). V.: Hélio Tornaghi, *Comentários ao Código de Processo Civil*, vol. II, São Paulo, Ed. RT, p. 332; Marcos Afonso Borges, *Comentários ao Código de Processo Civil*, vol. 1º, p. 256. Segundo Machado Guimarães, instância significava processo ("A instância e a relação processual", in *Estudos de Direito Processual Civil*, 1969, p. 33). Outras acepções são dadas. Por isso, o atual Código substituiu "instância" por "processo" e "absolvição de instância" por "extinção do processo". Pergunta-se se a medida (intimação pessoal da parte) pode ser tomada pelo juiz, ou a outra parte deve requerê-la. Pela afirmativa responderam Moniz de Aragão, Rogério Lauria Tucci e Edson Prata. Não a admitem Tornaghi e Arruda Alvim. A partir da iniciativa da parte para a formação do processo, subsequentemente o processo desenvolve-se por impulso oficial, isto é, também por iniciativa do juiz. Se o autor abandona a causa, que surgiu por iniciativa sua, permite-se ao juiz mandar intimar a parte para promover os atos e diligências de sua competência. O Código não impõe a iniciativa do réu (CPC, art. 267, § 1º); não há, portanto, qualquer surpresa para o autor. A Súmula e o art. 267, III, do CPC estão na mesma linha. A intimação é feita ao autor, pessoalmente, e não ao advogado (v. acórdão do TJMG relatado pelo Des. Hélio Costa e comentário de Humberto Theodoro Jr., *Revista Brasileira de Direito Processual* 10/130) (STF, Ag 70.911, rel. Min. Cordeiro Guerra, *RTJ* 83/382).

217. Tem direito de retornar ao emprego, ou ser indenizado em caso de recusa do empregador, o aposentado que recupera a capacidade de trabalho dentro de cinco anos, a contar da aposentadoria, que se torna definitiva após esse prazo.

Segundo o art. 475, § 1º, da CLT, ao empregado, recuperando a capacidade de trabalho e sendo a aposentadoria cancelada, ser-lhe-á assegurado o direito à função que ocupava ao tempo da aposentadoria.

218. *É competente o juízo da Fazenda Nacional da Capital do Estado, e não o da situação da coisa, para a desapropriação promovida por empresa de energia elétrica, se a União Federal intervém como assistente.*

A simples intervenção da União Federal já deslocaria o feito para a competência da Justiça Federal (CF/1988, art. 109, I).

V. Súmula STF-250.

219. *Para a indenização devida a empregado que tinha direito a ser readmitido, e não foi, levam-se em conta as vantagens advindas à sua categoria no período do afastamento.*

V. comentários à Súmula STF-217.

220. *A indenização devida a empregado estável, que não é readmitido, ao cessar sua aposentadoria, deve ser paga em dobro.*

Sendo o empregado estável quando do afastamento, a indenização é devida em dobro, nos termos do art. 475, § 1º, da CLT.

221. *A transferência de estabelecimento, ou a sua extinção parcial, por motivo que não seja de força maior, não justifica a transferência de empregado estável.*

Como acentuou o Min. Víctor Nunes nos ERE 43.997, a transferência é relativa, e não absoluta, em relação ao direito do empregador (*LTr* 25/394).

222. *O princípio da identidade física do juiz não é aplicável às Juntas de Conciliação e Julgamento, da Justiça do Trabalho.*

Não era aplicável em virtude da formação colegiada das Juntas de Conciliação e Julgamento (com a EC 24/1999 as Juntas foram convertidas em Varas do Trabalho).

223. *Concedida isenção de custas ao empregado, por elas não responde o sindicato que o representa em juízo.*

Para que exista dívida solidária é necessário que exista dívida principal. Se o empregado nada deve, logo, o sindicato que o representa em juízo não deverá. Segundo a CLT, art. 791, § 1º, o empregado pode fazer-se representar por intermédio do seu sindicato.

V. a possibilidade de cobrança de custas quando o sindicato cumpre a decisão proferida no dissídio coletivo: Coqueijo Costa, *Princípios de Direito Processual do Trabalho*, São Paulo, LTr, 1976, p. 113.

224. Os juros da mora, nas reclamações trabalhistas, são contados desde a notificação inicial.

Luiz José de Mesquita critica essa Súmula, argumentando que melhor seria considerar a data do ajuizamento da ação trabalhista (*Comentários às Súmulas do STF em Matéria Trabalhista*, p. 112).

225. Não é absoluto o valor probatório das anotações da Carteira Profissional.

As anotações da Carteira Profissional têm presunção *juris tantum*, admitindo prova em contrário, até testemunhal.

Ao lado da Carteira Profissional, há a obrigatoriedade do registro dos empregados em assentamentos do empregador (CLT, art. 41). Por aí já se vê que os dados poderão ser cotejados.

A Súmula 12 do TST dispõe que as anotações apostas pelo empregador na Carteira Profissional do empregado geram presunção *juris tantum* (v. Coqueijo Costa, *Princípios de Direito Processual do Trabalho*, São Paulo, LTr, 1976, p. 114).

226. Na ação de desquite, os alimentos são devidos desde a inicial e não da data da decisão que os concede.

De se ressalvar a substituição da expressão "desquite" por "separação judicial" (Lei 6.515, de 26.12.1977, art. 39; Yussef Said Cahali, *Dos Alimentos*, 1984, p. 535).

O Min. Villas Boas, no RE 35.288, acentuou que, se a sentença não é constitutiva, e sim declaratória, e se deve operar efeitos em função do estado de necessidade, seria especiosa e desligada dos altos fins da lei a distinção que se faz entre alimentos provisionais e alimentos definitivos, para a conclusão de que, não reclamados aqueles, só deve a condenação nestes vigorar depois da sentença final que os decreta e impõe ao cônjuge a prestação.

A Lei 5.478, de 25.7.1968, dispôs que, em qualquer caso, os alimentos retroagem à data da citação (art. 13, § 2º), apesar de também afirmar que, ao despachar o pedido, o juiz fixará desde logo alimentos provisórios (art. 4º) (v. *RTJ* 74/800).

V. Súmula STJ-277.

227. A concordata do empregador não impede a execução de crédito nem a reclamação de empregado na Justiça do Trabalho.

A concordata (hoje "recuperação judicial", cf. Lei 11.101/2001), diversamente da falência, não leva ao juízo universal de execução. Neste caso, os créditos trabalhistas não são atraídos para a execução geral, contrariamente ao que sucede na falência.

Segundo a nova lei, art. 54: "O plano de recuperação judicial não poderá prever prazo superior a 1 (um) ano para pagamento dos créditos derivados da legislação do trabalho ou decorrentes de acidentes de trabalho vencidos até a data do pedido de recuperação judicial", dispondo, ainda, o parágrafo único do mesmo artigo: "O plano não poderá, ainda, prever prazo superior a 30 dias para o pagamento, até o limite de 5 salários-mínimos por trabalhador, dos créditos de natureza estritamente salarial vencidos nos 3 meses anteriores ao pedido de recuperação judicial".

228. Não é provisória a execução na pendência de recurso extraordinário, ou de agravo destinado a fazê-lo admitir.

Segundo observação no *site* do STF, no julgamento do RE 84.334 (*RTJ* 78/638), em sessão plenária, o Min. Relator entendeu que, em face do CPC de 1973, é provisória a execução de sentença enquanto pende o julgamento do recurso extraordinário. Nesse sentido v. RE 82.902 (*RTJ* 78/274); RE 82.926 (*RTJ* 83/158) e RE 85.761). Com o advento da Lei 8.038/1990, que introduziu modificação no art. 497 do CPC, a execução continua sendo provisória (essa lei apenas incluiu o recurso especial, que é da competência do STJ).

Afirma Liebman que a lei distinguiu entre execução definitiva e provisória e entendeu definitiva a execução da sentença transitada em julgado, isto é, irretratável. Provisória é toda execução que não é definitiva, quer dizer, que não tem por fundamento sentença irrecorrível (*Processo de Execução*, 2ª ed., p. 54).

Esta Súmula dizia não ser provisória a execução na pendência de recurso extraordinário, contra as opiniões de uma infinidade de doutrinadores que sustentavam ponto de vista diverso, dentre eles Amaral Santos, para quem, tendo-se em conta a interpretação que à lei dá a jurisprudência, a execução será provisória apenas quando fundamentada em sentença da qual se haja interposto recurso sem efeito suspensivo, salvo o recurso extraordinário (*Direito Processual*, vol. 3, p. 227). No mesmo sentido: Alcides de Mendonça Lima (*Sistema de Normas Gerais dos Recursos Cíveis*, p. 276), Alfredo Buzaid (*Da Ação Renovatória*, p. 429) e Lopes da Costa (*Direito Processual Civil Brasileiro*, 2ª ed., vol. IV, p. 28). De acordo com a orientação da Súmula: José Frederico Marques (*Instituições de Direito Processual Civil*, vol. IV, p. 344) e Pedro Batista Martins (*Recursos e Processos*, p. 161). O RISTF diz que o recurso extraordinário não tem efeito suspensivo (art. 321, § 4º).

Com o atual Código de Processo Civil o tema voltou ao foco dos estudiosos (Sérgio Bermudes, *Comentários ao Código de Processo Civil*, vol. VII, São Paulo, Ed. RT, p. 282).

O recurso extraordinário é recebido unicamente no efeito devolutivo (art. 27, § 2º, da Lei 8.038, de 28.5.1990); no entanto, não suspende a execução da sentença (CPC, art. 497). E, finalmente, a execução é provisória quando a sentença for impugnada mediante recurso recebido só no efeito devolutivo (CPC, art. 587). Logo, o Código de Processo optou por esta diretriz. Não a esclareceu como convinha.

Ao julgar o RE 84.334 (*RTJ* 78/638), sendo Relator o Min. Moreira Alves, o STF decidiu, unanimemente, ser a execução provisória.

V. Pet 1.243-MC e, especialmente: Cândido Dinamarco, *Instituições de Direito Processual Civil*, 3ª ed., vol. IV, São Paulo, Malheiros Editores, 2009, §§ 1.822 e ss.; Humberto Theodoro Jr., *Processo de Execução*, 19ª ed., p. 181; Eduardo Arruda Alvim, *Direito Processual Civil*, 2ª ed., São Paulo, Ed. RT, 2008, p. 911; Araken de Assis, *Manual dos Recursos*, 2ª ed., São Paulo, Ed. RT, 2008, p. 729.

229. *A indenização acidentária não exclui a do direito comum, em caso de dolo ou culpa grave do empregador.*

A indenização acidentária está assente na infortunística, tendo como amparo a Previdência Social. Existindo dolo ou culpa grave do empregador, o acidente causado a empregado está no âmbito do direito comum.

Em exaustivo voto, o Min. Gonçalves de Oliveira assinalou que a Lei de Acidentes do Trabalho é lei de conciliação de interesses dos empregados e patrões. Não se pode – assinalou – submeter o patrão à ação de acidente como se fosse simples terceiro. Contra este, sim, se aplicam todos os princípios da responsabilidade civil. Não somente em caso de dolo, mas em caso de falta grave, em que o empregador demonstre, pela negligência e omissão de precauções elementares, despreocupação e menosprezo pela segurança do empregado, dando causa ao acidente (RE 23.192). É importante assinalar a existência do dolo do empregador, que ultrapassa a infortunística. A questão merece reestudo a partir da Lei 6.367/1976. A Súmula merece nova reflexão (v.: Aguiar Dias, *Estudos Jurídicos em Homenagem ao Professor Caio Mário da Silva Pereira*, Rio de Janeiro, Forense, p. 281; Humberto Theodoro Jr., *Acidente do Trabalho e Responsabilidade Civil Comum*, 1987) (v. art. 7º, XXVIII, da CF/1988). Acórdão do STJ não aplicou a Súmula STF-229 após a Lei 6.367/1976, ainda que o acidente fosse anterior à Constituição Federal de 1988 (REsp 12.648, rel. Min. Sálvio de Figueiredo, *RSTJ* 53/117).

Exige a comprovação da culpa (REsp 10.570, rel. Min. Sálvio de Figueiredo, *RSTJ* 48/162).

V. arts. 1º, 120 e 121 da Lei 8.213, de 24.7.1991 – Planos de Benefícios da Previdência Social.

V. a redação da segunda parte do parágrafo único do art. 927 do CC/2002 e seu confronto com o art. 7º, XXVIII, da CF/1988; v. decisão STF no CComp 7.204-1 (*DJU* 3.8.2005); Paulo de Tarso Vieira Sanseverino, *Princípio da Reparação Integral*, São Paulo, Saraiva, 2010, p. 104.

A Emenda Constitucional 45/2004 incluiu o art. 114, VI, sobre a competência da Justiça do Trabalho para as ações de indenização por dano moral ou patrimonial, decorrentes das relações de trabalho (CComp 7.204-1).

230. *A prescrição da ação de acidente do trabalho conta-se do exame pericial que comprovar a enfermidade ou verificar a natureza da incapacidade.*

A antiga Lei de Acidentes do Trabalho, em seu art. 66, "c", não explicitava o marco inicial da contagem da prescrição da ação de acidente do trabalho com incapacidade permanente, apenas fazendo menção "ao dia em que ficar comprovada essa incapacidade" (*RTJ* 67/145). Esta Súmula foi consagrada no art. 18, II, *in fine*, da Lei 6.367, de 19.10.1976 (RE 79.664, *RTJ* 81/111; RE 80.201, rel. Min. Djaci Falcão, *RTJ* 75/569; RE 82.026, *RTJ* 87/152; RE 86.503, *RTJ* 83/303; *RTJ* 107/1.308). Hoje a matéria vem regulada no art. 104 da Lei 8.213, de 24.7.1991.

231. *O revel, em processo cível, pode produzir provas, desde que compareça em tempo oportuno.*

A doutrina, partindo do silêncio do Código de Processo Civil quanto à posição do revel diante da prova que poderá oferecer, ainda que não tenha contestado, pretende deferir a produção de provas nessa situação. Diz José Frederico Marques que o processo de cognição tem na prova um dos institutos de fundamental importância para atingir a causa final (*Instituições* ..., vol. III, p. 359; Rogério Lauria Tucci, "Contumácia", *Enciclopédia Saraiva do Direito*; Rita Gianesini, *Da Revelia no Processo Civil Brasileiro*, São Paulo, Ed. RT, 1977, p. 124; J. J. Calmon de Passos, *Da Revelia do Demandado*, Salvador, 1960, p. 94). O Min. Gonçalves de Oliveira, ao votar no RE 49.196, observou que quando o Código de Processo Civil anterior, nos arts. 208 e ss., *[CPC/1973, arts. 332 e ss.]* estruturou as provas não estabeleceu, em nenhum artigo, que fosse vedada a apresentação de provas pelo revel.

No atual Código de Processo Civil (CPC/1973, art. 322, parágrafo único) o revel poderá intervir no processo em qualquer fase, recebendo-o no estado em que se encontra. Logo, se oportuna a produção de provas, ela poderá ser requerida. Evidentemente, será extemporânea se produzida após a audiência (art. 331, III) (Wellington Moreira Pimentel, *Comentários ao Código de Processo Civil*, vol. III, São Paulo, Ed. RT, p. 341).

232. *Em caso de acidente do trabalho, são devidas diárias até 12 meses, as quais não se confundem com a indenização acidentária, nem com o auxílio-enfermidade.*

Dispunha a anterior Lei de Acidentes do Trabalho (Decreto-lei 7.036, de 10.11.1944): "Não poderão ser descontadas das indenizações devidas por uma incapacidade permanente ou morte as quantias já pagas por motivo de uma incapacidade temporária. A indenização a que fizer jus o acidentado independerá sempre de qualquer outra prevista nesta Lei" (*RTJ* 74/831).

A atual lei (n. 8.213, de 24.7.1991) não tem dispositivo idêntico, mas prevê (art. 86, § 3º) que "o recebimento de salário ou concessão de outro benefício não prejudicará a continuidade do recebimento do auxílio-acidente".

233. *Salvo em caso de divergência qualificada (Lei 623/1949), não cabe recurso de embargos contra a decisão que nega provimento a agravo ou não conhece de recurso extraordinário, ainda que por maioria de votos.*

Pelo atual RISTF, só cabem embargos quando houver votos vencidos, em casos restritos (art. 330), não se mencionando os embargos da decisão que nega provimento a agravo ou não conhece do recurso extraordinário, por maioria de votos. Nesses casos, cabíveis, em tese, os embargos de divergência.

234. São devidos honorários de advogado em ação de acidente do trabalho julgada procedente.

Adotando-se o princípio da sucumbência, reforçado pela lei que deu nova redação ao art. 64 do CPC de 1939, a jurisprudência deferia honorários advocatícios também na ação de acidente do trabalho (RE 67.310, *RTJ* 51/335).

A Lei de Acidentes do Trabalho (Lei 8.213, de 24.7.1991) manda aplicar o procedimento sumário aos litígios judiciais (art. 129, II). Ora, se é aplicável o procedimento previsto da sucumbência, logo, são devidos os honorários advocatícios (RE 80.139, rel. Min. Soares Muñoz, *RTJ* 84/141).

V. Súmula STJ-110.

235. É competente para a ação de acidente do trabalho a Justiça Cível Comum, inclusive em segunda instância, ainda que seja parte autarquia seguradora.

O STF, ao declarar inconstitucional o art. 16 da Lei 5.316, de 14.9.1967, firmou jurisprudência pela competência da Justiça Estadual para julgar as ações de acidente do trabalho (CJ 3.893, *RTJ* 44/360).

A Súmula STF-501 consolidou a presente. A Lei 8.213, de 24.7.1991, também ratificou essa orientação (art. 129, II). A Lei Complementar 37, de 13.11.1979, revogou o art. 130 da Lei Complementar 35/1979 (Lei Orgânica da Magistratura Nacional), que dava competência à Justiça Federal para o processo e julgamento das ações decorrentes de acidentes do trabalho quando o pedido tivesse por objetivo o reconhecimento de doença profissional não incluída na relação organizada pelo Ministério da Previdência. A CF/1988, art. 109, I, expressamente assim determinou.

No julgamento do CComp 7.204 (29.6.2005) o STF definiu a competência da Justiça Trabalhista para julgamento das ações de indenização por danos morais e patrimoniais decorrentes de acidente do trabalho, a partir da Emenda Constitucional 45/2004.

V. Súmula 501.

236. Em ação de acidente do trabalho, a autarquia seguradora não tem isenção de custas.

Já a Lei 5.010/1966, criadora da Justiça Federal, dispôs de maneira diferente, isentando de custas a União e suas autarquias (art. 46). O § 1º do art. 511 do CPC/1973, na redação da Lei 9.756, de 17.12.1998, dispensa de preparo os recursos interpostos pelas entidades da Administração indireta, que gozam da isenção legal. A Lei 8.213, de 24.7.1991 (art. 129, parágrafo único), dispôs que o procedimento judicial relativo a acidente do trabalho é isento do pagamento de quaisquer custas e de verbas relativas à sucumbência.

237. O usucapião pode ser arguido em defesa.

Disse Orosimbo Nonato, no RE 8.952 (*RF* 122/116), a propósito do tema, que o usucapião pode ser oposto, como defesa, independentemente de sentença anterior, que o declare e que, registrada, sirva de título ao *dominus*. O usucapião é, como a transcrição, modo de adquirir domínio. É modo originário de adquirir domínio, com a perda do antigo dono, cujo direito sucumbe em face da aquisição. O proprietário, como já ensinava Lafayette, perde o domínio, porque o adquire o possuidor (Caio Mário da Silva Pereira, *Instituições de Direito Civil*, vol. IV, p. 137, n. 306; Ag 73.505, *RTJ* 87/880; Lenine Nequete, *Usucapião*, 2ª ed., Porto Alegre, Sulina, 1970).

A Lei 6.969, de 10.12.1981 (usucapião especial) estabeleceu, em seu art. 7º: "A usucapião especial poderá ser invocada como matéria de defesa, valendo a sentença que a reconhecer como título para transcrição no Registro de Imóveis" (v. observações de Lenine Nequete, *Usucapião Especial*, São Paulo, Saraiva, 1983, p. 39; Natal Nader, *Usucapião de Imóveis*, Uberlândia, 1983, p. 96). Segundo o então Desembargador Athos Gusmão Carneiro, a Lei 6.969 alude às consequências desse enunciado "ao elevar a sentença que o reconheça (portanto, a sentença de improcedência da ação vindicatória do imóvel) à categoria de título para transcrição no Registro de Imóveis" ("Aspectos processuais da lei de usucapião especial", *Ajuris* 26/119).

238. Em caso de acidente do trabalho, a multa pelo retardamento da liquidação é exigível do segurador sub-rogado, ainda que autarquia.

O art. 102 da Lei de Acidentes do Trabalho fixava a multa do empregador que retardasse o prazo previsto. Já o art. 100 desonerava o empregador da responsabilidade quando ele transferisse a responsabilidade à autarquia, pelo seguro. A Lei 6.367, de 19.10.1976, revogou expressamente esse preceito. No entanto, ele era salutar, porque o seguro de acidentes do trabalho estava a cargo da Previdência. Assim mesmo, a responsabilidade resolver-se-ia em perdas e danos.

V. Súmula 311.

239. Decisão que declara indevida a cobrança do imposto em determinado exercício não faz coisa julgada em relação aos posteriores.

A sentença limita-se às questões decididas naquela lide.

O insigne Castro Nunes, ao decidir questão que envolvia coisa julgada em matéria fiscal, acentuou que esta se limita aos termos da controvérsia (ACi 11.227) (Celso Neves, "Coisa julgada no direito tributário", *RDP* 29/243; Isaac Pereira da Silva, *Coisa Julgada Tributária*, Recife, 1970, p. 117). Essa Súmula foi reexaminada nos ERE 83.225 (*RTJ* 92/707), quando se concluiu por uma interpretação restritiva. A Súmula não se aplica às decisões relativas a isenção ou imunidade, mas àquelas que declaram indevida a cobrança do imposto em determinado exercício. Ao mesmo tempo, a coisa julgada não impede que lei nova passe a reger diferentemente os fatos ocorridos a partir de sua vigência.

A tendência da aplicação dessa Súmula é pela restrição. Assim, no RE 93.048 (rel. Min. Rafael Mayer) estabeleceu-se que "o lançamento de um tributo originante de um crédito exigível num determinado exercício financeiro não pode transpor as condições de débito de um próximo exercício" (*RTJ* 99/419). Em outro julgado afirmou o Min. Rafael Mayer: "A declaração de intributabilidade no pertinente a relações jurídicas originadas de fatos geradores que se sucedem no tempo não pode ter caráter de imutabilidade e de normatividade a abranger eventos futuros" (*RTJ* 106/1.189). Também ficou limitada a aplicação da Súmula quando a decisão não foi proferida em ação declaratória, e sim em execução fiscal, dizendo respeito a exercício discutido somente naquela execução (RE 99.458, rel. Min. Francisco Rezek, *RTJ* 107/1.238). Também não se aplica às decisões em mandado de segurança, para determinado exercício (RE 100.126, rel. Min. Francisco Rezek, *RTJ* 108/406).

V. Teori Albino Zavascki, *Eficácia das Sentenças na Jurisdição Constitucional*, São Paulo, Ed. RT, 2001, p. 85, e "Coisa julgada em matéria constitucional", in *Doutrina – Superior Tribunal de Justiça*, 2005, p. 116; Pontes de Miranda, *Comentários ao Código de Processo Civil*, 1ª ed., vol. V, p. 179; Cândido Rangel Dinamarco, "Liebman e a cultura processual brasileira", in *Estudos em Homenagem a Ada Pellegrini Grinover*, DPJ Editora, 2005, p. 502.

240. *O depósito para recorrer, em ação de acidente do trabalho, é exigível do segurador sub-rogado, ainda que autarquia.*

O Decreto-lei 7.036, de 10.11.1944, criou o depósito, que foi dispensado pela Lei 5.316, de 14.9.1967. Mais tarde, a Lei 6.367, de 19.10.1976, revogou ambos os diplomas, não exigindo o depósito.

Hoje, a Lei 8.213, de 24.7.1991, dispõe: "Art. 129. Os litígios e medidas cautelares relativos a acidentes do trabalho serão apreciados: (...) II – na via judicial, pela Justiça dos Estados e do Distrito Federal, *segundo o rito sumaríssimo*, inclusive durante as férias forenses, mediante petição instruída pela prova de efetiva notificação do evento à Previdência Social, através de Comunicação de Acidente do Trabalho – CAT. Parágrafo único. O procedimento judicial de que trata o inciso II deste artigo é isento do pagamento de quaisquer custas e de verbas relativas à sucumbência" (grifamos).

241. *A contribuição previdenciária incide sobre o abono incorporado ao salário.*

Não sendo espontâneos os abonos, integram-se no salário, e sobre eles incidem as contribuições da Previdência Social.

242. *O agravo no auto do processo deve ser apreciado, no julgamento da apelação, ainda que o agravante não tenha apelado.*

No RE 27.500, o saudoso Min. Aníbal Freire já abordara o assunto: "Na hipótese dos autos, o acórdão recorrido estabeleceu uma exigência que a lei não comporta: é a de ter havido recurso de apelação dos réus; e por isso considera que o agravo no auto do processo ficou sem efeito. Não há nos dispositivos disciplinares do assunto a restrição estabelecida pelo aresto recorrido e, desde que a matéria debatida no agravo pode influir no julgamento, opera-se com esse entendimento restrição de direitos, insuscetível da exegese adotada pelo julgador".

Vários doutrinadores opõem-se a esse entendimento (De Plácido e Silva, *Comentários ao Código de Processo Civil*, 2ª ed., vol. 2º, 1941, p. 843; e Oswaldo Pinto do Amaral, *Código de Processo Civil Brasileiro*, vol. 5º, p. 86).

Para Seabra Fagundes o provimento (da apelação), importando prejuízo para o agravante, restaura, automaticamente, seu interesse, dada a inevitável repercussão sobre o julgamento definitivo (*Dos Recursos Ordinários*, n. 372).

João Claudino de Oliveira e Cruz, na senda do enunciado da Súmula, diz: "Mas a lei (art. 852 do CPC/1939) dispõe que o agravo no auto do processo será conhecido, pelo tribunal, por ocasião do julgamento da apelação (arts. 876 e 878). Não restringe o conhecimento do agravo ao caso único de haver apelação do próprio agravante, dispondo, ao contrário, de modo geral, que o agravo será considerado no julgamento da apelação".

Com ele também concorda José Frederico Marques (*Instituições* ..., 2ª ed., vol. IV, p. 235; v. RE 72.031, *DJU* 3.9.1971, p. 4.608).

A matéria sofreu alteração com a abolição do agravo no auto do processo e a criação do agravo retido. Interposto agravo de instrumento, o agravante poderá reter nos autos esse agravo, a seu requerimento. Ele será apreciado antes do julgamento da apelação. Para isso ocorrer, o agravante deverá pedir expressamente nas razões ou contrarrazões da apelação; se não, considera-se renúncia ao agravo (CPC/1973, art. 523, § 1º).

243. *Em caso de dupla aposentadoria, os proventos a cargo do IAPFESP não são equiparáveis aos pagos pelo Tesouro Nacional, mas calculados à base da média salarial dos últimos 12 meses de serviço.*

O cálculo dos proventos de aposentadoria a cargo do antigo IAPFESP fazia-se com base no salário recebido pelo segurado nos 12 meses anteriores à sua passagem para a inatividade.

244. *A importação de máquinas de costura está isenta do Imposto de Consumo.*

Não mais existe o Imposto de Consumo.

245. *A imunidade parlamentar não se estende ao corréu sem essa prerrogativa.*

A imunidade parlamentar é pessoal, como se acentuou no comentário à Súmula STF-3; portanto, não se estende a outras pessoas, ainda que partícipes ou coautoras do mesmo crime cometido pelo parlamentar imune (v. Súmula STF-4).

246. *Comprovado não ter havido fraude, não se configura o crime de emissão de cheque sem fundos.*

Nélson Hungria, em seus *Comentários ao Código Penal*, examinando o art. 171, § 2º, VI, assentou opinião seguida não com aplausos, mas eficazmente, no sentido de que, emitido o cheque como documento de dívida, não será subjetivamente reconhecível o crime (vol. 7º, p. 247).

Observou o Min. Luiz Gallotti, a propósito: "Essa regra há de valer, obviamente, tanto para o caso de falta de fundos como para o de ser frustrado pelo emitente o pagamento (as duas hipóteses estão previstas no mesmo inciso do Código Penal, que visa à proteção do cheque, art. 171, § 2º, VI)" (RHC 47.995, RTJ 54/83).

O Código Penal de 1969 (Decreto-lei 1.004), que não chegou a entrar em vigor, dispunha claramente sobre a frustração do pagamento de cheque, no art. 184, VI: "frustra, sem justa causa, o pagamento de cheque que emitiu em favor de alguém".

Muitos casos concretos vieram esclarecer essa Súmula: cheque emitido como promessa de pagamento (RTJ 77/144); verificação de garantia de dívida e seus pressupostos (RTJ 76/450); emissão de cheque mediante extorsão indireta (RTJ 72/710; RHC 52.876, RTJ 74/20; RHC 54.104, RTJ 78/714; RHC 54.169, RTJ 79/421; HC 55.247, RTJ 82/716; Ext 372, rel. Min. Cordeiro Guerra, RTJ 91/15; RHC 60.540, rel. Min. Aldir Passarinho, RTJ 110/79; RTJ 119/1.063; v. Paulo Restiffe Neto, *Lei do Cheque*, p. 254).

V. Súmula STF-554.

247. *O relator não admitirá os embargos da Lei 623, de 19.2.1949, nem deles conhecerá o Supremo Tribunal Federal, quando houver jurisprudência firme do Plenário no mesmo sentido da decisão embargada.*

O RISTF (art. 332) dispõe no mesmo sentido, abrindo exceção quanto ao pedido de qualquer dos ministros para a revisão da jurisprudência ou de súmula (art. 103). A razão simplificadora é evidente. Levar-se a julgamento o feito apenas para ratificar as decisões consolidadas é perda de tempo (ERE 72.175, RTJ 86/498).

V. Súmula STJ-168.

248. *É competente, originariamente, o Supremo Tribunal Federal para mandado de segurança contra ato do Tribunal de Contas da União.*

Na Constituição de 1946 não se discriminou a competência do STF para o exame desses mandados de segurança. Já a Constituição de 1967 incluiu na competência do Excelso Pretório esse exame. Longa foi a discussão sobre a competência para julgar os mandados de segurança contra ato do TCU (Roberto Rosas, "A função jurisdicional do TCU", *RDA* 93/430). A Constituição Federal de 1988 expressamente a determina (CF/1988, art. 102, I, "d").

249. É competente o Supremo Tribunal Federal para a ação rescisória quando, embora não tendo conhecido do recurso extraordinário, ou havendo negado provimento ao agravo, tiver apreciado a questão federal controvertida.

Insuperável a colocação da questão pelo Min. Luiz Gallotti:

"Na verdade, quando o Supremo Tribunal houver decidido a causa, ainda que através da declaração de não ser cabível o recurso extraordinário, seja no julgamento deste, seja no agravo contra despacho que não o admitira, será competente originariamente para o julgamento da ação rescisória, se esta tiver por objeto arguições formuladas naquele recurso.

"Quando, porém, se alegar na ação rescisória matéria que não foi objeto do recurso extraordinário, aquela ação proposta contra o acórdão do tribunal local será por este julgada originariamente" (AR 488, *RF* 181/124).

Invoca os ensinamentos de Odilon de Andrade (*Comentários ao Código de Processo Civil*, vol. 9º, p. 66), Jorge Americano (*Ação Rescisória*, 3ª ed., n. 186), Pedro Batista Martins (*Recursos e Processos da Competência Privativa dos Tribunais*, 1957, p. 75) e Castro Nunes (*Poder Judiciário*, 1943, p. 261).

Se a questão federal foi examinada, ainda que repelida (*RTJ* 70/619), a competência é do STF.

V. Súmula STF-515, complementar a este enunciado (*RTJ* 73/866 e 234) (Luiz Eulálio de Bueno Vidigal, *Comentários ao Código de Processo Civil*, vol. VI, São Paulo, Ed. RT, p. 166). Não compete ao STF a rescisória contra decisão em agravo se não houve exame da questão federal (AR 979, *RTJ* 87/769; *RTJ* 90/833; AR 1.020, *RTJ* 87/776). Não é competente se o recurso extraordinário não foi conhecido, por reexame de provas (AR 671, *RTJ* 88/12; AR 1.015, *RTJ* 88/369).

V. Arnaldo Esteves de Lima, *Ação Rescisória*, 2001, p. 11; Cândido Rangel Dinamarco, *Nova Era do Processo Civil*, 3ª ed., São Paulo, Malheiros Editores, 2009, p. 270.

250. A intervenção da União desloca o processo do juízo cível comum para o fazendário.

Nas causas em que a União é interessada, a competência para seu julgamento é da Justiça Federal (CF/1988, art. 109, I). Como acentuou o Min. Victor Nunes, o interesse da União deve traduzir-se numa posição processual definida, e não apenas na simples alegação de interesse (*RTJ* 51/242); num interesse jurídico, como está acentuado por Ari Pargendler, *A Assistência da União Federal nas Causas Cíveis*, Porto Alegre, Ajuris, 1979; CJ 5.957, rel. Min. Xavier de Albuquerque, *RTJ* 75/367; CJ 6.102, rel. Min. Soares Muñoz, *RTJ* 90/18; RE 90.734, voto do Min. Décio Miranda, *RTJ* 91/346; AR 1.121, rel. Min. Rafael Mayer, *RTJ* 109/477.

251. Responde a Rede Ferroviária Federal S/A perante o foro comum e não perante o juízo especial da Fazenda Nacional, a menos que a União intervenha na causa.

O STF, ao julgar o CJ 4.021, decidiu pela competência da Justiça do Estado para o julgamento dos feitos de interesse da Rede Ferroviária Federal (*RTJ* 51/238).

Posteriormente, em acórdão da lavra do Min. Djaci Falcão, decidiu o Tribunal Pleno: "Ação em que é parte a Rede Ferroviária Federal S/A somente reclama a competência da Justiça Federal quando a União Federal intervém, regularmente (CF de 1967, § 2º do art. 119). *[CF/1988, art. 109, I]* Se a intervenção ocorre quando a causa se acha julgada em segunda instância na Justiça Estadual, pendente apenas de revisão, já não se impõe o deslocamento da competência para o TFR – Conflito de jurisdição procedente, para se reconhecer a competência do TJGB" (CJ 5.123, *RTJ* 51/74; v. também CJ 5.447, *RTJ* 56/219).

Segundo a lei criadora da Rede Ferroviária Federal, ela é sociedade de economia mista, a despeito da aparência de empresa pública, porque os acionistas, em número ínfimo, nunca se manifestaram.

Não basta a mera afirmação de interesse da União para deslocar a competência. Ela deve ser expressa (*RTJ* 75/945, 69/582, 68/844; CJ 6.208, rel. Min. Soares Muñoz, *DJU* 15.2.1980).

V. Súmulas STF-517 e 556 e STJ-42.

252. Na ação rescisória, não estão impedidos juízes que participaram do julgamento rescindendo.

O Código de Processo Civil e a Lei de Organização Judiciária dão os casos de impedimentos dos juízes. Em relação à rescisória nada existe a respeito no tocante à participação do juiz no seu julgamento, quando participou do julgamento rescindendo (Sérgio Rizzi, *Ação Rescisória*, São Paulo, Ed. RT, 1979, p. 59).

O Min. Nélson Hungria, em decisão do STF, já sufragara idêntica opinião (RE 19.688, *RTJ* 144/109).

No RE 66.149 o Min. Luiz Gallotti teve oportunidade de examinar essa questão: "O Des. Otávio Teles, por ter julgado a apelação, não estava impedido para o julgamento da rescisória. Estaria, como demonstrou o acórdão recorrido, se houvesse proferido decisão na primeira instância. A Lei de Organização Judiciária do Estado foi cumprida, e, ainda que não o fosse, caso não seria de recurso extraordinário, por se tratar de lei estadual" (*RTJ* 49/356).

253. *Nos embargos da Lei 623, de 19.2.1949, no Supremo Tribunal Federal, a divergência somente será acolhida se tiver sido indicada na petição de recurso extraordinário.*

A presente *Súmula não tem mais adequação*, porquanto os embargos de divergência são cabíveis quando a decisão da Turma discrepa de decisão de outra Turma ou do Pleno. Portanto, a demonstração da divergência só pode ser apontada *a posteriori*. A outra Turma pode decidir em contrário àquela julgadora após a interposição do extraordinário no tribunal local, e nem por isso se deixa de admitir os embargos de divergência (v. Súmula STF-273).

254. *Incluem-se os juros moratórios na liquidação, embora omisso o pedido inicial ou a condenação.*

Não há necessidade da demonstração de prejuízo para a exigência de juros moratórios. Assim expressa o CC/2002, art. 407 (CC/1916, art. 1.064): "Ainda que se não alegue prejuízo, é obrigado o devedor aos juros da mora, que se contarão assim às dívidas em dinheiro, como às prestações de outra natureza, uma vez que lhes esteja fixado o valor pecuniário por sentença judicial, arbitramento, ou acordo entre as partes".

A lei já considera o prejuízo como pressuposto.

Regra idêntica se depara no CPC/1973, art. 293, e, por via de interpretação, tem-se admitido a inclusão dos juros moratórios mesmo quando omitidos, quer no pedido, quer na sentença condenatória.

Pedro Batista Martins, ao comentar o art. 154 do CPC anterior, dizia que, apesar de ser o pedido de interpretação restritiva, os juros da mora, ainda nos casos de omissão no pedido ou na condenação, são sempre exigíveis, como acessórios que são do capital. Também dessa opinião José Frederico Marques (*Instituições* ..., vol. III, p. 64; v. RE 81.201, rel. Min. Leitão de Abreu, *RTJ* 75/623; Súmula STF-163; a Súmula foi considerada válida após a edição do Código de Processo Civil de 1973; RE 99.916, *DJU* 17.6.1983; RE 101.076, *RTJ* 109/1.263).

255. *Sendo ilíquida a obrigação, os juros moratórios, contra a Fazenda Pública, incluídas as autarquias, são contados do trânsito em julgado da sentença de liquidação.*

Súmula cancelada – O Decreto 22.785, de 31.5.1933, dispunha, no art. 3º: "A Fazenda Pública, quando expressamente condenada a pagar juros da mora, por estes só responde da data da sentença condenatória, com trânsito em julgado, se se tratar de quantia líquida; e da sentença irrecorrível que, em execução, fixar o respectivo valor, sempre que a obrigação for ilíquida".

No julgamento dos ERE 74.244, o Ministro Relator não conheceu do recurso e propôs o cancelamento da Súmula porque a Lei 4.414, de 24.9.1964, revogou expressamente esse artigo do decreto, fixando: "A União Federal, os Estados, o Distrito Federal, os Municípios e as autarquias, quando condenados a pagar juros de mora, por estes responderão na forma do direito civil".

V. Súmulas STF-163 e 254 e STJ-54.

256. *É dispensável pedido expresso para condenação do réu em honorários, com fundamento nos arts. 63 ou 64 do Código de Processo Civil. [CPC/1939; CPC/1973, art. 20]*

A Lei 4.632/1965, que deu nova redação ao art. 64 do CPC/1939, atribuía ao vencido na demanda o pagamento dos honorários advocatícios. Portanto, desnecessário era pedido expresso para a condenação (Jacy de Assis, *Procedimento Ordinário*, p. 76). Da mesma forma no art. 20 do CPC/1973.

257. *São cabíveis honorários de advogado na ação regressiva do segurador contra o causador do dano.*

Em julgado que aplicou esse enunciado, o Min. Eloy da Rocha observou: "Pagando o segurador o dano acontecido à coisa segura, ficará sub-rogado em todos os direitos, ações, privilégios e garantias do segurado contra terceiro (CComercial, art. 728; CC/1916, arts. 985, III, e 988, com a limitação estabelecida no art. 989: 'Na sub-rogação legal o sub-rogado não poderá exercer os direitos e as ações do credor, senão até a soma que tiver desembolsado para desobrigar o devedor'). Esta limitação não obsta ao direito ao reembolso das despesas do processo. Não havia empecilho à aplicação, ao caso, do disposto no art. 64 do CPC, ainda anteriormente à redação que lhe deu a Lei 4.632, de 18.5.1965 (...)" (AI 38.484, *RTJ* 40/685).

V. CC/2002, arts. 346, III, 349 e 350.

258. É admissível reconvenção em ação declaratória.

Na doutrina, Alfredo Buzaid e Celso Agrícola Barbi admitem a reconvenção.

Barbi aponta a conveniência da reconvenção, principalmente quando a primeira ação tem conteúdo menos amplo. A reconvenção pode, então, abranger a totalidade da relação (*Ação Declaratória Principal e Incidente*, 4ª ed., 1976, p. 153).

Não se admitia reconvenção nas causas de procedimento sumariíssimo (Arruda Alvim, *Manual de Direito Processual Civil*, vol. 1, p. 221; Clito Fornaciari Jr., *Da Reconvenção no Direito Processual Civil Brasileiro*, São Paulo, Saraiva, 1979, p. 82; Athos Gusmão Carneiro, *Do Rito Sumário na Reforma do Código de Processo Civil*, São Paulo, Saraiva, p. 17; Nelson Nery Jr., *Código de Processo Civil Comentado*, 7ª ed., art. 280, nota 3; v. art. 280 do CPC).

259. Para produzir efeito em juízo não é necessária a inscrição, no Registro Público, de documentos de procedência estrangeira autenticados por via consular.

Decidiu o STF que a exigência do registro só se justificava quando se tratasse de documento exibido para provar contra terceiro, e não em relação às próprias partes (SE 1.313).

O art. 136, 6º, do Decreto 4.857/1939, na redação dada pelo Decreto 5.318/1940, exigia que todos os documentos de procedência estrangeira, para produzirem efeitos perante repartição pública no Brasil, deveriam ser registrados no Registro de Títulos e Documentos. Com o fato de ser norma posterior ao Código de Processo Civil de 1939, decidiu o STF, em aresto da lavra do Min. Nélson Hungria: "Não diz com as sentenças estrangeiras homologadas o art. 136, 6º, do Decreto n. 4.857. Os documentos de procedência estrangeira a que esse dispositivo se refere são aqueles que podem produzir efeito no Brasil, independentemente de homologação pela Justiça Brasileira. Quanto às cartas de sentenças estrangeiras, cujo efeito no Brasil está subordinado à homologação, o que se exige como um dos requisitos para tal fim é a sua autenticação pelo competente Cônsul brasileiro. Dessa homologação, e tão somente dela, é que decorrerão seus efeitos no Brasil, de modo que seria inteiramente inútil sua transcrição no Registro de Títulos e Documentos" (SE 1.243).

A atual Lei de Registros Públicos (Lei 6.015, de 31.12.1973) impõe o registro no Registro de Títulos e Documentos, para surtir efeitos em relação a terceiros, de todos os documentos de procedência estrangeira, acompanhados das respectivas traduções, para produzirem efeitos em repartições da União, Estados etc., ou em qualquer instância, juízo ou tribunal (art. 129, 6º). A redação é idêntica à da lei anterior. O exame em juízo será feito pela outra parte (CPC/1973, art. 157).

Os arts. 217 e 218 do RISTF não incluem o registro como requisito. Só há necessidade do registro para produzir prova em face de terceiros (RE 102.066, rel. Min. Sydney Sanches, *DJU* 15.3.1985).

260. *O exame de livros comerciais, em ação judicial, fica limitado às transações entre os litigantes.*

Já o ancião Código Comercial limitava a averiguação nos livros à questão em debate (art. 19).

V. maiores detalhes nos comentários à Súmula STF-439.

De acordo com o CPC/1973, art. 381, "o juiz pode ordenar, a requerimento da parte, a exibição integral dos livros comerciais (...)"; porém, depreende-se do art. 382 a extração do que interessar ao litígio.

261. *Para a ação de indenização, em caso de avaria, é dispensável que a vistoria se faça judicialmente.*

O Código de Processo Civil anterior (CPC/1939, art. 756) alterou o dispositivo do Código Comercial no concernente à vistoria de fazendas avariadas. No Código Comercial o interessado no prejuízo das fazendas avariadas deveria requerer judicialmente o exame dessas avarias. Já no Código de Processo Civil de 1939, em caso de avaria, o destinatário deverá protestar junto ao transportador dentro de três dias do recebimento da bagagem e em cinco da data do recebimento da mercadoria (§ 1º do art. 756). A norma do Código revogado continua em vigor por força do art. 1.218, XI, do CPC/1973.

262. *Não cabe medida possessória liminar para liberação alfandegária de automóvel.*

O art. 1º da Lei 2.770, de 4.5.1956, dispôs, a respeito: "Nas ações e procedimentos judiciais de qualquer natureza, que visem a obter a liberação de mercadorias, bens ou coisas de qualquer espécie procedentes do Estrangeiro, não se concederá, em caso algum, medida preventiva ou liminar que, direta ou indiretamente, importe na entrega da mercadoria, bem ou coisa".

263. O possuidor deve ser citado pessoalmente para a ação de usucapião.

A razão para a citação pessoal do possuidor decorria de o anterior Código de Processo Civil exigir a citação dos interessados além dos confrontantes.

Já o Código atual exige a citação pessoal daquele em cujo nome esteja transcrito o imóvel usucapiendo, bem como dos confinantes (CPC/1973, art. 942). Não fala em "interessados", se bem que confira a ação de usucapião ao possuidor (Ernani Fidélis dos Santos, *Comentários ao Código de Processo Civil*, vol. 6, Rio de Janeiro, Forense, 1978, p. 204; RE 97.654, *RTJ* 105/433).

264. Verifica-se a prescrição intercorrente pela paralisação da ação rescisória por mais de cinco anos.

O Min. Pedro Chaves, em voto que proferiu sobre o assunto, expressou:

"O prazo do art. 178, § 10, VIII, *[CC/1916]* é prazo de decadência, porque se trata de prefixação de um lapso de tempo fatal, improrrogável, que não pode ser sujeito a interrupção ou suspensão e cujo termo acarreta a decadência do direito à ação. Mas, exercido esse direito, posta a ação em juízo, não subtrai a ação dos efeitos da prescrição, já não havendo como apelar para a perpetuação da lide. Se a lide não é perpétua e se a ação rescisória não está incluída no rol excepcional das ações imprescritíveis, não há que se falar em imprescritibilidade com fundamento no caráter de decadência para o seu uso. O que ocorreu foi a prescrição intercorrente da ação ajuizada.

"Não sendo a ação rescisória imprescritível, a prescrição intercorrente se dá pelo decurso do prazo de cinco anos a contar do último ato praticado no processo, que é o mesmo prazo fixado para o exercício do direito" (ERE 37.016).

V. alteração do prazo para dois anos por força do CPC/1973, art. 495; v. também Arnaldo Esteves de Lima, *Ação Rescisória*, 2001, p. 12.

265. Na apuração de haveres não prevalece o balanço não aprovado pelo sócio falecido, excluído ou que se retirou.

Não havendo a dissolução da sociedade apesar da morte ou da retirada de sócio, em virtude do disposto no CC/2002, art. 1.028

(CC/1916, art. 1.402), que possibilita a continuação da sociedade, os haveres dessa sociedade serão apurados, fazendo-se o pagamento pelo modo estabelecido no contrato social, ou pelo convencionado ou, ainda, pelo determinado na sentença (CPC/1939, art. 668, em vigor por força do art. 1.218, VII, do CPC/1973). É necessário levar em conta a escrituração da firma, onde devem existir balanços, refletindo sua situação econômico-financeira. Esses balanços apenas afirmarão a situação da sociedade quando o sócio falecido, excluído ou que se retirou os houver assinado. Se a apuração se fizer em consonância com os últimos balanços aprovados pelo falecido não há irregularidade (RE 82.273, *DJU* 8.7.1976, p. 5.129). A apuração dos haveres leva ao justo e real valor (*RTJ* 72/649) (CPC/1973, art. 993, parágrafo único, II; Lei das Sociedades por Quotas, art. 15).

No CC/2002, art. 1.031 há distinção entre forma de apuração e forma de pagamento. V. Sérgio Campinho, *O Direito de Empresa*, Rio de Janeiro, Renovar, 2003, pp. 120 e 218; Priscila M. P. Corrêa da Fonseca, *Dissolução Parcial, Retirada e Exclusão de Sócios – Um Novo Código Civil*, São Paulo, Atlas, 2005, p. 195.

266. Não cabe mandado de segurança contra lei em tese.

A Constituição dá o mandado de segurança para proteger direito líquido e certo ameaçado por ilegalidade ou abuso de poder da autoridade. Portanto, o ato negativo ou comissivo constituir-se-á em oportunidade para a impetração.

Se a lei é constitucional, necessário se faz aguardar o ato da autoridade eivado de ilegalidade ou abuso de poder. Se é inconstitucional, o caminho é a representação, e não o mandado de segurança (*RTJ* 41/334, 43/359, 46/1, 47/654, 54/71 e 62/774).

O TJSP concedeu segurança para corrigir injustiças da lei em tese (*RTJ* 71/918).

Ocorre, no entanto, que em certos casos a lei inquinada ofende direito subjetivo, líquido e certo; logo, cabe o mandado de segurança contra essa lei em tese (*RTJ* 43/359, 46/1, 47/654, 108/81, 109/925 e 110/77; RE 81.847, *RTJ* 90/518). Não cabe o mandado de segurança quando o decreto se revela ato normativo, ou com efeito normativo. Ao contrário, se é ato administrativo, com efeitos concretos, é possível o mandado de segurança (MS 21.125, *RTJ* 138/756) (Carlos Alberto Menezes Direito, *Manual do Mandado de Segurança*, 4ª ed., p. 34; *RTJ* 180/186 e 942).

267. Não cabe mandado de segurança contra ato judicial passível de recurso ou correição.

Na opinião de Castro Nunes, somente as decisões para as quais não esteja previsto em lei recurso com efeito suspensivo podem comportar o mandado de segurança (*Do Mandado de Segurança*, 6ª ed., p. 124; v. também Calmon de Passos, "Do mandado de segurança contra atos judiciais", in *Estudos sobre o Mandado de Segurança*, Rio de Janeiro, 1963, p. 59).

Essa orientação é a mais sólida possível (*RT* 32/550, 34/240, 36/651, 37/56 e 129, 42/714, 44/674 e 47/716).

A antiga Lei do MS (Lei 1.533/1951) não admitia o mandado de segurança quando se tratasse de despacho ou ato judicial quando houvesse recurso previsto nas leis processuais ou pudesse ser modificado por via de correição (art. 5º, II). Evitava-se o uso indiscriminado do mandado de segurança, como substituto do recurso cabível. Pela Lei 12.016, de 7.8.2009, art. 5º, II, "Não se concederá mandado de segurança quando se tratar: I – de ato do qual caiba recurso administrativo com efeito suspensivo, independentemente de caução; II – de decisão judicial da qual caiba recurso com efeito suspensivo; III – de decisão judicial transitada em julgado".

Com o Código de Processo Civil de 1973 estremaram-se as hipóteses de recurso, cabendo da sentença a apelação (CPC/1973, art. 513) e das decisões interlocutórias o agravo (art. 522). Não se admitindo, porém, qualquer recurso dos despachos (art. 504).

Abolida a correição, como propugnam alguns, o âmbito da recorribilidade ficou estreito. Assim, a decisão judicial que deferir reintegração *initio litis* é passível de mandado de segurança, porque a concessão é dada por despacho, não se admitindo recurso (*RTJ* 76/145).

Admitido o agravo de instrumento, recurso sem efeito suspensivo, assim mesmo a jurisprudência, arrimada na doutrina, defere o mandado de segurança.

Se há lesão de direito, e a liquidez e certeza impõem-se, logo, é caso de mandado de segurança. É uma interpretação fugidia do texto legal; no entanto, plena de justiça. Pontes de Miranda e Celso Agrícola Barbi insurgem-se contra essa orientação, porém o STF a acolhe (*RTJ* 71/876).

Dividamos as posições doutrinárias.

É admissível o mandado de segurança contra atos judiciais de natureza administrativa. Estão nesta corrente: Luiz Eulálio de Bueno

Vidigal, *Mandado de Segurança*, 1953, p. 112; Barbi, *Do Mandado de Segurança*, 2ª ed., p. 85; Themístocles Cavalcanti, *Do Mandado de Segurança*, 5ª ed., p. 137.

Já, pelos princípios da Lei 1.533/1951, era possível o mandado de segurança contra atos judiciais (Seabra Fagundes, *O Controle dos Atos Administrativos pelo Poder Judiciário*, 4ª ed., p. 291; Pontes de Miranda, *Comentários ao Código de Processo Civil*, t. V, p. 174).

Cabível o mandado de segurança quando caiba recurso sem efeito suspensivo: Castro Nunes, *Do Mandado de Segurança*, 7ª ed., p. 98; Hely Lopes Meirelles, *Mandado de Segurança e Ações Constitucionais*, 34ª ed., São Paulo, Malheiros Editores, 2010, p. 42.

A orientação pela pesquisa do dano irreparável que do ato judicial resulte parece mais justa dentre as inúmeras alternativas já colocadas diante do Poder Judiciário. A nulidade do ato, a incompetência do juiz, se impossível de reparação pelo recurso com efeito suspensivo, então, será cabível o mandado de segurança (*RTJ* 70/516).

Não se admitia o mandado de segurança após o esgotamento do prazo para correição (e, portanto, do recurso cabível), utilizado o *writ* como sucedâneo (*RTJ* 69/546).

Cabe o mandado de segurança contra ato judicial de sustação liminar de protesto de duplicata. Não há amparo legal para essa atitude, tornando-se, por isso, ato administrativo, não cabendo recurso específico (*RTJ* 63/490 e 38/85).

Não cabe mandado de segurança contra ato judicial sujeito a recurso ou reclamação. São os limites da lei (*RTJ* 60/257 e 56/864). Caberia, se passível de recurso extraordinário? A matéria já foi versada no STF no RMS 2.417 (*RT* 243/576), tendo sido decidido que: "Não e impediente de sua utilização, *ex vi* do art. 5º, n. II, da Lei n. 1.533, haver a autoridade deixado de manifestar contra o ato atacado (que é decisão judicial) recurso extraordinário. Tal recurso, medida excepcional e específica, destina-se a manter a autoridade da Constituição e das leis e dos tratados federais, não podendo incluir-se entre remédios processuais comuns, previstos em leis adjetivas que a eles podem se referir, mas não preceituar condições para seu conhecimento" (v. Carlos Mário Velloso, "Mandado de segurança", *Ajuris* 21; *Revista da OAB/DF* 9).

Esta Súmula perdeu muito significado em razão da atual sistemática do agravo de instrumento, apresentado diretamente ao tribunal pelo agravante (CPC/1973, art. 524, na redação da Lei 9.139, de 30.11.1995).

V. artigos de Teresa Arruda Alvim Wambier e de Fábio Guidi Tabosa Pedrosa, "Mandado de segurança contra ato judicial", ambos na *Revista do Advogado* 64, São Paulo, AASP, 2001; Luiz Orione Neto, "Panorama atual do mandado de segurança contra o ato judicial", in *Aspectos Polêmicos e Atuais do Mandado de Segurança*, São Paulo, Ed. RT, 2002, p. 533 (v. aplicação dessa Súmula: MS 25.846, j. 8.3.2006, e RMS 25.293).

V.: HC 84.078 e Súmula STF-622; Lei. 12.016, de 7.8.2009.

268. Não cabe mandado de segurança contra decisão judicial com trânsito em julgado.

A Lei 12.016, de 7.8.2009, que revogou a Lei 1.533/1951, admite esse remédio contra atos judiciais, e não contra decisão transitada em julgado, como substituto da ação rescisória.

Admitir-se o mandado de segurança seria burlar a coisa julgada material, que não admite recurso ordinário ou extraordinário. Se a parte não usa dos recursos cabíveis, não é lícito dar-lhe sucedâneo através do mandado de segurança. Não se argumentará com a liquidez e certeza do direito. Se for positivo, o recurso cabível atendê-lo-á (*RTJ* 63/682).

Em caso concreto, a parte não recorreu e pretendeu substituir o recurso pelo mandado de segurança (*RTJ* 63/680).

Jornal local publicara matéria considerada ofensiva. O ofendido requereu judicialmente a publicação de carta-resposta. O juiz deferiu a publicação. O jornal não atendeu à decisão judicial e impetrou mandado de segurança contra o ato do juiz. O Tribunal de Justiça o concedeu, porém o STF cassou a segurança. Ela era substituta do recurso que não fora interposto (*RTJ* 57/294) (v. RE 80.462, *RTJ* 75/592; RE 89.341, rel. Min. Moreira Alves, *RTJ* 89/316; *RTJ* 107/329; Carlos Alberto Direito, *Manual do Mandado de Segurança*, 3ª ed., p. 52; *RTJ* 189/621).

269. *O mandado de segurança não é substitutivo de ação de cobrança.*

Os efeitos patrimoniais do mandado de segurança devem ser pleiteados na ação própria. Da mesma forma, a pretensão relativa a vencimentos, atrasados etc., em decorrência de nomeação, reintegração etc., não pode ser cobrada por mandado de segurança.

O antigo RISTF, de 1970 (§ 2º do art. 199), fazendo remissão à Lei 5.021, de 9.6.1966, não admitia concessão de liminar em mandado de segurança impetrado para efeito de pagamento de vencimentos e vantagens pecuniárias. Neste caso, o impetrante pretenderia assegurar o direito líquido e certo, e não cobrar, procedimento a ser exercido em outra oportunidade na ação própria.

Dispõe o § 4º do art. 14 da Lei 12.016/2009: "§ 4º. O pagamento de vencimentos e vantagens pecuniárias assegurados em sentença concessiva de mandado de segurança a servidor público da Administração direta ou autárquica, federal, estadual e municipal somente será efetuado relativamente às prestações que se vencerem a contar da data de ajuizamento da inicial". E o § 20, do art. 7º, da mesma lei, dispões que "Não será concedida medida liminar que tenha por objeto (...) pagamentos de qualquer natureza".

O STF repeliu mandado de segurança pleiteando pagamento de valor de indenização em virtude de apossamento de terras (RTJ 62/299).

V.: Súmula STF-271.

270. Não cabe mandado de segurança para impugnar enquadramento da Lei 3.780, de 12.7.1960, que envolva exame de prova ou de situação funcional complexa.

O enquadramento do funcionário que envolva exame de prova ou de situação funcional complexa refoge ao âmbito do mandado de segurança. Em regra, ocorre essa circunstância, como a apuração de desvio funcional, o exame de documentos, declarações etc. (RTJ 55/152, 54/291, 47/799, 46/248, 45/28 e 447, 43/447 e 802, 42/422, 39/401).

Se há necessidade de exame de prova, então, o direito não é líquido e certo. Coisa diversa é a qualificação legal dos fatos (RTJ 56/854, 55/152, 47/799, 46/248; MS 20.063, RTJ 78/89; MS 20.298, RTJ 100/90).

V. Lei 12.016/2009, art. 7º, § 2º.

271. Concessão de mandado de segurança não produz efeitos patrimoniais em relação a período pretérito, os quais devem ser reclamados administrativamente ou pela via judicial própria.

A Lei 5.021/1966 veio dispor expressamente sobre a matéria (RTJ 62/813 e 827, 61/862 e 57/344), disposição acolhida pela Lei 12.016/2009, no seu art. 14, § 4º.

As prestações vencidas entre a impetração e a concessão da segurança não estão abrangidas pela sentença do MS (RTJ 75/164, 70/734, 67/850 e 65/567; RE 66.184, RTJ 73/123).

V.: Ricardo Perlingeiro Mendes da Silva, *Execução Contra a Fazenda Pública*, São Paulo, Malheiros Editores, 1999, p. 143; REsp 473.510, rel. Min. Luiz Fux, *RSTJ* 183/92; Lei do MS/2009, n. 12.016, de 7.8.2009.

V. comentários à Súmula STF-269.

272. Não se admite como ordinário recurso extraordinário de decisão denegatória de mandado de segurança.

Antes do Ato Institucional n. 6 havia o recurso ordinário em mandado de segurança das decisões denegatórias, para o STF. Nessa possibilidade recursal, o STF não admitia a interposição do recurso extraordinário em substituição ao recurso ordinário, previsto constitucionalmente (v. CF/1988, art. 102, II, "a", e art. 105, II, "b", da CF; MS 21.336-1, rel. Min. Marco Aurélio).

Segundo Hely Lopes Meirelles, Arnoldo Wald e Gilmar Ferreira Mendes (*Mandado de Segurança e Ações Constitucionais*, 34ª ed., Malheiros Editores, 2012), dentre os vários recursos admissíveis, cabe, especificamente, *"recurso especial e extraordinário*, das decisões proferidas em única instância pelos Tribunais, nos casos legalmente previstos; e *recurso ordinário* (art. 18), qualquer que seja o valor da impetração, desde que o acórdão incida nos permissivos constitucionais (CF, arts. 102, II, 'a', e 104, II, 'b') e seja denegada a segurança".

273. Nos embargos da Lei 623, de 19.2.1949, a divergência sobre questão prejudicial ou preliminar, suscitada após a interposição do recurso extraordinário, ou do agravo, somente será acolhida se o acórdão-padrão for anterior à decisão embargada.

V. comentários à Súmula STF-253.

274. É inconstitucional a Taxa de Serviço Contra Fogo cobrada pelo Estado de Pernambuco.

Revogada pela Súmula STF-549.

275. Está sujeita a recurso ex officio sentença concessiva de reajustamento pecuário anterior à vigência da Lei 2.804, de 25.6.1956.

Enunciado de caráter transitório.

276. Não cabe recurso de revista em ação executiva fiscal.

Partindo do pressuposto de que o Decreto-lei 960, de 17.12.1938, relativo aos executivos fiscais, não alinhava entre os recursos permitidos das decisões em executivo fiscal a revista, o STF, por maioria, não admitiu esse recurso, contra o voto do Min. Ribeiro da Costa.

Vicente de Faria Coelho, em sua monografia sobre o citado recurso, admite-o, invocando a autoridade de Odilon de Andrade (Vicente de Faria Coelho, *Recurso de Revista*, 1957, p. 87).

O Código de Processo Civil de 1973 não contempla o recurso de revista.

277. São cabíveis embargos, em favor da Fazenda Pública, em ação executiva fiscal, não sendo unânime a decisão.

Súmula não mais em vigor, eis que a execução fiscal está regulada pela Lei 6.830/1980.

O parágrafo único do art. 73 do Decreto-lei 960, de 17.12.1938, dispunha que, se a parte vencida fosse a Fazenda, a decisão só seria irrecorrível quando não unânime. Portanto, a decisão por maioria só beneficiava a Fazenda Pública (v. Lei 6.830/1980).

Discute-se, ainda, se as normas do Decreto-lei 960/1938 estão em vigor, de modo subsidiário, o que não parece correto (José Afonso da Silva, *Execução Fiscal*, São Paulo, Ed. RT, 1975, p. 18; Ronaldo Cunha Campos, *Execução Fiscal e Embargos do Devedor*, Rio de Janeiro, Forense, 1978, p. 1; José de Moura Rocha, *Sistemática do Novo Processo de Execução*, São Paulo, Ed. RT, 1978, p. 62).

278. São cabíveis embargos em ação executiva fiscal contra decisão reformatória da de primeira instância, ainda que unânime.

Dizia o art. 73 do Decreto-lei 960, de 17.12.1938, que não se admitiria recurso algum, na instância superior, contra o julgamento confirmatório da decisão recorrida. Como observou o Min. Hahnemann Guimarães, se a lei dispõe que a confirmação pela segunda instância não admite recurso algum, deve-se concluir que, em caso de reforma, cabe recurso, consistente em embargos (RE 4.986) (v. Lei 6.830/1980).

V. nota final na Súmula anterior.

279. Para simples reexame de prova não cabe recurso extraordinário.

Chiovenda nos dá os limites da distinção entre *questão de fato* e *questão de direito*. A *questão de fato* consiste em verificar se existem as circunstâncias com base nas quais deve o juiz, de acordo com a lei, considerar existentes determinados fatos concretos.

A *questão de direito* consiste na focalização, primeiro, sobre se a norma, a que o autor se refere, existe, como norma abstrata (*Instituições de Direito Processual*, 2ª ed., vol. I, p. 175). Não é estranha a qualificação jurídica dos fatos dados como provados (*RT* 275/884 e 226/583). Já se refere a *matéria de fato* quando a decisão assenta no processo de livre convencimento do julgador (RE 64.051, rel. Min. Djaci Falcão, *RTJ* 47/276); não cabe o recurso extraordinário quando o acórdão recorrido deu determinada qualificação jurídica a fatos delituosos e se pretende atribuir aos mesmos fatos outra configuração, quando essa pretensão exige reexame de provas (ERE 58.714, rel. para o acórdão Min. Amaral Santos, *RTJ* 46/821). No processo penal a verificação entre a qualificação de motivo fútil ou estado de embriaguez para a apenação importa matéria de fato, insuscetível de reexame no recurso extraordinário (RE 63.226, rel. Min. Eloy da Rocha, *RTJ* 46/666).

Esta Súmula 279 é peremptória: "Para simples reexame de prova não cabe recurso extraordinário". Não se vislumbraria a existência da questão federal motivadora do recurso extraordinário. O juiz dá a valoração mais conveniente aos elementos probatórios, atendendo aos fatos e circunstâncias constantes dos autos, ainda que não alegados pelas partes. Não se confunda com o critério legal da valorização da prova (*RTJ* 37/480, 56/65) (Pestana de Aguiar, *Comentários ao Código de Processo Civil*, 2ª ed., vol. VI, São Paulo, Ed. RT, p. 40; Castro Nunes, *Teoria e Prática do Poder Judiciário*, 1943, p. 383).

V. Súmula STJ-7.

280. *Por ofensa a direito local não cabe recurso extraordinário.*

A interpretação do direito local ou, então, a violação de direito local para possibilitar o recurso extraordinário é impossível, porque o *desideratum* do legislador e a orientação do STF são no sentido de instituir o apelo final no âmbito da lei federal, mantendo sua supremacia.

Esta Súmula 280, seguindo nessa esteira, afirma que "por ofensa a direito local não cabe recurso extraordinário".

Ressalte-se que, quando as leis estaduais conflitam no tempo, a matéria já está no plano do direito federal, porquanto o direito intertemporal é do âmbito da lei federal (RE 51.680, rel. Min. Luiz Gallotti, *DJU* 1.8.1963).

Quanto às leis municipais adota-se o mesmo ponto concernente às leis estaduais. As Leis de Organização Judiciária são locais, estaduais, portanto não podem ser invocadas para a admissão de recurso extraordinário, sendo comuns os casos onde surgem problemas no concernente ao julgamento da causa pelo tribunal *a quo*, discutindo-se a sistemática nos julgamentos: juízes impedidos, convocação de juízes etc. (RE 66.149, *RTJ* 49/356). Não será matéria de direito local se essa mesma sistemática é contrária à lei federal – *v.g.*, o Código de Processo Civil. Na mesma linha de raciocínio estão os regimentos internos dos tribunais.

"Não cabe recurso extraordinário por violação de lei federal quando a ofensa alegada for a regimento interno de tribunal" (Súmula STF-399; RE 57.747, rel. Min. Cândido Motta, *RTJ* 43/87; *RTJ* 54/197, 444 e 610; RE 85.909, rel. Min. Cordeiro Guerra, *RTJ* 83/584; RE 81.855, rel. Min. Soares Muñoz, *RTJ* 89/529).

281. É inadmissível o recurso extraordinário quando couber, na Justiça de origem, recurso ordinário da decisão impugnada.

O recurso extraordinário é cabível das decisões de última instância. Logo, se cabe recurso ordinário no tribunal *a quo*, a decisão não é final, porque a irrecorribilidade não se caracterizou (v. Súmula STJ-207).

V. CPC/1973, art. 530, na redação da Lei 10.352, de 26.12.2001, restringindo o cabimento de embargos infringentes.

É importante o conceito de "decisão final", no STJ, quando são interpostos embargos de divergência simultaneamente com o recurso extraordinário. Este fica sobrestado até o julgamento dos embargos de divergência. A simultaneidade é possível, porque pode haver matéria constitucional e infraconstitucional, ou até a mesma, e, portanto, para impedir a preclusão há essa interposição. Nessa hipótese não há necessidade de ratificação do recurso extraordinário, após o outro julgamento. Se os embargos forem conhecidos, o recurso extraordinário pode estar prejudicado. Se rejeitados, pode haver novo recurso extraordinário, se outra matéria constitucional foi levantada nos embargos (v.: voto do Min. Sepúlveda Pertence no AgR no AI 275.637-6; Araken de Assis, *Manual dos Recursos*, 2ª ed., São Paulo, Ed. RT, 2008, p. 694; Rodolfo de Camargo Mancuso, *Recurso Extraordinário*, 10ª ed., São Paulo, Ed. RT, 2008, p. 128).

282. É inadmissível o recurso extraordinário quando não ventilada, na decisão recorrida, a questão federal suscitada.

A Constituição de 1891, no art. 59, III, "a", dizia: "(...) quando se questionar sobre a validade de leis ou aplicação de tratados e leis federais, e a decisão for contra ela".

De forma idêntica dispôs a Constituição de 1934, no art. 76, III, "a": "(...) quando a decisão for contra literal disposição de tratado ou lei federal, sobre cuja aplicação se haja questionado".

Essas Constituições eram mais explícitas a respeito do âmbito do recurso extraordinário. Limita-se este às questões apreciadas na decisão recorrida. Se foi omissa em relação a determinado ponto, a parte deve opor embargos declaratórios. Caso não o faça, não poderá invocar essa questão não apreciada na decisão recorrida (*RTJ* 56/70; v. Súmula STF-356 e Súmula STJ-211; Nelson Luiz Pinto, *Manual dos Recursos Cíveis*, 3ª ed., 3ª tir., São Paulo, Malheiros Editores, 2004, p. 287; Carlos Mário Velloso, *Temas de Direito Público*, p. 236).

V. CF/1988, art. 102, III, "a" a "d".

283. É inadmissível o recurso extraordinário quando a decisão recorrida assenta em mais de um fundamento suficiente e o recurso não abrange todos eles.

Pontes de Miranda sustentava opinião favorável à admissão do recurso extraordinário com fulcro num dos fundamentos quando a decisão assenta em vários (*Comentários ao Código de Processo Civil*, 2ª ed., t. XII, p. 278). Opiniões contrárias são sustentadas por Lopes da Costa (*Direito Processual Civil Brasileiro*, 2ª ed., vol. III, p. 418) e José Afonso da Silva (*Do Recurso Extraordinário*, p. 201), que inadmitem o recurso nessas condições.

A Súmula 283 expressa que é inadmissível o recurso extraordinário quando a decisão recorrida tem mais de um fundamento suficiente e o recurso não abrange todos eles (RE 65.072, rel. Min. Amaral Santos, *RTJ* 53/371; RE 66.768, rel. Min. Djaci Falcão, *RTJ* 52/606; RE 60.854, rel. Min. Barros Monteiro, *RTJ* 45/855; RE 63.174, rel. Min. Evandro Lins, *RTJ* 45/419; RE 79.083, rel. Min. Rodrigues de Alckmin, *RTJ* 75/844; RE 79.623, *RTJ* 75/849; RE 84.077, *RTJ* 80/906).

Aplicável o disposto nesta Súmula (decisão assentada em mais de um fundamento) às decisões do STJ (REsp 16.076; REsp 21.064; REsp 23.026; REsp 29.682).

V. Luiz Guilherme Marinoni, *Manual do Processo de Conhecimento*, São Paulo, Ed. RT, 2001, p. 561.

284. É inadmissível o recurso extraordinário quando a deficiência na sua fundamentação não permitir a exata compreensão da controvérsia.

Qualquer recurso deve ter fundamentação razoável para que o juiz possa apreciá-lo (RE 78.873, *RTJ* 76/814; RE 70.143, *RTJ* 77/467).

V. Súmula STF-287.

285. *Não sendo razoável a arguição de inconstitucionalidade, não se conhece do recurso extraordinário fundado na letra "c" do art. 101, III, da Constituição Federal. [CF/1946; CF/1988, art. 102, III, "c"]*

Observou o Min. Gonçalves de Oliveira no RE 44.053: "O STF, pacificamente, quando não está comprovada a violação da lei, não conhece, preliminarmente, do recurso extraordinário, quando fundado na letra 'a'. E quando se contestar a validade de lei ou ato, havendo apenas alegação, o Supremo Tribunal não conhecerá do recurso. É preciso que a contestação seja relevante, como assinalaram os eminentes Mins. Víctor Nunes e Pedro Chaves, para que o Tribunal conheça do recurso extraordinário, quando fundado na letra 'c'" (RE 80.293, *RTJ* 75/230; RE 88.480, *RTJ* 88/662; RE 74.362, *RTJ* 90/489).

286. *Não se conhece do recurso extraordinário fundado em divergência jurisprudencial quando a orientação do Plenário do Supremo Tribunal Federal já se firmou no mesmo sentido da decisão recorrida.*

Se o Pleno da E. Corte consolidou sua orientação em determinado sentido, não seria possível admitir-se o conhecimento do recurso simplesmente pela invocação de aresto do STF como divergente (RE 68.489, *RTJ* 74/385; RE 70.012, *RTJ* 76/768; *RT* 90/698).

V.: Súmula STJ-83; Cândido Rangel Dinamarco, *Nova Era do Processo Civil*, 3ª ed., São Paulo, Malheiros Editores, 2009, p. 181.

287. *Nega-se provimento ao agravo quando a deficiência na sua fundamentação, ou na do recurso extraordinário, não permitir a exata compreensão da controvérsia.*

V. comentários à Súmula STF-284.

288. *Nega-se provimento a agravo para subida de recurso extraordinário quando faltar no traslado o despacho agravado a decisão recorrida, a petição de recurso extraordinário ou qualquer peça essencial à compreensão da controvérsia.*

O CPC/1973, no art. 544, § 1º, em sua redação original, impunha o traslado das peças principais para a formação do agravo de instrumento. Não basta somente a conclusão do acórdão no traslado (despacho do Min. Oswaldo Trigueiro no Ag 52.299, *DJU* 1.4.1971). O STF ratificou essa Súmula, cabendo à parte o dever de vigilância na formação do instrumento (Ag 64.869, *RTJ* 87/855). É importante atentar para o trabalho lúcido de Machado Guimarães, apoiando a tese de Orosimbo Nonato pelo abrandamento do contido nesta Súmula ("Instrumento de agravo. Peças necessárias", in *Estudos de Direito Processual Civil*, Rio de Janeiro, 1969, e *RF* 95; v. também Marcos Afonso Borges, "Comentários" na *Revista Brasileira de Direito Processual* 17/130). A regra dessa Súmula não se aplica aos tribunais ordinários (RE 95.744, *RTJ* 101/1.317).

Esta Súmula foi reapreciada, mas mantida (AI 137.645-7, vencidos os Mins. Sepúlveda Pertence, Carlos Velloso, Ilmar Galvão e Marco Aurélio).

No STJ houve abrandamento em caso onde se converteu em diligência, para suprimento (REsp 14.764-0, rel. Min. Pádua Ribeiro, *DJU* 11.10.1993). Mas o STF reafirmou seu entendimento ao decidir que "no traslado do agravo interposto de indeferimento de recurso extraordinário é obrigatória a inclusão da prova da tempestividade do agravo, e do recurso extraordinário denegado" (*DJU* 27.6.1995, p. 19.970).

As Leis 12.322, de 9.9.2010 e 10.352/2001, alteraram o art. 544 do CPC, para determinar: "Art. 544. Não admitido o recurso extraordinário ou o recurso especial, caberá agravo nos próprios autos, no prazo de 10 dias. (...) § 2º. A petição de agravo será dirigida à presidência do tribunal de origem, não dependendo do pagamento de custas e despesas postais. O agravado será intimado, de imediato, para no prazo de 10 dias oferecer resposta, *podendo instruí-la com cópias das peças que entender conveniente*. Em seguida, subirá o agravo ao tribunal superior, onde será processado na forma regimental".

V. Súmula STF-639 e Súmula STJ-223. V. Lei 8.038, de 28.5.1990 (art. 28, § 1º).

O regime do agravo de instrumento criminal tirado da decisão de não seguimento do recurso especial/recurso extraordinário, não foi alterado, porque aquelas leis alteraram o CPC, e não a Lei 8.038/1990.

289. *O provimento do agravo por uma das Turmas do Supremo Tribunal Federal, ainda que sem ressalva, não prejudica a questão do cabimento do recurso extraordinário.*

O RISTF apreciou o processamento do agravo de instrumento, deferindo ao relator poderes para mandar subir os autos independentemente de apreciação da Turma (art. 316). Mas, se o relator der provimento ao agravo, as partes serão intimadas pela publicação da ata, sem acórdão. Daí decorre que, ao reexaminar a questão no recurso extraordinário, poderá não conhecer do recurso, apesar do provimento do agravo.

O provimento do agravo pelo relator apenas tem o efeito de submeter à Corte a questão para melhor exame, tanto que não há publicação de acórdão, como se acentuou acima; daí o obstáculo para interposição do recurso.

V.: Súmula STF-300; Lei 8.038, de 28.5.1990 (art. 28, § 2º).

A decisão que provê o agravo é irrecorrível, porque os pressupostos do recurso extraordinário serão apreciados quando do seu julgamento (RISTF, art. 316; RE 181.668, *RTJ* 173/631).

Entretanto, o STJ tem admitido o agravo da decisão que admite a subida, se o agravo não estiver completo (por exemplo, falta de peça essencial).

O enunciado foi explicitado na Emenda Regimental 26/2008.

290. Nos embargos da Lei 623, de 19.2.1949, a prova de divergência far-se-á por certidão, ou mediante indicação do Diário da Justiça ou de repertório de jurisprudência autorizado, que a tenha publicado, com a transcrição do trecho que configure a divergência, mencionadas as circunstâncias que identifiquem ou assemelhem os casos confrontados.

Súmula hoje superada pelas hipóteses da CF/1988, art. 102, III. Seria aplicável aos embargos de divergência, previstos nos arts. 330 e ss. do RISTF (v. CPC/1973, art. 541, parágrafo único).

V.: CPC/1973, art. 544, § 2º, na redação da Lei 10.352/2001; Emenda Regimental 6/2002 do STJ.

No regime das Constituições anteriores a divergência deveria sobressair clara e insofismável. Ela teria que estar provada, indicando-se a fonte e o periódico ou repertório jurisprudencial da publicação do acórdão, transcrevendo-se o trecho que a configurasse, mencionadas as circunstâncias que identificassem ou assemelhassem os casos confrontados. Não bastava mera remissão às publicações; era necessário apontar a divergência, a colisão dos arestos ou sua semelhança (EAI 38.031, *RTJ* 44/298; ERE 57.684, *RTJ* 41/94; ERE 55.593, *RTJ* 41/404; *RTJ* 56/260; RE 69.008, *RTJ* 74/684).

A Emenda Regimental 26/2008, que alterou a redação do art. 331 do RISTF, admitiu a cópia extraída da mídia eletrônica ou internet.

291. *No recurso extraordinário pela letra "d" do art. 101, III, da Constituição, a prova do dissídio jurisprudencial far-se-á por certidão, ou mediante indicação do Diário da Justiça ou de repertório de jurisprudência autorizado, com a transcrição do trecho que configure a divergência, mencionadas as circunstâncias que identifiquem ou assemelhem os casos confrontados.*

A referência é à CF de 1946. Não há mais o recurso extraordinário com base em dissídio jurisprudencial. Este requisito era imposto pelo RISTF, art. 322.

V.: comentários à Súmula STF-290; Lei 8.038, de 28.5.1990, art. 26, parágrafo único.

292. *Interposto o recurso extraordinário por mais de um dos fundamentos indicados no art. 101, III, da Constituição, [CF/1946; CF/1988, art. 102, III] a admissão apenas por um deles não prejudica o seu conhecimento por qualquer dos outros.*

V. Súmula STF-528; CF/1988, art. 102, III.

293. *São inadmissíveis embargos infringentes contra decisão em matéria constitucional submetida ao plenário dos tribunais.*

A enumeração dos recursos é taxativa. O Código de Processo Civil só admite embargos infringentes quando a decisão não for unânime, em apelação ou ação rescisória (CPC/1973, art. 530). Ora, a competência da União para legislar sobre processo é exclusiva (CF/2008, art. 22, I). Se a organização judiciária ou o regimento do tribunal permitirem outro recurso, essa norma é inconstitucional.

294. *São inadmissíveis embargos infringentes contra decisão do Supremo Tribunal Federal em mandado de segurança.*

Vale a observação anterior. O RISTF também adotou essa medida.

295. *São inadmissíveis embargos infringentes contra decisão unânime do Supremo Tribunal Federal em ação rescisória.*

Só cabem embargos das decisões não unânimes em ação rescisória (RISTF, art. 333, III). Do mesmo modo dispõe o CPC/1973, art. 530 (redação da Lei 10.352/2001).

296. *São inadmissíveis embargos infringentes sobre matéria não ventilada, pela Turma, no julgamento do recurso extraordinário.*

Inexistindo embargos infringentes das decisões das Turmas e somente de divergência ou de declaração, é ocioso esse enunciado, redigido em época em que se autorizavam os ditos embargos (v. RISTF, art. 333).

297. *Oficiais e praças das milícias dos Estados no exercício de função policial civil não são considerados militares para efeitos penais, sendo competente a Justiça Comum para julgar os crimes cometidos por ou contra eles.*

Súmula superada com o advento da Emenda Constitucional 7/1997, conforme o RHC 56.049 (*RTJ* 87/47), que acolheu proposta de sua reformulação (v. também HC 69.571, *DJU* 25.9.1992, e HC 82.142, *RTJ* 187/670).

O reexame desse enunciado deve ser feito à luz dos Decretos-leis 317, de 13.3.1967, e 667, de 2.7.1969, que reorganizaram as Polícias Militares (*RTJ* 56/221).

Essa Súmula foi apreciada longamente no voto do Min. Thompson Flores no RHC 45.292 (*RTJ* 51/22), que transcrevemos abaixo, por amor à fidelidade do pensamento de S. Exa.; novamente reiterado no RHC 46.614 (*RTJ* 53/722). No CJ 5.450, também relatado pelo Min. Thompson Flores, decidiu o Pleno no mesmo sentido, mantendo a Súmula 297:

"Conflito de jurisdição entre juiz de direito e STM – Crime praticado por militar reformado contra militar do Estado, no exercício de atividade policial.

"II – Competência do STF para dirimir o conflito (Regimento Interno, art. 7º).

"III – Competência da Justiça Estadual para processar e julgar o processo.

"IV – Aplicação do princípio enunciado na Súmula n. 297" (*DJU* 18.12.1970).

Eis o trecho fundamental do voto do Min. Thompson Flores: "Dir-se-á que a solução estaria no art. 88, 'l', do Código da Justiça Militar, com a redação que lhe emprestou a Lei n. 4.162, de 1962, nos termos seguintes: 'os militares e seus assemelhados, quando praticarem crimes nos recintos dos tribunais militares, auditorias ou suas dependências, nos lugares onde funcionam, ou nos quartéis, embarcações, aeronaves, repartições ou estabelecimentos militares e quando em serviço ou comissão, mesmo de natureza policial, ainda contra civis ou em prejuízo da administração civil'".

Os oficiais e praças das Polícias Militares não são considerados militares, para qualificação de crime militar (CPM, art. 22; CPPM, art. 82, I, "d", c/c o Estatuto dos Militares, Lei 5.779/1971, art. 3º, § 1º).

Alguma confusão decorreu do dispositivo constitucional que deferiu ao Tribunal de Justiça a criação da Justiça Militar Estadual de primeira instância (CF/1969, art. 144, § 1º, "d"; CF/1988, art. 125, §§ 3º e 4º); aí eles são considerados militares, para os efeitos de crime militar.

Mas a Súmula é mais restrita, referindo-se ao exercício de função policial civil, como trânsito, policiamento comum. Não se estende essa Súmula a crime praticado por policial militar, em serviço, contra outro policial (*RTJ* 72/48).

Depois do Decreto-lei 1.072/1969, regulamentado pelo Decreto 66.862/1970, voltou-se a discutir essa competência. Mas a jurisprudência do STF procurou distinguir a natureza da função, e não a posição hierárquica do agente. Se a função é civil, e não militar, então, o crime é comum (*RTJ* 72/56).

O STF, no RHC 53.091, voltou a examinar a competência para julgamento de civis acusados de crimes praticados contra as Polícias Militares ou seus membros. Considerou competente a Justiça Comum, e não a Militar (*DJU* 10.9.1976).

A Emenda Constitucional 7/1977 deu nova redação ao art. 144 da CF/1969: "§ 1º. A lei poderá criar, mediante proposta do Tribunal de Justiça: (...) d) Justiça Militar Estadual, constituída em primeira instância pelos Conselhos de Justiça, e, em segunda, pelo próprio Tribunal de Justiça, com competência para processar e julgar, nos crimes militares definidos em lei, os integrantes das Polícias Militares" (v. art. 18 da Lei Complementar 35/1979 – Lei Orgânica da Magistratura Nacional) (a matéria consta, agora, do art. 125, § 3º, da CF, na redação da EC 45/2004).

Diante dessa orientação, que não difere muito da situação anterior, o STF alterou o significado da Súmula 297 (HC 56.049, rel. Min. Rodrigues de Alckmin, *RTJ* 87/47), dando pela competência da Justiça Militar do Estado quando integrante de sua Polícia Militar, em função, comete crime previsto no Código Penal Militar (HC 56.579, *RTJ* 89/92; RHC 56.275, *RTJ* 87/460, este relatado pelo Min. Xavier de Albuquerque, com a seguinte ementa: "Policiais militares nos Estados. Pelos crimes militares que praticarem, ainda que no exercício de função policial civil, seus integrantes respondem, agora, perante as Justiças Militares Estaduais") (v. RTJ 144/322 e 283) (Lei 9.299, de 7.8.1996 – militar em serviço) (cf. Célio Lobão, *Direito Penal Militar*, 1999, pp. 58 e 107; v. Súmula STJ-6; RHC 56.049, RTJ 87/47).

V. CF/1988, art. 125, § 4º (redação da Emenda Constitucional 45/2004).

298. *O legislador ordinário só pode sujeitar civis à Justiça Militar, em tempo de paz, nos crimes contra a segurança externa do País ou as instituições militares.*

As Constituições brasileiras sempre delimitaram a competência da Justiça Militar. A de 1946 e a de 1969 (art. 129, § 1º) não fugiram à regra.

A CF/1988, art. 124, diz que os crimes militares serão "definidos em lei".

299. *O recurso ordinário e o extraordinário interpostos no mesmo processo de mandado de segurança, ou de* **habeas corpus,** *serão julgados conjuntamente pelo Tribunal Pleno.*

Quanto à primeira parte do enunciado não há razão para comentário, porquanto foi abolido o recurso ordinário em mandado de segurança pelo Ato Institucional 6.

A segunda parte já estaria sem efeito mesmo antes da Lei 8.038 e, agora, da Lei 8.950, de 13.12.1994. O RISTF delimitava restritamente os casos a serem apreciados pelo Tribunal Pleno, não contemplando o julgamento conjunto do recurso ordinário e extraordinário no mesmo *habeas corpus*.

300. *São incabíveis os embargos da Lei 623, de 19.2.1949, contra provimento de agravo para subida de recurso extraordinário.*

V. comentários à Súmula STF-289; RISTF, art. 330.

301. *Por crime de responsabilidade, o procedimento penal contra prefeito municipal fica condicionado ao seu afastamento do cargo por impeachment, ou à cessação do exercício por outro motivo.*

Súmula cancelada – O Tribunal Pleno, no RHC 49.038 (j. 25.8.1971, RTJ 61/619), cancelou essa Súmula, porquanto o Decreto-lei 201/1967 alterou em parte a sua orientação.

O STF aplicou a regra constitucional adotada para o Presidente da República. Essa orientação foi seguida por unanimidade no "caso Mauro Borges", em 1964. O Governador de Goiás, ameaçado de processo pela Assembleia Legislativa, requereu *habeas corpus* por vários fundamentos, entre eles a impossibilidade de ser submetido a procedimento penal por crime de responsabilidade sem prévio afastamento (Tito Costa, *Responsabilidade de Prefeitos e Vereadores*, São Paulo, Ed. RT, 1975; Adílson de Abreu Dallari, "Responsabilidade dos prefeitos e vereadores", *RDP* 39/249; RHC 56.366, rel. Min. Leitão de Abreu, *RTJ* 91/73). Segundo o art. 1º do Decreto-lei 201/1967, os crimes cometidos por prefeito municipal poderão ser submetidos ao julgamento do Poder Judiciário, independentemente do pronunciamento da Câmara de Vereadores.

Há importante manifestação sobre os crimes de responsabilidade previstos no art. 1º do Decreto-lei 201: são crimes comuns, independentemente do pronunciamento da Câmara de Vereadores; as infrações político-administrativas são julgadas pela Câmara, e a ação penal será proposta ainda após a extinção do mandato (HC 70.671, rel. Min. Carlos Velloso).

V. Súmulas STF-396 e 451.

302. Está isenta da Taxa de Previdência Social a importação de petróleo bruto.

Considerando o petróleo como combustível, o STF não admitiu a Taxa de Previdência.

303. Não é devido o Imposto Federal de Selo em contrato firmado com autarquia anteriormente à vigência da Emenda Constitucional 5, de 21.11.1961. [CF/1946]

A Constituição de 1946 ampliou a imunidade fiscal referente aos atos jurídicos ou seus instrumentos quando fossem partes as autarquias (CF/1946, art. 15, § 5º). A Emenda Constitucional 5/1961 alterou essa disposição. Antes da alteração entendeu-se que o benefício concedido à autarquia estendia-se aos particulares que tratassem com ela através de atos jurídicos.

A Emenda 1/1969 era expressa ao considerar não exonerado o promitente comprador da obrigação de pagar imposto que incidisse sobre imóvel objeto de promessa de compra e venda, prometido pelas autarquias (CF/1969, § 1º do art. 18).

V. CF/1988, art. 150, § 2º; Súmula STF-468.

304. Decisão denegatória de mandado de segurança, não fazendo coisa julgada contra o impetrante, não impede o uso da ação própria.

A Lei do MS (Lei 12.016/2009), em seu art. 6º, § 6º (antes, Lei 1.533/1951, art. 16) permite a renovação do mandado de segurança se a decisão denegatória não lhe houver apreciado o mérito.

Celso Agrícola Barbi sustentava que, denegado o mandado de segurança por questões prévias ou por incerteza quanto aos fatos, podia ser a demanda renovada por outra via processual, nos termos do art. 15 da Lei 1.533/1951 (hoje, art. 19 da Lei 12.016/2009). Mas, se os fatos fossem considerados provados e a sentença denegasse a medida, porque o juiz concluiu pela inexistência de qualquer direito subjetivo do impetrante, haveria formação da coisa julgada material e não mais poderia ser reaberta a discussão em outro processo (*Do Mandado de Segurança*, 2ª ed., 1966, p. 156).

Diz o art. 19 da Lei 12.106/2009 (Lei 1.533/1951, art. 15): "A sentença ou o acórdão que denegar mandado de segurança, sem decidir o mérito, não impedirá que o requerente, por ação própria, pleiteie os seus direitos e os respectivos efeitos patrimoniais".

E o art. 6º, § 6º (Lei 1.533/1951, art. 16): "O pedido de mandado de segurança poderá ser renovado dentro do prazo decadencial, se a decisão denegatória não lhe houver apreciado o mérito".

Diversos pontos serão extraídos desta Súmula.

Se a decisão de mandado de segurança não tiver apreciado o mérito, não impedirá ao impetrante o uso da ação cabível.

A decisão denegatória do mandado de segurança pode constituir coisa julgada, quando resolve o mérito e declara a inexistência do direito subjetivo alegado, não se permitindo nova ação (*RTJ* 75/508 e 633, 70/862, 67/573, 63/11 e 505, 58/735, 55/692 e 52/345).

Em alguns julgados a Suprema Corte entendeu que a apreciação do mérito só impede a renovação do pedido em mandado de segurança, não em ação própria (*RTJ* 43/41, 41/52 e 37/103).

Para caracterizar a coisa julgada há necessidade da existência dos três elementos (pessoa, coisa e *causa petendi*). As decisões em mandado de segurança em muitos casos ficam na ausência do direito líquido e certo ou de requisitos processuais, não configurando a coisa julgada (*RTJ* 46/255 e 60/520).

A adição de novos argumentos não invalida a tese da impossibilidade quando é examinado o mérito (RTJ 67/874).

A doutrina é torrencial no sentido de impedir a ação própria quando o mandado de segurança apreciou o mérito da questão e foi sua razão de denegação (Castro Nunes, *Do Mandado de Segurança*, 7ª ed., p. 292; Alfredo Buzaid, "Do mandado de segurança", *RT* 258/35; Celso Agrícola Barbi, *Do Mandado de Segurança*, 2ª ed., 1966, p. 156; Hely Lopes Meirelles, *Mandado de Segurança e Ações Constitucionais*, 33ª ed., São Paulo, Malheiros Editores, 2010, p. 128).

Vários autores se opõem à opinião de Barbi no sentido da Súmula: Pontes de Miranda, *Comentários ao Código de Processo Civil*, vol. V, p. 200; Lopes da Costa, *Direito Processual Civil*, vol. IV, p. 432; Seabra Fagundes, *O Controle dos Atos Administrativos pelo Poder Judiciário*, p. 349. Na linha de Barbi se encontram: Othon Sidou, *Do Mandado de Segurança*, 2ª ed., p. 255; Hely Lopes Meirelles, *Mandado de Segurança e Ações Constitucionais*, 33ª ed., São Paulo, Malheiros Editores, 2010, p. 128.

O Min. Luiz Gallotti dá as dimensões desse enunciado:

"A ação ordinária cabe ao impetrante do mandado de segurança, quando este é denegado, por não lhe reconhecer direito líquido e certo; não, porém, se o julgado conclui pela inexistência do direito reclamado, como na espécie ocorreu.

"Esse o verdadeiro sentido da Súmula n. 304, como se depreende dos seus termos: 'Decisão denegatória de mandado de segurança, não fazendo coisa julgada contra o impetrante, não impede o uso da ação própria'.

"Quer dizer: quando a decisão denegatória de segurança não faz coisa julgada contra o impetrante ('não fazendo coisa julgada', diz a Súmula), facultado estará o uso da ação própria.

"Diz o despacho, que admitiu o recurso extraordinário, que o Supremo Tribunal, para o efeito da ação rescisória, não tem atribuído força de coisa julgada a decisões denegatórias de mandado de segurança.

"Mas isso quando a denegação desta ocorre por não assistir direito líquido e certo ao impetrante, caso em que lhe fica aberta a via ordinária, donde não caber ação rescisória" (RE 6.352, *RTJ* 52/344; *RT* 415/400).

Em outro julgado da Suprema Corte, o Min. Víctor Nunes distingue os dois dispositivos da Lei 1.533/1951 (correspondentes aos arts. 6º, § 6º, e 19 da Lei 12.016/2009): no art. 16 é prevista a hipótese de não haver a sentença denegatória de segurança apreciado o mérito do pedido; no art. 15 não há distinção entre ter ou não ter sido apreciado o mérito (*RTJ* 45/71).

Muita cautela deve haver na consideração do exame do mérito. Só pode ser considerado quando a decisão expressamente decidiu em razão do mérito, e não simples apreciação da questão de fundo, para denegar o mandado por outro fundamento, ou então a iliquidez, ou o não conhecimento pela decadência, apesar de observar, de passagem, a falta de liquidez, pelo exame do mérito (*RTJ* 67/876 e 58/737 – v. o expressivo esclarecimento do Min. Xavier de Albuquerque).

Cabe, ainda, invocar a distinção, não feita pela Súmula, entre a *coisa julgada formal* e a *coisa julgada material*, evidentemente a tratada no verbete enfocado.

Liebman mostrou que, com a preclusão dos recursos, não só a sentença já não é recorrível (coisa julgada formal), mas seus efeitos já não são contestáveis, nem por outro juiz, em qualquer processo (coisa julgada material). O CPC/1973, art. 467, foi incisivo ao tratar da coisa julgada material como a eficácia que torna imutável e indiscutível a sentença, não mais sujeita a recurso ordinário ou extraordinário.

Outro aspecto importante está na apreciação parcial do mérito. Quanto à parte não examinada não há cogitar de coisa julgada, e ela poderá ser apreciada na ação própria (*RTJ* 65/461 e 64/442). Em síntese: a decisão que denega a segurança nega a existência do direito apontado. Se essa decisão aprecia o mérito, logo, faz coisa julgada.

Arruda Alvim observa, sobre essa Súmula: "Se foi apreciado o mérito, fez-se coisa julgada, mesmo nos casos em que a decisão tenha sido contra o impetrante. Esse entendimento não se coaduna, absolutamente, com o art. 15 da Lei do Mandado de Segurança, *[Lei 1.533/1951; Lei 12.016/2009, art. 19]* nem com a Súmula 304" (*Ajuris* 23/46; v. também RE 96.030, rel. Min. Rafael Mayer, *RTJ* 101/813; Alfredo Buzaid, *Do Mandado de Segurança*, vol. I, p. 253).

305. *Acordo de desquite ratificado por ambos os cônjuges não é retratável unilateralmente.*

[Ressalve-se a substituição da expressão "desquite" por "separação judicial" e "divórcio" (Lei 6.515, de 26.12.1977, art. 39; CC/2002, arts. 1.571 e ss.).]

Como o acordo na separação judicial pressupõe a manifestação de duas vontades, não é admissível que um dos cônjuges se retrate.

Em determinado caso, após a homologação do acordo, uma das partes insurgiu-se contra a disposição, através de demanda judicial desconstituindo o previsto (*RTJ* 73/641).

Se a partilha vier no acordo, ela deve ser homologada juntamente com a parte principal, e não pode ser alterada (*RTJ* 70/366). A partilha é uma das cláusulas do acordo.

Antes da ratificação poderá ocorrer o arrependimento unilateral (*RTJ* 46/407). Segundo o CPC/1973, art. 1.122, § 2º: "Se qualquer dos cônjuges não comparecer à audiência designada ou não ratificar o pedido, o juiz mandará autuar a petição e documentos e arquivar o processo".

A versão do enunciado tem como pressuposto a ratificação do acordo, isto é, aceito, não poderá ser alterado. Essa Súmula foi editada durante o Código de Processo Civil de 1939. A Lei 6.515/1977 não exige a ratificação e permite ao juiz negar a homologação do acordo (art. 34, § 2º). Se entre a apresentação e a data marcada houver a desistência, não se aplica a Súmula (STJ, REsp 24.044, *RSTJ* 46/290).

V. Yussef Said Cahali, *Divórcio e Separação*, 10ª ed., 2002, pp. 176 e 264.

306. As Taxas de Recuperação Econômica e de Assistência Hospitalar de Minas Gerais são legítimas quando incidem sobre matéria tributável pelo Estado.

A propósito desta Súmula, o Min. Thompson Flores rememorou a opinião do Min. Gonçalves de Oliveira sobre o assunto:

"Essa Taxa de Recuperação Econômica e a de Assistência Hospitalar foram instituídas, em Minas Gerais, no Governo Milton Campos. Foram consideradas pela jurisprudência verdadeiros impostos, porque não havia uma retribuição específica do contribuinte. Então, era comum mercadorias vindas de São Paulo e do Rio de Janeiro, para Minas Gerais, onde não ficavam sujeitas ao IVC. Surgiu, então, a questão. Pagavam no Estado de origem o IVC. Chegando em Minas Gerais, não se podia cobrar esse imposto. Então, o Estado cobrava a Taxa de Recuperação Econômica, como tributo igual ao IVC. Os contribuintes reagiam, dizendo: 'Isto não é taxa, é imposto; deu-se rótulo, mascarou-se de taxa um verdadeiro imposto'.

"Quando advogado, tive a honra de patrocinar essas causas por parte do Estado de Minas Gerais e consegui ganhar várias causas. Depois, a jurisprudência foi-se modificando e o STF acabou por considerar (mormente depois que deixei as causas) essa taxa como verdadeiro imposto e julgava (nesses casos a que me referi, de mercadorias vindas de outros Estados) como ilegal a cobrança.

"No Tribunal, procurei dar uma conceituação que me pareceu mais exata; quando o tributo era tipicamente estadual, digamos assim, quando cobrado na transmissão de propriedade, o Imposto de Transmissão *Inter Vivos* ou o Imposto de Transmissão *Causa Mortis*, que era um tributo estadual, e se exigia a Taxa de Recuperação Econômica instituída pelo próprio Estado, entendi que não havia bitributação, mas dupla imposição; era, em verdade, um adicional do mesmo tributo, era o próprio imposto majorado. E o Tribunal me concedeu a honra de prestigiar meu voto, nesse sentido.

"Mas, no caso, a cooperativa tinha isenção de impostos estaduais. Então, funcionando a taxa como adicional do imposto, é verdadeiro imposto e está incluída na isenção.

"Ora, se o próprio Estado isentou do tributo referido a cooperativa, não vejo como legal e coerentemente possa cobrar as taxas tidas como adicionais, as quais, com as características de verdadeiro imposto, estavam alcançadas pela isenção.

"É o meu voto" (*RTJ* 50/496).

V. Aliomar Baleeiro, *Direito Tributário Brasileiro*, 2ª ed., p. 67.

307. *É devido o adicional de serviço insalubre, calculado à base do salário-mínimo da região, ainda que a remuneração contratual seja superior ao salário-mínimo acrescido da taxa de insalubridade.*

Como observou Arnaldo Sussekind, o objetivo da lei é a eliminação das condições de insalubridade, e não o pagamento do sobressalário. Assim, sem embargo do caráter retributivo do adicional a que se referia a anterior redação do art. 79 da CLT, ele se incorpora definitivamente ao salário do empregado, sendo-lhe devido apenas enquanto perdurarem, no setor onde trabalha, os efeitos nocivos da insalubridade que não puderem ser neutralizados ou removidos (*Comentários à Consolidação das Leis do Trabalho*, vol. II, 1961, p. 42).

A matéria está hoje regulada nos arts. 192 a 194 da CLT com a redação dada pela Lei 6.514, de 22.12.1977. Conforme o art. 194, "o direito do empregado ao adicional de insalubridade ou de periculosidade cessará com a eliminação do risco à sua saúde ou integridade física".

V. art. 142, § 5º, da CLT.

308. A Taxa de Despacho Aduaneiro, sendo adicional do Imposto de Importação, não incide sobre borracha importada com isenção daquele imposto.

Observou o Min. Luiz Gallotti: "Se as mercadorias estão isentas do imposto, o que não nega o coator, a isenção abrange a Taxa de Despacho Aduaneiro, como consta da Súmula n. 308, por ser ela um adicional do mesmo imposto" (RE 68.183, *RTJ* 53/128; idem nas *RTJ* 53/331, 56/190 e 71/68).

309. A Taxa de Despacho Aduaneiro, sendo adicional do Imposto de Importação, não está compreendida na isenção do Imposto de Consumo para automóvel usado trazido do Exterior pelo proprietário.

A Taxa de Despacho Aduaneiro, complemento do Imposto de Importação, não é dispensada na trazida de automóvel usado, que só está isenta de Imposto de Consumo, e não de Importação.

Não mais existe o Imposto de Consumo.

310. Quando a intimação tiver lugar na sexta-feira, ou a publicação com efeito de intimação for feita nesse dia, o prazo judicial terá início na segunda-feira imediata, salvo se não houver expediente, caso em que começará no primeiro dia útil que se seguir.

A Lei 4.674, de 15.6.1965, estabeleceu que os prazos que se iniciassem ou vencessem aos sábados seriam prorrogados por um dia útil. Em outras oportunidades o STF reafirmou sua orientação: *RTJ* 52/782; RE 61.882, *RTJ* 63/252.

V. a alteração trazida pelo CPC/1973, art. 236: "No Distrito Federal e nas Capitais dos Estados e dos Territórios, consideram-se feitas as intimações pela só publicação dos atos no órgão oficial".

O CPC/1973, art. 184, § 2º, disciplina a contagem dos prazos do primeiro dia útil após a intimação. É a única disposição, no capítulo dos prazos, sobre a intimação, e especialmente aplicável à intimação pelo jornal oficial. Mas paira a dúvida quando o jornal circula à tarde. Se o órgão oficial é publicado na sexta-feira, então, o prazo começa a correr a partir da segunda-feira, primeiro dia útil, mas em outro dia da semana?

Não há especular se a Lei 1.408, de 9.8.1951, foi, ou não, revogada pelo atual Código. Este fixou uma regra – qual seja, a da intimação para a contagem. Não é válido considerar-se a contagem, quando o órgão oficial circula à tarde, muitas vezes chegando aos leitores depois das 14h; e em Brasília, onde é distribuído mais rapidamente, pela proximidade da Imprensa Nacional, nunca o advogado receberá o *Diário da Justiça* antes das 12h. Ora, o princípio básico da ampla defesa estará sendo mutilado. Assim, a intimação só poderá se considerada no dia imediato. É a opinião de Egas Moniz de Aragão (*Comentários ao Código de Processo Civil*, 2ª ed., Rio de Janeiro, Forense, vol. II, pp. 103 e 130), contrariada por Ulderico Pires dos Santos (*Sistematização e Exegese dos Prazos no Novo Processo Civil*, n. 36).

Em acórdão da 1ª Turma do STF adotou-se orientação mais restrita: "Com a vigência do atual Código de Processo Civil, que revogou a Lei n. 1.408, de 1951, o prazo para recurso começa a fluir do dia imediato ao da intimação, mesmo quando esta se deu mediante publicação no órgão oficial, que tenha circulação somente na parte da tarde" (RE 83.876, rel. Min. Cunha Peixoto, *DJU* 9.4.1976; RE 86.247, rel. Min. Moreira Alves, *RTJ* 81/291).

V. as opiniões de: Sálvio de Figueiredo Teixeira, *Inovações e Estudos do Código de Processo Civil*, São Paulo, Saraiva, p. 97; Alcides de Mendonça Lima, "Intimação pela imprensa e contagem de prazo", *Revista Brasileira de Direito Processual* 9/13, Uberaba, 1977; Galeno Lacerda, *O Novo Direito Processual Civil e os Feitos Pendentes*, p. 100 (RE 89.241, rel. Min. Moreira Alves, *RTJ* 88/1.092).

V.: *RTJ* 78/666 e 987; RE 91.557, *DJU* 7.12.1979; *RTJ* 102/608; a respeito da Súmula TST-1, v. Coqueijo Costa, *Direito Processual do Trabalho*, p. 218; Súmula STJ-117.

311. No típico acidente do trabalho, a existência de ação judicial não exclui a multa pelo retardamento da liquidação.

Essa orientação é construção jurisprudencial.

V., sobre a matéria, a Lei 6.367, de 19.10.1976.

312. Músico integrante de orquestra da empresa, com atuação permanente e vínculo de subordinação, está sujeito à legislação geral do trabalho, e não à especial dos artistas.

A CLT, em seu art. 507, parágrafo único, inaplicava ao trabalho de artista os dispositivos referentes à prorrogação ou renovação do contrato de trabalho de artistas de teatro e congêneres. Para essa caracterização era indispensável verificar-se a natureza da execução dos serviços por parte do músico integrante de orquestra da empresa. Entendeu o STF que o músico nestas condições, atuando permanentemente, não estava sujeito à legislação especial dos artistas.

O parágrafo único do art. 507 foi revogado pela Lei 6.533, de 24.5.1978.

313. *Provada a identidade entre o trabalho diurno e o noturno, é devido o adicional, quanto a este, sem a limitação do art. 73, § 3º, da Consolidação das Leis do Trabalho, independentemente da natureza da atividade do empregador.*

Dispunham as Constituições anteriores – e dispõe a atual – que o salário do trabalho noturno é superior ao do diurno, como um dos direitos do trabalhador, visando à melhoria de sua condição social (CF/1988, art. 7º, IX). Considerado como noturno, não há a limitação prevista no art. 73, § 3º, da CLT.

314. *Na composição do dano por acidente do trabalho ou de transporte, não é contrário à lei tomar para base da indenização o salário do tempo da perícia ou da sentença.*

A fixação da indenização por acidente do trabalho ou de transporte deve ser arbitrada convenientemente, já dizia a Lei 2.681/1912.

Com a desvalorização da moeda, essas dívidas de valor transformaram-se em obrigações em dinheiro, tais a depreciação e a impossibilidade de revisão.

Daí a construção pretoriana ter atendido aos reclamos dos necessitados, em face do aviltamento dessas indenizações.

Fórmulas e soluções surgiram pondo fim, pretensamente, ao desvalor do *quantum* indenizatório. Assim, esse enunciado foi também remédio para essa situação.

O art. 86 da Lei 8.213, de 24.7.1991, determina que o cálculo se faça sobre o salário-de-benefício vigente no dia do acidente.

315. *Indispensável o traslado das razões da revista para julgamento, pelo Tribunal Superior do Trabalho, do agravo para sua admissão.*

O CPC/1973, art. 524, aplicado subsidiariamente ao processo trabalhista, mandou indicar na petição de agravo as peças do processo que devam ser trasladadas; portanto, além do traslado da decisão agravada.

Para entender-se a razão do agravo há necessidade do traslado das razões da revista que foi denegada.

316. *A simples adesão a greve não constitui falta grave.*

A Constituição assegura o direito de greve (CF/1988, art. 9º).

A propósito da adesão à greve, o Min. Víctor Nunes considera inexistir falta grave neste apoio: "Em face da Constituição, que permite o direito de greve, o que me parece ilegal é a greve extraprofissional, a greve puramente política. Quando a greve é promovida por legítimos motivos de ordem profissional, só os 'cabeças', os fomentadores da greve, é que, a meu ver, são passíveis – e com reservas – das penalidades instituídas na lei que regulamenta o exercício do direito de greve. O grosso da massa operária, aqueles que simplesmente deixam de tomar posição de luta contra a greve, isto é, contra os dirigentes de sua classe, não pode estar cometendo falta grave. A lei não pode exigir dos operários que sejam heróis ou soldados do patronato" (RE 48.805).

317. *São improcedentes os embargos declaratórios, quando não pedida a declaração do julgado anterior, em que se verificou a omissão.*

O CPC/1973, art. 536, exige que a petição dos embargos de declaração indique o ponto que deva ser declarado. V. os embargos de declaração à sentença de primeiro grau, onde não se exige esse requisito (art. 463, II).

V. Marcos Afonso Borges, *RePro* 110/181.

318. *É legítima a cobrança, em 1962, pela Municipalidade de São Paulo, do Imposto de Indústrias e Profissões, consoante as Leis 5.917 e 5.919, de 1961 (aumento anterior à vigência do orçamento e incidência do tributo sobre o movimento econômico do contribuinte).*

Enunciado transitório.

O voto do Min. Pedro Chaves no RMS 11.126 dá as dimensões exatas dessa questão: "Quanto ao aspecto da falta de previsão orçamentária, o tributo ofenderia ao art. 141, § 34, da CF, [*CF/1946*] de vez que o orçamento municipal para o exercício de 1962, aprovado pela Lei n. 5.898, de 11.12.1961, não poderia prever a cobrança do tributo fixado pela Lei n. 5.917, de 27.12.1961, e alíquotas majoradas pela Lei

n. 5.919, de 28 de dezembro do mesmo ano de 1961. Essas duas teses já estão superadas pela jurisprudência deste Tribunal, e o acórdão recorrido está na corrente da opinião dominante".

319. *O prazo do recurso ordinário para o Supremo Tribunal Federal, em* **habeas corpus** *ou mandado de segurança, é de cinco dias.*

O processo de julgamento dos recursos em mandado de segurança, antes do Ato Institucional 6, bem como o recurso ordinário em *habeas corpus* regiam-se pelo processo dos agravos. Abolido o recurso ordinário em mandado de segurança, vigora para o *habeas corpus*.

Atualmente, o CPC/1973, art. 508 (na redação da Lei 8.950/1994) fixa o prazo de 15 dias. Conta-se o prazo a partir da publicação das conclusões do acórdão no *Diário da Justi*ça (RHC 48.781, *DJU* 3.11.1971, p. 6.048; CPC/1973, art. 506, III; RHC 77.290, *RTJ* 168/266).

O STF entendeu não ser unitária a disciplina do recurso extraordinário (cível ou criminal), não acolhendo a alteração prevista na Lei 8.950/1994, que aumentou para 10 dias o prazo para o agravo de instrumento, aplicável somente em relação ao agravo cível. Portanto, é de 5 dias o prazo para o agravo de instrumento criminal (Ag no AgR 197.032-1, *DJU* 5.12.1997, e Ag no AgR 234.016-1, *DJU* 6.8.1999).

V. Súmula STF-602.

320. *A apelação despachada pelo juiz no prazo legal não fica prejudicada pela demora da juntada, por culpa do cartório.*

Segundo o CPC/1973, art. 508, o prazo de apelação é de 15 dias, contados da interposição, em cartório. Logo, o despacho pelo juiz no prazo marca o termo *a quo*, não ficando invalidado pela juntada posterior aos autos (Carvalho Santos, *Código de Processo Civil Interpretado*, vol. 9, p. 285; Odilon de Andrade, *Comentários ao Código de Processo Civil*, vol. 9, p. 168. Estes têm opinião contrária).

V. a opinião do Min. Orosimbo Nonato, como conciliatória (*RF* 189/110). No sentido da Súmula: RE 86.935, *RTJ* 83/607; RE 90.216, *RTJ* 90/1.081.

V. Súmulas STF-425 e 428.

321. *A Constituição Estadual pode estabelecer a irredutibilidade dos vencimentos do Ministério Público.*

Súmula revogada – No julgamento da Rp 1.428 (*RTJ* 128/565) o Tribunal Pleno considerou a Súmula revogada (da ementa: "(...)

Inconstitucionalidade das normas estaduais que concedem ao ministério público irredutibilidade de vencimentos. A Súmula 321 está revogada. (...)".

A Constituição de 1969 declarava irredutíveis apenas os vencimentos dos membros do Poder Judiciário, não se enquadrando aí o Ministério Público, que estava no capítulo do Poder Executivo na Emenda 1/1969.

A Constituição Federal não impedia a inserção da irredutibilidade entre as garantias do Ministério Público. A matéria, hoje, está também superada, pelo disposto na CF/1988, art. 128, § 5º, I, "c" (Rp 1.428, cit., *RTJ* 128/565).

322. *Não terá seguimento pedido ou recurso dirigido ao Supremo Tribunal Federal quando manifestamente incabível, ou apresentado fora do prazo, ou quando for evidente a incompetência do Tribunal.*

Aplica-se aqui o mesmo princípio relativo à inépcia da petição inicial. O RISTF dispõe de maneira mais ampla além desses casos, possibilitando o não seguimento quando o pedido ou recurso contrariar a jurisprudência predominante do Tribunal (art. 21, § 1º).

A Lei 8.038/1990 (art. 38) dispõe que o relator "negará seguimento a pedido ou recurso manifestamente intempestivo, incabível ou improcedente, ou, ainda, que contrariar, nas questões predominantemente de direito, súmula do respectivo tribunal".

323. *É inadmissível a apreensão de mercadorias como meio coercitivo para pagamento de tributos.*

V. Súmula STF-70 e comentários à Súmula STF-547.

324. *A imunidade do art. 31, V, da Constituição Federal não compreende as taxas.*

O texto se refere à CF/1946; na CF/1988, art. 150, VI, "a".

As Constituições de 1946 e de 1969 bem como a atual vedam a instituição de imposto sobre o patrimônio, a renda ou serviços uns dos outros em relação à União, aos Estados, ao Distrito Federal e aos Municípios (CF/1988, art. 150, VI, "a").

Como acentuou o Min. Aliomar Baleeiro, *a contrario sensu*, cabe, evidentemente, a cobrança de taxas uns dos outros (*Direito Tributário Brasileiro*, 2ª ed., p. 294).

325. As emendas ao Regimento do Supremo Tribunal Federal, sobre julgamento de questão constitucional, aplicam-se aos pedidos ajuizados e aos recursos interpostos anteriormente à sua aprovação.

Dizia Pontes de Miranda: "Desde que se interpôs o recurso, a lei antiga rege a admissibilidade, a interposição mesma, o processo e o julgamento, inclusive a competência" (*Comentários ao Código de Processo Civil*, t. XV, 1962, p. 252).

Sendo a norma de ordem pública, ela é aplicável imediatamente.

326. É legítima a incidência do Imposto de Transmissão Inter Vivos sobre a transferência do domínio útil.

Parte substancial do voto do Min. Pedro Chaves no RE 37.375 delimitava a questão: "O aforamento dos terrenos de marinha que fazem parte do domínio da União, sujeito embora a legislação especial, não refoge, entretanto, aos princípios a que o Código Civil sujeita em geral a enfiteuse. Como no mencionado instituto, o aforamento dos terrenos de marinha transfere para o foreiro ou ocupante o domínio útil do imóvel, e é lógico que essa transferência deve ser acompanhada dos mesmos encargos com que no direito civil acompanha o enfiteuta, entre eles o que é expressamente mencionado no art. 682 do CC: [CC/1916] a satisfação dos impostos que incidirem sobre o imóvel. Acrescente-se, ainda, que nas normas da legislação de São Paulo (Código de Impostos e Taxas, art. 7º, Livro IV) o Imposto Territorial é exigível do proprietário, do possuidor ou do simples ocupante, não podendo dele se esquivar o foreiro pelo simples argumento de pagar foro ou taxa de ocupação do senhorio direto".

Atualmente, conforme o art. 2.038 do CC/2002, fica proibida a constituição de enfiteuses e subenfiteuses, subordinando-se as existentes, até sua extinção, às disposições do Código Civil de 1916, e leis posteriores.

A enfiteuse dos terrenos de marinha e acrescidos regula-se por lei especial (Lei 9.636, de 15.5.1998, regulamentada pelo Decreto 3.725, de 10.1.2001).

327. O direito trabalhista admite a prescrição intercorrente.

Se o autor não toma a iniciativa da ação, ou se o beneficiário não lhe promove o andamento, corre a prescrição (RE 68.583, *RTJ* 56/110).

Argumentou-se que a prescrição intercorrente não seria aplicável aos feitos da Justiça Trabalhista, porque a execução poderia ser promovida pelos interessados ou *ex officio* pelo juiz. A isso responde o Min. Luiz Gallotti:

"Pretende o agravante que exclui a aplicação desse princípio no pretório trabalhista o fato de se facultar, além da promovida pelos interessados, a execução *ex officio* pelo juiz (CLT, art. 878).

"A ponderação é digna de exame, mas não resulta dos termos da lei.

"A dedução só seria forçosa se o procedimento *ex officio*, ao invés de uma *faculdade*, fosse um *dever* do juiz.

"No entanto, o que a lei declara é que a execução *poderá* ser promovida por qualquer interessado ou pelo juiz (cit. art. 878).

"No caso, por exemplo, do recurso *ex officio*, assentou-se que não está sujeito a prazo, porque corresponde a um *dever* do juiz, porque este é *obrigado* a interpô-lo.

"Mas, ainda que a tese do agravante fosse acolhível, estaríamos em face de mera interpretação, e não haveria como ver no entendimento oposto qualquer violação de texto expresso da lei, uma vez que nenhum existe afirmando o que o agravante pretende.

"Acresce que, no caso, o próprio agravante confessa que a execução ficou sem andamento porque ele não cumpriu diligência *a seu cargo*, embora a repute desnecessária, ao contrário do que pareceu ao Juiz.

"Houve, pois, inércia imputável ao credor, e, assim, não se pode dizer que inexiste na espécie o fundamento filosófico da prescrição (sanção contra a inércia do credor, a bem da paz social).

"A invocação do art. 172, V, do CC *[CC/1916; CC/2002, art. 202, VI]* também me parece descabida.

"Dispõe ele que a prescrição se interrompe por qualquer ato inequívoco que importe reconhecimento do direito pelo devedor.

"Mas é fácil ver que o preceito não se aplica à prescrição na fase executória da ação, pois, se o direito já foi reconhecido por sentença que passou em julgado, não mais há que cogitar de reconhecimento pelo devedor.

"Nego provimento ao agravo" (ERE 37.375).

V. Súmula TST-114: "É inaplicável na Justiça do Trabalho a prescrição intercorrente".

328. É legítima a incidência do Imposto de Transmissão Inter Vivos sobre a doação de imóvel.

Não pode haver concomitância na cobrança dos Impostos de Transmissão *Inter Vivos* e *Causa Mortis*, senão haveria bitributação. A doação é ato de transferência do imóvel. O Código Tributário Nacional fala em "transmissão, a qualquer título" (art. 35, I).

V. Aliomar Baleeiro, *Direito Tributário Brasileiro* (art. 155, I, da CF/1988).

329. O Imposto de Transmissão Inter Vivos não incide sobre a transferência de ações de sociedade imobiliária.

Dispositivo legal paulista mandava incidir o Imposto de Transmissão *Inter Vivos* sobre a transferência de ações de sociedade imobiliária (Decreto-lei estadual 8.255/1937).

O Tribunal paulista declarou inconstitucional esse dispositivo, por incompatível com o disposto no art. 19, III, da CF/1946, dispondo que competia aos Estados decretar o Imposto de Transmissão de Propriedade Imobiliária *Inter Vivos* (CF/1988, art. 156, II). Sendo as ações ou cotas títulos de crédito de natureza móvel, cuja transferência não afetaria o patrimônio imobiliário social, não seria constitucional o dispositivo.

O STF confirmou a decisão do TJSP (RE 20.504, *RDA* 47/36; RE 20.497, *RDA* 48/60).

330. O Supremo Tribunal Federal não é competente para conhecer de mandado de segurança contra atos dos Tribunais de Justiça dos Estados.

A Constituição Federal não atribui ao STF competência para conhecer de mandado de segurança contra ato do Tribunal de Justiça (*RTJ* 70/645). Segundo a Lei Complementar 35/1979, compete aos Tribunais de Justiça julgar, originariamente, os mandados de segurança contra seus atos (art. 21, VI; *RTJ* 140/363).

331. É legítima a incidência do Imposto de Transmissão Causa Mortis no inventário por morte presumida.

O inventário e a partilha processam-se pela presunção de que o ausente não vive mais. A morte é presumida 10 anos depois de passada em julgado a sentença que concede a abertura da sucessão provisória (CC/2002, arts. 6º e 37; no CC/1916, arts. 10 e 481, o prazo era de 20 anos). Argui-se que na sucessão provisória não há transmissão do domínio, diferentemente, portanto, da sucessão *mortis causa*, e somente ocorrerá a transmissão quando ela se tornar definitiva; antes não haverá a presunção do falecimento (CPC/1973, art. 1.167, II).

332. *É legítima a incidência do Imposto de Vendas e Consignações sobre a parcela do preço correspondente aos ágios cambiais.*

O IVC não mais existe.

Adotou o STF a orientação de que as bonificações concedidas aos exportadores estavam sob a incidência do IVC, porquanto integrantes do preço das mercadorias exportadas. Por outras palavras, o IVC cobrado das mercadorias exportadas também incidia sobre a bonificação em Dólares paga pelo Banco do Brasil ao exportador.

333. *Está sujeita ao Imposto de Vendas e Consignações a venda realizada por invernista não qualificado como pequeno produtor.*

O IVC não mais existe.

A CF/1946, art. 19, IV, ao atribuir aos Estados a competência para a cobrança do IVC, isentava a primeira operação do pequeno produtor. A Constituição atual não estipula essa isenção.

Portanto, no âmbito da Constituição era importante considerar o pequeno produtor.

Em relação ao invernista, que compra gado para revender, não foi considerado como primeiro produtor, e sim intermediário.

334. *É legítima a cobrança, ao empreiteiro, do Imposto de Vendas e Consignações, sobre o valor dos materiais empregados, quando a empreitada não for apenas de lavor.*

O IVC não mais existe.

A propósito do IVC na empreitada mista, observava o Min. Aliomar Baleeiro:

"Entendo que a empreitada parcial também se compreende no conceito dos arts. 1.237 e ss. do CC. *[CC/1916; CC/2002, arts. 610 e ss.]* Contemporaneamente, as obras de vulto, nas grandes cidades, perderam o aspecto artesanal antigo. A construção é feita por sucessivas subempreitadas com firmas especializadas. Uma se encarrega da direção da obra; outra, do concreto; outra, da alvenaria; outra, das instalações de tubos; outra, da rede elétrica; outra, das pinturas; etc.

"Cada uma delas, a meu ver, é também empreitada no sentido do Código Civil" (RE 68.024, *RTJ* 53/614).

335. É válida a cláusula de eleição do foro para os processos oriundos do contrato.

A discussão doutrinária sobre a validade do foro de eleição no contrato é acentuada.

Entre aqueles que adotam a validade – portanto, no sentido da Súmula – estão: Jorge Americano, *Comentários ao Código de Processo Civil*, vol. I, p. 258; De Plácido e Silva, *Comentários ...*, 2ª ed., vol. 1º, p. 143; Amílcar de Castro, in *RF* 85/108; Orosimbo Nonato, in *RF* 99/55 e 87/517. Para este insigne Jurista, o foro de eleição não foi abolido por lei. O CC/1916, art. 42, *[CC/2002, art. 78]* não foi derrogado pelo Código de Processo Civil.

Em contraposição à Súmula estão as opiniões de: Carvalho Santos, *Código de Processo Civil Interpretado*, vol. 2, p. 251; Pedro Batista Martins, *Comentários ao Código de Processo Civil*, vol. II, p. 33.

Já anteriormente a jurisprudência do STF antecipava-se à Súmula: RE 9.688, rel. Min. Laudo de Camargo, *DJU* 4.12.1945, p. 4.171; e Ag 12.932, rel. Min. Orosimbo Nonato, *DJU* 14.4.1948, p. 1.291.

Em aresto da lavra do Min. Thompson Flores examinou-se o alcance da Súmula STF-335 quanto às causas relativas a imóveis. Afirmou S. Exa. que nas ações relativas aos imóveis dispôs expressamente a lei que o foro seria o de sua situação. Entre elas a de despejo (RE 64.967, *RTJ* 54/361).

O Código de Processo Civil de 1973 dá nova roupagem ao assunto. Nas ações fundadas em direito real sobre imóveis o autor pode optar pelo foro de eleição, não recaindo o litígio sobre direito de propriedade, vizinhança, servidão, posse, divisão e demarcação de terras e nunciação de obra nova (CPC/1973, art. 95).

As partes podem eleger foro onde serão propostas as ações oriundas de direitos e obrigações (CPC/1973, art. 111), modificando a competência em razão do valor e do território (RE 89.215, rel. Min. Moreira Alves, *RTJ* 89/1.045; RE 90.961, rel. Min. Décio Miranda, *RTJ* 90/731; v. art. 51 do Código do Consumidor, Lei 8.078, de 11.9.1990; Mário Ramos dos Santos, *Foro de Eleição e Competência*, Curitiba, Juruá, 2005, p. 167).

336. **A imunidade da autarquia financiadora, quanto ao contrato de financiamento, não se estende à compra e venda entre particulares, embora constantes os dois atos de um só instrumento.**

O § 1º do art. 19 da CF/1969 (CF/1988, art. 150, § 3º) pôs fim à controvérsia existente sobre a imunidade extensiva ao comprador quando a autarquia é interveniente como financiadora, mais comumente a Caixa Econômica Federal.

Diz o citado dispositivo da Constituição atual: "As vedações do inciso VI, 'a', e do parágrafo anterior não se aplicam (...) nem exonera o promitente comprador da obrigação de pagar imposto relativamente ao bem imóvel".

337. **A controvérsia entre o empregador e o segurador não suspende o pagamento devido ao empregado por acidente do trabalho.**

Esse enunciado, fruto de construção pretoriana, aplica os princípios gerais da responsabilidade civil, entre eles o contido na Súmula STF-188, de que o segurador deve pagar o seguro e então propor ação regressiva contra terceiro.

O segurado não pode ficar à mercê da discussão entre o empregador e o segurador (*RTJ* 68/557).

V. também a Súmula STF-434.

338. **Não cabe ação rescisória no âmbito da Justiça do Trabalho.**

A Consolidação das Leis do Trabalho não inclui na sua competência a ação rescisória. Dir-se-á, nos termos do art. 769 da CLT, que o direito processual comum é aplicável subsidiariamente. A jurisprudência do TST passou a admiti-la no Prejulgado 16, e o Decreto-lei 229, de 28.2.1967, permitiu a ação rescisória trabalhista (v. Coqueijo Costa, *O Direito Processual do Trabalho e o Código de Processo Civil de 1973*, São Paulo, LTr, 1975, p. 201). Posteriormente o TST editou o Prejulgado 49, com limitações ao cabimento da rescisória (Mozart Víctor Russomano, "Em torno da ação rescisória trabalhista e do Prejulgado 49", *RePro* 3/97; Coqueijo Costa, *Ação Rescisória*, 6ª ed., São Paulo, LTr, 1993).

339. **Não cabe ao Poder Judiciário, que não tem função legislativa, aumentar vencimentos de servidores públicos sob fundamento de isonomia.**

A fixação de vencimentos e seu aumento competem ao Poder Legislativo, que examina o projeto de iniciativa do Poder Executivo

(*RTJ* 54/384). Ao Judiciário somente cabe examinar a lesão ao princípio constitucional da igualdade. Não cabe o exame da justa ou injusta situação do servidor, que deveria estar em nível mais alto; o princípio "a função igual corresponde igual remuneração" é constitucional, com base na isonomia (*RTJ* 75/198, 71/889 e 68/423; exercício de funções diversas das correspondentes ao cargo de que é titular – *RTJ* 81/937, 80/871 e 78/307, isonomia – *RTJ* 76/966, 81/202, 101/120, 105/391, 106/1.221, 107/1.207, 109/217 e 369).

Não houve alteração após a Constituição Federal de 1988. O princípio da isonomia deve ser concretizado pelo legislador (Súmula recepcionada pela Constituição Federal – RMS 21.662-DF, rel. Min. Celso de Mello, *DJU* 20.5.1994; RMS 21.512-7, *DJU* 19.2.1993. V. Adílson Dallari, *Regime Constitucional dos Servidores Públicos*, p. 65; *RTJ* 189/747, 187/733, 185/337, 184/365, 183/1.079).

340. Desde a vigência do Código Civil, [CC/1916] os bens dominicais, como os demais bens públicos, não podem ser adquiridos por usucapião.

Pelo CC/2002, arts. 98 e 99, III (CC/1916, art. 66, III) são considerados bens públicos os dominicais, inalienáveis nos termos do art. 100 do CC/2002 (art. 67 do CC/1916). Para ocorrer o usucapião é necessário o desembaraço do bem, como acentuou Clóvis Beviláqua (*RTJ* 69/530).

Eis a opinião do Min. Orosimbo Nonato, expressada no RE 4.369: "Estes se puseram fora do comércio. É exato que o peremptório da enunciação legal enerva-se com a consideração da possibilidade da alienação de tais bens. Mas a imprescritibilidade afirmada não se liga necessariamente à incomercialidade, senão à natureza desses bens e à impossibilidade, desenganadamente proclamada, de sua saída do patrimônio público fora dos casos admitidos em lei. E o usucapião não se encontra entre esses casos. Daí dizer excelentemente Clóvis Beviláqua sucumbir o prestígio dos que proclamam a tese contrária à imponência irresistível do direito expresso. E a certa verdade é que, falecidos do apoio do texto, vão os eminentes propugnadores da tese, a que não adiro, rebuscar argumentos de ordem histórica e sociológica, tecendo-se o panegírico da destemidez dos 'desbravadores' e até da 'solércia dos grileiros'. Impossível negar homenagem aos primeiros e, de algum modo, reconhecer, de certo ângulo visual, alguma benemerência à astúcia dos particulares contra a ação estreita do Poder" (v. *RTJ* 69/175 e 528, 66/732, 65/856 e 61/450; Caio Mário da

Silva Pereira, *Instituições de Direito Civil*, 2ª ed., vol. IV, 1974, p. 133; Ernani Fidélis dos Santos, *Comentários ao Código de Processo Civil*, vol. 6, Rio de Janeiro, Forense, 1978, p. 197; RE 84.063, *RTJ* 81/191; RE 86.234, *RTJ* 83/575).

V. CF/1988, parágrafo único do art. 191, e Lei 6.969/1981, sobre usucapião especial de imóveis rurais (art. 2º).

A Medida Provisória 2.220, de 4.9.2001, dispôs sobre a concessão de uso de área pública (CF/1988, art. 183, § 1º).

CC/2002: "Art. 102. Os bens públicos não estão sujeitos a usucapião".

V.: Jefferson Carús Guedes, "Usucapião especial agrário e o direito sumular", *RDC* 73/88; STJ, EREsp 695.926.

341. É presumida a culpa do patrão ou comitente pelo ato culposo do empregado ou preposto.

Não foi fácil a alteração jurisprudencial do STF no concernente à interpretação do art. 1.521, III, do CC/1916 (CC/2002, art. 932, III). Para o art. 1.523 do CC/1916 necessitava-se da verificação da culpa do patrão em favor do dano causado pelo empregado quando em serviço.

Na década de 40 do século passado surgiram na Corte Suprema dois eminentes Magistrados, *dissents* na linguagem americana, rompendo com o anquilosado entendimento: Orosimbo Nonato e Filadelfo Azevedo.

Anteriormente, José Antônio Nogueira, no exercício da judicatura no Distrito Federal, afirmava que, ainda quando fosse admissível que o art. 1.523 do CC/1916 anulasse o disposto no art. 1.521, não estariam os juízes impedidos de, à semelhança do que fizeram as jurisprudências francesa e italiana, ver nos atos ilícitos dos prepostos prova suficiente da culpa dos comitentes. Essa presunção legal já existiria e estaria no art. 1.521 (*Aspectos de um Ideal Jurídico*, p. 309).

Filadelfo Azevedo, ao criticar a ancianidade do nascente Código Civil brasileiro de 1916, apontava o caminho para se considerar presumida a culpa do patrão, em vista do risco assumido na empresa (RE 5.427, *RF* 93/287).

Em trabalho contemporâneo à alteração jurisprudencial, mostrava o Min. Gonçalves de Oliveira que a presunção de culpa dos preponentes por atos de prepostos, que para aqueles trabalham, é *juris et de jure*, ao contrário do que se dá em relação à presunção de responsabilidade dos pais pelos atos dos filhos (CC/2002, art. 932, I; CC/1916, art. 1.521, I) e daqueles que auferem proveito dos atos dos representados, como os tutores e curadores (*RF* 92/385).

O Código Civil italiano (1942) já assinalava: "I padroni e i committenti sono responsabili per i danni arrecati dal fatto illecito dei loro domestici e commessi nell'ezercizio delle incomenze a cui sono adibiti" (art. 2.049).

Na mesma linha o Código Civil português (1966), no art. 500.

V. Aguiar Dias, "Responsabilidade civil em debate", *RF* 149.

CC/2002:

"Art. 932. São também responsáveis pela reparação civil: (...) III — o empregador ou comitente, por seus empregados, serviçais e prepostos, no exercício do trabalho que lhes competir, ou em razão dele; (...)".

"Art. 933. As pessoas indicadas nos incisos I a V do artigo antecedente, ainda que não haja culpa de sua parte, responderão pelos atos praticados pelos terceiros ali referidos."

V. Sérgio Cavalieri Filho, *Programa de Responsabilidade Civil*, 6ª ed., 3ª tir., São Paulo, Malheiros Editores, 2006, pp. 209-210.

342. Cabe agravo no auto do processo, e não agravo de petição, do despacho que não admite a reconvenção.

Entendendo-se a reconvenção como ação, que se insere em outra, com propósito de alterar a pretensão contida na ação, segundo diz Goldschmidt, logo, a decisão que põe termo era passível do recurso de agravo de petição (hoje agravo retido). Assim entendia Pontes de Miranda (*Comentários ao Código de Processo Civil*, t. III, p. 198).

Em oposição ao ilustre jurista estava José Frederico Marques (*Instituições ...*, vol. IV, p. 200). Fundava essa diretriz no CPC/1939, art. 851, II, que concedia agravo no auto do processo, e não agravo de petição, contra as decisões que, de qualquer forma, cerceassem a defesa do interessado.

Para Alfredo Buzaid (*Do Agravo de Petição no Sistema do Código de Processo Civil*, p. 138) e Liebman (*Nota a Chiovenda*, vol. III, p. 296), só caberá o agravo de petição quando a decisão ponha fim não a um incidente ocorrido eventualmente no processo, mas a todo o processo sem solução de mérito.

Várias decisões dos Tribunais Estaduais estavam na orientação da Súmula (TJRS, Ag 8.040, rel. Des. Thompson Flores, *RF* 201/216;

TJSP, Ag 103.301, rel. Des. Ulisses Dória, *RT* 198/156; TJSP, Ag 109.364, rel. Des. Bandeira de Mello, *RT* 320/242; TASP, Ag 62.078, rel. Juiz Young da Costa Manso, *RT* 367/232).

A decisão liminar que indefere a petição inicial é recorrível de apelação (CPC/1973, art. 296). É o caso da não admissão do pedido reconvencional. Por outro lado, indeferimento do pedido de reconvenção põe fim à ação reconvencional, porém não extingue o processo, continuado com a ação principal. Seria cabível, neste raciocínio, o agravo, pois a decisão seria interlocutória. Ocorre circunstância deveras importante: a admitir-se a apelação, todo o processo subirá ao tribunal, ao passo que o agravo permitirá o exame do pedido reconvencional, sem gravame ao autor da ação principal.

A diretriz, portanto, da Súmula é de agravo retido, e não de agravo. Não importa o julgamento conjunto da ação e da reconvenção, pois o agravo retido será conhecido como preliminar no julgamento da apelação.

343. *Não cabe ação rescisória por ofensa a literal disposição de lei quando a decisão rescindenda se tiver baseado em texto legal de interpretação controvertida nos tribunais.*

A orientação tomada pelo Min. Gonçalves de Oliveira nos EAR 602 deu motivo a esta Súmula: "Entendo que não é possível, em rescisória, alterar o julgamento proferido em grau de embargos ao recurso extraordinário, com amplo debate, sem que se possa dizer que o julgamento é nulo por violação de lei. O Tribunal tomou, após ampla discussão, uma interpretação razoável da lei, firmada, de resto, de acordo com os precedentes. Destarte, não caberia ação rescisória para anular a sentença anterior do Supremo Tribunal, porque em favor do mesmo, da tranquilidade pública, da tranquilidade jurídica, em razão mesmo da eficácia da coisa julgada, terminou o julgamento, ainda que tomado por maioria ocasional".

Na AR 323 também o STF adotou a mesma orientação (*DJU* 18.12.1970).

V. Luiz Eulálio de Bueno Vidigal, *Comentários ao Código de Processo Civil*, vol. VI, São Paulo, Ed. RT, pp. 116 e 165. Confirmação da Súmula: AR 960, *RTJ* 85/747; RE 79.905, *RTJ* 89/472; RE 86.982, *RTJ* 90/1.000; RE 89.824, *RTJ* 91/312. Ainda que a jurisprudência do STF venha a fixar-se em sentido contrário, não cabe a ação rescisória (RE 91.369).

Esse texto não se aplica quando a controvérsia for em relação a texto constitucional (RE 101.114, rel. Min. Rafael Mayer, *DJU* 10.2.1984). Não se aplica quando a interpretação controvertida se circunscreve a um mesmo tribunal (RE 96.952, *DJU* 5.11.1982). Descabe a rescisória quando a decisão rescindenda foi proferida segundo a jurisprudência dominante na época (AR 957, *RTJ* 104/944, 114/361 e 125/267). Se a jurisprudência alterou-se quando do julgamento do recurso extraordinário, viável a divergência. Entretanto, se a decisão recorrida foi prolatada em ação rescisória, não será possível o provimento para prevalecer a jurisprudência atual (Ag 88.486, rel. Min. Aldir Passarinho, *RTJ* 110/1.072). A Súmula tem sido aplicada (AR 1.124, rel. Min. Francisco Rezek, *RTJ* 110/487; Tereza Arruda Alvim Wambier, *Ajuris* 70/113 e *RePro* 86/148; *RSTJ* 122/72; *RTJ* 189/29, 186/699 e 185/345).

V. Teori Albino Zavascki, *Eficácia das Sentenças na Jurisdição Constitucional*, Ed. RT, 2001, p. 131; Teresa Arruda Alvim Wambier, *Nulidades do Processo e da Sentença*, 5ª ed., São Paulo, Ed. RT, p. 434, e *O Controle da Subsunção pela Ação Rescisória – Controle das Decisões Judiciais*, São Paulo, Ed. RT, 2001, p. 260.

Esse enunciado foi debatido e confirmado no Ag 460.439 (rel. Min. Carlos Velloso, j. 17.8.2006) decidindo o STF: "Ação rescisória: aplicação da Súmula 343. Recurso extraordinário: descabimento: âmbito de devolução. 1. Ação rescisória, com fundamento em violação de literal disposição de lei (CPC, art. 485), para rescindir decisão que condenara a autora a recompor perdas do FGTS com os denominados 'expurgos inflacionários', liminarmente indeferida, por impossibilidade jurídica do pedido, com fundamento na Súmula 343 ('Não cabe ação rescisória, por ofensa a literal disposição de lei, quando a decisão rescindenda se tiver baseado em texto legal de interpretação controvertida nos Tribunais')".

V. Teori Albino Zavascki, "Ação rescisória. A Súmula 343-STF e as funções institucionais do STJ", *STJ – Doutrina, 20 Anos*, Brasília, 2009, p. 71.

344. ***Sentença de primeira instância concessiva de habeas corpus, em caso de crime praticado em detrimento de bens, serviços ou interesses da União, está sujeita a recurso* ex officio.**

O art. 574, I, do CPP dispõe que cabe recurso, de ofício, pelo juiz da sentença que concedeu *habeas corpus*.

Argumenta-se com a revogação desse dispositivo pela Constituição, que só admite o recurso ordinário das decisões em *habeas corpus*.

Essa construção jurisprudencial encontra justificação nas palavras do Min. Nelson Hungria: "Nem sempre vale a pena *inclusio unius exclusio alterius*. Não é admissível que o legislador constituinte de 1946 quisesse suprimir o art. 572, I, do CPP para admitir, por exemplo, que um juiz de primeira instância, errônea ou arbitrariamente, concedesse *habeas corpus* por inexistência de crime, e fosse irrecorrível a sua decisão. É que se tem de ler nas entrelinhas da Constituição" (RE crim. 46.546).

345. Na chamada desapropriação indireta, os juros compensatórios são devidos a partir da perícia, desde que tenham atribuído valor atual ao imóvel.

Súmula que não mais prevalece. No julgamento dos ERE 47.934, em 27.3.1969, o STF reexaminou o alcance desta Súmula. Novamente voltou ao tema nos ERE 52.441 (*RTJ* 53/295) e 63.351 (*RTJ* 68/74).

A desapropriação indireta caracteriza-se pelo anômalo apossamento de bens, onde pode ocorrer a declaração de utilidade pública ou não, acarretando ilicitude da Administração ou irregularidade no processo administrativo (Hely Lopes Meirelles, *Direito Administrativo Brasileiro*, 37ª ed., São Paulo, Malheiros Editores, 2011, p. 651; Celso Antônio Bandeira de Mello, *Curso de Direito Administrativo*, 28ª ed., São Paulo, Malheiros Editores, 2011, p. 897; Manoel de Oliveira Franco Sobrinho, *Do Mandado de Segurança nas Desapropriações*, São Paulo, 1976). Distinguem-se dois pontos nessa desapropriação indireta: o justo valor do imóvel e o período de privação do bem (juros). Se o Poder Público desapropria pelos meios normais, paga juros. Seria inconcebível que, nesse ato violento sem processo, não os pagasse (Celso Antônio Bandeira de Mello, *Curso de Direito Administrativo*, cit., 28ª ed., p. 891).

A nova orientação defere os juros compensatórios a partir da posse, quando nasce a obrigação de indenizar, justa e amplamente, como impõe a Constituição Federal de 1988 (*RTJ* 109/840, 108/713, 86/356 e 80/525).

V.: Súmulas STF-164 e 618 e Súmulas STJ-12, 69, 113 e 114; bem como ACO 297 (*RTJ* 114/926); *RDP* 66/102; Hely Lopes Meirelles, *Direito Administrativo Brasileiro*, cit., 37ª ed., p. 665.

346. A Administração Pública pode declarar a nulidade dos seus próprios atos.

V. comentários à Súmula STF-473.

347. O Tribunal de Contas, no exercício de suas atribuições, pode apreciar a constitucionalidade das leis e dos atos do Poder Público.

Exprimiam os arts. 200 da CF/1946 e 116 da CF/1969, e o anuncia o art. 97 da Carta atual, a necessidade do voto da maioria absoluta dos membros dos tribunais para declaração de inconstitucionalidade de lei ou ato do Poder Público.

A CF/1988, art. 71 prevê o exercício pelo Tribunal de Contas da verificação da ilegalidade de qualquer despesa, inclusive as decorrentes de contratos etc.; e a legalidade das concessões iniciais de aposentadoria, reformas e pensões. Em face desses preceitos basilares, cabe à Corte de Contas o exame das exigências legais nos casos enunciados e em geral a ela submetidos, colocando seu exame em confronto com a Constituição, não procedendo o argumento da privatividade da interpretação das leis pelo Poder Judiciário. Se os atos submetidos ao Tribunal de Contas não estão conformes à Constituição, logo, são atos contra a lei; portanto, inconstitucionais. Lúcio Bittencourt não foge deste ponto quando afirma caber essa declaração a todos os tribunais ordinários ou especiais, apesar de pertencer a última palavra ao STF (*O Controle* ..., p. 34), encontrando a adesão de Carlos Maximiliano (*Comentários à Constituição*, vol. III, p. 263).

Ao Tribunal de Contas não compete a declaração de inconstitucionalidade de lei, nos termos do art. 97 da CF/1988, que dá essa competência aos tribunais enumerados no art. 92 (Carlos Casimiro Costa, "Competência dos Tribunais de Contas", *RDA* 84/430; Themístocles Cavalcanti, "O Tribunal de Contas e sua competência constitucional", *RDA* 3/21).

Caso o ato esteja fundado em lei divergente da Constituição, o Tribunal de Contas pode negar-se à aplicação, porque "há que distinguir entre declaração de inconstitucionalidade e não aplicação de leis inconstitucionais, pois esta é obrigação de qualquer tribunal ou órgão de qualquer dos Poderes do Estado" (RMS 8.372, rel. Min. Pedro Chaves, j. 11.12.1961; Hahnemann Guimarães, "Parecer", *Arquivos do Ministério da Justiça e Negócios do Interior* 2/101; Ivan Lins, "Apreciação da constitucionalidade das leis pelo Tribunal de Contas", *Revista da*

Procuradoria-Geral da Guanabara 81/28; Adroaldo Mesquita da Costa, Pareceres da Consultoria Geral da República, t. II, 1967, p. 65; RF 194/121).

348. É constitucional a criação de Taxa de Construção, Conservação e Melhoramento de Estradas.

Essa taxa era exigida em determinados locais dos ocupantes das áreas de terras que margeiam as estradas municipais. Declarou-se, então, a constitucionalidade dessa chamada Taxa Rodoviária, que hoje é cobrada em virtude de lei federal.

V. Súmula STF-595.

349. A prescrição atinge somente as prestações de mais de dois anos, reclamadas com fundamento em decisão normativa da Justiça do Trabalho, ou em convenção coletiva de trabalho, quando não estiver em causa a própria validade de tais atos.

O art. 11 da CLT considerava prescrito em dois anos o direito de pleitear a reparação de qualquer ato infringente de dispositivo, quando a Consolidação não dispusesse em contrário.

A CF/1988, art. 7º, XXIX, alterou o prazo prescricional para cinco anos para o trabalhador urbano, até o limite de dois anos após a extinção do contrato de trabalho; e até dois anos após a extinção do contrato de trabalho, para o trabalhador rural.

350. O Imposto de Indústrias e Profissões não é exigível de empregado, por falta de autonomia na sua atividade profissional.

Considerava-se, à época desse tributo, que o cálculo das alíquotas era feito pelo número de trabalhadores. Sendo trabalho sem autonomia, não seria exigível (Aliomar Baleeiro, *Direito Tributário Brasileiro*, 2ª ed., p. 267).

351. É nula a citação por edital de réu preso na mesma unidade da Federação em que o juiz exerce a sua jurisdição.

O Código de Processo Penal diz que, "se o réu estiver preso, será pessoalmente citado"; porém, não sendo encontrado, "será citado por edital, com prazo de 15 (quinze) dias" (CPP, arts. 360 e 361).

Estando o réu preso na comarca, é de se considerar nula a citação por edital, visto estar entregue às autoridades, que devem ter o expediente necessário à verificação do recolhimento. Assim, os juízes criminais consultam as autoridades policiais ou penitenciárias sobre a possibilidade do recolhimento do réu em seus estabelecimentos.

Não é de se admitir essa solução quando o réu está preso em outra comarca.

Decidiu o STF: "Se o réu estava preso, então recolhido a estabelecimento penal na mesma localidade, impunha-se sua requisição, não bastando intimação anterior" (RHC 48.196, *RTJ* 56/164; *RTJ* 109/123 e 119/1.031).

352. Não é nulo o processo penal por falta de nomeação de curador ao réu menor que teve a assistência de defensor dativo.

O princípio constitucional da ampla defesa aos acusados é assegurado pelo Código de Processo Penal quando averba de nula a falta de "nomeação de defensor ao réu presente, que não o tiver, ou ao ausente, e de curador ao menor de 21 (vinte e um) anos" (CPP, art. 564, II, "c").

A Constituição pretende a defesa – que não faltará ao réu menor, quando for nomeado defensor. A jurisprudência não era tranquila, mas com a consolidação na Súmula passou a ser doutrina. Mas o art. 566 do CPP considera a não declaração da nulidade do ato processual que não houver influído na apuração da verdade substancial ou na decisão da causa. Portanto, caberá ao juiz velar por essa situação (HC 48.912, *DJU* 5.11.1971, p. 6.128; RHC 55.841, rel. Min. Djaci Falcão, *RTJ* 85/522; HC 56.550, *RTJ* 91/94). O alcance da Súmula tem sido estendido ao defensor constituído (*RTJ* 104/1.173, 107/125 e 109/70). Também se aplica quando há advogado (*RTJ* 109/536).

353. São incabíveis os embargos da Lei 623, de 19.2.1949, com fundamento em divergência entre decisões da mesma Turma do Supremo Tribunal Federal.

O RISTF pacifica essa matéria ao admitir os embargos somente quando houver divergência entre julgados de Turmas diversas (art. 330).

Posteriormente o Pleno do STF entendeu cabível a caracterização da divergência por acórdão da mesma Turma, "desde que diversa a composição majoritária" (v. RE 79.752; *RTJ* 88/166, 116/211, 183/793).

354. *Em caso de embargos infringentes parciais, é definitiva a parte da decisão embargada em que não houve divergência na votação.*

V. comentários à Súmula STF-355.

355. *Em caso de embargos infringentes parciais, é tardio o recurso extraordinário interposto após o julgamento dos embargos, quanto à parte da decisão embargada que não fora por eles abrangida.*

A interposição simultânea de dois recursos não causa problemas ao recorrente pela intempestividade, que é um grande tormento. Assim ocorre com a interposição do recurso extraordinário e dos embargos infringentes, sendo comum o prazo para a interposição de um e outro recurso. Assim ocorrendo, o processo extraordinário ficará sobrestado até a intimação da decisão nos embargos (CPC/1973, art. 498).

Em relação aos embargos declaratórios, estes suspendem os prazos para outros recursos, inclusive para o recurso extraordinário.

Existindo embargos parciais, a matéria não embargada torna-se preclusa, não se admitindo recurso extraordinário após o julgamento dos embargos, sendo definitiva a parte da decisão embargada em que não houve divergência na votação (Súmula STF-354) (RE 81.631, *RTJ* 79/956; RE 71.774, *RTJ* 86/817).

Em determinadas hipóteses, havendo interesse público na solução de questão surgida como prejudicial, determina-se o exame antecipado desta questão – como, por exemplo, a prejudicial de inconstitucionalidade.

Atendendo ao dispositivo constitucional (CF/1988, art. 97), suscitada a prejudicial ou preliminar de inconstitucionalidade de lei ou ato em julgamento na Câmara ou Turma de Tribunal, essa questão será levada ao Tribunal Pleno para decidir sobre ela. Rejeitada a preliminar ou prejudicial, os autos retornarão à Câmara ou Turma para exame do mérito e aplicação do Direito à espécie. Nesse ponto suscitou-se a dúvida quanto ao cabimento do recurso extraordinário: da decisão do Tribunal Pleno que decidiu a preliminar de inconstitucionalidade ou da Câmara ou Turma, que examinou o mérito da causa? V. Roberto Rosas, "Prejudicial de inconstitucionalidade", *RT* 396/33. A Súmula STF-513 pôs cobro às divergências no sentido de estabelecer o recurso extraordinário da decisão do órgão que completa o julgamento do feito (Câmara, Turma ou Grupo). Na decisão não unânime no agravo no auto do processo cabiam embargos infringentes, ficando revogada a Súmula STF-211 (ERE 65.291, *RTJ* 51/767). V. Roberto Rosas, *Comentários ao Código de Processo Civil*, vol. V, São Paulo, Ed. RT, 1975, p. 92. O agravo no auto do processo foi abolido pelo Código de Processo Civil atual, vendo-se no agravo retido o seu substituto.

Não interpostos embargos infringentes, "o prazo relativo à parte unânime da decisão terá como dia de início aquele em que transitar e julgado a decisão por maioria de votos" (CPC/1973, art. 498, parágrafo único). Se houver embargos infringentes, correrá da intimação da decisão nos embargos (CPC/1973, art. 498).

V. CPC/1973, art. 530 (redação dada pela Lei 10.352, de 16.12.2001).

356. *O ponto omisso da decisão, sobre o qual não foram opostos embargos declaratórios, não pode ser objeto de recurso extraordinário, por faltar o requisito do prequestionamento.*

Os embargos declaratórios visam a pedir ao juiz ou juízes prolatores da decisão que espanquem dúvidas, supram omissões ou eliminem contradições. Se esse possível ponto omisso não foi aventado, nada há que se alegar posteriormente no recurso extraordinário. Falta o prequestionamento da matéria.

A parte não considerou a existência de omissão, por isso não opôs os embargos declaratórios no devido tempo, por não existir matéria a discutir no recurso extraordinário sobre essa questão: RE 77.128, *RTJ* 79/162.

V. Súmula STF-282.

O STF interpretou o teor da Súmula no sentido da desnecessidade de nova provocação se a parte opôs os embargos e o tribunal se recusou a suprir a omissão (RE 176.626, *RTJ* 168/305; *RTJ* 188/740).

V. Súmula STJ-211.

357. *É lícita a convenção pela qual o locador renuncia, durante a vigência do contrato, à ação revisional do art. 31 do Decreto 24.150, de 20.4.1934.*

V. art. 45 da Lei 8.245, de 18.10.1991: "São nulas de pleno direito as cláusulas do contrato de locação que visem a elidir os objetivos da presente Lei, (...)".

O Min. Eloy da Rocha, no RE 57.358 (*RTJ* 48/781), dá o alcance da Súmula 357: "São referidas na Súmula n. 357 decisões em recursos extraordinários, inclusive uma do Pleno, em embargos em recurso extraordinário. O fundamento desses acórdãos é o de que a Lei de Luvas, com as normas em benefício do fundo de comércio, protege o locatário, e não o locador. Mas o direito de revisão, do art. 31, em favor do locatário, como do locador, não é abrangido pelo art. 30, que declara nula qualquer cláusula contrária aos direitos tutelados pelo Decreto n. 24.150. Na verdade, deve interpretar-se o art. 30 do Decreto n. 24.150 de conformidade com a norma geral do art. 5º da Lei de Introdução ao Código Civil (...)". *[Lei de Introdução às Normas do Direito Brasileiro, nova denominação dada pela Lei 12.376, de 30.12.2010]*

V. também acórdão da lavra do Min. Hermes Lima no sentido da Súmula (RE 57.040, *RTJ* 33/888). Em decisão da 1ª Turma admitiu-se o estabelecimento contratual de limite à revisão do aluguel (RE 71.969, *DJU* 26.11.1971).

358. *O servidor público em disponibilidade tem direito aos vencimentos integrais do cargo.*

A redação original do art. 41, § 3º, da CF/1988, dispunha: "Extinto o cargo ou declarada a sua desnecessidade, o servidor estável ficará em disponibilidade remunerada até seu adequado aproveitamento em outro cargo" (v. *RTJ* 137/984). A EC 19/1998, deu nova redação ao parágrafo: "Extinto o cargo ou declarada a sua desnecessidade, o servidor estável ficará em disponibilidade, com remuneração proporcional ao tempo de serviço, até seu adequado aproveitamento em outro cargo".

359. *Ressalvada a revisão prevista em lei, os proventos da inatividade regulam-se pela lei vigente ao tempo em que o militar, ou o servidor civil, reuniu os requisitos necessários.*

A aposentadoria – e, consequentemente, a percepção dos proventos correspondentes –, enquanto não concedida, é mera expectativa de direito, que se concretizará no ato administrativo que a conceder. A lei nova antecedente à aposentadoria pode modificar as condições de sua concessão. Para a revisão dos proventos aplica-se o mesmo princípio, exceto quando a lei altera esse princípio, porque aí existe a revogação da lei anterior (v. ERE 72.509, *RTJ* 64/408).

O Pleno do STF, no julgamento dos ERE 72.509 (*RTJ* 64/408), alterou a parte final da redação original desta Súmula, suprimindo as palavras "inclusive a apresentação do requerimento, quando a inatividade for voluntária".

Assim entendeu o STF porque a afirmação do direito à aposentadoria conduz ao direito adquirido. Se já houve a aquisição desse direito, não pode estar condicionado a outra exigência (RE 86.608, rel. Min. Xavier de Albuquerque, *RTJ* 83/304; RE 85.330, rel. Min. Moreira Alves, *DJU* 15.12.1980 – proventos com base em todas as vantagens a que fazia jus quando adquiriu o direito; *RTJ* 106/763, 107/1.207 e 109/739; v. Emenda Constitucional 19/1998). Examine-se a Emenda Constitucional 20/1998, que trata do sistema de previdência social, especialmente o art. 2º.

A Medida Provisória 2.215-10, de 31.8.2001, modificou o art. 50 da Lei 6.880, de 9.12.1980, assim estabelecendo: "II – o provento calculado com base no soldo integral do posto ou graduação que possuía quando da transferência para a inatividade remunerada, se contar com mais de 30 anos de serviço; III – o provento calculado com base no soldo integral do posto ou graduação quando, não contando 30 (trinta) anos de serviço, for transferido para a reserva remunerada, *ex officio*, por ter atingido a idade-limite de permanência em atividade no posto ou na graduação, ou ter sido abrangido pela quota compulsória".

360. *Não há prazo de decadência para a representação de inconstitucionalidade prevista no art. 8º, parágrafo único, da Constituição Federal.* [CF/1946; CF/1988, arts. 102 e 103]

Não há prazo para o exercício da representação ao STF. Seria a convalidação da inconstitucionalidade pelo decurso do tempo (Roberto Rosas, *Comentários ao Código de Processo Civil*, vol. V, São Paulo, Ed. RT, 1988, p. 95).

A referência é à Constituição de 1946 e corresponde aos arts. 102 e 103 da CF/1988 (ação direta de inconstitucionalidade) (ADI 1.247-9, rel. Min. Celso de Mello, *DJU* 8.9.1995, p. 28.354, e *RTJ* 168/754).

361. *No processo penal, é nulo o exame realizado por um só perito, considerando-se impedido o que tiver funcionado anteriormente, na diligência de apreensão.*

O art. 279 do CPP determina que não poderão ser peritos os que tiverem prestado depoimento no processo ou opinado anteriormente sobre o objeto da perícia.

O Min. Djaci Falcão, examinando a aplicação dessa Súmula, declarou-a inaplicável quando o laudo for relatado por um dos peritos e conferido pelo outro, que também o assinou (RHC 47.300, *RTJ* 51/95). Em algumas decisões o STF tem decidido que não é nulo o laudo pericial assinado por um só perito, se emana de órgão oficial (RHC 50.302, *DJU* 19.4.1974, p. 2.460; HC 71.531, *RTJ* 156/565).

362. *A condição de ter o clube sede própria para a prática de jogo lícito não o obriga a ser proprietário do imóvel em que tem sede.*

O Decreto 50.776, de 10.6.1961, ao disciplinar o funcionamento das seções de jogos nas sedes dos clubes, exigiu que o clube estivesse instalado em sede própria; somente, portanto não exigindo a propriedade do imóvel.

363. *A pessoa jurídica de direito privado pode ser demandada no domicílio da agência ou estabelecimento, em que se praticou o ato.*

Clóvis Beviláqua, ao analisar o § 3º do art. 35 do CC/1916 (CC/2002, art. 75, § 1º), observou que, no caso de ter a pessoa jurídica diversos estabelecimentos sitos em diferentes circunscrições jurisdicionais, cada um deles será atributivo de domicílio para os atos nele realizados. É providência tomada em benefício dos que contratam com a pessoa jurídica (*RTJ* 54/204). O Código de Processo Civil diz ser competente o foro do lugar onde se acha a agência ou sucursal, quanto às obrigações que ela contraiu (CPC/1973, art. 100, IV, "b").

364. *Enquanto o Estado da Guanabara não tiver Tribunal Militar de segunda instância, o Tribunal de Justiça é competente para julgar os recursos das decisões da auditoria da Polícia Militar.*

A Constituição do Estado da Guanabara de 1960 previu a criação do Tribunal Militar, que não foi instalado (v. CF/1988, art. 125, § 3º).

365. *Pessoa jurídica não tem legitimidade para propor ação popular.*

Dois ilustres monografistas da ação popular – Paulo Barbosa de Campos Filho (*Da Ação Popular*, Saraiva, 1958) e José Afonso da Silva

(*Ação Popular Constitucional*, 1ª ed., 1968; 2ª ed., Malheiros Editores, 2007) – seguem a linha que hoje está na Súmula. Se a lei que regulou a ação popular atribuiu a iniciativa a "qualquer cidadão", como também diz a Constituição (CF/1988, art. 5º, LXXIII), logo, não poderia ser acionada por pessoa jurídica.

366. Não é nula a citação por edital que indica o dispositivo da lei penal, embora não transcreva a denúncia ou queixa, ou não resuma os fatos em que se baseia.

O edital indicará o fim para que é feita a citação. A simples menção ao dispositivo penal não dá ao citado os meios necessários à defesa; mas, como deve ser nomeado ou indicado defensor pelo interessado ou pelo juiz, dir-se-á que a ele cabe o enquadramento da defesa. Por outro lado, as nulidades consideram-se sanadas se, praticado o ato por outra forma, tiver atingido o seu fim (CPP, art. 572, II; *RTJ* 109/960).

367. Concede-se liberdade ao extraditando que não for retirado do País no prazo do art. 16 do Decreto-lei 394, de 28.4.1938.

A Lei 6.815, de 19.8.1980, que definiu a situação jurídica do estrangeiro no Brasil, diz, em seu art. 87: "Se o Estado requerente não retirar o extraditando do território brasileiro no prazo do artigo anterior, [*art. 86: 60 dias*] será ele posto em liberdade, sem prejuízo de responder a processo de expulsão, se o motivo da extradição o recomendar".

V. Súmula STF-2.

Não está excluída a discrepância entre o prazo da lei brasileira e alguns tratados bilaterais que têm prazos diversos (Paraguai, Suíça, Argentina, México, Bélgica, Bolívia etc.). Além disso, no caso de conflito entre tratado e lei interna, José Francisco Rezek propugna a solução mais favorável ao Estado requerente, apontando o art. 90 do Decreto-lei 941/1969, dando primazia a tratado ou convenção com algum dos Estados requerentes ("Perspectiva do regime jurídico da extradição", in *Estudos de Direito Público em Homenagem a Aliomar Baleeiro*, Brasília, UnB, 1976, p. 249).

V. CF/1988, art. 5º, § 2º.

368. Não há embargos infringentes no processo de reclamação.

O RISTF fixa os casos de embargos, não os contemplando em relação à reclamação (art. 330).

369. Julgados do mesmo tribunal não servem para fundamentar o recurso extraordinário por divergência jurisprudencial.

O pressuposto constitucional do recurso extraordinário era a interpretação divergente com outro tribunal ou o próprio STF. Portanto, não era aceitável julgado do mesmo tribunal que proferiu a decisão para fundamentar o recurso extraordinário por divergência jurisprudencial (RE 81.125, *RTJ* 90/865; *RTJ* 109/213).

A CF/1988, art. 102, III, não mais contempla a hipótese, que agora é da competência do STJ (art. 105, III, "c") em recurso especial.

V. Súmula STJ-13.

370. Julgada improcedente a ação renovatória da locação, terá o locatário, para desocupar o imóvel, o prazo de 6 meses, acrescido de tantos meses quantos forem os anos da ocupação, até o limite total de 18 meses.

Súmula não mais aplicada desde que revogada a Lei 1.300/1950 pela Lei 4.494/1964 (revogada pela Lei 6.649, de 16.5.1979, revogada, por sua vez, pela Lei 8.245, de 18.10.1991).

A Lei 1.300/1950 deu essa orientação quanto à desocupação do imóvel. Essa lei foi revogada expressamente pela Lei 4.494/1964 (revogada pela Lei 6.649, de 16.5.1979, revogada, por sua vez, pela Lei 8.245, de 18.10.1991). Inúmeros são os casos inaplicando essa Súmula: RE 65.137, *RTJ* 51/511; RE 65.881, *DJU* 28.11.1969; RE 65.137, *DJU* 24.10.1969; RE 66.816, *DJU* 3.10.1969 (*RTJ* 74/384).

V. Lei 8.245, 18.10.1991, art. 74.

371. Ferroviário que foi admitido como servidor autárquico não tem direito a dupla aposentadoria.

Acentuou o Min. Luiz Gallotti, no julgamento do MS 6.363, que a Lei 2.752/1956 não protegia os que, sendo funcionários ou servidores públicos, perderam essa condição ao ser instalado o regime autárquico; muito menos protegeria os que, já na vigência deste regime, ingressaram na ferrovia (RE 85.185, *RTJ* 85/939).

372. A Lei 2.752, de 10.4.1956, sobre dupla aposentadoria, aproveita, quando couber, a servidores aposentados antes de sua publicação.

Enunciado de caráter transitório. Essa lei permitiu a percepção cumulativa de aposentadoria a servidores, e seu art. 3º mandava pagar os proventos retidos.

373. Servidor nomeado após aprovação no curso de capacitação policial, instituído na Polícia do Distrito Federal, em 1941, preenche o requisito da nomeação por concurso a que se referem as Leis 705, de 16.5.1949, e 1.639, de 14.7.1952.

Enunciado de caráter transitório. A prova de habilitação é para o cargo específico de comissário, em caso de aproveitamento, sem competição entre candidatos.

374. Na retomada para construção mais útil não é necessário que a obra tenha sido ordenada pela autoridade pública.

Quando a Lei de Luvas dispunha sobre as "modificações de tal natureza que aumentarão o valor da propriedade", as confundia com as obras determinadas pela autoridade pública (art. 8º, "d"). Mas não havia confundir-se, porque naquele caso havia construção mais útil.

A Lei 8.245/1991 (art. 52, I) é explícita a esse respeito.

375. Não renovada a locação regida pelo Decreto 24.150, de 20.4.1934, aplica-se o direito comum, e não a legislação especial do inquilinato.

Dispunha o art. 2º do Decreto-lei 4, de 7.2.1966: "Na hipótese de não ser proposta a ação renovatória de locações regidas pelo Decreto n. 24.150, de 20 de abril de 1934, no prazo legal, as condições da renovação, bem como a fixação e a revisão se subordinarão ao Código Civil, ressalvado ao locador o direito de retomada do imóvel".

Atualmente as locações dos imóveis comerciais estão reguladas pela Lei 8.245, de 18.10.1991 (arts. 51 e 55).

376. Na renovação de locação, regida pelo Decreto 24.150, de 20.4.1934, o prazo do novo contrato conta-se da transcrição da decisão exequenda no Registro de Títulos e Documentos; começa, porém, da terminação do contrato anterior, se esta tiver ocorrido antes do registro.

A Lei de Registros Públicos (Lei 6.015, de 31.12.1973, art. 127, VI) manda fazer a transcrição do mandado judicial de renovação do contrato de arrendamento para sua vigência, quer entre as partes contratantes, quer em face de terceiros.

Atualmente as locações dos imóveis comerciais estão reguladas pela Lei 8.245, de 18.10.1991 (arts. 51 e 55).

377. No regime de separação legal de bens, comunicam-se os adquiridos na constância do casamento.

O art. 259 do CC/1916 dizia que: "Embora o regime não seja o da comunhão de bens, prevalecerão, no silêncio do contrato, os princípios dela, quanto à comunicação dos adquiridos na constância do casamento".

Entendia-se que a separação de bens imposta como pena aos que se casam com infringência de certos impedimentos matrimoniais não seria a separação simples de bens anteriores e aquisições benévolas, insurgindo-se ainda quanto à aplicação do art. 259 à separação legal. Aplicar-se-ia somente à separação convencional, como norma supletiva da vontade das partes.

Clóvis Beviláqua, ao comentar o dispositivo legal, apenas tratava da aplicação do artigo às separações pactuadas e não às legais. Da mesma forma Cândido de Oliveira (*Manual Paulo de Lacerda*). O mesmo silêncio também encontramos em João Luiz Alves. Ao tratar dos regimes matrimoniais, Américo de Oliveira Castro expendeu sua opinião, na mesma linha de argumentos que segue Carvalho Santos.

Ponto de vista perfilhado pelo Min. Aníbal Freire no RE 8.984, isto é, no regime de separação obrigatória por força da lei os aquestos seguiam aquele regime. Tratava-se de casamento de viúvo antes de concluída a partilha de bens do primeiro casal. Um dos melhores trabalhos sobre a situação dos aquestos é de Arnoldo Medeiros da Fonseca, "Incomunicabilidade dos aquestos no regime legal obrigatório de separação de bens", *Revista FND* 12/55.

No Código Civil português (1966), quanto ao regime da comunhão de adquiridos, que é o regime legal português, os bens adquiridos pelos cônjuges na constância do matrimônio fazem parte da comunhão (art. 1.724º, "B"), ao passo que no regime da separação cada um dos cônjuges conserva o domínio e fruição de todos os seus bens presentes e futuros, podendo dispor deles livremente (art. 1.735º), sem abrir caminho aos adquiridos pelo esforço comum.

A doutrina moderna inclina-se no Brasil para a comunhão dos aquestos, considerando a comunhão de interesses dos cônjuges na constituição de um patrimônio formado de bens adquiridos pelo esforço comum. Não seria justo deixar-se a um dos cônjuges esses bens (Washington de Barros Monteiro).

O esforço comum na aquisição dos bens denota a comunicabilidade (RE 64.236, *RTJ* 47/339; RE 78.811, *RTJ* 74/200; RE 89.480, *DJU* 19.11.1979; Sílvio Rodrigues, *Direito Civil*, 6ª ed., vol. 6, p. 182).

O STF, calcado em lição do Min. Luiz Gallotti, negou a comunicabilidade dos aquestos (RE 43.295, *RTJ* 10/269).

Portanto, o alcance da Súmula 377 refere-se tanto ao regime da separação imposta pela lei quanto ao regime convencional (RE 61.149, *RTJ* 47/614; Ag 70.303, *RTJ* 83/86).

V. a opinião do Min. Hahnemann Guimarães: "Esta sociedade de fato não se destina a tornar ineficaz o regime legal dos bens, e recusá-la seria infligir lesão injusta aos cônjuges que, pelos esforços e indústria comuns, obtiveram bens, que devem formar uma caixa social" (ERE 8.984).

No RE 7.243 o Min. Filadelfo Azevedo delineou o caminho finalizado na Súmula 377. Acentuou S. Exa.:

"Inclino-me para a extensão da regra do art. 259 em face da tradição do nosso Direito, cada vez mais firme no sentido da comunhão, segundo a referência que fizemos ao Decreto-lei n. 3.200 e à jurisprudência que inspirara seus drásticos preceitos.

"Com esses elementos desaparece, a meu ver, a única objeção séria: é que, se a separação é convencional, as partes podem excluir a comunhão de aquestos, sendo o preceito de caráter meramente supletivo, ao passo que nos casos do art. 256 as partes não poderiam deliberar em contrário, embora nada em rigor impedisse que pactuassem elas, quanto a esse ponto secundário, considerado fora do regime de penalidade do problema dos aquestos" (*Um Triênio de Judicatura*, vol. 1, p. 306; *RF* 98/67).

Essas opiniões não contaram, na mesma assentada, com o apoio do Min. Orosimbo Nonato:

"O art. 259 fala em 'bens adquiridos na constância do casamento', mas na técnica jurídica esses bens têm significação especial, não são quaisquer bens; são só aqueles bens, referidos no Capítulo III, art. 269, do próprio CC. Alguns juristas, vendo a impossibilidade lógica de chegar à conclusão da equidade, em face da lei, a que chegaram os eminentes Colegas, derivaram o fato para a alegação do esforço comum dos cônjuges.

"Mas este argumento vai de encontro ao direito positivo. É que a aquisição desses bens não se enquadra no regime legal do Código. O mais que podia se dar ao cônjuge que trabalhou seria um direito pessoal de crédito, através do seu esforço na aquisição pelo outro cônjuge. A alegada sociedade só podia estabelecer em favor do cônjuge um direito pessoal de crédito, na medida com que teria contribuído para as aquisições" (ERE 7.243; v. Sílvio Rodrigues, in *Estudos em Homenagem a Vicente Ráo*, p. 406; RTJ 83/84, 87/140 e 110/808; Francisco José Cahali, "A Súmula 377", *Revista AASP* 76, 2004).

No STJ, o Min. Sálvio de Figueiredo sustentou a restrição desse enunciado aos aquestos resultantes da conjugação de esforços do casal, comunicando-se os bens adquiridos na constância do casamento pelo esforço comum, sendo o regime de separação obrigatória (REsp 9.938, *RSTJ* 39/414).

A comunhão dos aquestos mais se justifica, porque até na união estável admite-se pertencerem a ambos os bens adquiridos por um ou por ambos, presumindo-se frutos do trabalho e da colaboração comuns (Lei 9.278, de 10.5.1996, art. 5º). Partilha com prova do esforço comum: REsp 30.513-9.

Não há comunhão dos bens adquiridos se há pacto antenupcial prevendo tal forma (RE 83.750, *RTJ* 776/176).

V. CC/2002, arts. 1.640, 1.659, 1.672 e 1.679. Sobre união estável, v. CC/2002, art. 1.725.

378. *Na indenização por desapropriação incluem-se honorários do advogado do expropriado.*

O objetivo desta Súmula foi corroborado pela Lei 4.632/1965 (que alterou o CPC/1939), que adotou o princípio da sucumbência, condenando-se o vencido nos honorários advocatícios. Em relação à ação de desapropriação incitaria comentários, porquanto não há vencedores ou vencidos na demanda. Mas o STF antecipou-se ao fim da discussão (RE 62.344, *RTJ* 42/406; RE 62.474, *RTJ* 53/88).

Afasta-se, no entanto, a regra da sucumbência por outro argumento: o da exata indenização na desapropriação, por força de imperativo constitucional. Ao desapropriado deve ser dada ampla indenização, que deve cobrir os honorários (*RTJ* 6/660).

Esses honorários devem ser calculados sobre a diferença entre a oferta e a condenação, porém com correção monetária (*RTJ* 76/311, 75/

570, 73/847, 224 e 255, 72/852). A correção é extensiva aos honorários (*RTJ* 72/876).

Em outro caso, onde ocorrera acordo entre o Poder Público e o expropriado, os honorários foram calculados sobre a importância que serviu de base para o cálculo dos juros (*RTJ* 73/433). Ainda sobre honorários na desapropriação: *RTJ* 70/272 e 846, 68/697 e 591, 66/553, 62/130 e 213.

V.: Yussef Said Cahali, *Honorários Advocatícios*, São Paulo, Ed. RT, 1978, Capítulo XXXVII; Celso Antônio Bandeira de Mello, *Curso de Direito Administrativo*, 28ª ed., São Paulo, Malheiros Editores, 2011, p. 894; Súmulas STF-617 e STJ-141.

A tese foi consagrada pela Lei 2.786/1956, que deu nova redação ao § 1º do art. 27 da Lei das Desapropriações, que, por sua vez, foi alterado pela MP 2.183/2001: "§ 1º. A sentença que fixar o valor da indenização quando este for superior ao preço oferecido condenará o desapropriante a pagar honorários do advogado, que serão fixados entre 0,5 e 5% do valor da diferença, observado o disposto no § 4º do art. 20 do Código de Processo Civil, não podendo os honorários ultrapassar R$ 151.000,00". Mas na ADI 2.332 a conclusão do julgamento foi: "Deferiu-se em parte o pedido de liminar, para suspender, no *caput* do art. 15-A do Decreto-lei 3.365, de 21.6.1941, introduzido pelo art. 1º da MP n. 2.027-43, de 27.9.2000, e suas sucessivas reedições, a eficácia da expressão 'de até seis por cento ao ano'; para dar ao final desse *caput* interpretação conforme a Constituição no sentido de que a base de cálculo dos juros compensatórios será a diferença eventualmente apurada entre 80% do preço ofertado em juízo e o valor do bem fixado na sentença; e para suspender os §§ 1º e 2º e 4º do mesmo art. 15-A e a expressão 'não podendo os honorários ultrapassar R$ 151.000,00' do § 1º do art. 27 em sua nova redação".

379. No acordo de desquite não se admite renúncia aos alimentos, que poderão ser pleiteados ulteriormente, verificados os pressupostos legais.

Dispunha o art. 404 do CC/1916 que se pode "deixar de exercer, mas não se pode renunciar o direito a alimentos", disposição também contemplada no CC/2002, art. 1.707 ("Pode o credor não exercer, porém lhe é vedado renunciar o direito a alimentos, sendo o respectivo crédito insuscetível de cessão, compensação ou penhora").

Parecia incontroverso o dispositivo, porquanto os alimentos têm caráter de ordem pública, não ficando ao alvitre do alimentando a vaidade de renunciar ao direito a alimentos. A sociedade não poderia tolerar tal desejo, porque fatalmente na necessidade seria mais um desvalido aumentando o encargo do Estado (Carvalho Santos, *Comentários* ... ao art. 404 do CC/1916).

Nos acordos de desquite impunham os maridos cláusula renunciativa aos alimentos, no ensejo de deferir à mulher o desquite amigável.

Anteriormente já o STF considerara indevidos os alimentos quando não consignados no acordo (RE 125.464). Afirmou o eminente Min. Orosimbo Nonato, no RE 24.324, que o dever de socorro permanece, e sua renunciabilidade não pode ser aceita. O cônjuge pode provar que o outro não precisa de alimentos; mas, provadas a necessidade do alimentando e a possibilidade do alimentante, a prestação é devida (Orlando Gomes, *Direito de Família*, p. 329). Argumentou o Min. Hahnemann Guimarães no citado julgado que não se aplicava o dispositivo do art. 404 do CC/1916 ao caso, porque o inciso legal pressupunha consanguinidade. O dever de prestar alimentos supõe a relação de parentesco, que não existe entre marido e mulher. O Código Civil, nesse dispositivo, pressupõe o parentesco, estabelecendo a obrigação do parente de prestar alimentos, na linha reta, a descendentes e ascendentes e, na linha colateral, até o segundo grau. Os princípios que estão no CC/1916, do art. 396 até o art. 405 (CC/2002, arts. 1.649 a 1.710), não se aplicam a marido e mulher. Idêntica opinião se observa em Washington de Barros Monteiro (*Direito de Família*, p. 303).

Há que observar que CPC/1973, art. 1.121, IV, ao enunciar as formalidades da petição inicial na separação consensual, aponta a declaração da pensão alimentícia do marido à mulher, assegurando à mulher inocente os alimentos.

A Lei 5.478, de 25.7.1968, que dispôs sobe ação de alimentos, declara que o direito a alimentos é irrenunciável, ainda que possa ser provisoriamente dispensado (art. 23) (v. *RF* 228/392; João Claudino de Oliveira e Cruz, *A Nova Ação de Alimentos*). Essa lei aplicava-se à ação ordinária de desquite, hoje separação judicial (art. 13) (*RTJ* 71/547, 59/242 e 52/26).

Em tese, há possibilidade da renúncia aos alimentos na petição inicial, porque o cônjuge não os necessita, porquanto tem meios de sobrevivência. A regra do CC/2002, art. 1.707 (CC/1916, art. 404) é inaplicável à sociedade conjugal. Aquele dispositivo dirige-se à obrigação alimentar derivada do parentesco. Ora, com a dissolução da sociedade conjugal, no caso pela separação judicial ("desquite", no Código anterior), cessam os deveres conjugais, entre eles o de assistência. *De lege lata*, não podemos desconhecer o art. 23 da Lei 5.478/1968 (Lei de Alimentos).

O Código Civil de 2002 institucionalizou o preceito sumular, não admitindo a renúncia, e obrigando o cônjuge separado a prestar alimentos ao outro, se este vier a necessitar deles (art. 1.704). V. as opiniões contrárias de José Olímpio de Castro Filho, *Comentários ao Código de Processo Civil*, vol. X, p. 136; Domingos Sávio Brandão Lima, "A irrenunciabilidade dos alimentos no acordo de desquite", *RIL* 49/247.

Ao julgar o RE 85.019, o Min. Rodrigues de Alckmin solicitou a revogação dessa Súmula, porque o dever de assistência alimentar cessa com a extinção da sociedade conjugal. A Corte não admitiu esse pedido, mantendo o enunciado (Sílvio Rodrigues, *Direito Civil*, 6ª ed., vol. 6, p. 377, comunga com a tese preconizada pelo saudoso Min. Alckmin, em oposição a Washington de Barros Monteiro, *Curso de Direito Civil*, 17ª ed., vol. 2, p. 294; v. *RTJ* 119/712, 120/375).

Pela validade da cláusula: STJ, REsp 9.286, rel. Min. Eduardo Ribeiro, *RSTJ* 29/447; REsp 19.453, rel. Min. Waldemar Zveiter, *RSTJ* 47/241 (Yussef Said Cahali, *Divórcio e Separação*, 10ª, São Paulo, Ed. RT, 2002, p. 220).

V.: STJ, REsp 701.902; Fátima Nancy Andrighi, "Considerações da (im)possibilidade de renúncia a alimentos", *Revista do Advogado* 91/65, São Paulo, AASP.

380. Comprovada a existência de sociedade de fato entre os concubinos, é cabível a sua dissolução judicial, com a partilha do patrimônio adquirido pelo esforço comum.

Hoje a matéria está regulada pela Lei 8.971, de 29.12.1994, e pela Lei 9.278, de 10.5.1996.

A jurisprudência do STF não pretendeu dar foros de legalidade ao concubinato; apenas reconhecer as consequências advindas dessa união, principalmente quando havia auferimento de vantagens conquistadas pelo esforço de ambos os concubinos. Por isso, afirmou Orosimbo Nonato, no RE 9.855 (*RF* 12/179), que é possível reconhecer, sem ferir a lei, uma comunhão ou sociedade de fato do homem com sua concubina. Essa sociedade pode derivar de interesses, esforços, contribuições na formação de um patrimônio, dispensando forma especial.

Há que se observar – ainda com as palavras do insigne Mestre – que a qualidade só de amásia, a convivência *more uxorio*, não basta a atribuir à mulher a qualidade de sócia ou meeira. Ela pode ser apenas amásia, como pode ser, ainda, serviçal ou sócia (Ag 12.991, RF 109/413). O concubinato gera relações de caráter obrigacional, e não familiar. Assim sendo, surgem relações patrimoniais em virtude da colaboração efetiva da mulher na constituição do patrimônio comum. Essa participação pode ocorrer diretamente com a aquisição de bens, fornecimento de dinheiro, ou com o trabalho doméstico. Estremam-se, aí, duas posições: ou se demonstra a colaboração efetiva, ou simplesmente a permanência da concubina nas atividades domésticas (RTJ 75/938). Ora, se o concubino trouxera patrimônio para a concubina, logo, não há falar em esforço da concubina. Dir-se-ia que com a morte do concubino ela ficaria ao desamparo (mas o concubino poderia testar ou doar: RTJ 75/965 e 64/645).

Na mesma linha de Orosimbo Nonato seguiu o Min. Luiz Gallotti, examinando, no caso, a contribuição da concubina no lucro auferido pelo amásio, assim possibilitando a partilha (RE 1.956) e deferindo a comprovação pelo filho da concubina.

Essa proteção à concubina assenta-se, como observa Jean Carbonnier, em não ter sentido explorar-se nessa união o aumento do patrimônio com o trabalho, em geral, da mulher, para beneficiar o homem, na separação de ambos.

Não se admite a dissolução de patrimônio se há relação adulterina: RTJ 75/967 e 43/51.

A jurisprudência do STF tem aplicado a Súmula 380 para admitir a sociedade, pela existência do concubinato (RTJ 89/181, 83/424, 80/260, 79/229, 70/108, 69/723 e 54/762). Em outras circunstâncias há maior restrição, para admitir a partilha somente pelo esforço comum (RTJ 69/467, 66/528, 64/665, 57/352 e 49/664). Em algumas circunstâncias inverte-se o pedido. Em concubinato onde houvera doação do concubino à concubina a pretensão foi negada (RTJ 68/274). Nem sempre se admite a partilha do patrimônio, porém o pagamento de uma compensação à concubina, pelos serviços domésticos, com base em salários (RTJ 82/1.002, 66/769 e 64/520).

Com base nessa orientação, qual será o critério para fixar-lhe o valor? O da época da decisão ou da prestação dos serviços? O CC/2002, art. 596 (CC/1916, art. 1.218), ao indicar um critério para a retribuição na locação de serviços, remete a solução para o arbitramento com base no tempo de serviço. A atualização é a regra (CC/1916, art. 1.536, § 2º; CC/2002, art. 405) (RTJ 55/46). De qualquer modo, o valor da indenização não poderá ultrapassar 50% do patrimônio, principalmente se houver herdeiro necessário (CC/2002, art. 1.789; CC/1916, art. 1.576) (*RTJ* 64/520).

A tendência é para admitir a partilha somente do patrimônio obtido pelo esforço comum (*RTJ* 89/181 e 90/1.022).

Outros aspectos derivados do concubinato poderiam ser apontados: filiação (*RTJ* 73/590) (v. Caio Mário da Silva Pereira, in *Estudos em Homenagem a Vicente Ráo*, p. 377; Walter Moraes, *Sociedade Civil Estrita*, p. 199; *RTJ* 123/760). V. art. 226, § 3º, da CF/1988.

O STJ ampliou o espectro desta Súmula, admitindo a partilha somente com os serviços domésticos, ainda que não houvesse direta colaboração patrimonial (Carlos Alberto Direito, "União estável. Interpretação do § 3º do art. 226 da CF", in *Questões de Direito Positivo*, Rio de Janeiro, Renovar, p. 202; Álvaro Villaça Azevedo, *Do Concubinato ao Casamento de Fato*, ed. CEJUP).

V. Súmula STF-382.

Foi admitida a exigência de alimentos na união duradoura (STJ, REsp 102.819, *RT* 767/198).

CC/2002: "Art. 1.725. Na união estável, salvo contrato escrito entre os companheiros, aplica-se às relações patrimoniais, no que couber, o regime da comunhão parcial de bens".

V.: RE 158.700, *RT* 803/145; Francisco Amaral, *Direito Civil*, Rio de Janeiro, Renovar, 2003, p. 182.

A 3ª Turma do STJ entendeu que a partilha de bens decorrente do concubinato pressupõe a prova da constituição pelo esforço comum, com divergência pela suficiência da configuração da união estável (REsp 214.819, j. 18.3.2003).

V.: Antônio Cézar Peluso, "A nova leitura da Súmula 380 do STF", *Revista do Advogado* 41, São Paulo, AASP, setembro/1993.

381. Não se homologa sentença de divórcio obtida, por procuração, em País de que os cônjuges não eram nacionais.

Um dos requisitos exigidos para a homologação de sentenças estrangeiras pelo STF é haver sido a sentença proferida por juiz competente (Lei de Introdução às Normas do Direito Brasileiro, art. 15, "a"). Para a invalidade do matrimônio a lei do primeiro domicílio conjugal regerá esses casos quando os nubentes tiverem domicílio diverso (Lei de Introdução às Normas do Direito Brasileiro, § 3º do art. 7º). Se os nubentes não residem no País onde requerem o divórcio, porém se habilitam por procuração, não se admite a homologação desse divórcio no Brasil, evidente caso de fraude à lei, principalmente quando os cônjuges residem no Brasil (Haroldo Valladão, *Direito Internacional Privado*, vol. 3, p. 203).

Na SE 1.926 (*RTJ* 43/506), o Min. Djaci Falcão considerou, nesses casos, que há prática fraudulenta insuscetível de merecer reconhecimento no Brasil, por ofensiva à *lex domicilii*. O Min. Bilac Pinto sugeriu a revogação desta Súmula, porque fixa requisito não existente na lei. Para ele, toda sentença que preencher os requisitos formais ditados por nossa lei merece homologação, desde que não ofenda a soberania nacional, a ordem pública ou os bons costumes. A solicitação não foi atendida, e a Súmula 381 foi mantida (SE 2.082, *RTJ* 64/24; SE 2.156; Jacob Dolinger, *Direito Civil Internacional*, vol. I, p. 289).

382. *A vida em comum sob o mesmo teto,* **more uxorio,** *não é indispensável à caracterização do concubinato.*

A Constituição de 1946 considerava a família como aquela constituída pelo casamento, princípio existente na Emenda 1/1969 (art. 175).

A lei, a doutrina e a jurisprudência passaram a reconhecer, contudo, os efeitos e as consequências da família constituída fora do casamento, isto é, formada pelo concubinato – a família ilegítima. *[CF/1988, art. 226, § 3º]*

A constituição da família ilegítima no Brasil era fato incontestável, não só pela ignorância, como também por outros fatores: (a) casamento religioso antes do civil, e não averbação no Registro competente (*RTJ* 64/664); (b) formalismo exagerado, despesa para a habilitação; (c) proibição de novo casamento ao desquitado; (d) fuga aos deveres conjugais.

A realização do casamento religioso precedendo ao civil infunde no casal uma concepção legal, levando-o à não averbação. Isso conduz à união ilegítima, muitas vezes desconhecida pelos nubentes, que, anos após, se encontrarão diante de situação de fato constrangedora, como seja o concubinato não desejado pelos dois (Pontes de Miranda, *Tratado de Direito Privado*, t. 8, p. 13).

Em acórdão longevo, o Min. Edmundo Lins afirmou, a propósito da conceituação do concubinato: "*Ementa:* I – Conheceu-se do recurso extraordinário, por ser caso delle. Negou-se-lhe, porém, provimento, porque a Justiça local decidiu a espécie de acôrdo com a lei geral aplicável à espécie e conforme a prova dos autos. II – É verdade que alguns civilistas, dando ao concubinato uma significação profundamente restricta, sustentam que só ha concubinato quando duas pessoas de sexo differente vivem e habitam juntas, ou sob o mesmo tecto materialmente, sem que a sua união haja sido legalizada com as formalidades do casamento, vivendo maritalmente, ou *more uxorio*, aparecendo ao publico com os signaes exteriores do casamento. Esta, porém, não é a significação que se deve dar à expressão 'concubinato', nem o Código Civil a suffraga, tanto que é o próprio Código que, no art. 1.177, *[CC/1916; CC/2002, art. 550] prohibe o homem casado de fazer doação à concubina*. Donde se conclue que o homem, casado, pode ter *concubina*, sem estabelecer o lar conjugal; e, portanto, concubinarios não são só os que vivem *more uxorio*. É até muito commum ver-se amantes solteiros em concubinato, tendo domicílios differentes. Em matéria de concubinato a prova é ampla. O Código Civil, à semelhança da lei francesa, não fez restricção alguma, admitiu todos os meios de prova, inclusive a testemunhal, pois difficilmente se conseguirá uma prova documental juntas. Os mestres ensinam que a filiação, por isso que resulta de um facto occulto, por sua natureza secreto, pode ser provada por todos os meios, indicios, presumpções, conjecturas próprias a convencer o julgamento, como a amizade e trato frequente com a mãe ao tempo da concepção" (RE 2.004, *Revista de Direito* 109/166).

Posteriormente, no RE 49.212, o Min. Ribeiro da Costa situou as duas posições: "O concubinato se caracteriza em decorrência da vida em comum sob o mesmo teto, num verdadeiro estado de casados, *more uxorio*, enquanto para outros basta que haja relações carnais seguidas e constantes. Na primeira linha: Clóvis Beviláqua, *Código* ..., vol. II, p. 330; Pontes de Miranda. Na segunda corrente: Arnoldo Medeiros da Fonseca, *Investigação* ..., p. 287, e Carvalho Santos, *Comentários* ..., vol. V, p. 475".

Nesse julgado seguiu-se a segunda orientação.

Washington de Barros Monteiro, dentro da segunda linha, afirma que não se deve pensar que a coabitação se torne necessária para caracterizar o concubinato, pois pode este existir sem que convivam os concubinos na mesma casa. Normalmente, é certo, apresentam-se estes *more uxorio*, aparecendo em público como regularmente consorciados. Pode acontecer, entretanto, que convivam sob o mesmo teto, sendo notório, porém, que a sua vida se equipara à de pessoas casadas (*Curso* ..., vol. 2, p. 15).

A Súmula, em última análise, admite a prova do concubinato independentemente da convivência *thoram et mensam*, isto é, sob o mesmo teto. Atitudes externas de convivência diária e bem amistosas dão a característica do concubinato, sem a residência. A coabitação não é requisito para a caracterização da união estável (STJ, REsp 275.839).

V. Súmulas STF-380 e 447; Carlos Alberto Menezes Direito, "União estável", in *Estudos em Homenagem a Arnoldo Wald*, p. 133; Lei 8.971, de 29.12.1994, e Lei 9.278, de 10.5.1996.

Distinção entre concubino e companheiro: RE 397.762-8.

383. A prescrição em favor da Fazenda Pública recomeça a correr, por dois anos e meio, a partir do ato interruptivo, mas não fica reduzida aquém de cinco anos, embora o titular do direito a interrompa durante a primeira metade do prazo.

Disse o Min. Luiz Gallotti: "A interpretação razoável há de ser esta: o prazo da prescrição é de cinco anos, dentro no qual pode ser iniciada a ação contra a Fazenda Pública. Se o credor protesta na primeira metade do período, não se pode atribuir ao protesto o efeito de encurtar aquele prazo, que prevalecerá, não obstante terminar antes dele, o de dois anos e meio, contado da data do protesto. Se este se faz na segunda metade do quinquênio, a prescrição se consumará dois anos e meio após o protesto, pois então não haverá o risco de que a medida acauteladora produza ilogicamente o efeito de reduzir o prazo da prescrição" (ERE 43.346; v.: art. 9º do Decreto 20.910, de 6.1.1932; RE 98.805, *RTJ* 111/710).

384. A demissão de extranumerário do serviço público federal, equiparado a funcionário de provimento efetivo para efeito de estabilidade, é da competência do Presidente da República.

O funcionário extranumerário ficou equiparado ao funcionário para efeito de estabilidade, aposentadoria, licença, disponibilidade e férias pelo art. 23 das "Disposições Transitórias" de 1946. Logo, o extranumerário que adquirisse a estabilidade passava a funcionário estável, portanto passível de demissão somente por ato do Presidente da República (art. 210, I, da Lei 1.711, de 28.10.1952). *[Revogada pela Lei 8.112, de 11.12.1990]*

385. Oficial das Forças Armadas só pode ser reformado, em tempo de paz, por decisão de tribunal militar permanente, ressalvada a situação especial dos atingidos pelo art. 177 da Constituição de 1937.

A Carta de 1937 dispunha: "Art. 177. Dentro do prazo de sessenta dias, a contar da data desta Constituição, poderão ser aposentados ou reformados de acordo com a legislação em vigor os funcionários civis e militares cujo afastamento se impuser, a juízo exclusivo do Governo, no interesse do serviço público ou por conveniência do regime". Já, a Constituição de 1946 dispunha que "o oficial das Forças Armadas só perderá o posto e a patente se for julgado indigno do oficialato ou com ele incompatível, por decisão de tribunal militar de caráter permanente, em tempo de paz, ou de tribunal especial, em tempo de guerra" (§ 2º do art. 93). Disposição repetida pela CF/1988, art. 142, § 3º, VI.

Esta Súmula deveria ser atualizada. V. incisos VI e VII do § 3º do art. 142 da CF/1988: "(...) VI – O oficial só perderá o posto e a patente se for julgado indigno do oficialato ou com ele incompatível, por decisão de tribunal militar de caráter permanente, em tempo de paz, ou de tribunal especial, em tempo de guerra; VII – o oficial condenado na justiça comum ou militar a pena privativa de liberdade superior a dois anos, por sentença transitada em julgado, será submetido ao julgamento previsto no inciso anterior; (...)".

386. *Pela execução de obra musical por artistas remunerados é devido direito autoral, não exigível quando a orquestra for de amadores.*

A questão dos direitos autorais ganhou na Constituição brasileira foros de dignidade (CF/1946, art. 153, § 25; CF/1988, art. 5º, XXVII), atingindo sua maturidade com a Lei dos Direitos Autorais (Lei 9.610, de 19.2.1998; anteriormente, Lei 5.988, de 14.12.1973).

Não há possibilidade de vermos, num País civilizado, o locupletamento com o trabalho intelectual alheio. Assim, a execução musical por orquestras remuneradas teria sentido de uso indevido desse trabalho com o alheamento do compositor do musical, o talentoso arquiteto da estrutura musical.

Já o art. 657 do CC/1916, revogado pela anterior Lei dos Direitos Autorais, n. 5.988/1973, previa que, "publicada e exposta à venda uma obra musical, entende-se anuir o autor a que se represente, ou execute, onde quer que a sua audição não for retribuída" (v. *RF* 176/268, 167/300, 152/220 e 95/313; *RT* 253/611).

A Lei dos Direitos Autorais, n. 9.610/1998, art. 68, não admite a execução em espetáculo público e audição pública, que visem a lucro, de composição musical, ou com a participação de artistas remunerados, sem pagamento dos respectivos direitos. V., a propósito de execução pública, a obra de Walter Moraes, *Artistas Intérpretes e Execu-*

tantes, São Paulo, Ed. RT, 1976, p. 88 (v. a jurisprudência: *RT* 476/118; *RF* 140/313, 152/220, 199/103 e 208/88) (Carlos Fernando Mathias de Souza, *Direito Autoral*, Brasília Jurídica, p. 44).

387. A cambial emitida ou aceita com omissões, ou em branco, pode ser completada pelo credor de boa-fé antes da cobrança ou do protesto.

O Min. Hahnemann Guimarães, em estudo sobre a renovação e uniformização do direito cambiário (*RF* 87/509), prelecionou: "A Lei Uniforme, art. 10, admite, com fórmula mais feliz que a da Lei 2.044, art. 30, a cambial em branco, dispondo que, se uma letra de câmbio, incompleta ao ser emitida, for completada de modo contrário aos ajustes celebrados, a inobservância destes não pode ser oposta ao portador, salvo se houver adquirido de má-fé a letra de câmbio ou se, adquirindo-a, houver incorrido em culpa grave. Identifica-se a cambial em branco com a cambial incompleta".

V.: RE 81.996, *DJU* 8.7.1976, p. 5.128; Lei Uniforme de Genebra, art. 1º, VI.

Rubens Requião opina pela validade da Súmula, que não se contrapõe à Lei Uniforme (*Curso de Direito Comercial*, n. 362).

388. O casamento da ofendida com quem não seja o ofensor faz cessar a qualidade do seu representante legal e a ação penal só pode prosseguir por iniciativa da própria ofendida, observados os prazos legais de decadência e perempção.

Súmula revogada (Tribunal Pleno, HC 53.777, *RTJ* 83/735), sob a alegação de que o casamento da ofendida com terceiro não influía no andamento da ação penal pública contra seu ofensor, em face do disposto nos arts. 225, parágrafo único, do CP e 25 e 42 do CPP. Ficaram vencidos os Mins. Xavier de Albuquerque, Cunha Peixoto, Leitão de Abreu e Bilac Pinto (*DJU* 10.9.1976).

O art. 107 do CP na redação da Lei 7.209, de 11.7.1984, havia adotado a orientação desta Súmula, ao dispor: "Art. 107. Extingue-se a punibilidade: (...) VII – pelo casamento do agente com a vítima nos crimes contra os costumes, definidos nos Capítulos I, II e III do Título VI da Parte Especial deste Código; (...) VIII – pelo casamento da vítima com terceiro, nos crimes referidos no inciso anterior, salvo se cometidos sem violência real ou grave ameaça e desde que a ofendida não requeira o prosseguimento do inquérito policial ou da ação penal no prazo de sessenta dias a contar da celebração". Porém, a Lei 11.106/2005 revogou referidos dispositivos.

389. *Salvo limite legal, a fixação de honorários de advogado, em complemento da condenação, depende das circunstâncias da causa, não dando lugar a recurso extraordinário.*

A orientação do juiz para a fixação dos honorários advocatícios baseia-se em fatos e provas que não permitem o reexame da fixação através de recurso extraordinário (ERE 63.768, *RTJ* 54/595 e 45/421). Mas, quando a lei fixa o teto para a condenação, lógico que se trata de negativa de vigência da lei federal (Lei 4.632/1965).

A jurisprudência tem aplicado a Súmula (ERE 57.505, *RTJ* 47/479; RE 38.487, *RTJ* 45/675; ERE 58.638, *RTJ* 43/343).

A Súmula reforçou-se com o Código de Processo Civil/1973, indicando ao juiz os critérios para a fixação dos honorários (grau de zelo do profissional, natureza e importância da causa – CPC/1973, art. 20, § 3º). Nítida valoração de fatos (Ag 62.727; RE 81.204; RE 82.359) (v. STJ, 4ª Turma, REsp 17.007-0-SP, j. 23.3.1993, v.u., *DJU* 19.4.1993).

O STJ, por entender como irrisória a quantia, admitiu o exame do valor dos honorários, mas segundo os parâmetros legais: REsp 58.663-1.

390. *A exibição judicial de livros comerciais pode ser requerida como medida preventiva.*

Segundo o CPC/1973, art. 844, III, tem lugar como procedimento preparatório a exibição judicial da escritura comercial por inteiro, balanços e documentos de arquivos, nos casos expressos em lei".

V. Súmulas STF-260 e 439.

391. *O confinante certo deve ser citado, pessoalmente, para a ação de usucapião.*

O CPC/1973, art. 942, II, em sua redação original mandava citar os confinantes do imóvel para contestarem o pedido na ação de usucapião (Pontes, *Comentários* ..., art. 455).

A jurisprudência dos Tribunais de Justiça era uniforme no sentido da nulidade, havendo a omissão (*RF* 180/288; *RT* 174/122).

A Lei 8.951, de 13.12.1994, deu nova redação ao art. 942 do CPC/1973, dispondo: "Art. 942. O autor, expondo na petição inicial o fundamento do pedido e juntando planta do imóvel, requererá a citação daquele em cujo nome estiver registrado o imóvel usucapiendo, bem como dos confinantes e, por edital, dos réus em lugar incerto e dos eventuais interessados, observando quanto ao prazo o disposto no inciso IV do art. 232".

392. *O prazo para recorrer de acórdão concessivo de segurança conta-se da publicação oficial de suas conclusões, e não da anterior ciência à autoridade para cumprimento da decisão.*

A comunicação à autoridade coatora da decisão concessiva da segurança não firma o termo *a quo* para o recurso, e sim a publicação das conclusões.

V. comentários à Súmula STF-310.

393. *Para requerer revisão criminal, o condenado não é obrigado a recolher-se à prisão.*

O art. 594 do CPP, com a redação da Lei 5.941, de 22.11.1973, dispunha: "O réu não poderá apelar sem recolher-se à prisão, ou prestar fiança, salvo se for primário e de bons antecedentes, assim reconhecido na sentença condenatória, ou condenado por crime de que se livre solto". O dispositivo foi revogado pela Lei 11.719/2008.

394. *Cometido o crime durante o exercício funcional, prevalece a competência especial por prerrogativa de função, ainda que o inquérito ou a ação penal sejam iniciados após a cessação daquele exercício.*

Súmula cancelada, com efeito **ex nunc** – válidos, dessa forma, os atos praticados com base no texto – nos seguintes julgamentos: Inq/QO 687 (*RTJ* 179/912), AP/QO 315 (*RTJ* 180/11), AP/QO 319 (*DJU* 31.10.2001), Inq/QO 656 (*DJU* 31.10.2001), Inq/QO 881 (*RTJ* 179/440) e AP/QO 313 (*RTJ* 171/45). V. Súmula STF-451. Cessa, portanto, a competência por prerrogativa de função, quando termina a investidura funcional.

Edmundo Lins, em 1923, no célebre caso "Epitácio Pessoa *versus* Mário Rodrigues", já acentuava que, se a calúnia foi assacada contra o querelante não como particular, mas como funcionário federal, não por um crime qualquer, mas por um crime funcional – vale dizer, se se trata de calúnia contra funcionário federal e por motivo de suas funções –, a competência é, e não pode deixar de ser, da Justiça da

União. Pouco importa que a lei tenha dito "quando o ofendido for funcionário federal", em vez de dizer "quando o ofendido for ou tiver sido funcionário federal".

A jurisprudência do STF tinha esclarecido esta Súmula. Quando há cassação de mandato, cessa a competência especial (*RTJ* 76/18). Goza do privilégio de foro quando o fato delituoso ocorreu durante o mandato (*RTJ* 65/7). Quando o crime é anterior ao exercício e o inquérito inicia-se depois da cessação do mandato, não há como prevalecer a competência especial (*RTJ* 73/8).

No RE 73.922 afirmou o Relator, Min. Antônio Neder, a não vigência da Súmula 394, pois, *in casu*, a Constituição paulista, ao dar aos deputados estaduais o foro especial do Tribunal de Justiça, restringiu tal foro especial ao tempo do exercício do mandato. Extinto este, não subsiste o foro especial. A Constituição Federal de 1969 não previa foro especial para os deputados estaduais (CF/1969, art. 32, § 2º). No caso de São Paulo, examinado no RE 73.922, a Constituição Estadual deu aos deputados o foro especial do Tribunal de Justiça no exercício do mandato. Sendo o acusado, ao tempo dos fatos, parlamentar federal, aplicou-se a Súmula 394 mesmo quando à época da denúncia não mais fosse parlamentar (AP 241, *RTJ* 87/349).

O foro por prerrogativa de função continua, mesmo após o exercício do cargo, ainda que haja norma constitucional estadual limitando-o ao exercício do cargo, se o crime ocorreu durante o exercício (RE crim. 113.102, *DJU* 6.11.1987, p. 24.443).

Considerou-se sua validade ainda que extinto o mandato (RE 144.823-7, rel. Min. Marco Aurélio, *DJU* 11.12.1992). Os governadores passaram a ser julgados pelo STJ ainda que praticado o crime quando ministros (AP 303, *RTJ* 144/361; Inq 427, rel. Min. Moreira Alves, *DJU* 15.10.1993). Quanto aos prefeitos, a competência é do Tribunal de Justiça (CF/1988, art. 29, X) quanto a delitos cometidos durante o exercício funcional (HC 67.721, rel. Min. Celso de Mello, *RTJ* 130/1.128). Era da competência do TFR o julgamento em relação a crimes contra interesses da União (HC 69.649, rel. Min. Carlos Velloso). Da competência do TRE o crime eleitoral.

V. também Súmulas STF-301, 396 e 451.

Por maioria não foi acolhida proposta de manutenção dessa competência em crime funcional cometido em razão do exercício de função ou a pretexto de exercê-la.

Entretanto, a Lei 10.628, de 24.12.2002, introduziu o § 1º no art. 84 do CPP (competência relativa a atos do agente). O assunto foi tratado na ADI 2.797 e na Rcl 2.138 – competência do STF por improbidade administrativa (v. José Augusto Delgado, in *Estudos em Homenagem a Carlos Alberto Menezes Direito*, Rio de Janeiro, Renovar, 2003, p. 327; v. também *RTJ* 180/41 e 256, 181/1.171). No julgamento da ADI 2.797 (15.9.2005), o STF declarou a inconstitucionalidade da Lei 10.628/2002, que acresceu ao art. 84 do CPP os respectivos §§ 1º e 2º, conforme bem esclarecido em despacho do Min. Celso Mello:

"Cumpre enfatizar, neste ponto, que o STF, no referido julgamento plenário da ADI n. 2.797-DF, ao declarar a inconstitucionalidade da Lei n. 10.628/2002, na parte em que esta introduziu o § 2º no art. 84 do CPP, explicitou que, tratando-se de ação civil pública por improbidade administrativa (Lei n. 8.429/1992), mostra-se irrelevante, para efeito de definição da competência originária dos tribunais, que se cuide de ocupante de cargo público ou de titular de mandato eletivo ainda no exercício das respectivas funções, pois, em processos dessa natureza, a ação civil deverá ser ajuizada perante magistrado de primeiro grau.

"Cabe assinalar, por outro lado, que esta Suprema Corte, em tal julgamento, reconheceu a inconstitucionalidade da Lei n. 10.628/2002 também no ponto em que esse diploma legislativo atribuía prerrogativa de foro a ex-ocupantes de cargos públicos e a ex-titulares de mandatos eletivos, sendo indiferente, para esse efeito, que contra eles houvesse sido instaurado ou estivesse em curso quer processo penal de índole condenatória, quer processo resultante do ajuizamento de ação civil pública por improbidade administrativa (Lei n. 8.429/1992)" (Rcl 2.997, *DJU* 30.9.2005).

Na Rcl 2.138 foi discutido o foro especial perante a Lei de Improbidade Administrativa (Lei 8.429/1992) e deciciu-se que: "Compete exclusivamente ao STF processar e julgar os delitos político-administrativos, na hipótese do art. 102, I, 'c', da Constituição. Somente o STF pode processar e julgar ministro de Estado no caso de crime de responsabilidade e, assim, eventualmente, determinar a perda do cargo ou a suspensão de direitos políticos. (...) – Reclamação julgada procedente".

Na PEC 358 (outubro/2005) o Congresso examinou a ampliação do foro, na linha da lei declarada inconstitucional.

Encerrado o mandato do deputado federal, cessa a competência do STF (Inq 2.231-4, j. 7.3.2007).

O STF discute se há prerrogativa de foro para o magistrado aposentado (RE 546.609 e RE 549.560).

395. **Não se conhece do recurso de habeas corpus cujo objeto seja resolver sobre o ônus das custas, por não estar mais em causa a liberdade de locomoção.**

A finalidade do *habeas corpus* é a liberdade de locomoção do indivíduo. Esta não estando ameaçada, não há por que se discutir cobrança de custas.

396. **Para ação penal por ofensa à honra, sendo admissível a exceção da verdade quanto ao desempenho de função pública, prevalece a competência especial por prerrogativa de função, ainda que já tenha cessado o exercício funcional do ofendido.**

A competência para julgar a exceção da verdade decorre do fato de que, sendo o Tribunal competente para julgar os crimes praticados pelo funcionário, não poderia outro Tribunal afirmar a existência do crime.

V. *RTJ* 69/1, 68/316, 54/474.

397. **O poder de polícia da Câmara dos Deputados e do Senado Federal, em caso de crime cometido nas suas dependências, compreende, consoante o Regimento, a prisão em flagrante do acusado e a realização do inquérito.**

A CF/1988, arts. 51, III e IV, e 52, XII e XIII, compete a cada uma dessas Câmaras a elaboração de Regimento Interno, dispondo sobre sua organização, polícia e provimento de cargos de seus serviços.

Em erudito voto, o Min. Víctor Nunes, seguindo essa linha constitucional, tradicional em nosso Direito, chega à conclusão de que esse poder de polícia não fica adstrito ao exercício da função parlamentar. Eis o trecho substancial do voto no HC 49.398:

"Entretanto, o Regimento Interno das Câmaras Legislativas, no que toca à sua própria polícia, tem força de lei, pois essa prerrogativa lhes foi atribuída com caráter de exclusividade pelo art. 40 da Constituição. *[CF/1946]* Do mesmo modo, as resoluções das Câmaras sobre o regime do seu funcionalismo têm força de lei, e contra elas não se pode opor uma lei geral, por ser inatingível, pelo legislador ordinário, a prerrogativa que a Constituição concedeu a cada uma das Câmaras, isoladamente. Por igual razão, no tocante ao policiamento interno das Casas do Congresso, o Regimento tem força de lei formal, porque assim o quis o próprio legislador constituinte, zeloso da independência dos Poderes.

"O ilustre Impetrante sustentou, no processo anterior, que o poder de polícia das Casas do Congresso somente alcança os parlamentares no que respeita ao desempenho de suas funções legislativas.

"Este é um problema, Sr. Presidente, que foi posto, há muitos anos, perante a Corte Suprema dos Estados Unidos, que teve ocasião de construir um famoso precedente no remoto ano de 1821 – 'Anderson versus Dunn' (Wheaton 204). Pessoa estranha ao Congresso tentou subornar um de seus membros e foi presa e processada pela direção da Câmara atingida. A Corte decidiu que as Casas do Congresso tinham esse poder.

"É importante esse precedente, Sr. Presidente, porque somente mais tarde foi promulgada uma lei autorizando as Câmaras a prender e processar por *contempt of Congress*. A decisão do caso 'Anderson versus Dunn' é, portanto, anterior a essa lei e se baseou, exclusivamente, no princípio da independência dos Poderes. Em virtude dele, o Congresso e qualquer de suas Casas não podiam deixar de ter a faculdade que se lhes impugnava.

"O poder de polícia e o poder de investigação do Congresso norte-americano têm sido objeto de numerosas decisões da Corte Suprema. Além do caso citado, recolhi em alguns autores estes outros, onde vários aspectos do problema são examinados, por vezes condenando-se as exorbitâncias do Congresso: 'Kilbourn versus Thompson', 103 U.S. 168 (1881), 'McGrain versus Daugharty', 273 U.S. 135 (1927), 'Interstate Commerce Commission versus Brimson', 154 U.S. 447 (1894), 'Harriman versus Interstate Commerce Commission', 211 U.S. 407 (1908), 'Smith versus Interstate Commerce Commission', 245 U.S. 135 (1927), 'In re Chapman', 166 U.S. 661 (1897), 'Sinclair versus United States', 279 U.S. 263 (1929), 'Barry versus United States ex rel. Cunningham', 279 U.S. 597 (1929), 'Marshall versus Cordon', 243 U.S. 521 (1917), 'Jurney versus MacCraken', 194 U.S. 125 (1935), 'United States versus Bryan', 339 U.S. 323 (1950), 'United States versus Fleischman', 339 U.S. 349 (1950), 'Christoffel versus United States', 338 U.S. 84 (1949), 'Uphaus versus Wyman', 360 U.S. 72, 364 U.S. 388, 'Barenblat versus United States', 360 U.S. 109, 'Wilkinson versus United States', 365 U.S. 399, 'Braden versus United States', 365 U.S. 431, 'United States versus Rumely', 345 U.S. 41, 'Quinn versus United States', 349 U.S. 155 (1955), 'Bart versus United States', 349 U.S. 219 (1955), 'Ullman versus United States', 350 U.S. 422 (1956), 'Watkins versus United States', 354 U.S. 178 (1957), 'Sweczk versus New Hampshire', 354 U.S. 234 (1957), 'Tenney versus Brandhove', 341 U.S. 367 (1951), 'Eisler versus United

States', 338 *U.S.* 189 (1949). Vejam-se, a respeito, Edward S. Corwin, *The Constitution of the United States of America* (1953), Affheus T. Mason e William M. Beaney, *The Supreme Court in a Free Society* (1959), Bernard Schwartz, *The Supreme Court* (1957), *Justice* William O. Douglas, *The Right of the People*, 2ª ed. (1962).

"Corwin, referindo-se à autoridade do Congresso sobre as testemunhas convocadas por ele, assim nos informa (p. 85): 'O explícito reconhecimento judicial do direito de cada Casa do Congresso mandar prender, por *contempt*, uma testemunha que ignora a sua intimação, ou se recusa a responder às perguntas, data do caso 'MacGrain *versus* Daugherty', *[que é de 1927]* mas o princípio ali aplicado tinha suas raízes numa decisão antiga, 'Anderson *versus* Dunn', que afirmou, em termos amplos, o direito, que tem cada ramo do Legislativo, de prender e punir pessoa estranha por desrespeito à sua autoridade" (*a person other than a member for contempt of its authority*).

"Não podia, realmente, o poder de polícia das Casas do Congresso deixar de ficar adstrito ao exercício, propriamente, da função parlamentar. Esta é uma prerrogativa que resguarda o Poder Legislativo de qualquer atentado, em nome de sua independência, garantida pela Constituição Federal. Segundo essa tradição, o Regimento Interno do Senado e o da Câmara dos Deputados, em nosso País, disciplinam o modo de proceder da Mesa em tais circunstâncias.

"Além disso, há que distinguir, na argumentação, os problemas da prisão em flagrante e do inquérito. No caso dos autos, sustenta-se a nulidade de ambos, mas o arrazoado do ilustre Impetrante se refere particularmente ao inquérito.

"Admitamos, por amor ao debate, que a Câmara não tivesse competência para fazer o inquérito (competência que admito, pelas razões já enunciadas). Mas uma coisa é a nulidade da prisão em flagrante, outra coisa a nulidade do inquérito. Qualquer autoridade, mesmo não autorizada a fazer o inquérito, pode prender em flagrante, como qualquer pessoa do povo."

398. *O Supremo Tribunal Federal não é competente para processar e julgar, originariamente, deputado ou senador acusado de crime.*

Esta Súmula deixou de subsistir após a edição da Emenda Constitucional 1/1969, seguida da Constituição Federal de 1988 (v. Tribunal Pleno, Inq/QO 2.245, *DJU* 9.11.2007). V. CF/1988, art. 53, § 1º, da redação da Emenda Constitucional 35/2001, e art. 102, I, "b".

Dispõe o art. 53, § 1º, da CF/1988, na redação da Emenda Constitucional 35/2001: "§ 1º. Os deputados e senadores, desde a expedição do diploma, serão submetidos a julgamento perante o Supremo Tribunal Federal".

E reza o art. 102, I, "b", da CF/1988: "Art. 102. Compete ao Supremo Tribunal Federal, precipuamente, a guarda da Constituição, cabendo-lhe: I – processar e julgar, originariamente: (...) b) nas infrações penais comuns, o Presidente da República, o Vice-Presidente, os membros do Congresso Nacional, seus próprios Ministros e o Procurador-Geral da República; (...)".

399. *Não cabe recurso extraordinário, por violação de lei federal, quando a ofensa alegada for a regimento de tribunal.*

O regimento de tribunal é considerado Direito local, portanto insuscetível de recurso extraordinário, segundo a Súmula STF-280 (RE 57.747, *RTJ* 43/87; Rp 746, *RTJ* 52/219; RE 67.919, *RTJ* 54/118).

400. *Decisão que deu razoável interpretação à lei, ainda que não seja a melhor, não autoriza recurso extraordinário pela letra "a" do art. 101, III, da Constituição Federal.* [CF/1969]

Expressa a Súmula 400 que a decisão que deu razoável interpretação à lei, ainda que não seja a melhor, não autoriza recurso extraordinário (no regime da CF/1988: recurso especial para o STJ, cf. art. 105, III, "a"). Afirma Orosimbo Nonato que, se um tribunal local adota uma das diversas interpretações razoáveis que a lei pode oferecer, reforçando-a com argumentos ponderosos, ainda que não pareça exata à outra corrente de opinião, caso não será de recurso extraordinário (*DJU* 5.8.1943). V. o capítulo "Violação da Lei através de Interpretação (Súmula 400 do Supremo)" na obra de Alípio Silveira, *Hermenêutica no Direito Brasileiro*, São Paulo, Ed. RT, p. 184.

Seabra Fagundes comenta esta Súmula, como em conflito com as razões que inspiraram a adoção do recurso por divergência jurisprudencial. Este supõe que só exista uma interpretação válida para a lei federal (*RDP* 23/109). Esta Súmula 400 não pode ser invocada em matéria constitucional, isto é, quando se aponta ofensa à Constituição (Carlos Mário Velloso, *Temas de Direito Público*, p. 239; Nelson Luiz Pinto, *Manual dos Recursos Cíveis*, São Paulo, Malheiros Editores, 1999, p. 245; Rodolfo de Camargo Mancuso, *Recurso Extraordinário*, 10ª ed., São Paulo, Ed. RT, 2008, p. 277).

401. Não se conhece do recurso de revista, nem dos embargos de divergência, do processo trabalhista, quando houver jurisprudência firme do Tribunal Superior do Trabalho no mesmo sentido da decisão impugnada, salvo se houver colisão com a jurisprudência do Supremo Tribunal Federal.

A alegação de dissídio jurisprudencial não tem cabimento quando o TST já superou a divergência.

402. Vigia noturno tem direito a salário adicional.

O salário do trabalho noturno é superior ao do trabalho diurno, por diretriz constitucional (CF/1988, art. 7º, IX).

403. É de decadência o prazo de 30 dias para instauração do inquérito judicial, a contar da suspensão, por falta grave, de empregado estável.

Dispõe o art. 853 da CLT: "Para a instauração de inquérito para apuração de falta grave contra empregado garantido com estabilidade, o empregador apresentará reclamação por escrito à junta ou juízo de direito, dentro de 30 dias, contados da data da suspensão do empregado".

404. Não contrariam a Constituição os arts. 3º, 22 e 27 da Lei 3.244, de 14.8.1957, que definem as atribuições do Conselho de Política Aduaneira quanto à tarifa flexível.

Discutiu-se longamente se a fixação dessas atribuições seria delegação legislativa. Verificou-se, então, que essas atribuições do Conselho de Política Aduaneira não poderiam ser exercidas pelo Congresso. Isto é, a fixação de alíquotas e suas alterações, sua modificação, o estabelecimento da pauta de valor mínimo etc. (Aliomar Baleeiro, *Direito Tributário Brasileiro*, 2ª ed., pp. 78 e 130; RTJ 61/494, 66/180).

405. Denegado o mandado de segurança pela sentença, ou no julgamento do agravo, dela interposto, fica sem efeito a liminar concedida, retroagindo os efeitos da decisão contrária.

A doutrina divergia quanto aos efeitos da liminar após a sentença denegatória da segurança.

Para alguns, ela subsistia (Alcides Mendonça Lima, "Efeitos do agravo de petição no despacho concessivo de medida liminar em mandado de segurança", *RF* 178/464; Hely Lopes Meirelles, "Problemas do mandado de segurança", *RDA* 73/51). Outros juristas negavam a subsistência dos efeitos da liminar (Celso Agrícola Barbi, *Do Mandado de Segurança*, p. 115; Hamilton de Moraes e Barros, *As Liminares do Mandado de Segurança*, p. 61; José Frederico Marques, *Instituições* ..., vol. IV, p. 211; Seabra Fagundes, *O Controle dos Atos Administrativos pelo Poder Judiciário*, p. 348; Adhemar Ferreira Maciel, "Observações sobre a liminar no mandado de segurança", *Mandados de Segurança e de Injunção*, São Paulo, Saraiva, p. 240).

Ideia que merece consideração com o advento do Código de Processo Civil de 1973 decorre do efeito suspensivo da apelação interposta da sentença (CPC/1973, art. 520).

Admite-se a persistência da liminar se houver garantia, como ocorre com depósito em dinheiro ou fiança bancária (STJ, RMS 1.056, *DJU* 27.9.1993) (Carlos Alberto Menezes Direito, *Manual do Mandado de Segurança*, 2ª ed., p. 268; 3ª ed., p. 124).

Há decisão do STJ não acolhendo o verbete, porque enquanto o pedido não for definitivamente decidido vigora liminar, em situações especiais, como ocorre na concessão da liminar com garantia de depósito em dinheiro (RMS 1.056-0).

V. Súmula STF-626.

406. *O estudante ou professor bolsista e o servidor público em missão de estudo satisfazem a condição da mudança de residência para o efeito de trazer automóvel do Exterior, atendidos os demais requisitos legais.*

Nesses casos, sendo a permanência superior a seis meses, caracterizava o requisito legal.

407. *Não tem direito ao terço de campanha o militar que não participou de operações de guerra, embora servisse na "zona de guerra".*

Não há mais previsão de terço de campanha na nova lei de remuneração dos militares.

A legislação esclareceu o alcance da expressão "zona de guerra" para efeitos patrimoniais e também para aposentadoria. Diz o art. 1º da Lei 5.315, de 12.9.1967: "Considera-se ex-combatente, para efeito da aplicação do art. 178 da Constituição do Brasil, todo aquele que tenha participado efetivamente de operações bélicas na II Guerra Mundial (...)" (MS 19.695, *RTJ* 54/568).

V. CF/1988, ADCT, art. 53.

408. *Os servidores fazendários não têm direito a percentagem pela arrecadação de receita federal destinada ao Banco Nacional do Desenvolvimento Econômico.*

Os servidores da Fazenda tinham participação na arrecadação para as entidades autárquicas. Alegavam, então, que a arrecadação em favor do BNDE estaria nesse caso, por ser o Banco uma autarquia.

Alegou, então, a União que o adicional do Imposto de Renda arrecadado não era quota pertencente ao BNDE, mas, sim, uma alíquota de imposto com destinação especial, tomada como empréstimo compulsório, e nunca como renda do BNDE.

409. *Ao retomante, que tenha mais de um prédio alugado, cabe optar entre eles, salvo abuso de direito.*

Se o locatário pede o prédio pela primeira vez, não há que fazer a prova da necessidade ou da sinceridade, que se presume. Se reside em prédio próprio, então, há a obrigatoriedade de demonstrar a necessidade (v. Lei 8.245/1991, art. 47, III e § 1º).

De qualquer forma, essas exigências estão abrandadas, porque a Lei do Inquilinato (art. 44, II) impõe severas penas pela não utilização do imóvel.

410. *Se o locador, utilizando prédio próprio para residência ou atividade comercial, pede o imóvel locado para uso próprio, diverso do que tem o por ele ocupado, não está obrigado a provar a necessidade, que se presume.*

A revogada Lei 4.494/1964 (art. 11, V) exigia a prova da necessidade. Mas a presunção é dada pela demonstração em juízo do uso diverso (AI 40.352, *RTJ* 50/81).

V. Lei 8.245/1991, art. 47, § 1º.

411. *O locatário autorizado a ceder a locação pode sublocar o imóvel.*

A Lei 1.300, de 28.12.1950, bem como a Lei 4.494, de 25.11.1964 (art. 1º, § 2º) exigiam o consentimento do locador para a cessão ou sublocação do prédio locado. Assim também o art. 13, §§ 1º e 2º, da Lei 8.245, de 18.10.1991, atual Lei das Locações.

A cessão da locação importa transferência do imóvel ao cessionário, ao passo que a sublocação importa a transferência do imóvel mas ficando obrigado perante o locatário; enquanto na cessão o locatário se desonera com a obrigação contraída pelo cessionário. Daí a ponderação do Min. Gonçalves de Oliveira no RE 50.083 de não se admitir a cessão, havendo somente a liberdade de sublocar. Mas, se está pactuado no contrato o direito do locatário de ceder ou transferir a locação, pode ele também sublocar. Na cessão fica o locatário até desonerado perante o locador de qualquer compromisso, ao passo que na sublocação, não; quem pode o mais pode o menos.

412. *No compromisso de compra e venda com cláusula de arrependimento, a devolução do sinal por quem o deu, ou a sua restituição em dobro, por quem recebeu, exclui indenização maior, a título de perdas e danos, salvo os juros moratórios e os encargos do processo.*

1. Execução da obrigação de fazer – A obrigação de fazer tem execução específica, não chegando ao ponto de tolher a liberdade física do devedor (*nemo ad factum precise, potest*).

O não cumprimento da obrigação de fazer, segundo o CC/2002, art. 248 (CC/1916, art. 879) comporta a resolução da obrigação quando a prestação do fato se impossibilitar sem culpa do devedor, ou perdas e danos, se por culpa do devedor. Segundo Clóvis, não significa que a obrigação de fazer seja alternativa, nem que o devedor possa impedir o prosseguimento da ação do credor, oferecendo pagar perdas e danos. Apenas na primeira parte do inciso legal obedece-se à parêmia *ad impossibilia nemo tenetur*. O cumprimento da prestação não pode ser impossível, isto é, fisicamente impossível. Aliás, segundo o Direito Romano, a impossibilidade é relativa ao objeto, como se depreende do fragmento do *Digesto*.

A execução da obrigação pode ser suprida por intermédio de terceiro, completando a prestação do fato prometida pelo devedor.

Idêntico escólio tem apoio de Orosimbo Nonato, ao afirmar a possibilidade da execução *in natura* através da sentença, valendo esta como declaração da parte inadimplente, encontrando o procedimento arrimo no Código Civil italiano: "Se colui ch'è obbligato a concludere un contratto non adempie la obbligazione, l'altra parte, quando sia possibile e non sia escluso dal titolo, può ottenere una sentenza che produca gli effetti del contratto non concluso".

O Projeto do Código de Obrigações (arts. 103 e 104) e o Anteprojeto de 1941 (art. 195) amparavam tal disposição, substituindo-se a declaração de vontade na prestação da obrigação de fazer pela sentença, no caso de recusa. Assim, o juiz, substituindo a manifestação da vontade do devedor inadimplente, adjudicaria o imóvel compromissado, no caso do Decreto-lei 58, de 10.12.1937, art. 16.

A obrigação de fazer comporta execução *in natura*, execução específica individual quando recusada, incorrendo o devedor em perdas e danos, *[CC/1916, art. 880; CC/2002, art. 247]* não impedindo a execução direta, como acentuou Orosimbo Nonato.

Segundo Cândido Rangel Dinamarco (*A Reforma do Código de Processo Civil*, 5ª ed., São Paulo, Malheiros Editores, 2001, p. 150): "Ao longo dos tempos a resistência do obrigado foi sempre muito respeitada como óbice intransponível à efetivação das obrigações de fazer ou não fazer por obra dos órgãos judiciários. O dogma da *intangibilidade da vontade humana*, zelosamente guardado nas tradições francesas pandectistas, fazia o mundo aceitar que 'toute obligation de faire, ou de ne pas faire, se resout en dommages et intérêts, en cas d'inexécution de la part du débiteur' (art. 1.142 do CC francês). Foi preciso muita tenacidade de pensadores como Chiovenda e Calamandrei, notadamente em especulações sobre a obrigação de prestar declaração de vontade, para que viesse ter curso a distinção entre *infungibilidade natural* e *infungibilidade jurídica*. Hoje considera-se integrada em nossa cultura a ideia de que em nada interfere na dignidade da pessoa, ou na sua liberdade de querer ou não querer, qualquer mecanismo que permita a realização de atividades por outrem e produção, mediante elas, da *situação jurídica final* a que o cumprimento da obrigação de fazer ou de não fazer deveria ter conduzido".

2. *Natureza jurídica da promessa de venda* – A corrente mais preponderante encaminha-se para a consideração da promessa de venda como obrigação de fazer, com arrimo no ensinamento de Ruggiero, para quem o prestar de futuro seu consentimento é uma ação estritamente pessoal e não diretamente coercível; de tal promessa nasce apenas um direito de crédito à conclusão do contrato, e o não cumprimento da mesma levará sempre e apenas à indenização do *id quod interest*, e não aos efeitos que teria produzido o contrato a estipular se, na realidade, tivesse sido feito.

A execução específica da promessa de venda pode ser suprida pela sentença (Demogue, Gaudemet, Colmo, Salvat, Demolombe).

A propósito, Lafaille afirmou: "En las obligaciones de hacer, si el deudor no quisiere o no pudiere ejecutar el hecho, el acreedor puede exigirle la ejecución forzada, a no ser que fuese necesaria violencia contra la persona del deudor. En este último caso, el acreedor podrá pedir perjuicios e intereses".

Neste passo, o Código Civil francês (art. 1.142) é mais drástico que o nacional: "Toute l'obligation de faire, ou de ne pas faire, se resout en domages et intérêts, en cas d'inexécution de la part du débiteur".

Para Hudelot não se concebe a execução forçada de uma obrigação de fazer ou não fazer sem violência ou constrangimento exercido diretamente sobre a pessoa do devedor.

O escólio de Celso não encontra apoio nos doutrinadores modernos como Gaudemet, que acentua ser a condenação direta, específica; não ocorrendo quando existir a impossibilidade material, implicando atentado à incolumidade física do devedor, a execução direta predomina quando o fato prometido pode ser executado por outra pessoa que não o devedor.

A doutrina francesa projetou-se sobre a legislação. Assim o Código de Processo Civil/1939 se expressava (art. 1.005): "Se o ato só puder ser executado pelo devedor, o juiz ordenará, a requerimento do exequente, que o devedor o execute, dentro do prazo que fixar, sob cominação pecuniária, que não exceda o valor da prestação". E o CPC vigente assim dispõe: "Art. 633. Se, no prazo fixado, o devedor não satisfizer a obrigação, é lícito ao credor, nos próprios autos do processo, requerer que ela seja executada à custa do devedor, ou haver perdas e danos; caso em que ela se converte em indenização. Parágrafo único. O valor das perdas e danos será apurado em liquidação, seguindo-se a execução para cobrança de quantia certa. Art. 634. Se o fato puder ser prestado por terceiro, é lícito ao juiz, a requerimento do exequente, decidir que aquele o realize à custa do executado. (...)".

3. *Cláusula penal e arrependimento* – A cláusula penal é estipulação em favor do credor, sendo promessa de pagamento futuro, alguns acórdãos considerando as arras como cláusula penal (*Arquivo Judiciário* 60/287). Por vezes o arrependimento constitui multa penitencial, e não cláusula penal (RE 57.347, *RTJ* 40/557; *RF* 205/237).

Para Francisco Campos, nas obrigações com cláusula penal é lícito ao credor optar entre a execução da obrigação principal e a execução da cláusula penal, e ao devedor não é facultado exonerar-se da obrigação principal mediante a oferta da quantia estipulada a título de cláusula penal (*RF* 99/321).

Aliás, Clóvis, em comentários ao art. 1.097 do CC/1916 (v. CC/2002, arts. 417 a 420), observava que, se o que ocasionava a impossibilidade da prestação ou a rescisão do contrato era quem recebeu as arras, não dizia o Código o que aconteceria. Aplicar-se-ia o princípio geral do art. 1.056 (CC/2002, art. 389); respondendo o contraente por perdas e danos, e restituindo as arras recebidas.

O Código Comercial (art. 218) dispunha ao revés do CC/1916, art. 1.095. No sentido do Código brasileiro dispõe o francês, se a promessa de venda foi feita com arras: "chacun des contractants est maître de s'en départir, celui qui les a données, en les perdant, et celui qui les a reçus, en restituant le double" (art. 1.590).

V. arts. 417 a 420 do CC/2002.

4. A cumulação das perdas e danos – Teixeira de Freitas inscreveu no *Esboço* (art. 1.914) que o sinal não terá o efeito de facultar às partes o arrepender-se do contrato, exceto quando a cláusula de arrependimento tiver sido expressamente estipulada.

Como observa Sílvio Rodrigues, a lei exige que a reserva seja expressa e veda ao magistrado perquirir na vontade das partes uma deliberação de conservarem uma faculdade de retrato quando elas, podendo expressá-la, negligenciaram em fazê-lo.

Cabe acentuar a tendência moderna da acumulação das perdas e danos com arras para obviar o enriquecimento sem causa do vendedor, que poderá exercer a devolução em dobro do sinal.

Vários doutrinadores opõem-se à hipótese da acumulação das perdas e danos com a devolução do sinal em dobro, sendo que Alvino Lima defende a possibilidade de acumulação. Pontes de Miranda afirma que a existência de direito de arrependimento pressupõe a existência de cláusula. Quando há direito de arrependimento, com a dação não há como falar-se em perdas e danos (*Tratado* ..., t. 24, § 2.926, n. 1) (no mesmo sentido: RE 79.484).

A Súmula 412, interpretando o art. 1.095 do CC/1916, excluiu indenização maior, a título de perdas e danos. Mas esta Súmula não se aplica havendo cláusula expressa.

5. O arrependimento nos compromissos sobre imóveis loteados – A Súmula STF-166 considera inadmissível o arrependimento no compromisso de compra e venda sujeito ao regime do Decreto-lei 58/1937, colocando-se dentro do espírito do citado diploma legal que foi baixado, considerando que o art. 1.088 do CC/1916 deixava praticamente sem amparo numerosos compradores de lotes, que tinham por exclusiva garantia a seriedade, a boa-fé e a solvabilidade das empresas vendedoras.

A prática do exercício da faculdade de arrependimento era muito comum anteriormente a 1937, com fito de especulação.

Não se admite o arrependimento, nesses compromissos, ainda que haja cláusula de arrependimento, principalmente quando o contratante descumpre o contrato. Adota-se o princípio da *exceptio non adimpleti contractus*, inserto no CC/2002, art. 476 (CC/1916, art. 1.092) (RE 61.935, rel. Min. Gonçalves de Oliveira, *RTJ* 47/495; RE 45.158, rel. para o acórdão Min. Oswaldo Trigueiro, *RTJ* 41/355).

6. *O pagamento total e o arrependimento – Renúncia ao arrependimento*. O STF já decidiu sobre a impossibilidade do exercício da cláusula de arrependimento, ainda que estipulada, após o pagamento total do preço e antes da escritura definitiva (ERE 61.692, *RTJ* 47/822; RE 58.626; RE 62.654; RE 62.754, *RTJ* 43/701; RE 62.766, rel. Min. Thompson Flores, *DJU* 11.6.1969). Anteriormente decidira o TJSP no mesmo sentido (*RT* 212/234).

Considera-se renúncia o recebimento total do preço, não se exercitando, portanto, a cláusula de arrependimento (RE 58.626, *RTJ* 42/835; RE 60.134, *RTJ* 44/656; ERE 60.313, *RTJ* 45/849; ERE 13.704, *RF* 132/102).

Serpa Lopes distingue com proficiência a *renúncia* do *arrependimento* (*RF* 131/354).

7. *Cláusula leonina de arrependimento* – A autonomia da vontade no contrato é manifestação assaz aplaudida pelos civilistas, em face da livre estipulação conveniente às partes, ao adotarem determinado vínculo obrigacional. No entanto, a autonomia da vontade não é absoluta – o que levou Marcel Waline a observar a tendência restritiva a essa vontade, fixando-lhe um limite imposto pelo interesse público ou pela ordem pública, não a levando a contradizer o interesse geral. Como ponderou Emilio Betti, o ordenamento jurídico, antes de revestir o negócio com sua própria sanção, valoriza a função prática que caracteriza seu tipo e o trata consequentemente.

Pergunta-se se o juiz pode rever o contrato, vedando o arrependimento, embora estipulado, quando o exercício desse direito representa injustiça e ocasiona prejuízo.

Na prática, verificamos que a parte compradora é compelida ao sacrifício e até à imposição de determinada cláusula difícil ou impossível de ser cumprida. É o mais fraco que sofre com a imposição.

O STF, nos ERE 61.692 (*RTJ* 47/822), decidiu que a cláusula leonina de arrependimento não poderia ser cumprida. No caso, previa que a qualquer tempo, antes da escritura definitiva, o vendedor poderia arrepender-se, devolvendo o sinal em dobro. Darcy Bessone admite o *jus poenitendi* até o momento de assinatura da escritura pública, na falta de disposição estabelecendo prazo. Se há exercício do direito de arrependimento, não há ato ilícito. Por isso, as arras penitenciais correspondem a indenização (STJ, REsp 34.793-6, *RSTJ* 110/281).

413. *O compromisso de compra e venda de imóveis, ainda que não loteados, dá direito à execução compulsória, quando reunidos os requisitos legais.*

V.: comentários às Súmulas STF-166 e 167; RE 90.632, *RTJ* 90/348; *RTJ* 106/1.016; art. 27 da Lei 6.766/1979; RE 103.501, rel. Min. Sidney Sanches, mantendo a Súmula após o Código de Processo Civil e a alteração da Lei 6.766/1979.

414. *Não se distingue a visão direta da oblíqua na proibição de abrir janela, ou fazer terraço, eirado, ou varanda, a menos de metro e meio do prédio de outrem.*

A regra do CC/2002, art. 1.302 (CC/1916, art. 573) não esclarece se a visão que importa sobre o prédio vizinho é direta ou oblíqua, isto é, se a janela aberta foi construída diretamente, sobre o ponto principal devassável ou não (RE 46.100, *RTJ* 49/104).

Acentuou Nélson Hungria que, desde que as janelas abertas a menos de metro e meio da linha divisória dos dois prédios ensejam o devassamento, não há indagar se incidem direta ou obliquamente para o prédio vizinho. O que a lei civil proíbe é que a janela seja aberta de modo a permitir visão para o prédio vizinho, a menos de metro e meio (RE 24.422). Portanto, há necessidade, dentro dessa orientação, da existência do devassamento. *A contrario sensu*, inexistindo, se distingue a visão.

Orosimbo Nonato alinha sua opinião no sentido de Nélson Hungria, coincidente com Carvalho Santos (*Comentários* ..., vol. VIII, p. 140).

Registra-se, no entanto, a orientação contrária do Min. Hahnemann Guimarães; com a adesão do Min. Villas Boas, tanto o Min. Orosimbo quanto o Min. Luiz Gallotti invocaram a lição do Código Civil português (1867), em paralelo com o italiano.

No Código Civil português fala-se em "diretamente" (art. 1.360º). V. decisão reafirmando essa Súmula: RE 71.790, *DJU* 10.9.1971, p. 4.765; *RTJ* 71/67.

Sobre janela perpendicular: RE 100.037, rel. Min. Francisco Rezek, *RTJ* 108/400.

415. *Servidão de trânsito não titulada, mas tornada permanente, sobretudo pela natureza das obras realizadas, considera-se aparente, conferindo direito à proteção possessória.*

Baseia-se esta Súmula na lição de Mendes Pimentel no sentido de que se considera contínua a servidão se para exercitá-la o possuidor do imóvel dominante faz no serviente obras visíveis e permanentes, nas quais se concretiza seu direito de passagem através do prédio alheio, manifestando-se essa passagem nessas obras visíveis e permanentes (*RF* 20) (v.: RE 51.510, *RTJ* 55/768; Lenine Nequete, *Da Passagem Forçada*, 3ª ed., 1985, p. 36).

416. *Pela demora no pagamento do preço da desapropriação não cabe indenização complementar além dos juros.*

A jurisprudência (*RTJ* 108/884) e a legislação (Leis 4.686/1965 e 5.670/1971) já abrandavam o entendimento desta Súmula, para reconhecer a incidência da correção monetária; o que foi consagrado pela Lei 6.306, de 15.12.1975, que deu nova redação ao § 2º do art. 26 da Lei das Desapropriações (Decreto-lei 3.365, de 21.6.1941), determinando que, "decorrido prazo superior a 1 (um) ano a partir da avaliação, o juiz ou tribunal, antes da decisão final, determinará a correção monetária do valor apurado, (...)" (cf. Emenda Constitucional 37/2002 – vedação de precatório suplementar).

417. *Pode ser objeto de restituição, na falência, dinheiro em poder do falido, recebido em nome de outrem, ou do qual, por lei ou contrato, não tivesse ele a disponibilidade.*

V. art. 85 da Lei 11.101, de 9.2.2005 (Lei de Recuperação de Empresas e de Falências).

O objeto da restituição há de ser coisa corpórea, móvel ou imóvel. Na lição de Miranda Valverde, o dinheiro corrente, se passa do gênero a espécie e é assim identificável, pode ser objeto de reivindicação (*Comentários à Lei de Falências*, vol. I, p. 455) (v. RTJ 45/205; RE 88.828, rel. Min. Rafael Mayer, RTJ 90/269; RTJ 97/914, 107/379).

418. *O empréstimo compulsório não é tributo, e sua arrecadação não está sujeita à exigência constitucional da prévia autorização orçamentária.*

Esta Súmula perdeu validade em face dos arts. 18, § 3º, e 21, § 2º, II, da CF/1969 (Tribunal Pleno, RE 111.954, j. 1.6.1988). V. CF/1988, art. 148.

Dispunha o art. 18, § 3º, da CF/1969 que somente a União, nos casos excepcionais definidos em lei complementar, poderia instituir empréstimo compulsório.

A Lei 5.172, de 25.10.1966 (Código Tributário Nacional), dispõe, no art. 15, os casos excepcionais: "I – guerra externa, ou sua iminência; II – calamidade pública que exija auxílio federal impossível de atender com os recursos orçamentários disponíveis; III – conjuntura que exija a absorção temporária de poder aquisitivo". Impõe a lei fixação do prazo do empréstimo e as condições de seu resgate.

Como acentuava Geraldo Ataliba (*Sistema Constitucional Tributário Brasileiro*, p. 289), não se confere ao legislador federal um "cheque em branco", uma faculdade que possa ser exercida amplamente, pura e simplesmente, sem qualquer restrição ou peia; observação decorrente da celeuma existente na seara jurídica quando da instituição desse empréstimo.

Na discussão da Reforma Tributária que se consubstanciou na Emenda Constitucional 18/1965, vários substitutivos foram apresentados ao projeto governamental, entre eles deferindo a instituição de empréstimos compulsórios com base nos impostos de sua competência, nos casos definidos em lei complementar, estendendo tal princípio aos Estados (*Emendas à Constituição de 1946*, n. 18, pp. 88, 93 e 172).

No debate sobre o significado do empréstimo compulsório, refulgiu sua natureza jurídica. Várias correntes surgiram, mas, significativamente, somente duas permaneceram como importantes.

Uma delas sustentou a inexistência de relação contratual nesse empréstimo, porquanto o aspecto coativo desnaturava o contrato, consubstanciado na autonomia da vontade. Afinal, o que prevalecia era a imposição tributária do Estado. Dentre estes: Amílcar de Araújo Falcão, "Natureza jurídica do empréstimo compulsório" e "Empréstimo compulsório – Direito Comparado e experiência brasileira", *RDP* 417; Alfredo Augusto Becker, *Teoria Geral do Direito Tributário*, p. 357; João Mangabeira; Pontes de Miranda; Graziani, *Istituzioni di Scienza delle Finanze*, 1897, p. 625; Luigi Einaudi, *Corso di Scienza delle Finanze*, p. 727; Aliomar Baleeiro; Geraldo Ataliba, *Sistema Constitucional Tributário Brasileiro*, p. 289.

Sobre o caráter contratual v. a objeção de Orlando Comes, refutando o chamado "contrato coativo" (*RIL* 17/23). O regime jurídico dos empréstimos compulsórios é absolutamente idêntico ao dos impostos. Sua instituição, lançamento e arrecadação regem-se integralmente pelas normas que informam o regime tributário comum.

Outra corrente admitia o empréstimo compulsório como empréstimo público. Assim entendiam: Griziotti, *Principios de Política, Derecho y Ciencia de la Hacienda*, p. 400; San Tiago Dantas, *Problemas do Direito Positivo*, p. 13. Refutavam a ideia do empréstimo como tributo, porque a restituição e a capitalização de juros desnaturavam o caráter tributário.

Em expressivo acórdão reproduzido na *RDA* 80/172, tais as significativas opiniões expendidas, o STF examinou as características do empréstimo compulsório.

O Min. Luiz Gallotti, nesse *leading case*, sustentava, arrimado na opinião de Pontes, que o empréstimo compulsório era tributo com cláusula de restituição. Exaustivamente, o Min. Víctor Nunes cotejou todas as opiniões existentes a respeito do assunto, concluindo pela não consideração de tributo. Simplesmente significava uma providência para regular a circulação dos recursos financeiros disponíveis. Ao expender seu ponto de vista, o Min. Gonçalves de Oliveira não pretendia generalizar o empréstimo, mas, em conclusão, não aceitava o empréstimo compulsório como tributo, dos que estavam expressamente previstos na Constituição (impostos, taxas e contribuições). Se a devolução fosse para largo tempo, seria um imposto disfarçado, fraudando a proibição constitucional da prévia existência de lei.

Na esteira dessas opiniões estabeleceu-se esta Súmula 418.

Posteriormente à Súmula a jurisprudência da Excelsa Corte não se consolidou. Assim, o Min. Aliomar Baleeiro discordava, acentuando que, se uma pessoa de direito público pode impor um tributo, que é o máximo, pode prometer devolvê-lo, que é o mínimo (imposto restituível) (*RTJ* 36/349).

Em outra passagem o Min. Baleeiro assinalava que não há na Constituição outorga de poder para impor ao cidadão o dever de emprestar. Empréstimo é contrato, ato de vontade, e não obrigação juridicamente exigível de quem não quer fazê-lo (*RTJ* 37/607).

A referida Súmula 418 foi submetida a reexame no Tribunal Pleno (*RTJ* 44/620), por iniciativa do Min. Gonçalves de Oliveira, que se reportava aos julgados precedentes, observando o tratamento nas Constituições de 1946 e 1967. Nessa ocasião o Min. Eloy da Rocha assentou seu ponto de vista no sentido da natureza jurídica do empréstimo compulsório como tributo.

A necessidade de orientação quanto à natureza jurídica do empréstimo compulsório é imprescindível, porquanto, a considerarmos como tributo, é necessário seu estabelecimento em lei em vigor antes do início do exercício financeiro (art. 150, § 1º, da CF/1988).

A Constituição de 1967 (art. 19, § 4º) contemplava o empréstimo compulsório no sistema tributário. Mas a redação da Emenda Constitucional 1/1969 reforçou sua consideração, aplicando as disposições constitucionais relativas aos tributos e normas gerais de direito tributário.

A Emenda Constitucional 1/1969 expungiu as dúvidas que pairavam sobre a natureza jurídica do empréstimo compulsório.

Veio a prevalecer a tese daqueles que adotam a natureza jurídica do empréstimo compulsório como tributo (Min. Aliomar Baleeiro, Amílcar Falcão, Luiz Gallotti, Rubens Gomes de Sousa e outros).

Conforme Amílcar Falcão (*Natureza Jurídica do Empréstimo Compulsório*), a conclusão inevitável é a sua consideração como tributo (v.: Geraldo Ataliba, *Empréstimos Públicos e seu Regime Jurídico*, São Paulo, Ed. RT, 1972, p. 70; Clóvis do Couto e Silva, *A Obrigação como Processo*, 2ª ed., p. 94).

Como dito acima, o STF já acentuara a invalidade desta Súmula diante do art. 21, § 2º, II, da CF/1969 (RE 111.954, *RTJ* 126/330). Entretanto, ainda que não revogada, deve ser interpretada à luz da CF/1988, art. 148 (Luciano Amaro, *Direito Tributário Brasileiro*, 1997, p. 58).

419. *Os Municípios têm competência para regular o horário do comércio local, desde que não infrinjam leis estaduais ou federais válidas.*

A Constituição Federal assegura a autonomia do Município pela administração própria, no que respeite ao interesse local, quanto à organização dos serviços públicos locais (CF/1988, art. 30, I). Considerou-se, então, que o comércio está abrangido por esse poder de polícia do Município (*RTJ* 35/1, 36/535 e 597 e 37/351). O tema voltou a ser discutido com a fixação do horário de funcionamento dos bancos. O art. 224 da CLT fixa a duração normal do trabalho do empregado de banco em seis horas. Logo, a legislação municipal não pode alterar a federal (*RTJ* 70/224). Ademais, a Lei 4.595/1964 dá ao Banco Central o controle e a fiscalização das atividades bancárias, inclusive fixação do horário de funcionamento (Paulo Salvador Frontini, "Municípios e horário de bancos", *RDP* 31/181).

V. Súmulas STF-645 e STJ-19.

420. *Não se homologa sentença proferida no Estrangeiro sem prova do trânsito em julgado.*

Essa exigência decorre de dispositivos da Lei de Introdução às Normas do Direito Brasileiro (art. 15) – atual denominação da Lei de Introdução ao Código Civil, dada pela Lei 12.376, de 30.12.2010 –, do CPC/1973, art. 483, parágrafo único, e do RISTF, art. 217, III.

V. Roberto Rosas, "Homologação de sentença estrangeira", *Arquivos do Ministério da Justiça* 106/13.

421. *Não impede a extradição a circunstância de ser o extraditando casado com brasileira ou ter filho brasileiro.*

Não há que se confundir com a não expulsão de estrangeiro casado com cônjuge brasileiro e com filho brasileiro dependente da economia paterna, prevista no art. 143 da CF/1946. Nas Cartas posteriores não foi repetido esse dispositivo.

A Lei 6.815, de 19.8.1980 (Estatuto do Estrangeiro), que define a situação jurídica do estrangeiro no Brasil, exclui a expulsão do estrangeiro que tenha cônjuge brasileiro do qual não esteja divorciado ou separado, de fato ou de direito, desde que celebrado o casamento há mais de cinco anos, ou filho brasileiro que comprovadamente esteja sob sua guarda e dependente da economia paterna (art. 75); silencia quanto à extradição (art. 77) (respectivamente, arts. 74 e 88 do Decreto-lei 941, de 13.10.1969, Estatuto do Estrangeiro/1969).

V.: Súmula STF-1; Lei 6.964, de 9.12.1981.

O Min. Luiz Gallotti, no HC 42.571, explica a razão dessa Súmula (*RTJ* 34/692; v. também HC 43.910, *RTJ* 41/814).

No HC 47.903 o Min. Thompson Flores foi explícito: "O fato de ter filhos brasileiros o extraditando não obsta seja extraditado, nos termos da lei" (*RTJ* 56/88; v.: Ext 345, rel. Min. Djaci Falcão, *RTJ* 86/748; Ext 415, rel. Min. Oscar Corrêa, *RTJ* 111/491). Este enunciado foi confirmado na Ext 571 (rel. Min. Celso de Mello, *DJU* 17.9.1993).

V. a situação da companheira brasileira (STF, Ext 744, *RTJ* 172/762; *RTJ* 180/813).

Esta Súmula foi reafirmada na Ext 839 (*Informativo STF* 329; *RTJ* 184/802 e 820, 186/796). O texto continua válido mesmo após a Constituição de 1988 (Ext 482, *RTJ* 129/30; Ext 890-1, rel. Min. Celso de Mello, *DJU* 28.10.2004). O STF concedeu extradição ainda que existente união estável (Ext 1.039-5, *DJU* 23.11.2007).

Casamento com brasileira não impede a extradição (Ext 1.121).

422. A absolvição criminal não prejudica a medida de segurança, quando couber, ainda que importe privação da liberdade.

O art. 753 do CPP dispõe que, "ainda depois de transitar em julgado a sentença absolutória, poderá ser imposta a medida de segurança, enquanto não decorrido o tempo equivalente ao da sua duração mínima, (...)".

423. Não transita em julgado a sentença por haver omitido o recurso ex officio, que se considera interposto ex lege.

Castro Nunes observou que a decisão sujeita a recurso oficial não passa em julgado sem que a confirme o tribunal superior (*Da Fazenda Pública em Juízo*, 1950, p. 184; v. também *RTJ* 42/147 e 67/738).

O CPC/1973, art. 475, aboliu o chamado *ex officio*, para submeter determinadas sentenças (proferidas contra a União, o Estado e o Município etc.) ao duplo grau de jurisdição. É sentença condicional, acrescenta, mais. A sentença não produzirá efeito senão depois de confirmada pelo tribunal. Ela subirá ao tribunal independentemente de recurso voluntário da parte vencida (Wellington Moreira Pimentel, *Comentários ao Código de Processo Civil*, vol. III, São Paulo, Ed. RT, p. 592; Jacy de Assis, *Procedimento Ordinário*, p. 51).

O STJ entendeu inexistir a execução se não houve o recurso necessário (REsp 295.437, j. 6.3.2001).

V. CPC/1973, § 1º do art. 475, incluído pela Lei 10.352, de 26.12.2001.

424. *Transita em julgado o despacho saneador de que não houve recurso, excluídas as questões deixadas, explícita ou implicitamente, para a sentença.*

Súmula não aplicável às hipóteses previstas no CPC/1973, art. 267, § 3º (1ª Turma, RE 104.469, *RTJ* 113/1.377).

Galeno Lacerda, em sua erudita monografia *Despacho Saneador*, mostra a controvérsia existente sobre os efeitos do despacho saneador (p. 153). Portanto, seria demasiado afirmar o longo alcance dessa Súmula, tais os matizes que poderão ser apresentados, assim quanto aos despachos saneadores decisórios ou ordinatórios; à nulidade absoluta e relativa etc. (José Frederico Marques, *Instituições*..., vol. III, p. 282, n. 713; Moacyr Amaral Santos, vol. 2, p. 224).

O CPC/1973, art. 330, adotou nova sistemática no despacho saneador, com o julgamento conforme o estado do processo quando o juiz pode conhecer diretamente do pedido, proferindo a sentença de imediato. O saneamento do processo não tem a importância do Código anterior. A importância dessa fase está antes do saneamento, até permitindo a deliberação imediata, com os elementos para uma decisão conscienciosa, como diz o Código de Processo Civil português (art. 510º).

Em determinados pontos restritos a Súmula permanece válida. Quando o juiz decide sobre as provas e não há recurso, logo, ocorreu a preclusão (*RTJ* 70/899). A afirmação da substância das provas não é projetada sobre o mérito, como julgamento (*RTJ* 67/853, 101/905, 107/913). Continua vigente, exceto nas hipóteses do art. 267, § 3º, do CPC/1973 (*RTJ* 113/1.377). O saneamento do processo foi modificado pela Lei 10.444/2002, que deu nova redação art. 331 do CPC e que também alterou o título da Seção de "despacho saneador" para "audiência preliminar".

V. Luiz Fux, *Curso de Direito Processual Civil*, Rio de Janeiro, Forense, 2001, p. 435.

425. *O agravo despachado no prazo legal não fica prejudicado pela demora da juntada, por culpa do cartório; nem o agravo entregue em cartório no prazo legal, embora despachado tardiamente.*

Jacy de Assis acentuava que a Súmula teria perdido a razão de ser, porque o juiz não podia negar seguimento ao agravo, ainda que intempestivo (antiga redação dos arts. 528 e 529 do CPC). Ocorre, no entanto, que o art. 529 sancionava a extemporaneidade. A Súmula defende o agravo tempestivo, tardiamente juntado ou despachado (Jacy de Assis, *Procedimento Ordinário*, p. 221).

V. Súmulas STF-320 e 428.

426. A falta do termo específico não prejudica o agravo no auto do processo, quando oportuna a interposição por petição ou no termo da audiência.

V. comentários à Súmula seguinte. O agravo no auto do processo foi abolido pelo Código de Processo Civil/1973.

427. A falta de petição de interposição não prejudica o agravo no auto do processo tomado por termo.

Súmula cancelada (Tribunal Pleno, RE 66.447, rel. Min. Amaral Santos, *DJU* 20.2.1970, considerando ser sempre necessária a petição escrita para a interposição do agravo no auto do processo: RE 61.947, *RTJ* 54/748; RE 70.932, *DJU* 19.2.1971).

O agravo no auto do processo foi abolido pelo Código de Processo Civil atual.

V. Súmula STF-426.

428. Não fica prejudicada a apelação entregue em cartório no prazo legal, embora despachada tardiamente.

V. Súmulas STF-320 e 425.

429. A existência de recurso administrativo com efeito suspensivo não impede o uso do mandado de segurança contra omissão da autoridade.

O Min. Víctor Nunes, no RE 52.588, transcreve voto do Des. Martinho Garcez Neto bem esclarecedor da Súmula 429.

Não cabe mandado de segurança quando couber recurso com efeito suspensivo (Lei 12.016, de 7.8.2009, art. 5º, I).

Distinguir-se-á o ato da autoridade em positivo ou omissivo. A autoridade furta-se a atender ao postulado pelo sujeito de direito. Se nega a pretensão, de nada valerá o recurso com efeito suspensivo, pois seu direito continua negado.

Castro Nunes não admite esse pensamento, partindo da inexistência do ato, impossível, portanto, de execução. Se existe o recurso administrativo, seria ilógico a lei exigir o esgotamento da via administrativa nos atos executórios e dispensar nos casos omissivos.

A doutrina não seguiu o insigne publicista, porque, se o ato inquinado de ilegal consiste em recusa ou simples omissão do ato essencial ao exercício do direito, logo, haverá a liquidez, a certeza, passível de ser restabelecida pelo *writ* (Luiz Antônio de Andrade, *Comentários ao Código de Processo Civil de 1939*, vol. 4, n. 354; Costa Manso, *Processos na Segunda Instância*, p. 430). Idem na jurisprudência (*RTJ* 48/84).

O STF considerou tempestivo o mandado de segurança porque o recurso administrativo contra o ato não tinha efeito suspensivo; logo, o prazo para a impetração corria do ato recorrido (*RTJ* 62/516, 53/637, 48/227, 43/697) (v. Luiz Roberto Barroso, *O Direito Constitucional e a Efetividade de suas Normas*, 2ª ed., p. 157).

430. Pedido de reconsideração na via administrativa não interrompe o prazo para o mandado de segurança.

O mandado de segurança não será concedido quando do ato violado caiba recurso administrativo com efeito suspensivo (Lei 12.016, de 7.8.2009, art. 5º, I).

Do ponto de vista estrito, pedido de reconsideração não é recurso administrativo. Se a lei, porém, admite a reconsideração como espécie de recurso, então, da decisão é contado o prazo para o mandado de segurança (Celso Agrícola Barbi, *Do Mandado de Segurança*, § 152; RE 84.054, *RTJ* 81/185).

A reconsideração tem caráter facultativo (*RTJ* 54/51, 359 e 789, 46/56 e 804, 48/81, 43/656, 42/285, 36/605).

Requerimento com outros argumentos apoiados em lei nova não é reconsideração (*RTJ* 42/286, 105/56, 108/1.346). V. Carlos Alberto Menezes Direito, *Manual do Mandado de Segurança*, 4ª ed., p. 81.

431. É nulo o julgamento de recurso criminal, na segunda instância, sem prévia intimação, ou publicação da pauta, salvo em habeas corpus.

A notícia para o julgamento é uma das fases da ampla defesa assegurada constitucionalmente (v. *RTJ* 105/1.008, 107/149, 109/377).

432. Não cabe recurso extraordinário com fundamento no art. 101, III, "d", da Constituição Federal, [CF/1946] quando a divergência alegada for entre decisões da Justiça do Trabalho.

Enunciado prejudicado pela inexistência de recurso extraordinário por divergência na Constituição Federal de 1988.

433. É competente o Tribunal Regional do Trabalho para julgar mandado de segurança contra ato de seu Presidente em execução de sentença trabalhista.

O mandado de segurança contra ato de presidente de tribunal é julgado pelo próprio tribunal (Lei Complementar 35, de 14.3.1979, art. 21, VI).

434. A controvérsia entre seguradores indicados pelo empregador na ação de acidente do trabalho não suspende o pagamento devido ao acidentado.

V. Súmula STF-337.

435. O Imposto de Transmissão Causa Mortis pela transferência de ações é devido ao Estado em que tem sede a companhia.

Dizia o art. 23, I, da CF/1969 que competia aos Estados e ao Distrito Federal o Imposto de Transmissão de Bens Imóveis. Portanto, limitava esse tributo aos imóveis, não aplicável às ações, móveis para efeitos legais (CC/2002, art. 80, I; CC/1916, art. 48, II).

Na vigência da Constituição de 1946 discutiu-se sobre o Estado competente para a cobrança do Imposto de Transmissão *Causa Mortis* de ações de sociedade anônima: se no lugar da abertura da sucessão (domicílio do *de cujus*) ou no lugar da sede da sociedade anônima.

Na CF/1988, art. 155, I, o imposto é de transmissão *causa mortis* de quaisquer bens.

436. É válida a Lei 4.093, de 24.10.1959, do Paraná, que revogou a isenção concedida às cooperativas por lei anterior.

A Constituição do Paraná, então, declarava as cooperativas isentas de impostos, na forma que a lei estabelecesse. Lei anterior deu a isenção, e a Lei 4.093/1959 a revogou. Considerou o STF que a autorização constitucional era relativa, e não absoluta, quanto à isenção

(v. José Souto Maior Borges, *Isenções Tributárias*, São Paulo, Sugestões Literárias, 1969, p. 269).

437. ***Está isenta da Taxa de Despacho Aduaneiro a importação de equipamento para a indústria automobilística, segundo plano aprovado, no prazo legal, pelo órgão competente.***

A Lei de Tarifas dava essa isenção pelo período de um ano, isto em 1956. Portanto, *está superada essa orientação.*

438. ***É ilegítima a cobrança, em 1962, da Taxa de Educação e Saúde de Santa Catarina, adicional do Imposto de Vendas e Consignações.***

Enunciado de caráter transitório. A lei previa a cobrança dessa taxa no mesmo exercício de 1962, ano da lei.

439. ***Estão sujeitos à fiscalização tributária ou previdenciária quaisquer livros comerciais, limitado o exame aos pontos objeto da investigação.***

Longa controvérsia tem sido desenvolvida em torno do resguardo da contabilidade bancária, mais no interesse dos clientes que propriamente da atividade bancária. A possibilidade da livre penetração na seara da escrituração bancária devassaria a vida do cliente do banco.

Dispõe o art. 3º da Lei Complementar 105, de 10.1.2001 (Sigilo Bancário): "Art. 3º. Serão prestadas pelo Banco Central do Brasil, pela Comissão de Valores Mobiliários e pelas instituições financeiras as informações ordenadas pelo Poder Judiciário, preservado o seu caráter sigiloso mediante acesso restrito às partes, que delas não poderão servir-se para fins estranhos à lide".

Não se poderá furtar o estabelecimento bancário às informações requeridas pelas autoridades judiciárias, sempre tendo em conta distinção entre devassa nos livros e simples pedido de informações (STF, RMS 1.047, rel. Min. Ribeiro da Costa, *RF* 143/159). E, como acentuou o Min. Luiz Gallotti no MS 1.959 (*RDA* 45/291), não há como se furtar às informações.

Também assentou o Decreto 4.533, de 27.12.2002, que diz: "Art. 2º. São considerados originariamente sigilosos, e serão como tal classificados, dados ou informações cujo conhecimento irrestrito ou divulgação possa acarretar qualquer risco à segurança da sociedade e do Estado, bem como aqueles necessários ao resguardo da inviolabilidade da intimidade da vida privada, da honra e da imagem das pessoas" (v., ainda, Lei 12.527/2011).

Não havendo pedido precedente à autoridade administrativa, para informações, esclarecimento ou certidão sobre lançamentos ou operações relacionados com o objetivo da causa, sem sequer subordinar o exame a qualquer reserva ou sigilo processual, há evidente contradição com a Lei 4.595/1964 e divergência com decisão do STF: "(...) o juiz somente pode requisitar as certidões necessárias à prova das alegações das partes em se tratando da escrituração de repartições públicas, mas não pode compeli-las à exibição de livros do Estado" (*RDA* I/600).

Em acórdão da lavra do insigne Min. Eduardo Espínola também se decidiu nesse sentido: "A exibição dos livros de um estabelecimento bancário só poderá ser concedida quando indispensável para a determinação do objeto da controvérsia e *quando se lhe não oponha o interesse público*" (AP 8.718, *RF* 82/332).

A orientação legislativa, acautelando os estabelecimentos bancários de uma total e inopinada devassa, vem de encontro a um dos preceitos mais recomendados aos banqueiros, que é a guarda do segredo dos negócios dos seus clientes, estando o banqueiro obrigado a guardar o segredo profissional em relação às operações, como afirmou Carvalho de Mendonça (*Tratado de Direito Comercial*, 2ª ed., vol. II, p. 23).

Quando se pretendeu a abolição desse sigilo através de projeto de lei, o Instituto dos Advogados Brasileiros, em parecer da lavra dos eminentes juristas Florêncio de Abreu e Otto Gil, desaprovou-o, considerando justo que o comerciante se esforce para manter sob absoluta reserva sua escrituração e a correspondência, acentuando-se dia a dia a necessidade dessa precaução, em virtude do aumento da livre concorrência, da complexidade da vida comercial, do desenvolvimento do crédito (*RT* 310/73).

A Consultoria-Geral da República em épocas diferentes teve oportunidade de se pronunciar sobre o alcance do sigilo bancário que impede a perícia indiscriminada na escrituração bancária, e mais ainda a devassa.

Em 1957, o então Consultor-Geral da República, Min. Gonçalves de Oliveira, em caso relacionado com o Banco Nacional do Desenvolvimento Econômico, assim se expressou: "(...) concluo que, de fora parte as informações solicitadas por CPIs, que não podem ser negadas, face ao art. 53 da CF, [CF/1946] poderão sê-lo as demais quando implicarem na quebra do chamado sigilo bancário, que protege o direito individual dos que com o banco transacionam, sob qualquer modalidade" (*Pareceres do Consultor-Geral da República*, vol. II, p. 164).

Na mesma esteira, em 1965, o Dr. Adroaldo Mesquita da Costa: "As diligências a se processarem *in casu* hão de obedecer a requisitos especiais, que, numa palavra, são a garantia do próprio sigilo. O sigilo não é estabelecido para ocultar fatos, mas para revestir a revelação deles de caráter de excepcionalidade" ("Parecer 594-H", *RDP* 3/154).

Expressa essa Súmula que o exame dos livros comerciais, em ação judicial, fica limitado às transações entre os litigantes. Informando esse enunciado, assim ementou o acórdão no MS 9.057 o Min. Gonçalves de Oliveira: "Sigilo bancário – Perícia – Quesitos. O cadastro do banco é excluído do exame dos peritos, que devem se limitar aos negócios das partes em litígio, não tendo o poder de examinar, na perícia, quaisquer outros dados ou lançamentos estranhos ao objeto do litígio".

Se a autoridade não presta as informações requisitadas pelo juiz, pode incorrer em crime de desobediência. Mas é necessária a requisição de informações como ponto de partida para fundamentar a prova das alegações das partes, nos termos do CPC/1973, art. 399, I (CPC/1939, art. 224) (*RDA* 43/1; *RI* 258/594; *Direito* LXXI/259).

Toda casa de crédito que se preza como tal, mormente na área dos financiamentos internacionais, onde os bancos vão captar recursos para fomentar o desenvolvimento econômico nacional, deve manter circunspecção sobre suas operações. É norma bancária universal, que no Brasil recebe proteção legal específica (art. 3º da Lei Complementar 105, de 10.1.2001).

O juiz pode requisitar todos os informes de que careça para a elucidação da causa, nos termos da Lei 94, de 16.9.1947, que permite aos juízes da Fazenda Pública a requisição de processos administrativos para a extração de peças relacionadas com ato ou fato submetido ao Judiciário.

Portanto, o juiz pode requisitar as informações, esclarecimentos ou certidões que desejar, sob o sigilo processual do art. 3º da Lei Complementar 105, de 10.1.2001.

V. Súmulas STF-390 e 260.

440. Os benefícios da legislação federal de serviços de guerra não são exigíveis dos Estados, sem que a lei estadual assim disponha.

A legislação federal não pode ser imposta aos Estados, principalmente porque acarreta prejuízo e ônus para os Estados.

441. O militar, que passa à inatividade com proventos integrais, não tem direito às cotas trigésimas a que se refere o Código de Vencimentos e Vantagens dos Militares.

A Lei 2.710, de 19.1.1956, dispôs que os militares com vencimentos integrais não teriam computada em seus proventos a parcela referente às cotas trigésimas (*RTJ* 54/590).

V. Súmula STF-407.

Esta Súmula, que diz respeito às cotas trigésimas, está baseada em referência legislativa totalmente em desacordo com a Medida Provisória 2.215-10, de 31.8.2001, que dispõe sobre a reestruturação da remuneração dos militares das Forças Armadas, revogando toda a legislação anterior. Em consequência, os termos da referida súmula não encontram suporte na legislação em vigor.

Não há mais previsão de terço de campanha na nova lei de remuneração dos militares.

442. A inscrição do contrato de locação no Registro de Imóveis, para a validade da cláusula de vigência contra o adquirente do imóvel, ou perante terceiros, dispensa a transcrição no Registro de Títulos e Documentos.

O CC/2002, art. 576 (CC/1916, art. 1.197) exige o registro público do contrato de locação, prevendo o respeito à locação pelo adquirente do imóvel locado. V. Lei 6.015, de 31.12.1973 (Lei de Registros Públicos), arts. 167, I, n. 3, e II, n. 16, e 127, VI, e art. 8º da Lei 8.245, de 18.10.1991 (Lei das Locações).

443. A prescrição das prestações anteriores ao período previsto em lei não ocorre quando não tiver sido negado, antes daquele prazo, o próprio direito reclamado, ou a situação jurídica de que ele resulta.

Decidiu o Min. Luiz Gallotti no RE 51.813 (*DJU* 7.5.1964): "(...) quando é um direito reconhecido, sobre o qual não se questiona, aí são as prestações que vão prescrevendo, mas se o direito às prestações decorre do direito à anulação do ato, é claro que, prescrita a ação em relação a este, não é possível julgar prescritas apenas as prestações, porque prescreveu a ação para reconhecimento do direito, do qual decorria o direito às prestações" (*RTJ* 100/387, 122/1.068).

V. Súmula STJ-85.

444. Na retomada, para construção mais útil, de imóvel sujeito ao Decreto 24.150, de 20.4.1934, a indenização se limita às despesas de mudança.

Súmula confirmada pelo Pleno do STF no RE 58.842 (*RTJ* 44/692; v. Alfredo Buzaid, *Da Ação Renovatória*, 2ª ed., p. 498). O Min. Hahnemann Guimarães tinha opinião diversa e concedia indenização na retomada para construção mais útil. Essa orientação teve o apoio do Min. Gonçalves de Oliveira, que pretendia fazer uma construção jurisprudencial, não prevista no Decreto 24.150/1934.

O enunciado está prejudicado pelo disposto no § 3º do art. 52 da Lei 8.245, de 18.10.1991 (Lei das Locações): "§ 3º. O locatário terá direito a indenização para ressarcimento dos prejuízos e dos lucros cessantes que tiver que arcar com a mudança, perda do lugar e desvalorização do fundo de comércio, se a renovação não ocorrer em razão de proposta de terceiro, em melhores condições, ou se o locador, no prazo de 3 (três) meses da entrega do imóvel, não der o destino alegado ou não iniciar as obras determinadas pelo Poder Público ou que declarou pretender realizar".

445. A Lei 2.437, de 7.3.1955, que reduz prazo prescricional, é aplicável às prescrições em curso na data de sua vigência (1.1.1956), salvo quanto aos processos então pendentes.

A Lei 2.437/1955 reduziu o prazo prescricional previsto no art. 550 do CC/1916, para aquisição pelo usucapião de 30 para 20 anos. Discutia-se, então, se o dispositivo legal seria aplicável às prescrições aquisitivas em curso.

Acentuou o Min. Pedro Chaves que o prazo em curso não é intangível, pois, enquanto flui, não confere ao prescribente senão mera expectativa, razão pela qual pode ser modificado pela lei nova, diminuído ou aumentado (ERE 51.215).

Ficou vencido o Min. Hahnemann Guimarães, para quem os novos prazos não se poderiam aplicar retroativamente. A lei antiga sobreviveria, para aplicação aos prazos que se venceriam antes dos prazos da lei nova.

Adotou esta Súmula 445 a lição de Luiz Carpenter, ilustre tratadista do tormentoso assunto relativo à prescrição: "Aquele que está prescrevendo, aquele em favor de quem está correndo a prescrição, ainda nenhum direito adquirido tem ao pagamento (...). Antes de completado, de por inteiro decorrido o prazo, o prescribente só terá uma expectativa de direito, não um direito adquirido" (*Manual do Código Civil*, vol. IV, p. 595).

V. Francisco Amaral, *Direito Civil*, Rio de Janeiro, Renovar, 2003, p. 589.

A matéria hoje está regulada no CC/2002, no art. 1.238:

"Aquele que, por quinze anos, sem interrupção, nem oposição, possuir como seu um imóvel, adquire-lhe a propriedade, independentemente de título e boa-fé; podendo requerer ao juiz que assim o declare por sentença, a qual servirá de título para o registro no Cartório de Registro de Imóveis.

"Parágrafo único. O prazo estabelecido neste artigo reduzir-se-á a dez anos se o possuidor houver estabelecido no imóvel a sua moradia habitual, ou nele realizado obras ou serviços de caráter produtivo."

Dirimindo qualquer dúvida sobre a abreviação do prazo, dispõe o art. 2.028 do mesmo Código: "Serão os da lei anterior os prazos, quando reduzidos por este Código, e se, na data de sua entrada em vigor, já houver transcorrido mais da metade do tempo estabelecido na lei revogada".

446. *Contrato de exploração de jazida ou pedreira não está sujeito ao Decreto 24.150, de 20.4.1934.*

A Lei de Luvas veio em amparo ao fundo de comércio. Não pretendeu ampliar seu âmbito à atividade extrativa, como seja a das pedreiras ou salinas.

Para a orientação desta Súmula contribuiu a observação do Min. Luiz Gallotti no sentido de que a aplicação do Decreto 24.150/1934 a essas atividades redundaria em modo oblíquo de criação de um direito real, porquanto tolheria em absoluto o exercício do direito de retomada, visto estar esse direito condicionado a que o pedido não se destine ao uso do mesmo comércio (RE 19.734).

447. *É válida a disposição testamentária em favor de filho adulterino do testador com sua concubina.*

A Súmula, muito anterior à Constituição de 1988 e ao Código Civil de 2002, liberalizava o entendimento dado ao CC/1916, arts. 1.719, III, e 1.720 (CC/2002, arts. 1.801, III, e 1.802).

Porém, a CF/1988 dispôs, no § 6º do art. 227, que "os filhos, havidos ou não da relação do casamento, ou por adoção, terão os mesmos direitos e qualificações, proibidas quaisquer designações discriminatórias relativas à filiação". E o CC/2002, art. 1.803, dispõe exatamente no sentido da Súmula: "É lícita a deixa ao filho do concubino, quando também o for do testador".

Examinando a capacidade testamentária passiva Washington de Barros Monteiro acentuava que os filhos adulterinos têm capacidade. Podiam, destarte, ser nomeados herdeiros ou legatários, ainda que se tratasse de adulterinidade *a matre*, em que ao marido competia privativamente ação para contestar a paternidade. Nenhum dispositivo legal se interpunha entre a testadora e o bastardo (*Curso ...*, vol. 6, p. 196). Acrescentava, mais, que, se o filho era comum à concubina e ao testador, desaparecia o motivo da proibição. Em tal hipótese o favorecido era realmente o filho, e não a mãe, não se podendo vislumbrar simples presta-nome (Orosimbo Nonato, *Estudos sobre Sucessão Testamentária*, vol. 2, p. 72; *Arquivo Judiciário* 70/229; *RF* 89/741).

Arnoldo Wald também opinava no sentido da exceção estabelecida pelo antigo art. 1.720 quanto ao descendente da concubina que fosse filho do testador (*Curso ... – Direito das Sucessões*, 1970, p. 130).

Pontes de Miranda opinava de modo diverso, acentuando que o Código de 1916 negava direito de sucessão legítima aos adulterinos (arts. 1.605 e 388). Negava o direito de suceder por testamento à concubina do testador casado (art. 1.719); e, no art. 1.720, considerando interposta pessoa o descendente da concubina, portanto o filho, adulterino ou não, desta, isto é, o filho do testador com ela, ou dela com outrem (*Tratado dos Testamentos*, vol. 4, p. 52).

No RE 9.069 o Min. Orosimbo Nonato observou que a presunção inferida do art. 1.720 quanto ao filho do testador era clara, não vislumbrando incapacidade se o filho da concubina também o fosse do testador. Na mesma esteira o Min. Ribeiro da Costa, ao afirmar que o adulterino, filho do testador, não se achava compreendido na vedação constante do art. 1.720 do CC/1916, dispositivo que não lhe subtraía a capacidade. Abrangia essa disposição somente o filho da concubina que não fosse filho do testador (ERE 5.755).

O Min. Luiz Gallotti sempre se opôs à não consideração do filho adulterino no rol do art. 1.720 como interposta pessoa, porquanto a nulidade da disposição testamentária resultaria não da incapacidade do filho adulterino, mas da incapacidade da concubina, cujo filho, por presunção legal, era considerado pessoa interposta, através de quem se beneficiaria a própria concubina (ERE 5.755).

De opinião contrária, o Min. Nélson Hungria afirmou, no mesmo aresto, que o filho adulterino podia ser livremente donatário ou legatário de seu pai. A presunção legal de dissimulação de doação à concubina desapareceria quando o donatário fosse também filho do doador.

Para o Min. Hahnemann Guimarães, o art. 1.720 não estabelecia uma presunção *juris et de jure*, uma presunção irrefragável. Parecia-lhe, ao contrário, que aí se estabelecia apenas uma *presunção relativa*, presunção *juris tantum*, que admite prova em contrário.

O eminente civilista e magistrado Filadelfo Azevedo afirmou que os filhos adulterinos tinham capacidade testamentária passiva, não havendo proibição na deixa a filhos da concubina, se fossem também do testador (RE 5.974, *RF* 97/622; *Direito* XXII/383).

V., também, Lei 8.971, de 29.12.1994 (Regula o direito dos companheiros a alimentos e à sucessão), e Lei 9.278, de 10.5.1996 (Regula o § 3º do art. 226 da CF – união estável).

448. ***O prazo para o assistente recorrer, supletivamente, começa a correr imediatamente após o transcurso do prazo do Ministério Público.***

O CPP, art. 598, permite ao assistente interpor apelação. Dispõe o parágrafo único que o prazo para interposição desse recurso correrá do dia em que terminar o do Ministério Público (*RT* 415/397).

Esta Súmula foi aclarada no julgamento do HC 50.417, *RTJ* 68/604. O prazo para o assistente habilitado recorrer correrá da intimação. Ratificada ficou a orientação no Ag 67.777 e no HC 54.339, *RTJ* 86/78; RE 67.192, *RT* 415/397; *RTJ* 97/789.

449. ***O valor da causa, na consignatória de aluguel, corresponde a uma anuidade.***

O art. 58, III, da Lei 8.245/1991 consagra o princípio do enunciado.

450. *São devidos honorários de advogado sempre que vencedor o beneficiário de justiça gratuita.*

Dispõe a Lei 8.906, de 4.7.1994, art. 22, que a gratuidade da prestação de serviço ao necessitado não obsta ao advogado a percepção de honorários quando for a parte vencida condenada a pagá-los. Este seria o obstáculo ao recebimento dos honorários quando o vencedor fosse beneficiário da justiça gratuita (RE 55.345, *RTJ* 38/544; RE 441, *RTJ* 53/499; *RTJ* 72/638).

451. *A competência especial por prerrogativa de função não se estende ao crime cometido após a cessação definitiva do exercício funcional.*

Nas Súmulas STF-394 e 396 a hipótese é de crime cometido durante o exercício da função, e não após; porém, este enunciado refere-se a ação penal iniciada após a cessação da atividade funcional.

452. *Oficiais e praças do Corpo de Bombeiros do Estado da Guanabara respondem perante a Justiça Comum por crime anterior à Lei 427, de 11.10.1948.*

A Lei 427, de 11.10.1948, afastou os oficiais e praças do Corpo de Bombeiros do então Distrito Federal do foro militar. Os crimes anteriores não se enquadravam nessa competência.

453. *Não se aplicam à segunda instância o art. 384 e parágrafo único do Código de Processo Penal, que possibilitam dar nova definição jurídica ao fato delituoso, em virtude de circunstância elementar não contida, explícita ou implicitamente, na denúncia ou queixa.*

Esse artigo teve sua redação modificada pela Lei 11.719/2008:

"Art. 384. Encerrada a instrução probatória, se entender cabível nova definição jurídica do fato, em consequência de prova existente nos autos de elemento ou circunstância da infração penal não contida na acusação, o Ministério Público deverá aditar a denúncia ou queixa, no prazo de 5 dias, se em virtude desta houver sido instaurado o processo em crime de ação pública, reduzindo-se a termo o aditamento, quando feito oralmente.

"§ 1º. Não procedendo o órgão do Ministério Público ao aditamento, aplica-se o art. 28 deste Código.

"§ 2º. Ouvido o defensor do acusado no prazo de 5 dias e admitido o aditamento, o juiz, a requerimento de qualquer das partes, designará dia e hora para continuação da audiência, com inquirição de testemunhas, novo interrogatório do acusado, realização de debates e julgamento.

"§ 3º. Aplicam-se as disposições dos §§ 1º e 2º do art. 383 ao *caput* deste artigo.

"§ 4º. Havendo aditamento, cada parte poderá arrolar até 3 (três) testemunhas, no prazo de 5 (cinco) dias, ficando o juiz, na sentença, adstrito aos termos do aditamento.

"§ 5º. Não recebido o aditamento, o processo prosseguirá."

Isso decorre do disposto no art. 383 do CPC ("O juiz, sem modificar a descrição do fato contida na denúncia ou queixa, poderá atribuir-lhe definição jurídica diversa, ainda que, em consequência, tenha de aplicar pena mais grave"). O reconhecimento da possibilidade de nova definição jurídica do fato delituoso é dado pelo CPP ao juiz, e não à segunda instância. O tribunal não pode reformar a sentença para determinar o processamento por crime com nova classificação, incorrendo no reconhecimento de circunstância elementar não contida na denúncia (HC 55.125).

454. Simples interpretação de cláusulas contratuais não dá lugar a recurso extraordinário.

O CC/2002 não se estende além do art. 112 (CC/1916, art. 85) no tocante à interpretação dos atos jurídicos. Nele adota-se o princípio da manifestação da vontade acima do sentido literal da linguagem. Menos regras temos em relação à interpretação dos contratos. Mas podemos verificar que essa interpretação está no plano dos fatos, principalmente como deixa entrever Danz. Como observa Washington de Barros Monteiro, para chegarmos à interpretação do contrato é necessário reconstruir o ato volitivo em que se exteriorizou o negócio jurídico, pesquisando meticulosamente qual teria sido a real vontade do agente e, assim, corrigindo sua manifestação, verbal ou escrita, expressa erradamente (*Curso ...*, vol. 5, p. 38). Portanto, os fatos voltariam a ser examinados no STF quando da apreciação do recurso extraordinário. Teríamos o STF como terceira instância – aliás, entendida assim por João Mendes, contraditado por José Rodrigues de Carvalho (*Do Recurso Extraordinário*, Paraíba, 1920, p. 14; *RTJ* 109/814).

V. Súmula STJ-5.

455. Da decisão que se seguir ao julgamento de constitucionalidade pelo Tribunal Pleno são inadmissíveis embargos infringentes quanto à matéria constitucional.

O RISTF prevê, no art. 333, IV, os embargos à decisão não unânime do Plenário que julga a representação de inconstitucionalidade, se houver quatro ou mais votos divergentes. Apenas fala na representação, e não relativamente à prejudicial de inconstitucionalidade, apreciada *incidenter tantum*.

Mas da decisão posterior ao exame da constitucionalidade, quando não unânime, não cabem embargos. Há que ressaltar que o Tribunal Pleno, decidindo da constitucionalidade, julgará o feito, não o devolvendo à Turma.

456. O Supremo Tribunal Federal, conhecendo do recurso extraordinário, julgará a causa, aplicando o Direito à espécie.

O alcance desta Súmula suscita dúvidas quando o julgamento da causa implica o reexame das provas, obstáculo imposto pela Súmula STF-279.

O princípio da economia processual impressiona sobremodo, porque o conhecimento do recurso extraordinário, quer fosse pela divergência de julgados ou pela negativa de vigência, imporia a devolução do feito ao tribunal *a quo*, para o exame da causa (*RTJ* 98/397, 109/293).

Interessante debate acerca deste enunciado ocorreu entre os Mins. Thompson Flores e Eloy da Rocha no RE 67.283, *RTJ* 52/342. Asseverou o Min. Thompson Flores:

"A Súmula n. 456 não tem merecido pacífica exegese por parte do STF; julgados há que admitem que o conhecimento do recurso devolve, totalmente, ao Supremo Tribunal Federal o conhecimento das questões; outros há mais reservados.

"Filio-me à corrente mais discreta, a qual só aceita a apreciação das questões que mereceram consideradas na instância *a quo*. Pensar de outra maneira seria admitir julgamento em instância única e na fase extraordinária."

Observou o Min. Eloy da Rocha:

"O STF, no recurso extraordinário, não deve examinar os fatos.

"Essa matéria, apreciada pela instância ordinária, não será objeto da revisão no recurso.

"Por outro lado, tenho como princípio certo que, no momento em que o Supremo Tribunal conhece, em grau de recurso extraordinário, o mérito, passa a examinar os fatos."

A discrepância nos julgamentos levou Nabuco de Araújo a apresentar projeto de alteração da competência do STF para julgar definitivamente as revistas, no mérito, quando tomasse conhecimento das mesmas (Joaquim Nabuco, *Um Estadista do Império*, 1ª ed., vol. I, p. 278).

Cf. *RSTJ* 156/121; RISTF, art. 257 (v. RE 299.800 e RE 298.695, *RTJ* 188/349).

No referido RE 298.695 estabeleceu a ementa: "Recurso extraordinário: letra 'a' – Alteração da tradicional orientação jurisprudencial do STF, segundo a qual só se conhece do recurso extraordinário, 'a', se for para dar-lhe provimento – Distinção necessária entre o *juízo de admissibilidade do recurso extraordinário, 'a'* – para a qual é suficiente que o recorrente alegue adequadamente a contrariedade pelo acórdão recorrido de dispositivos da Constituição nele prequestionados – e *o juízo de mérito*, que envolve a verificação da compatibilidade ou não entre a decisão recorrida e a Constituição, ainda que sob prisma diverso daquele em que se hajam baseado o Tribunal *a quo* e o recurso extraordinário".

V. Luís Felipe Salomão, "Breves anotações sobre a admissibilidade do recurso especial, in *STJ – Doutrina, 20 Anos*, Brasília, 2009, p. 219.

Conhecido o recurso pela letra "a", aplica-se o Direito à espécie (RISTJ, art. 257).

457. *O Tribunal Superior do Trabalho, conhecendo da revista, julgará a causa, aplicando o Direito à espécie.*

Sendo a revista trabalhista de caráter extraordinário e cabendo ao TST o recurso em último grau, seria absurdo que o TST conhecesse do recurso e o devolvesse ao TRT para julgamento do mérito. Coqueijo Costa mostra a distinção dos dois juízos de admissibilidade. No *ad quem* quando conhece para, no mérito, manter ou reformar, no todo ou em parte, adentra-se o *judicium rescisorium*, proferindo outra decisão, que necessariamente substitui a anterior (*Princípios de Direito Processual do Trabalho*, São Paulo, LTr, 1976, p. 116).

458. *O processo da execução trabalhista não exclui a remição pelo executado.*

Segundo o art. 13 da Lei 5.584, de 26.6.1970, "a remição só será deferível ao executado se este oferecer preço igual ao valor da condenação". Neste caso, a remição da execução é a prevista no art. 651 do CPC.

459. No cálculo da indenização por despedida injusta incluem-se os adicionais, ou gratificações, que, pela habitualidade, se tenham incorporado ao salário.

A indenização deve ser paga em razão da maior remuneração, inclusive os adicionais ou gratificações.

V. Súmula STF-462.

460. Para efeito do adicional de insalubridade, a perícia judicial, em reclamação trabalhista, não dispensa o enquadramento da atividade entre as insalubres, que é ato da competência do Ministro do Trabalho e Previdência Social.

As atividades insalubres assim são consideradas por ato da competência do Ministro do Trabalho. Não basta a declaração pelo perito.

461. É duplo, e não triplo, o pagamento do salário nos dias destinados a descanso.

A Lei 605/1949 instituiu o salário em dobro pelo trabalho em dia destinado ao repouso. Além do salário normal, mais um salário pelo trabalho nesse dia.

462. No cálculo da indenização por despedida injusta inclui-se, quando devido, o repouso semanal remunerado.

V. comentários à Súmula STF-459.

463. Para efeito de indenização e estabilidade conta-se o tempo em que o empregado esteve afastado, em serviço militar obrigatório, mesmo anteriormente à Lei 4.072, de 16.6.1962.

Esse enunciado está assente na Lei 4.072, de 15.6.1962, que assim dispôs.

464. No cálculo da indenização por acidente do trabalho inclui-se, quando devido, o repouso semanal remunerado.

A Lei 8.213, de 24.7.1991, art. 28 determina que "O valor do benefício de prestação continuada, inclusive o regido por norma especial e o decorrente de acidente do trabalho, exceto o salário--família e o salário-maternidade, será calculado com base no salário--de-benefício.

465. *O regime de manutenção de salário, aplicável ao IAPM e ao IAPETC, exclui a indenização tarifada na Lei de Acidentes do Trabalho, mas não o benefício previdenciário.*

Súmula superada com a unificação dos Institutos de Previdência (*RTJ* 94/182).

466. *Não é inconstitucional a inclusão de sócios e administradores de sociedades e titulares de firmas individuais como contribuintes obrigatórios da Previdência Social.*

A União, através da Lei Orgânica da Previdência Social, incluiu os diretores de sociedades anônimas entre os contribuintes da Previdência Social. Levantou-se a inconstitucionalidade do dispositivo sob a alegação de que a Constituição expressava a observância pela legislação do trabalho, mediante a cooperação do empregador e do empregado para o estabelecimento da Previdência Social, e os diretores não estavam nesse binômio. Essa argumentação não foi aceita pelo STF (v. Leis 8.212 e 8.213, de 24.7.1991).

467. *A base do cálculo das contribuições previdenciárias, anteriormente à vigência da Lei Orgânica da Previdência Social, é o salário-mínimo mensal, observados os limites da Lei 2.755/1956.*

O Decreto-lei 7.835/1945 dispôs que nenhum associado ou segurado poderia contribuir mensalmente sobre salário inferior ao mínimo vigente na localidade.

468. *Após a Emenda Constitucional 5, de 21.11.1961, em contrato firmado com a União, Estado, Município ou autarquia é devido o Imposto Federal de Selo pelo contratante não protegido pela imunidade, ainda que haja repercussão do ônus tributário sobre o patrimônio daquelas entidades.*

V.: comentários às Súmulas STF-303; Aliomar Baleeiro, *Direito Tributário Brasileiro*, 2ª ed., p. 102.

469. A multa de 100%, para o caso de mercadoria importada irregularmente, é calculada à base do custo de câmbio da categoria correspondente.

O art. 60, § 1º, da Lei 3.244/1957 fixou a conversão pelo câmbio da categoria correspondente; o cálculo deveria ser referido à data do despacho aduaneiro, ou da decisão judicial que concedesse segurança para esse fim. A Lei 6.562/1978, revogou esse artigo e deu novas normas para os casos de importações irregulares.

470. O Imposto de Transmissão Inter Vivos não incide sobre a construção, ou parte dela, realizada, inequivocamente, pelo promitente comprador, mas sobre o valor do que tiver sido construído antes da promessa de venda.

O Imposto de Transmissão apenas incide sobre o valor do terreno e sobre a parte já construída até o ato de transmissão.

471. As empresas aeroviárias não estão isentas do Imposto de Indústrias e Profissões.

Considerou o STF que a isenção apenas abrangia o Imposto de Localização, e não o de Indústrias e Profissões. Esse imposto não mais existe.

472. A condenação do autor em honorários de advogado, com fundamento no art. 64 do Código de Processo Civil, [CPC/1939; CPC/1973, art. 20] depende de reconvenção.

Essa orientação está superada pela Lei 4.632/1965, que manda condenar nos honorários advocatícios a parte vencida na demanda independentemente de pedido inicial ou reconvencional (*RTJ* 34/666; RE 61.386, *RTJ* 40/221, *RE* 61.136, *RTJ* 46/322).

V. CPC/1973, art. 20.

473. A Administração pode anular seus próprios atos, quando eivados de vícios que os tornem ilegais, porque deles não se originam direitos; ou revogá-los, por motivo de conveniência ou oportunidade, respeitados os direitos adquiridos e ressalvada, em todos os casos, a apreciação judicial.

Distinguem-se nesta Súmula a *anulação* do ato administrativo e a *revogação* do ato administrativo. Ambas as espécies pertencem ao gênero *invalidação* do ato administrativo. Assim ocorre quando há inconveniência, inoportunidade ou ilegalidade nesse ato.

A revogação do ato administrativo decorre da inconveniência para a Administração, porém o ato é legal e perfeito. Somente a Administração o pode fazer, não cabendo ao Judiciário, que somente pode anular o ato, como também o pode a Administração, no entanto, com base na sua ilegalidade ou ilegitimidade.

Por isso, a Súmula balizou as duas consequências do ato nulo ou do ato inconveniente. Esta Súmula não pode ser invocada para anular ato administrativo pela mera conveniência do administrador (*RTJ* 75/640).

Na doutrina, Miguel Reale impugna a possibilidade de o Executivo anular o ato administrativo; porque – diz o ilustre Jurista – quando se configura um ato administrativo simplesmente anulável cessa a competência anulatória do Executivo. Só ao Poder Judiciário é dado decretar a nulidade (*Revogação e Anulamento do Ato Administrativo*, p. 91). Invoca a opinião do Orosimbo Nonato, que distinguia o ato administrativo revogável, quando é ato-norma; mas, se o ato origina certas situações jurídicas e não se trata de nulidade ou defeito manifesto, sua nulidade há de ser discutida no Judiciário.

A doutrina não aceita essa orientação, ressalvando-se o direito subjetivo a terceiros e a responsabilidade do Estado pelos efeitos patrimoniais decorrentes da anulação (Seabra Fagundes, "Revogação e anulamento do ato administrativo", *RDA* 2/487 e *RF* 107/218, e *O Controle dos Atos Administrativos*, § 71; Hely Lopes Meirelles, *Direito Administrativo Brasileiro*, 38ª ed., São Paulo, Malheiros Editores, 2012, Capítulo IV; José Cretella Jr., *Tratado de Direito Administrativo*, vol. II, p. 310; José Frederico Marques, "A revogação dos atos administrativos", *RDA* 39/20; Oswaldo Aranha Bandeira de Mello, *Princípios Gerais de Direito Administrativo*, 3ª ed., 2ª tir., vol. I, São Paulo, Malheiros Editores, 2010, pp. 651 e ss.). A possibilidade de a Administração Pública declarar a nulidade dos seus próprios atos está na Súmula STF-346. Não se pode invocar a falta de reclamação ou recurso de interessados ou prejudicados para a Administração anular o ato por eiva de ilegalidade; dir-se-á – com apoio na doutrina de Espínola (*Dos Direitos Subjetivos*, p. 568) – que não há direito subjetivo sem iniciativa do sujeito, mas a falta de reclamação não impede o socorro do Judiciário (*RTJ* 73/145).

Se há omissão de requisito essencial para a validade do ato, então, este é nulo, não decorrendo daí direitos, porque a nulidade do ato não os gerou (*RTJ* 75/935). Não se invocará também a infringência ao princípio constitucional do respeito ao direito adquirido, porque ele se apoia em direito inexistente.

A projeção de efeitos jurídicos em relação a terceiros só ocorre se não há respeito a direitos produzidos a favor de terceiros; mas se há ilegalidade, então, trata-se de anulação, daí não produzindo efeitos (*RTJ* 70/241).

Nada impede a revogação do ato complexo, que ainda não se completou pela falta de pronunciamento de uma autoridade. É o caso da aposentadoria, sem aprovação do Tribunal de Contas. A Administração pode revogar esse ato, porque o julga ilegal, e daí não decorre a possibilidade de reclamação do interessado (*RTJ* 58/382, 70/701, 88/264 e 298).

Há que distinguir-se, então, a *nulidade absoluta* do ato administrativo da *nulidade relativa* (*RTJ* 72/285).

As opiniões divergem no alcance do exame do ato administrativo de punição no processo administrativo. Ao Poder Judiciário cabe a apreciação das provas nas quais baseou-se a Administração para punir o servidor. Com esse exame o Judiciário verificará da legitimidade da punição. Como ensinou Francisco Campos, a legalidade do ato administrativo está relacionada com o motivo real, o motivo indicado pela lei para a prática do ato. Nessa linha, concorda Cretella Jr., permitindo ao Judiciário o exame do mérito do processo administrativo, investigando se houve o fato, fiscalizando as provas, indo aos motivos (*RDA* 79/37). Não se trata de verificar a justeza do ato, e sim configurar sua existência. Ora, se o fato não ocorreu, não poderá haver uma punição, em decorrência (*RTJ* 71/761); também não bastaria ao Judiciário a simples existência formal do inquérito administrativo, porém a base legal para o ato punitivo (*RTJ* 68/666; Hely Lopes Meirelles, *Direito Administrativo Brasileiro*, 37ª ed., São Paulo, Malheiros Editores, 2011, pp. 204-214; Celso Antônio Bandeira de Mello, *Curso de Direito Administrativo*, 29ª ed., São Paulo, Malheiros Editores, 2012, pp. 449-463).

Esta Súmula foi mantida no RE 74.390, *RTJ* 88/133.

V.: Súmula STF-346; *RTJ* 119/1.174; STJ, MS 7.219, rel. Min. Luiz Fux: a anistia somente pode ser desfeita se obedecido o devido processo legal.

V. prazo decadencial para anulação do ato administrativo (art. 54 da Lei 9.784, de 29.1.1999, que regula o processo administrativo) e

MS 22 357-DF, rel. Min. Gilmar Mendes, *DJU* 5.11.2004; Marçal Justen Filho, *Curso de Direito Administrativo*, São Paulo, Saraiva, 2005, p. 251; João Batista Gomes Moreira, *Direito Administrativo – Da Rigidez Autoritária à Flexibilidade Democrática*, Fórum, 2005, p. 273.

Em discussão, o alcance do tema, anulação dos atos administrativos, no RE 594.296 decidiu o STF: "Recurso extraordinário – Direito administrativo – Exercício do poder de autotutela estatal – Revisão de contagem de tempo de serviço e de quinquênios de servidora pública – Repercussão geral reconhecida (...). Ao Estado é facultada a revogação de atos que repute ilegalmente praticados; porém, se de tais atos já decorreram efeitos concretos, seu desfazimento deve ser precedido de regular processo administrativo. (...)".

474. Não há direito líquido e certo, amparado pelo mandado de segurança, quando se escuda em lei cujos efeitos foram anulados por outra, declarada constitucional pelo Supremo Tribunal Federal.

No Estado do Rio Grande do Norte, em determinado Governo, foram feitas inúmeras nomeações. Posteriormente, novo Governo declarou inválidos aqueles provimentos, considerando-os insubsistentes. Os nomeados impetraram mandado de segurança baseados na lei criadora dos cargos, portanto legitimando as nomeações. Considerou o STF que os efeitos da lei primitiva foram anulados pela segunda lei, a qual foi declarada constitucional pelo STF.

475. A Lei 4.686, de 21.6.1965, tem aplicação imediata aos processos em curso, inclusive em grau de recurso extraordinário.

A Lei 4.686, de 21.6.1965, introduziu um § 2º no art. 26 do Decreto-lei 3.365 (Lei das Desapropriações) dispondo que, decorrido prazo superior a um ano a partir da avaliação, o juiz ou o tribunal, antes da decisão final, deveria determinar a correção monetária do valor apurado. Esse § 2º foi novamente alterado pela Lei 6.306, de 15.12.1978: "§ 2º. Decorrido prazo superior a um ano a partir da avaliação, o Juiz ou Tribunal, antes da decisão final, determinará a correção monetária do valor apurado, conforme índice que será fixado, trimestralmente, pela Secretaria de Planejamento da Presidência da República".

Toda a discussão passou a girar em torno da expressão "decisão final", porque, em tese, essa lei trouxe lenitivo a muita injustiça em matéria de desapropriações infindáveis, contra o dispositivo constitucional do justo preço. Argumentou-se que essa expressão encerrava a decisão do juiz de primeira instância, e não poderia ser aplicado o princípio à apelação.

No voto do Min. Víctor Nunes (RE 63.318, *RTJ* 46/205) demonstrou-se a aplicação da correção monetária aos processos pendentes (nesta Súmula aplicou-se a regra de que a lei nova incide nos processos pendentes).

Em exaustivo voto, o Min. Aliomar Baleeiro demonstrou a aplicação da correção monetária também em recurso extraordinário (RE 65.395, *RTJ* 52/711; v. também *RTJ* 75/882 e 941, 65/750). A correção monetária é a forma de ajuste da indenização, conforme exige a Constituição Federal, isto é, o valor atual e justo. Por isso, a lei que a instituiu nos processos de desapropriação deve ser aplicada imediatamente, em qualquer fase, pois a Constituição manda indenizar pelo valor real (RE 71.625).

476. *Desapropriadas as ações de uma sociedade, o poder desapropriante, imitido na posse, pode exercer, desde logo, todos os direitos inerentes aos respectivos títulos.*

No caso do Banco Hipotecário e Agrícola do Estado de Minas Gerais, o STF julgou constitucional o critério para a desapropriação, bem como o critério de indenização das ações desse estabelecimento bancário. A lei especial pode declarar a utilidade pública das ações de sociedade para fins de desapropriação (*RDA* 57/262 e *RF* 187/97).

Novamente essa questão foi agitada no STF com o caso da Cia. Paulista de Estradas de Ferro, cujas ações foram declaradas de utilidade pública para efeito de desapropriação. Decidiu, então, a Corte que, sendo lícita a imissão provisória na posse dos bens declarados de utilidade pública, portanto, nas ações, é permitido ao poder expropriante usar todos os direitos inerentes a essas ações (RMS 9.644, rel. Min. Ari Franco, *RDA* 76/217; RMS 9.549, rel. Min. Ribeiro da Costa, *RDA* 76/211; e RMS 10.971, rel. Min. Gonçalves de Oliveira, *RDA* 76/237).

No RE 65.646, relatado pelo Min. Themístocles Cavalcanti (*RTJ* 47/688), o Tribunal Pleno encaminhou-se no sentido da jurisprudência, porquanto, no caso, alegava-se que o expropriante não necessitaria de todos os bens componentes do patrimônio da empresa expropriada. Assim se procedeu para manter a estrutura dos serviços.

A Lei das Desapropriações permite atingir direitos. Dentro dessa linha, o Estado pode alcançar os direitos relativos às ações de uma empresa.

Além dos dois casos mencionados na jurisprudência do STF, outros apareceram na legislação: desapropriações da CELMA na Massa Falida da Panair do Brasil, Decreto federal 57.682, de 28.1.1966; Consórcio Ponte Rio-Niterói, Decreto federal 68.110, de 26.1.1971; Ações do Grupo Conceição do Rio Grande do Sul, Decretos federais 75.403, de 20.2.1975, e 75.457, de 7.3.1975.

Para o âmbito local, o Decreto-lei 856, de 11.9.1969, alterou a Lei das Desapropriações, para vedar a desapropriação pelos Estados, Distrito Federal, Territórios e Municípios de ações, cotas e direitos representativos do capital de instituições e empresas cujo funcionamento dependa de autorização do Governo Federal e se subordine à sua fiscalização, salvo mediante prévia autorização, por decreto do Presidente da República.

477. *As concessões de terras devolutas situadas na faixa de fronteira, feitas pelos Estados, autorizam, apenas, o uso, permanecendo o domínio com a União, ainda que se mantenha inerte ou tolerante, em relação aos possuidores.*

A Lei 601/1850, já proibia a aquisição de terras devolutas por outro título que não fosse o de compra, excetuando-se as terras situadas nos limites do Império com Países estrangeiros, em uma zona de 10 léguas, as quais poderiam ser concedidas gratuitamente.

O art. 5º da Lei 6.634, de 2.5.1979, também limitou a transferência de terras contidas na faixa de fronteira através de alienação, que depende de autorização prévia do Conselho de Segurança Nacional.

Nos ERE 52.331, o STF, através do voto do Min. Evandro Lins, decidiu: "Faixa de fronteira. 1. Terras devolutas nela situadas. São bens dominicais da União (CF, *[CF/1946]* art. 34, II; Lei n. 2.597, de 12.9.1955, art. 2º). 2. As concessões de terras devolutas situadas na faixa de fronteira, feitas pelos Estados anteriormente à vigente Constituição, devem ser interpretadas como legitimando o uso, mas não a transferência do domínio de tais terras, em virtude da manifesta tolerância da União e de expresso reconhecimento da legislação federal. 3. O Estado concedente de tais terras é parte legítima para rescindir os contratos de concessão de terras devolutas por ele celebrados, bem como para promover o cancelamento de sua transcrição no Registro de Imóveis".

478. O provimento em cargos de juízes substitutos do trabalho deve ser feito independentemente de lista tríplice, na ordem de classificação dos candidatos.

O art. 24 da Lei 3.414, de 20.6.1958, dispunha que "o concurso para provimento do cargo de Juiz do Trabalho Substituto e Juiz do Trabalho Presidente de Junta será válido por 4 (quatro) anos, salvo se a lista dos habilitados ficar, nesse período, reduzida a menos de 3 (três) nomes".

Tal dispositivo foi alterado pelo art. 22 do Decreto-lei 229/1967 e, posteriormente, pela Lei 6.087, de 16.7.1974, que deu nova redação ao art. 654, § 3º, da CLT, da seguinte forma: "Os juízes substitutos serão nomeados após aprovação em concurso público de provas e títulos realizado perante o Tribunal do Trabalho da Região, válido por 2 (dois) anos e prorrogável, a critério do mesmo órgão, por igual período, uma só vez, e organizado de acordo com as instruções expedidas pelo Presidente do Tribunal Superior do Trabalho".

Em substancioso voto, o Min. Eloy da Rocha examinou essa questão levada ao STF por concursados que pretendiam ver anuladas as nomeações de vários juízes substitutos do trabalho, segundo eles, efetuadas com preterição do direito dos requerentes, aprovados com melhor classificação (MS 18.972, *RTJ* 47/521). Exaustivos votos foram proferidos por ocasião do julgamento, destacando-se o do Min. Eloy da Rocha, porém todos sintetizados no voto do Min. Thompson Flores:

"Como bem mostraram os eminentes Relatores, Mins. Baleeiro e Gonçalves de Oliveira, aos juízes do trabalho não são aplicadas, no que tange às nomeações, as exigências da lista tríplice a que se refere o art. 136, I, última parte, da CF. *[CF/1967]*

"Sua situação rege-se por outro preceito, o art. 133, § 4º.

"E por não ser precisada constitucionalmente a forma de investidura, reportando-se à lei ordinária, precisou esta, apenas, a ordem de classificação. É o critério único ao qual por força de lei teria que se ater S. Exa. o Sr. Presidente da República.

"Transgredindo-o, com sacrifício do direito dos impetrantes, cabe restabelecê-lo" (*RTJ* 47/537).

V. art. 86 da Lei Orgânica da Magistratura Nacional.

479. As margens dos rios navegáveis são de domínio público, insuscetíveis de expropriação e, por isso mesmo, excluídas de indenização.

A Constituição de 1934 considerava de domínio da União os lagos e quaisquer correntes em terrenos do seu domínio, ou que banhassem mais de um Estado (art. 21, II), assim também a Constituição de 1937 (art. 36, "b"). A Constituição de 1967 também incluiu entre os bens dos Estados os rios em terrenos de seu domínio (art. 5º); assim fez também a Emenda 1.

V. CF/1988, art. 20, III, *in fine*.

Não se falou nas margens dos rios, que em geral são terras valorizadas e suscitavam muita dúvida quando havia desapropriação.

No RE 10.042, relatado pelo Min. Laudo de Camargo, o STF teve oportunidade de enfrentar o problema, considerando essas margens do domínio público (*RDA* IV/73).

No Código de Águas (Decreto 24.643, de 10.7.1934) considerava-se a questão:

"Art. 11. São públicos dominicais, se não estiverem destinados ao uso comum, ou por algum título legítimo não pertencerem ao domínio particular:

"(...).

"2º. os terrenos reservados nas margens das correntes públicas de uso comum, bem como dos canais, lagos e lagoas da mesma espécie."

Em longo parecer estudando a matéria, o Min. Gonçalves de Oliveira concluiu: "Se a autora não possui título de concessão da zona à margem do Tietê, esta é do domínio público reservada ao uso comum, como o é o rio do qual as margens são partes integrantes. Mesmo tivesse a autora concessão dessa margem, estaria esta sujeita a servidão pública para uso do rio, incontestavelmente de domínio público" (*RF* 104/241).

Também em erudito parecer, Daniel de Carvalho expendeu considerações sobre o tema (*RF* 103/41), e ainda Oswaldo Aranha Bandeira de Mello ("Servidão pública sobre terrenos reservados", *RDA* 5/30).

A Corte voltou a corroborar a decisão contida no acórdão da lavra do Min. Laudo de Camargo, afirmando que as margens de rios navegáveis são do domínio público, não se incluindo na expropriação (RE 63.206, rel. Min. Gonçalves de Oliveira, *RTJ* 44/717).

Hely Lopes Meirelles discorda da orientação da Súmula, porque a faixa reservada pelo Código de Águas é servidão administrativa, para eventuais fiscalizações do rio, sem ser retirada da propriedade particular (*Direito Administrativo Brasileiro*, 37ª ed., São Paulo, Malheiros Editores, 2011, p. 669). O STF voltou a reafirmar a Súmula nos RE 83.476, *DJU* 1.10.1976, p. 8.542, e 88.698, rel. Min. Décio Miranda (Maria Sylvia Zanella Di Pietro, *Servidão Administrativa*, São Paulo, Ed. RT, 1978, p. 123; *RDP* 3/257 e 5/24; STJ, REsp 508 377).

480. *Pertencem ao domínio e administração da União, nos termos dos arts. 4º, IV, e 186 da Constituição Federal de 1967, as terras ocupadas por silvícolas.*

Na CF/1988, arts. 20, XI, e 231.

A Constituição de 1967 atribuía à União o direito de propriedade das terras enquanto o silvícola não se integrasse na comunidade (art. 4º, IV) (Pontes de Miranda, *Comentários à Constituição de 1967*, t. I, p. 529).

Por isso, o STF julgou inconstitucional lei do Estado de Mato Grosso que reduziu área de terras que se achavam na posse de silvícolas (RE 44.585, *DJU* 12.10.1961). Após afirmar a inclusão das terras ocupadas pelos silvícolas como bem da União Federal, a Constituição de 1967 e a Emenda Constitucional 1/1969 estipulavam que as terras habitadas pelos silvícolas eram inalienáveis nos termos em que a lei federal determinasse, a eles cabendo sua posse permanente e ficando reconhecido seu direito ao usufruto exclusivo das riquezas naturais e de todas as utilidades nelas existentes (CF/1969, art. 198; CF/1988, arts. 20, XI, e 231).

V. Súmula STF-650.

481. *Se a locação compreende, além do imóvel, fundo de comércio, com instalações e pertences, como no caso de teatros, cinemas e hotéis, não se aplicam ao retomante as restrições do art. 8º, "e", parágrafo único, do Decreto 24.150, de 20.4.1934.*

O art. 8º, "e", parágrafo único, do Decreto 24.150/1934 impedia a destinação do prédio retomado com locação comercial para o uso do mesmo ramo de comércio.

Em determinadas circunstâncias a locação comercial envolve o mobiliário, instrumental, apetrechos necessários ao funcionamento de atividade comercial, como nos cinemas, teatros, hotéis. Nestes casos não seria possível impedir ao locador que retoma o imóvel com locação comercial para uso como do mesmo ramo de comércio, porquanto o imóvel fora locado com todos esses pertences e instalações. A se indeferir essa possibilidade, o locador teria que se desfazer desses objetos e da atividade que ele próprio instalara no imóvel.

Impedir o proprietário retomando de explorar pessoalmente é desvirtuar a lei sua finalidade, é impedir o *jus utendi* que compõe o direito de propriedade (RE 59.704, *RTJ* 37/168).

Acentuou o Min. Evandro Lins que a proibição da retomada para o exercício do mesmo ramo de comércio não se aplica ao caso em que o proprietário deu em locação não apenas o imóvel, mas também o fundo de comércio. Se se negasse, em tal hipótese, a retomada para exploração do ramo de negócio a que se destina o estabelecimento, seria praticamente torná-la impossível, violando-se o direito de propriedade (RE 60.649, *RTJ* 45/404; RE 67.729, *DJU* 24.10.69, *RTJ* 53/123). No RE 28.625 decidiu dessa forma o STF.

Em acórdão da lavra do saudoso Des. Eduardo Espínola Filho, o TJGB examinou a questão ora colocada nesta Súmula (*RF* 211/142).

O art. 52, § 1º, da Lei 8.245/1991 consagrou a orientação da Súmula.

482. *O locatário, que não for sucessor ou cessionário do que o precedeu na locação, não pode somar os prazos concedidos a este, para pedir a renovação do contrato, nos termos do Decreto 24.150.*

A *accessio temporis* é admitida, possibilitando a renovatória, ainda quando o contrato seja inferior a cinco anos, se a soma dos prazos atinge esse lapso de tempo.

Decidiu o STF no RE 65.589, *DJU* 29.12.1969, p. 6.243: "Locação – Renovatória – Prazo. Havendo continuidade na locação, o prazo anterior, ainda que por contrato verbal, soma-se ao do último contrato por escrito, para que o autor da ação renovatória complete os cinco anos exigidos".

A Lei 8.245/1991 (art. 51, § 1º) expressamente dispõe no sentido da Súmula.

483. *É dispensável a prova da necessidade na retomada de prédio situado em localidade para onde o proprietário pretende transferir residência, salvo se mantiver, também, a anterior, quando dita prova será exigida.*

A Súmula STF-80 (*superada*) exigia a prova da necessidade para a retomada de prédio situado fora do domicílio do locador.

É muito comum pessoas domiciliadas em outro Estado proporem a retomada de imóvel para veraneio ou estadia em tratamento de saúde.

Com a transferência da Capital para Brasília, quase todos os moradores da nova Capital vieram de outros Estados, onde tinham residências alugadas ou de sua propriedade. Quando deixaram de possuí-las, não perderam os vínculos de família ou amizade nessas cidades, e periodicamente retornavam à cidade de origem. Portanto, esta Súmula veio abrandar o disposto na Súmula STF-80, que exigia a prova da necessidade em qualquer circunstância. Nesta Súmula exige-se a prova quando a anterior residência for mantida; dispensa-se quando houver transferência.

Esta Súmula surge num caso concreto referente a morador em Brasília que propôs ação de despejo com retomada para uso próprio de imóvel de sua propriedade no Rio de Janeiro. Alegou o retomante que periodicamente instalava-se no Rio, e em férias estava obrigado a hospedar-se em hotel com sua família, com ônus e despesas.

A decisão do Tribunal Pleno do STF calcou-se no voto do Min. Eloy da Rocha, sendo de acrescentar que antes fora a matéria apreciada na 1ª Turma, que não acompanhou o Min. Víctor Nunes em suas ponderações quanto à excepcionalidade do caso, envolvendo recorrente domiciliado em Brasília. A ementa do acórdão nos ERE 64.890 (*DJU* 19.9.1969) bem expressa a síntese do voto do Min. Eloy da Rocha (Relator): "Locação. Não afastam, em princípio, a necessidade do pedido de retomada o domicílio legal do locador, em virtude da qualidade de funcionário público, e a circunstância da residência em outra cidade – na qual se situa o prédio retomando – em caráter temporário ou periódico, na ocasião de férias do servidor ou de sua família, ou eventualmente para exercício de funções de seu cargo. O que se exige, em tese, é a prova da necessidade do prédio, não obstante as circunstâncias peculiares da residência em outra localidade".

484. Pode, legitimamente, o proprietário pedir o prédio para a residência de filho, ainda que solteiro, de acordo com o art. 11, III, da Lei 4.494, de 25.11.1964.

A Lei 1.300, de 28.12.1950, dava margem a dúvidas quanto à retomada de imóvel para filho somente quando viúvo ou casado. Na Lei 4.494, de 25.11.1964, esse dispositivo foi abrandado, possibilitando-se a retomada para o descendente solteiro. As decisões não foram tranquilas nesse sentido, porém o STF assentou em vários julgados essa orientação (RE 64.361, *RTJ* 46/785; RE 63.675, *RTJ* 44/775; RE 66.271, *DJU* 19.9.1969).

A Lei 4.494 foi revogada pela Lei 6.649/1979, revogada, por sua vez, pela Lei 8.245, de 18.10.1991.

V.: comentários à Súmula STF-175; Lei 8.245/1991, art. 47, III.

485. Nas locações regidas pelo Decreto 24.150, de 20.4.1934, a presunção de sinceridade do retomante é relativa, podendo ser ilidida pelo locatário.

O Decreto 24.150/1934 não exigia a prova da sinceridade do locador para retomar o imóvel comercial e nele instalar ramo de negócio diverso do instalado. No entanto, presumia-se que o locador tivesse intuitos sinceros para a retomada, porque, afinal, militava em seu favor o direito de propriedade assegurado pela Constituição. Essa presunção é *juris tantum*, podendo, por isso, ser demonstrada em contrário pelo locatário.

No RE 57.615, relatado pelo Min. Evandro Lins, assim se decidiu: "Locação. O Decreto n. 24.150, de 20.4.1934, no art. 8º, letra 'e', não exige prova da sinceridade do retomante. Meras dúvidas sobre os propósitos do locador não podem obstar ao direito de retomada" (*RTJ* 32/547).

Em outras decisões também o STF perfilhou essa orientação (RE 62.417, *RTJ* 44/106; RE 62.989, *RTJ* 44/107; RE 66.271, *DJU* 19.9.1969).

No RE 69.360 decidiu a 2ª Turma, pelo voto do Min. Antônio Neder, que, na ausência de prova de que o proprietário se mostra insincero ao pleitear a retomada, esta deve ser concedida sem desconfiança (*DJU* 26.11.1971) (*RTJ* 110/1.298).

V. Lei 8.245/1991, art. 52, II.

486. Admite-se a retomada para sociedade da qual o locador, ou seu cônjuge, seja sócio, com participação predominante no capital social.

A opinião do Min. Orosimbo Nonato esteve isolada por muito tempo em relação à retomada pelo locador do imóvel para a sociedade da qual é sócio.

Observou que o interesse do indivíduo na sociedade tem de ser significativo. Grande é seu interesse pela maior participação na sociedade, dá-se-lhe aquele direito, não obstante o princípio *societas distat a singulis*.

Há que se observar a participação do locador no capital dessa sociedade, notoriamente predominante (RE 18.656, *RF* 137/401; ERE 47.514, *DJU* 19.9.1963, p. 896; RE 60.258, *RTJ* 37.108). Não se impede a aplicação dessa Súmula se o regime de bens é o da separação (RE 102.573, *DJU* 24.8.1984) (Alfredo Buzaid, *Da Ação Renovatória*, 2ª ed., p. 401; *RTJ* 110/1.289).

A Lei 8.245/1991 (art. 52, II) exige que o locador (ou seu cônjuge, ascendente ou descendente) seja detentor da maioria do capital.

487. Será deferida a posse a quem, evidentemente, tiver o domínio, se com base neste for ela disputada.

Lafayette, após mostrar que o domínio é o direito real que vincula e legalmente submete ao poder absoluto de nossa vontade a coisa corpórea, na substância, acidentes e acessórios, aponta os direitos encerrados no domínio, dentre eles o direito de possuir, isto é, o *jus possidendi*, fundamento das ações *in rem*, com a finalidade de trazer o objeto às mãos de seu dono (*Direitos das Coisas*, §§ 24 e 25). Esse direito existe quando a posse disputada se apresentar como exterioridade do domínio do possuidor e, evidentemente, o domínio não pertencer ao contendor (Clóvis Beviláqua, *Comentários* ..., 11ª ed., vol. 3, p. 27).

Carvalho Santos, analisando o CC/1916, art. 505 (CC/2002, art. 1.210, § 2º), acentuava que não há impedimento para o juiz examinar os títulos de propriedade. Não temos de confundir no mesmo juízo petitório ou possessório. Outra coisa não preceituava o CC/1916 no art. 505, segunda parte, pois ali se determinava não que se decidisse sobre o domínio, mas tão somente que não se julgasse a posse a favor daquele a quem evidentemente não pertencesse o domínio. A decisão não versa sobre o domínio, mas unicamente a prova evidente do domínio serve para esclarecer a natureza da posse que se quer seja protegida (*Código Civil Brasileiro Interpretado*, vol. VII, p. 159).

Já em acórdão de 9.7.1917 o STF considerava como domínio evidente aquilo que, pela própria clareza, se impunha como verdade tão perfeita que dispensasse toda e qualquer prova (Otávio Kelly, *Jurisprudência Federal*, n. 520). Como acautela Carvalho Santos, onde quer que surja uma dúvida, desaparece a evidência. Mas o essencial é que a dúvida suscitada seja razoável e que tenha a virtude de retirar do título exibido a evidência da prova do domínio (ob. cit., p. 162).

Nas ações possessórias é de regra a não indagação, porém é inevitável se os litigantes todos disputam a posse a título exclusivo de propriedade. Nesta hipótese há que indagar da propriedade, fundamento de posse (RE 4.276, *DJU* 5.6.1943; RE 70.299, *DJU* 16.10.1970; RE 62.547, *RTJ* 43/495; RE 60.870, *RTJ* 46/662).

Segundo o CC/2002, art. 1.210, § 2º, a ação de manutenção ou reintegração na posse não obstava à alegação de domínio.

Clóvis Beviláqua, ao comentar a segunda parte do art. 556 do CC/1916, via sua origem no Assento de 16.2.1786. Mas explicitava que a exceção do domínio só podia ser arguida quando a posse disputada se apresentasse como exterioridade do domínio do possuidor. Esse Assento decorreu de consulta sobre a distinção entre posse civil e natural, e que a posse passasse àquele que tivesse o mais provável direito à propriedade, até mesmo para que a posse não fosse julgada favoravelmente àquele a quem não devesse ser atribuída a propriedade. Com esse comentário do excelso jurisconsulto, e com apoio em Teixeira de Freitas, passou-se a entender que a segunda parte do art. 505 previa a exceção de domínio. Chegamos, então, à questão: haverá a exceção de domínio nas ações possessórias?

Caio Mário da Silva Pereira afirmava a impossibilidade da invocação da propriedade no julgamento da posse. A quem alega cabe promover a reivindicação, pela via petitória, e não possessória. A segunda parte do art. 556, do CC/1916, traria a evidência do domínio. Enfim, haveria a separação entre posse e propriedade, repelindo-se a *exceptio dominii* (*Instituições* ..., vol. IV, 1974, p. 71; Altino Portugal Soares Pereira, "A exceção de domínio no Código de Processo Civil", *RDC* 2/13; Ernani Viera de Souza, "A incompatibilidade entre a ação possessória e a reivindicatória", *Ajuris* 13/120).

Para chegarmos à Súmula 487 precisamos sentir, com Pontes de Miranda, que a posse deve ser julgada a favor de quem pode ser o dono, e não deve ser julgada a favor daquele que, evidentemente, não é o dono (*Tratado de Direito Privado*, t. X, p. 316).

Portanto, precisa-se entender a Súmula: não que ambas as partes disputem a posse, com base no domínio – pois, então, não será possessória, e sim petitória –, mas que uma das partes dispute a posse com base no domínio.

Outro ponto importante para a discussão da questão é o CPC/1973, art. 923: "Na pendência do processo possessório, é defeso, assim ao autor como ao réu, intentar a ação de reconhecimento do domínio".

Pelo fato da impossibilidade do petitório, havendo processo possessório, estremou-se o limite entre os dois pedidos (apesar do ilogismo do artigo, onde não se discute domínio, porém pode ser alegado – e é tão importante ser alegado, que a posse será julgada em favor daquele a quem evidentemente pertencer o domínio) (*RTJ* 72/737).

Se a posse é disputada com base em título de domínio, e a posse é duvidosa, e o domínio é manifesto, logo, a posse deve ser julgada a favor de quem alega o bom domínio (*RTJ* 76/250, 37/585).

Não pode haver contestação por quem não seja proprietário, em ação possessória (*RTJ* 70/374).

A posse deve ser disputada a título de propriedade, do contrário não é possessória, e sim ação reivindicatória (*RTJ* 68/831, 50/190, 39/46).

Não comprovado o domínio de qualquer das partes, admite-se a posse em favor daquela que fez melhor prova da posse (*RTJ* 43/495).

A exceção de propriedade, em ação possessória, só é admissível quando as partes disputem a posse como proprietários, e apenas a esse título (*RTJ* 53/461).

A Súmula 487 só se aplica nas hipóteses em que ambos os litigantes pretendem a posse a título de domínio, e não quando um deles a defende por ela mesma, até porque não é proprietário do imóvel (RE 113.279, *DJU* 2.10.1987; *RTJ* 118/1.126 e 123/770; Renan Lotufo, "Exceção de domínio no direito possessório brasileiro", in *Posse e Propriedade*, São Paulo, Saraiva, 1987, p. 687; Clóvis do Couto e Silva, *Comentários ao Código de Processo Civil*, t. I, p. 137; Adroaldo Furtado Fabrício, *Comentários* ..., p. 399; Ovídio A. Baptista da Silva, *Comentários ao Código de Processo Civil*, vol. 13, São Paulo, Ed. RT, p. 216).

488. A preferência a que se refere o art. 9º da Lei 3.912, de 3.7.1961, constitui direito pessoal. Sua violação resolve-se em perdas e danos.

Debateu-se longamente a natureza jurídica do direito de preferência do locatário à aquisição do imóvel locado, em caso de venda.

Várias opiniões sustentaram que esse direito era real (RE 53.684, Min. Víctor Nunes, *DJU* 14.11.1963), ao contrário de outros, que o consideravam como direito pessoal. A primeira orientação implicava domínio, isto é, o locatário preferente reaveria o imóvel; enquanto pela segunda corrente haveria apenas ressarcimento de perdas e danos. O art. 16 da Lei 4.494, de 25.11.1964, resolveu satisfatoriamente a questão, considerando pessoal essa preferência, resolvendo-se em perdas e danos o descumprimento da obrigação.

Já afirmava Oswaldo Opitz, examinando a questão, que ela era de direito obrigacional, e não de direito real (Eduardo Espínola Filho, *Manual do Inquilinato*, p. 86; Clóvis, *Comentários* ..., vol. IV, p. 317; Carvalho Santos, *Código Civil Interpretado*, vol. XVI, p. 223), encontrando sua fonte na relação *ex locato* de natureza obrigacional. Portanto, a lei entendeu de dar maior proteção, assegurando ao locatário um direito de prelação.

Como observou o Min. Luiz Gallotti em despacho no Ag 52.372, o direito de preferência assegurado ao locatário só pode ser invocado quando há alienação, e não simples cessão de direitos hereditários (*DJU* 29.4.1971, p. 1.779).

V. Lei 8.245/1991, arts. 27 e 33.

489. A compra e venda de automóvel não prevalece contra terceiros, de boa-fé, se o contrato não foi transcrito no Registro de Títulos e Documentos.

O voto do Min. Pedro Chaves nos ERE 51.952 bem ilustra a orientação desta Súmula:

"Com apoio na opinião de consagrados civilistas, sustenta o embargante a tese de que o domínio das coisas móveis só se transmite pela tradição, nos termos dos arts. 620 e 675 do CC, [*CC/1916; CC/2002, arts. 1.267 e 1.227]* emprestando ao art. 136 do Decreto n. 4.857 efeitos exclusivos em relação a terceiros.

"Assim resume o embargante sua argumentação: 'Diz o art. 620 do CC: 'O domínio das coisas não se transfere pelos contratos antes da tradição'. E, no art. 675, repete: 'Os direitos reais – portanto, também a propriedade sobre coisas móveis –, quando constituídos ou transmitidos por atos entre vivos, só se adquirem com a tradição'.

"'No dispositivo em apreço o legislador empregou o advérbio 'só' para reforçar e deixar bem claro que sem a tradição não há, nem pode haver, transferência de domínio, transmissão de propriedade.

"'Por outro lado, o art. 136, e o seu n. VII, do Decreto-lei n. 4.857, invocados pelo embargado, com a aceitação do aresto embargado, não revogaram, como é evidente, os preceitos legais precitados, do Código Civil, nem com eles colidem, como será comprovado em seguida.

"'O art. 136, e seu n. VII (do Decreto-lei n. 4.857), prescrevem: 'Estão sujeitos à transcrição, no Registro de Títulos e Documentos, para valerem contra terceiros, os contratos de compra e venda de automóveis, bem como o penhor dos mesmos, qualquer que seja a forma de que se revistam'.

"'A transcrição, por conseguinte, como é bem de ver, só tem por fim fazer valer o contrato de compra e venda contra terceiros, o que vale dizer, fazer valer o direito e as obrigações que nele se contêm. E nada mais, nem nada menos.

"'A transcrição, pois, não aumenta nem diminui, não amplia e nem restringe os direitos e as obrigações formalizados no contrato, não aumenta e nem diminui o valor jurídico do documento, valor que não poderá ser outro que não aquele que lhe for atribuído por lei. Ora, a lei, no caso, como já foi demonstrado, prescreve que o domínio das coisas não se transfere pelos contratos *antes da tradição*. Logo, o contrato, por si só, não transmite a propriedade de coisas móveis. Sem a tradição, real ou simbólica, não se opera a transferência do seu domínio, ainda mesmo quando transcrito, de vez que, como é óbvio, a transcrição não tem a virtude de suprir a falta de tradição.'

"A meu ver, as alegações do embargante não abalam as razões que justificaram o brilhante voto do eminente Relator do acórdão embargado e que mereceram o apoiamento dos eminentes civilistas e mestres Srs. Mins. Hahnemann Guimarães e Villas Boas.

"Do voto do eminente Min. Víctor Nunes, após a invocação de precedente firmado em voto do eminente Min. Luiz Gallotti, são as seguintes considerações:

"'Tenho por inteiramente aplicável ao caso esse importante precedente.

"'A exigência de inscrição no Registro Público dos títulos translativos da propriedade de automóveis resultou das peculiaridades desse comércio. O automóvel, além de ser bem de alto valor, é facilmente removível, circunstâncias que impuseram cautelas e normas especiais por parte do legislador. Em consequência dessas normas especiais, não me parecem oponíveis ao comprador de automóvel, para o efeito de se lhe negar a imissão na posse, os arts. 620 e 675 do CC, [CC/1916] que exigem a tradição da coisa móvel para a transferência do domínio.

"'Argumenta-se que o registro somente produz efeitos contra terceiros, nos expressos termos do art. 136, n. VII, do Decreto-lei 4.857, de 1939. Mas um desses efeitos é precisamente a nulidade da venda ulterior, quando já registrada a anterior. Em tal caso, o adquirente compra *a non domino*. Nenhum sentido teria o registro se o vendedor pudesse fazer novas alienações, locupletando-se com o prejuízo alheio.

"'A consequência, pois, a tirar-se de registro exigido pelo Decreto-lei n. 4.857, de 1939, é que ele transfere a propriedade do automóvel, independentemente da tradição. Estando, pois, inscrito o recibo de compra, está o comprador armado da ação de imissão na posse contra o alienante e terceiro detentor, nos termos do CPC, arts. 381, I, e 382. [CPC/1939]

"'Essa interpretação, que harmoniza perfeitamente os dispositivos do Código Civil com o regime especial da compra e venda de automóveis, atende melhor ao interesse público. Pela escassez de automóveis, no mercado nacional, vai-se tornando praxe pagarem os compradores, por antecipação, a quase totalidade, se não a totalidade, do preço, muito antes de receber o veículo. Fazem, assim, os compradores um verdadeiro empréstimo sem juros ao vendedor. Se ainda admitirmos que o vendedor, mesmo depois de registrado o recibo de venda, ainda continua proprietário do automóvel, por falta da tradição, podendo vendê-lo de novo, estaremos contribuindo para a prática de inúmeras fraudes, em detrimento dos compradores de boa-fé.'

"Não tenho dúvida em aceitar como razão de decidir os fundamentos do voto que acabo de ler. Na realidade, a consequência do registro exigido pelo art. 136, n. VII, do Decreto-lei n. 4.857, de 1939, não é apenas a garantia contra terceiro, senão a equiparação desse registro aos efeitos de verdadeira tradição que pode ser oposta também ao alienante. Neste passo, invoco a lição de Washington de Barros Monteiro, em seu *Curso de Direito Civil – Direito das Coisas*, quando, tratando da tradição, exemplifica casos de transferência do domínio independentemente dela, em virtude de solenidade inerente ao próprio ato, apontando a transferência de ações nominativas das sociedades anônimas mediante termo no livro próprio (Decreto-lei n. 2.627, de 1940, art. 27) dos títulos da dívida pública da União, Estados e Municípios (Decreto-lei n. 3.545, de 1941), acrescentando: 'também estão sujeitas a normas especiais as transferências de automóveis e embarcações, bem como os conhecimentos de transportes de mercadorias'. Veja-se bem: 'estão sujeitas a normas especiais', como bem decidiu o acórdão embargado. Se a regra geral é contida no Código Civil, dela estão, no entanto, excluídos pela legislação posterior os casos especiais, em virtude de normas ditadas pela evolução e pelas novas necessidades."

Outras decisões no mesmo sentido: *RTJ* 37/381, 40/133 e 47/762.

V. art. 129, 7º, da Lei de Registros Públicos (Lei 6.015/1973). Há ilegitimidade passiva *ad causam* daquele cujo nome figura no Registro, se houver prova da venda (RE 95.923, rel. Min. José Néri, *RTJ* 108/676; *RTJ* 119/433; *RTJ* 126/1.170).

V.: Súmula STJ-132; Sérgio Cavalieri Filho, *Programa de Responsabilidade Civil*, 6ª ed., 3ª tir., São Paulo, Malheiros Editores, 2006, p. 232.

490. *A pensão correspondente à indenização oriunda de responsabilidade civil deve ser calculada com base no salário-mínimo vigente ao tempo da sentença e ajustar-se às variações ulteriores.*

A necessidade de atualização dos valores correspondentes à indenização na responsabilidade civil, em virtude da desvalorização monetária, levou o juiz às soluções mais viáveis a fim de possibilitar uma indenização justa.

Uma das primeiras soluções foi a atualização tomando-se por base o salário-mínimo vigente, com as variações posteriores (RE 53.336; *RTJ* 38/591, 44/108, 46/420 e 564; ERE 54.632, *RTJ* 39/499; ERE 57.039, *RTJ* 42/612; ERE 60.516, *RTJ* 40/413; RE 63.768, *RTJ* 45/421; RE 64.632, *RTJ* 46/420). O critério para atualização automática é mais justo e sem ônus para o indenizado, e o reajustamento faz-se imediatamente (RE 78.022, 85.576, 89.894). A Lei 6.205, de 29.4.1975, descaracterizou o salário-mínimo como fator de correção monetária, adotando o coeficiente de variação das Obrigações Reajustáveis do Tesouro Nacional/ORTNs. Aliás, o STF deu pela invalidade da adoção do salário-mínimo (RE 85.933 e 86.110; *RTJ* 110/342).

V.: Lei 6.899/1981; comentários às Súmulas STF-562 e STJ-43.

491. É indenizável o acidente que cause a morte de filho menor, ainda que não exerça trabalho remunerado.

Perseveraram vários autores na objeção às indenizações ao dano moral, encontrando a oposição a essa tese nas opiniões de Orosimbo Nonato, Filadelfo e outros ilustres juristas (RF 94/477).

O Código Civil português prevê o direito à indenização por danos morais aos pais ou outros descendentes, sem discriminar a idade (art. 496º, n. 2).

Em longo e percuciente voto, o Min. Aliomar Baleeiro votou no sentido do cabimento de indenização por morte de filho menor (RE 59.940, RTJ 39/38). Apontou S. Exa. a jurisprudência no caminho dessa tese (RF 97/158; RE 49.860, DJU 17.10.1963, p. 1.023; ERE 55.811, RTJ 33/158). Mostrou a longa discussão em torno da reparabilidade do dano não patrimonial. Chega ao ponto central do caso para concluir que o fato da espera pelos pais de todas as satisfações lícitas, o cuidado e a solicitude pelos filhos, importa uma expectativa tão válida como qualquer direito potencial. Na mesma trilha desse erudito voto, não menos expressivamente, concluiu o Min. Pedro Chaves (RTJ 39/44). Na mesma orientação: ERE 53.404, RTJ 42/378; RE 65.281, RTJ 47/279; RE 55.853, RTJ 48/189; RE 61.263, RTJ 47/615; RE 57.253, RTJ 47/316; RE 69.832, DJU 9.10.1970. A indenização cinge-se ao dano patrimonial, repelido o dano moral, conforme as decisões do STF (RE 84.718, 83.168, 88.143). Destaque-se o voto do Min. Moreira Alves pelo deferimento também da indenização pelo dano moral decorrente da morte de filho menor (RE 84.718). Há apenas dano moral pela morte do recém-nascido: STJ, REsp 402.874.

V.: CF/1988, art. 5º, X; Súmula STJ-37; Francisco Amaral, *Direito Civil*, Rio de Janeiro, Renovar, 2003, p. 557, Sérgio Cavalieri Filho, *Programa de Responsabilidade Civil*, 6ª ed., 3ª tir., São Paulo, Malheiros Editores, 2006, p. 121; Paulo de Tarso Vieira Sanseverino, *Princípio da Reparação Integral*, São Paulo, Saraiva, 2010, p. 187.

492. A empresa locadora de veículos responde, civil e solidariamente com o locatário, pelos danos por este causados a terceiro, no uso do carro locado.

O aluguel de automóveis para uso temporário tem-se desenvolvido no mundo.

As pessoas necessitadas desses veículos imediatamente encontram sua satisfação mediante o pagamento de aluguel. As empresas locadoras nem sempre tomam as devidas cautelas em relação aos locatários, e estes, praticando, às vezes, desatinos, causam danos a terceiros, desaparecendo em muitas oportunidades.

O Código de Trânsito Brasileiro/1997 (Lei 9.503, de 23.9.1997, art. 257, §§ 7º e 8º; Código Nacional de Trânsito/1966, Lei 5.108, de 21.9.1966, parágrafo único do art. 102) imputa ao proprietário do veículo a responsabilidade, quando não possa ser identificado o condutor infrator. Na mesma linha, as penalidades serão impostas aos proprietários dos veículos, aos seus condutores, ou a ambos, conforme o caso (Código de Trânsito Brasileiro/1997, art. 257; Código Nacional de Trânsito/1966, art. 100). Aos proprietários e condutores de veículos serão impostas concomitantemente penalidades toda vez que houver responsabilidade solidária na infração dos preceitos do Código (Código de Trânsito Brasileiro/1997, art. 257, § 1º; Código Nacional de Trânsito/1966, parágrafo único do art. 100).

O Código Civil italiano (art. 2.054) dispõe que o proprietário do veículo, ou, em sua vez, o usufrutuário ou adquirente com pacto de reserva de domínio, é responsável solidariamente com o condutor do veículo se não prova que a circulação do veículo foi feita contra sua vontade.

No RE 60.477 (*RTJ* 37/594) o Min. Villas Boas examinou atentamente o alcance da responsabilidade da empresa locadora do automóvel em relação ao dano causado pelo locatário.

Em julgado do TJRJ discutiu-se sobre a denunciação da lide (CPC/1973, art. 70, III) ao locatário do veículo, por ser a responsabilidade solidária. Segundo o dispositivo da lei processual, a denunciação deve ser feita àquele que estiver obrigado, pela lei, a indenizar, em ação regressiva, o prejuízo de quem perder a demanda. Segundo CC/2002, art. 283 (CC/1916, art. 913), o devedor que satisfez a dívida por inteiro tem direito a exigir dívida paga (*RJTJRJ* 34/205, 1975).

Divergia dessa opinião o Min. Pedro Chaves, não vendo a responsabilidade pessoal da empresa locadora, porque o aluguel do carro é um ato legítimo de comércio, praticado com diligência e cautelas normais. Se houve imprudência, se houve violação dos termos do contrato, foi praticada exclusivamente pelo locatário, que desviou o objeto, que lhe foi entregue, da sua destinação ordinária.

Posteriormente, o STF, no RE 62.247 (*RTJ* 41/796), sendo Relator o Min. Adaucto Cardoso, sufragou a tese sustentada pelo Min. Villas Boas, observando S. Exa. que a empresa locadora laborou em culposa negligência, por falta de adequada cobertura da eventual incapacidade econômica do arrendatário, que desapareceu sem compor os prejuízos causados. Na mesma linha de argumentos, ainda que o caso não seja de locação de veículos, assentou o Min. Oswaldo Trigueiro, no RE 64.111 (*RTJ* 47/760), que se presume a responsabilidade de quem figura como proprietário do veículo na repartição competente. No RE 114.938 a Corte não aplicou a Súmula 492 no arrendamento mercantil (*leasing*) (Álvaro Villaça Azevedo, *RT* 743/109).

V. Sérgio Cavalieri Filho, *Programa de Responsabilidade Civil*, 6ª ed., 3ª tir., São Paulo, Malheiros Editores, 2006, p. 215.

493. *O valor da indenização, se consistente em prestações periódicas e sucessivas, compreenderá, para que se mantenha inalterável na sua fixação, parcelas compensatórias do Imposto de Renda, incidente sobre os juros do capital gravado ou caucionado, nos termos dos arts. 911 e 912 do Código de Processo Civil.*

A Súmula se refere ao CPC de 1939.

Dispõe o art. 475-Q do CPC/1973 (incluído pela Lei 11.232, de 2005): "Quando a indenização por ato ilícito incluir prestação de alimentos, o juiz, quanto a esta parte, poderá ordenar ao devedor constituição de capital, cuja renda assegure o pagamento do valor mensal da pensão".

494. *A ação para anular venda de ascendente a descendente, sem consentimento dos demais, prescreve em 20 anos, contados da data do ato, revogada a Súmula 152.*

[O *texto refere-se ao CC/1916. O prazo no CC/2002 foi reduzido para 10 anos.*]

Para que o negócio jurídico seja válido, requer agente capaz, objeto lícito e forma prescrita ou não defesa em lei (CC/2002, arts. 104, 107 e 166, I, II e IV; CC/1916, arts. 129, 130 e 145).

Estes elementos são fundamentais para a validade e existência do ato jurídico perfeito. Não concorrendo para a formação do ato jurídico os elementos fundamentais acima citados, este ato poderá ser nulo ou anulável.

1. *Atos nulos* (de pleno direito) são aqueles que, inquinados por algum vício essencial, não podem ter eficácia jurídica.

CC/2002, art. 166 (CC/1916, art. 145): "Art. 166. É nulo o negócio jurídico quando: I – celebrado por pessoa absolutamente incapaz; II – for ilícito, impossível ou indeterminável o seu objeto; III – o motivo determinante, comum a ambas as partes, for ilícito; IV – não revestir a forma prescrita em lei; V – for preterida alguma solenidade que a lei considere essencial para a sua validade; VI – tiver por objetivo fraudar lei imperativa; VII – a lei taxativamente o declarar nulo, ou proibir-lhe a prática, sem cominar sanção".

Os *atos anuláveis*, por sua vez, são aqueles que se acham inquinados de um vício capaz de lhes determinar a ineficácia, mas que poderá ser eliminado, restabelecendo-se, assim, a normalidade do ato.

CC/2002, art. 171 (CC/1916, art. 147): "Art. 171. Além dos casos expressamente declarados na lei, é anulável o negócio jurídico: I – por incapacidade relativa do agente; II – por vício resultante de erro, dolo, coação, estado de perigo, lesão ou fraude contra credores".

Os atos anuláveis produzem efeitos até a sentença que os anule, efeitos *ex nunc;* enquanto os *atos nulos* não dependem de sentença que os anule. Não produzem efeitos, não têm eficácia jurídica. A nulidade opera-se *ex tunc,* desde a data do ato.

2. *Ato nulo ou anulável.* Após estas noções preliminares, passaremos ao exame de venda realizada de ascendentes para descendentes sem a autorização expressa dos demais descendentes.

A *ratio legis* – afirmam nossos mestres do direito civil – está no intento de conjurar a dissimulação de doações inoficiosas, em favor de um dos descendentes ou em desfalque das legítimas dos demais descendentes. A venda em questão, quer direta, quer por interposta pessoal, pode perfeitamente encobrir doação, em detrimento dos demais herdeiros (Washington de Barros Monteiro, *Curso ...*, p. 593). Alguns autores pretendem estender a proibição a todos os contratos. A jurisprudência não apoia tal ponto (*RT* 123/580 e 129/224).

Parece-nos que a venda de ascendente a descendente deveria estar inserida no capítulo referente à sucessão, e não no da compra e venda ("Direito das Obrigações"), pois a proibição tem por finalidade evitar que, sob color da venda, se façam doações, prejudicando, desta maneira, a igualdade das legítimas.

Lições e julgados existem com relação à anulação ou anulabilidade da venda em questão, e até hoje não se chegou a uma posição pacífica. A jurisprudência dos nossos Tribunais é vacilante, assim como a opinião dos grandes mestres do Direito.

Para Washington de Barros Monteiro as vendas realizadas com preterição do disposto no art. 1.132 do CC/1916 (CC/2002, art. 496) seriam anuláveis. Chegou o insigne Mestre a esta conclusão porque "a anulação depende de iniciativa dos interessados, não podendo ser alegada pelo Ministério Público, nem decretada *ex officio* pelo juiz: porque o ato é suscetível de ratificação, característica que, como o anterior, só é peculiar à nulidade relativa; porque a alienação prevalecerá se se provar que é real, que o preço é justo e que, de fato, foi pago pelo descendente comprador" (Washington de Barros Monteiro, *Curso*..., vol. 5, p. 95).

Caio Mário da Silva Pereira, identicamente, afirma que, "não estando em jogo interesse público, é privativo dos prejudicados promover a anulação, ou deixar de fazê-lo, como lhes apraz. Por outro lado, o ato é suscetível de confirmação, bastando para seu conhecimento que os outros descendentes deem, *a posteriori*, o seu acordo" (*Instituições* ..., vol. III, p. 125). No mesmo passo, Agostinho Alvim afirmou que "não há, com efeito, um interesse público, que reclame a nulidade absoluta do ato, com as consequências de poder ser invocada pelo Ministério Público e declarada de ofício pelo juiz" (*Da Compra e Venda e da Troca*, p. 69).

No entendimento de Clóvis Beviláqua, ao comentar o art. 145, V, do CC/1916 (CC/2002, art. 166, VII) o art. 1.132 do CC/1916 (CC/2002, art. 496, que considera anulável esta venda) é caso típico de nulidade absoluta a que se reporta aquele dispositivo, segundo o qual "é nulo o ato jurídico quando: (...) VII – a lei taxativamente o declarar nulo, ou lhe negar efeito" (na dicção do CC/2002: "é nulo o negócio jurídico quando: (...) VII – a lei taxativamente o declarar nulo, ou proibir-lhe a prática, sem cominar sanção").

Algumas vezes o Código, em vez de dizer "o ato é nulo", diz "tal pessoa não o pode praticar". Tais são, por exemplo, os casos do CC/1916, arts. 1.132, 1.133 e 1.134 (CC/2002, arts. 496, 497 e 498) (Clóvis Beviláqua, *Código Civil Comentado*, 4ª ed., p. 404, obs. 2, *in fine*, ao art. 145).

Desta maneira, para o ilustre civilista a venda de ascendente a descendente sem o consentimento expresso dos demais descendentes é um *ato nulo*, pois nulo não é somente o ato como tal taxativamente declarado na lei; o que é indispensável é que os motivos da proibição legal sejam de ordem pública. Do mesmo tomo, Eduardo Espínola afirma, ao cotejar os arts. 1.132 e 1.164, II, do CC/1916 (CC/2002, arts. 496 e 533, II – que considera anulável esta venda), que a troca de valores desiguais entre ascendentes e descendentes, sem consentimento expresso dos outros descendentes, resulta em que a venda é nula (*Manual do Código Civil*, vol. III, p. 570). Pontes de Miranda adota a tese de nulidade (*Tratado* ..., t. XXXIX, p. 82; idem Francisco Morato, *Miscelânea Jurídica*, vol. I, p. 298).

O Min. Nélson Hungria, Relator do RE 19.739, assim se pronunciou com relação ao preceituado no CC/1916, art. 1.132 (CC/2002, art. 496): "Não se pode rastrear o motivo da lei para subverter o seu texto peremptório e iniludível. O legislador, advertido pela lição da experiência que aconselha a não permissão da venda de ascendente a descendente, para conjurar simulações lesivas do interesse dos demais descendentes, resolveu proibi-la aprioristicamente, salvo assentimento dos últimos. Não há indagar se houve ou não simulação. A venda tem de ser declarada *nula* se qualquer dos demais descendentes não consentir e pleiteie em juízo. Dizer-se que o art. 1.132 encerra apenas uma *presunção 'juris' de simulação*, elisível pela prova em contrário, é, *data venia* dos que opinam diversamente, construir inteiramente à margem da letra categórica e incontornável da lei" (*Arquivo Judiciário* 102/267).

Para Tito Prates os motivos que levam o legislador a cominar a nulidade são sempre de ordem pública. Não é necessário que a lei use da expressão "nulo"; basta seu imperativo, em harmonia com os dispositivos da legislação (*Justiça* XXX/351). Assim, o contrato de venda do ascendente ao descendente, sem que os demais descendentes consintam expressamente, é *nulo de pleno direito*.

O Min. Orosimbo Nonato considera que "o fundamento de ineficácia do contrato não é, no caso, a *simulação*, mas a ofensa à lei, que veda, sem exceções, a venda de ascendentes a descendentes sem a anuência expressa dos outros descendentes" (*O Direito* XXX/280).

Há opinião contrária de Hahnemann Guimarães. Para ele, há presunção relativa de simulação (*RF* 191/121). Para os defensores desta corrente a nulidade da venda dos ascendentes aos descendentes decorreria da falta do consentimento expresso dos demais descendentes, e é *absoluta*, não podendo, desta maneira, entrar nos termos do § 9º, V, do art. 178 do CC/1916 (CC/2002, art. 178, *caput*), somente referente aos atos *relativamente nulos*. Ao contrário, esta venda se equipara aos casos dos ns. I a V do art. 145 do CC/1916 (CC/2002, art. 166, I a VII) ("Das Nulidades"), porque a forma negativa do art. 1.132 do CC/1916 (CC/2002, art. 496) encerra uma afirmativa: o ascendente pode vender ao descendente, bastando, para tal, a expressa autorização dos demais descendentes. Assim, o consentimento expresso dos outros descendentes constitui formalidade essencial (CC/1916, art. 145, IV; CC/2002, art. 166, V) à validade da venda nesse caso; e, se o contrato é celebrado com omissão desse consentimento, deixa de revestir a forma prescrita em lei (CC/1916, art. 145, III; CC/2002, art. 166, IV).

Homero Prates também defende a corrente que considera *nula de pleno direito* a venda de ascendente a descendente quando esta é realizada *diretamente*, porque visível do próprio instrumento da venda, e sua transgressão inclui-se entre os atos que a lei declara taxativamente *nulos* ou lhes nega efeito ou, ainda, a que falte alguma formalidade que a lei declara essencial para sua validade (CC/1916, art. 145, IV e V; CC/2002, art. 166, V e VII).

Quando a violação do preceito legal se verifica de modo *indireto* a *nulidade* é apenas *relativa*, mas nem por isso se desfaz a venda por ação diversa, porque tal ato é igualmente *nulo*.

O mesmo autor assim resume sua douta opinião: "A única diferença, portanto, que existe é que, na infração *direta*, não carece ser provada a fraude ou a simulação, ao passo que na transgressão *indireta* não só a simulação como a fraude necessitam ser cumpridamente demonstradas para que possa ser decretada a *nulidade* das alienações em fraude de lei" (*Justiça* II/19).

Caio Mário da Silva Pereira afirma que a lei pretendeu resguardar o princípio da igualdade das legítimas contra a defraudação que resultaria de dissimular, sob a forma de compra e venda, uma doação que beneficiaria a um, em prejuízo dos demais. Interditando a lei este contrato ("não podem"), a consequência seria sua *nulidade*, pois quando a lei considera uma solenidade essencial à validade do ato sua preterição tem essa consequência (CC/1916, art. 145, IV; CC/2002, art. 166, V).

O ato de consentimento expresso é suscetível de confirmação, bastando que os outros descendentes deem *a posteriori* o seu acordo. "Assim, somos pela *anulabilidade* da venda enunciada no art. 1.132" (CC/1916; CC/2002, art. 496) (*RF* 104/45 e 161/42).

Na jurisprudência dos nossos Tribunais de Justiça a questão da venda do ascendente ao descendente não é tranquila. Alguns tribunais consideram-na *nula*, enquanto outros opinam pela sua *anulabilidade*.

Nossa Corte Suprema de Justiça por alguns anos não firmou jurisprudência com respeito ao art. 1.132 do CC/1916 (CC/2002, art. 496). E não raras vezes encontrávamos julgados discrepantes.

Posteriormente, no entanto, o STF firmou sua jurisprudência, considerando *nula* a venda de ascendente a descendente sem o consentimento expresso dos demais descendentes, desde realizada que esta venda diretamente, e *anulável* se realizada indiretamente, com interposta pessoa.

Será *nula* a venda realizada *diretamente* sem o consentimento expresso dos demais descendentes, pois, desta maneira, o ato não se reveste de forma prescrita em lei (CC/1916, art. 145, III; CC/2002, art. 166, IV). Realizada *indiretamente*, a venda será *anulável*, pois haverá *simulação*, causa que provoca a anulabilidade do ato (CC/1916, art. 147, II; CC/2002, art. 171, II) (RE 51.523, rel. Min. Aliomar Baleeiro, *RTJ* 39/655).

Para melhor esclarecimento da controvérsia trazemos à colação vários julgados do STF: RE 55.663, *RTJ* 40/549; RE 58.741, *RTJ* 39/115; RE 51.523, *RTJ* 39/655; RE 50.139, *RTJ* 32/631.

3. *Prazo prescricional*. Quanto ao prazo prescricional para tornar nula ou anulável a venda de ascendente a descendente muito se discutiu, mas o STF firmou jurisprudência no sentido de que esta ação prescreve em quatro anos, a contar da abertura da sucessão (Súmula 152), porque a jurisprudência do STF sempre se baseou no fundamento da simulação, não sendo aplicável a regra do art. 1.132 do CC/1916 (CC/2002, art. 496) quando se tratar de doação (RE 63.864, Min. Thompson Flores, *DJU* 27.6.1969).

No RE 61.953, relator o Min. Aliomar Baleeiro, assim decidiu o STF: "Venda de ascendente a descendente. A prescrição da ação para anulá-la com base no art. 1.132 do CC *[CC/1916; CC/2002, art. 496]* é de quatro anos, contados da morte do ascendente".

No RE 50.139 assim entendeu o Min. Luiz Gallotti: "Quanto à prescrição, nunca houve dúvida de que ela só nasce com a morte do ascendente. Não se pode ir a juízo com base numa herança de pessoa viva. Se a ação nasce com a abertura da sucessão, daí se conta a prescrição. É o princípio da *actio nata*" (*RTJ* 32/630).

No TJPE, o Min. Djaci Falcão pronunciou-se, como desembargador, pela prescrição do CC/1916, art. 177 (CC/2002, art. 205) (*Arquivo Forense* XLVIII/197). A propósito da imprescritibilidade da ação para os atos nulos, Caio Mário da Silva Pereira afirma sua inexistência (*Instituições* ..., vol. I, p. 446); Washington de Barros Monteiro admite o prazo do art. 178, § 9º, V, "b", do CC/1916 (CC/2002, art. 178, II).

Alguns juristas consideravam ser o prazo prescricional o do CC/1916, art. 177, 20 anos (v. CC/2002, art. 205, 10 anos), contados da efetivação do ato. Esta posição parece-nos, entretanto, insustentável. Ocorreria a venda de pai para filho, e aquele só falecendo 10 anos após esta venda estaria a ação prescrita quando da abertura da sucessão, data em que os demais descendentes tomariam ciência da venda anterior. Por este motivo, somos pelo prazo prescricional de quatro anos, contados da abertura da sucessão, conforme a Súmula STF-152.

O Min. Luiz Gallotti observou, com muita propriedade, que, tratando-se de ato nulo, a prescrição não poderia ser de quatro anos, sendo, portanto, de 20 anos, conforme o Código Civil/1916 (*RTJ* 32/639).

Na doutrina, Marcos Bernardes Mello explica que a nulidade prescreve juntamente com a prescrição da ação de nulidade (*Teoria do Fato Jurídico*, Saraiva, 1995, p. 189; Yussef Said Cahali, *Prescrição e Decadência*, São Paulo, RT, 2008, p. 211).

4. *Propositura da ação*. Na jurisprudência há vacilação quanto à época do ajuizamento da ação para tornar sem efeito a venda do ascendente a descendente. As decisões mais veementes foram proferidas no sentido da propositura da ação somente após a abertura da sucessão do ascendente. Assim consignava a Súmula STF-152 (*Arquivo Judiciário* 16/23, 41/30 e 62/416; *Arquivo do Ministério da Justiça* 91/229).

Outras, em menor número, dispensaram o óbito do ascendente para possibilitar o ajuizamento da ação (*RF* 157/288, 168/267, 82/361; *RT* 255/322, 270/302; *RTJ* 39/115, 222/164), e o STF decidiu em Tribunal Pleno quanto à possibilidade da propositura da ação em vida do ascendente vendedor, desde o momento da celebração do contrato de venda (RE 59.417, rel. Min. Luiz Gallotti; RE 64.321, rel. Min. Oswaldo Trigueiro, *DJU* 25.4.1969).

Anteriormente defendia-se o princípio da *actio nata*, porque o descendente não se pode dizer titular de uma herança ainda em vida do ascendente. A ação só nasceria com a morte do ascendente, e a prescrição não ocorre antes do nascimento da ação, contra quem não pode agir, como acentuou certa vez o Min. Luiz Gallotti (*RTJ* 32/638).

Para os que admitem a propositura da ação somente após a morte, os atos judiciais praticados em vida do ascendente não ficarão prejudicados, ocorrendo a morte antes da decisão final, ou decisão a ser proferida em recurso (RE 59.417, rel. Min. Luiz Gallotti).

Como acentuou o Min. Gonçalves de Oliveira, "a venda, quanto à sua validade, há de ser aferida por ocasião em que é feita. Não há de ser posteriormente com a morte do pai, do ascendente, que se há de examinar, com dados quase sempre inexatos, se ela foi ou não legal" (*RTJ* 32/634).

5. *Consentimento*. O art. 1.132 do CC/1916 (CC/2002, art. 496) exige o consentimento expresso dos outros descendentes para a validade da venda do ascendente ao descendente. O consentimento pode ser contemporâneo ou posteriormente efetuado (*RF* 93/548).

Quanto à recusa por parte de alguns herdeiros, tem-se entendido pela impossibilidade do suprimento judicial (*RF* 142/263; *RT* 193/747). Há decisão do STF deferindo o suprimento do consentimento do descendente se verificado que o negócio é sério e a recusa caprichosa e injusta (*RT* 126/450).

Sendo menor o descendente que não pode dar o consentimento, a lei permite o suprimento da anuência (Washington de Barros Monteiro, *Curso* ..., vol. 5, p. 94).

Teixeira de Freitas admitia o consentimento tácito, não existindo oposição (*Consolidação* ..., art. 582), contestado por Coelho da Rocha (*Instituições* ..., § 805) e Cândido Mendes (*Código Filipino*, nota 1, p. 792).

6. *Venda por interposta pessoa*. Por vezes a venda pode ser efetuada através de terceira pessoa que posteriormente venderá ou doará a coisa vendida ao descendente do anterior alienante. Já entendera o STF que, havendo interposta pessoa, há simulação, ficando impossibilitada a anulação da venda dessa interposta pessoa ao descendente sem a demonstração de simulação na venda do ascendente a essa pessoa (*RTJ* 32/638; RE 88.120, rel. Min. Soares Muñoz, *RTJ* 85/338).

Para o Min. Mário Guimarães, incluído na terceira corrente sobre a natureza da venda do ascendente ao descendente, neste caso a venda é anulável, baseado na simulação, ao passo que a venda realizada diretamente é nula.

Esta solução encontrou objeções em voto proferido pelo então Desembargador Djaci Falcão no TJPE: "Se o ato é feito diretamente de ascendente a descendente, tem-se uma nulidade, sujeita ao prazo prescricional máximo (art. 177); *[CC/1916; CC/2002, art. 205]* se efetuada com a artimanha de interposta pessoa, passa à categoria de anulável, situando-se no prazo quatrienal (art. 178, § 9º, V, 'b', do CC)" *[CC/1916; CC/2002, art. 178, II]* (*Arquivo Forense* XLVIII/193).

Acentuou o Min. Aliomar Baleeiro que, se a venda foi feita a terceiro que, em seguida, revendeu o imóvel a descendente do primitivo proprietário, o caso seria de anulabilidade por simulação (*RTJ* 40/548). No RE 44.534 o Min. Luiz Gallotti, ao examinar o caso de venda por interposta pessoa, manteve o prazo prescricional de quatro anos, contados da morte do alienante (*RTJ* 41/137; decisão idêntica no RE 85.880, relatado pelo Min. Moreira Alves).

Anteriormente, Castro Nunes orientava-se pelo termo inicial da prescrição para anulação após a morte do ascendente (*Soluções de Direito Aplicado*, p. 361).

7. *Conclusão*. O STF, ao examinar o RE 59.417, sendo relator o Min. Luiz Gallotti, atingiu o enunciado da Súmula STF-152, que expressava: "A ação para anular venda de ascendente a descendente, sem consentimento dos demais, prescreve em quatro anos, a contar da abertura da sucessão" (*RTJ* 52/829).

A jurisprudência e a doutrina sempre se encontraram a braços com o disposto no art. 1.132 do CC/1916 (CC/2002, art. 496). A própria colocação da matéria no Livro "Do Direito das Obrigações" dá margem a dúvidas quanto ao tratamento a ser dispensado às consequências do ato da venda do ascendente ao descendente. O tratamento teria de ser diverso se estivesse o inciso no Livro "Das Sucessões".

Portanto, a dificuldade da solução é grande se atentarmos para as implicações existentes no seio da família. A sociedade pertence ao reino da cultura, enquanto a família é a origem, no nível social, daqueles requisitos naturais sem os quais não poderia haver sociedade nem, certamente, Humanidade, como afirmou Claude Levy Strauss (*Man, Culture and Society*). Precisamos atentar para as projeções jurídicas no âmbito familiar. Mas a vida do Direito não foi lógica, e sim experiência, como assevera Oliver Holmes. Se, por um lado, a fraude é patente na venda do ascendente ao descendente, por outras vezes a incultura, a boa-fé, dão margem a atos jurídicos que serão inquinados de nulos sem a mínima existência de fraude ou simulação. Pura presunção *juris tantum*. Cabe aos interessados refutá-la, no seu interesse.

Cunha Gonçalves, examinando dispositivo do anterior Código Civil português (art. 1.567º), afirmou que tal disposição não podia ser tomada à letra, porque inaplicável a todos os casos mencionados. A frase "serão de nenhum efeito" – na qual influíram, certamente, as *Ordenações Filipinas*, IV, 12, que, a respeito das vendas de pais a filhos, dispunham que tal venda, quando feita sem consentimento destes, seria nenhuma (nula) e de nenhum efeito – não pode ser interpretada, sempre, como preceptiva de uma nulidade absoluta (*Tratado de Direito Civil*, vol. VIII, 1934, p. 504).

O Código português/1966, no art. 877º, espancou as dúvidas existentes no anterior, ao afirmar: "A venda feita com quebra do que preceitua o número anterior é anulável; a anulação pode ser pedida pelos filhos ou netos que não deram o seu consentimento, dentro do prazo de 1 (um) ano a contar do conhecimento da celebração do contrato, ou do termo da incapacidade, se forem incapazes".

Esse Código permite a propositura da ação em vida do ascendente, apenas reduzindo o prazo prescricional.

O tema da venda do ascendente ao descendente tem dado margem a muitas discussões de palpitante interesse para a estabilidade da família e o respeito às relações jurídicas (v. *RTJ* 100/300; Orlando Gomes, *Novas Questões de Direito Civil*, pp. 118 e 131; Álvaro Villaça Azevedo, in *RDC* 13/161; REsp 151.935, *RSTJ* 63/178). Por isso o CC/2002 foi taxativo: "Art. 496. É anulável a venda de ascendente a descendente, salvo se os outros descendentes e o cônjuge do alienante expressamente houverem consentido. Parágrafo único. Em ambos os casos, dispensa-se o consentimento do cônjuge se o regime de bens for o da separação obrigatória".

Possibilidade de anulação por interposta pessoa no prazo de quatro anos (CC/1916, art. 178, § 9º, V, "b"; CC/2002, art. 178, II): STJ, REsp 86.489, rel. Min. Ruy Rosado.

O STJ entendeu a venda como anulável, dependendo do valor do preço, se inferior ao valor real dos bens, a fim de caracterizar a simulação (REsp 74.135, *RT* 789/180). A transferência de quotas sociais da empresa do pai ao filho é ato nulo, com prescrição de 20 anos (REsp 208.521, *RT* 778/230). O CC/2002, art. 496, considera anulável a venda do ascendente ao descendente. O STJ entendeu anulável a venda do ascendente ao descendente (REsp 977, rel. Min. Sálvio de Figueiredo, com divergência do Min. Ruy Rosado, que entendeu ser nulo). No julgamento do citado REsp 86.489 o Min. Ruy Rosado entendeu aplicável a Súmula 494 (ato nulo, prescrição) quando feita a venda diretamente aos descendentes, e sendo simulação, por interposição de terceiros, anulável o ato, com prazo de quatro anos, a contar da abertura da sucessão. Há julgado do STJ estabelecendo prazo de quatro anos a partir da abertura da sucessão – decisão anterior a 2002 (REsp 226.780). Há prazo decadencial de dois anos na venda (CC/2002, art. 496, c/c o art. 179), e se houver fraude à lei ou simulação há nulidade do ato (opinião de Marcos Bernardes de Mello, *Teoria do Fato Jurídico*, 12ª ed., 2003, p. 87; cf. Raphael de Barros Monteiro Filho e outros, in *Estudos em Homenagem a Moreira Alves*, São Paulo, Ed. RT, 2003, p. 523).

495. *A restituição em dinheiro da coisa vendida a crédito, entregue nos 15 dias anteriores ao pedido de falência ou de concordata, cabe quando, ainda que consumida ou transformada, não faça o devedor prova de haver sido alienada a terceiro.*

A Lei de Recuperação de Empresas e de Falências (Lei 11.101, de 9.2.2005, art. 85 e parágrafo único; Decreto-lei 7.661, de 21.6.1945, antiga Lei de Falências, arts. 76, § 2º, e 166 – que previa a extensão do princípio à concordata preventiva) permite a restituição das coisas vendidas a crédito e entregues ao falido nos 15 dias anteriores ao requerimento de falência, se ainda não alienadas pela massa. Portanto, a lei fala na restituição da coisa, e não na restituição em dinheiro.

A primeira objeção está respondida pelo art. 86, I, da Lei 11.101, de 9.2.2005 (Lei de Recuperação de Empresas e de Falências) (Decreto-lei 7.661/1945, antiga Lei de Falências, art. 78, § 2º), que permite se reclamem o valor estimado ou o respectivo preço. Essa orientação foi repetida pela Lei do Mercado de Capitais (Lei 4.728/1965), que permite a restituição das importâncias adiantadas no contrato de câmbio (*RTJ* 75/184).

V. Súmulas STJ-36 e 133.

496. *São válidos, porque salvaguardados pelas Disposições Constitucionais Transitórias da Constituição Federal de 1967, os decretos-leis expedidos entre 24.1 e 15.3.1967.*

Tanto o art. 173, I, da CF/1967 quanto o art. 181 da CF/1969 resguardaram os decretos-leis baixados entre a promulgação da Constituição de 1967 e sua entrada em vigor.

497. *Quando se tratar de crime continuado, a prescrição regula-se pela pena imposta na sentença, não se computando o acréscimo decorrente da continuação.*

O CP, art. 71, ao tratar do crime continuado, dispõe, quanto à aplicação da pena, que se impõe a pena de um só dos crimes, se idênticas, ou a mais grave, se diversas, aumentada, em qualquer caso, de um sexto a dois terços.

Já o diploma penal, ao tratar da extinção da punibilidade pela prescrição, depois de transitar em julgado a sentença condenatória, dispõe que "regula-se pela pena aplicada" (art. 110). Também se regula pela pena imposta nos casos de sentença condenatória de que somente o réu tenha recorrido (§ 1º do art. 110).

Observa José Frederico Marques, a propósito do caso que informou a Súmula 497, que o *quantum* da pena para a fixação do prazo prescricional no delito continuado não é o que consta da sentença, com o acréscimo legal de um sexto, uma vez que essa majoração fica excluída para que o tempo necessário do decurso da prescrição tenha por ponto de referência tão só a pena fixada para um dos crimes.

Concluindo, o ilustre Mestre paulista ensina:

"A meu ver, não há lugar para se alegar a existência de dupla aplicação do mesmo benefício legal. O benefício está na ficção legal, que transforma o concurso material em delito continuado quando a prática plúrima de crimes da mesma espécie, 'pelas condições de tempo, lugar, maneira de execução e outras', revele a subjunção consequente dos últimos ao primeiro.

"Ora, eliminada a ficção legal, cujo objetivo benéfico é evitar a aplicação cumulativa das penas, como se dá no concurso material, verificar-se-ia a aplicação da pena tantas vezes quantos os delitos subsequentes, respectivamente, na hipótese, um ano e seis meses para a espécie da série de apropriação indébita e dois anos para a espécie de falsidade (...)" ("Prescrição e crime continuado", *Revista Brasileira de Criminologia e Direito Penal* 13/92).

Na jurisprudência do STF a questão foi examinada com profundidade em dois casos.

No primeiro, RE 54.185, relatado pelo Min. Pedro Chaves (*RF* 212/266), observou o eminente Magistrado paulista, que tanto honrou a cátedra do STF e da Magistratura paulista, que o benefício que manda aplicar a pena do primeiro delito com o acréscimo pela continuidade não pode atuar como agravamento da situação, aumentando o prazo da prescrição para além do termo fixado na lei, com maior severidade que a emprestada ao tratamento do próprio concurso material, porque a norma que policia a aplicação da pena, de política punitiva, não desnatura as regras jurídicas da prescrição (*RF* 212/268).

Decidiu o Tribunal Pleno no HC 43.183 (*RTJ* 38/309), sendo relator o Min. Víctor Nunes: "1. Prescrição pela pena concretizada na sentença, consoante a Súmula n. 146. Para esse efeito, não se computa o acréscimo de pena em caso de crime continuado (RE n. 54.185, 1964)" (v. HC 55.482, rel. Min. Djaci Falcão, *RTJ* 83/757).

O prazo prescricional é contado segundo a pena-base imposta na sentença, sem o aumento (CP, art. 119).

498. Compete à Justiça dos Estados, em ambas as instâncias, o processo e o julgamento dos crimes contra a economia popular.

Pretendeu o Decreto-lei 2/1966 estender o foro militar para o processo e julgamento dos crimes contra a economia popular.

Na CF/1969 era impossível essa pretensão, em vista do § 1º do art. 129, que apenas estendia esse foro especial aos civis para a repressão de crimes contra a segurança nacional ou as instituições militares.

499. Não obsta à concessão do sursis condenação anterior à pena de multa.

O voto do Min. Thompson Flores no RE 62.260 (*RTJ* 45/866) bem expressa a orientação desta Súmula:

"Interpreto em conjugação os arts. 57 e 59 do CP, *[redação anterior à Lei 7.209/1984]* como o fez o eminente Relator.

"O art. 57, I, *[redação anterior à Lei 7.209/1984]* atribuindo o benefício da suspensão condicional da pena, estatui: 'o sentenciado não haja sofrido, no Brasil ou no Estrangeiro, condenação por outro crime; ou condenação, no Brasil, por motivo de contravenção'. Nesse dispositivo, realmente, não há nenhuma distinção entre multa e pena privativa de liberdade.

"Mas o art. 59, I, *[redação anterior à Lei 7.209/1984]* quando trata da revogação, clareia o pensamento do legislador e diz o seguinte: 'é condenado por sentença irrecorrível em razão de crime, ou de contravenção pela qual tenha sido imposta pena privativa de liberdade'.

"A multa que originou a primeira condenação é imperativa para a consecução do benefício da suspensão condicional da pena."

Em vários acórdãos outras decisões se orientaram no mesmo sentido (*RTJ* 35/281; RE 56.308; HC 40.823; HC 43.731).

A propósito da doutrina, v. a opinião favorável a esta Súmula em Heleno Fragoso (*Revista Brasileira de Criminologia e Direito Penal* 13/133; *RTJ* 76/451). Expressamente, o art. 77, § 1º, do CP, com a redação da Lei 7.209, de 11.7.1984 (nova Parte Geral do CP), adotou essa orientação.

500. Não cabe a ação cominatória para compelir-se o réu a cumprir obrigação de dar.

Preceituava o art. 302, XII, do CPC *[CPC/1939]* o cabimento da ação cominatória quando alguém, por lei ou convenção, tivesse direito de exigir de outrem que se abstivesse de ato ou prestasse fato, dentro de certo prazo. Encerravam-se, aí, duas obrigações: a de não fazer (negativa) e a de fazer (positiva).

A obrigação derivada da *emptio et venditio* dos romanos era a transmissão do domínio, através de negócio real e formal: a *mancipatio* (para os imóveis) ou a *traditio* (para os móveis). Mais adiante, na França e Itália, pela compra e venda transmitia-se o domínio. A própria venda operava essa transmissão.

Por isso afirma Maynz que, além da obrigação "à transferer la propriété ou à constituer un *jus in re*, le mot *dare* est aussi employé dans un sense plus large pour désigner la simple remise d'une chose" (*Cours de Droit Romain*, vol. II, § 255, nota 6). E assim, hodiernamente, temos a obrigação de entregar a coisa como a obrigação de dar (Moacyr Amaral Santos, *Ações Cominatórias no Direito Brasileiro*, vol. I, n. 65; Machado Guimarães, *Comentários ao Código de Processo Civil*, art. 302; Pontes de Miranda, *Comentários ao Código de Processo Civil*, vol. III, p. 113).

Esses ilustres juristas apontam a razão do não cabimento da ação cominatória em relação às obrigações de dar, porque a forma de execução nas obrigações de dar é de fazer.

Esta Súmula originou-se de feito de interesse de um jornal de São Paulo que há muitos anos instituiu assinaturas permanentes do jornal, consistindo na entrega do jornal diariamente aos assinantes. Estes, à negativa do periódico, propuseram ação cominatória, compelindo o jornal a entregar-lhes a espécie.

Considerou o STF encerrar-se, no caso, obrigação de dar – incabível, portanto, a ação cominatória.

501. *Compete à Justiça Ordinária Estadual o processo e o julgamento, em ambas as instâncias, das causas de acidente do trabalho, ainda que promovidas contra a União, suas autarquias, empresas públicas ou sociedades de economia mista.*

A Lei 5.316, de 14.9.1967, que integrou o seguro de acidentes do trabalho na Previdência Social, dispôs em seu art. 16 que os juízes federais seriam competentes para julgar os dissídios decorrentes da aplicação dessa lei.

Em percuciente voto o Min. Aliomar Baleeiro desenvolveu seu raciocínio para declarar incompetente a Justiça Federal para julgar essas causas. Razões de ordem constitucional, com apoio no AI-2, e o art. 105 da Lei 5.010/1966, que excetuava expressamente essas causas da competência da Justiça Federal. Outro ponto de destaque assenta no volume excessivo de trabalho, o que acarretaria o caos na Justiça Federal (CJ 3.893, *RTJ* 44/360; CJ 5.446, *DJU* 4.12.1970. Ratificada no julgamento do CJ 6.401, rel. Min. Aldir Passarinho, *DJU* 3.6.1983; *RTJ* 188/740; CF/1988, art. 109, I; *RTJ* 188/740).

V. Súmula STF-235.

502. Na aplicação do art. 839 do Código de Processo Civil, [CPC/ 1939] com a redação da Lei 4.290, de 5.12.1963, a relação valor da causa e salário-mínimo vigente na Capital do Estado, ou do Território, para o efeito da alçada, deve ser considerada na data do ajuizamento do pedido.

A Lei 4.290, de 5.12.1963, deu nova redação ao art. 839 do CPC/1939, nos seguintes termos: "Das sentenças de primeira instância proferidas em ações de valor igual ou inferior a duas vezes o salário-mínimo vigente nas Capitais respectivas dos Territórios e Estados só se admitirão embargos de nulidade ou infringentes do julgado e embargos de declaração".

Observou o Min. Barros Monteiro que a norma do art. 151 do CPC/1939 consagrava o princípio da *perpetuatio jurisdictionis*, segundo o qual a competência se fixa no momento em que se dá a propositura da ação, não influindo sobre ela as modificações posteriores que possam ocorrer com o seu valor (RE 65.381, *RTJ* 48/72).

Assentou a Súmula que o valor da causa deveria estar relacionado com a época da propositura da ação, e não com o valor à época da sentença ou do recurso, porquanto a desvalorização da moeda e o aumento do salário-mínimo desnaturam esse valor (RE 70.632, *DJU* 13.11.1970; RE 62.185, *DJU* 9.10.1970; RE 69.129, *DJU* 9.10.1970). Esta Súmula foi aplicada ao exame do cabimento do recurso extraordinário, pois o RISTF, na versão da Emenda Regimental 3, fixara o valor da alçada em 100 vezes o maior salário-mínimo vigente no País, ou 50 vezes, se houvesse divergência entre as decisões na instância ordinária. Como a Lei 6.205, de 29.4.1975, desvinculou o salário-mínimo para qualquer efeito de correção, perguntou-se se o dispositivo regimental do STF deveria adotar outro padrão. A própria Corte decidiu mantê--lo (*DJU* 20.6.1975, p. 4.412), pois a ela cabia reger os processos da sua competência, inclusive quanto ao valor pecuniário, segundo a Constituição Federal (CF/1969, § 1º do art. 119). Egas Moniz de Aragão não concordava com essa assertiva, porquanto não competiria à Corte Maior definir valor pecuniário (*Comentários ao Código de Processo Civil*, 2ª ed., Rio de Janeiro, Forense, vol. II, p. 399). Em verdade, a lei sobre o salário-mínimo teve finalidades econômicas, isto é, visava a impedir que a elevação do nível do salário-mínimo acarretasse a correção de valores, que seriam aumentados automaticamente, com carga inflacionária (contratos, pensão alimentícia, multa etc.). Aqui, fixava-se um padrão, um valor, que não levaria a pagamentos ou qualquer alteração econômica (*RTJ* 109/391, 107/438, 110/852).

A partir de 1986, com a nova redação dada pela Emenda Regimental 2, de 4.2.1986, ao art. 325 do RISTF, extinguiu-se a alçada para aquele recurso.

503. *A dúvida, suscitada por particular, sobre o direito de tributar manifestado por dois Estados não configura litígio da competência originária do Supremo Tribunal Federal.*

Várias ações cíveis originárias foram propostas no STF por particulares contra dois Estados da União sob a alegação de dúvida quanto ao pagamento do IVC. Ambos os Estados pretendiam a tributação.

Na ACO 100 (*RF* 211/80) o Min. Víctor Nunes proferiu despacho, posteriormente confirmado pelo Plenário, nos seguintes termos:

"1. A competência originária do Supremo Tribunal para julgar causas e conflitos entre a União e os Estados, ou entre estes, foi instituída na previsão de casos excepcionais em garantia do equilíbrio.

"2. Exige, pois, que a controvérsia configure um interesse atual e direto da União ou dos Estados, e não apenas oblíquo, remoto, eventual.

"3. A União ou os Estados é que têm legitimidade para propor ações desta natureza, não os particulares, os quais, entretanto, se for o caso, podem ser chamados como litisconsortes.

"4. Ao contribuinte não é facultado provocar a competência originária do Supremo Tribunal, a pretexto de não saber qual dos dois Estados tem competência para lhe cobrar o IVC.

"5. É imprópria a ação consignatória para impedir ação fiscal do Estado em tais circunstâncias."

504. Compete à Justiça Federal, em ambas as instâncias, o processo e o julgamento das causas fundadas em contrato de seguro marítimo.

Dispunham a CF/1969 (art. 125, IX) assim como a Constituição de 1967 (art. 11, IX) competir aos juízes federais processar e julgar as questões de direito marítimo e de navegação (CF/1988, art. 109, IX).

No CJ 4.842 (*RTJ* 48/212) apontou-se o cerne do seguro marítimo, qual seja, a situação da carga transportada por mar e garantida pelo seguro.

Em nosso Código Comercial (art. 666) define-se o contrato de seguro marítimo como contrato "pelo qual o segurador, tomando sobre si a fortuna e riscos do mar, se obriga a indenizar ao segurado da perda ou dano que possa sobrevir ao objeto do seguro, mediante um prêmio ou soma determinada, equivalente ao risco tomado".

Parece-nos não haver dúvidas quanto à consideração como questão de direito marítimo da relacionada com o seguro, *data venia* dos votos vencidos.

A Emenda Constitucional 7/1977 aboliu a competência da Justiça Federal para as questões de direito marítimo, dando nova redação ao art. 125, IX, da CF/1969 – disposição, hoje, consagrada pela CF/1988, art. 109, IX.

505. Salvo quando contrariarem a Constituição, não cabe recurso para o Supremo Tribunal Federal de quaisquer decisões da Justiça do Trabalho, inclusive dos presidentes de seus tribunais.

A Emenda Constitucional 7, de 13.4.1977, dispôs que as decisões do TST seriam irrecorríveis, salvo se contrariassem a Constituição, caso em que caberia recurso para o STF (CF/1969, art. 143). Já a CF/1988, art. 102, III, admitiu recurso extraordinário para o STF das decisões em única ou última instância que contrariarem dispositivo da própria Constituição, que declararem a inconstitucionalidade de tratado ou de lei federal ou que julgarem válida lei ou ato de governo local contestado em face desta Constituição.

Por sua vez, o recurso especial para o STJ só é admitido no caso de decisões em única ou última instância dos TRFs ou dos Tribunais dos Estados ou do Distrito Federal. Não é o caso, portanto, das decisões dos Tribunais do Trabalho.

Portanto, superada qualquer dúvida sobre a possibilidade de recurso de decisão final do TRT.

Mesmo anteriormente dava-se interpretação restritiva a esta Súmula, como acentuou o Min. Cordeiro Guerra no Ag 76.256.

Em erudito parecer o Min. Gonçalves de Oliveira abrandava o conhecimento dessas causas pelo STF. Ei-lo na íntegra:

"1. A Constituição da República Federativa do Brasil, reproduzindo o art. 17 da Emenda Constitucional n. 16, de 26.11.1965, repetido no art. 135 da Constituição de 1967, dispõe no art. 143 que 'as decisões do TST serão irrecorríveis, salvo se contrariarem esta Constituição, caso em que haverá recurso para o Supremo Tribunal Federal'.

"2. Comentando dispositivo idêntico da Constituição de 1967, doutrina Pontes de Miranda que o recurso extraordinário previsto no inciso constitucional coexiste com o art. 143: 'O art. 135 da Constituição de 1967 de modo nenhum afasta a invocação do art. 114, n. III. Se a decisão – mesmo de juiz – contraria princípio constitucional ou nega aplicabilidade à lei federal ou tratado, ou decreta invalidade de lei federal ou de tratado por inconstitucionalidade, ou reputa válida lei local ou ato de governo local, ou dá a alguma lei interpretação divergente da que lhe deu outro Tribunal ou o próprio STF, há a interponibilidade de recurso extraordinário' (*Comentários à Constituição de 1967*, t. IV, p. 277).

"3. Quer parecer-nos que não é de ser aceita integralmente a lição do autorizado constitucionalista. A partir da Emenda n. 16, art. 17, reproduzida na Carta Política vigente, é a Justiça do Trabalho estruturada como uma Justiça estanque, como a Justiça Eleitoral, tendo como cúpula o TST, cabendo o recurso para a Corte Excelsa, o STF, somente quando houver conflito de ordem constitucional, a saber, quando a decisão do TST contrariar a própria Constituição. Melhor esclarecendo, nos conflitos, nas controvérsias, nas interpretações de ordem legislativa, a saber, na aplicação das leis federais, mesmo em caso de negativa de vigência de leis trabalhistas não há o recurso para o STF. O TST é o tribunal constitucional competente e único para resolvê-los. Somente quando esse Tribunal Superior, em suas decisões, contrariar a Constituição, aí, sim, é que cabe o recurso para o STF (art. 143).

"4. Os nossos especialistas do direito constitucional ou trabalhista não têm tratado desse recurso constitucional para o Supremo.

"Ao cabo de contas, nas causas ordinariamente decididas pelo TST, quando caberá o recurso para o Supremo Tribunal? Quando pode o TST proferir decisão que contraria a Constituição, nas causas que comumente julga, de modo a ensejar o apelo à Corte Excelsa? Quando, em tais feitos, pode o TST provocar, com sua decisão, o poder de controle do STF?

"5. Ao que nos parece, tal pode ocorrer, principalmente quando a cúpula da Justiça do Trabalho, o TST, decide causa que não é da competência constitucional dessa Justiça, a saber, dissídios individuais ou coletivos que apenas o são na aparência mas, examinada a fundo a relação jurídica, não são partes 'empregados e empregadores', pois, nos termos do art. 142 da Carta Política, compete à Justiça do Trabalho 'conciliar e julgar os dissídios individuais e coletivos entre empregados e empregadores e, mediante lei, outras controvérsias oriundas de relação de trabalho'.

"O conceito de *empregado* e de *empregador* está firmemente estabelecido, assim na doutrina como na jurisprudência, constitui mesmo definição de ordem legislativa. A CLT, com efeito, no art. 3º, define o empregado: 'Considera-se empregado toda pessoa física que prestar serviços de natureza não eventual a empregador *sob a dependência deste e mediante salário*'. No parágrafo único esclarece que 'não haverá distinções relativas à espécie de emprego e à condição de trabalhador, nem entre o trabalho intelectual, técnico e manual'.

"'E no art. 2º conceitua o empregador:

"'Art. 2º. Considera-se empregador a empresa, individual ou coletiva, que, assumindo os riscos da atividade econômica, admite, assalaria e dirige a prestação pessoal de serviços.

"'§ 1º. Equiparam-se ao empregador, para os efeitos exclusivos da relação de emprego, os profissionais liberais, as instituições de beneficência, as associações recreativas, ou outras instituições sem fins lucrativos, que admitirem trabalhadores como empregados.

"'§ 2º. Sempre que uma ou mais empresas, tendo, embora, cada uma delas, personalidade jurídica própria, estiverem sob a direção, controle ou administração de outra, constituindo grupo industrial, comercial ou de qualquer outra atividade econômica, serão, para os efeitos da relação de emprego, solidariamente responsáveis a empresa principal e cada uma das subordinadas.'

"6. Podem surgir causas em que haja dúvida se se trata verdadeiramente de conflito entre empregado e empregador e, se o TST as julga em grau de recurso, caberá o recurso de inconstitucionalidade para o STF para exame da contestada relação de emprego. Então, examinando esse recurso constitucional, decidirá o STF se o TST decidiu relação contratual na qual existe, ou não, examinada a fundo a questão, relação de emprego, isto é, se se trata ou não, em verdade, de dissídio entre empregado e empregador. Em tal caso pode e deve a Corte Excelsa exercer o seu poder de controle de constitucionalidade, a que se refere o art. 143 da Constituição. Na verdade, se a Corte Excelsa verificar, no exame do recurso, que não se trata, em real verdade, de dissídio entre empregado e empregador, que não há relação de emprego, em tal caso a Justiça do Trabalho terá julgado causa que não é de sua competência (Constituição, art. 142) e exercerá, então, a Corte Suprema o seu poder de controle.

"7. Essas causas podem vir ao Supremo Tribunal, em conflito de jurisdição, se uma das partes coloca a mesma questão, ainda que em ação declaratória, na Justiça Comum. Mas, se o conflito de jurisdição não teve lugar, pode a parte, a final, recorrer da decisão do TST para o Supremo Tribunal, por isso que aquele Tribunal teria julgado causa que somente na aparência se desenvolveu entre empregado e empregador.

"8. Assim, nas causas em que não há relação de emprego, por faltar qualquer um dos seus requisitos legais, como o serviço prestado ser eventual; não haver dependência jurídica do empregado para com o empregador, nem existir salário, nem o *animus contrahendi* (Amauri Mascaro Nascimento, *Contrato de Trabalho*, 1970, p. 43), nestes casos, pode o Supremo, no recurso de inconstitucionalidade, examinar se o TST julgou dissídio que não é da competência da Justiça do Trabalho, pois o que a essa Justiça compete, repetimos, é 'julgar os dissídios individuais e coletivos, entre empregados e empregadores, e, mediante lei, outras controvérsias oriundas de relação de trabalho' (Constituição, art. 142).

"A Corte Excelsa poderá sempre, pois, examinar se se trata realmente de dissídio entre empregados e empregadores, em vista dos melhores princípios doutrinários e legislativos.

"9. A propósito, há comumente causas na Justiça do Trabalho entre instituições de beneficência, santas casas de misericórdia e médicos sem expediente, nem horário, nem salário, em que ora o TST entende, não obstante, existir 'dissídio entre empregado e empregador', ora o julga inexistente, em hipóteses praticamente idênticas.[1]

---

1. Assim, no Acórdão TST-5.936, 1ª Turma, Processo 1.658/1955, entre a Santa Casa de Misericórdia do Rio de Janeiro e os médicos Antônio Marques e outros, negou-se a existência da relação de emprego, por falta de dependência

"Em todos os casos, o Supremo Tribunal, em recurso de inconstitucionalidade, poderá apreciar a relação existente e decidir se a Justiça do Trabalho dirimiu, ou não, conflito de sua competência, a saber, 'entre empregados e empregadores' (Constituição, art. 142), e prover, ou não, o recurso. Também cabe recurso de inconstitucionalidade para o Supremo Tribunal se o TST julga causa em que são partes pessoas jurídicas de direito público ou empresas públicas, da competência da Justiça Federal. Também causas de trabalhadores em chácaras e jardins (CJ 5.353, rel. Min. Eloy da Rocha, *DJU* 21.8.1970).

"10. Outro caso, e da maior relevância, em que o Supremo pode e deve conhecer do recurso de inconstitucionalidade diz respeito às decisões trabalhistas em que a jurisprudência do Supremo Tribunal já se tenha manifestado e pacificado a questão. É sabido que até a Emenda n. 16, de 25.11.1965, o STF admitia recurso extraordinário nas causas trabalhistas em caso de violação de lei ou divergência de jurisprudência entre o TST e o STF. Examinando esses recursos extraordinários, o STF teve ensejo de dirimir muitas controvérsias trabalhistas, conforme se vê da *Súmula da Jurisprudência Predominante* (v., a propósito, Calheiros Bonfim, *A Consolidação Trabalhista Vista pelo Supremo Tribunal Federal*, vols. I e II; Luiz José de Mesquita, *Comentários às Súmulas do Supremo Tribunal Federal*, São Paulo, LTr). Nesses casos em que o Supremo Tribunal firmou jurisprudência, muitas delas até consubstanciadas em súmulas, o TST não pode, em princípio, dissentir do que ficou assentado pela Corte Excelsa. Se o faz, sua decisão terá contrariado a própria Constituição, por não observar o poder do STF, na hierarquia dos Poderes.

"A propósito, o eminente Min. Pedro Chaves, em lapidar parecer, teve ensejo de esclarecer: 'Pelo fato de a Emenda Constitucional n. 16, de 1965, ter introduzido, no art. 17, o § 1º, uma restrição ao cabimento

e salário real, o que equivale a dizer que negou a aplicação da legislação trabalhista, matéria de sua jurisdição e competência. Também no Processo TST-8.067/1947 (*DJU* 23.9.1948, pp. 2.515-2.516) o mesmo se decidiu na reclamação de médicos da Santa Casa de Campos. Também no caso dos médicos da Santa Casa de Campinas, em que os médicos trabalhavam na Santa Casa há longos anos sem salários, pois recebiam pequena ajuda para fins de condução, ao contrário de outros que trabalhavam o dia inteiro mediante salário determinado, exerciam a profissão para a Santa Casa como empregadora, com deveres certos, ao contrário dos que eram admitidos sem *animus contrahendi*. Em outros processos, porém, o TST, examinando hipótese pode-se dizer idêntica, decidiu casos como os da Santa Casa do Rio, Campos, Campinas, pela proteção trabalhista (TST, RR 3.112/68).

do recurso extraordinário para o Supremo Tribunal, restrição mantida e traduzida hoje no dispositivo do art. 143 da Constituição em vigor, não se pode concluir que o TST tenha recebido poderes revisionais da jurisprudência do Pretório Excelso, pois isso importaria a consagração de verdadeira aberração jurídico-constitucional'.

"Efetivamente, o Supremo Tribunal é guarda da Constituição e das leis federais, é a Corte Excelsa, é o mais alto Tribunal do País, e não pode permitir que outro tribunal, que lhe é hierarquicamente inferior, assuma o poder de fazer a revisão dos seus julgados proferidos na sua competência de ordem constitucional de Tribunal unificador da jurisprudência nacional.

"11. Assim, o recurso extraordinário para o Supremo Tribunal pode não caber em todas as alíneas do n. III do art. 119 da Constituição, ao contrário do que sustenta Pontes de Miranda, mas, a nosso ver, cabe com fundamento na letra 'd' quando 'der à lei federal interpretação divergente da que lhe tenha dado o próprio Supremo Tribunal Federal', que esta hipótese, em tal caso, se equipara à alínea 'a' do n. III do art. 119 e ao art. 143 da Constituição.

"Assim, jurisprudência firmada nas questões trabalhistas, recolhida na *Súmula da Jurisprudência Predominante do Supremo Tribunal Federal*, o TST há de observá-la. Mesmo que não esteja compendiada em súmula, mas contanto que se trate de pacífica jurisprudência do Supremo Tribunal, as decisões do Supremo Tribunal hão de ser observadas pelo TST, tendo o Tribunal Supremo indiscutivelmente sobre tais decisões o seu poder de controle de ordem constitucional.

"12. O eminente Min. Luiz Gallotti, em declaração de voto, no Supremo Tribunal, interpretou o pensamento da Corte, como guarda da Constituição, ao afirmar que, para o recurso de inconstitucionalidade, não é necessário que se trate de recurso contra a *letra* da Constituição, 'bastando que contra esta se tenha decidido' (Cordeiro Melo, *O Processo no Supremo Tribunal*, vol. II, p. 720). Nesta ordem de ideias, examinando o Ag 51.090-SP, esse eminente Juiz deu-lhe provimento para reexame dessa questão, a saber, se o TST, no caso focalizado, fez revisão da jurisprudência já assentada pelo STF. Neste sentido se manifestara o Procurador da República, Vallim Teixeira, em parecer aprovado pelo Procurador-Geral da República.

"13. A nosso ver, o TST terá decidido contra a Constituição se decidir causas em que não há relação de emprego; quando a causa é da competência da Justiça Federal, do TFR; e, ainda, quando contrariar a jurisprudência pacificada pelo Supremo Tribunal ao tempo em que esta Corte Excelsa examinava amplamente recursos extraordinários nas causas trabalhistas.

"Claro que a Suprema Corte, no exame desse recurso, pode até não provê-lo, modificando seu entendimento anterior, rendendo-se à argumentação do acórdão do TST. Ao cabo de contas, a jurisprudência não pode violentar a consciência do juiz, que não lhe deve cega obediência. Mas, do ponto de vista jurídico, tal não impede o recurso constitucional para a Suprema Corte do País."

V. Lei Orgânica da Magistratura Nacional, art. 21, VI; *RTJ* 90/863; CF/1988, art. 102, III.

506. ***O agravo a que se refere o art. 4º da Lei 4.348, de 26.6.1964, cabe, somente, do despacho do Presidente do Supremo Tribunal Federal que defere a suspensão da liminar, em mandado de segurança; não do que a "denega".***

Súmula revogada. No julgamento da SS/AgR/AgR/QO 1.945 (Tribunal Pleno, *RTJ* 186/112), a súmula foi considerada revogada para admitir o agravo regimental contra despacho do Presidente do STF que indefere o pedido de suspensão.

O Presidente do STF poderá, a requerimento do Procurador-Geral da República ou de pessoa jurídica de direito público interessada, e para evitar grave lesão à ordem, à saúde, à segurança pública, suspender, em despacho fundamentado, a execução da liminar, ou da decisão concessiva de mandado de segurança, proferida em única ou última instância pelos tribunais locais ou federais (art. 297 do RISTF). Desse despacho cabe o agravo previsto no art. 297, § 2º, do RISTF. Aliomar Baleeiro apresenta, em despacho, as razões para a medida:

"1. O Paraná, invocando o art. 4º da Lei n. 4.348, de 1964, e o art. 275 do RISTF, pretende a suspensão da execução da liminar deferida pelo eminente Des. Henrique Nogueira Dorfmund, Relator sorteado pelo Tribunal de Justiça daquele Estado para a segurança impetrada pelo deputado estadual J. Muggiati e outros contra a Emenda n. 3, de 29 de maio p.p. A petição está instruída com cópias autênticas do despacho concessivo da liminar, petição dos impetrantes e outras peças (fls.).

"2. De acordo com o parágrafo único do art. 275 do Regimento Interno, [*RI/1970, correspondente ao art. 297 do atual RI]* achei conveniente ouvir os impetrantes e ordenei a intimação de seu ilustre Advogado, que foi cientificado pessoalmente em Curitiba, tendo recebido cópia do pedido do Paraná (fls.).

"3. Dentro do prazo, a 14 deste, os impetrantes contestaram o pedido do Estado, alegando o que já constava a fls., com vários documentos.

"4. O Sr. Procurador-Geral da República, em parecer de sua assinatura, opina pelo deferimento, nos termos do art. 275 do Regimento Interno, art. 120, parágrafo único, 'c', da CF, *[CF/1969, redação anterior à EC 7/1977]* considerando, diante desses dispositivos, vazias de significação e de oportunidade as preliminares articuladas pelos impetrantes, a fls.

"Isto posto:

"I – Considerando que o RISTF dispõe, no art. 275: 'Poderá o Presidente, a requerimento do Procurador-Geral da República, ou da pessoa jurídica de direito público interessada, e para evitar grave lesão à ordem, à saúde, à segurança pública, suspender, em despacho fundamentado, a execução de liminar, ou da decisão concessiva de mandado de segurança, proferida em única ou última instância, pelos tribunais locais ou federais'. *[Hoje, art. 297, com redação muito semelhante; v., também, Lei 4.348, de 26.6.1964, art. 4º, e art. 25 da Lei 8.038, de 28.5.1990.]*

"II – Considerando que esse dispositivo tem fonte jurídica eficaz na inovação contida no art. 120, parágrafo único, 'c', da CF, na redação da Emenda n. 1, de 1969, aliás, com antecedentes no Direito aplicável à Corte Suprema dos Estados Unidos após o *Judiciary Act of 1925* (C. Farirman, *American Constitution Decisions*, 1950, pp. 12 e ss.; R. Schwartz, *The Supreme Court*, 1957, pp. 150 e ss.; etc.).

"III – Considerando que, em face dos textos já indicados, não procedem as preliminares dos impetrantes, segundo os quais a liminar do Relator só poderia ser corrigida por agravo regimental para o TJPR.

"IV – Considerando que a jurisprudência resultante da SS n. 87/1968 está superada pelos dispositivos acima invocados.

"V – Considerando que, no caso concreto – paralisação de diploma constitucional, de plano, por simples despacho de concessão de liminar –, ocorrem as circunstâncias do art. 275 do Regimento Interno, com risco de lesão à ordem e à segurança pública, além de comoção política de consequências ilimitadas, talvez nacionais, por propagação local, sem que isso fosse contrabalançado pelos possíveis males da execução da Emenda Paranaense n. 3.

"VI – Considerando outras circunstâncias do caso, que talvez tivesse remédio mais adequado na representação para a declaração da alegada inconstitucionalidade pelo STF, com a suspensão daquela Emenda n. 3, pelo Senado, tudo de acordo com a Carta Magna em vigor,

"Decido: suspender, de acordo com o art. 275 do RISTF e nos termos do parecer do Sr. Procurador-Geral da República, o despacho do eminente Des. Henrique Dorfmund que concedeu a liminar impugnada, ressalvados aos impetrantes o agravo regimental e, querendo, a representação a esta Corte.

"Oficie-se ao TJPR.

"Publique-se.

"Brasília, 16 de junho de 1971 – *Aliomar Baleeiro*, pres." (*DJU* 22.6.1971).

V.: Lei 8.038, de 28.5.1990, art. 25, § 2º; art. 297 do RISTF; art. 4º da Lei 4.348, de 26.6.1964; Súmula STJ-217.

Também no MS 24.159 admitiu-se a segurança contra o ato do Presidente (Cássio Scarpinella Bueno, "O agravo interno e o indeferimento da suspensão de segurança e o cancelamento da Súmula 506 do STF", *Revista Dialética de Direito Processual* 3, 2003).

V. Súmula STF-622.

O Min. Gilmar Mendes, em trabalho intitulado "A Súmula 506 do STF" (*Revista Jurídica Del Rey* 14, 1º semestre/2005), apresenta interessante conclusão:

"Quanto à competência do presidente do Tribunal para suspensão da segurança, tem-se que, em face da regra inscrita no art. 25 da Lei 8.038/1990, assiste ao presidente do STF o poder de suspender a eficácia da liminar ou, até mesmo, de paralisar as consequências decorrentes da concessão do mandado de segurança, sempre que o exame da causa mandamental evidenciar que esta se apoia em fundamento jurídico de natureza constitucional.

"Esses mesmos pressupostos devem estar presentes na análise do pedido de suspensão da cautelar ou da liminar, inclusive das sentenças proferidas no processo de ação cautelar inominada, na ação popular e na ação civil pública (Lei 8.437/1992, art. 4º).

"Afigura-se decisivo compreender, todavia, que a competência que se defere ao presidente do STF, no âmbito de suspensão de segurança – e das suspensões de liminares em geral –, parece decorrer de um fenômeno de 'metonímia processual'. Outorga-se essa atribuição ao presidente em lugar de atribuí-la ao Tribunal. Logo, em caso de indeferimento da suspensão de segurança não faz sentido que o Tribunal fique impossibilitado de apreciar a matéria quando, como amplamente demonstrado, poderá conhecer de matéria idêntica se o agravo for interposto em processo submetido ao regime geral de contracautela da Lei 8.437/1992. Por isso, assinale-se que, ao perceber a possibilidade de teratologia ou de configuração de grave dano ao interesse público, o STF passou a conceder mandado de segurança contra decisão do presidente que indeferir o pedido de suspensão, conforme referi anteriormente. Não se vislumbrava, portanto, qualquer razão para um tratamento assimétrico na espécie. Indeferido o pedido de suspensão nos processos referidos na Lei 8.437/1992, caberia agravo. Não havia razão para não admiti-lo nos casos de indeferimento de suspensão de segurança.

"Assim, a inovadora disciplina para a suspensão da execução das decisões contempladas na Lei 8.437/1992, relativa ao cabimento do agravo contra despacho indeferitório de liminar ou de sentença, poderia e deveria ser aplicada à suspensão em mandado de segurança" (v. SS 1.166).

Assim, deve o presidente o Tribunal ater-se, no exame do pedido de suspensão, às disposições do art. 4º da Lei 4.348/1964. Todavia, um mínimo de delibação do mérito da questão deve ser observado na apreciação da contracautela. Além disso, é preciso que se demonstre estar caracterizada potencialidade de grave lesão à ordem e à economia públicas.

Com efeito, tal medida excepcional investe o presidente do tribunal competente de poder extraordinário, que tem o condão de afastar a execução de uma medida urgente anteriormente concedida.

V. Lei do MS/2009, n. 12.016, de 7.8.2009 (art. 15).

507. *A ampliação dos prazos a que se refere o art. 32 do Código de Processo Civil [CPC/1939; CPC/1973, art. 188] aplica-se aos executivos fiscais.*

O art. 76 do Decreto-lei 960, de 17.12.1938, mandava aplicar subsidiariamente o Código de Processo Civil aos executivos fiscais (v. Lei 6.830/1980).

De acordo com o CPC/1973, art. 188, defere-se aos representantes da Fazenda Pública contar-se em quádruplo os prazos para contestação e em dobro para a interposição de recurso. Assim, aplica-se ao executivo fiscal esse princípio.

V. Súmulas STF-277 e 519.

508. *Compete à Justiça Estadual, em ambas as instâncias, processar e julgar as causas em que for parte o Banco do Brasil S/A.*

A natureza jurídica do Banco do Brasil S/A é de sociedade de economia mista, segundo os Decretos-leis 200/1967 e 900/1969 (v. Decreto 1.361, de 1.1.1995, Anexo, inciso VII, "c", I). Portanto, a competência para o julgamento de suas causas é atribuída à Justiça Comum, em vista da alteração imposta pela Constituição de 1967 e Emenda Constitucional 1/1969 (CF/1988, art. 109, I) dispondo de modo diverso da Lei 5.010/1966 sobre essa competência. Na lei criadora da Justiça Federal (Lei 5.010/1966) a União interviria nas causas das sociedades de economia mista (art. 70). Essa disposição foi alterada, e no presente somente nas causas em que a União, entidade autárquica ou empresa pública federal forem interessadas compete à Justiça Federal seu julgamento.

A orientação no sentido da Súmula firmou-se no CJ 4.608 (*RTJ* 48/208).

509. *A Lei 4.632, de 18.5.1965, que alterou o art. 64 do Código de Processo Civil, [CPC/1939; CPC/1973, art. 20] aplica-se aos processos em andamento nas instâncias ordinárias.*

A Lei 4.632, de 18.5.1965, alterou o art. 64 do CPC/1939 (CPC/1973, art. 20), sobre honorários advocatícios, dispondo que os mesmos seriam devidos pelo vencido na demanda.

Discutiu-se se essa lei teria aplicação imediata, ou não, aos processos em curso. O STF reiteradamente decidiu afirmativamente, pela incidência imediata da lei relativa a honorários advocatícios (RE 46.371, *RTJ* 35/294, RE 93.116, *RTJ* 100/800).

510. *Praticado o ato por autoridade, no exercício de competência delegada, contra ela cabe o mandado de segurança ou a medida judicial.*

Ferreira de Souza, constituinte de 1946, na discussão do projeto constitucional na parte relativa ao mandado de segurança, recordava que na tramitação da lei de 1935 que deu foros ao mandado de segurança assentou-se que se deveria considerar autoridade capaz de ter seus atos corrigidos pelo mandado de segurança não somente a que fosse diretamente investida no cargo, como também todos os que recebessem as funções do Poder Público em geral, ou por delegação, ou por concessão legal (*apud* José Duarte, *A Constituição Brasileira de 1946*, 3º vol., p. 55). No prosseguimento dessa discussão, Prado Kelly votou contra a expressão "qualquer autoridade", nos termos do pensamento de Ferreira de Souza, porque a exegese já entendia dessa maneira (José Duarte, ob. cit., p. 56).

Já a Constituição de 1934 abraçava essa expressão ampla para o cabimento do mandado de segurança: "Dar-se-á mandado de segurança para a defesa de direito, certo e incontestável, ameaçado ou violado, por ato manifestamente inconstitucional ou ilegal, de *qualquer autoridade* (...)".

Não se repetiu tal alcance na Constituição de 1946, e nem na Lei 1.533/1951. Mas com o advento da Reforma Administrativa e de suas bases através do Decreto-lei 200/1967 a função delegada ganhou importância; e, consequentemente, os atos daquele que exerce a delegação são de capital importância. Diz o art. 12 do Decreto-lei 200/1967: "É facultado ao Presidente da República, aos ministros de Estado e em geral às autoridades da Administração Federal delegar competência para a prática de atos administrativos, conforme se dispuser em regulamento".

V. CF/1988, art. 5º, LXIX; Lei 12.016, de 7.8.2009, art. 1º.

Como acentuou o Min. Themístocles Cavalcanti, transferida a competência, nenhuma reserva é feita à autoridade delegante, ficando o delegado responsável pela solução administrativa e pela aplicação da lei (MS 18.555, *RTJ* 46/749).

Aplicando esta Súmula 510, decidiu o STF:

"Mandado de segurança – Ato do governador – Competência originária do Tribunal de Justiça.

"Ainda que o ato impugnado se inspirasse em comportamento de autoridade federal, nem por isso arrebatou a competência do Tribunal de Justiça, dado que seu responsável foi o Governador que o firmou, no exercício de suas atribuições.

"A aplicação do art. 2º da Lei n. 1.533, de 1951, *[Lei 12.016, de 7.8.2009, art. 2º]* é princípio que se insculpe na Súmula n. 510" (RE 69.908, rel. Min. Thompson Flores, *DJU* 27.11.1970).

Não estabelece a competência *ratione materiae*, e, sim, em virtude da autoridade que pratica o ato, critério adotado pela Constituição, considerando o autor do ato impugnado – exceto da competência dos tribunais e juízes eleitorais para o processo e julgamento do mandado de segurança em matéria eleitoral. A doutrina é assente nessa diretriz (Hely Lopes Meirelles, *Mandado de Segurança e Ações Constitucionais*, 33ª ed., São Paulo, Malheiros Editores, 2010, pp. 67-68; Othon Sidou, *Do Mandado de Segurança*, 3ª ed., n. 181; Carlos Mário Velloso, "Do mandado de segurança", *RePro* 18/176; Lafayette Pondé, "Da delegação administrativa", *RDP* 49/18).

É competente o STJ para mandado de segurança impetrado contra ato de ministro de Estado, no exercício de poder delegado pelo Presidente da República (STF, MS 23.559, rel. Min. Celso de Mello).

V. Carlos Alberto Menezes Direito, *Manual do Mandado de Segurança*, 4ª ed., p. 25.

511. *Compete à Justiça Federal, em ambas as instâncias, processar e julgar as causas entre autarquias federais e entidades públicas locais, inclusive mandados de segurança, ressalvada a ação fiscal, nos termos da Constituição Federal de 1967, art. 119, § 3º.*
[CF/1988, art. 109, I]

Essa competência da Justiça Federal deriva da Constituição, ao atribuí-la, quando há interesse da autarquia federal como parte (autora, ré etc.). O interesse da autarquia federal está acima da entidade pública local, não contemplada na Constituição Federal (*RTJ* 57/178, 107/746). O enunciado estende-se às empresas públicas federais (RE 95.074, *RTJ* 101/1.295).

512. *Não cabe condenação em honorários de advogado na ação de mandado de segurança.*

A regra para a condenação em honorários advocatícios advém do art. 64 do CPC/1939, baseada no princípio da sucumbência. O Código atual adota a mesma linha, condenado o vencido a pagar ao vencedor os honorários (CPC/1973, art. 20).

Coloca-se a questão: aplica-se ao mandado de segurança o princípio da sucumbência?

A matéria ganhou fôlego com a opinião do Min. Amaral Santos favorável à aplicação. Num dos primeiros casos, ou, melhor, o pioneiro no debate (*RTJ* 47/777), duas correntes perfilaram-se.

A ação de mandado de segurança não se regula pelo Código de Processo Civil. Quando a lei específica trata de institutos de processo civil – por exemplo, o litisconsórcio – o faz expressamente (Min. Eloy da Rocha).

O mandado de segurança é ação, por isso aplica-se o princípio da sucumbência. Por outro lado, há também o princípio da lealdade no processo (*RTJ* 47/778) (Min. Amaral Santos).

A tese da natureza jurídica do mandado de segurança não foi negada por ambas as correntes.

Novamente o debate ganhou ampliação quando o Min. Amaral Santos voltou a reafirmar que o mandado de segurança, apesar de regulado por lei especial, submete-se às normas gerais do Código de Processo Civil (*RTJ* 51/806). Na outra extrema o Min. Eloy da Rocha: o princípio da sucumbência vale nos processos regulados pelo Código de Processo Civil, não em mandado de segurança, que é disciplinado por lei especial.

A partir de então, a jurisprudência aplica simplesmente essa orientação, hoje consubstanciada nesta Súmula 512 (*RTJ* 67/456 e 848).

Várias opiniões na jurisprudência e na doutrina tomaram posições.

O Des. Luiz Antônio de Andrade, em voto no TJRJ, profligou a orientação desta Súmula 512, partindo do conceito de "causa" para aplicar o princípio da sucumbência no mandado de segurança, invocando a doutrina do mandado de segurança como ação. Acresceu o ilustre processualista e magistrado o argumento de que o Código de Processo Civil é fonte subsidiária de todos os processos especiais (*RDP* 19/213).

Comentando o voto, Sérgio Ferraz também se insurge, corroborando a tese de Luiz Antônio de Andrade (*Revista da OAB/RJ* 1/303; Rodolfo de Camargo Mancuso, *RDP* 77/110).

Outra exposição respeitável contrária à Súmula é de José Carlos Barbosa Moreira: o mandado de segurança é processo especial regido subsidiariamente pelas normas codificadas. Nele existe causa, com partes, vencedora e vencida ("Mandado de segurança e condenação em honorários de advogado", *Revista de Direito da Procuradoria-Geral da Guanabara* 23/50; *RT* 420/53).

O mais precioso estudo sobre a matéria é desenvolvido em voto do Des. Bulhões de Carvalho, do Tribunal de Justiça do então Estado da Guanabara, em apoio à Súmula (*RDP* 19/215).

Ninguém contesta o mandado de segurança como ação, e muito mais como causa, onde aparecem as partes mais por deturpação que por orientação. Quem tem vivência com o mandado de segurança sabe que as informações solicitadas pelo juiz "informam" muito mais; até defendem o ato, contestando a impetração; quando, por vezes, são anexados pareceres jurídicos e peças eminentemente de reforço. Tecnicamente as informações deveriam cingir-se ao esclarecimento dos fatos. Mas o vezo da contestação, e não da informação, transformou o mandado de segurança em ação, onde a pessoa jurídica impetrada é ré.

Um ponto de alta meditação é aplicar-se subsidiariamente o Código de Processo Civil para integração da norma, quando lhe defere a norma integradora. Temos exemplo frisante no processo trabalhista (CLT, art. 69).

Ora, a Lei 1.533/1951 revogou expressamente os dispositivos do Código de Processo Civil de 1939 sobre o assunto *mandado de segurança* (art. 20), apenas mantendo a aplicação dos artigos relativos ao litisconsórcio (art. 19). E mais: a Lei 4.348, de 26.6.1964, que estabeleceu normas processuais relativas a mandado de segurança, apenas fez remissão expressa ao Código de Processo Civil para as sanções decorrentes do descumprimento de prazos (art. 8º). Não se argumente com a execução fiscal, onde se admite a condenação em honorários até pela diretriz da Súmula STF-519. No entanto, a execução fiscal prevista no Decreto-lei 960 era de 1938, portanto, anterior ao Código de Processo Civil. Assim mesmo, o decreto-lei mandava aplicar subsidiariamente a legislação local vigente em matéria processual (art. 76).

Um argumento de ordem constitucional, já tratado colateralmente, é importante e decisivo, porém não encarado em nenhum dos trabalhos.

A ação de mandado de segurança é de fonte constitucional, tão importante quanto o *habeas corpus*, que não servirá para cotejo, por sua índole processual penal. Mas o mandado de segurança tem a mesma gênese da ação popular. Num e noutra há interesses relevantes, não se podendo afastar os postulantes, com o risco da denegação.

Na ação popular (Lei 4.717, de 29.6.1965) expressamente será obedecido o previsto no Código de Processo Civil para o procedimento ordinário (art. 7º), e deferindo ao autor, que tiver a ação julgada procedente, a inclusão de honorários advocatícios (art. 12). O autor, se vencido, não pagará honorários, hoje matéria pacífica na jurisprudência do STF (*RTJ* 67/134, 57/878, 47/742) (v. CF/1988, art. 5º, LXXIII).

Um dos votos favoráveis à rejeição dos honorários no mandado de segurança foi o do Min. Aliomar Baleeiro, que remata no paralelo entre a ação popular e o mandado de segurança:

"A ação popular constitui, juridicamente, um dever do membro da comunidade. O interesse social é incentivá-la e não estorvá-la com ameaça de condenação vultosa, porque os negócios públicos, em geral, excedem as dimensões dos privados.

"O caso é semelhante ao do mandado de segurança, que, sendo defesa de direito individual, não comporta honorários pela jurisprudência do STF" (*RTJ* 73/914).

A Súmula está consolidada pela aplicação reiterada após o Código de Processo Civil/1973 (RE 86.600, rel. Min. Xavier de Albuquerque; RE 79.452, rel. Min. Antônio Neder; RE 79.452, rel. Min. Cunha Peixoto; RE 87.931, rel. Min. Xavier de Albuquerque; RE 91.499, rel. Min. Cordeiro Guerra, *DJU* 8.2.1980; RE 98.593, rel. Min. Aldir Passarinho; RE 101.214, rel. Min. Oscar Corrêa, *RTJ* 108/919).

V.: Súmula STJ-105; Lei do MS/2009, n. 12.016, de 7.8.2009; Nelson Nery Jr., *Princípios do Processo na Constituição Federal*, 10ª ed., São Paulo, Ed. RT, p. 115.

513. *A decisão que enseja a interposição de recurso ordinário ou extraordinário não é a do Plenário, que resolve o incidente de inconstitucionalidade, mas a do órgão (Câmaras, Grupos ou Turmas) que completa o julgamento do feito.*

Em determinadas hipóteses, havendo interesse público na solução de questão surgida como prejudicial, determina-se o exame antecipado desta questão – como, por exemplo, a prejudicial de inconstitucionalidade do Direito Italiano. É preciso sentir que Mauro Cappelletti, ao estudar a questão da prejudicial de inconstitucionalidade no Direito Italiano, distinguiu entre *questão* e *causa principal* (*La Pregiudizialità Costituzionale nel Processo Civile*, p. 70), acentuando que o sistema italiano de prejudicial de inconstitucionalidade de lei tem sua autonomia, como asseverou Liebman ("Contenuto ed efficacia delle decisioni della Corte Costituzionale", in *Problemi del Processo Civile*, p. 423).

Explica, com acerto, Pontes de Miranda a existência de questões prévias, questões preliminares e questões prejudiciais (*Comentários* ... ao art. 282 do CPC/1939). Pedro Batista Martins considera prejudiciais as questões relativas à própria composição do juízo, tais como, *v.g.*, as relativas à suspeição, à competência e à legitimidade das partes. As preliminares são todas as questões prévias, quer as referentes ao processo, quer as atinentes à ação. Pedro Baptista Martins assinala que o dispositivo do art. 282 do CPC/1939, referente às questões prejudiciais, inspirou-se no princípio da economia processual, orientador da elaboração do Código de Processo Civil (*Comentários* ... ao art. 282 do CPC/1939).

No processo civil não se suspende a causa pendendo ação prejudicial autônoma. Se a prejudicial surge como incidente da demanda, seu julgamento será proferido pelo juiz da causa. É o princípio segundo o qual o juiz da ação é o juiz da exceção (Odilon de Andrade, *Comentários* ... ao art. 877 do CPC/1939; "Devolução à Câmara para julgamento definitivo da causa", *RT* 97/524). Identicamente decidiu-se em outro aresto, sustando-se o julgamento do recurso até que o Tribunal Pleno se manifestasse sobre a arguida inconstitucionalidade de decreto-lei (*Direito* XLIX/237).

Enunciava o art. 200 da CF/1946 que "só pelo voto da maioria absoluta dos seus membros poderão os tribunais declarar a inconstitucionalidade de lei ou ato do Poder Público". Idêntico princípio achava-se ínsito no art. 111 da CF/1967, na de 1934 (art. 179) e na de 1937 (art. 96) (v. a natureza jurídica de decisão sobre a inconstitucionalidade em Pontes de Miranda, *Comentários à Constituição de 1967*, art. 111; Themístocles Cavalcanti, *Comentários à Constituição de 1946*, vol. IV, p. 201). A CF/1988 dispõe: "Art. 97. Somente pelo voto da maioria absoluta de seus membros ou dos membros do respectivo órgão especial poderão os tribunais declarar a inconstitucionalidade da lei ou ato normativo do Poder Público".

Atendendo a esse dispositivo constitucional, suscitada a prejudicial ou preliminar de inconstitucionalidade de lei ou de ato do Poder Público, o relator, ouvido o Ministério Público, submeterá a questão à Turma ou Câmara a que tocar o julgamento (CPC/1973, art. 480). Se a alegação for rejeitada, prosseguir-se-á com o julgamento; mas, se for acolhida, será submetida essa questão ao Tribunal Pleno (CPC/1973, art. 481). Rejeitada a preliminar, ou prejudicial, os autos retornarão à Câmara ou Turma para o exame do mérito e a aplicação do Direito à espécie. Neste ponto suscita-se a dúvida quanto ao cabimento de recurso. Da decisão do Tribunal Pleno, que decidiu a prejudicial de inconstitucionalidade, ou da Câmara ou Turma, que examinou o mérito da causa?

O problema pode apresentar várias facetas. Em determinados tribunais o regimento interno pode prever o julgamento do feito pelo

Plenário, ou pelo Órgão Especial, após a rejeição da prejudicial de inconstitucionalidade, à semelhança do preceituado no RISTF (art. 177), segundo o qual, nas questões submetidas ao Tribunal Pleno, por envolverem matéria constitucional, rejeitada a inconstitucionalidade, aplica-se o Direito à espécie. Parece mais consentânea essa solução, em face da vacilação existente quanto à interposição do recurso e até por economia processual. "Arguida a inconstitucionalidade de uma lei, compete ao Tribunal Pleno a apreciação e julgamento da causa." O Tribunal Pleno aprecia a inconstitucionalidade e julga a causa (TJRS, Ag 1.814, rel. Des. Samuel Silva, *RF* 94/523).

De outra forma o Tribunal examina a possibilidade jurídica, consistente na constitucionalidade da lei ou ato do Poder Público, pretensamente protetor do pedido. No entanto, cabe à Câmara ou Turma o exame da pretensão da relação jurídica onde uma parte dessa relação vindica a tutela jurídica sobre um direito subjetivo. A repercussão sobre as partes somente ocorrerá com a decisão da Câmara ou Turma, porque a decisão do Tribunal Pleno é apenas normativa, e não definitiva, encerrando a lide.

Como assinala José Frederico Marques, "a questão prejudicial não se projeta, com os efeitos de coisa julgada material, fora do processo" (*Instituições* ..., vol. V, p. 57), porque essas questões são simplesmente conhecidas pelo juiz, que o faz *incidenter tantum*, ao contrário das questões que são decididas no âmbito da lide, e que ficam abrangidas e cobertas pela autoridade da coisa julgada. Aliás, esta assertiva encontra apoio em Chiovenda, que afirma: "O princípio dominante é que as questões prejudiciais são decididas em regra sem efeitos de coisa julgada (*incidenter tantum*)" (*Instituições de Direito Processual*, 2ª ed., vol. I, p. 393).

Em nota ao Mestre italiano, Liebman corrobora seu ponto de vista afirmando que a coisa julgada abrange a questão última do raciocínio do juiz, a conclusão de seu silogismo, que constitui a premissa essencial objetiva, a base lógica necessária do dispositivo (*Instituições* ..., vol. I, p. 394) – argumento defendido pelo ilustre processualista e magistrado Min. Moacyr Amaral Santos no julgamento do RMS 14.710, na sessão do STF de 30.5.1968.

Da decisão definitiva, isto é, das causas decididas em única ou última instância, caberá recurso extraordinário (CF/1988, art. 102, III) ou recurso ordinário (CF/1988, art. 102, II), além do especial para o STJ (CF/1988, art. 105, III).

A lei omitiu-se sobre esta questão tão importante (porque a preclusão será fatal, sendo o recurso interposto de decisão do Tribunal Pleno, e na verdade deve ser interposto da decisão da Câmara), naturalmente pela vacilação. Por outro lado, a interposição de dois recursos, um da decisão do Pleno e outro da decisão da Turma, pareceria solução esdrúxula, ficando o primeiro recurso à espera da segunda solução. Se subisse ao STF ainda na dependência do julgamento da Câmara, a decisão do Pretório Excelso provendo o recurso teria reflexo forçosamente na decisão da Câmara, às vezes já irrecorrida.

Jurisprudência: através de vários julgados o STF fixara-se no princípio da interposição de recurso da decisão do Tribunal Pleno que rejeitara a prejudicial de inconstitucionalidade, assim: *DJU* 16.10.1964, p. 768; RE 17.437, *DJU* 13.10.1962, p. 4.710; RMS 14.674, rel. Min. Evandro Lins, *RTJ* 36.234; RE 57.126; AI 30.769 e 31.523, *RTJ* 35/14; RMS 15.020, *RTJ* 38/616; AI 30.100, rel. Min. Gonçalves de Oliveira, *DJU* 16.10.1964, p. 768.

No AI 30.789 assim ementou o Min. Evandro Lins: "Declaração de inconstitucionalidade de lei municipal por tribunal local – Decisão proferida em mandado de segurança, embora os autos tivessem de voltar à Câmara para julgar outras alegações do impetrante. O recurso cabível, no caso, é o ordinário, e não o extraordinário" (*RTJ* 35/328). Decisão idêntica no RE 56.805 (*RTJ* 33/836).

A Súmula STF-272 impede a conversão do recurso: "Não se admite como ordinário recurso extraordinário de decisão denegatória de mandado de segurança".

Anteriormente houvera dúvidas quanto à interposição de recurso, inclusive admitindo-se o recurso extraordinário (RE 22.097, *RF* 193/117).

A jurisprudência evoluiu no sentido de uma solução mais equânime, mais prática e menos contraditória. Porque os arestos acima apontados não foram elaborados após um longo debate, que aflorasse a oportunidade do recurso nestas questões.

No julgamento do RMS 15.212 (rel. Min. Gonçalves de Oliveira, *DJU* 24.5.1968) levantou-se a preliminar de intempestividade do recurso ordinário, porque fora interposto da decisão da Câmara Cível, e não da decisão do Tribunal Pleno que rejeitou a arguição de inconstitucionalidade. Assentou o STF, na oportunidade, ser desnecessária a interposição de recurso extraordinário dessa decisão se os autos voltam à Câmara. Indeferido o mandado de segurança, caberia o recurso ordinário constitucional.

Argumentar-se-á com a preclusão da matéria constitucional já decidida pelo Pleno e pretendida sua alteração no recurso ordinário interposto de decisão da Turma. Parece-nos impossível reviver no recurso ordinário a matéria constitucional já decidida no Pleno. Para que não fique preclusa, aí, sim, caberá o recurso extraordinário dessa decisão do Tribunal Pleno.

No RE 61.504 (rel. Min. Gonçalves de Oliveira, *RTJ* 43/228) aplicou a 3ª Turma o mesmo princípio adotado no RMS 15.212, decidindo que do julgado do Plenário, se há a restituição dos autos à Câmara Julgadora, para completar o julgamento após apreciar o Plenário a arguição de inconstitucionalidade, não cabe recurso extraordinário, e sim cabe recurso da decisão da Turma ou Câmara que decidiu a causa.

A ementa do RMS 15.212 é a seguinte:

"1. Inconstitucionalidade – Sua arguição em recurso de mandado de segurança. Pedido o pronunciamento do Plenário pela Câmara julgadora, os autos voltaram à Câmara para completar o julgamento. Não há necessidade de interposição de recurso extraordinário dessa decisão se os autos voltam à Câmara e o mandado é indeferido. Cabe aqui, então, o recurso ordinário. Não são necessários dois recursos, um o extraordinário da decisão do Plenário, outro, o recurso ordinário, da decisão da Câmara julgando o mandado de segurança. Somente este último é de ser interposto.

"2. Descumprimento de lei pelo chefe do Executivo, dando ensejo a mandado de segurança. Não representou S. Exa. ao STF contra a lei reputada inconstitucional; deixou de cumpri-la.

"3. Poder de emenda – Projeto de lei emendado pela Assembleia guardando pertinência com o projeto do Governo, na vigência da Constituição de 1946 – Provimento do recurso ordinário para concessão da segurança" (último julgamento de que participou, no STF, o Min. Pedro Chaves) (*DJU* 24.5.1968).

Esta posição do STF reafirmou-se em outro julgado do Tribunal Pleno no RMS 14.710 (rel. Min. Gonçalves de Oliveira, j. 30.5.1968), decisão por maioria, ficando vencidos os Mins. Víctor Nunes, Eloy da Rocha e Adaucto Cardoso; vencedores os Mins. Gonçalves de Oliveira, Lafayette de Andrada, Hermes Lima, Evandro Lins, Adalício Nogueira, Oswaldo Trigueiro, Aliomar Baleeiro, Djaci Falcão, Themístocles Cavalcanti, Amaral Santos e Thompson Flores.

Encaminharam-se as decisões do STF no sentido da inexigibilidade de recurso da decisão do Tribunal de Justiça que rejeita a arguição de inconstitucionalidade, remetendo os autos à Câmara ou Turma.

Matéria assaz relevante, diante da perplexidade de opiniões. A solução foi normatizada na Súmula do STF.

V.: Súmulas STF-211 e 355; E. D. Moniz de Aragão, in *RePro* 83/88.

A Lei 9.756, de 17.12.1998, aditou parágrafo único ao art. 481 do CPC/1973: "Os órgãos fracionários dos tribunais não submeterão ao Plenário, ou ao Órgão Especial, a arguição de inconstitucionalidade, quando já houver pronunciamento destes ou do Plenário do Supremo Tribunal Federal sobre a questão".

Os órgãos parciais dos tribunais podem dispensar o exame plenário ao acolher a decisão do STF que declarou a inconstitucionalidade (RE 192.218-4; STF, AgR no RE 432.597 e AgR no RE 433.980, ambos *DJU* 18.2.2005; AgR no RE 458.949-SP, *DJU* 23.4.2004, todos rel. Min. Sepúlveda Pertence).

V. Araken de Assis, *Manual dos Recursos*, 2ª ed., São Paulo, Ed. RT, 2008, p. 339.

514. *Admite-se ação rescisória contra sentença transitada em julgado, ainda que contra ela não se tenha esgotado todos os recursos.*

Não sendo a ação rescisória um recurso, não se leva em conta, para sua propositura, o esgotamento de todos os recursos ordinários da sentença que se pretende rescindir. Em acórdão-líder foi sustentada essa opinião no STF (*RF* 131/99).

515. *A competência para a ação rescisória não é do Supremo Tribunal Federal quando a questão federal, apreciada no recurso extraordinário ou no agravo de instrumento, seja diversa da que foi suscitada no pedido rescisório.*

Para prosperar a ação rescisória no STF há necessidade de se suscitar no pedido rescisório questão idêntica à apreciada na decisão rescindenda. Se o STF não examinou a questão federal suscitada na ação rescisória, evidentemente, ela é incabível. Se a questão suscitada foi examinada no tribunal *a quo*, clara é a incompetência do STF (*RTJ* 69/81; AR 794).

V.: Súmula STF-249; *RTJ* 114/65.

516. *O Serviço Social da Indústria (SESI) está sujeito à jurisdição da Justiça Estadual.*

Decidiu o STF no CJ 2.843: "Conflito de jurisdição – Crime cometido contra o patrimônio do Serviço Social da Indústria – Competência da Justiça Comum por se tratar de entidade de direito privado" (*DJU* 12.11.1964).

Mostrou o Min. Gonçalves de Oliveira no CJ 2.989 a razão da discussão em torno da natureza jurídica do SESI, principalmente em vista do interesse do SESI nas questões de impostos – direito a salvo, em virtude do dispositivo constitucional que declara imunes as instituições de educação e de assistência social. Também na questão da prestação de contas de seus administradores; em relação à obrigação de prestar contas ao Tribunal de Contas, todas as entidades devem prestar contas quando haja ingerência com dinheiros públicos (CJ 2.989, *RTJ* 33/689, 110/277).

V. decisão do STJ no CComp 41.246 (*DJU* 27.9.2004).

517. As sociedades de economia mista só têm foro na Justiça Federal quando a União intervém como assistente ou opoente.

A competência da Justiça Federal nas causas de interesse da União revela-se com a condição da União como autora, ré, assistente, ou opoente (CF/1988, art. 109, I). Logo, em relação às sociedades de economia mista, não discriminadas na Constituição Federal como abrangidas entre as autarquias e as empresas públicas, necessita-se de manifestação do interesse da União como assistente ou opoente, não bastando a intervenção meramente formal, como observou o Min. Thompson Flores no CJ 5.448 (Rede Ferroviária Federal).

Também no CJ 5.466 (Cia. Vale Rio Doce) se adotou idêntica solução (*RTJ* 68/521, 63/130).

V. Súmulas STF-251 e 556 e STJ-42.

518. A intervenção da União, em feito já julgado pela segunda instância e pendente de embargos, não desloca o processo para o Tribunal Federal de Recursos.

O STF adotou a orientação já norteada pelo TFR pelo voto do Min. Armando Rolemberg, transcrito no CJ 3.931:

"Defrontamo-nos, assim, com caso incomum em matéria de competência para julgamento. Realmente, em princípio, desde que ingresse no feito a União, a competência para julgamento em grau de recurso é deste Tribunal. Na hipótese, porém, já há acórdão de Câmara Cível de Tribunal de Justiça, competente ao proferi-lo, vez que, então, eram partes a Rede Ferroviária e particular. Se admitirmos a nossa competência para apreciação dos embargos, estaremos aceitando a possibilidade de rever julgado de tribunal estadual, com infringência das regras de autonomia estabelecidas na Constituição. De outro lado, se fizermos *tabula rasa* da aludida decisão e considerarmos tão somente o recurso interposto da sentença, estaremos dando à intervenção da União o efeito de rescisão sumária do julgado do Tribunal de Justiça.

"Meditei sobre a hipótese e concluí que a solução razoável, tendo em conta os princípios que regem a matéria, será a de entender-se competente, no caso, o Tribunal de Justiça do Estado da Guanabara.

"Nos embargos infringentes, como acentua José Frederico Marques (*Instituições de Direito Processual Civil*, vol. V, p. 253), 'há pedido de reexame a juízes que tomaram parte no julgamento de que se recorre' e, assim, existe, 'imanente, um pedido de retratação'. Ora, como admitir-se, frente a esta característica essencial de tal recurso, possa ser conhecido por tribunal diferente do que proferiu a decisão recorrida? Ao mesmo tempo, como aceitar-se que um tribunal que não tem jurisdição sobre outra possa conhecer de recurso interposto de decisão deste? Tais obstáculos, sem dúvida intransponíveis, levam à conclusão de que não há como conhecer este Tribunal dos embargos opostos à decisão da 5ª Câmara Cível do TJGB.

"Também de todo inevitável nos parece a possibilidade de afastar-se, pura e simplesmente, a decisão proferida no TJGB, pois isto equivaleria a anulá-la, por via inaceitável, isto é, a simples manifestação de interesse da União na causa, e por decisão de Tribunal incompetente para fazê-lo, por não lhe assistir o controle jurisdicional do julgado em questão.

"Tenho, assim, que se há de aceitar como correta a regra de que a intervenção da União no processo somente desloca a competência para o julgamento respectivo quando resultante de ato anterior a pronunciamento do tribunal estadual, não produzindo tal efeito quando já haja decisão deste.

"Tal orientação, aliás, se ajusta com os termos do art. 104, n. II, 'a', da Constituição [CF/1946; CF/1988, art. 108, II, c/c art. 109, I] onde se estabelece que a competência deste Tribunal é para julgar, em grau de recurso, 'as causas decididas em primeira instância, quando a União for interessada como autora, ré, assistente ou oponente', estando, assim, afastadas de nossa competência as causas nas quais a intervenção da União somente se dê quando já existente decisão da segunda instância.

"Poder-se-á argumentar que tal orientação levará a admitir-se possa a Justiça local decidir feitos de interesse da União, o que contrariaria o sistema constitucional. O argumento, sem dúvida ponderável, há de ser considerado para atingir-se conclusão diversa, isto é, a de que, uma vez proferida decisão por tribunal local, não mais se admitirá da intervenção da União na causa."

Outros casos idênticos: CJ 5.447, *RTJ* 56/219; CJ 4.021, *RTJ* 51/238. Deduz-se desta Súmula que da intervenção da União após a sentença e o julgamento em segunda instância não ocorrerá deslocamento, como decidiu a 2ª Turma do STF no RE 86.278 (*RTJ* 85/262).

519. *Aplica-se aos executivos fiscais o princípio da sucumbência a que se refere o art. 64 do Código de Processo Civil. [CPC/1939; CPC/1973, art. 20]*

O art. 76 do Decreto-lei 960, de 17.12.1938, referente aos executivos fiscais, mandava aplicar subsidiariamente os dispositivos do Código de Processo Civil (atualmente, art. 1º, da Lei 6.830, de 22.9.1980).

Com a redação dada pela Lei 4.632/1965 ao art. 64 do CPC/1939, sobre honorários, a parte vencida passa a ser condenada aos honorários (*RTJ* 42/405, RE 70.692; *DJU* 13.11.1970). Na execução fiscal aplicando-se subsidiariamente o Código de Processo Civil, portanto, aplica-se o princípio da sucumbência (CPC/1973, art. 20).

V. Súmulas STF-277 e 507.

520. *Não exige a lei que, para requerer o exame a que se refere o art. 777 do Código de Processo Penal, tenha o sentenciado cumprido mais de metade do prazo da medida de segurança imposta.*

Dispõe o art. 777 do CPP que em qualquer tempo, ainda durante o prazo mínimo de duração da medida de segurança, pode ser antecipado o exame de verificação para recebimento do benefício legal (HC 56.137, rel. Min. Djaci Falcão, *RTJ* 88/85).

V. CP, arts. 96 e 97.

521. *O foro competente para o processo e julgamento dos crimes de estelionato, sob a modalidade da emissão dolosa de cheque sem provisão de fundos, é o do local onde se deu a recusa do pagamento pelo sacado.*

A caracterização do crime de emissão de cheques sem fundos como formal ou material tem importância para a designação do juízo competente para o julgamento desse crime se no local da emissão ou da apresentação.

Segundo a letra do art. 171, § 2º, VI, do CP, a ação é de "emitir".

Heleno Fragoso, em comentários a acórdão do STF, diverge dessa orientação da Súmula, apoiando voto do Min. Gonçalves de Oliveira (*Revista Brasileira de Criminologia e Direito Penal* 15/173, 12/163, 10/185, 91/73).

Eis o voto do Min. Gonçalves de Oliveira em contraposição à corrente desta Súmula 521, no CJ 2.845 (*RTJ* 33/108):

"O presente caso é, realmente, relevante para os estudiosos do direito penal e do direito processual penal brasileiro, pelo quê quero deixar bem exata a minha opinião a respeito do assunto.

"Estou em que, para decisão de um conflito de jurisdição, não é importante – não obstante as outras considerações do eminente Min. Evandro Lins – saber se se trata de crime formal ou se de crime de dano. O que é importante é saber onde estava o réu quando cometeu o crime, porque a regra principal de competência para o processo penal é que o réu é processado no lugar da infração, conforme está nos arts. 69, n. I, e 70 e ss. do CPP.

"Suponhamos que um indivíduo tenha contas em várias praças, em várias localidades do País, e que em Brasília emita um cheque sobre Goiânia, aonde ele não vai, digamos, há mais de seis meses ou aonde ele nunca foi ou não mais irá. Pensar alguém que o credor do cheque vai à agência de Goiânia, para receber esse cheque, é atentar contra a realidade dos negócios, porque qualquer pessoa que recebe um cheque contra outra praça deposita em sua conta bancária para recebimento. Se eu recebo um cheque sem fundos em Brasília, e o deposito também em Brasília, o banco que me dará a comunicação de que o cheque não tinha fundos é o desta Capital, o que é sabido pela Carteira de Compensação do Banco do Brasil. Eu não tenho necessidade de ir a Goiânia.

"Então, o lugar da infração não pode, a meu ver, ser Goiânia, para aí ser processado o emitente. Como podem o Delegado e a Justiça de Goiânia tomar conhecimento desse fato se ele se passou exclusivamente na Capital da República, se eu como vítima nunca lá estive e se, talvez, o emitente nunca em sua vida esteve em Goiânia?

"Assim, Sr. Presidente, o importante é saber onde, efetivamente, o criminoso praticou o fato delituoso. Se ele foi em Goiânia e retirou pessoalmente o dinheiro do banco, talvez seja Goiânia onde deva ser processado. Mas se foi em Brasília que deu o cheque, e não foi em Goiânia, então, teremos de fazer o processo onde efetivamente foi cometido o crime" (RE 75.049, *RTJ* 74/409).

V.: Súmula STJ-48; Damásio E. de Jesus, *Código Penal Anotado*, 7ª ed., p. 586 (art. 171, § 2º, VI).

522. *Salvo ocorrência de tráfico para o Exterior, quando, então, a competência será da Justiça Federal, compete à Justiça dos Estados o processo e julgamento dos crimes relativos a entorpecentes.*

Prevaleceu o voto do Min. Evandro Lins quando se discutia a competência para julgamento dos crimes relativos a entorpecentes. A vingar a tese da competência da Justiça Federal, seria a paralisação desta. O professor Haroldo Valladão, como Procurador-Geral da República, em brilhante parecer e sustentação em Plenário, orientava-se pela competência da Justiça Federal. Prevaleceu, porém, o voto do Min. Evandro Lins, pela competência da Justiça Comum. Eis a parte substancial desse voto, no CJ 4.067:

"Nenhuma convenção internacional pressupõe que seja o comércio internacional e não o comércio dentro das fronteiras do País.

"Aí, deve prevalecer a competência da Justiça Federal. Quando houver cooperação internacional entre os agentes do crime, ou quando este se estenda, na sua prática e nos seus efeitos, a mais de um País, a competência, a meu ver, dever ser da Justiça Federal, pelo seu caráter *nacional*.

"O tráfico de *maconha* dentro do território nacional não tem o porte dos chamados *delicta juris gentium*, ou crime internacional, e a sua repressão já se fazia antes da assinatura da Convenção de Nova York, através da Justiça local. A ampliação da competência da Justiça Federal para o julgamento desses crimes não podia estar no pensamento do constituinte.

"O TJSP, em acórdão da lavra do ilustre Des. Adriano Marrey, já se pronunciou pela competência da Justiça Comum para o julgamento dessas infrações, acentuando que as mesmas, embora previstas em convenção internacional, podem constituir-se em violação apenas da lei penal interna. O que caracteriza a questão de direito penal internacional é o 'elemento peculiar da *internacionalidade*', produzindo ou podendo produzir efeitos em Países diferentes.

"A ação delituosa restrita ao âmbito nacional não tem esse caráter e o seu processo e julgamento competem à Justiça local.

"Como se vê, há nesses crimes, que nos obrigamos a reprimir por força de convenção internacional, uma competência concorrente, da

Justiça Federal e da Justiça Estadual. Nos casos que se projetam além das fronteiras do País a competência é da Justiça Federal; naqueles que se limitam no âmbito de nosso território a competência é da Justiça local. Não é apenas a União que tem interesse na prevenção e repressão desses crimes. Cada Estado, obrigado ao cumprimento das leis federais, não pode deixar de reprimi-los, inclusive em defesa de sua população, e pelos deveres que o ligam à Federação.

"À União compete organizar e manter a Polícia Federal com a finalidade de prover serviços, repressão e apuração de vários crimes, inclusive 'a repressão ao tráfico de entorpecentes' (art. 8º, VII, 'b').

[CF/1967] Se a Polícia Federal não estiver aparelhada para preencher essa finalidade em todo o País, nem por isso se deixará de reprimir o tráfico de entorpecentes, através das Polícias Estaduais. A própria Constituição prevê a celebração de convênios da União com os Estados para a execução, por funcionários estaduais, de suas leis, serviços ou decisões (art. 8º, § 1º). [CF/1967]

"De qualquer forma, a União tem a iniciativa da repressão, na fase primeira das investigações policiais. Aí está a sua ação fiscalizadora e o seu poder para tornar efetivo o cumprimento da obrigação assumida pelo País no plano internacional.

"Não se argumente que o inquérito procedido pela Polícia Federal deva necessariamente ser julgado pela Justiça Federal. A própria Constituição também atribui à Polícia Federal competência para apurar infrações cuja prática tenha repercussão interestadual e exija repressão uniforme, sem que tais infrações sejam de julgamento obrigatório da Justiça Federal (art. 8º, VII, 'c')" [CF/1967] (RTJ 76/425, 65/667).

O importante a observar é que o crime, na prática e nos efeitos, abrange mais de um País, como decidiu o STF (Ag 74.173, rel. Min. Djaci Falcão).

V. Lei 10.409, de 11.1.2002, art. 27.

523. *No processo penal, a falta da defesa constitui nulidade absoluta, mas a sua deficiência só o anulará se houver prova de prejuízo para o réu.*

Observou o Min. Víctor Nunes que a nulidade absoluta instituída no art. 564, III, "c", do CPP é a falta de defesa, não a deficiência da defesa (*RTJ* 33/718). Em outros casos tem sido aplicada a mesma Súmula (HC 48.415, *DJU* 19.2.1971; HC 48.645, *DJU* 3.9.1971). Defensor dativo que não apresenta defesa prévia, nem alega ou pede, causa prejuízo: RHC 59/502, rel. Min. José Néri, *RTJ* 102/111, 138/175; *RTJ* 168/896, 180/649, 184/682.

524. *Arquivado o inquérito policial, por despacho do juiz, a requerimento do promotor de justiça, não pode a ação penal ser iniciada, sem novas provas.*

"Se o órgão do Ministério Público, ao invés de apresentar denúncia, requerer o arquivamento do inquérito policial ou de quaisquer peças de informação, o juiz, no caso de considerar improcedentes as razões invocadas, fará remessa do inquérito ou peças de informação ao Procurador-Geral, e este oferecerá a denúncia, designará outro órgão do Ministério Público para oferecê-la, ou insistirá no pedido de arquivamento, ao qual só então estará o juiz obrigado a atender" (art. 28 do CPP). Pergunta-se: arquivado o inquérito, poderá ser desarquivado posteriormente?

A lei processual penal não dá a solução, apenas deixando entrever que, ainda que arquivado o inquérito, a autoridade policial poderá proceder a novas pesquisas, se de outras provas tiver notícia (art. 18 do CPP). Portanto, essa possibilidade dada à autoridade policial só poderia ter como consequência o início da ação penal, ainda que anteriormente houvesse o arquivamento – porém, sempre com novas provas.

Na doutrina, Eduardo Espínola Filho, ao comentar essa passagem, afirma: "Não sendo oferecida a denúncia, o Ministério Público requer o arquivamento, que, se deferido pelo juiz, obstará à instauração da ação penal, com base nos elementos fornecidos pelo inquérito, representação, peças de informações. Aí está o efeito do arquivamento, que não acarreta a extinção da ação penal, tanto assim que o Código é expresso, no art. 18, em proclamar que, após ordenado o arquivamento do inquérito, são realizáveis novas diligências e pesquisas, das quais resulte a obtenção de elementos aptos a fundamentar, perfeitamente, a denúncia. Isto não constitui novidade alguma: é fato frequente, nas práticas do foro o desarquivamento de inquéritos, para proceder-se a novas investigações, que levam à posterior apresentação da denúncia" (*Código de Processo Penal Anotado*, vol. I, p. 335).

A orientação do STF não tem sido outra, qual seja, a necessidade de novas provas para o início da ação penal caso anteriormente haja sido arquivado o inquérito (HC 42.015, rel. Min. Gonçalves de Oliveira, *RTJ* 33/618; RHC 42.472, rel. Min. Pedro Chaves, *RTJ* 34/32).

No HC 40.421 (rel. Min. Hermes Lima, *DJU* 29.5.1964) decidiu o STF: "*Habeas corpus* concedido para que seja cassada a sentença condenatória e posto em liberdade o paciente. O processo fora mandado desarquivar pelo Procurador-Geral sem novas provas. A denúncia não acrescentara qualquer testemunha além das pessoas ouvidas no inquérito arquivado. Nesse caso, os autos não poderiam ser desarquivados. Em consequência, a denúncia não poderia ser oferecida e nula se torna, desse modo, a sentença que a julgou procedente".

No RHC 48.867, relatado pelo Min. Thompson Flores, decidiu a 2ª Turma: "Inquérito policial arquivado a requerimento do Ministério Público – Desarquivamento. Constitui constrangimento ilegal seu desarquivamento e consequente oferecimento da denúncia e seu recebimento sem novas provas" (*DJU* 3.9.1971, p. 4.605; *RTJ* 109/117, 168/896, *RTJ* 180/638).

As novas provas serão aquelas capazes da autorização do início da ação penal, com alteração do conjunto acolhido no arquivamento (*RTJ* 188/200, 186/624, 185/970, 91/831, 63/620, 47/53, 40/111, 32/35; v. caso "ACM").

525. A medida de segurança não será aplicada em segunda instância quando só o réu tenha recorrido.

O *leading case* que originou este enunciado está baseado no voto do Min. Evandro Lins no HC 43.969:

"Proíbe o art. 617 do CPP que, em qualquer hipótese, seja agravada a pena quando somente o réu houver apelado da sentença condenatória de primeira instância.

"Discute a doutrina e diverge a jurisprudência no tocante a saber se em tal vedação da *reformatio in pejus* se deve incluir a imposição da pena acessória ou de medida de segurança, mormente quando estas decorrem necessariamente da condenação imposta.

"No HC n. 42.083, de que fui Relator, inclinamo-nos, em sessão plenária e à unanimidade, pela vedação do aditamento de pena acessória omitida pela sentença, em decisão de recurso exclusivo do condenado.

"Mais complexa é, no entanto, a indagação quando se trata, como na espécie, de medida de segurança, tanto mais que imposta em face da presunção absoluta de periculosidade do paciente, por se tratar de reincidente específico em crime doloso.

"E os doutrinadores se inclinam, em imensa maioria, por não se estender à medida de segurança a proibição da *reformatio in pejus*. Ao que nos consta, entre os nossos, só o professor Frederico Marques opõe reparos à tese dominante, ao menos nos casos em que a imposição da medida, em grau de apelação, possa caracterizar ofensa ao princípio do contraditório. No mesmo sentido situam-se as decisões mais recentes do STF, como o acórdão unânime de 10.6.1952, de que foi relator o douto Min. Orosimbo Nonato (*RT* 232/527). Essa também a opinião de Hungria, como se vê do acórdão publicado em *DJU* 9, p. 320.

"Impressionam, na verdade, não só o número de grandes autoridades assim alinhadas na doutrina contrária à tese do impetrante mas também os fundamentos em que ela se apoia.

"Com efeito, inicialmente fala o referido art. 617 em 'pena', e, juridicamente, não se confundem a pena e a medida de segurança, ainda que se possa estar de acordo com os que têm sustentado a hipocrisia, no campo da realidade, da distinção entre a pena e a medida de segurança detentiva, tão grande é a semelhança, a quase identidade entre as duas sanções, no que toca à sua execução.

"Por outro lado, afirma-se, o próprio art. 617 manda observar, nas decisões em apelação, o disposto no art. 387 do CPP, referente à sentença condenatória, cujo n. IV determina que o juiz aplicará as medidas de segurança que no caso couberem.

"Apega-se, por fim, a corrente dominante ao art. 751, n. I, 'a', do mesmo Código de Processo, segundo o qual ainda durante a execução ou durante o tempo em que a ela se furtar o condenado, poderá ser imposta medida de segurança se o juiz ou o tribunal, na sentença, omitir sua decretação, nos casos de periculosidade presumida.

"Não obstante tais argumentos, melhor me convenceram os trazidos em contrário por Filadelfo Azevedo, concedendo, no Supremo, em 16.6.1943, o HC n. 28.635 (*Arquivo Jud*iciário 71/241). Começava o saudoso Ministro por rebater o argumento tirado da remissão do art. 617 aos arts. 386 e 387, considerando, o que nos parece correto, estar claro que tais dispositivos só se aplicariam à segunda instância quando esta, provendo regularmente a um recurso, reformar ou alterar a sentença de primeira instância. Nunca, por conseguinte, quando, como no caso, se limitasse o acórdão a manter a sentença condenatória, aditando-lhe, porém, sem que a tanto fosse provocado o Tribunal pela acusação, medida de segurança omitida pela decisão apenas impugnada pelo próprio paciente.

"Não colhe, de outro lado, observava ainda Filadelfo Azevedo, dizer que, no caso, havia um erro manifesto da sentença, não aplicando a medida que se fazia obrigatória pela presunção legal da periculosidade do condenado. Nem erros ou omissões mais graves quando resultassem em favor do acusado, aduzia, poderiam ser corrigidos de ofício pelo Tribunal. De fato, essa a tese que, quanto a quaisquer nulidades, veio a firmar-se no STF, consubstanciando-se hoje na Súmula n. 160.

"Acresce que, como se vê do mesmo art. 751, n. I, 'a', a não imposição da medida de segurança é omissão que se pode sanar durante toda a execução, obedecendo-se fielmente ao art. 754, que dá competência para impô-la ao juiz da execução, sem distinguir entre a omissão da sentença e a do tribunal. Assim, com o entendimento, que me parece mais correto, de vedar seu aditamento, em segunda instância, à sentença condenatória de que só o réu apelou, evitar-se-ia, sem qualquer prejuízo para a defesa social, o inconveniente de desestimular o recurso do condenado, pelo receio de ver agravada pelo tribunal, que só por iniciativa sua teria acesso aos autos, a privação de sua liberdade.

"Por fim, não importando agora digressões sobre a natureza da medida de segurança, o certo é que o nosso Direito optou por submeter sua aplicação a uma decisão jurisdicional, o que importa em assegurar ao acusado todas as garantias processuais devidas. Ora, a tese corrente, admitindo sua imposição pelo tribunal, suprindo *ex officio* omissão do juízo, implica, para o paciente, a supressão de uma instância, privando-o do recurso em sentido estrito, cabível, pelo art. 581, n. XIX, do CPP, da decisão que decretar medida de segurança depois de passar a sentença em julgado" (*RTJ* 109/118).

Ressalve-se que a reforma de 1984 aboliu a pena acessória.

V. CP, arts. 96 e 97.

526. *Subsiste a competência do Supremo Tribunal Federal para conhecer e julgar a apelação, nos crimes da Lei de Segurança Nacional, se houve sentença antes da vigência do Ato Institucional 2.*

O próprio Ato Institucional referiu-se a outra competência, como observou o Min. Carlos Medeiros (*RTJ* 39/100). Portanto, prevaleceu a competência anterior estabelecida na Constituição.

527. Após a vigência do Ato Institucional 6, que deu nova redação ao art. 114, III, da Constituição Federal de 1967, não cabe recurso extraordinário das decisões do juiz singular.

Antes do Ato Institucional 6, nas causas de alçada, isto é, as de valor inferior a duas vezes o salário-mínimo, cabia recurso extraordinário, apesar de não se admitir apelação para o tribunal *ad quem*. O Código de Processo Civil não prevê essa circunstância, porém está contida, em outro valor, nas Leis 6.825/1980 e 6.830/1980 (execução fiscal).

V. Súmula STF-640.

528. Se a decisão contiver partes autônomas, a admissão parcial, pelo presidente do tribunal a quo, de recurso extraordinário que sobre qualquer delas se manifestar não limitará a apreciação de todas pelo Supremo Tribunal Federal, independentemente de interposição de agravo de instrumento.

Admitido o recurso parcialmente, não fica limitado seu conhecimento pelo STF. A Súmula STF-292 já dava as dimensões desse entendimento. O entendimento ficou mais explícito nesta Súmula 528. A fonte desse enunciado está em voto proferido pelo Min. Gonçalves de Oliveira: a parte interpôs recurso extraordinário; o presidente do Tribunal de Justiça o admitiu em parte. Tem-se entendido que, admitido o recurso extraordinário, toda questão objeto do recurso será apreciada pela Turma, não obstante a manifestação em contrário do presidente do tribunal *a quo*, segundo o disposto na Súmula STF-292. O presidente do tribunal não deve cindir o recurso. A parte não interpôs vários recursos extraordinários, mas apenas um. Deste modo, pode e deve o presidente do tribunal apreciar o pedido de recurso extraordinário, nos vários fundamentos ou pedidos, mas se apenas um deles lhe parecer procedente deve admitir o apelo extremo (EAg 31.489, *RTJ* 46/702).

O acórdão-padrão que deu origem a esta Súmula 528 tem a seguinte ementa: "Recurso extraordinário – Sua interposição sobre várias questões federais – Sua interposição sobre uma só questão federal por vários fundamentos. O presidente do tribunal local pode apreciar o recurso, nos vários pedidos ou questões ou fundamentos, não podendo, porém, cindir o recurso. Admitido, por uma questão que seja, deve o recurso subir, e o Supremo Tribunal, sem necessidade de agravo, manifestar-se-á sobre todos os pedidos do recorrente, nas várias questões e sob quaisquer dos fundamentos, letras 'a', 'b', 'c' ou 'd' do permissivo constitucional, *[CF/1969, art. 119, III; CF/1988, art. 102, III]* ainda que o presidente do tribunal local o tenha indeferido, em parte, ou o tenha restringido a uma das alíneas. Embargos recebidos" (ERE 31.489, *RTJ* 46/700; *DJU* 11.10.1968).

A orientação desta Súmula evita que o recorrente com recurso admitido parcialmente agrave das outras partes não admitidas pelo presidente do tribunal. A admissão do recurso extraordinário devolve ao STF todas as questões suscitadas na petição de recurso.

V.: Luiz Guilherme Marinoni, *Manual do Processo de Conhecimento*, São Paulo, Ed. RT, 2001, p. 566; Cândido Rangel Dinamarco, *Nova Era do Processo Civil*, 3ª ed., São Paulo, Malheiros Editores, 2009, p. 132; STJ-Súmula 126.

529. *Subsiste a responsabilidade do empregador pela indenização decorrente de acidente do trabalho quando o segurador, por haver entrado em liquidação, ou por outro motivo, não se encontrar em condições financeiras de efetuar, na forma da lei, o pagamento que o seguro obrigatório visava garantir.*

Observou o Min. Luiz Gallotti no RE 64.293 (*RTJ* 49/343): "Mas estou em que não foi negada vigência ao art. 100 da Lei de Acidentes. Ele foi, sim, interpretado, uma vez que não previu a hipótese de tornar-se insolvente a companhia seguradora. E uma solução se impunha, ou a favor do empregado, ou a favor da empresa. Além de podermos dizer que a seguradora foi mal escolhida pela empregadora (*culpa in eligendo*), na opção entre responsabilizar-se o empregador economicamente forte e deixar a pobre vítima do acidente sem indenização".

530. *Na legislação anterior ao art. 4º da Lei 4.749, de 12.8.1965, a contribuição para a Previdência Social não estava sujeita ao limite estabelecido no art. 69 da Lei 3.807, de 26.8.1960, sobre o 13º salário a que se refere o art. 3º da Lei 4.281, de 8.11.1963.*

A contribuição de 8% sobre o 13º salário não estava sujeita à limitação do art. 69 da LOPS (*RTJ* 47/501, 43/377).

531. *É inconstitucional o Decreto 51.668, de 17.1.1963, que estabeleceu salário profissional para trabalhadores de transportes marítimos, fluviais e lacustres.*

Cabe à União legislar sobre direito do trabalho, e, assim, não poderia a lei ser substituída por decreto do Poder Executivo.

532. *É constitucional a Lei 5.043, de 21.6.1966, que concedeu remissão das dívidas fiscais oriundas da falta de oportuno pagamento de Selo nos contratos particulares com a Caixa Econômica e outras entidades autárquicas.*

O STF considerou constitucional a Lei 5.043/1966, que concedeu remissão das dívidas fiscais oriundas da falta de pagamento de Selo, posteriormente à Emenda Constitucional 5, importando, assim, favores aos devedores remissos.

533. *Nas operações denominadas "crediários", com emissão de vales ou certificados para compras e nas quais, pelo financiamento, se cobram, em separado, juros, selos e outras despesas, incluir--se-á tudo no custo da mercadoria e sobre esse preço global calcular-se-á o Imposto de Vendas e Consignações.*

Eis trecho de voto do Min. Aliomar Baleeiro sobre esta Súmula: "A recorrente não tem razão em seu intento de não pagar imposto sobre as despesas que faz para vender a crédito, cobrando-as dos seus clientes, que a esse método de negócio recorrem. Em princípio, qualquer firma importante, como a recorrente, quando opera também a crédito, tem custos acrescidos, quer de juros e reservas técnicas para prejuízos, quer pelo material de expediente e pessoal de cadastro, contabilização e outros serviços indispensáveis nas vendas a prazo" (*RTJ* 48/756, 48/348).

Distingue-se nesta Súmula a *venda a crédito* da *operação de crédito*. Sobre esta incide o imposto federal sobre operações financeiras-IOF.

534. *O Imposto de Importação sobre o extrato alcoólico de malte, como matéria-prima para fabricação de whisky, incide à base de 60%, desde que desembarcado antes do Decreto-lei 398, de 30.12.1968.*

Assim decidiu o Tribunal Pleno seguindo o voto do Min. Gonçalves de Oliveira, para quem os itens da tarifa se referem especificamente à mercadoria pronta para consumo. O malte é matéria-prima.

535. *Na importação, a granel, de combustíveis líquidos é admissível a diferença de peso, para mais, até 4%, motivada pelas variações previstas no Decreto-lei 1.028, de 4.1.1939, art. 1º.*

Admite-se a variação de peso da gasolina, por ser volátil e suscetível à instabilidade atmosférica (*RTJ* 41/107 e 163).

536. São objetivamente imunes ao Imposto sobre Circulação de Mercadorias os "produtos industrializados", em geral, destinados à exportação, além de outros, com a mesma destinação, cuja isenção a lei determinar.

A Constituição de 1967 expressou e a Emenda 1/1969 confirmou que o ICM não incidiria sobre as operações que destinassem ao Exterior produtos industrializados (*RTJ* 56/199, 63/715, 62/644, 59/614 e 58/55). A 2ª Turma considerou o algodão em pluma exportado como produto industrializado, para se manter imune à incidência do ICM (RE 72.441, *DJU* 3.11.1971, p. 6.052).

V. CF/1988, art. 155, § 2º, X, "a".

537. É inconstitucional a exigência de Imposto Estadual do Selo quando feita nos atos e instrumentos tributados ou regulados por lei federal, ressalvado o disposto no art. 15, § 5º, da Constituição Federal de 1946.

Esses atos e instrumentos eram regulados por lei federal; portanto, insuscetíveis de subordinação a diploma estadual. Hoje não existe mais o "imposto do selo".

538. A avaliação judicial para o efeito do cálculo das benfeitorias dedutíveis do Imposto sobre Lucro Imobiliário independe do limite a que se refere a Lei 3.470, de 28.11.1958, art. 8º, parágrafo único.

O art. 8º e seu parágrafo único da Lei 3.470, de 28.11.1958, dispunham:

"Para os efeitos do disposto no art. 92 do Regulamento aprovado pelo Decreto n. 40.702, de 31 de dezembro de 1956, às autoridades do Imposto de Renda é facultado arbitrar o custo das benfeitorias, ressalvados os casos de comprovação, até o limite de 10 (dez) vezes o correspondente valor locativo anual à época da realização dessas benfeitorias".

"Parágrafo único. Quando o custo das benfeitorias avaliadas pela autoridade fiscal não atingir a 10 (dez) vezes o valor locativo, é facultado ao contribuinte promover a respectiva avaliação judicial sem efeito suspensivo da cobrança, respeitado o limite deste artigo."

Acentuou o Min. Víctor Nunes que o problema surge quando o arbitramento judicial excede a 10 vezes o valor locativo. Acrescentou, ainda, que o acréscimo de valor desse imóvel, devido às benfeitorias realizadas pelo próprio alienante, não pode ser considerado lucro, porque representou despesa, e a lei manda calcular de acordo com seu valor de custo. Limitar a dedução dessa despesa a um teto legal, fixado em função do valor locativo do imóvel, que é atribuído pela autoridade incumbida do lançamento do Imposto Predial, parece contradição, afirmou o Min. Víctor Nunes (*RTJ* 37/200).

Nos ERE 64.102, relatados pelo Min. Djaci Falcão, decidiu a Corte, cristalizando a jurisprudência: "A Lei n. 3.470, de 28.11.1958, não vedou a avaliação das benfeitorias para efeito de dedução do respectivo valor, no cálculo do Imposto de Lucro Imobiliário, consoante se verifica do parágrafo único do art. 8º. Legítimo é o arbitramento judicial sem restrição quanto ao valor da benfeitoria. Outra inteligência importaria em excluir a cognição, pelo Judiciário, de lesão a direito individual, *lato sensu* (art. 141, § 4º, CF de 1946)". *[CF/1988, art. 5º, XXXV]*

539. *É constitucional a lei do Município que reduz o Imposto Predial Urbano sobre imóvel ocupado pela residência do proprietário, que não possua outro.*

Arguiu-se a inconstitucionalidade de lei do Estado da Guanabara porquanto a iniciativa fora da Assembleia Legislativa, sobre matéria reservada ao Poder Executivo.

O STF não acolheu a pretensão porque essa lei não invadiu domínio da competência do Poder Executivo.

540. *No preço da mercadoria sujeita ao Imposto de Vendas e Consignações não se incluem as despesas de frete e carreto.*

O IVC incidia sobre o montante da venda; portanto, não podia recair sobre as despesas de frete e carreto, a cargo do comprador.

541. *O Imposto sobre Vendas e Consignações não incide sobre a venda ocasional de veículos e equipamentos usados, que não se insere na atividade profissional do vendedor e não é realizada com o fim de lucro, sem caráter, pois, de comercialidade.*

Não se entende essa venda como mercantil, isto é, a revenda de coisas compradas para uso próprio e tornadas impróprias pelo desgaste.

Portanto, a venda ocasional de material inservível não possibilitará a tributação (RE 67.844, *RTJ* 53/191; *RTJ* 58/128).

542. Não é inconstitucional a multa instituída pelo Estado-membro como sanção pelo retardamento do início ou da ultimação do inventário.

O CC/1916, art. 1.770 impunha prazo para a abertura do inventário, contando-se esse prazo dentro de um mês, a contar da abertura da sucessão. Não apontava sanção pela inércia.

O CC/2002 contempla disposição semelhante ao art. 1.770 do CC/1916, mas não estabelecendo prazo para encerramento

Algumas legislações estaduais adotaram remédios contra a não abertura do inventário.

O Decreto municipal do então Distrito Federal de n. 4.613, de 2.1.1934, exigia um adicional de 5% quando o inventário não fosse requerido no prazo do art. 1.770 do CC/1916, inclusive sendo julgado constitucional pelo STF (RE 8.686, *Revista de Jurisprudência Brasileira* 96, setembro/1952).

Na Bahia se instituiu multa pelo retardamento (Lei estadual 544, de 28.7.1945), também julgada constitucional pelo STF (RE 53.611, *DJU* 6.8.1964).

Em São Paulo foi adotado critério idêntico (RE 44.201, *RTJ* 35/543).

543. A Lei 2.975, de 27.11.1965, revogou, apenas, as isenções de caráter geral relativas ao Imposto Único sobre Combustíveis, não as especiais, por outras leis concedidas.

Entendeu o STF que a isenção outorgada à Cia. Siderúrgica Nacional pela Lei 2.975 [*no enunciado consta como 1965, mas a lei é de 1956*] era ampla e abrangia o Imposto Único sobre Combustível.

544. Isenções tributárias concedidas, sob condição onerosa, não podem ser livremente suprimidas.

A isenção fiscal por prazo certo constitui direito adquirido (Rubens Gomes de Sousa, "Parecer" in *RDA* 88/253 e *RDP* 13/119; Gilberto de Ulhoa Canto, in *RF* 223/49).

Essa orientação está consagrada no CTN, art. 178: "A isenção, salvo se concedida por prazo certo e em função de determinadas condições, pode ser revogada ou modificada por lei, a qualquer tempo (...)" (Aliomar Baleeiro, *Direito Tributário Brasileiro*, p. 525; RE 69.182, *RTJ* 54/203; RE 69.700, *RTJ* 56/192; *RTJ* 75/520 e 62/482; José Souto Maior Borges, *Isenções Tributárias*; Isaac Pereira da Silva, *Coisa Julgada Tributária*; *RTJ* 101/1.243; Carlos Mário Velloso, *Temas de Direito Público*, p. 267).

545. Preços de serviços públicos e taxas não se confundem, porque estas, diferentemente daqueles, são compulsórias e têm sua cobrança condicionada à prévia autorização orçamentária, em relação à lei que as instituiu.

O preço público é receita do Estado de natureza contratual, correspondente à remuneração de serviço prestado pela entidade de direito público, oferecendo esta equivalência de prestações (Bilac Pinto, *Estudos de Direito Público*, 1953, p. 167).

No entendimento de Giannini o preço público é relação de direito privado, ao passo que os tributos são compulsórios.

Sustentou o Min. Pedro Chaves nos ERE 54.491 (*RTJ* 33/147): "Tributos – Impostos, taxas e serviços públicos. O preço do serviço não se confunde com taxa, não é tributo e não está sujeito às regras do art. 141, § 34, da Constituição (...)". *[CF/1946; CF/1988, art. 150, III, "a" e "b"]*

V. Luciano da Silva Amaro, *Direito Tributário Brasileiro*, 1997, p. 41.

546. Cabe a restituição do tributo pago indevidamente quando reconhecido por decisão que o contribuinte de jure não recuperou do contribuinte de facto o quantum respectivo.

Esta Súmula veio alterar a Súmula STF-71. A orientação está contida no art. 166 do CTN (Lei 5.172, de 25.10.1966): "A restituição de tributos que comportem, por sua natureza, transferência do respectivo encargo financeiro somente será feita a quem prove haver assumido o referido encargo, ou, no caso de tê-lo transferido a terceiro, estar por este expressamente autorizado a recebê-la" (*RTJ* 54/158; *RDA* 102/113; *RTJ* 72/303; 66/515; 63/180; RE 89.209, *RTJ* 89/641).

Não se aplica quando o preço é tabelado (*RTJ* 109/1.038, 89/641).

547. Não é lícito à autoridade proibir que o contribuinte em débito adquira estampilhas, despache mercadorias nas alfândegas e exerça suas atividades profissionais.

O Tribunal Pleno decidiu que a Fazenda deve cobrar seus créditos através de execução fiscal, sem impedir direta ou indiretamente a atividade profissional do contribuinte (*RTJ* 45/629). Posteriormente reafirmou sua orientação (RE 63.026 e 63.647).

V.: Súmulas STF-70 e 323; STJ, REsp 789.781.

548. É inconstitucional o Decreto-lei 643, de 19.6.1947, art. 4º, do Paraná, na parte que exige Selo proporcional sobre atos e instrumentos regulados por lei federal.

O contrato é ato ou instrumento regulado por lei federal e, assim, sujeito, se for o caso, a imposto federal, não a imposto estadual, como acentuou o Min. Luiz Gallotti no RE 35.945 (*RTJ* 57/338).

549. A Taxa de Bombeiros do Estado de Pernambuco é constitucional, revogada a Súmula 274.

Dois eruditos pareceres foram elaborados sustentando a tese que veio a prevalecer nesta Súmula, mas antes não vitoriosa.

Concluiu o Min. Aliomar Baleeiro o seu parecer: "A decisão de decretar imposto ou cobrar taxa, para manutenção total ou parcial dum serviço público específico, como o de extinção de incêndios, que interessa apenas a uma cidade, ou área determinada dela, é subjetiva e política, não encontrando outro obstáculo prático senão a exequibilidade técnica do segundo dos tributos acima. Cabe ao Poder Legislativo decidir sobre a conveniência da taxa ou do imposto, ou seja, a de repartir o custo do serviço público somente entre o grupo beneficiado de modo efetivo ou potencial ou, pelo contrário, por toda a coletividade, sem indagar quem recebe a vantagem, ou a tem à disposição ou é responsável pelo risco que provocou a instituição do gravame fiscal" (*RDA* 79/451).

Outro parecer foi da lavra do professor Caio Tácito (*RDA* 78/436).

A taxa de incêndio está em discussão no STF no RE 643.247. No STJ foi julgada constitucional (RMS 21.280).

O STF decidiu sobre Taxa de Extinção de Incêndio (MG) na ADI 4.411.

550. *A isenção concedida pelo art. 2º da Lei 1.815/1953 às empresas de navegação aérea não compreende a Taxa de Melhoramento de Portos, instituída pela Lei 3.421/1958.*

Decidiu reiteradamente o STF que a Taxa de Melhoramento dos Portos não se inclui na isenção fiscal concedida às empresas de navegação aérea. Acentuou o Min. Víctor Nunes no MS 13.341 (*RDA* 81/69) que, no caso, há verdadeira taxa, e taxa portuária, destinada a melhorar esses próprios serviços. Assim qualificada a Taxa de Melhoramentos dos Portos, uma vez que não é taxa de importação, não está compreendida na isenção concedida às empresas de navegação aérea (*RTJ* 35/504).

551. *É inconstitucional a Taxa de Urbanização da Lei 2.320, de 20.12.1961, instituída pelo Município de Porto Alegre, porque seu fato gerador é o mesmo da transmissão imobiliária.*

O voto do Min. Gonçalves de Oliveira no RE 58.721 (*RTJ* 47/482) deu margem a este enunciado. Ei-lo, na íntegra:

"O acórdão fundou-se no amplo conceito de taxa do Decreto-lei n. 2.416, de 1940.

"Para afastar dúvidas, entre nós, o conceito de taxa ficou previamente estatuído no art. 1º, § 2º, da codificação de normas financeiras aprovada pelo Decreto-lei n. 2.416, de 17.7.1940, segundo o qual a denominação de taxa fica reservada para os tributos 'exigidos como remuneração de serviços específicos prestados ao contribuinte, ou postos à sua disposição, ou ainda para as contribuições, destinadas ao custeio de atividades especiais do Estado ou do Município, provocadas por conveniência de caráter geral ou de determinados grupos de pessoas'.

"Referindo-se a essa definição legal, salienta Carlos Alberto de Carvalho Pinto que 'a precisão e atualidade científica do conceito facilitam a aplicação da taxa em adaptações mais elásticas e imunes de contestação ou repulsa, afastando assim inúmeras dúvidas que assaltavam a sua imposição, na vigência teórica de conceituações antiquadas e restritivas' (*Discriminação de Rendas*, 1941, p. 157).

"De seus característicos, pois, permanece irredutível no conceito de taxa o da destinação especial do tributo e que deriva também de uma atividade especial da Administração Pública. Desapareceu aquela justa proporcionalidade entre o serviço prestado e contraprestação.

"No caso em exame, a denominação 'Taxa de Urbanização' enquadra-se no moderno conceito de taxa estabelecido no Decreto-lei n. 2.416.

"Com efeito, o tributo destina-se a um fim específico, qual seja, o custeio do Plano Diretor de Porto Alegre, atividade especial provocada por conveniência de caráter geral, e que beneficia, precipuamente, um grupo de pessoas, que são os proprietários de imóveis.

"A execução do Plano, principalmente em tipos de cidades como Porto Alegre, de formação natural, exige a realização de obras de vulto, sobretudo no sistema viário, tais como grandes avenidas radiais e perimetrais, viadutos, praças e obras correlatas. A concretização desse Plano imprime notável surto de progresso, que se refletirá, principalmente, na propriedade imobiliária, valorizando-a e conferindo aos adquirentes dos imóveis, pela construção de novas e grandes avenidas, pelos melhoramentos e racionalização das vias de trânsito e acesso, além de benefícios de ordem geral, uma mais cômoda, segura e proveitosa utilização de suas propriedades.

"A esses contribuintes da Taxa de Urbanização, adquirentes de imóveis, a execução do Plano Diretor de Porto Alegre interessa em particular. Tal Plano beneficia a propriedade urbana, o que importa em utilidade fornecida, individualmente, ao contribuinte, a quem corresponde uma contraprestação legítima.

"O tributo criado pela Lei municipal n. 2.320 define-se, pois, como verdadeira taxa, e não mero acessório do Imposto de Transmissão *Inter Vivos*, ou o próprio imposto majorado.

"A fixação da taxa em percentagem sobre o imposto é simples modalidade de cálculo de incidência, critério contra o qual nada se pode legitimamente opor, sendo errônea a afirmação de que o montante da taxa deve ser proporcional à vantagem auferida pelo indivíduo, afastada, assim, a eiva de inconstitucionalidade, eis que não foi transgredido o invocado art. 141, § 1º, da CF.

"O Imposto de Transmissão *Inter Vivos*, no caso, serve apenas de base para o cálculo da Taxa de Urbanização, mas dela é independente.

"E a isenção do imposto, mero favor fiscal, não acarreta a isenção da Taxa de Urbanização.

"Acolhe-se, portanto, o prejulgado, para declarar que o tributo a que se refere a Lei municipal de Porto Alegre n. 2.320, de 20.12.1961, caracteriza-se como taxa e é devido também por aqueles adquirentes de imóveis que, por mero favor fiscal, gozam da isenção do Imposto de Transmissão *Inter Vivos*."

O voto vencido do então Desembargador Eloy da Rocha, acompanhado por vários colegas, assinalava:

"Adotada, sem objeção, a conceituação da discutida 'Taxa de Urbanização' como contribuição, taxa *lato sensu*, entendi, contudo, *data venia* da douta maioria, inexistir, no caso, obrigação tributária, examinada a questão à luz do 'fato gerador'. Considere-se 'fato gerador' da Taxa de Urbanização a transmissão de propriedade imobiliária *inter vivos*, ou a arrecadação ou o pagamento do Imposto de Transmissão, não haverá a obrigação de pagar a taxa, no caso de isenção do imposto.

"Aceita a identidade do 'fato gerador'– a transmissão de propriedade imobiliária *inter vivos* –, apresenta-se a Taxa de Urbanização como adicional de Imposto de Transmissão. A destinação financeira da Taxa de Urbanização, referida no art. 2º da Lei n. 2.320, não serve, por si, para lhe retirar o caráter de adicional. De resto, também o Imposto de Transmissão de Propriedade Imobiliária *Inter Vivos* se relaciona com a 'Execução do Plano Diretor de Porto Alegre' – art. 15 da Lei n. 2.320. A isenção do Imposto de Transmissão importa, necessariamente, a da Taxa de Urbanização, em consequência de sua acessoriedade. Se distintos os 'fatos geradores', será de reconhecer-se, pela ausência do 'fato gerador' – a arrecadação ou o pagamento do Imposto de Transmissão –, a não incidência da Taxa de Urbanização. Em qualquer hipótese, será irrecusável a vinculação da Taxa de Urbanização ao Imposto de Transmissão, tanto que, 'para fins de lançamento de taxas, o cálculo será procedido na razão de 50% do valor do imposto' – artigo da Lei n. 2.320.

"O eminente professor Ruy Cirne Lima, opinando sobre a 'Taxa de Eletrificação' – *Pareceres*, 1963, p. 89 –, depois de afirmar que 'a mais saliente consequência da acessoriedade da taxa, relativa ao imposto, é, contudo, a de que a isenção do imposto, sem qualquer reserva, importará a isenção da taxa', acrescenta: 'efeito de fato, mas não de direito. A taxa tornar-se-ia indeterminável e inexigível se, tendo como pressuposto a quantidade e o pagamento do imposto, este não pudesse ser lançado nem cobrado, por virtude de isenção. Nem por isso se mudaria, sem embargo, a natureza da taxa (...)'.

"Estou em que, na hipótese, a taxa tem simples rótulo de taxa, é o próprio Imposto de Transmissão majorado em 50%. Se para legalizar ou constitucionalizar o tributo bastasse mudar a sua denominação, estaria roto o sistema tributário rígido da Constituição. A União poderia exigir impostos reservados aos Estados; os Estados poderiam exigir impostos da União ou dos Municípios; estes, daqueles etc. Bastaria a simples mudança do nome do tributo. Onde se lesse imposto, ler-se-ia 'taxa'.

"Temos, no entanto, que atentar para o fato gerador do tributo, como assinalava o Des. Eloy da Rocha, atualmente nosso eminente colega. O fato gerador é a transmissão da propriedade. Não pode ser o mesmo para os dois tributos, a taxa, de que se trata, e o Imposto de Transmissão.

"Julgamos, aqui, sempre aqui, no caso da Taxa de Recuperação Econômica do Estado de Minas Gerais cobrada na base do IVC quando esse tributo já estava pago ao Estado de origem. Não permite esta Alta Corte nova tributação pelo Estado, sob color de taxa.

"Acresce que a Constituição vigente, [CF/1967; CF/1988, art. 145, § 2º] acolhendo os melhores princípios e a jurisprudência dominante desta Alta Corte, na defesa do nosso sistema tributário, ainda é mais severa que a de 1946 sobre a matéria:

"'Art. 19. (...).

"'(...).

"'§ 2º. Para cobrança das taxas, não se poderá tomar como base de cálculo a que tenha servido para incidência dos impostos.'

"Pelo exposto, julgo inconstitucional a Lei n. 2.320, de 20.12.1961, da Municipalidade de Porto Alegre, conheço do recurso e dou-lhe provimento para restabelecer a sentença de primeira instância."

552. **Com a regulamentação do art. 15 da Lei 5.316/1967, pelo Decreto 71.037/1972, tornou-se exequível a exigência da exaustão da via administrativa antes do início da ação de acidente do trabalho.**

Súmula superada com o advento da Lei 6.367/1976 (1ª Turma, RE 91.742, *RTJ* 93/911; v. RE 87.160, *RTJ* 98/1.107).

A lei impunha a exaustão da via administrativa antes da propositura da ação de acidente do trabalho. No entanto, a Lei de Acidentes do Trabalho impunha sua regulamentação para tornar eficaz a norma. Como não fora feita, o STF passou a exigi-la, por entendê-la indispensável. Ocorrera inconstitucionalidade material na aplicação prática da lei (*RTJ* 58/692).

O caráter alimentar da indenização por acidente do trabalho exige celeridade na solução do conflito, que não poderia ser feita sem a regulamentação da lei (v. Renato Salles Abreu, "Da exaustão da via recursal da Previdência Social como pré-requisito da ação acidentária", *RT* 482/18).

V. Súmula STJ-89.

553. O Adicional ao Frete para Renovação da Marinha Mercante (AFRMM) é contribuição parafiscal, não sendo abrangido pela imunidade prevista na letra "d", n. III, do art. 19 da Constituição Federal. [CF/1969; CF/1988, art. 150, VI, "d"]

No regime da Constituição Federal de 1967/1969 a União Federal podia intervir no domínio econômico para organizar setor não desenvolvido com eficácia pela livre iniciativa, como a atividade portuária (CF/1969, art. 163) [*CF/1988, art. 173*]. A Carta Magna de 1969 permitia a instituição de contribuição especial destinada ao custeio desses serviços (CF/1969, art. 163, parágrafo único).

Discutiu-se a cobrança do adicional na importação de papel destinado à impressão de jornais, abrangida pela imunidade fiscal (CF/1969, art. 19, III, "d"; CF/1988, art. 150, VI, "a").

554. O pagamento de cheque emitido sem provisão de fundos, após o recebimento da denúncia, não obsta ao prosseguimento da ação penal.

O elemento "fraude" exclui-se, na emissão de cheque sem provisão de fundos, se o emitente procura atenuar o prejuízo que possa causar ao credor. A isso conduz a Súmula STF-246. Se o emitente é denunciado e a denúncia recebida, longo tempo decorreu da emissão, com evidente lesão ao patrimônio do credor. O pagamento do cheque antes do recebimento da denúncia extingue a punibilidade (RHC 53.604, *RTJ* 75/732; RE 82.663, *RTJ* 77/648). Ao contrário se o pagamento é feito após o recebimento da denúncia (HC 54.062, *RTJ* 80/23; RHC 53.599, *RTJ* 75/437, *RTJ* 119/1.063; *RTJ* 168/963; Damásio E. de Jesus, *Código Penal Anotado*, 7ª ed., p. 586 – art. 171 do CP).

555. É competente o Tribunal de Justiça para julgar conflito de jurisdição entre juiz de direito do Estado e a Justiça Militar local.

No julgamento do CJ 6.155 (*RTJ* 90/20), o Ministro Relator propôs a revisão desta Súmula. Do acórdão no CJ 6.195 (*RTJ* 94/1.034), verifica-se que, em face da Emenda Constitucional 7/77, passou a Corte a entender que não mais vigorava o princípio contido na Súmula, quando houvesse, no Estado-Membro, Tribunal Militar de segundo grau, caso em que caberia ao TRF julgar os conflitos de jurisdição entre juiz de direito e auditor da Justiça Militar local.

O órgão de cúpula do Poder Judiciário estadual é o Tribunal de Justiça, por força do dispositivo constitucional que permite à lei a criação de Justiça Militar estadual de primeira instância, tendo como órgão de segunda instância o Tribunal de Justiça (CF/1969, art. 144, § 1º, "d"; CF/1988, art. 125, §§ 3º e 4º).

A regra para dirimir o conflito parte da superioridade do órgão a quem se atribui a solução – no caso, o Tribunal de Justiça. A Emenda Constitucional 7/1977 alterou esta Súmula, dando nova redação ao art. 122, I, da CF/1969 (CF/1988, art. 108, I – competência dos TRFs), passando a competência ao TFR quando o Estado possuísse tribunal militar de segundo grau. Acrescentou-se ao verbete: "salvo nos Estados que possuem tribunal militar de segundo grau, quando competente será o Tribunal Federal de Recursos" (CJ 6.155, *RTJ* 90/22).

Sobre conflito de competência v. CF/1988, arts. 102, I, "o", 105, I, "d", e 108, I, "e".

556. *É competente a Justiça Comum para julgar as causas em que é parte sociedade de economia mista.*

A Constituição Federal não menciona a sociedade de economia mista na competência da Justiça Federal, apenas a empresa pública, apesar de o Decreto-lei 200/1967 enquadrar a sociedade de economia mista na Administração indireta.

V.: Súmulas STF-251 e 517 e STJ-42; *RTJ* 180/1.192.

557. *É competente a Justiça Federal para julgar as causas em que são partes a COBAL e a CIBRAZEM.*

Essas entidades caracterizam-se como empresas públicas, nos termos do Decreto-lei 200/1967. A COBAL foi constituída pela Lei Delegada 6/1962 com capital inicial exclusivo da União.

558. *É constitucional o art. 27 do Decreto-lei 898, de 29.9.1969.*

O Decreto-lei 898/1969, que definia crimes contra a segurança nacional, considerava crime assaltar, roubar ou depredar estabelecimento de crédito ou financeiro, qualquer que fosse sua motivação (art. 27), cominando a pena de prisão perpétua se resultasse morte.

Ponto inicial era a natureza desses crimes: seriam delitos comuns ou contra a segurança nacional? O dispositivo da lei assim os enquadrava, quaisquer que fossem os motivos, ainda que não políticos ou atentatórios à segurança nacional, como no mero roubo ao banco, sem finalidade pública.

O STF considerou constitucional a lei, porque atendia ao interesse nacional, tornando-se, por isso, indiscutível (*RTJ* 62/167).

O Decreto-lei 898 foi revogado pela Lei 6.620/1978, que foi revogada pela Lei 7.170/1983.

559. *O Decreto-lei 730, de 5.8.1969, revogou a exigência de homologação, pelo Ministro da Fazenda, das resoluções do Conselho de Política Aduaneira.*

A lei exigia a homologação das decisões do Conselho pelo Ministro da Fazenda. Com o advento do Decreto-lei 730/1969 a Presidência do Conselho passou a ser do Ministro da Fazenda. Ocorre uma pergunta: se o Ministro da Fazenda não comparece à reunião, é dispensável a homologação?

560. *A extinção de punibilidade, pelo pagamento do tributo devido, estende-se ao crime de contrabando ou descaminho, por força do art. 18, § 2º, do Decreto-lei 157/1967.*

Súmula revogada com a edição do Decreto-lei 1.650, de 19.12.1978, posteriormente revogado pela Lei 6.910, de 27.5.1981, que dispôs: "Art. 1º. O disposto no art. 2º da Lei n. 4.729, de 14 de julho de 1965, e no art. 18, § 2º, do Decreto-lei n. 157, de 10 de fevereiro de 1967, não se aplica aos crimes de contrabando ou descaminho, em suas modalidades próprias ou equiparadas, nos termos dos §§ 1º e 2º do art. 334 do Código Penal".

O dispositivo legal (art. 18, § 2º, do Decreto-lei 157/1967) permitia a extinção da punibilidade quando a imputação penal fosse diversa de sonegação fiscal (Lei 4.729, de 14.7.1965). Ora, não se caracterizando o contrabando ou descaminho como sonegação fiscal, logo, dar-se-ia a extinção.

A extinção da punibilidade aceita pela Lei 4.729/1965 (pagamento antes da ação fiscal) e pela Lei 8.137, de 27.12.1990 (art. 14, antes do recebimento da denúncia) foi supressa pelo art. 98 da Lei 8.383, de 30.12.1991.

V.: art. 34 da Lei 9.249, 26.12.1995 (extinção da punibilidade com pagamento antes do oferecimento da denúncia); René Ariel Dotti, *Curso de Direito Penal*, Rio de Janeiro, Forense, 2001, p. 692.

O STJ, no RHC 11.598 (j. 8.5.2002), decidiu que o parcelamento da dívida, antes do oferecimento da denúncia, extingue a punibilidade (art. 34 da Lei 9.249/1995). O art. 9º da Lei 10.684/2003 (REFIS II) prevê forma de extinção (STF: "Crime tributário – Tributo – Pagamento após o recebimento da denúncia – Extinção da punibilidade – Decretação – *Habeas corpus* concedido de ofício para tal efeito – Aplicação retroativa do art. 9º da Lei federal n. 10.684/2003, c/c art. 5º, XL, da CF [*CF/1988*] e art. 61 do CPP. O pagamento do tributo, a qualquer tempo, ainda que após o recebimento da denúncia, extingue a punibilidade do crime tributário" – HC 81.929, rel. para o acórdão Min. Cézar Peluso, *DJU* 27.2.2004).

V. Celso Sanches Vilardi, "A extinção da punibilidade nos crimes tributários", *Revista do Advogado* 94/46, São Paulo, AASP.

561. *Em desapropriação, é devida a correção monetária até a data do efetivo pagamento da indenização, devendo proceder-se à atualização do cálculo, ainda que por mais de uma vez.*

A correção monetária deferida pela Lei 4.686/1965 dimana do preceito constitucional da justa indenização pela perda da propriedade. Caracteriza-se a indenização pelo depósito da condenação. Se ele não se efetuou, logo, deve haver a atualização. Não há correção de correção, e sim ajuste do valor, pela atualização (*RTJ* 105/426).

No RE 106.588 o Plenário deliberou pela atualização se houver prazo superior a um ano entre a conta suplementar e o pagamento do precatório (RE 111.450, *DJU* 15.2.1988; ERE 111.515).

V. Súmulas STJ-43 e 67.

562. *Na indenização de danos materiais decorrentes de ato ilícito cabe a atualização de seu valor, utilizando-se, para esse fim, dentre outros critérios, dos índices de correção monetária.*

1. A história do Direito reporta o famoso caso do fornecimento de carvão para iluminação à cidade de Bordéus, na França, durante a I Guerra Mundial (1918). Os contratos celebrados anteriormente ao evento catastrófico (1914) não podiam ser cumpridos, porque os valores fixados não correspondiam mais à realidade econômica. E por isso o Conselho de Estado francês permitiu a atualização dos valores contratuais, para que ficassem consentâneos ao verdadeiro cumprimento do contrato. O adquirente não se locupletava das dificuldades do fornecedor, que não podia mais encontrar o carvão prometido pelo preço fixado.

2. Dessa histórica decisão, o mundo jurídico foi alertado para a repercussão econômica nas obrigações, e, quanto mais distante o cumprimento, maior a desvalorização do *quantum* devido ou prometido.

3. Adotaram-se fórmulas de atualização, e essas soluções chegaram ao Brasil. Primeiro, com o desprestígio da moeda nacional, na fixação dos valores em Libras Esterlinas ou outra moeda estrangeira, levando o Governo a editar o Decreto 23.501, de 27.11.1933, obrigando o curso forçado da moeda brasileira. Não se admitia mais a contratação em moeda estrangeira, evidente burla ou sôfrega medida para evitar o esvaziamento dos contratos, salvo em situações excepcionais, indicadas pela própria legislação. Após 1964 novas medidas são alvitradas pelo Governo, nos campos habitacional, locativo, fiscal, financeiro. Institui-se no Brasil a chamada "correção monetária", solução econômica que tivera o respaldo jurídico e ficou integrada no arsenal de soluções contra a inflação ou a desvalorização da moeda.

4. O ressarcimento do dano pessoal foi o primeiro a clamar a atualização do valor. O atraso no cumprimento da obrigação de indenizar era deveras lamentável, e o credor da obrigação muitas vezes aguardava anos para o recebimento.

É o dano causado por lesões físicas ou morais à pessoa. Por isso, a jurisprudência do STF já assentava na Súmula STF-490: "A pensão correspondente à indenização oriunda de responsabilidade civil deve ser calculada com base no salário-mínimo vigente ao tempo da sentença e ajustar-se às variações ulteriores".

A indenização por dano pessoal tem caráter alimentar, da própria manutenção e subsistência do indivíduo. Não pode ser postergada. Dessa forma, a jurisprudência do STF passou a aceitar a correção monetária na indenização do dano pessoal (por exemplo: RE 70.289, *RTJ* 57/439; RE 71.549, *RTJ* 58/764), não sem antes exigir previsão legal (RE 72.648, *RTJ* 59/626) – exigência superada.

As várias regras do Código Civil impunham o pleno ressarcimento do dano; o obstáculo era encontrar a fórmula de atualização do valor, isto é, o valor entre a época do dano e a época do pagamento da indenização, muitas vezes mediando anos entre esses termos.

O ponto básico da indenização das perdas e danos é a indenização do dano patrimonial previsto no CC/2002, art. 402 (CC/1916, art. 1.059), o que efetivamente se perdeu e o que razoavelmente se deixou de lucrar. Logo, o desfalque no patrimônio de quem sofreu o dano – donde a observação de Clóvis Beviláqua, em comentários ao art. 1.060 do CC/1916, no sentido de que a reparação deverá ser a mais completa possível. Essa reparação se dará em moeda nacional, que reflete um valor econômico, como impõe o CC/2002, art. 947 (CC/1916, art. 1.534).

Carvalho Santos ainda observa que o verdadeiro conceito de "dano" representa toda diminuição do patrimônio do credor, a perda ou diminuição do patrimônio que o credor sofreu (interpretação do art. 1.059 do CC/1916).

Outro ponto norteador estava no art. 1.536 do CC/1916: "Para liquidar a importância de uma prestação não cumprida, que tenha valor oficial no lugar da execução, tomar-se-á o meio-termo do preço, ou da taxa, entre a data do vencimento e a do pagamento, adicionando-lhe os juros da mora.

5. No Direito alienígena a questão do valor do dano a ser ressarcido é matéria para ser enfocada pelos doutrinadores da responsabilidade civil.

Adriano de Cupis, ao apreciar o ressarcimento do dano como objeto da responsabilidade civil, assinala que a integração do pedido consiste em restituir ao sujeito lesado seu valor econômico, restaurar o equilíbrio comprometido (*Il Danno*, 2ª ed., p. 212).

Henri Lalou levanta o problema da desvalorização da moeda para admitir a necessidade da atualização do valor como forma de ressarcimento pleno (*Traité Pratique de la Responsabilité Civile*, 6ª ed., § 186).

O *Zivilprozessordnung* (ZPO), o Código de Processo Civil alemão, em seu art. 323, assinala a possibilidade de modificação fundamental das circunstâncias que foram tidas em conta para a condenação ou a determinação da quantia da prestação ou da duração desta; cada parte está autorizada a reclamar a modificação da sentença.

Já no Código de Processo Civil brasileiro a liquidação da sentença por arbitramento (CPC/1973, art. 475-C) dá-se por exigência da natureza do objeto da condenação (inciso II) ou pela substituição da prestação na espécie ajustada pelo seu valor em moeda corrente

(CC/2002, art. 947; CC/1916, art. 1.534). Amílcar de Castro refere-se expressamente às obrigações resultantes de ato ilícito, que conduzirão à liquidação por arbitramento, com a nomeação de perito para fixar o valor (*Comentários ao Código de Processo Civil*, vol. III, São Paulo, Ed. RT, p. 125).

Por último, chegamos ao enriquecimento sem causa do lesante, em contraposição ao lesado, na diferença entre a situação real e a situação atual do patrimônio do lesado, como se encontraria se a conduta não fosse praticada. O que o BGB (§ 812) chama de "enriquecimento", através da chamada doutrina do *Zuweisungsgeht* ("conteúdo da destinação") ou, como denominam os doutrinadores alemães chefiados por Karl Larenz e Esser, o lucro obtido pela intervenção no direito alheio, feito em desfavor do titular do direito, sempre que se apresenta como realização do valor econômico que lhe pertence.

6. Ficara excluída a atualização da indenização de danos patrimoniais. Na doutrina, Tullio Ascarelli não discrimina o dano pessoal do dano patrimonial. Para ele, ambos devem ser reembolsados num valor, e por isso, suscetível de atualização, isto é, a reparação integral do dano.

O obstáculo à atualização decorria da inexistência de previsão legal, em obediência ao nominalismo monetário. E, assim, o STF negara reiteradas vezes a correção monetária na indenização do dano patrimonial, à falta de lei autorizativa, como ocorria na indenização pela desapropriação (exemplos: RE 82.291, *RTJ* 76/954 e 752, 72/137; RE 71.050, *RTJ* 59/848, 69/260).

7. De longa data o Min. Aliomar Baleeiro votava vencido nessa tese, para admitir a correção monetária. Não era crível aceitar-se, num regime monetário de evidente inflação, o desfalque na reposição do valor patrimonial atingido por outrem. A restituição do *quantum* não mais correspondia à realidade econômica, e o devedor enriquecia indevidamente (*RTJ* 53/378, 56/858; RE 770.019).

8. A despeito da oposição pretoriana maior, alguns juízes construíram em favor da atualização do valor da indenização do dano patrimonial (exemplo: TJRJ, *RT* 484/167; votos no TJSP, dentre estes o do então Desembargador Rodrigues de Alckmin – com o ingresso desse ilustre Magistrado na Suprema Corte, o Min. Baleeiro recebia um aliado para a sua tese).

9. Às vezes clamava-se pelo reajuste, e até com argumentos metajurídicos, porém convenientes ao debate.

O congestionamento forense com causas fundadas na responsabilidade civil, principalmente por danos materiais e em consequência de acidentes de veículos, era intenso. Como dizia o importante *Diagnóstico para Reforma do Poder Judiciário*, oferecido pelo STF em 1975 (§ 9º): "A pletora de processos cíveis, entre mais razões que a explicarão, encontra estímulo no desgaste do poder aquisitivo da moeda e na inexistência de atualização ou correção monetária das condenações. Obrigado, pelo Estado, a recorrer-lhe à jurisdição, para obter reparo de lesão do seu direito, o demandante vencedor obtém reparação incompleta e desvaliosa, pela indispensável demora da demanda, com benefício do litigante sem razão". Assim se expressava o *Diagnóstico*, na forma mais veraz possível. Assim já ocorrera com as indenizações. O Poder Público sempre procrastinava, para pagar quantia insignificante.

10. Já o clássico do Direito português, Coelho da Rocha, afirmava que a reparação se deve até o concorrente valor da utilidade, tirada do fato que causou o dano.

Por esse caminho, o dano material indeniza-se e a indenização converte-se numa dívida de valor, e por isso suscetível de atualização (Arnoldo Wald, *A Correção Monetária no Direito Privado Brasileiro*).

11. No RE 89.663, julgado em 18.9.1975, o STF consagrava a tese da atualização da indenização decorrente do dano material. Eis a ementa do acórdão: "Responsabilidade civil – Danos materiais – Dívida de valor – Correção monetária – Decisão que determina a atualização da importância dos danos, no pagamento, pela aplicação dos índices de correção monetária, por ser de valor a dívida. Para que haja completa reparação do dano, a indenização, como dívida de valor, deve ser atualizada com relação à data do pagamento".

12. Após essa histórica decisão, a Suprema Corte impõe a indenização dos danos materiais (*RTJ* 75/978, 76/314 e 883; RE 84.829; RE 84.468; *RTJ* 86/560, 87/549, 88/581). E finalmente consubstanciou-se no enunciado desta Súmula 562.

13. É bom frisar que a tese predominante admite a atualização do valor da indenização pelo dano material. Não está radicalmente ligada à correção monetária, mas a qualquer critério de atualização que possa conduzir ao reajustamento do valor. O Min. Moreira Alves ressaltou, com propriedade, a excelência dos índices de correção monetária para obviar as sucessivas avaliações e consequentes perícias (*RTJ* 76/885).

14. Enfim, a atualização do *quantum* indenizatório ficou assegurada em relação às dívidas de valor, aos danos pessoais e aos danos materiais. Faltava o ideal absoluto, do reajustamento total, nas dívidas em geral, dentre elas a dívida em dinheiro (*RTJ* 107/424, 108/437), o que foi alcançado com a promulgação da Lei 6.899/1981.

V. Súmula STJ-43.

563. O concurso de preferência a que se refere o parágrafo único do art. 187 do Código Tributário Nacional é compatível com o disposto no art. 9º, I, da Constituição Federal. *[CF/1969; CF/1988, art. 19, III]*

Segundo o art. 19, III, da CF/1988 (CF/1969, art. 9º, I), é vedado à União criar preferências em favor de uma das pessoas jurídicas de direito público interno, inclusive a própria União. No entanto, o parágrafo único do art. 187 do CTN estabelece ordem entre as pessoas jurídicas de direito público para o concurso de preferência, estando a União em primeiro lugar.

Prevaleceu a opinião do Min. Rodrigues de Alckmin no sentido de a norma constitucional impedir que se criem desigualdades entre o Distrito Federal e os Estados, ou desigualdade entre Municípios, favorecendo alguns em detrimento de outros, colocados no mesmo plano em face da Constituição (*RTJ* 80/816).

564. A ausência de fundamentação do despacho de recebimento de denúncia por crime falimentar enseja nulidade processual, salvo se já houver sentença condenatória.

O art. 109, § 2º, do Decreto-lei 7.661, de 21.6.1945 (antiga Lei de Falências) exigia despacho fundamentado para o recebimento da denúncia. No entanto, a jurisprudência passou a aceitá-la quando houvesse sentença condenatória. Neste caso, seria ocioso anular o despacho de recebimento quando há sentença. O recebimento da denúncia não influi na decisão da causa (CPP, art. 566). Esta é independente do recebimento, já superado na fase do juízo de admissibilidade. A exposição sintética é válida, desde que os fatos narrados tenham respaldo no inquérito policial (RHC 55.926, *RTJ* 89/787; RHC 56.625, *RTJ* 88/488). É insuficiente se se reporta à denúncia (RHC 56.307, *RTJ* 88/97; *RTJ* 100/1.078).

V. arts. 185 e 188 da Lei 11.101, de 9.2.2005 (Lei de Recuperação de Empresas e de Falências).

565. A multa fiscal moratória constitui pena administrativa, não se incluindo no crédito habilitado em falência.

O Decreto-lei 7.661, de 21.6.1945 (antiga Lei de Falências) dispunha sobre a impossibilidade da cobrança em falência das penas pecuniárias por infração das leis administrativas (art. 23, parágrafo único, III).

O art. 184 do CTN não alterou esse dispositivo, mas a interpretação levou a entender a multa fiscal moratória como pena administrativa, donde a impossibilidade da inclusão em falência.

A Súmula STF-191 foi revogada por este enunciado (*RTJ* 80/104) (v. TFR, ACi 49.936, rel. Min. Carlos Mário Velloso, *DJU* 22.2.1980; ACi 41.641, rel. Min. Carlos Mário Velloso, *DJU* 2.4.1980, p. 2.008).

Mas a Lei 11.101 (que hoje regula a recuperação judicial, a extrajudicial e a falência do empresário e da sociedade empresária), dispões no seu art. 83, VII: "Art. 83. A classificação dos créditos na falência obedece à seguinte ordem: (...) VII – as multas contratuais e as penas pecuniárias por infração das leis penais ou administrativas, inclusive as multas tributárias (...)".

566. Enquanto pendente, o pedido de readaptação fundado em desvio funcional não gera direitos para o servidor, relativamente ao cargo pleiteado.

A Lei 3.780, de 12.7.1960, admitiu a readaptação do servidor desviado de suas funções por necessidades do serviço. Previu condições que, preenchidas, permitiriam ao servidor a confirmação nas novas funções. A Administração, ao seu nuto, pode desinteressar-se pela permanência do servidor na nova função, e retorná-lo à anterior. O direito à readaptação não se transforma em direito adquirido ao cargo pleiteado.

567. A Constituição, ao assegurar, no § 3º do art. 102, [CF/1969; CF/1988, art. 40, § 9º] a contagem integral do tempo de serviço público federal, estadual ou municipal para os efeitos de aposentadoria e disponibilidade, não proíbe à União, aos Estados e aos Municípios mandarem contar, mediante lei, para efeito diverso, tempo de serviço prestado a outra pessoa de direito público interno.

A Constituição Federal admite a contagem de tempo de qualquer serviço público para efeitos de aposentadoria e disponibilidade (CF/1969, art. 102, § 3º; CF/1988, art. 40, § 9º: "O tempo de contribuição federal, estadual ou municipal será contado para efeito de aposentadoria e o tempo de serviço correspondente para efeito de disponibilidade" – na redação da Emenda Constitucional 20/1998). Não limita, aí, a contagem de tempo para outros efeitos, como seja a gratificação adicional. A Constituição assegura um direito, naquelas circunstâncias. Não termina aí.

568. *A identificação criminal não constitui constrangimento ilegal, ainda que o indiciado já tenha sido identificado civilmente.*

Súmula superada pelo advento da CF/1988, art. 5º, LVIII ("o civilmente identificado não será submetido a identificação criminal, salvo nas hipóteses previstas em lei").

A identificação criminal é diversa da identificação civil. A identificação datiloscópica é imposição do art. 6º, VIII, do CPP, que diz: "Logo que tiver conhecimento da prática de infração penal, a autoridade policial deverá: (...) VIII – ordenar a identificação do indiciado pelo processo datiloscópico, se possível, e fazer juntar aos autos a sua folha de antecedentes".

Toda a discussão girou em torno do constrangimento ao identificado perante as autoridades, para fins civis (RE 80.732, *RTJ* 79/211). Evoluiu-se nessa orientação para excluir a identificação fotográfica para os já identificados. Essa posição também não foi aceita pelo STF (RE 90.867, *RTJ* 90/722, e *RTJ* 108/120). A orientação do Código de Processo Penal Militar já era mais branda (art. 391, § 1º).

A CF/1988, art. 5º, LVIII, dispôs de modo diverso: "o civilmente identificado não será submetido a identificação criminal, salvo nas hipóteses previstas em lei". A Corte aplicou esse texto (RHC 66.881, *RTJ* 127/588; José Francisco Rezek, *Princípios Fundamentais – A Constituição Brasileira*, Rio de Janeiro, Forense Universitária, 1988, p. 16).

V. Lei 8.069, de 13.7.1990 (Estatuto da Criança e do Adolescente/ ECA), art. 109.

A Lei 10.054, de 7.12.2000, regulou o art. 5º, LVIII, da CF. A Lei 12.037, de 1.10.2009, regulamentou a identificação criminal do civil.

569. *É inconstitucional a discriminação de alíquotas do Imposto de Circulação de Mercadorias nas operações interestaduais em razão de o destinatário ser, ou não, contribuinte.*

A Constituição Federal/1969 uniformizou a alíquota do ICM (art. 23, § 5º). Alguns Estados discriminavam a alíquota nas operações interestaduais levando em conta o destinatário não ser contribuinte, levados pelo Ato Complementar 27/1966 e a interpretação do art. 57 do CTN, este revogado pelo art. 5º do Decreto-lei 406/1968.

V.: RE 95.784, rel. Min. Cordeiro Guerra, *RTJ* 103/390; CF/1988, art. 155, § 2º, VII.

570. *O Imposto de Circulação de Mercadorias não incide sobre a importação de bens de capital.*

Dois aspectos levaram ao enunciado.

O Estado não podia instituir o ICM sem lei estadual. Não bastava a autorização do Decreto-lei 406/1968. Outro aspecto referia-se ao fato de se tratar de bens de capital destinados ao próprio uso do importador. Os bens de capital são instrumentos de produção em que se imobilizou capital, diferente do capital propriamente dito (*RTJ* 90/1.056, 335 e 281, 87/700 e 85/666).

A CF/1988, art. 155, § 2º, IX, "a", determina a incidência do ICMS "sobre a entrada de bem ou mercadoria importados por pessoa física ou jurídica, ainda que não seja contribuinte habitual do imposto, qualquer que seja a sua finalidade, (...)".

571. *O comprador de café ao IBC, ainda que sem expedição de nota fiscal, habilita-se, quando da comercialização do produto, ao crédito do ICM que incidiu sobre a operação anterior.*

O IBC adquiria café dos produtores, pagando o ICM. Posteriormente a autarquia vendia ao torrefador, pagando ICM com o desconto do pago anteriormente.

A característica do ICMS é a não cumulatividade (CF/1988, art. 155, § 2º, I), abatendo-se o montante cobrado nas operações anteriores (*RTJ* 95/1.375 e 100/1.248).

572. *No cálculo do Imposto de Circulação de Mercadorias devido na saída de mercadorias para o Exterior não se incluem fretes pagos a terceiros, seguros e despesas de embarque.*

Dispõe o art. 2º, § 8º, do Decreto-lei 406/1968 que na saída de mercadorias para o Exterior ou para os estabelecimentos a base de cálculo será o valor líquido faturado, a ela não se adicionando frete auferido por terceiro, seguro ou despesas decorrentes do serviço de embarque por via aérea ou marítima. Portanto, o ICMS nas vendas para o Exterior não incide sobre o frete e seguro. Excluem-se do valor faturado, para a cobrança do ICMS, essas parcelas.

O art. 3º, II, da Lei Complementar 87, de 13.9.1966, dispõe que "O imposto não incide sobre: (...) II – operações e prestações que destinem ao exterior mercadorias, inclusive produtos primários e produtos industrializados semielaborados, ou serviços; (...)".

573. *Não constitui fato gerador do Imposto de Circulação de Mercadorias a saída física de máquinas, utensílios e implementos a título de comodato.*

A empresa empresta maquinaria para ser utilizada numa atividade. O Estado pretendeu cobrar o ICM com base na circulação da mercadoria, isto é, a saída do bem do depósito do comodante para a posse do comodatário. A saída da mercadoria é diversa da circulação para efeitos tributários. V. comentários de Aliomar Baleeiro no "Apêndice" de seu livro *Direito Tributário Brasileiro* (capítulo "ICM – Motivo Jurídico da Saída").

A fabricação do produto e sua utilização pela mesma empresa não constituem circulação de mercadoria, e, portanto, sem cobrança de ICMS (STF, RE 158.834).

574. *Sem lei estadual que a estabeleça, é ilegítima a cobrança do Imposto de Circulação de Mercadorias sobre o fornecimento de alimentação e bebidas em restaurante ou estabelecimento similar.*

O Ato Complementar 34/1967 traçou normas admitindo a tributação do fornecimento de refeições. Para tornar eficaz essa possibilidade, dever-se-ia atentar para o princípio da legalidade para a instituição do tributo. Só há tributo quando a lei o institua.

V.: CF/1988, art. 155, § 2º, IX, "b"; Lei Complementar 87, de 13.9.1996, art. 2º, I.

575. *À mercadoria importada de País signatário do GATT ou membro da ALALC estende-se a isenção do Imposto de Circulação de Mercadorias concedida a similar nacional.*

O Tratado de Montevidéu indicava as mercadorias isentas, obrigando-se o País signatário a dar o mesmo tratamento tributário. Ou, como dizia o Tratado, a eliminação de gravames e restrições que incidam sobre a importação de produtos originários do território de qualquer dos signatários; e, entre esses gravames, os incidentes sobre as importações de produtos contidos nas listas organizadas pelos Países. Acentuou o Min. Rodrigues de Alckmin: o ICM cobrado na entrada da mercadoria é antecipação, pois será deduzido do devido na revenda. Ora, se similar nacional não vai pagar tributo na revenda, também não o importado; aquele isento de tributo estará em situação mais favorável que este, que antecipou o ICM na entrada da mercadoria e não poderá recuperá-lo (*RTJ* 73/456, 91/315 e 107/1.140).

V.: Súmulas STJ-20 e 71; Luiz Roberto Barroso, *Interpretação e Aplicação da Constituição*, p. 30.

576. *É lícita a cobrança do Imposto de Circulação de Mercadorias sobre produtos importados sob o regime da alíquota "zero".*

Alíquota zero não é isenção. É assim chamada para distingui-la da isenção. Aliomar Baleeiro diz que a alíquota zero é forma nova para reconhecimento da isenção de imposto.

577. *Na importação de mercadorias do Exterior o fato gerador do Imposto de Circulação de Mercadorias ocorre no momento de sua entrada no estabelecimento do importador.*

O fato gerador do ICMS na importação de mercadorias caracteriza-se no momento da entrada da mercadoria no estabelecimento do importador. Essa circunstância é importante para a apuração da lei vigente à época do fato gerador, ainda que a importação haja sido autorizada antes da lei. Esse fato gerador é fixado pelo Decreto-lei 406/1968 (*RDP* 18/200 e 203 e 31/219).

V.: CF/1988, art. 155, § 2º, IX, "a"; RE 193 e 817.

578. *Não podem os Estados, a título de ressarcimento de despesas, reduzir a parcela de 20% do produto da arrecadação do Imposto de Circulação de Mercadorias, atribuída aos Municípios pelo art. 23, § 8º, da Constituição Federal. [CF/1969; CF/1988, art. 158, IV]*

A CF/1969, no art. 23, § 8º, considerava como receita dos Municípios 20% do produto da arrecadação do ICM. Hoje essa destinação é de 25% da arrecadação pelos Estados do ICMS (CF/1988, art. 158, IV).

A norma é expressa, não permitindo deduções a qualquer título, ainda que rotuladas como despesas nessas operações (*RDP* 25/124; *RTJ* 86/722, 85/712 e 83/619).

579. A cal virgem e a hidratada estão sujeitas ao Imposto de Circulação de Mercadorias.

O chamado Imposto Único sobre Minerais era cobrado segundo a enumeração legal, onde se discriminavam esses minerais. Coube ao Decreto-lei 1.038/1969 a indicação. Portanto, o mineral excluído dessa lista estava sujeito aos tributos em geral. A cal virgem ou hidratada é produto final de industrialização de minerais, e não o próprio mineral.

580. A isenção prevista no art. 13, parágrafo único, do Decreto-lei 43/1966 restringe-se aos filmes cinematográficos.

O Decreto-lei 43/1966 trata de filmes cinematográficos, pois ao cinema se refere esse diploma legal, e não a filmes fotográficos.

581. A exigência de transporte em navio de bandeira brasileira, para efeito de isenção tributária, legitimou-se com o advento do Decreto-lei 666, de 2.7.1969.

Estabeleceu-se através de lei a isenção tributária na importação de bens destinados às fábricas de cimento. Decreto executivo condicionou a isenção ao transporte em navio brasileiro. Fixou o STF que somente a lei poderia estabelecer essa restrição, e não decreto regulamentar, dentro da hierarquia legislativa. A restrição legal veio pelo Decreto-lei 666/1969.

582. É constitucional a Resolução 640/1969, do Conselho de Política Aduaneira, que reduziu a alíquota do Imposto de Importação para a soda cáustica destinada a zonas de difícil distribuição e abastecimento.

O Conselho de Política Aduaneira, por força do Decreto-lei 1.169/1971, podia alterar alíquotas do Imposto de Importação. A Resolução 640/1969 reduziu a alíquota do Imposto de Importação para soda cáustica destinada a zonas de difícil distribuição e abastecimento. Seria inconstitucional, porque o tributo com alíquota especial, desuniforme, era vedado pela CF/1969, art. 20, I (CF/1988, art. 151, I).

583. Promitente comprador de imóvel residencial transcrito em nome de autarquia é contribuinte do imposto predial territorial urbano.

As autarquias estão imunes de impostos quanto ao seu patrimônio. Ocorre, no entanto, que as autarquias, dentro de uma política habitacional, alienaram imóveis de sua propriedade ou construídos por elas.

Prometida a venda desses imóveis, com transcrição da promessa, ficaria o promitente comprador livre do Imposto Predial, por projeção da imunidade autárquica? Responde o art. 34 do CTN que o possuidor a qualquer título é também contribuinte do Imposto Predial. É a situação elementar do promitente comprador. Ficou, assim, revogada a Súmula STF-74.

584. Ao Imposto de Renda calculado sobre os rendimentos do ano--base aplica-se a lei vigente no exercício financeiro em que deve ser apresentada a declaração.

O lançamento do imposto corresponde ao ano da apresentação da declaração. O ano-base é critério para cálculo do tributo. Distinguem-se, portanto, *ano-base* e *exercício financeiro*. O Min. Aliomar Baleeiro comenta essa orientação, com crítica (*Direito Tributário Brasileiro*, 4ª ed., p. 180), porque a Súmula, passando a lei vigente para a lei do exercício da apresentação da declaração, afasta a lei vigente à data da ocorrência do fato gerador, e choca-se com o art. 144 do CTN.

V. Sacha Calmon Navarro Coelho, *Manual de Direito Tributário*, 2ª ed., Rio de Janeiro, Forense, p. 122.

585. Não incide o Imposto de Renda sobre a remessa de divisas para pagamento de serviços prestados no Exterior por empresa que não opera no Brasil.

Súmula inaplicável após a vigência do Decreto-lei 1.418, de 3.9.1975 (Tribunal Pleno, RE 101.066, *DJU* 19.10.1965).

A empresa "X" contrata no Exterior determinado serviço a ser prestado por outra empresa naquele local. A remessa do pagamento não constitui envio de juros, e sim de numerário para o pagamento do serviço. A situação é diversa da exposta na Súmula STF-586 (*RTJ* 83/314).

Ao contrário, incide o Imposto de Renda quando os serviços são prestados no Brasil.

O Decreto-lei 1.418, de 3.9.1975, em seu art. 6º, admitia a incidência do imposto de 25% da Lei 3.470, de 28.11.1958, sobre os rendimentos de serviços técnicos recebidos do Brasil por pessoas residentes ou domiciliadas no Exterior; e a Portaria 347, de 9.9.1975, do Ministro da Fazenda revogou a de n. 184. Dizia o mencionado artigo do Decreto-lei 1.418/1975: "Art. 6º. O imposto de 25% de que trata o art. 77 da Lei n. 3.470, de 28 de novembro de 1958, incide sobre os rendimentos de serviços técnicos e de assistência técnica, administrativa e semelhantes derivados do Brasil e recebidos por pessoas físicas ou jurídicas residentes ou domiciliadas no Exterior, independentemente da forma de pagamento e do local e data em que a operação tenha sido contratada, os serviços executados ou a assistência prestada".

O Decreto-lei 1.446, de 13.2.1976, veio com objetivo de normatizar a matéria. Isentou do imposto de que tratava o art. 77 da Lei 3.470/1958 os rendimentos recebidos do Brasil por residentes ou domiciliados no Exterior derivados de serviços técnicos nele enumerados, prestados exclusivamente no Exterior e contratados a preço certo ou a preço baseado em custo demonstrado, cujos contratos, porém, estivessem averbados no INPI e registrados no Banco Central anteriormente à vigência do Decreto-lei 1.418/1975. O art. 3º do Decreto-lei 1.446/1976 facultava ao Ministro da Fazenda conceder isenção do Imposto de Renda sobre os rendimentos que viessem a ser recebidos nas condições acima especificadas quando se tratasse de empreendimentos considerados, pelo Presidente da República, de relevante interesse nacional. A legislação posterior, portanto, alterou a orientação da Súmula.

V.: Súmulas STF-586 e 587 e Súmula do TFR-174, sobre o Imposto de Renda a partir da vigência do Decreto-lei 1.418/1975; *RTJ* 107/1.052.

586. *Incide Imposto de Renda sobre os juros remetidos para o Exterior com base em contrato de mútuo.*

Estabeleceu o art. 11 do Decreto-lei 401/1968 que está sujeito ao desconto do Imposto de Renda na Fonte o valor dos juros remetidos para o Exterior, devidos em razão da compra de bens a prazo, ainda quando beneficiário do rendimento o próprio vendedor.

Discutiu-se, então, sobre sua aplicação aos contratos de mútuo. Dissentiu o Min. Aliomar Baleeiro, ao afirmar a não aplicação do dispositivo por não se tratar de mútuo, e sim contrato de compra e venda. Entendeu a maioria do STF tratar-se de empréstimo, e não compra e venda (*RTJ* 89/356).

V. comentários à Súmula STF-585.

587. Incide Imposto de Renda sobre o pagamento de serviços técnicos contratados no Exterior e prestados no Brasil.

V. comentários à Súmula STF-585.

588. O Imposto sobre Serviços não incide sobre os depósitos, as comissões e taxas de desconto cobrados pelos estabelecimentos bancários.

A operação de crédito é tributada por imposto federal. Portanto, por esse aspecto ver-se-ia a inconstitucionalidade da cobrança de ISS sobre depósitos bancários, que são operações bancárias passivas. Por outro lado, a lista anexa à Lei Complementar 56, de 5.12.1987, exclui o depósito feito em bancos da incidência do ISS (v. Lei Complementar 116, de 31.7.2003).

589. É inconstitucional a fixação de adicional progressivo do Imposto Predial e Territorial Urbano em função do número de imóveis do contribuinte.

1. A política urbana brasileira está exigindo diversos critérios, baseados no uso do solo, no bom aproveitamento das áreas existentes. A tributação tem sido apontada como um instrumento da política urbana, desde que seja instrumento para o uso do solo.

2. Dentro dessas teorias surge a da instituição do Imposto Territorial progressivo, atingindo imóveis sem ocupação, para fins especulativos.

3. Seria inconstitucional a progressividade do Imposto Territorial Urbano?

4. A CF/1988, art. 156, I, compete aos Municípios instituir impostos sobre a propriedade predial e territorial urbana. Estabelece o Código Tributário Nacional que o fato gerador desse imposto é a propriedade, o domínio útil ou a posse de bem imóvel (art. 32), porém a base de cálculo do imposto é o valor venal do imóvel (art. 33).

5. A matéria foi amplamente discutida no STF ao examinar lei do Município paulista de Americana (RE 69.784). Em voto incisivo,

o Min. Aliomar Baleeiro profligou a tese da inconstitucionalidade: "Nada veda, na Constituição Federal e no Código Tributário Nacional, a progressividade do Imposto Territorial Urbano. Pelo contrário, a analogia, a doutrina e a tradição aconselham que assim seja, como instrumento de política legislativa e de política fiscal para combate ao latifúndio (ou mesmo ao parvifúndio), acessibilidade dos terrenos às construções para habitação, guerra à especulação, que os retém para captação da chamada renda ricardiana etc. (...)".

Defendia-se, aí, a tese dos efeitos extrafiscais dos impostos.

O Min. Bilac Pinto, na ocasião, não acompanhou a linha de Baleeiro: "A Constituição, entretanto, não confere ao Município o poder de tributar o patrimônio imobiliário pela sua área, maior ou menor, tendo-se limitado a conferir-lhe competência para tributar a propriedade territorial urbana pelo seu valor venal".

No caso concreto, o Min. Rodrigues de Alckmin não considerou válido o estabelecimento de adicional pela propriedade de outros bens. Aceitaria o fim extrafiscal do imposto se se tratasse de bem juridicamente uno, isto é, pela grande extensão do terreno, para impor o loteamento, organizando essa área e integrando-a no plano da cidade. Como se depreende da opinião desse insigne Magistrado, ele não se opõe à tributação progressiva ou adicional de um bem de extensa área. Ainda nessa assentada, o Min. Djaci Falcão considerou haver novo imposto sobre o patrimônio imobiliário urbano, porque o Código Tributário Nacional não aceitara condições pessoais dos contribuintes, e esse imposto é real.

6. Maurice Duverger tem acentuado em seus trabalhos que as finanças públicas no Estado Moderno não são apenas forma de assegurar a cobertura de suas despesas de administração, porém constituem meio de intervenção na vida social, exercendo pressão sobre os cidadãos. Essa intervenção realiza-se pelo Estado, sobretudo através de seu poder impositivo, pela natureza extrafiscal do tributo.

Os tributos transformam-se em instrumento jurídico regulador de atividades. Ao tratar da progressividade do imposto, assinala Duverger: "est progressif, celui dont le taux augment au fur et à mesure que s'accroît la dite quantité de matière imposable. La progressivité constituait l'un des moyens les plus efficaces de la personnalisation de l'impôt" (Duverger, *Finances Publiques*, 1971, p. 387).

Economicamente, a concepção jurídica do imposto progressivo baseia-se na teoria da utilidade marginal, pela qual a satisfação oriunda de um bem varia conforme sua quantidade. Os bens têm utilidade, que consiste na satisfação de necessidades pelo proprietário. À medida que adquire unidades adicionais de um bem, a satisfação total ou a utilidade que dele extrai aumenta, não proporcionalmente, porém em valor decrescente, possivelmente atingindo um máximo eventual. Pela teoria da utilidade marginal decrescente, num dado momento as necessidades se saciam, de modo que a satisfação marginal ou adicional acrescentada pelas unidades sucessivas declina.

7. Partindo da finalidade reguladora do imposto, e em consequência a destinação ao planejamento urbano, até evitando especulações imobiliárias, o escopo ordinário do imposto progressivo é o de permitir ao Município regular a atividade urbanística.

8. O IPTU tem como fato gerador a propriedade; a base de cálculo é o valor venal do imóvel. Logo, distinguem-se nitidamente as duas situações.

O fato da elevação do Imposto Predial em razão do número de propriedades, geralmente lotes, progressivamente, não se choca com a base de cálculo do Imposto Predial, que, em realidade, não está sendo visto isoladamente, mas em razão do número de imóveis, que, somados, dão um valor venal maior.

Em verdade, o critério da base de cálculo não é de ordem constitucional. A lei poderá aumentar essa base de cálculo. Se o proprietário tem um lote numa área, sua significação econômica é pequena; porém, se tiver 20, 30 ou mais, terá outra característica.

Dir-se-ia que a progressividade reestrutura o direito de propriedade. Em absoluto. Se o imposto tem finalidade reguladora, não se permitirá a detenção da propriedade, prejudicando a urbanização do Município, frustrando projetos e o planejamento urbano. Afinal, a propriedade deve ter uma finalidade social (CF/1988, art. 182, § 4º, II).

O IPTU não pode variar na razão da capacidade contributiva do sujeito passivo. A progressividade admitida pela Constituição Federal é extrafiscal (CF/1988, arts. 156, § 1º, e 182, § 4º, II) (RE 199.969; RE 228.735).

V.: Emenda Constitucional 29, de 13.9.2000, e Lei 10.257, de 10.7.2001 (Estatuto da Cidade), art. 7º; Súmula STF-668; Emenda Constitucional 42/2003.

590. Calcula-se o Imposto de Transmissão Causa Mortis sobre o saldo credor da promessa de compra e venda de imóvel no momento da abertura da sucessão do promitente vendedor.

A regra *le mort saisit le vif*, contida no CC/2002, art. 1.784 (CC/1916, art. 1.572), transfere aos herdeiros todos os bens e direitos na abertura da sucessão.

Nos casos que embasaram a presente Súmula o compromisso era verbal. Portanto, nem transcrição havia no Registro de Imóveis. Logo, os bens pertenciam ao falecido, e por isso integravam o espólio e, consequentemente, iam a inventário, com o pagamento do Imposto de Transmissão. O cálculo feito sobre o saldo devedor é mais justo, porquanto os herdeiros têm apenas esse valor a receber.

591. A imunidade ou a isenção tributária do comprador não se estende ao produtor, contribuinte do Imposto sobre Produtos Industrializados.

Estabelece o Código Tributário Nacional que o contribuinte do IPI é o industrial (art. 51, II). A maioria do STF não aceitou a tese da repercussão econômica desse imposto, contra a opinião do Min. Aliomar Baleeiro (*RTJ* 57/250).

592. Nos crimes falimentares aplicam-se as causas interruptivas da prescrição previstas no Código Penal.

Observa Nelson Hungria que a legislação falimentar não repudiou a regra geral do Código Penal relativamente à prescrição (*RT* 339/281).

Da mesma maneira, Magalhães Noronha adota a aplicação do Código Penal nessa matéria (*Direito Penal*, vol. I, p. 479). O STF de longa data aceita essa tese (*RTJ* 41/838, 73/831, 74/366 e 86/120).

V.: Súmula STF-147; *RTJ* 109/148; Lei 11.101, de 9.2.2005 (Lei de Recuperação de Empresas e de Falências), art. 182.

593. Incide o percentual do Fundo de Garantia do Tempo de Serviço (FGTS) sobre a parcela da remuneração correspondente a horas extraordinárias de trabalho.

Controverteram-se duas teses sobre a natureza do FGTS: uma de natureza tributária, endossada por Víctor Nunes Leal, Rubens

Gomes de Sousa e Geraldo Ataliba; a outra de natureza trabalhista, corroborada por Délio Maranhão, Arnaldo Sussekind e Themístocles Cavalcanti. Como observou Rubens Gomes de Sousa, se há natureza tributária, logo, sujeita-se aos princípios constitucionais (*RDP* 17/317). Para a outra corrente a obrigação é trabalhista, gerada em razão do contrato de trabalho.

Outro ponto fundamental para o enunciado refere-se à natureza das horas extras, autêntica remuneração, exigida pela lei para o depósito do FGTS.

O aspecto constitucional pode ser invocado para entender-se o FGTS como um direito assegurado aos trabalhadores pelo capítulo constitucional dos direitos sociais (CF/1988, arts. 6º e ss., especialmente art. 7º, III).

594. *Os direitos de queixa e de representação podem ser exercidos, independentemente, pelo ofendido ou por seu representante legal.*

Dispõe o art. 34 do CPP que o direito de queixa poderá ser exercido pelo ofendido ou por seu representante legal. Hélio Tornaghi comenta essa orientação legal, mostrando que não há qualquer dependência entre as duas vontades. Qualquer dos dois pode agir (RE crim. 94.524, rel. Min. José Néri, *RTJ* 109/621; *RTJ* 188/183).

595. *É inconstitucional a Taxa Municipal de Conservação de Estradas de Rodagem cuja base de cálculo seja idêntica à do Imposto Territorial Rural.*

1. O STF examinou vários casos onde o fato gerador relacionava-se com a propriedade territorial rural, tributada por imposto federal. Logo, haveria *bis in idem*, pois os proprietários já pagavam esse imposto e pagariam a taxa com base no número de hectares (*RTJ* 73/155; *RDP* 15/207 e 73/187).

2. Dos tributos, a taxa tem sua história no Direito Brasileiro mais pelas dificuldades em sua conceituação e distinção de institutos congêneres. Houve uma pletora imensa – acredito eu, mais de 300 casos examinados pelo STF nesses anos de percepção desse tributo. Estávamos diante do fenômeno bíblico da "multiplicação dos peixes e do pão" – ou, para ser mais nacionalista autóctone, a proliferação legislativa brasileira, com os milhares de diplomas legais. Mas o computador consertará tudo com o tempo, e até a taxa ficará mais legal e consentânea com seus princípios, e o STF reduzirá o seu trabalho

jurisprudencial de joeirar e separar a taxa do imposto, a taxa da contribuição de melhoria, a taxa das contribuições especiais, a taxa com base de cálculo idêntica à do imposto, a taxa como *bis in idem*, a taxa que é preço público, e vice-versa.

3. Vemos antes de mais nada a preocupação do exame individual, para adequar a taxa ao sistema da Constituição. A dificuldade na construção de uma teoria da taxa no Brasil, partindo da decisão pretoriana maior, reside nas incongruências impostas pelo legislador ao claudicar no texto legal. A confusão é geral, diria Machado de Assis. E Aliomar Baleeiro bradou: "Não há economia que resista a esse delírio fiscalista na mais insensata política tributária. Assim, não podemos inculcar ao Excelso Pretório a não indicação de uma diretriz. Ela está na Constituição e na lei, e ao intérprete e aplicador cabe a boa adequação. Não ocorrendo, é o caos".

4. Por isso, a enumeração dos tributos na Constituição Federal veio balizar os limites da competência para a instituição dos mesmos, o fato gerador ou a hipótese de incidência, evitando a bitributação e até a confusão entre os tributos. Portanto, a Constituição apenas indica os três tributos: impostos, taxas e contribuições de melhoria; mas acrescentando outro aspecto fiscal com as contribuições especiais – e ao lado de tudo isso, e exteriormente, o chamado preço público.

5. A Emenda Constitucional 18/1966 permitia a cobrança de taxas em função do exercício regular do poder de polícia, ou pela utilização, efetiva ou potencial, de serviços públicos específicos e divisíveis, prestados ao contribuinte ou postos à sua disposição.

6. O pressuposto "utilização, efetiva ou potencial" fora acrescido para dirimir as dúvidas existentes em julgados sobre se só a utilização efetiva daria margem à imposição de taxa, e não a utilização potencial.

A Constituição de 1967 extirpou a expressão "efetiva ou potencial", para possibilitar a arrecadação de taxas pelo exercício regular do poder de polícia ou pela utilização de serviços públicos.

A Constituição de 1969 repristinou a cláusula "utilização efetiva ou potencial de serviços públicos". Essa regra está conjugada ao serviço prestado ao contribuinte ou posto à sua disposição.

7. A CF/1988, art. 145, II, reafirmou a orientação da Emenda Constitucional 18/1966. Assim, o Judiciário comumente vê-se com a taxa cobrada pelo Poder Público, apesar de o serviço não ser utilizado pelo contribuinte.

8. Neste passo há que se distinguir a taxa em razão do poder de polícia e a taxa em razão do poder fiscal do Estado, esta decorrente da efetiva ou potencial utilização do serviço público.

Celso Cordeiro Machado, ao tratar dos limites da competência tributária, é claro ao dissertar sobre a taxa baseada no poder de polícia, afastando a cobrança de taxas para financiar atividades especiais, provocadas por conveniências de ordem geral, pois neste caso não se observa a vinculação entre o serviço e a pessoa a ele ligada, e, assim, a taxa se confunde com o imposto.

Já que falamos em *poder de polícia*, recordemos o jurista americano Ernest Freund, comumente citado no Brasil, que estudou o poder de polícia como o poder de promover o bem-estar público pela restrição e regulação do uso da liberdade e propriedade.

Renato Alessi descreve o conceito de "polícia" para chegar à atividade de observação, de prevenção e de repressão contra os danos que poderão derivar da atividade dos indivíduos, qualificando-a em polícia de segurança e polícia administrativa, esta ligada a todos os ramos da administração.

O Min. Carlos Fulgêncio da Cunha Peixoto, quando honrava o Tribunal mineiro, lembrou bem que não é qualquer poder de polícia que justifica a criação da taxa, porque o poder de polícia, de maneira ampla, é função primordial do Estado e deve ser custeado com o produto do imposto.

9. Para entendermos a taxa com base no poder de polícia temos o socorro da Lei 5.172, de 25.10.1966 (Código Tributário Nacional), definindo esse poder como "atividade da Administração Pública que, limitando ou disciplinando direito, interesse ou liberdade, regula a prática de ato ou a abstenção de fato, em razão de interesse público concernente à segurança, à higiene, à ordem, aos costumes, à disciplina da produção e do mercado, ao exercício de atividades econômicas dependentes de concessão ou autorização do Poder Público, à tranquilidade pública ou ao respeito à propriedade e aos direitos individuais ou coletivos" (art. 78).

10. A confusão entre imposto e taxa vem de longa data, cabendo lembrar que Amaro Cavalcanti, em 1896, conceituava a taxa como gênero de contribuição, que os indivíduos pagam por um serviço diretamente recebido, confundindo taxa com preço. Como dizia, era o preço do serviço obtido.

Essa distinção, mais econômica, fora feita por Adam Smith em seu livro *A Riqueza das Nações*, mostrando que as despesas de caráter local como a polícia e as estradas municipais, embora aproveitem a toda a sociedade, interessam imediata e mais diretamente aos que viajam.

Gaston Jèze observou que o fato de o tributo ser chamado de taxa para determinado fim não implicava receita produzida por essa taxa. Quando a receita tributária é afeta a um serviço público personalizado, essa receita perde a característica de receita pública do Estado. Por isso, a Constituição vedou a vinculação do produto da arrecadação de qualquer tributo a determinado órgão, fundo ou despesa (CF/1988, art. 167, IV). A Carta Magna apenas permite que a lei estabeleça a arrecadação parcial ou total de certos tributos, como receita do orçamento de capital, proibida sua aplicação no custeio de despesas correntes. Veda-se, portanto, a vinculação do produto da arrecadação de tributo a espécies de despesas correntes.

11. Isso levou o STF a não aceitar a chamada Taxa de Cooperação, paga ao Banco Nacional de Crédito Cooperativo, por ser tributo com destinação própria.

Nossa Suprema Corte, a partir da década de 50 do século passado, inclinou-se pela não identificação da taxa pela divisibilidade do serviço, o equilíbrio econômico das prestações e a voluntariedade por parte do contribuinte. O exemplo dado foi a Taxa de Pavimentação. A Prefeitura faz a pavimentação e cobra dos moradores, não dos utilizadores; portanto, não há equilíbrio econômico das prestações. Superava-se a velha teoria de Seligman e Nitti no sentido de que o caráter contraprestacional e remuneratório distinguia a taxa. Passou-se, então, a considerar a taxa como pressuposto de serviço específico, determinado.

Daí em diante a Corte Suprema passa a receber inúmeras questões versadas na taxa.

12. Para declarar a inconstitucionalidade da Taxa de Estatística do Ceará o STF considerou a discriminação entre mercadorias vindas de outros Estados. Na realidade, havia imposto – aliás impedido de imposição, porque limitava o tráfego entre Estados. A hipótese de incidência da taxa era o total de compras, consignações ou transferências apuradas trimestralmente. A taxa cearense distinguia e discriminava pelo destino e pela origem da mercadoria.

Outra Taxa de Estatística, a da Bahia, foi declarada inconstitucional porque se destinava a serviço de estatística. A hipótese de incidência ocorria com a apuração de movimento comercial, a formação de estoque. Os que deram pela inconstitucionalidade da taxa baiana fizeram-no pela característica de Imposto de Importação.

A Taxa de Fogo de Pernambuco teve duas vidas: quando foi declarada constitucional, e outra, ao contrário. Destinava-se à manutenção do serviço de extinção de incêndios, e sua hipótese de incidência eram as atividades comerciais, industriais e equivalentes situadas em Recife. A taxa derivava de serviço não prestado exclusivamente aos contribuintes, porque o Estado iria exigi-la não de certas pessoas, porém de todos os habitantes aos quais o serviço fosse prestado ou posto à disposição. O serviço de bombeiros é indivisível.

Para outros essa Taxa de Fogo não era inconstitucional, porque a contribuição para manter serviço contra fogo era exigível de pessoas mais próximas do perigo – no caso, que lidavam com inflamáveis.

Enfim, discutia-se a utilização efetiva do serviço de bombeiros para caracterizar a taxa, mas colocando-se aquela à disposição do contribuinte. Não importava que a cobrança se destinasse a determinado grupo, podendo, no entanto, beneficiar a totalidade da população.

13. Em outra oportunidade o STF examinou a constitucionalidade da Taxa Contra Fogo do Estado de Minas Gerais. A Corte considerou-a inconstitucional porque incidia sobre o prêmio anual de seguro. Sua hipótese de incidência era a contratação de seguro contra incêndio. Em verdade, era imposto sobre contrato de seguro contra incêndio. Para a constituição dessa taxa apontava-se o benefício às companhias seguradoras, que tinham um serviço público de prevenção e combate a incêndio, diminuindo a possibilidade de sinistros e indenizações. O STF decidiu sobre Taxa de Extinção de Incêndio (MG) na ADI 4.411.

14. Outra taxa de Minas Gerais, a de Expediente, incidia sobre atos praticados pelos órgãos do Estado tendo em vista os serviços gerais, como licenciamento, fiscalização, vigilância policial, saúde.

15. Muitas vezes a taxa é confundida com o preço público, e vice-versa. O STF considera a taxa como compulsória, com cobrança vinculada a prévia autorização orçamentária. No preço público, quando há a utilização do serviço ocorre o pagamento; no entanto, a taxa decorre da utilização ou não. Outra característica do preço público é a possibilidade de sua alteração.

No Estado de Minas Gerais a contribuição para manter a Caixa Escolar foi considerada preço público, e não taxa. Era preço público pago exclusivamente pelos estudantes que pretendessem matrícula nos ginásios estaduais.

16. Em outra oportunidade o STF mostrou a distinção entre *taxa* e *preço público*. Na taxa basta a utilidade posta à disposição do contribuinte, enquanto o preço só aparece com a utilização. Daí resulta a possibilidade de alteração do preço sem a restrição constitucional.

17. Outra semelhança aparente existe entre taxa e contribuição, porém com hipóteses diversas e formas de cobrança distintas.

Geraldo Ataliba, com a persuasão de sempre, demonstrou que a contribuição de melhoria tem natureza de ônus sobre mais-valia. É forma de o Estado apropriar-se de determinada parcela de riqueza particular, não tendo, porém, caráter remuneratório; ao contrário da taxa, que é forma de remuneração de serviço do Estado (atual ou potencial). Para a taxa é importante a determinação do custo do serviço, o custo da atuação, nunca o reflexo, que é fruído pelo destinatário do serviço prestado. A base da contribuição de melhoria é perfeita e seguramente mensurável e avaliável; já, a base da taxa é imensurável e inavaliável.

Na taxa nem sempre existe reflexo patrimonial (Geraldo Ataliba, *Natureza Jurídica da Contribuição de Melhoria*, pp. 116 e ss.).

18. A Prefeitura de Piracicaba instituíra taxa para cobertura de um riacho, e o STF julgou-a válida, porque essa taxa ou a contribuição de melhoria teriam o mesmo fato gerador e sem distinção. Em outro julgado a Corte não admitiu essa imposição. Se a taxa tem por pressuposto o fato gerador da contribuição de melhoria, não pode prevalecer. A contribuição de melhoria é autorizada como forma de recomposição pelo custo da obra e valorização do imóvel.

Ao revés, a Taxa de Calçamento do Município mineiro de Abaeté foi impugnada. A Prefeitura defendeu-se, alegando tratar-se de contribuição de melhoria, com nome impróprio de taxa.

O STF também julgou inconstitucional lei do Município de Caçapava que cobrava Taxa de Calçamento e Assentamento de Guias, porquanto esse tributo era previsto no Código Tributário Municipal como contribuição de melhoria.

19. Pelo Código Tributário Nacional (art. 77) a taxa é oriunda de serviço público específico e divisível, prestado ao contribuinte ou posto à sua disposição. Já a contribuição de melhoria, com a consequente valorização imobiliária, aplicando-a a todas as propriedades valorizadas pela obra pública, é a participação proporcional no custo da obra.

20. De qualquer forma, a contribuição de melhoria envolve problema do seu cálculo. Dessa dificuldade partimos para a necessidade

da instalação do serviço para haver a possibilidade da cobrança da taxa. O benefício especial, objetivo, mensurável, é condição essencial para que o tributo seja considerado como taxa. A taxa é técnica fiscal de repartição da despesa por um serviço público especial, e mensurável pelo grupo restrito das pessoas que se aproveitam de tal serviço, ou o provocaram, ou o têm ao seu dispor.

21. Outro aspecto importante para a validade da taxa refere-se ao não conflito de competências para a cobrança da taxa. A Taxa de Recuperação Econômica de Minas era exigida sobre serviços, porém a tributação de serviços era da competência municipal. A Taxa Municipal de Matadouros de Belo Horizonte foi considerada ilegal porque a inspeção sanitária do abate era da competência federal. Também a Taxa do Fundo de Investimentos de Minas Gerais foi considerada idêntica ao IPI, o fato gerador era a produção, verificada à saída do estabelecimento industrial.

22. Algumas taxas são instituídas com afronta aos direitos individuais, ainda que sob o pálio da exigência decorrente de serviço posto à disposição do contribuinte, como aconteceu com a Taxa de Expediente da Guanabara, exigida pelo ato de protocolar um requerimento. Afrontava-se o princípio constitucional do direito de petição.

23. Outra casuística da taxa refere-se às taxas estaduais ou municipais de conservação de estradas, quase sempre com a base de cálculo idêntica ao Imposto Territorial Rural, tributo da competência federal.

Também as taxas de localização foram bem examinadas pelo STF, quase sempre baseadas no poder de polícia, sem a prestação de serviço relacionado com o exercício desse poder.

24. A propósito da Taxa Rodoviária Federal, instituída pelo Decreto 397/1968, devida por todo veículo motorizado que transitasse no território nacional, Aliomar Baleeiro observou que a Constituição de 1969 vedava limitações ao tráfego no território nacional. Admitindo-se que a Taxa Rodoviária fosse modalidade de pedágio, tendo como base de cálculo o valor do veículo, ela não poderia incidir sobre veículos que apenas transitassem nas rodovias municipais. Acrescenta Baleeiro que não é taxa a exigida pela União de veículo que não trafega nunca em rodovias federais ou enquanto não transitar por elas. Tal taxa seria imposto sobre o patrimônio.

25. O STF não acolheu a ilegalidade da cobrança da Taxa Rodoviária Federal das empresas de transportes municipais. Justificou-se

que o montante da Taxa Rodoviária seria dividido entre a União e os Governos Estaduais, participando do rateio os Municípios, de acordo com os critérios fixados pela lei (art. 6º, § 1º, do Decreto-lei 1.691/1979).

V. Súmula STF-348.

596. *As disposições do Decreto 22.626/1933 não se aplicam às taxas de juros e aos outros encargos cobrados nas operações realizadas por instituições públicas ou privadas que integram o Sistema Financeiro Nacional.*

A chamada "Lei de Usura" (Decreto 22.626/1933) vedava a cobrança de juros acima da taxa legal, inclusive comissões. Com o advento da Lei de Reforma Bancária (Lei 4.595/1964) o Conselho Monetário Nacional foi incumbido de formular a política de moeda e crédito, bem como limitar as taxas de juros, comissões e outras formas de remuneração. Assim, o Decreto 22.626/1933 (Lei de Usura) foi revogado quanto às operações com as instituições de crédito sob o controle do Conselho Monetário Nacional, isto é, integrantes do Sistema Financeiro Nacional. Se houver excesso nos limites fixados, configura-se o crime de usura (RHC 55.624, *RTJ* 83/772, 104/840 e 109/326). Esta Súmula não afasta a aplicação da Súmula STF-121 (RE 100.336, rel. Min. Néri da Silveira, *DJU* 24.5.1985).

V. Súmula STJ-93.

O STJ tem entendido que a capitalização de juros só é admitida quando autorizada por lei específica (REsp 212.321, *DJU* 13.9.1999). O enunciado não incide em relação a crédito rural (STJ, REsp 81.108, *DJU* 4.10.1999).

597. *Não cabem embargos infringentes de acórdão que, em mandado de segurança, decidiu, por maioria de votos, a apelação.*

Os embargos infringentes são cabíveis quando a decisão em apelação e em ação rescisória não for unânime (CPC/1973, art. 530). Cabendo apelação da sentença em mandado de segurança, pergunta-se: também são cabíveis os embargos infringentes quando a decisão for por maioria na apelação em mandado de segurança?

A questão foi suscitada com relevo no TFR, através de aprofundados despachos dos Mins. Paulo Távora e Décio Miranda negando seguimento a embargos infringentes em mandado de segurança. Assim decidiram porque a Lei 6.014/1973, que adotou a apelação como o recurso cabível das sentenças em mandado de segurança, não visava a criar outro recurso além da apelação; e, sendo o mandado de segurança regulado por lei especial, portanto, não são aplicáveis todas as normas do Código de Processo Civil, mas somente aquelas mencionadas expressamente pela Lei do Mandado de Segurança, como é o caso do litisconsórcio. Ainda mais: tendo os embargos efeito suspensivo, chocam-se com a índole do mandado de segurança, a rapidez.

A opinião contrária, no TFR, foi esposada pelo eminente Min. José Néri da Silveira. Para ele, o Código de Processo Civil mandava adaptar os processos regulados em leis especiais – o caso do mandado de segurança – ao seu sistema (CPC/1973, art. 1.217). Logo, se a lei nova adaptou a lei especial ao Código novo, também incorporou os embargos infringentes, isto é, todo o sistema do Código. Na doutrina, defenderam o cabimento dos embargos: Celso Agrícola Barbi (in *Revista da Faculdade de Direito de Uberlândia* 5-1/157 e *RT* 481/11); Egas Moniz de Aragão (in *Ajuris* 10/156); Jacy de Assis ("Embargos infringentes em mandado de segurança", *RF* 263/61) (v. *RTJ* 109/431, 103/824).

O Código de Processo Civil é o repositório de normas gerais aplicáveis a todos os procedimentos gerais ou especiais, ainda aqueles regulados por leis especiais. Se estas não discrepam da generalidade, logo, aplicam-se as normas do Código de Processo Civil (prazos e recursos). A Lei 6.014/1973 adaptou o procedimento do mandado de segurança, quanto ao recurso cabível da decisão de primeiro grau – a apelação, e não mais o agravo de petição. Como essa lei não limitou ou regrou a apelação, presume-se que a sede da sua estrutura está no Código de Processo Civil, inclusive o cabimento de outros recursos da decisão apelada. Não vale a observação de que houve apenas substituição do recurso, mantida a sistemática anterior.

V. a atual Lei do Mandado de Segurança (Lei 12.016, de 7.8.2009), art. 25.

598. *Nos embargos de divergência não servem como padrão de discordância os mesmos paradigmas invocados para demonstrá-la mas repelidos como não dissidentes no julgamento do recurso extraordinário.*

Se a Turma não aceitou a divergência invocada com acórdão do STF, esse acórdão não pode ser trazido nos embargos de divergência.

A razão apresentada repele a possibilidade porque esses embargos se tornariam infringentes. Não concordou com essa orientação o Min. Eloy da Rocha, para quem a divergência deve ser com acórdão da Turma ou do Pleno, não se impedindo com a reiteração de apresentação do acórdão anterior (*RTJ* 59/725).

Acentuou o Min. Moreira Alves, em outra oportunidade, que não basta o conhecimento do recurso extraordinário pelo dissídio, porém é necessário que o acórdão embargado não haja afastado, implícita ou explicitamente, a divergência com relação àquela decisão (ERE 85.753).

599. São incabíveis embargos de divergência de decisão de Turma em agravo regimental.

Súmula cancelada pelo Tribunal Pleno (AgR/ED/EDv/AgR no RE 283.240, *DJe* 047/2008; AgR/ED/EDv/AgR no RE 285.093, *DJe* 055/2008; e AgR/EDv/AgR no RE 356.069, *DJe* 055/2008).

Os embargos de divergência cabem da decisão da Turma em recurso extraordinário e agravo de instrumento. O agravo regimental não é agravo de instrumento (*RTJ* 162/1.082, 159/998, 108/604, 107/1.007).

As Leis 9.139, de 30.11.1995, e 9.756, de 17.12.1998, admitem o julgamento monocrático do recurso especial, cabendo dessa decisão agravo. Nessas condições, cabem embargos de divergência. O STJ já admitiu essa hipótese (Corte Especial, EREsp 172.821; e 1ª Seção, EREsp 133.451).

V.: Súmulas STJ-315 e 316; CPC/1973, art. 546, II (redação da Lei 8.950/1994); *RTJ* 188/222.

600. Cabe ação executiva contra o emitente e seus avalistas, ainda que não apresentado o cheque ao sacado no prazo legal, desde que não prescrita a ação cambiária.

Distinguem-se, pelo enunciado, a ação contra o emitente e a ação contra os endossantes. Observa João Eunápio Borges que, em relação ao emitente, enquanto não prescrever a ação conserva o portador a plenitude de seus direitos (*Títulos de Crédito*, p. 176). Idêntica a opinião de Carlos Fulgêncio da Cunha Peixoto (*O Cheque*, vol. 1, p. 251) (RE 82.583 e 78.599).

601. Os arts. 3º, II, e 55 da Lei Complementar 40/1981 (Lei Orgânica do Ministério Público) não revogaram a legislação anterior que atribui a iniciativa para a ação penal pública, no processo sumário, ao juiz ou à autoridade policial, mediante portaria ou auto de prisão em flagrante.

De acordo com a Lei 4.611, de 2.4.1965 (revogada pela Lei 9.099/1995), no processo dos crimes de homicídio culposo e lesão corporal culposa adotou-se o rito sumário. Em consequência, a ação penal pública nessas hipóteses podia ser do juiz ou da autoridade policial. A antiga Lei Orgânica do Ministério Público (Lei Complementar 40/1981), entretanto, deu ao Ministério Público a função institucional de promover a ação penal pública, vedando, até, o exercício dessas funções a pessoas estranhas a ele. Essa exclusividade foi mantida pela Lei 8.625, de 12.2.1993 (Lei Orgânica do MP), art. 25, III, e parágrafo único).

A CF/1988, art. 129, I, atribuiu ao Ministério Público a função de "promover, privativamente, a ação penal pública, na forma da lei".

602. Nas causas criminais o prazo de interposição de recurso extraordinário é de 10 dias.

O Código de Processo Civil de 1939 não dispunha sobre o prazo de interposição de recurso extraordinário. Por isso a Lei 3.396, de 2.5.1958, estabeleceu o prazo de 10 dias. Com o advento do Código de Processo Civil de 1973 esse prazo foi dilatado para 15 dias, de acordo com a redação original do art. 542. Como essa diretriz não alcançava o processo criminal, continuou-se a entender que prevalecia o prazo de 10 dias, da Lei 3.396/1958, por ter ela revogado as disposições em contrário sobre a matéria civil e penal.

Com a promulgação da Lei 8.038, de 28.5.1990, conhecida como "Lei dos Recursos", o prazo para o recurso extraordinário foi fixado em 15 dias. A Lei 8.950, de 13.12.1994, ao revigorar, com nova redação, os arts. 541 a 546 do CPC/1973, revogou, implicitamente (por regular inteiramente a mesma matéria – cf. art. 2º, § 1º, da Lei de Introdução às Normas do Direito Brasileiro, nova denominação da Lei de Introdução ao Código Civil dada pela Lei 12.376, de 30.12.2010), os arts. 26 a 29 da Lei 8.038/1990, suprimindo, daí, a referência ao prazo para a interposição do recurso. Mas a mesma Lei 8.950/1994, dando nova redação ao art. 508 do CPC/1973, confirmou o prazo de 15 dias para o recurso extraordinário, bem como para vários outros recursos (v. Leis

9.756, de 17.12.1998; 10.352, de 26.12.2001; 11.341/2006; 11.418/2006; 11.672/2008; 12.322/2010).

V. Súmula STF-319.

Entendeu o STF que o prazo especial para o agravo criminal é de 5 dias, e não de 10 dias, como nas causas cíveis (STF, RE 197.032-1; AgR no Ag 234.016-1, *DJU* 6.8.1999). A Lei 8.038/1990 (art. 30) dá o prazo de 5 dias para o recurso ordinário para o STJ no caso de *habeas corpus*.

No Ag 218.959 (*RTJ* 169/380) a Corte decidiu, no voto do Min. Sepúlveda Pertence:

"A Lei n. 8.950/1994, que alterou dispositivos do Código de Processo Civil relativos aos recursos, incluídos o recurso extraordinário e o recurso especial e o agravo contra a sua não admissão na instância de origem, que são objeto da nova redação dos arts. 541 e 545, subtraiu da incidência da Lei n. 8.038/1990, que dera disciplina única ao recurso extraordinário civil ou criminal, a regência dos recursos extraordinário e especial e respectivos agravos de instrumento cíveis. Não se aplicam as alterações introduzidas pela lei mencionada aos recursos extraordinários e especiais e respectivos agravos quando interpostos em processos penais (cf. Tribunal Pleno, Ag 197.032, Pertence, *DJU* 5.12.1997).

"Rejeito os embargos. É meu voto."

V. Súmula STF-699.

603. *A competência para o processo e julgamento de latrocínio é do juiz singular e não do Tribunal do Júri.*

O Código Penal exacerba a pena para o crime de roubo quando resulta morte (art. 157, § 3º). Cabendo ao Tribunal do Júri o julgamento dos crimes contra a vida, implicaria, no caso do crime complexo (roubo e morte), julgamento pelo Júri, atraída a competência pelo crime doloso contra a vida (Damásio E. de Jesus, *Direito Penal*, vol. II, São Paulo, 1985, pp. 366 e ss.). Entretanto, argumenta-se em outra hipótese: se não houve a subtração, e somente a morte? Assim mesmo não há a fragmentação do crime complexo (consumado ou tentado). Predominará sempre o crime de roubo, na lição de Carrara: "No latrocínio, o delito é perfeito, embora o culpado, depois de matar a vítima, não tenha podido consumar o furto" (*Programa ... – Parte Geral*, vol. I, p. 274).

604. A prescrição pela pena em concreto é somente da pretensão executória da pena privativa de liberdade.

Súmula prejudicada pela reforma penal de 1984 (Damásio E. de Jesus, *Código Penal Anotado*, p. 300).

Ao tratar da prescrição após o trânsito em julgado da sentença condenatória, dispõe o art. 110, § 1º, do CP que essa prescrição regula-se pela pena aplicada. Essa prescrição acarreta a renúncia do Estado à pretensão executória da pena principal, não tendo por início data anterior ao recebimento da denúncia. A consequência básica extraída relaciona-se com a subtração, ou não, do nome do réu do rol dos culpados. Se a prescrição tivesse objetivos absolutos, também ficaria excluído o nome do réu, isso tudo de uma interpretação restritiva da Súmula STF-146. Diz o art. 393, II, do CPP que um dos efeitos da sentença condenatória recorrível é ser o nome do réu lançado no rol dos culpados. Seria, portanto, consequência máxima riscar o nome do réu do rol de culpados.

Assim, segundo os ditames desta Súmula 604, a extinção da punibilidade pela prescrição é apenas averbada no rol dos culpados, não desconstituindo os demais efeitos da sentença.

V. CF/1988, art. 5º, LVII.

605. Não se admite continuidade delitiva nos crimes contra vida.

Celso Delmanto indica que *esta Súmula foi superada* pela reforma do Código Penal (*Código Penal Comentado*, 1986, p. 550). V. Súmula do TFR-186 ("A prescrição de que trata o art. 110, § 1º, do Código Penal é da pretensão punitiva").

O crime continuado caracteriza-se pela prática de dois ou mais crimes da mesma espécie mediante mais de uma ação ou omissão. A hipótese desta Súmula 605, em geral, refere-se à prática de dois homicídios, crime doloso contra a vida, bem jurídico ofendido a pessoa, bem personalíssimo.

O art. 71 e seu parágrafo único do CP na atual redação (Lei 7.209, de 11.7.1984) alteraram a orientação da Súmula ao tratar do crime continuado: "Nos crimes dolosos, contra vítimas diferentes, cometidos com violência ou grave ameaça à pessoa, poderá o juiz, considerando a culpabilidade (...)" (*RTJ* 121/665).

606. Não cabe habeas corpus originário para o Tribunal Pleno de decisão de Turma, ou do Plenário, proferida em habeas corpus ou no respectivo recurso.

A divisão do Tribunal em Turmas tem a finalidade da descentralização dos trabalhos, para permitir melhor celeridade. No entanto, há unidade entre Turmas e Plenário. Não haveria possibilidade, portanto, em grau hierárquico, de impetrar *habeas corpus* ao Plenário contra decisão de Turma. Costa Manso observou que nenhum juiz pode conceder *habeas corpus* contra ato do próprio juízo, sendo inconcebível que um tribunal ou juiz ordenasse a si próprio a apresentação do paciente (*O Processo na Segunda Instância*, p. 408). Portanto, o julgamento do *habeas corpus* obedece ao princípio da hierarquia. Da possibilidade de coação por parte da Turma pensou o saudoso Min. Luiz Gallotti (*RTJ* 62/48).

O STF manteve esse enunciado, não conhecendo de *habeas corpus* contra decisão de Turma (HC 80.082; *RTJ* 187/327).

607. Na ação penal regida pela Lei 4.611/1965, a denúncia, como substitutivo da portaria, não interrompe a prescrição.

A Lei 4.611/1965 (revogada pela Lei 9.099/1995), estendera o rito sumário ao processo dos crimes previstos nos arts. 121, § 3º, e 129, § 6º, do CP (art. 1º). A denúncia podia ser oferecida em processo sumário, substituindo a portaria, ainda que o processo sumário por crime de lesões corporais culposas e de homicídio culposo devesse se iniciar mediante portaria. Ora, se a portaria não constituía causa interruptiva da prescrição no processo sumário, logo, não haveria essa possibilidade também para a denúncia. Voto do Min. Djaci Falcão sintetizou com precisão o debate: "Admitindo-se a interrupção, dar-se-ia tratamento desigual para aqueles que cometessem infração sujeita ao processo sumário. A denúncia não pode ter efeito mais intenso que a portaria, de que é sucedâneo processual" (RHC 55.501).

A CF/1988, art. 129, I, deu ao Ministério Público a função de promover *privativamente* a ação penal pública, na forma da lei (v. Lei 8.625/1993, art. 25, III).

608. No crime de estupro, praticado mediante violência real, a ação penal é pública incondicionada.

Pela letra do art. 225 do CP, nos crimes definidos nos Capítulos I e II do "Título VI – Crimes contra a Dignidade Sexual" ("Crimes Contra os Costumes" antes da redação da Lei 12.015, de 7.8.2009) somente se procede mediante queixa. No entanto, o art. 101 a exclui porque o crime é complexo, pois um dos seus elementos constitutivos, por si só, constitui crime; logo, cabe a ação pública em relação a ele (*RTJ* 185/979).

V. Lei 9.099, de 26.9.1995 (Juizados Especiais Cíveis e Criminais).

609. *É pública incondicionada a ação penal por crime de sonegação fiscal.*

A lei definidora dos crimes de sonegação fiscal (Lei 4.729, de 14.7.1965) não impõe prévio procedimento administrativo como pressuposto ou condição ao exercício da ação penal, podendo ter início com a *notitia criminis*.

610. *Há crime de latrocínio quando o homicídio se consuma ainda que não realize o agente a subtração de bens da vítima.*

O latrocínio é crime complexo. Ainda que tentado, não deixa de existir, porque se consumou o crime-meio, isto é, o homicídio.

V. Súmula STF-603.

611. *Transitada em julgado a sentença condenatória, compete ao juízo das execuções a aplicação de lei mais benigna.*

Os dados para o exame dos efeitos da reincidência, portanto a verificação quanto à data do cumprimento ou da extinção da pena do crime anterior, somente podem verificar-se no juízo das execuções, porque o juiz da Vara Criminal não dispõe desses dados.

612. *Ao trabalhador rural não se aplicam, por analogia, os benefícios previstos na Lei 6.367, de 19.10.1976.*

A Lei 6.367/1976 tratava do acidente do trabalho urbano. Ela previa o "auxílio-acidente". Como o trabalhador rural tinha regime próprio, inclusive quanto a acidente em serviço, não se lhe aplicava aquela lei para as atividades urbanas.

Mas a CF/1988, art. 7º, XXVIII, estendeu o benefício ao trabalhador rural.

613. Os dependentes de trabalhador rural não têm direito à pensão previdenciária se o óbito ocorreu anteriormente à vigência da Lei Complementar 11/1971.

A Lei Complementar 11/1971 instituiu a Previdência Rural. Nos termos da CF/1969, art. 165, parágrafo único, "nenhuma prestação de serviço de assistência ou de benefício compreendidos na previdência social será criada, majorada ou estendida" [*CF/1988, art. 195, § 5º: "nenhum benefício ou serviço da seguridade social poderá ser criado, majorado ou estendido sem a correspondente fonte de custeio total".*] Entretanto, a lei instituidora da Previdência Rural não previu retroação, mesmo porque não haveria a fonte de custeio, pois o falecido não contribuíra, porquanto nem existia essa forma previdenciária. Observou o Min. Aldir Passarinho: "A decisão recorrida está concedendo a pensão aos descendentes de pessoas falecidas, há longo tempo, sem que jamais tenham contribuído para o sistema previdenciário, sem que, pelo menos, tenham pertencido ao sistema" (RE 100.880, *RTJ* 108/1.345).

O art. 138 da Lei 8.213/1991 extinguiu "os regimes de Previdência Social instituídos pela Lei Complementar n. 11, de 25 de maio de 1971, e pela Lei n. 6.260, de 6 de novembro de 1975, sendo mantidos, com valor não inferior ao do salário-mínimo, os benefícios concedidos até a vigência desta Lei". A Lei 7.604 dispôs sobre a atualização dos benefícios da Previdência.

614. Somente o Procurador-Geral da Justiça tem legitimidade para propor ação direta interventiva por inconstitucionalidade de lei municipal.

Súmula revogada pela CF/1988, art. 125, § 2º: "§ 2º. Cabe aos Estados a instituição de representação de inconstitucionalidade de leis ou atos normativos estaduais ou municipais em face da Constituição Estadual, vedada a atribuição da legitimação para agir a um único órgão".

Discutiu-se muito sobre a legitimidade *ad causam* para a ação direta de declaração da inconstitucionalidade da lei municipal, se do Procurador-Geral do Estado ou do Procurador-Geral da Justiça, do Ministério Público local. Quando a ação tem caráter de intervenção no Município, a Constituição Federal legitimava o chefe do Ministério Público local, para assegurar a observância dos princípios indicados na Constituição Estadual. Opiniões contrárias ao enunciado desta Súmula foram bem expostas em eruditos trabalhos da professora Ada Pellegrini Grinover (*A Ação Direta de Declaração de Inconstitucionalidade da Constituição Paulista*), do professor Celso Bastos ("O controle judicial da constitucionalidade das leis e atos normativos municipais") e de José Afonso da Silva ("A ação direta de declaração de inconstitucionalidade de lei municipal" – os dois últimos publicados na *Revista da Procuradoria-Geral do Estado de São Paulo* XX e XI).

V. também CF/1988, art. 103.

615. O princípio constitucional da anualidade (§ 29 do art. 153 da Constituição Federal) não se aplica à revogação de isenção do ICM.

A referência do enunciado (art. 153, § 29) é à Constituição de 1969. Na de 1988 o princípio da anualidade está contido no art. 150, III, "b".

A revogação da isenção não cria novo imposto, somente afasta a inexigibilidade do tributo enquanto durar a isenção, porquanto só há isenção do que foi tributado (Luciano Amaro, *Direito Tributário Brasileiro*, p. 267).

616. É permitida a cumulação da multa contratual com os honorários de advogado após o advento do Código de Processo Civil vigente.

A chamada "Lei da Usura", Decreto 22.626/1933, dispôs sobre juros nos contratos. Segundo suas restrições, a cláusula penal atendia às despesas judiciais e honorários advocatícios. Entretanto, esse decreto foi revogado tacitamente pela Lei 4.595/1964, a da Reforma Bancária, e pelo princípio da sucumbência. Os juros, comissões e remunerações dos serviços bancários são fixados pelo Conselho Monetário Nacional. O vencido sempre estará sujeito ao pagamento dos honorários. Portanto, honorários e multa contratual são duas espécies diversas do gênero "condenação"; e, assim, não são incompatíveis (Roberto Rosas, "Cláusula penal. Honorários advocatícios", *RT* 437/268). A Súmula 119 do extinto TFR admitia a cumulação da multa contratual com honorários advocatícios na execução hipotecária.

O STJ tem aplicado esta Súmula (REsp 3.841-MG, *DJU* 24.9.1990; REsp 6.180-PR, *DJU* 18.2.1991).

617. *A base de cálculo dos honorários de advogado em desapropriação é a diferença entre a oferta e a indenização, corrigidas ambas monetariamente.*

Os honorários na desapropriação obedecem a lei própria. A correção dá-se nas duas parcelas principais: a ofertada e a indenizada.

São os dois momentos principais, cuja diferença permitirá o justo valor dos honorários.

V. Súmulas STF-378 e STJ-141.

618. *Na desapropriação, direta ou indireta, a taxa dos juros compensatórios é de 12% ao ano.*

O CC/2002, art. 406 (CC/1916, art. 1.063) estipula a taxa de juros em 6% ao ano. No entanto, a jurisprudência compensa o não uso do imóvel desde o momento da entrega ao expropriante. É uma forma de justa indenização. Somente é aplicável às desapropriações, e não às ações de indenização (RE 114.099, *DJU* 13.11.1987).

V. Súmula STJ-56.

O STF realçou a aplicação desse verbete ao suspender dispositivo limitador dos juros compensatórios (ADI 2.332, j. 5.9.2001).

619. *A prisão do depositário judicial pode ser decretada no próprio processo em que se constituiu o encargo, independentemente da propositura de ação de depósito.*

Súmula revogada (Tribunal Pleno, HC 92.566, *DJe* 104/2009).

O depositário infiel fica obrigado a restituir a coisa sob pena de prisão, quer no depósito voluntário como no necessário (CC/2002, arts. 629 e 652). O depósito necessário é feito em desempenho de obrigação legal. O depositário judicial o faz no desempenho da obrigação imposta pelo CPC/1973, art. 666, II. Ora, esse depósito é de direito processual, de caráter público, e não uma relação jurídica, entre depositante e depositário (*RTJ* 85/97 e 89/220, 180/949 e 569 e 185/645).

O STF considerou inconstitucional a prisão civil do depositário (RE 349.703; RE 466.343; HC 87.585).

620. A sentença proferida contra autarquias não está sujeita a reexame necessário, salvo quando sucumbente em execução de dívida ativa.

O CPC/1973, art. 475, II, submete ao duplo grau de jurisdição a sentença que julgar improcedente a execução de dívida ativa da Fazenda Pública. Neste conceito insere-se a execução das autarquias. A matéria não é regida pelo art. 475, II, do CPC/1973, que trata das decisões contra a União, *tout court*. A Súmula do TFR-137 também não admitia o duplo grau quando a execução fiscal da autarquia fosse julgada extinta sem decisão de mérito.

621. Não enseja embargos de terceiro à penhora a promessa de compra e venda não inscrita no Registro de Imóveis.

Súmula não acolhida pelo o STJ (v. Súmula STJ-84).

A promessa de compra e venda só adquire eficácia real com o registro. Antes, mero direito pessoal. Argumentar-se-ia que os embargos de terceiro podem ser do possuidor (CPC/1973, art. 1.046, § 1º). No entanto, nem a isso se poderia equiparar o promitente comprador sem registro, porque a penhora atinge o direito real, e não a posse (Clóvis do Couto e Silva, *Comentários ao Código de Processo Civil*, vol. XI-II, São Paulo, Ed. RT, pp. 456 e 475; Francisco Moniz, "Embargos de terceiros à penhora – A questão da posse do promitente comprador", *Revista da Associação dos Magistrados do Paraná* 43/63).

O STJ não aplicou esta Súmula porque os embargos de terceiro destinam-se também à proteção da posse. Logo, se o embargante é possuidor, este é legitimado para defender-se como terceiro (REsp 188, rel. Min. Athos Carneiro; REsp 226, rel. Min. Gueiros Leite; REsp 805, rel. Min. Eduardo Ribeiro; REsp 1.190, rel. Min. Fontes de Alencar).

Discordou dessa orientação o Min. Cláudio Santos, porque o art. 859 do CC/1916 estabelecia presunção de pertencer o direito real à pessoa em cujo nome se registrou, não ficando dispensado do registro. A turbação ao livre exercício da posse não ocorre em razão da penhora; também discordaram da maioria revisora da Súmula os Mins. Sálvio de Figueiredo e Barros Monteiro.

Posteriormente a Súmula STJ-84 confirmou o entendimento da maioria, *revogando a Súmula 621 do STF*.

622. Não cabe agravo regimental contra decisão do relator que concede ou indefere liminar em mandado de segurança.

Entende-se como livre convencimento a concessão ou indeferimento da liminar, ao lado da inexistência de recurso previsto em lei. Essa orientação tem encontrado resistência à luz do devido processo legal, porque o ministro, em sede originária, representa o Tribunal, e decide isolado. Da decisão que concede a liminar em segundo grau cabe a suspensão pelo Presidente do STJ; e, se a matéria for constitucional, pelo Presidente do STF. Em ambas cabe agravo regimental (Lei 8.038/1990, art. 25, § 2º; Súmula STF-506 e STJ-Súmula 217) (Leonardo Greco, "Novas súmulas do STF", *Revista Dialética de Direito Processual* 10/48; Leonardo José Carneiro da Cunha, in *Revista Dialética de Direito Processual* 19/61).

V.: Súmula STF-267; Lei do Mandado de Segurança (12.016, de 7.8.2009), art. 16, parágrafo único.

623. Não gera por si só a competência originária do Supremo Tribunal Federal para conhecer do mandado de segurança com base no art. 102, I, "n", da Constituição dirigir-se o pedido contra deliberação administrativa do tribunal de origem, da qual haja participado a maioria ou a totalidade de seus membros.

A CF/1988, art. 102, I, "n", atribui competência ao STF para a ação em que todos os membros da Magistratura sejam direta ou indiretamente interessados, ou em que metade dos membros do tribunal estejam impedidos ou sejam direta ou indiretamente interessados.

Essas circunstâncias somente podem ocorrer se o tribunal reconhecer a suspeição ou, então, se arguida e rejeitada pelo tribunal de origem, acolhê-la o STF. Portanto, não basta a arguição de suspeição para o deslocamento da competência (AO 1.160-4, rel. Min. Cézar Peluso, *DJU* 6.5.2005).

624. Não compete ao Supremo Tribunal Federal conhecer originariamente de mandado de segurança contra atos de outros tribunais.

Segundo a Lei Orgânica da Magistratura/LOMAN, compete aos tribunais o julgamento dos mandados de segurança contra os seus atos e de seus presidentes.

625. *Controvérsia sobre matéria de direito não impede concessão de mandado de segurança.*

A liquidez e certeza do direito assegurado pelo mandado de segurança relacionam-se com o requisito da provas inequívocas, incontroversas (liquidez), e não com o direito a ser examinado, no mérito.

626. *A suspensão da liminar em mandado de segurança, salvo determinação em contrário da decisão que a deferir, vigorará até o trânsito em julgado da decisão definitiva de concessão da segurança ou, havendo recurso, até a sua manutenção pelo Supremo Tribunal Federal, desde que o objeto da liminar deferida coincida, total ou parcialmente, com o da impetração.*

Ainda que a decisão do mérito seja deferida – e, portanto, concedido o mandado de segurança –, a suspensão da liminar vigorará até o trânsito em julgado da decisão concessiva da segurança.

V.: Súmula STF-405; Lei do Mandado de Segurança, n. 12.016, de 7.8.2009.

627. *No mandado de segurança contra a nomeação de magistrado, da competência do Presidente da República, este é considerado autoridade coatora, ainda que o fundamento da impetração seja nulidade ocorrida em fase anterior do procedimento.*

O ato do Presidente da República é complexo, formado por diversas manifestações, concluído pelo decreto de nomeação.

Se dentre as manifestações houver nulidade o ato estará aperfeiçoado pela última manifestação, e, por isso, o Presidente da República torna-se autoridade coatora.

628. *Integrante de lista de candidatos a determinada vaga da composição de tribunal é parte legítima para impugnar a validade da nomeação de concorrente.*

A orientação da atual Lei do Mandado de Segurança (Lei 12.016, de 7.8.2009, art. 1º, § 3º, repetindo a dicção da Lei 1.533/1951, art. 1º, § 2º) dá legitimidade ativa a qualquer das pessoas com o direito ameaçado ou violado.

629. *A impetração de mandado de segurança coletivo por entidade de classe em favor dos associados independe da autorização destes.*

A impetração coletiva dá-se por representação, e, portanto, não necessita da autorização expressa dos associados, porque o direito está compreendido nas atividades dessas associações (CF/1988, art. 5º, XXI). A outra hipótese de representação coletiva é a de substituição processual (CF/1988, art. 5º, LXX, "b").

V. Lei do Mandado de Segurança (Lei 12.016, de 7.8.2009).

630. *A entidade de classe tem legitimação para o mandado de segurança ainda quando a pretensão veiculada interesse apenas a uma parte da respectiva categoria.*

A Constituição legitima a entidade de classe para a defesa dos interesses dos membros ou associados, não exigindo a totalidade deles (CF/1988, art. 5º, LXX, "b").

631. *Extingue-se o processo de mandado de segurança se o impetrante não promove, no prazo assinado, a citação do litisconsorte passivo necessário.*

O Código de Processo Civil é aplicado, no mandado de segurança, quanto ao litisconsórcio (Lei 12.016, de 7.8.2009, art. 24, repetindo a dicção da Lei 1.533/1951, art. 19), e o Código de Processo Civil determina a citação dos litisconsortes no prazo assinado, sob pena de extinção do processo (CPC/1973, art. 47, parágrafo único).

632. *É constitucional lei que fixa o prazo de decadência para a impetração de mandado de segurança.*

A não fixação de prazo para a impetração foi arguida porque o mandado de segurança é ação constitucional, tal qual o *habeas corpus*, e, portanto, não poderia ser limitado seu exercício temporal.

V.: Lei do Mandado de Segurança, n. 12.016, de 7.8.2009, confirmação do prazo de 120 dias, art. 23.

633. *É incabível a condenação em verba honorária nos recursos extraordinários interpostos em processo trabalhista, exceto nas hipóteses previstas na Lei 5.584/1970.*

A Lei 5.584, de 26.6.1970, prevê a justiça trabalhista gratuita. Nesta hipótese os honorários do advogado serão pagos pelo vencido quando o empregado for assistido, representado ou substituído pelo seu sindicato (arts. 14 e 16).

634. Não compete ao Supremo Tribunal Federal conceder medida cautelar para dar efeito suspensivo a recurso extraordinário que ainda não foi objeto de juízo de admissibilidade na origem.

Entendeu-se que o juízo de admissibilidade é do presidente do tribunal *a quo*, e não pode ser subtraído (AC 1.550).

635. Cabe ao presidente do tribunal de origem decidir o pedido de medida cautelar em recurso extraordinário ainda pendente do seu juízo de admissibilidade.

Esta orientação é consequência da Súmula STF-634.

636. Não cabe recurso extraordinário por contrariedade ao princípio constitucional da legalidade quando a sua verificação pressuponha rever a interpretação dada a normas infraconstitucionais pela decisão recorrida.

O recurso extraordinário é cabível por contrariedade a dispositivo constitucional, de forma direta. Se a invocação do princípio da legalidade (CF/1988, art. 5º, II) demanda exame da lei ordinária para justificar esse princípio, então, não há matéria a ser examinada no recurso extraordinário.

V. Súmula STF-638.

637. Não cabe recurso extraordinário contra acórdão de Tribunal de Justiça que defere pedido de intervenção estadual em Município.

O Estado pode intervir no Município se o Tribunal de Justiça der provimento a representação, especialmente para prover a execução de ordem ou decisão judicial (CF/1988, art. 35, IV). A intervenção tem caráter político e administrativo, e não jurisdicional, ainda que apreciada pelo Tribunal de Justiça.

638. A controvérsia sobre a incidência, ou não, de correção monetária em operações de crédito rural é de natureza infraconstitucional, não viabilizando recurso extraordinário.

Essa controvérsia decorre da lei, e não da Constituição.
V. Súmula STF-636.

639. *Aplica-se a Súmula 288 quando não constarem do traslado do agravo de instrumento as cópias das peças necessárias à verificação da tempestividade do recurso extraordinário não admitido pela decisão agravada.*

As peças – dentre elas, a certidão de publicação do acórdão da apelação (TJ) ou do recurso especial (STJ), a permitir a verificação da tempestividade da interposição do recurso extraordinário – estavam indicadas CPC/1973, no parágrafo único do art. 544, revogado pela Lei 8.038/1990; depois § 1º do artigo, incluído pela Lei 8.950/1994, e depois com a redação da Lei 10.352/2001. Na atual redação, dada pela Lei 12.232/2010, o § 2º diz: "A petição de agravo será dirigida à presidência do tribunal de origem, não dependendo do pagamento de custas e despesas postais. O agravado será intimado, de imediato, para no prazo de 10 (dez) dias oferecer resposta, *podendo instruí-la com cópias das peças que entender conveniente*. Em seguida, subirá o agravo ao tribunal superior, onde será processado na forma regimental" (grifamos).

V. Súmula STJ-223.

640. *É cabível recurso extraordinário contra decisão proferida por juiz de primeiro grau nas causas de alçada, ou por turma recursal de Juizado Especial Cível ou Criminal.*

Um dos pressupostos para o recurso extraordinário é que a decisão seja de última ou única instância (CF/1988, art. 102, III). As causas acima estão nessa hipótese.

V. Súmula STF-527.

641. *Não se conta em dobro o prazo para recorrer quando só um dos litisconsortes haja sucumbido.*

A regra especial do CPC/1973, art. 191 (prazo em dobro quando há vários litisconsortes com advogados diferentes) é excepcional, e, portanto, só admite interpretação restrita. O STJ tem orientação sobre a matéria nos EREsp 222.425 e 525.796.

642. *Não cabe ação direta de inconstitucionalidade de lei do Distrito Federal derivada da sua competência legislativa municipal.*

O Distrito Federal legisla sobre as competências reservadas aos Municípios (CF/1988, art. 32, § 1º). Como não se admite ação direta de inconstitucionalidade de lei municipal, logo, não cabível, nessa hipótese, ação direta de inconstitucionalidade de lei do Distrito Federal.

643. O Ministério Público tem legitimidade para promover ação civil pública cujo fundamento seja a ilegalidade de reajuste de mensalidades escolares.

Esses interesses foram considerados difusos, abrangidos por número indeterminado de pessoas ligadas por circunstâncias de fato.

644. Ao titular do cargo de procurador de autarquia não se exige a apresentação de instrumento de mandato para representá-la em juízo.

A representação decorre da lei, com as atribuições do cargo de advogado.

645. É competente o Município para fixar o horário de funcionamento de estabelecimento comercial.

V. comentários às Súmulas STF-419 e STJ-19.

646. Ofende o princípio da livre concorrência lei municipal que impede a instalação de estabelecimentos comerciais do mesmo ramo em determinada área.

Impor limites locais para a instalação de atividades comerciais viola o princípio da livre iniciativa e da concorrência (CF/1988, art. 170, IV, e parágrafo único, e art. 173, § 4º).

647. Compete privativamente à União legislar sobre vencimentos dos membros das Polícias Civil e Militar do Distrito Federal.

Competem à União a organização e manutenção das Polícias do Distrito Federal (CF/1988, art. 21, XIV). Logo, também a fixação dos vencimentos.

648. A norma do § 3º do art. 192 da Constituição, revogada pela Emenda Constitucional 40/2003, que limitava a taxa de juros reais a 12% ao ano, tinha sua aplicabilidade condicionada à edição de lei complementar.

Na vigência do § 3º do art. 192 da CF/1988 na redação primitiva entendeu o STF da necessidade de lei complementar para a regulação desse dispositivo, suprimido pela Emenda Constitucional 40/2003.

O texto desta Súmula foi aprovado posteriormente como Súmula Vinculante n. 7 (v. 2ª Parte, "Súmulas Vinculantes").

649. *É inconstitucional a criação, por Constituição Estadual, de órgão de controle administrativo do Poder Judiciário do qual participem representantes de outros Poderes ou entidades.*

O princípio constitucional da separação dos Poderes não admite controle de integrantes de outro Poder (Assembleia Legislativa) e do Ministério Público, além do autogoverno dos tribunais

V. Emenda Constitucional 45/2005.

650. *Os incisos I e XI do art. 20 da Constituição Federal [CF/1988] não alcançam terras de aldeamentos extintos, ainda que ocupadas por indígenas em* **passado** *remoto.*

As terras tradicionalmente ocupadas pelos índios são bens da União (CF/1988, art. 20, XI). Ora, aqueles aldeamentos extintos não são mais ocupados por índios.

651. *A medida provisória não apreciada pelo Congresso Nacional podia, até a Emenda Constitucional 32/2001, [CF/1988] ser reeditada dentro do seu prazo de eficácia de 30 dias, mantidos os efeitos de lei desde a primeira edição.*

Antes da Emenda Constitucional 32/2001, que alterou a sistemática da medida provisória, esta deveria ser reeditada no prazo de 30 dias para manter os "efeitos de lei".

652. *Não contraria a Constituição o art. 15, § 1º, do Decreto-lei 3.365/1941 (Lei da Desapropriação por Utilidade Pública).*

A imissão provisória na posse sem citação do réu, com depósito, prevista no art. 15, § 1º, do Decreto-lei 3.365/1941, não conflita com o princípio constitucional da justa e prévia indenização em dinheiro (CF/1988, art. 5º, XXIV).

653. *No Tribunal de Contas Estadual, composto por sete conselheiros, quatro devem ser escolhidos pela Assembleia Legislativa e três pelo chefe do Poder Executivo Estadual, cabendo a este indicar um dentre auditores e outro dentre membros do Ministério Público, e um terceiro à sua livre escolha.*

As Constituições Estaduais acatarão, no que couber, na organização, composição e fiscalização dos Tribunais de Contas Estaduais, as normas da CF/1988, arts. 70 a 75 da CF/1988 (CF/1988, art. 75). Dessa forma, num Tribunal com número ímpar de conselheiros haverá entre os indicados pela Assembleia e os indicados pelo governador a divisão consignada nesta Súmula (ADI/MC 3.361-1, *DJU* 22.4.2005).

654. *A garantia da irretroatividade da lei, prevista no art. 5º, XXXVI, da Constituição da República, [CF/1988] não é invocável pela entidade estatal que a tenha editado.*

A irretroatividade da lei é garantia fundamental a favor do cidadão, não podendo ser invocada pelo Estado contra o cidadão. Na aplicação da lei retroativa não pode o Estado alegar a irretroatividade para prejudicar o cidadão. É uma garantia oponível ao Estado.

655. *A exceção prevista no art. 100, caput, da Constituição, [CF/1988] em favor dos créditos de natureza alimentícia não dispensa a expedição de precatório, limitando-se a isentá-los da observância da ordem cronológica dos precatórios decorrentes de condenações de outra natureza.*

A Constituição exige o precatório para a dívida alimentícia, porém não exige a obediência à ordem cronológica de apresentação dos precatórios.

656. *É inconstitucional a lei que estabelece alíquotas progressivas para o Imposto de Transmissão* Inter Vivos *de bens imóveis (ITBI) com base no valor venal do imóvel.*

A Constituição não prevê a progressividade para o ITBI. Ademais, esse tributo tem natureza real, e não pessoal, e esta é uma característica para a alíquota progressiva, segundo a capacidade econômica do contribuinte.

657. *A imunidade prevista no art. 150, VI, "d", da Constituição Federal [CF/1988] abrange os filmes e papéis fotográficos necessários à publicação de jornais e periódicos.*

É vedada a cobrança de imposto sobre jornais e periódicos, inclusive o papel para impressão. Na moderna tecnologia o papel é apenas um elemento na composição do jornal, sendo necessários outros instrumentos técnicos nesse aperfeiçoamento, como filmes e papéis fotográficos; daí a extensão da imunidade aos insumos consumidos.

658. *São constitucionais os arts. 7º da Lei 7.787/1989 e 1º da Lei 7.894/1989 e da Lei 8.147/1990, que majoraram a alíquota do FINSOCIAL, quando devida a contribuição por empresas dedicadas exclusivamente à prestação de serviços.*

Não se admitiu distinção entre empresas comerciais e empresas prestadoras de serviços. O tributo – FINSOCIAL – é um só.

659. *É legítima a cobrança da COFINS, do PIS e do FINSOCIAL sobre as operações relativas a energia elétrica, serviços de telecomunicações, derivados de petróleo, combustíveis e minerais do País.*

A Constituição não admite a cobrança de qualquer outro tributo (CF/1988, art. 155, § 3º), nessas operações, além do chamado único; porém, não proíbe a cobrança de contribuição social (CF/1988, art. 195, I).

660. *Não incide ICMS na importação de bens por pessoa física ou jurídica que não seja contribuinte do imposto.*

O ICMS tem como fato gerador a operação mercantil, nesta não incluída a pessoa física.

V. Emenda Constitucional 33/2001.

661. *Na entrada de mercadoria importada do Exterior, é legítima a cobrança do ICMS por ocasião do desembaraço aduaneiro.*

A entrada caracteriza-se no País (e não no estabelecimento), e devido o imposto ao Estado onde estiver situado o estabelecimento destinatário da mercadoria.

662. *É legítima a incidência do ICMS na comercialização de exemplares de obras cinematográficas gravados em fitas de videocassete.*

Há venda das fitas gravadas de imagens e sons. Há comercialização, e não simples locação.

V. Súmula STJ-135.

663. *Os §§ 1º e 3º do art. 9º do Decreto-lei 406/1968 foram recebidos pela Constituição.*

Esses dispositivos excluíram a sociedade de advogados do regime de pagamento do ISS sobre o faturamento. Cabível o recolhimento em função do valor anual fixo, calculado com base no número de profissionais integrantes da sociedade. Essa exclusão não é isenção de tributo estadual (CF/1988, art. 151, III).

Na data desta edição havia projeto no Senado Federal para alteração dessa lei.

V.: Lei Complementar 116/2003; Sérgio Ferraz (coord.), *Sociedade de Advogados*, São Paulo, Malheiros Editores, 2002; Gabriel Lacerda Troianelli, "A Lei Complementar 116/2003 e o ISS devido pelas sociedades de advogados", *Revista Dialética de Direito Tributário* 98/63.

664. *É inconstitucional o inciso V do art. 1º da Lei 8.033/1990, que instituiu a incidência do Imposto nas Operações de Crédito, Câmbio e Seguros (IOF) sobre saques efetuados em caderneta de poupança.*

O saque em caderneta de poupança não se caracteriza como operação de crédito ou operação de valores mobiliários.

665. *É constitucional a Taxa de Fiscalização dos Mercados de Títulos e Valores Imobiliários instituída pela Lei 7.940/1989.*

A taxa tem como fato gerador o poder de política da Comissão de Valores Mobiliários/CVM; varia em função do patrimônio. Não é a base de cálculo, esta é estabelecida segundo a lei.

666. *A contribuição confederativa de que trata o art. 8º, IV, da Constituição [CF/1988] só é exigível dos filiados ao sindicato respectivo.*

Essa contribuição é instituída pela Assembleia-Geral, diversamente da contribuição sindical, instituída por lei – assim, compulsória. A contribuição confederativa é compulsória para os filiados do sindicato.

667. *Viola a garantia constitucional de acesso à jurisdição a taxa judiciária calculada sem limite sobre o valor da causa.*

A taxa judiciária ilimitada pode inviabilizar o acesso à Justiça, principalmente nas demandas de alto valor. Se o autor tiver que pagar taxa altíssima para obter o provimento judicial, tal valor pode inviabilizar o acesso à Justiça, com um pagamento impossível.

668. É inconstitucional a lei municipal que tenha estabelecido, antes da Emenda Constitucional 29/2000, alíquotas progressivas para o IPTU, salvo se destinada a assegurar o cumprimento da função social da propriedade urbana.

O IPTU é imposto real, nada envolvido com a capacidade econômica do contribuinte.

V. Súmula STF-589 – progressividade/IPTU (RE 212.558, j. 29.6.2004).

669. Norma legal que altera o prazo de recolhimento da obrigação tributária não se sujeita ao princípio da anterioridade.

O princípio da anterioridade tributária aplica-se sobre hipóteses de instituição e de majoração de tributos, não na alteração do prazo para pagamento do tributo (opinião contrária de Roque Antônio Carrazza, *Curso de Direito Constitucional Tributário*, 27ª ed., São Paulo, Malheiros Editores, 2011, p. 29).

670. O serviço de iluminação pública não pode ser remunerado mediante taxa.

A taxa é exigida em razão da utilização, efetiva ou potencial, de serviço público divisível. A iluminação pública não poderá ser mensurada partindo da divisibilidade, porque ela é destinada a todos. A Emenda Constitucional 39/2002 instituiu a cobrança de contribuição.

671. Os servidores públicos e os trabalhadores em geral têm direito, no que concerne à URP de abril-maio/1988, apenas ao valor correspondente a 7/30 de 16,19% sobre os vencimentos e salários pertinentes aos meses de abril e maio/1988, não cumulativamente, devidamente corrigido até o efetivo pagamento.

O voto do Min. Moreira Alves no RE 146.749 explica esse enunciado:

"Diploma legal novo, que reduza vencimentos (inclusive vantagens), se aplica de imediato, ainda que no mês em curso, pois alcança o período de tempo posterior à sua vigência, dado que não há, no caso, direito adquirido.

"No caso, sendo de aplicação imediata o art. 1º, *caput*, no Decreto-lei n. 2.425/1988, e estabelecendo ele, apenas, que o reajuste mensal previsto no art. 8º do Decreto-lei n. 2.335/1997 não se aplicaria nos meses de abril e maio de 1988 (o que implica dizer que ele não determinou a redução dos vencimentos a que os servidores já faziam jus, mas apenas estabeleceu que aquele reajuste não seria aplicado nos referidos meses), os funcionários têm direito apenas ao reajuste, calculado pelo sistema do art. 8º, § 1º, do Decreto-lei n. 2.335, com relação aos dias do mês de abril anteriores ao da publicação desse decreto-lei (ou, seja, os sete primeiros dias do mês de abril de 1988, uma vez que o referido art. 1º, *caput*, entrou em vigor no dia 8.4.1988, data em que foi publicado, pois não sofreu alteração na republicação feira no dia 11 do mesmo mês), bem como ao de igual valor, não cumulativamente, no mês de maio seguinte."

672. *O reajuste de 28,86%, concedido aos servidores militares pelas Leis 8.622/1993 e 8.627/1993, estende-se aos servidores civis do Poder Executivo, observadas as eventuais compensações decorrentes dos reajustes diferenciados concedidos pelos mesmos diplomas legais.*

O voto do Min. Marco Aurélio no RMS 22.307 explica o texto: "Revisão de vencimentos – Isonomia. A revisão de remuneração dos servidores públicos, sem distinção de índices entre servidores públicos civis e militares, far-se-á sempre na mesma data – inciso X –, sendo irredutíveis, sob o ângulo não simplesmente da forma (valor nominal), mas real (poder aquisitivo), os vencimentos dos servidores públicos e militares – inciso XV, ambos do art. 37 da CF".

673. *O art. 125, § 4º, da Constituição [CF/1988] não impede a perda da graduação de militar mediante procedimento administrativo.*

O voto do Min. Carlos Velloso no RE 197.649-7 explica o texto: "A prática de ato incompatível com a função policial militar pode implicar a perda da graduação como sanção administrativa, assegurando-se à praça o direito de defesa e o contraditório. Neste caso, entretanto, não há invocar julgamento pela Justiça Militar Estadual. A esta compete decidir sobre a perda da graduação das praças, como pena acessória do crime que a ela, Justiça Militar Estadual, coube decidir, não subsistindo, em consequência, relativamente aos graduados, o art. 102 do CPM, que a impunha como pena acessória da condenação criminal a prisão superior a dois anos".

A CF/1988, no § 4º do art. 125, determina a competência da Justiça Militar Estadual para processar e julgar os policiais militares e bombeiros militares nos crimes militares definidos em lei, cabendo ao tribunal competente decidir sobre a perda do posto e da patente dos oficiais e da graduação das praças.

674. A anistia prevista no art. 8º do Ato das Disposições Constitucionais Transitórias [CF/1988] não alcança os militares expulsos com base em legislação disciplinar ordinária, ainda que em razão de atos praticados por motivação política.

O ADCT/1988, art. 8º, anistia aqueles atingidos por atos de exceção em decorrência de motivação exclusivamente política. Se a punição foi de caráter disciplinar e, em consequência, houve a expulsão, não se enquadra no dispositivo.

675. Os intervalos fixados para descanso e alimentação durante a jornada de seis horas não descaracterizam o sistema de turnos ininterruptos de revezamento para o efeito do art. 7º, XIV, da Constituição. [CF/1988]

O voto do Min. Nelson Jobim no RE 205.815 esclarece o enunciado:

"1. A expressão 'ininterrupto' aplica-se a turnos, pois são eles que podem ser ininterruptos. Intraturno não há interrupção, mas suspensão ou, como nominado pela Consolidação das Leis do Trabalho, intervalo. A ininterrupção do texto constitucional diz com turnos entre si. Nada com as suspensões ou intervalos intraturnos.

"2. São os turnos que devem ser ininterruptos, e não o trabalho da empresa. Circunscreve-se a expressão 'turno' aos segmentos das 24 horas, pelo quê se tem como irrelevante a paralisação coletiva do trabalho aos domingos. O trabalhador, por texto constitucional, tem direito ao repouso remunerado semanal. Se a empresa, tendo em vista as condições operacionais de suas máquinas, pode paralisar no domingo, cumpre uma obrigação constitucional. Preferencialmente no domingo, diz a Constituição.

"3. Consideram-se os intervalos, que são obrigações legais, como irrelevantes quanto à obrigação de ser o turno de seis horas quando (a) forem os turnos ininterruptos entre si, (b) houver revezamento e (c) não houver negociação coletiva da qual decorra situação diversa. Não é a duração do intervalo – se de 15 minutos, de uma ou de duas horas – que determina a duração da jornada. É o inverso. É a duração da jornada que determina o tamanho do intervalo: se de 15 minutos, de uma hora ou mais."

676. **A garantia da estabilidade provisória prevista no art. 10, II, "a", do Ato das Disposições Constitucionais Transitórias [CF/1988] também se aplica ao suplente do cargo de direção de Comissões Internas de Prevenção de Acidentes (CIPAs).**

O ADCT/1988, art. 10, II, "a", veda a dispensa arbitrária ou sem justa causa do empregado eleito para cargo de direção na CIPA; portanto, garantida a estabilidade, estendida também ao suplente.

677. **Até que lei venha a dispor a respeito, incumbe ao Ministério do Trabalho proceder ao registro das entidades sindicais e zelar pela observância do princípio da unicidade.**

Compete ao Ministério do Trabalho deferir ou indeferir o registro sindical, se impugnado; daí a adoção de normas internas para apenas admitir a recepção do pedido de registro e a aceitação da impugnação, sem apreciá-la no mérito. Assim, apenas há o registro obrigatório, vedada a interferência na organização sindical (CF/1988, art. 8º, I). Mas não há autorização oficial para atuação do Estado, isto é, o Poder Público não pode impedir a criação sindical, ressalvado o registro no órgão competente, vedada a interferência na organização sindical (registrar ou não) (CF/1988, art. 8º, I).

678. **São inconstitucionais os incisos I e III do art. 7º da Lei 8.162/1991, que afastam, para efeito de anuênio e de licença-prêmio, a contagem do tempo de serviço regido pela Consolidação das Leis do Trabalho dos servidores que passaram a submeter-se ao Regime Jurídico Único.**

O voto do Min. Sydney Sanches no RE 221.946-4 explica o texto: "São inconstitucionais os incisos I e III do art. 7º da Lei n. 8.162, de 8.1.1991, porque violam o direito adquirido (art. 5º, XXXVI, da CF) dos servidores que, por força da Lei n. 8.112/1990, foram convertido de celetistas em estatutários, já que o art. 100 desse diploma lhes atribuíra o direito à contagem do tempo de serviço público para todos os efeitos, inclusive, portanto, para efeito do adicional por tempo de serviço (art. 67) e da licença-prêmio (art. 87)".

679. **A fixação de vencimentos dos servidores públicos não pode ser objeto de convenção coletiva.**

A fixação de vencimentos dos servidores públicos depende de lei de iniciativa do chefe do Executivo (CF/1988, art. 61, § 1º, II, "a"); logo, impossível a convenção coletiva, que prescinde de lei.

680. *O direito ao auxílio-alimentação não se estende aos servidores inativos.*

Aos inativos são estendidos benefícios e vantagens concedidos aos servidores em atividade no concernente à remuneração, revistos os proventos quando da modificação dessa remuneração (CF/1988, art. 40, § 4º).

681. *É inconstitucional a vinculação do reajuste de vencimentos de servidores estaduais ou municipais a índices federais de correção monetária.*

Não há vinculação automática de reajuste de vencimentos, porque se adota o princípio da reserva legal para a fixação de vencimentos (CF/1988, art. 61, § 1º, II, "a").

682. *Não ofende a Constituição [CF/1988] a correção monetária no pagamento com atraso dos vencimentos de servidores públicos.*

Os proventos têm caráter alimentar; portanto, dívida de valor.

683. *O limite de idade para a inscrição em concurso público só se legitima em face do art. 7º, XXX, da Constituição [CF/1988] quando possa ser justificado pela natureza das atribuições do cargo a ser preenchido.*

V. comentários à Súmula STF-14.

684. *É inconstitucional o veto não motivado à participação de candidato a concurso público.*

O Min. Carlos Velloso expõe a razão desse enunciado no RE 125.556: "Exame e avaliação de candidato com base em critérios subjetivos, como, por exemplo, a verificação sigilosa sobre a conduta, pública e privada, do candidato, excluindo-o do concurso sem que sejam fornecidos os motivos – Ilegitimidade do ato, que atenta contra o princípio da inafastabilidade do conhecimento do Poder Judiciário de lesão ou ameaça a direito. É que, se a lesão é praticada com base em critérios subjetivos, ou em critérios não revelados, fica o Judiciário impossibilitado de prestar a tutela jurisdicional, porque não terá como verificar o acerto ou o desacerto de tais critérios. Por via oblíqua, estaria sendo afastada da apreciação do Judiciário lesão a direito".

685. É inconstitucional toda modalidade de provimento que propicie ao servidor investir-se, sem prévia aprovação em concurso público destinado ao seu provimento, em cargo que não integra a carreira na qual anteriormente investido.

A regra de acesso aos cargos públicos é o concurso. Se há ingresso em outra carreira sem o concurso (por progressão, ascensão etc.) a lei é inconstitucional (ADI 289-9).

686. Só por lei se pode sujeitar a exame psicotécnico a habilitação de candidato a cargo público.

Os requisitos para o preenchimento dos cargos públicos devem ser fixados em lei (CF/1988, art. 37, I). A exigência de exame psicotécnico pressupõe avaliar o requisito da higidez mental e do comportamento do candidato para o exercício do cargo.

687. A revisão de que trata o art. 58 do Ato das Disposições Constitucionais Transitórias não se aplica aos benefícios previdenciários concedidos após a promulgação da Constituição de 1988.

O ADCT/1988, art. 58, limitou a revisão dos benefícios à data da promulgação da Constituição, e não aos concedidos depois.

688. É legítima a incidência da contribuição previdenciária sobre o 13º salário.

A contribuição previdenciária incide sobre a folha de salários, incluindo, portanto, o 13º salário (CF/1988, art. 195, I).

689. O segurado pode ajuizar ação contra a instituição previdenciária perante o juízo federal do seu domicílio ou nas Varas Federais da Capital do Estado-membro.

As ações contra a Previdência (propostas por segurados) são processadas no domicílio do segurado, se não houver Vara Federal. A opção dá-se entre a Vara Federal do domicílio ou a Vara Federal na Capital.

690. Compete originariamente ao Supremo Tribunal Federal o julgamento de habeas corpus contra decisão de Turma Recursal de Juizados Especiais Criminais.

Esta Súmula não mais prevalece (Tribunal Pleno, HC 86.834, DJU 9.3.2007, cuja Ementa é a seguinte: "Agravo Regimental. Processo

Penal. *Habeas Corpus*. Turma Recursal. Competência. Tribunal de Justiça. Superação da Súmula 690 desta Corte. I – Compete ao Tribunal de Justiça do Estado processar e julgar *habeas corpus* impetrado contra ato emanado de Turma Recursal. II – Com o entendimento firmado no julgamento do HC 86.834/SP, fica superada a Súmula 690 desta Corte. III – Agravo regimental desprovido").

691. Não compete ao Supremo Tribunal Federal conhecer de habeas corpus *impetrado contra decisão do relator que, em* habeas corpus *requerido a tribunal superior, indefere a liminar.*

O Tribunal Pleno, no HC 85.185, *rejeitou a proposta do Relator de cancelamento desta Súmula* e reconheceu a possibilidade de atenuação do enunciado na hipótese de flagrante constrangimento ilegal (v. HC 86.864 – "caso Paulo Maluf" – e 90.746).

A competência do STF para o *habeas corpus* tem como coator o tribunal. Se a decisão é do relator, ainda depende de pronunciamento do seu tribunal (STF, HC 85.185, rel. Min. Cézar Peluso; AgR no HC 84.014).

V. Alberto Zacharias Toron, "A Súmula 691 do STF e o amesquinhamento da garantia do *habeas corpus*", *Revista IASP* 15/122.

Esta Súmula tem admitido várias interpretações, com abertura no objetivo do enunciado (HC 93.790; HC 90.135; HC 90.157; HC 89.777; HC 88.190; HC 89.025; HC 90.957 – com afastamento; HC 90.695 – só em casos excepcionais; HC 90.157 – liminar contra liminar do STJ).

692. Não se conhece de habeas corpus *contra omissão de relator de extradição se fundado em fato ou Direito estrangeiro cuja prova não constava dos autos nem foi ele provocado a respeito.*

Se houver a omissão, cabíveis os embargos de declaração. Se decisão individual, cabível o agravo regimental.

693. Não cabe habeas corpus *contra decisão condenatória a pena de multa, ou relativo a processo em curso por infração penal a que a pena pecuniária seja a única cominada.*

A pena de multa não se converte em pena de detenção, sendo apenas dívida de valor, cobrável em execução.

694. Não cabe habeas corpus contra a imposição da pena de exclusão de militar ou de perda de patente ou de função pública.

O *habeas corpus* é instrumento para garantia da liberdade de locomoção. A perda de patente ou a exclusão de militar não têm essa característica.

695. Não cabe habeas corpus *quando já extinta a pena privativa de liberdade*.

A coação deve ser atual ou iminente, implicando perigo à liberdade de locomoção. Se extinta a pena, não há mais esse perigo.

696. *Reunidos os pressupostos legais permissivos da suspensão condicional do processo, mas se recusando o promotor de justiça a propô-la, o juiz, dissentindo, remeterá a questão ao Procurador-Geral, aplicando-se por analogia o art. 28 do Código de Processo Penal.*

O Min. Sepúlveda Pertence explica o texto no HC 75.343-4:

"A natureza consensual da suspensão condicional do processo – ainda quando se dispense que a procura surja espontaneamente do Ministério Público – não prescinde do seu assentimento, embora não deva este sujeitar-se ao critério individual do órgão da Instituição em cada caso.

"Por isso, a fórmula capaz de compatibilizar, na suspensão condicional do processo, o papel insubstituível do Ministério Público, a independência funcional dos seus membros e da unidade da Instituição é aquela que – uma vez reunidos os requisitos objetivos da admissibilidade do *sursis* processual (art. 89, *caput*), [*da Lei 9.099, de 26.9.1995*] *ad instar* do art. 28 do CPP – impõe ao juiz submeter à Procuradoria-Geral a recusa de assentimento do promotor à sua pactuação, que há de ser motivada."

697. *A proibição de liberdade provisória nos processos por crimes hediondos não veda o relaxamento da prisão processual por excesso de prazo.*

O relaxamento da prisão ilegal deriva da Constituição (CF/1988, art. 5º, LXV), ainda que haja vedação da liberdade provisória para os crimes hediondos.

698. *Não se estende aos demais crimes hediondos a admissibilidade de progressão no regime de execução da pena aplicada ao crime de tortura.*

No julgamento do HC 82959 (*DJ* de 1º.9.2006) o Plenário do Tribunal declarou, *incidenter tantum*, a inconstitucionalidade do § 1º do art. 2º da Lei 8.072/1990. Nova inteligência do princípio da individualização da pena em evolução jurisprudencial. Nesse sentido v. HC 86.194 (*DJU* 24.3.2006), HC 88.801 (*DJU* de 8.9.2006) e RE 485.383 (*DJU* 16.2.2007).

Lei 8.072/1990: "Art. 2º. Os crimes hediondos, a prática da tortura, o tráfico ilícito de entorpecentes e drogas afins e o terrorismo são insuscetíveis de: (...). § 1º. A pena por crime previsto neste artigo será cumprida inicialmente em regime fechado. § 2º. A progressão de regime, no caso dos condenados nos crimes previstos neste artigo, dar-se-á após o cumprimento de 2/5 da pena, se o apenado for primário, e de 3/5, se reincidente".

A Lei 9.455, de 7.4.1997, que trata do crime de tortura, dá benefício maior a esse crime hediondo, diferente dos demais crimes hediondos.

699. *O prazo para interposição de agravo, em processo penal, é de cinco dias, de acordo com a Lei 8.038/1990, não se aplicando o disposto a respeito nas alterações da Lei 8.950/1994 ao Código de Processo Civil. [CPC/1973]*

A Lei 8.950/1994 tratou exclusivamente dos recursos cíveis. Não se aplica, portanto, ao processo penal.

V. Súmula STF-602.

700. *É de cinco dias o prazo para interposição de agravo contra decisão do juiz da execução penal.*

Esse prazo é fixado no art. 586 do CPP.

701. *No mandado de segurança impetrado pelo Ministério Público contra decisão proferida em processo penal é obrigatória a citação do réu como litisconsorte passivo.*

Segundo o art. 24 da Lei do MS, Lei 12.016, de 7.8.2009 (Lei do MS/1951, Lei 1.533/1951, art. 19), ao mandado de segurança aplicam-

-se as regras do litisconsórcio. Se a decisão penal envolver o réu, como parte, deve ser citado.

702. A competência do Tribunal de Justiça para julgar prefeitos restringe-se aos crimes de competência da Justiça Comum Estadual; nos demais casos, a competência originária caberá ao respectivo tribunal de segundo grau.

Nos crimes comuns o prefeito é julgado pelo Tribunal de Justiça. Nos crimes eleitorais será julgado no TRE.

703. A extinção do mandato do prefeito não impede a instauração de processo pela prática dos crimes previstos no art. 1º do Decreto-lei 201/1967.

Os crimes previstos no art. 1º do Decreto-lei 201/1967 praticados pelo prefeito durante sua gestão permanecem passíveis de julgamento posterior à extinção do mandato, circunstância que não extingue a punibilidade.

V. Súmula STJ-164.

704. Não viola as garantias do juiz natural, da ampla defesa e do devido processo legal a atração por continência ou conexão do processo do corréu ao foro por prerrogativa de função de um dos denunciados.

A atração dá-se por existir corréu sujeito a foro especial.

705. A renúncia do réu ao direito de apelação manifestada sem a assistência do defensor não impede o conhecimento da apelação por este interposta.

A desistência da apelação criminal sem assistência da defesa técnica não impede que o defensor apele.

706. É relativa a nulidade decorrente da inobservância da competência penal por prevenção.

O Min. Sepúlveda Pertence explica o sentido do enunciado no HC 69.599:

"1. O art. 83 do CPP há de ser entendido em conjugação com o art. 75, parágrafo único: só se pode cogitar de prevenção da competência quando a decisão, que a determinara, tenha sido precedida de distribuição; não previnem a competência decisões de juiz de plantão, nem as facultadas, em caso de urgência, a qualquer dos juízes criminais do foro.

"2. A jurisprudência do STF está consolidada no sentido de que é relativa, no processo penal, não só a competência territorial de foro, mas também a firmada por prevenção (precedente): donde, à falta de exceção tempestivamente oposta, o convalescimento, pela preclusão, da incompetência do juiz que equivocadamente se entendeu prevento."

707. Constitui nulidade a falta de intimação do denunciado para oferecer contrarrazões ao recurso interposto da rejeição da denúncia, não a suprindo a nomeação de defensor dativo.

O Min. Celso de Mello explica o sentido do enunciado no HC 67.755: "O defensor constituído, quando ausente ao ato de interrogatório judicial do réu, deverá ser notificado para efeito de apresentação da defesa prévia. Esse ato de notificação, que é indeclinável, impõe-se como natural consectário da cláusula constitucional do devido processo legal. A falta dessa notificação constitui nulidade absoluta, apta a infirmar a própria validade do processo penal condenatório".

708. É nulo o julgamento da apelação se, após a manifestação nos autos da renúncia do único defensor, o réu não foi previamente intimado para constituir outro.

A renúncia do defensor impõe a comunicação ao réu. O Estatuto da OAB (Lei 8.906, de 4.7.1994), no art. 5º, § 3º, exige a prévia comunicação ao constituinte. Se não houver, cabe a intimação ao réu para constituir outro advogado.

709. Salvo quando nula a decisão de primeiro grau, o acórdão que provê o recurso contra a rejeição da denúncia vale, desde logo, pelo recebimento dela.

O provimento do recurso contra a decisão de rejeição da denúncia significa o recebimento dessa denúncia.

710. No processo penal contam-se os prazos da data da intimação, e não da juntada aos autos do mandado ou da carta precatória ou de ordem.

Segundo o art. 798, § 5º, "a", do CPP, os prazos contam-se da intimação. Para a carta precatória ou de ordem a contagem independe da sua juntada.

711. A lei penal mais grave aplica-se ao crime continuado ou ao crime permanente se a sua vigência é anterior à cessação da continuidade ou da permanência.

A lei posterior mais gravosa aplica-se à continuidade delitiva se a conduta permanece mesmo depois da passagem da lei anterior para a mais grave.

712. É nula a decisão que determina o desaforamento de processo da competência do Júri sem audiência da defesa.

Observa-se o princípio do devido processo legal.

713. O efeito devolutivo da apelação contra decisões do Júri é adstrito aos fundamentos da sua interposição.

O âmbito do conhecimento da apelação contra decisões do Júri restringe-se aos motivos invocados na petição recursal, não se cuidando do amplo efeito devolutivo.

714. É concorrente a legitimidade do ofendido, mediante queixa, e do Ministério Público, condicionada à representação do ofendido, para a ação penal por crime contra a honra de servidor público em razão do exercício de suas funções.

O voto do Min. Sepúlveda Pertence no Inq 726 dá o alcance desta Súmula:

"Ação penal – Legitimação alternativa do Ministério Público e do ofendido *propter officium* – Interpretação do art. 145, parágrafo único, do CP e do art. 40, I, 'b', da Lei de Imprensa, conforme o art. 5º, X, da Constituição.

[A Lei de Imprensa não foi recepcionada pela CF/1988.]

"1. Se a regra geral para a tutela penal da honra é a ação privada, compreende-se, não obstante, que, para desonerar, dos seus custos e incômodos, o funcionário ofendido em razão da função, o Estado, por ele provocado, assuma a iniciativa da repressão da ofensa delituosa; o que não se compreende, porém, é que, só por ser funcionário e ter sido moralmente agredido em função do exercício do cargo público – o que não ilide o dano à sua honorabilidade pessoal –, o ofendido não a possa defender pessoalmente em juízo – como se propicia a qualquer outro cidadão –, mas tenha de submeter previamente a sua pretensão de demandar a punição do ofensor ao juízo do Ministério Público.

"2. Por isso, a admissão da ação penal pública quando se cuida de ofensa *propter officium*, para conformar-se à Constituição (art. 5º, X), há de ser entendida como alternativa à disposição do ofendido, jamais como privação do seu direito de queixa.

"3. Consequente revisão de jurisprudência mais recente do Tribunal, para o restabelecimento de precedentes (*v.g.*, ACr n. 932, 12.4.1924 – 'caso Epitácio Pessoa' –, rel. Geminiano da Franca; RE n. 57.729, 2.4.1965, Hahnemann Guimarães, *RTJ* 32/586), não só por seus fundamentos persistentes, mas também pelo advento do art. 5º, X, da vigente Constituição da República.

"4. Conclusão pela legitimação concorrente do Ministério Público ou do ofendido, independentemente de as ofensas, desde que *propter officium*, ou a propositura da consequente ação penal serem, ou não, contemporâneas ou posteriores à investidura do ofendido."

715. *A pena unificada para atender ao limite de 30 anos de cumprimento, determinado pelo art. 75 do Código Penal, não é considerada para a concessão de outros benefícios, como o livramento condicional ou regime mais favorável de execução.*

A execução termina no limite dos 30 anos. Não há a unificação do limite legal para os benefícios previstos em lei.

716. *Admite-se a progressão de regime de cumprimento da pena ou a aplicação imediata de regime menos severo nela determinada antes do trânsito em julgado da sentença condenatória.*

Desde que atendidas as exigências legais, há possibilidade desse deferimento (STF, AP 307 e HC 72.799-9).

717. *Não impede a progressão de regime de execução da pena, fixada em sentença não transitada em julgado, o fato de o réu se encontrar em prisão especial.*

V. comentários à Súmula STF-716.

718. *A opinião do julgador sobre a gravidade em abstrato do crime não constitui motivação idônea para a imposição de regime mais severo do que o permitido segundo a pena aplicada.*

O juiz não poderá, sem fundamentação adequada, designar regime de cumprimento da pena mais grave que o indicado para a pena fixada em decorrência da gravidade do crime cometido.

V. Súmula STF-719.

719. A imposição do regime de cumprimento mais severo do que a pena aplicada permitir exige motivação idônea.

Essa exigência é imposta pelo art. 33, § 2º, "b", CP.

720. O art. 309 do Código de Trânsito Brasileiro, que reclama decorra do fato perigo de dano, derrogou o art. 32 da Lei das Contravenções Penais no tocante à direção sem habilitação em vias terrestres.

O Código de Trânsito Brasileiro/1977 (Lei 9.503, de 23.9.1997) absorveu todas as infrações penais na condução de veículos.

721. A competência constitucional do Tribunal do Júri prevalece sobre o foro por prerrogativa de função estabelecido exclusivamente pela Constituição Estadual.

O voto do Min. Marco Aurélio no HC 69.325 é preciso no alcance deste texto:

"O envolvimento de corréus em crime doloso contra a vida, havendo em relação a um deles a prerrogativa de foro, como tal definida constitucionalmente, não afasta, quanto ao outro, o juiz natural revelado pela alínea 'd' do inciso XXXVIII do art. 5º da Carta Federal. A continência, porque disciplinada mediante normas de índole instrumental comum, não é conducente, no caso, à reunião dos processos. A atuação de órgãos diversos integrantes do Judiciário, com duplicidade de julgamento, decorre do próprio texto constitucional, isto por não se lhe poder sobrepor preceito de natureza estritamente legal.

"Envolvidos em crime doloso contra a vida conselheiro de Tribunal de Contas de Município e cidadão comum, biparte-se a competência, processando e julgando o primeiro o STJ e o segundo o Tribunal do Júri – Conflito aparente entre as normas dos arts. 5º, inciso XXXVIII, alínea 'd', 105, inciso I, alínea 'a', da Lei Básica Federal e 76, 77 e 78 do CPP."

722. São da competência legislativa da União a definição dos crimes de responsabilidade e o estabelecimento das respectivas normas de processo e julgamento.

A Constituição Federal exige lei especial para a definição desses crimes. À União compete legislar sobre direito penal (CF/1988, art. 22, I).

723. Não se admite a suspensão condicional do processo por crime continuado se a soma da pena mínima da infração mais grave com o aumento mínimo de 1/6 for superior a um ano.

No HC 78.876 adotou-se a orientação:

"*Habeas corpus* – Crimes de homicídio e de lesão corporal culposos em concurso formal (acidente de trânsito) – Alegação de cabimento de aplicação da Lei n. 9.099/1995 no caso de concurso formal: transação penal (art. 76), para os crimes de lesões corporais, e suspensão condicional do processo (art. 89), para os crimes de homicídio.

"1. No julgamento do HC n. 77.242-SP, no Plenário, ficou decidido que os benefícios previstos na Lei n. 9.099, de 25.9.1995, como a transação penal (art. 76) e a suspensão condicional do processo (art. 89), também são aplicáveis no caso de concurso formal de crimes, suprindo-se a lacuna da lei mediante aplicação analógica das disposições pertinentes à fiança, por ser o instituto que mais se aproxima destes casos, ficando afastada a incidência, para o mesmo fim, das normas que dispõem sobre a prescrição.

"Em consequência, ficou superado o entendimento da Turma no HC n. 76.717-RS."

724. Ainda quando alugado a terceiros, permanece imune ao Imposto Predial e Territorial Urbano o imóvel pertencente a qualquer das entidades referidas pelo art. 150, VI, "c", da Constituição, [CF/1988] desde que o valor dos aluguéis seja aplicado nas atividades essenciais de tais entidades.

A imunidade do patrimônio das instituições de assistência social estende-se ao aluguel recebido do imóvel por elas alugado a terceiro, desde que essa renda seja aplicada nas finalidades das instituições.

725. *É constitucional o § 2º do art. 6º da Lei 8.024/1990, resultante da conversão da Medida Provisória 168/1990, que fixou o BTN Fiscal como índice de correção monetária aplicável aos depósitos bloqueados pelo Plano Collor I.*

Não houve ofensa ao princípio da isonomia quanto ao índice de correção monetária de duas parcelas desdobradas em cadernetas de poupança. Sua aplicação ocorreu sem qualquer discriminação a todos os titulares dessas contas. Também não houve incidência de legislação nova ("Plano Collor") nos prazos em curso de remuneração da caderneta de poupança.

726. *Para efeito de aposentadoria especial de professores, não se computa o tempo de serviço prestado fora da sala de aula.*

No julgamento da ADI 3.772 (DJe 59/2009), o STF, por maioria, decidiu que nas funções de direção, coordenação e assessoramento pedagógico integram a carreira do magistério, desde que exercidas, em estabelecimentos de ensino básico, por professores de carreira, excluídos os especialistas em educação, fazem jus aqueles que as desempenham ao regime especial de aposentadoria estabelecido nos arts. 40, § 4º, e 201, § 1º, da CF ("Ementa: Ação direta de inconstitucionalidade manejada contra o art. 1º da Lei federal n. 11.301/2006, que acrescentou o § 2º ao art. 67 da Lei n. 9.394/1996 – Carreira de magistério – Aposentadoria especial para os exercentes de funções de direção, coordenação e assessoramento pedagógico – Alegada ofensa aos arts. 40, § 5º, e 201, § 8º, da CF – Inocorrência – Ação julgada parcialmente procedente, com interpretação conforme. I – A função de magistério não se circunscreve apenas ao trabalho em sala de aula, abrangendo também a preparação de aulas, a correção de provas, o atendimento aos pais e alunos, a coordenação e o assessoramento pedagógico e, ainda, a direção de unidade escolar. II – As funções de direção, coordenação e assessoramento pedagógico integram a carreira do magistério, desde que exercidas, em estabelecimentos de ensino básico, por professores de carreira, excluídos os especialistas em educação, fazendo jus aqueles que as desempenham ao regime especial de aposentadoria estabelecido nos arts. 40, § 5º, e 201, § 8º, da CF. III – Ação direta julgada parcialmente procedente, com interpretação conforme, nos termos supra").

727. *Não pode o magistrado deixar de encaminhar ao Supremo Tribunal Federal o agravo de instrumento interposto da decisão que não admite recurso extraordinário, ainda que referente a causa instaurada no âmbito dos Juizados Especiais.*

Segundo o CPC/1973, art. 544, compete ao STF o julgamento do agravo tirado do despacho que nega seguimento ao recurso extraordinário. Logo, não pode ser obstada essa subida.

V. Lei 12.322/2010.

728. *É de três dias o prazo para a interposição de recurso extraordinário contra decisão do Tribunal Superior Eleitoral, contado, quando for o caso, a partir da publicação do acórdão na própria sessão de julgamento, nos termos do art. 12 da Lei 6.055/1974, que não foi revogado pela Lei 8.950/1994.*

A lei processual eleitoral é lei especial, que prevê o prazo de três dias para a hipótese (Código Eleitoral, art. 282).

729. *A decisão na Ação Direta de Constitucionalidade 4 não se aplica à antecipação de tutela em causa de natureza previdenciária.*

A ADC 4 ao discutir a constitucionalidade da contribuição previdenciária por inativos, não admitiu a antecipação da tutela contra a Fazenda Pública. Tal entendimento não se aplica à antecipação da tutela em causas de natureza previdenciária. Ora, esta decisão não exclui, nesses casos, a antecipação da tutela.

730. *A imunidade tributária conferida a instituições de assistência social sem fins lucrativos pelo art. 150, VI, "c", da Constituição [CF/1988] somente alcança as entidades fechadas de previdência social privada se não houver contribuição dos beneficiários.*

A decisão do RE 360.500-3 esclarece o sentido desta Súmula:

"O Plenário desta Corte, ao concluir o julgamento do RE n. 202.700, relator o eminente Min. Maurício Corrêa, decidiu que, em face da atual Constituição, não se pode confundir instituição assistencial com entidade fechada de previdência privada, de gênese contratual e que só confere benefícios aos seus filiados desde que eles recolham as contribuições pactuadas, pois entidade assim constituída não possui o caráter de universalidade que tem a assistência social oficial, daí se extraindo que os serviços por ela realizados não podem ser entendidos como sendo de assistência social em sentido estrito, em cooperação com o Poder Público; e, em assim sendo, a entidade fechada de previdência privada com tais características não goza da imunidade tributária prevista no art. 150, VI, 'c', da Carta Magna.

"Esse precedente se aplica ao caso presente, em que a recorrente é entidade fechada de previdência privada com receita oriunda também das contribuições mensais, e de seu associados só terão direito aos seus benefícios se as recolherem."

731. *Para fim da competência originária do Supremo Tribunal Federal, é de interesse geral da Magistratura a questão de saber se, em face da Lei Orgânica da Magistratura Nacional, os juízes têm direito à licença-prêmio.*

A questão em debate assegura a todos os magistrados a percepção dessa vantagem.

732. *É constitucional a cobrança da contribuição do salário-educação, seja sob a Carta de 1969, seja sob a Constituição Federal de 1988, e no regime da Lei 9.424/1996.*

A ementa do Ag no RE 353.320-7 esclarece o enunciado: "Contribuição para o salário-educação – Fixação válida de alíquota pelo Executivo, tendo em conta o § 2º do art. 1º do Decreto-lei n. 1.422/1975". Não se tratava, ali, de delegação pura, mas, sim, de técnica de delegação legislativa adotada diante da variação do custo do ensino fundamental (Plenário, RE 290.079-6-SC, rel. Min. Ilmar Galvão, j. 17.10.2001). O STF declarou a constitucionalidade do art. 15, §§ 1º, I e II, e 3º, da Lei 9.424/1996, com força vinculante, eficácia *erga omnes* e efeito *ex tunc* (ADC 3, rel. Min. Nelson Jobim, *DJU* 2.12.1999). Na oportunidade afastou-se a necessidade de lei complementar para a instituição do salário-educação, por possuir natureza de contribuição social, não se aplicando os arts. 146, III, "a", e 154, I, da CF/1988.

733. *Não cabe recurso extraordinário contra decisão proferida no processamento de precatórios.*

A atividade presidencial no processamento do precatório é administrativa, bem como a decisão do tribunal. O recurso extraordinário assenta-se em causa judicial.

734. *Na cabe reclamação quando já houver transitado em julgado o ato judicial que se alega tenha desrespeitado decisão do Supremo Tribunal Federal.*

A reclamação não é sucedâneo de ação rescisória, cabível quando haja trânsito em julgado.

735. *Não cabe recurso extraordinário contra acórdão que defere medida liminar.*

No RE 232.387-1 esclarece-se: "Esta Corte, por ambas as suas Turmas (assim, por exemplo, no RE n. 234.153, nos AgR nos Ag ns. 252.382 e 219.053 e no Ag no RE n. 234.144), tem decidido que não cabe recurso extraordinário contra acórdão que defere, ou mantém, liminar, por entender, em última análise, que ocorrem os requisitos do *fumus boni iuris* e do *periculum in mora*, porquanto a aferição da existência deles, além de se situar na esfera de avaliação subjetiva do magistrado, não é manifestação conclusiva de sua procedência para ocorrer a hipótese de cabimento desse recurso pela letra 'a' do inciso III do art. 102 da Constituição, que exige, necessariamente, decisão que haja desrespeitado dispositivo constitucional, por negar-lhe vigência ou por tê-lo interpretado erroneamente ao aplicá-lo ou ao deixar de aplicá-lo".

736. *Compete à Justiça do Trabalho julgar as ações que tenham como causa de pedir o descumprimento de normas trabalhistas relativas a segurança, higiene e saúde dos trabalhadores.*

A matéria envolvida decorre da relação de trabalho (CF/1988, art. 114).

SUPREMO TRIBUNAL FEDERAL
Súmulas Vinculantes 1 a 32

SÚMULAS VINCULANTES DO SUPREMO TRIBUNAL FEDERAL

1. *Ofende a garantia constitucional do ato jurídico perfeito a decisão que, sem ponderar as circunstâncias do caso concreto, desconsidera a validez e a eficácia de acordo constante de termo de adesão instituído pela Lei Complementar 110/2001.*

Os acordos celebrados sobre FGTS não podem ser desconsiderados, porque são atos jurídicos perfeitos e resguardados pela Constituição (CF/1988, art. 5º, XXXVI).

2. *É inconstitucional a lei ou ato normativo estadual ou distrital que disponha sobre sistemas de consórcios e sorteios, inclusive bingos e loterias.*

Compete à União legislar sobre sistema de consórcios e sorteios (CF/1988, art. 22, XX).

3. *Nos processos perante o Tribunal de Contas da União asseguram-se o contraditório e a ampla defesa quando da decisão puder resultar anulação ou revogação de ato administrativo que beneficie o interessado, excetuada a apreciação da legalidade do ato de concessão inicial de aposentadoria, reforma e pensão.*

O processo perante o TCU é administrativo. A ele aplica-se o disposto no art. 5º, LV, da CF/1988 – contraditório e ampla defesa.

4. *Salvo nos casos previstos na Constituição, o salário-mínimo não pode ser usado como indexador de base de cálculo de vantagem de servidor público ou de empregado, nem ser substituído por decisão judicial.*

A Constituição veda a vinculação do salário-mínimo para qualquer fim, incluído o reajuste com base na sua elevação (CF/1988, art. 7º, IV, *in fine*).

5. **A falta de defesa técnica por advogado no processo administrativo disciplinar não ofende a Constituição.**

Esse enunciado afasta o disposto no art. 5º, LV, da CF/1988 – a ampla defesa, inclusive no processo administrativo (STF, RE 434.059).

V. Súmula STJ-343.

Segundo decisão do STJ no HC 135.082, a sindicância para apuração de falta grave em execução penal não se equipara ao processo administrativo disciplinar para fins de aplicação da Súmula Vinculante 5. Assim, anulou sindicância em que foram ouvidas testemunhas sem presença de defensor, frisando que "nenhum dos precedentes que suportaram a Súmula Vinculante 5 é vinculado à execução pena".

6. **Não viola a Constituição o estabelecimento de renumeração inferior ao salário-mínimo para as praças prestadoras de serviço militar inicial.**

A ementa do RE 570.177 (rel. Min. Ricardo Lewandowski) explica esse enunciado:

"Constitucional – Serviço militar obrigatório – Soldo – Valor inferior ao salário-mínimo – Violação aos arts. 1º, III, 5º, *caput*, e 7º, IV, da CF – Inocorrência – Recurso extraordinário desprovido.

"I – A Constituição Federal não estendeu aos militares a garantia de remuneração não inferior ao salário-mínimo, como o fez para outras categorias de trabalhadores.

"II – O regime a que submetem os militares não se confunde com aquele aplicável aos servidores civis, visto que têm direitos, garantias, prerrogativas e impedimentos próprios.

"III – Os cidadãos que prestam serviço militar obrigatório exercem um múnus público relacionado com a defesa da soberania da Pátria.

"IV – A obrigação do Estado quanto aos conscritos limita-se a fornecer-lhes as condições materiais para a adequada prestação do serviço militar obrigatório nas Forças Armadas.

"V – Recurso extraordinário desprovido."

7. **A norma do § 3º do art. 192 da Constituição, revogada pela Emenda Constitucional 40/2003, que limitava a taxa de juros reais a 12% ao ano, tinha sua aplicação condicionada à edição da lei complementar.**

A primitiva redação do art. 192, § 3º, da CF/1988 limitava a taxa de juros reais a 12% ao ano. A Emenda Constitucional 40/2003 alterou essa redação, para estabelecer a necessidade de lei complementar sobre o Sistema Financeiro, bem como revogou o § 3º, mencionado.

V. Súmula STF-648.

8. **São inconstitucionais o parágrafo único do art. 5º do Decreto-lei 1.569/1977 e os arts. 45 e 46 da Lei 8.212/1991, que tratam de prescrição e decadência de crédito tributário.**

A ementa do RE 556.664 (rel. Min. Gilmar Mendes) explica o sentido desta Súmula:

"I – Prescrição e decadência tributárias – Reserva de lei complementar. As normas relativas à prescrição e à decadência tributárias têm natureza de normas gerais de direito tributário, cuja disciplina é reservada à lei complementar, tanto sob a Constituição pretérita (art. 18, § 1º, da CF de 1967/1969) quanto sob a Constituição atual (art. 146, n. III, 'b', da CF de 1988) – Interpretação que preserva a força normativa da Constituição, que prevê disciplina homogênea, em âmbito nacional, da prescrição, decadência, obrigação e crédito tributários. Permitir regulação distinta sobre esses temas, pelos diversos entes da Federação, implicaria prejuízo à vedação de tratamento desigual entre contribuintes em situação equivalente e à segurança jurídica.

"II – Disciplina prevista no Código Tributário Nacional. O Código Tributário Nacional (Lei n. 5.172/1966), promulgado como lei ordinária e recebido como lei complementar pelas Constituições de 1967/1969 e 1988, disciplina a prescrição e a decadência tributárias.

"III – Natureza tributária das contribuições. As contribuições, inclusive as previdenciárias, têm natureza tributária e se submetem ao regime jurídico-tributário previsto na Constituição – Interpretação do art. 149 da CF de 1988 – Precedentes.

"IV – Recurso extraordinário não provido – Inconstitucionalidade dos arts. 45 e 46 da Lei n. 8.212/1991, por violação do art. 146, n. III, 'b', da Constituição de 1988 e do parágrafo único do art. 5º do

Decreto-lei n. 1.569/1977, em face do § 1º do art. 18 da Constituição de 1967/1969."

9. O disposto no art. 127 da Lei 7.210/1984 (Lei de Execução Penal) foi recebido pela ordem constitucional vigente, e não se lhe aplica o limite temporal previsto no caput do art. 58.

Trata-se da perda do direito ao tempo remido se o condenado comete falta grave. Não há direito adquirido à não perda, porque havia mera expectativa, se o fato ocorreu posteriormente à condenação.

10. Viola a cláusula de reserva de plenário (Constituição Federal, art. 97) a decisão de órgão fracionário de tribunal que, embora não declare expressamente a inconstitucionalidade de lei ou ato normativo do Poder Público, afasta sua incidência, no todo ou em parte.

A Constituição compete à maioria absoluta dos tribunais (Plenário ou Órgão Especial) a declaração de inconstitucionalidade (CF/1988, art. 97). Se o órgão fracionário (Turma ou Câmara do tribunal) afasta a incidência da lei, obliquamente declarou a inconstitucionalidade. Claramente, não é a hipótese de não aplicação ao caso concreto, como qualquer lei pode ser inaplicável à hipótese concreta. A declaração deve ser formal. Igualam-se, portanto, o afastamento da lei inconstitucional e a declaração da lei inconstitucional.

11. Só é lícito o uso de algemas em casos de resistência e de fundado receio de fuga ou de perigo à integridade física própria ou alheia, por parte do preso ou de terceiros, justificada a excepcionalidade por escrito, sob pena de responsabilidade disciplinar, civil e penal do agente ou da autoridade e de nulidade da prisão ou do ato processual a que se refere, sem prejuízo da responsabilidade civil do Estado.

O uso de algemas é exceção. Apenas se justifica diante do receio de fuga ou da violência de preso que ponha em risco a sua própria integridade física ou a de terceiro, assim considerado.

12. A cobrança de taxa de matrícula nas universidades públicas viola o disposto no art. 206, IV, da Constituição Federal.

A Constituição considera a gratuidade em estabelecimentos oficiais – no caso, as universidades públicas.

13. *A nomeação de cônjuge, companheiro ou parente em linha reta, colateral ou por afinidade, até o terceiro grau, inclusive, da autoridade nomeante ou de servidor da mesma pessoa jurídica investido em cargo de direção, chefia ou assessoramento para o exercício de cargo em comissão ou de confiança ou, ainda, de função gratificada na Administração Pública direta e indireta em qualquer dos Poderes da União, dos Estados, do Distrito Federal e dos Municípios, compreendido o ajuste mediante designações recíprocas, viola a Constituição Federal.*

A Constituição impõe os princípios da moralidade e da impessoalidade (CF/1988, art. 37).

14. *É direito do defensor, no interesse do representado, ter acesso amplo aos elementos de prova que, já documentados em procedimento investigatório realizado por órgão com competência de polícia judiciária, digam respeito ao exercício do direito de defesa.*

Aplica-se o princípio do devido processo legal no acesso ao inquérito policial, ou inquérito de investigação na Polícia, pelo advogado, para que o representado possa exercer seu direito de ampla defesa.

15. *O cálculo de gratificações e outras vantagens do servidor público não incide sobre o abono utilizado para se atingir o salário--mínimo.*

A remuneração total do servidor não pode ser inferior ao salário--mínimo (CF/1988, art. 7º, IV). Se há abono para atingir esse mínimo, gratificações e vantagens não podem ficar vinculadas a esse abono.

16. *Os arts. 7º, IV, e 39, § 3º (redação da Emenda Constitucional 19/1998), da Constituição referem-se ao total da remuneração percebida pelo servidor público.*

O enunciado explicita o chamado "teto de vencimentos". Não é levado em conta somente o vencimento básico, e sim o conjunto da remuneração.

17. *Durante o período previsto no § 1º do art. 100 da Constituição não incidem juros de mora sobre os precatórios que nele sejam pagos.*

Os precatórios são apresentados até 1º de julho, com pagamento a ser feito até o final do exercício seguinte. Nesse período não haverá incidência de juros moratórios.

V. Emenda Constitucional 62, de 9.12.2009 (art. 1º, § 12: "A partir da promulgação desta Emenda Constitucional, *[9.12.2009]* a atualização de valores de requisitórios, após sua expedição, até o efetivo pagamento, independentemente de sua natureza, será feita pelo índice oficial de remuneração básica da caderneta de poupança, e, para fins de compensação da mora, incidirão juros simples no mesmo percentual de juros incidentes sobre a caderneta de poupança, ficando excluída a incidência de juros compensatórios").

18. *A dissolução da sociedade ou do vínculo conjugal, no curso do mandato, não afasta a inelegibilidade prevista no § 7º do art. 14 da Constituição Federal.*

O cônjuge é inelegível no território de jurisdição do titular. Apesar de dissolvido o vínculo conjugal ou a sociedade durante o mandato, essa inelegibilidade permanece.

19. *A taxa cobrada exclusivamente em razão dos serviços públicos de coleta, remoção e tratamento ou destinação de lixo ou resíduos provenientes de imóveis não viola o art. 145, II, da Constituição Federal.*

Permite-se a adoção da base de cálculo sobre a metragem do imóvel. Caracteriza-se, assim, a divisibilidade do serviço público.

20. *A Gratificação de Desempenho de Atividade Técnico-Administrativa (GDATA), instituída pela Lei 10.404/2002, deve ser deferida aos inativos nos valores correspondentes a 37,5 pontos no período de fevereiro a maio/2002 e, nos termos do art. 5º, parágrafo único, da Lei 10.404/2002, no período de junho/2002 até a conclusão dos efeitos do último ciclo de avaliação a que se refere o art. 1º da Medida Provisória 198/2004, a partir da qual passa a ser de 60 pontos.*

Essa gratificação decorre da interpretação da Lei 10.404/2002 dada no RE 476.279.

21. *É inconstitucional a exigência de depósito ou arrolamento prévios de dinheiro ou bens para admissibilidade de recurso administrativo.*

O direito de recorrer, agregado ao direito de petição, não pode ser cerceado pela exigência de depósito, inibidor do acesso ao recurso, além da garantia constitucional da ampla defesa.

22. A Justiça do Trabalho é competente para processar e julgar as ações de indenização por danos morais e patrimoniais decorrentes de acidente de trabalho propostas por empregado contra empregador, inclusive aquelas que ainda não possuíam sentença de mérito em primeiro grau quando da promulgação da Emenda Constitucional 45/2004.

A Emenda Constitucional 45/2004 atribui à Justiça do Trabalho ampla competência nessas ações indenizatórias derivadas de dano moral ou patrimonial em acidente do trabalho, ainda que já fosse entendida essa competência (CF/1988, arts. 114 e 109, I).

23. A Justiça do Trabalho é competente para processar e julgar ação possessória ajuizada em decorrência do exercício do direito de greve pelos trabalhadores da iniciativa privada.

Estabeleceu-se a competência da Justiça do Trabalho para ações possessórias para afastar impedimento de acesso a agências bancárias em decorrência de greve ou piquete de empregados. Não está em causa, diretamente, questão trabalhista, porém derivada da relação de emprego.

24. Não se tipifica crime material contra a ordem tributária, previsto no art. 1º, I a IV, da Lei 8.137/1990, antes do lançamento definitivo do tributo.

Não se caracteriza o crime contra a ordem tributária se ainda em exame o processo administrativo fiscal. Nessa situação não se tornou definitivo o lançamento tributário.

25. É ilícita a prisão civil de depositário infiel, qualquer que seja a modalidade do depósito.

A prisão civil do depositário infiel está proibida.
V. comentários à Súmula STJ-419.

26. Para efeito de progressão de regime no cumprimento de pena por crime hediondo, ou equiparado, o juízo da execução observará a inconstitucionalidade do art. 2º da Lei 8.072, de 25.7.1990, sem prejuízo de avaliar se o condenado preenche, ou não, os requisitos objetivos e subjetivos do benefício, podendo determinar, para tal fim, de modo fundamentado, a realização de exame criminológico.

O exame criminológico avaliará o preenchimento dos requisitos.

27. Compete à Justiça Estadual julgar causas entre consumidor e concessionária de serviço público de telefonia quando a ANATEL não seja litisconsorte passiva necessária, assistente, nem opoente.

A relação tem natureza privada. Apenas desloca-se para a Justiça Estadual se houver participação da Agência Reguladora.

28. É inconstitucional a exigência de depósito prévio como requisito de admissibilidade de ação judicial na qual se pretenda discutir a exigibilidade de crédito tributário.

O princípio do juiz natural não admite condicionantes ao ingresso na Justiça.

29. É constitucional a adoção, no cálculo do valor de taxa, de um ou mais elementos da base de cálculo própria de determinado imposto, desde que não haja integral identidade entre uma base e outra.

A Constituição Federal/1988 não admite a adoção de elementos da base de cálculo de impostos na taxa; admite-se, porém, se não há integral identidade.

V. Súmulas STF-551 e 595.

30. (Suspensa).

31. É inconstitucional a incidência do Imposto sobre Serviços de Qualquer Natureza (ISS) sobre operações de locação de bens móveis.

A locação de serviços é diversa da locação de móveis.

32. O ICMS não incide sobre alienação de salvados de sinistro pelas seguradoras.

Essas alienações se integram à própria operação de seguro, constituindo recuperação de receita e não atividade mercantil.

SUPERIOR TRIBUNAL DE JUSTIÇA
Súmulas 1 a 498

SÚMULAS
DO SUPERIOR TRIBUNAL DE JUSTIÇA

1. *O foro do domicílio ou da residência do alimentando é o competente para a ação de investigação de paternidade, quando cumulada com a de alimentos.*

   Na cumulação das ações há um interesse maior numa das ações, isto é, sobreleva o interesse do alimentando em relação à ação de investigação. No conflito entre duas normas de competência – aquela do domicílio do réu, para a ação pessoal, e aquela do domicílio ou residência do alimentando, para a ação de alimentos –, positiva esta, porque ao alimentando se deve impor o ônus da busca do réu-alimentante, tornando regra de conveniência.

2. *Não cabe o* **habeas data** *(Constituição Federal, art. 5º, LXXII, "a") [CF/1988] se não houve recusa de informações por parte da autoridade administrativa.*

   Entende-se caber o requerimento do *habeas data* quando a autoridade, solicitada pelo interessado, recusa o pedido. Compreende-se, assim, que foram negadas informações relativas à pessoa do impetrante.

   Por força do Decreto 96.876, de 29.9.1988, simplificou-se esse pedido direto aos órgãos de informações.

3. *Compete ao Tribunal Regional Federal dirimir conflito de competência verificado, na respectiva região, entre juiz federal e juiz estadual investido de jurisdição federal.*

   A Constituição dá competência ao TRF para julgar os conflitos de competência entre juízes federais da região (CF/1988, art. 108, I, "e").

   Evoluiu a jurisprudência, então, para incluir a hipótese do juiz estadual com jurisdição federal (entre outras, causas previdenciárias – CF/1988, art. 109, § 3º), atribuindo a solução do conflito ao TRF da região.

4. **Compete à Justiça Estadual julgar causa decorrente do processo eleitoral sindical.**

As eleições sindicais sempre foram discutidas, no nível contencioso, na Justiça Federal. Como a Constituição Federal deu ampla liberdade para a criação de sindicatos (CF/1988, art. 8º), entendeu-se pela competência da Justiça Estadual para o contencioso das eleições judiciais.

5. **A simples interpretação de cláusula contratual não enseja recurso especial.**

O exame de provas e fatos fica na esfera da instância ordinária. Cabe o recurso especial com o pressuposto da negativa de vigência ou divergência. Se há mera interpretação de cláusula contratual – e, portanto, situação especial –, não cabe o recurso ao STJ.

Entretanto, é bom ponderar o excessivo apego à restrição a exame de contratos e, consequentemente, das cláusulas contratuais, e lembrar que o enunciado fala em "simples", e não na qualificação jurídica ou interpretação jurídica de cláusula contratual. A restrição ao recurso especial em matéria contratual é duvidosa, se partir do argumento de mera interpretação de cláusulas.

Tal restrição é perigosa, porque quase todo o direito das obrigações tem como uma de suas fontes os contratos.

Acrescenta-se aqui o exposto sobre a Súmula 454 do STF.

6. **Compete à Justiça Comum Estadual processar e julgar delito decorrente de acidente de trânsito envolvendo viatura de Polícia Militar, salvo se autor e vítima forem policiais militares em situação de atividade.**

Há duas hipóteses nesta Súmula: acidente de trânsito com viatura da Polícia Militar, quando o delito for cometido por civil (contra a viatura); delito envolvendo policiais militares em atividade. Nesta hipótese considera-se a ocorrência de crime militar, como prevê a Constituição (CF/1988, art. 125, § 4º, redação da Emenda Constitucional 45/2004). Na primeira hipótese há apenas crime comum (Célio Lobão, *Direito Penal Militar*, 1999, p. 108).

7. **A pretensão de simples reexame de prova não enseja recurso especial.**

O exame do recurso especial deve limitar-se à matéria jurídica. A razão dessa diretriz deriva da natureza excepcional dessa postulação, deixando-se às instâncias inferiores o amplo exame da prova. Objetiva-se, assim, impedir que as Cortes superiores entrem em limites destinados a outros graus. Em verdade, as postulações são apreciadas amplamente em primeiro grau, e vão, paulatinamente, sendo restringidas, para evitar a abertura em outros graus. Acertadamente, a doutrina e a jurisprudência do STF abominaram a abertura da prova ao reexame pela Corte Maior. Entretanto, tal orientação propiciou a restrição do recurso extraordinário e, por qualquer referência à prova, não conhecimento do recurso. Não é a prova intrincada, ou o difícil deslinde da prova, que torna a causa inexpugnável ao exame superior, mesmo porque seria da maior facilidade falar-se em prova, e prontamente, por terra ficaria o texto constitucional que instituiu o recurso especial e o extraordinário.

A Súmula STF-279 serviu de escudo ao exame do recurso extraordinário, muitas vezes com evidente injustiça ou demasia, donde o surgimento de distinções necessárias, como a valorização jurídica da prova ou a qualificação jurídica da prova.

Vejamos um exemplo, ao acaso: se a prova diz que um bem foi entregue a outra pessoa, para usá-lo sem nenhum pagamento (aluguel), e fica obrigado a devolvê-lo, essa prova diz, juridicamente, tratar-se de um comodato. Ora, nessa hipótese não se reexamina a prova, ou se a revê; apenas tira-se do seu exame a qualificação jurídica.

Anda bem o texto desta Súmula 7 ao frisar o simples reexame de prova, porque aí evita-se transformar o STJ em terceiro grau de exame da prova.

8. *Aplica-se a correção monetária aos créditos habilitados em concordata preventiva, salvo durante o período compreendido entre as datas de vigência da Lei 7.274, de 10.12.1984, e do Decreto-lei 2.283, de 27.2.1986.*

V. a Lei 11.101, de 9.2.2005 (Lei de Recuperação de Empresas e de Falências).

A estrutura do processo concordatário permitiu ao requerente o pagamento de seus débitos sem qualquer atualização, mas a inflação monetária chamou o jurista à realidade econômica, tanto que o tema foi amplamente debatido no RE 109.448 (*RTJ* 120/850), onde a Corte Suprema admitiu a correção monetária nos créditos habilitados na concordata. Alguns tribunais não admitiram tal orientação, porém o STJ atentou para o art. 34 do Decreto-lei 2.283/1986: "Os débitos resultantes de condenação judicial e os créditos habilitados em concordata ou falência ou em liquidação extrajudicial, anteriores a este Decreto-lei, são, pelos respectivos valores em Cruzeiros, devidamente atualizados na forma da legislação aplicável a cada um, e convertidos em Cruzados, nesta data, pela paridade legal, sem prejuízo dos juros e dos posteriores reajustes pela OTN em Cruzados".

A Lei 8.131, de 24.12.1990, dispôs, no art. 163, § 1º: "Os créditos sujeitos a concordata serão monetariamente atualizados de acordo com a variação do Bônus do Tesouro Nacional – BTN, e os juros serão calculados a uma taxa de até 12% ao ano, a critério do juiz, tudo a partir da data do ajuizamento do pedido de concordata com relação às obrigações até então vencidas, e, em relação às obrigações vincendas, poderá o devedor optar pelos termos e condições que anteriormente houverem sido acordados, sendo essa opção eficaz para o período anterior aos vencimentos constantes das obrigações respectivas, aplicando-se após os vencimentos a regra deste parágrafo".

Por isso, o STJ consagrou a tese da correção monetária na concordata, acentuando o Min. Athos Gusmão Carneiro:

"É de todo evidente que o instituto da concordata objetiva conceder um favor legal ao devedor e ao comércio, salvando da falência o comerciante desafortunado e honesto, momentaneamente em crise. Temos a concordata preventiva remissória, em que o devedor pleiteia a remissão de parte de sua dívida, por títulos quirografários; a concordata dilatória, em que se propõe a pagar a totalidade da dívida mas com maior prazo, em até 24 meses; e, finalmente, a concordata mista, em que o comerciante postula a remissão de parte da dívida e também maior tempo para adimplir os débitos, tudo conforme prevê o art. 156 da lei respectiva.

"No entanto, não terá sido cogitação do legislador obrigar o credor a 'doar' compulsoriamente ao devedor a quase totalidade, praticamente a totalidade do crédito, transformando contratos comerciais onerosos em contratos de doação de bens e serviços. Assim sendo, a Lei n. 7.274/1984 causou, certamente além dos intuitos de seus idealizadores, distorções imensas, em bom tempo cessadas pela primeira lei do 'Plano Cruzado'.

"Mas, indagar-se-á, e o segundo decreto-lei, com o novo texto relativo ao tema? Como bem explicita o professor Gandra: 'Uma vez revogada a Lei n. 7.274/1984 pelo art. 34 do Decreto-lei n. 2.283/1986, o Decreto-lei n. 2.284/1986 apenas manteve os mesmos dispositivos, explicitando, em redação mais clara, correta e precisa, que a conversão de Cruzeiros em Cruzados, que fora realizada em 28.2.1986, só poderia ser aperfeiçoada de acordo com a regra do art. 1º, § 1º, ou seja, de acordo com a paridade legal 1.000 por 1 (fls. 94).

"'Poder-se-ia, quiçá, sustentar haja sido repristinada a Lei n. 7.274/1984, ao ter o Decreto-lei n. 2.284/1986 retirado a expressão 'sem prejuízo dos juros e dos posteriores reajustes pela OTN em Cruzados'.

"'Todavia, impende sublinhar que, salvo expresso comando em contrário, a revogação da lei revogadora não restaura, *ipso facto*, a lei revogada. Escreveu Limongi França: 'A lei antiga pode ser restaurada quando a lei revogadora tenha perdido a vigência, desde que haja disposição expressa nesse sentido' (*Manual de Direito Civil*, Ed. RT, 1º vol., 2ª ed., p. 48).

"'É também o magistério sempre atual de Carlos Maximiliano: 'Do contexto da última norma deve o intérprete inferir se houve o intuito de restaurar as instituições abolidas pela lei agora revogada. Se a nova regra silencia a respeito, presume-se haverem preferido os Poderes Públicos deixar as coisas no estado em que a derradeira norma as encontrou. Na dúvida, não se admite a ressurreição da lei abolida pela ultimamente revogada. Exige-se a prova do propósito restaurador, a *leggi ripristinatoria* dos italianos' (*Hermenêutica e Aplicação do Direito*, Freitas Bastos, 5ª ed., n. 455).

"'Ainda Eduardo Espínola, *Tratado de Direito Civil Brasileiro*, vol. II, Freitas Bastos, 1939, n. 28.

"'Assim, hoje, a Lei de Introdução ao Código Civil, *[Lei de Introdução às Normas do Direito Brasileiro, nova denominação dada pela Lei 12.376, de 30.12.2010]* Decreto-lei n. 4.657, de 4.9.1942, art. 2º, § 3º: '§ 3º. Salvo disposição em contrário, a lei revogada não se restaura por ter a lei revogadora perdido a vigência'.'

"Conclui Ives Gandra:

"'Ora, no caso concreto, em nenhum momento o Decreto-lei n. 2.284/1986, por seu art. 33, restabeleceu a Lei n. 7.274/1986 (lei especial), razão pela qual o princípio geral da correção monetária, aplicável a qualquer obrigação, em seus novos moldes (correção anual), passou a servir de regra para tais obrigações.

"'Vale dizer, a revogação de lei especial pelo Decreto-lei n. 2.283/1986 introduziu as obrigações, preteritamente nela cuidadas, no campo das leis gerais, não tendo sido restabelecidas a vigência, eficácia e validade da Lei n. 7.274/1984 com o advento do Decreto-lei n. 2.284/1986, à falta de expressa menção.

"'Não há, portanto, como falar em repristinação' (fls. 97-98).

"Pelos fundamentos assim expostos, a correção monetária do crédito habilitado em concordata preventiva deverá ser aplicada, consoante a orientação jurisprudencial dominante, até a data de vigência da Lei n. 7.274, isto é, até 10.12.1984; suspende-se a correção, conforme nele previsto, durante o tempo em que vigorou o § 3º do art. 175 da Lei Falencial, com a redação dada pela aludida Lei n. 7.274; e recomeçará a correção monetária a ser computada a partir de 28.2.1986, tal como disposto no Decreto-lei n. 2.283, dessa data, e na legislação posterior concernente à atualização dos valores nominais das obrigações em moeda nacional."

V. Manoel Justino Bezerra Filho, *Súmulas do STJ Comentadas*, São Paulo, Ed. RT, 2003, p. 57.

9. A exigência da prisão provisória, para apelar, não ofende a garantia constitucional da presunção de inocência.

Antes da atual Constituição a legislação penal (CPP, arts. 393, I, e 594, revogado pela Lei 11.719/2008) impunha o recolhimento para apelar da sentença criminal. Colocou-se, então, em razão da CF/1988, art. 5º, LVII – que contempla a inocência do acusado até o trânsito em julgado da sentença condenatória –, se a prisão para apelar seria inconstitucional.

Não basta o exame isolado desse dispositivo constitucional, e sim a interpretação sistemática, para encontrar o fundamento para a prisão em flagrante e o recolhimento à prisão para apelar (Damásio de Jesus, *Código de Processo Penal Anotado*, 7ª ed., pp. 638-639).

V. Súmula STJ-347.

O STF admitiu a apelação em liberdade (Pleno, HC 95.961, j. 5.3.2009).

10. Instalada a Junta de Conciliação e Julgamento, cessa a competência do juiz de direito em matéria trabalhista, inclusive para a execução das sentenças por ele proferidas.

Quando não há Vara do Trabalho (que sucedeu a Junta de Conciliação e Julgamento, conforme ECs 24/1999 e 45/2001) na comarca, as causas trabalhistas são julgadas pelo juiz de direito investido na jurisdição trabalhista. Instalada a Vara, esses feitos trabalhistas passam à sua jurisdição. Portanto, há disputa de jurisdição entre a Justiça Estadual e a Trabalhista quando se trata de execução da sentença trabalhista. Nesta hipótese, decide-se pela Trabalhista, com a aplicação do CPC/1973, art. 87, isto é, a supressão do órgão judiciário ou a alteração da competência *ratione materiae*.

11. *A presença da União, ou de qualquer de seus entes, na ação de usucapião especial não afasta a competência do foro da situação do imóvel.*

A CF/1969, art. 126 (redação da Emenda Constitucional 7/77), já admitia que a lei permitisse a ação (com interesse da União) proposta em comarca do Interior, ou no domicílio da outra parte. Na atual Constituição admite-se tal exceção (CF/1988, art. 109, § 3º) à regra geral de competência da Justiça Federal. Por isso, a Lei do Usucapião Especial (Lei 6.969, de 10.12.1981) indica a competência do juízo do lugar do imóvel (art. 4º, § 1º). Assim, mesmo com o interesse da União Federal não há deslocamento da jurisdição para a Justiça Federal.

12. *Em desapropriação, são cumuláveis juros compensatórios e moratórios.*

Ambas as espécies de juros têm pressupostos diversos. Os juros compensatórios indenizam o desapropriado pela falta do bem, e os juros moratórios ressarcem o atraso no pagamento estabelecido. Logo, duas razões diversas.

V. Súmulas STF-345 e STJ-69, 113 e 114.

13. *A divergência entre julgados do mesmo tribunal não enseja recurso especial.*

A divergência jurisprudencial que propicia o recurso especial ocorre quando há interpretação divergente atribuída a outro tribunal (CF/1988, art. 105, III, "c"). Logo, não é possível invocar-se acórdão do mesmo tribunal prolator da decisão recorrida.

V. Súmula STF-369.

14. *Arbitrados os honorários advocatícios em percentual sobre o valor da causa, a correção monetária incide a partir do respectivo ajuizamento.*

Discute-se sobre o valor dos honorários com a condenação decorrente da sentença, porque, nos termos do CPC/1973, art. 263, considera-se ajuizada a ação, e litigiosa a coisa, a partir da citação válida (CPC/1973, art. 219).

Explica Humberto Theodoro Jr.: "A partir do ajuizamento da ação, parece-nos que, no processo de conhecimento, o *dies a quo* do cálculo deverá ser o da citação do réu, tendo em vista o que estipulam os arts. 263 e 219, *caput*, do CPC" (*Ajuris* 28/220).

Não se trata de fixação do *quantum debeatur*, que inclui juros e correção monetária. É outra conta, outro quantitativo, que não altera o valor da causa. Em qualquer execução o *quantum* a ser pago é maior que o valor da causa, porque o pagamento inclui consectários que estão acima do valor da causa. Este é imutável, somente impugnável no prazo da contestação (CPC/1973, art. 261); se não, vigorará até para o recurso extraordinário e a ação rescisória.

O *dies a quo* para aplicação surge da decisão que fixa os honorários (CPC/1973, art. 20). No caso específico da execução com extinção do processo sem julgamento de mérito – explica o Des. Yussef Said Cahali, em seu livro *Honorários Advocatícios* –, a sucumbência surge da decisão que extingue o processo (1ª ed., p. 82). Portanto, a data da condenação dará o termo inicial da atualização desse valor, sob pena de se estipular critério retroativo aplicável a atos anteriores à condenação.

Quando o STF conhece e dá provimento ao recurso, pela alínea "a" do n. III do art. 102 da CF/1988, e aplica a Súmula STF-456, fixa os honorários, como foi feito na decisão embargada. Assim tem entendido a Suprema Corte, como se pode verificar no RE 93.644, que, ao decidir embargos declaratórios, explicitou: "E, quanto aos honorários de advogado, que foram fixados, no momento da condenação, em valor certo (embora dependente de mera operação aritmética: 10% do valor atribuído à causa), e para cuja fixação se levaram em conta os critérios estabelecidos no § 3º do art. 20 do CPC, deverão ser eles atualizados, no instante de seu efetivo pagamento, *tomando-se por ponto de partida para sua correção monetária a data em que foram fixados*" (grifos nossos) (rel. Min. Moreira Alves, *RTJ* 102/706).

Em 2.5.1985 o Plenário da Corte tomou idêntica orientação: "A correção monetária dos honorários de advogado é devida, ainda quando a sentença condenatória a ela não alude, *a partir de quando esta sentença foi prolatada*" (AR 1.092, rel. Min. Moreira Alves, *Ementário do STF* 1.379-01). Neste caso tratava-se de condenação honorária determinada por acórdão do STF, acrescentando: "Só se computem os honorários de advogado como estipulados na condenação (15% de Cr$ 3.000,00), acrescida de correção monetária a partir de quando foi prolatada a sentença condenatória".

Na doutrina, outra não é a orientação de Lauro Paiva Restiffe em seu *Tratado da Correção Monetária Processual*, São Paulo, Ed. RT, p. 33, quando assinala: "Caso os honorários sejam arbitrados em importância previamente determinada em dinheiro (por exemplo, Cr$ 10.000,00), então, a correção monetária processual incidirá a partir da data da decisão que assim os fixou. O mesmo ocorrerá – *contagem a partir da sentença* – quando os honorários foram fixados em percentual sobre o valor da causa previamente determinado".

Por quê? Responde Restiffe: o direito aos honorários nasce com a sentença, e somente a partir dessa é que o titular desse direito (o vencedor) receberá do vencido.

Em outros julgados do STF a matéria foi tratada (RE 112.797, 108.497, 108.492 e 114.672).

15. Compete à Justiça Estadual processar e julgar os litígios decorrentes de acidentes do trabalho.

A CF/1988, art. 109, I, excepciona a competência da Justiça Federal para as causas de acidentes do trabalho. Ainda que intervenha autarquia federal, esse julgamento cabe à Justiça Estadual.

16. A legislação ordinária sobre crédito rural não veda a incidência da correção monetária.

A Corte entendeu que a correção monetária é atualização da moeda, e não um *plus*, acréscimo.

17. Quando o falso se exaure no estelionato, sem mais potencialidade lesiva, é por este absorvido.

Em voto no REsp 259 o Min. Costa Leite dá perfeita informação sobre o enunciado:

"O tema é dos mais controvertidos, seja em sede doutrinária, seja em sede jurisprudencial, somando-se às aqui confrontadas duas outras posições: a que divisa o concurso material e a que sustenta a prevalência do falso, pontificando, com relação à última, o magistério de Hungria.

"A própria jurisprudência do STF, por longo tempo, mostrou-se vacilante, como anotou o saudoso Ministro Bilac Pinto em percuciente voto proferido no RE n. 79.489 (*RTJ* 72/292).

"No RE n. 63.584 (*RTJ* 46/667) e nos ERE 63.584 (*RTJ* 52/182) foi acolhida a tese da absorção do falso pelo estelionato; no RE n. 41.199 (*RTJ* 9/257), a do concurso material; no RE n. 58.543 (*RTJ* 33/435) e no HC 53.702 (*RTJ* 81/710), a atinente à prevalência do falso.

"Só mais recentemente é que se firmou a orientação estampada nos acórdãos-paradigmas, na conformidade, aliás, do pensamento da maioria dos nossos tratadistas, no sentido de que, na concorrência do falso e do estelionato, aplica-se a regra do concurso formal.

"Conquanto concorde com essa orientação, calcada em sólidos e convincentes argumentos jurídicos, não a reputo totalmente incompatível com a tese da absorção, que, a meu juízo, é de ser invocada quando o falso se exaure no estelionato, não lhe restando, pois, potencialidade lesiva.

"Isto porque, em tal hipótese, a fé pública se mantém incólume, aperfeiçoando-se tão só a lesão patrimonial.

"Com outras palavras, é o que expressa o voto-vogal do eminente Min. Assis Toledo na AP 49-RS, julgada pelo Pleno do extinto TFR, *verbis*: 'Defendo a tese da possibilidade do concurso formal entre o falso e o estelionato na hipótese em que o primeiro guarde potencialidade para a lesão de outro bem jurídico. É o caso, por exemplo, da falsificação de documento público utilizada para a prática de um determinado estelionato, quando o documento falsificado continua lesando a fé pública, com potencialidade para a prática de outros delitos'."

18. *A sentença concessiva do perdão judicial é declaratória da extinção da punibilidade, não subsistindo qualquer efeito condenatório.*

A punibilidade pode ser extinta pelo perdão judicial (CP, art. 107, IX). Portanto, desaparecem os efeitos da condenação, como se vê no art. 120 do CP.

V.: René Ariel Dotti, *Curso de Direito Penal*, Rio de Janeiro, Forense, 2001, p. 691; Damásio E. de Jesus, *Estudos em Homenagem a Geraldo Vidigal*, p. 219.

V., sobre falta residual na absolvição criminal: STJ, REsp 1.012.647, rel. Min. Luiz Fux.

19. *A fixação do horário bancário, para atendimento ao público, é da competência da União.*

Disputava-se entre a competência municipal e a competência da União para fixação do horário de funcionamento dos bancos – logo, entre o peculiar interesse municipal e o interesse nacional, principalmente num sistema bancário integrado. Por isso, a Lei 4.595/1964 (art. 4º, VIII) deu essa competência ao Banco Central.

V. Súmulas STF-419 e 645.

20. *A mercadoria importada de País signatário do GATT é isenta do ICM quando contemplado com esse favor o similar nacional.*

Segundo a CF/1988, art. 155, § 2º, X, "a", o ICMS incide sobre a entrada, em estabelecimento comercial, industrial ou produtor, de mercadoria importada do Exterior; não interferiu, contudo, na isenção do ICMS dada pelos acordos do GATT quando houvesse tal isenção para o similar nacional (CF/1988, art. 5º, § 2º).

V. Súmulas STF-575 e STJ-71.

21. *Pronunciado o réu, fica superada a alegação do constrangimento ilegal da prisão por excesso de prazo na instrução.*

A prisão deixa de existir motivada pelo flagrante, e sim derivada da pronúncia. Logo, supera-se o possível excesso de prazo.

22. *Não há conflito de competência entre o Tribunal de Justiça e Tribunal de Alçada do mesmo Estado-membro.*

A Constituição prevê o conflito de competência entre tribunais de segundo grau (CF/1988, art. 105, I, "d"), neles não se compreendendo os tribunais de alçada, como se deduzia do critério fixado no art. 93, III, da CF antes da redação da Emenda Constitucional 45/2004. Se houvesse conflito entre Tribunal de Justiça e Tribunal de Alçada, ambos do mesmo Estado, a competência seria do Tribunal de Justiça.

A Emenda Constitucional 45/2004 extinguiu os tribunais de alçada.

23. *O Banco Central do Brasil é parte legítima nas ações fundadas na Resolução 1.154/1986.*

A Resolução 1.154/1986 do Banco Central tratava do empréstimo compulsório necessário para a compra de passagens e moeda estrangeira para viagem ao Exterior. Questionava-se, apesar da fonte de edição dessa resolução, que o Banco Central era parte ilegítima passiva no mandado de segurança contra a exigência do empréstimo compulsório.

24. Aplica-se ao crime de estelionato, em que figure como vítima entidade autárquica da Previdência Social, a qualificadora do § 3º do art. 171 do Código Penal.

A Súmula não considera a hipótese prevista na legislação previdenciária, e sim, exclusivamente, a hipótese do estelionato do art. 171 do CP, com a qualificadora.

25. Nas ações da Lei de Falências o prazo para a interposição de recurso conta-se da intimação da parte.

Da ciência da decisão conta-se o prazo para recurso, é a regra geral – e, portanto, aplicável ao processo falimentar. Mais especificamente, a intimação da parte dá início ao prazo.

V.: Manoel Justino Bezerra Filho, *Súmulas do STJ Comentadas*, São Paulo, Ed. RT, 2003, p. 64; art. 189 da Lei 11.101, de 9.2.2005 (Lei de Recuperação de Empresas e de Falências).

26. O avalista do título de crédito vinculado a contrato de mútuo também responde pelas obrigações pactuadas, quando no contrato figurar como devedor solidário.

A solidariedade dá ao credor a faculdade de receber de qualquer dos devedores solidários (CC/2002, art. 275; CC/1916, art. 904). Se o avalista se apresenta como devedor solidário, faculta-se ao credor receber do devedor principal ou do solidário.

V. Luiz Fux, *O Novo Processo de Execução*, Rio de Janeiro, Forense, 2007, p. 87).

27. Pode a execução fundar-se em mais de um título extrajudicial relativos ao mesmo negócio.

Os pressupostos da execução são o título executivo e o inadimplemento. A lei processual não proíbe a cumulação dos títulos na execução, e seria injusta tal proibição, a bem da economia processual. Exige-se, sim, liquidez e certeza desses títulos referentes ao mesmo negócio. Nada impede a cumulação da promissória com contrato de mútuo, contrato hipotecário etc., aqueles indicados no CPC/1973, art. 585, envoltos no mesmo negócio – por exemplo, uma execução hipotecária.

V.: Leonardo Greco, *O Processo de Execução*, vol. I, 1999, p. 351; Luiz Fux, *O Novo Processo de Execução*, Rio de Janeiro, Forense, 2007, p. 145.

28. *O contrato de alienação fiduciária em garantia pode ter por objeto bem que já integrava o patrimônio do devedor.*

A alienação fiduciária como garantia real tem subjacente o oferecimento da *res* para a garantia. Parece contraditório, na sistemática da alienação fiduciária, que o devedor ofereça o bem infungível em troca do financiamento dado pela instituição financeira, quando a *mens legis* pretendia estabelecer tríplice situação: o devedor, o financiador e o vendedor do bem. A consequência projeta-se na impossibilidade da prisão civil do devedor caso não pague as prestações e não devolva o bem a ele destinado como depositário. Se o bem é de propriedade do devedor, não é possível a prisão civil; ou, a admitir-se essa restrição de liberdade, estar-se-ia a ampliar o instituto restritivo da prisão civil.

Logo, a relação jurídica envolvida na alienação fiduciária é de financiamento obtido com a garantia real. Confunde-se, aqui, com o penhor; mas se distingue porque na alienação o bem fica com o devedor, ao contrário do penhor, cujo bem apenhado fica com o credor – à exceção do penhor industrial (v. resolução do Banco Central sobre matéria).

V. CC/2002, arts. 1.361 e ss.

29. *No pagamento em juízo para elidir falência são devidos correção monetária, juros e honorários de advogado.*

O pedido de falência caracteriza-se como modalidade de execução para a cobrança de crédito. Poderia ser feito pelo processo de execução, mas a lei faculta ao credor exigir o crédito do comerciante. Portanto, é processo judicial, e a ele se aplica a regra da correção monetária prevista na Lei 6.899/1981. Ademais, o princípio da sucumbência é adotado na extinção da falência, mediante o depósito do crédito questionado. Argumenta-se que o processo falimentar é regido por lei especial. Entretanto, a aplicação dessas duas medidas é subsidiária, em razão de dois princípios: a atualização do débito, dando-lhe o real valor pela correção – portanto, não é sanção; e o pagamento dos honorários despendidos na contratação do advogado requerente da falência (Manoel Justino Bezerra Filho, *RT* 744/127).

V. arts. 98, parágrafo único, e 149 da Lei 11.101, de 9.2.2005 (Lei de Recuperação de Empresas e de Falências).

30. A comissão de permanência e a correção monetária são inacumuláveis.

A comissão de permanência cobrada pelas instituições financeiras, decorrente do atraso na liquidação do título em cobrança, é uma forma de compensação. Ela não remunera a atividade financeira e, sim, é sanção pela mora. Essa "comissão de permanência" tem como supedâneo legal resolução do Banco Central, de 1966, alterada várias vezes, mas na essência com o sentido já exposto.

A correção monetária é atualização do débito, recomposição do valor, deteriorado pela inflação. Ou decorre de leis específicas ou, se débito oriundo de decisão judicial, da Lei 6.899/1981.

Aparentemente, normas diversas. No entanto, a formação da comissão de permanência engloba o desgaste do valor em cobrança, e a comissão passa a ser atualização do débito, logicamente em forma de correção monetária. Daí, naturalmente, a impossibilidade de acumulação de institutos jurídicos diversos na origem legislativa porém, na essência, com a mesma finalidade.

31. A aquisição, pelo segurado, de mais de um imóvel financiado pelo Sistema Financeiro da Habitação, situados na mesma localidade, não exime a seguradora da obrigação de pagamento dos seguros.

No caso, há dois negócios jurídicos distintos: o financiamento e o contrato de seguro. Cabe ao agente financiador discutir a possibilidade legal da existência dos dois contratos de financiamento de imóveis situados na mesma localidade, porque a Lei 4.380/1964 veda tal duplicidade. Mas essa possibilidade não atinge o contrato de seguro, que decorre do contrato. Se ele não foi invalidado, a seguradora não foge ao pagamento.

32. Compete à Justiça Federal processar justificações judiciais destinadas a instruir pedidos perante entidades que nela têm exclusividade de foro, ressalvada a aplicação do art. 15, II, da Lei 5.010/1966.

As justificações para prova junto a pessoas jurídicas da União, em geral autarquia previdenciária, são feitas na Justiça Federal. A exceção é dada quando a justificação é requerida em comarca sem Vara Federal. Nessa hipótese a competência é da Justiça Estadual.

33. *A incompetência relativa não pode ser declarada de ofício.*

A competência absoluta é inderrogável, não admite a vontade das partes, e indisponível. Já na competência relativa admite-se a disposição das partes, que podem alterá-la ou aceitá-la. Logo, se a parte aceita competência (relativa) diversa daquela ditada pela lei, não cabe ao juiz dispor diversamente, dando-se por incompetente, sem provocação da parte (de ofício), que é quem deve arguir a incompetência pela exceção de incompetência (CPC/1973, art. 112).

V.: José Carlos Barbosa Moreira, *Temas de Direito Processual*, 5ª Série, São Paulo, Saraiva, p. 63; Antonio Dall'Agnol, *Comentários ao Código de Processo Civil*, vol. 2, 2000, p. 61.

34. *Compete à Justiça Estadual processar e julgar causa relativa a mensalidade escolar, cobrada por estabelecimento particular de ensino.*

As entidades de ensino superior agem por delegação do Poder Público Federal. Entretanto, a cobrança de mensalidade escolar não envolve tal delegação, sendo relação privada, e não delegada, entre a escola e o aluno. Se não há interesse da União, como delegante, a competência para a demanda sobre mensalidade escolar é da Justiça Estadual.

35. *Incide correção monetária sobre as prestações pagas, quando de sua restituição, em virtude da retirada ou exclusão do participante de plano de consórcio.*

Sendo a inflação uma realidade, e, consequentemente, a desvalorização da moeda, haveria enriquecimento indevido se as parcelas do consorciado fossem devolvidas sem atualização, pois o grupo consorciado seria beneficiado com esses valores.

36. *A correção monetária integra o valor da restituição, em caso de adiantamento de câmbio, requerida em concordata ou falência.*

Em voto esclarecedor, o Min. Cláudio Santos explica este enunciado:

"Penso não caber ao aplicador da lei criar normas que o legislador não quis estabelecer. Com efeito, se há direito à correção monetária, sob pena do enriquecimento sem causa do devedor, e, por outro lado, se a correção monetária é mera atualização do valor do título, ou, no caso, do valor do adiantamento feito ao exportador, acho que não se há de separá-la do principal, nos termos do art. 59 do CC, *[CC/1916; CC/2002, art. 94]* simplesmente, por não ter característica de acessório, como os juros, por exemplo.

"De acordo com a jurisprudência da Suprema Corte, há muito se firmou o entendimento de que, 'em falência ou em concordata, é cabível a correção monetária com base na Lei n. 6.899/1981, inclusive quando se trata de restituição de mercadoria pelo equivalente em dinheiro, ou restituição de quantia adiantada em decorrência de contrato de câmbio' (RE n. 112.318-4, rel. Min. Moreira Alves, *DJU* 11.12.1987); sendo certo também que não deve haver cumulação da correção com diferença relativa à variação de taxa cambial (RE n. 114.289-PR, rel. Min. Oscar Corrêa, *DJU* 2.10.1987)" (*RSTJ* 33/477).

V.: Súmulas STF-495 e STJ-133; art. 86 da Lei 11.101, de 9.2.2005 (Lei de Recuperação de Empresas e de Falências).

37. São cumuláveis as indenizações por dano material e dano moral oriundos do mesmo fato.

V.: Súmula STF-491; Sérgio Cavalieri Filho, *Programa de Responsabilidade Civil*, 6ª ed., 3ª tir., São Paulo, Malheiros Editores, 2006, p. 105; Roberto de Abreu e Silva, *A Falta Contra Legalidade Constitucional*, 2ª ed., Rio de Janeiro, Lumen Juris, p. 54.

38. Compete à Justiça Estadual Comum, na vigência da Constituição de 1988, o processo por contravenção penal, ainda que praticada em detrimento de bens, serviços ou interesses da União ou de suas entidades.

A Constituição Federal compete ao juiz federal (CF/1988, art. 109, IV) o julgamento das infrações penais, excluídas as contravencionais.

V. Súmula STJ-122.

39. Prescreve em 20 anos a ação para haver indenização, por responsabilidade civil, de sociedade de economia mista.

A prescrição quinquenal aplica-se às ações contra a Fazenda Pública (Decreto-lei 4.597, de 19.8.1942). Nessa espécie não se enquadra a sociedade de economia mista. Logo, a esta aplica-se a prescrição vintenária do CC/1916, art. 177, e a decenária a partir da entrada em vigor do CC/2002, art. 205.

V. Súmulas STF-517 e 556.

40. Para obtenção dos benefícios de saída temporária e trabalho externo, considera-se o tempo de cumprimento da pena no regime fechado.

Em voto no RHC 1.585, o Min. Luiz Vicente Cernicchiaro dá as razões do enunciado:

"Da leitura dos dispositivos legais supratranscritos, verifica-se a adoção por nosso legislador de um sistema de execução progressiva das penas privativas de liberdade, pelo qual elas ficam sujeitas a progressão ou regressão, segundo o mérito do condenado.

"A progressão de um regime para outro, como curial, implica a possibilidade de gozo imediato dos benefícios atinentes àquele regime mais brando, satisfeitos os requisitos ali exigidos, como a regressão a regime mais rigoroso implica a imediata perda dos benefícios próprios do regime anterior (mais brando) e submissão aos rigores do novo regime.

"Observa-se, ademais, pelo disposto no art. 33 do CP, que as penas privativas de liberdade podem ser cumpridas, desde o início, em regime semiaberto (§ 2º, 'b') e mesmo em regime aberto (§ 2º, 'c'), satisfeitos os requisitos ali estabelecidos.

"Tem-se, assim, que, se o réu é condenado a pena superior a oito anos, deverá começar a cumpri-la em regime fechado e, cumprido 1/6 da pena neste regime, poderá pleitear sua progressão para o regime semiaberto, nos termos do art. 112 da LEP. Deferida a progressão, poderá, de imediato, requerer os benefícios próprios do novo regime, tais como saída temporária, sem vigilância direta (art. 122 da LEP), e trabalho externo, cuja obtenção ficará condicionada à satisfação de outros requisitos legais, que não o de tempo de cumprimento de pena, por já satisfeito no regime anterior.

"Mas, se o condenado inicia o cumprimento de sua pena no regime aberto (art. 33, § 2º, do CP) e pretende obter autorização para a saída temporária prevista no art. 122, I, II e III, da LEP, há de comprovar, também, o cumprimento mínimo de 1/6 da pena, se primário, ou de 1/4, se reincidente. Não lhe pode ser outorgada aquela autorização simplesmente por se encontrar cumprindo pena em regime semiaberto se não cumpriu, ainda, sob qualquer regime, o mínimo legalmente exigido (art. 123, II, da LEP)."

41. O Superior Tribunal de Justiça não tem competência para processar e julgar, originariamente, mandado de segurança contra ato de outros tribunais ou dos respectivos órgãos.

A competência para julgamento do mandado de segurança contra atos dos tribunais, inclusive aqueles dos presidentes dos respectivos tribunais, é do próprio tribunal (Lei Complementar 35, de 14.3.1979 – Lei Orgânica da Magistratura Nacional –, art. 21, VI; Lei 8.038, de 28.5.1990, art. 25).

42. Compete à Justiça Comum Estadual processar e julgar as causas cíveis em que é parte sociedade de economia mista e os crimes praticados em seu detrimento.

A Constituição delimita a competência da Justiça Federal nas causas da União, autarquia e empresa pública. Exclui a sociedade de economia mista.

V. Súmulas STF-251, 517 e 556 e STJ-39.

43. Incide correção monetária sobre dívida por ato ilícito a partir da data do efetivo prejuízo.

Com a Lei 4.357, de 16.7.1964, estabeleceu-se a correção monetária dos débitos fiscais; e com a Lei 4.380/1964 se estabeleceu a correção monetária das prestações dos financiamentos dos imóveis do Sistema Financeiro da Habitação. No entanto, a jurisprudência antecipou-se à legislação, como ocorreu com a atualização da pensão alimentícia, a indenização decorrente de acidente do trabalho e a pensão decorrente da indenização por responsabilidade civil, calculada com base no salário-mínimo vigente ao tempo da sentença e ajustada às variações ulteriores.

V. Súmula STF-490.

De se destacar o impulso dado à correção monetária no chamado *Diagnóstico para a Reforma do Poder Judiciário*, elaborado pelo STF em 1975: "A pletora de processos cíveis, entre mais razões que a explicarão, encontra estímulo no desgaste do poder aquisitivo da moeda e na inexistência de atualização ou correção monetária das condenações" (item 9).

O fenômeno inflacionário despertou no jurista a necessidade de encontrar a solução para obviar suas consequências sobre as relações jurídicas (Washington Peluso Albino de Souza, *Direito Econômico*, São Paulo, Saraiva, 1980, p. 538).

Como consequência dessa evolução pretoriana foi editada a Súmula STF-562.

Sem dúvida, não se pode olvidar a grande contribuição, para tal, do Min. Aliomar Baleeiro. Por isso, com justiça transcrevemos os pontos essenciais da sua contribuição:

"Por outro lado, numa época em que a inflação não é mais a endemia do Brasil e dos povos maldesenvolvidos, com surtos epidêmicos e breves nas Nações maduras feridas pela guerra, a correção monetária passou a ser um imperativo ético e jurídico, que o legislador, a jurisprudência e a doutrina cumprem a passos largos.

"A preocupação dos economistas e juristas em torno dos problemas teóricos e práticos suscitados pela indexação ou pela correção da moeda mostra-se bem intensa nos últimos 20 anos, quando ainda se não generalizara no mundo o impacto inflacionário com a política árabe do petróleo neste momento.

"Reporto-me aos ensaios de E. James, Hamel (que fez conferências no Rio), Juglart e H. Viaux (este sobre o Direito Comparado) na *Revue Économique* (Paris, março/1955, pp. 161-221). Ou aos trabalhos de E. L. Bach, J. Barrière, A. Decoq, J. P. Doucet, M. Gendrel e O. Kuhnmunch, reunidos pelo professor Paul Durand sob o título *Influence de la Dépréciation Monétaire sur la Vie Juridique Privée* (Paris, 1961).

"Aliás, no Brasil, há mais de 15 anos ocupa-se com o problema o professor Arnoldo Wald em monografias e artigos.

"Contra o mito clássico do nominalismo e de estabilidade do dinheiro nas leis, há muito considera-se autônomo um ramo jurídico, o direito monetário, de que é obra das mais completas a de Arthur Nusbaum, *Derecho Monetario Nacional e Internacional* (trad. espanhola, Buenos Aires, 1954).

"O Supremo Tribunal, ainda que um tanto tímido, *data venia*, vem construindo pretorianamente uma revisão de conceitos, para remediar a lentidão do legislador, que, por enquanto, só trouxe soluções parciais e discriminatórias, agravando o mal, pelas desigualdades reinantes: uns recebem a correção, outros são espoliados pelo mais desenvolto locupletamento indébito.

"Lembro as dúzias de acórdãos sobre a correção monetária na impropriamente chamada 'desapropriação indireta', consociação de reivindicatória convertida em ação de perdas e danos. Igualmente, os muitos julgados em indenização de atos ilícitos.

"Alguns passos decisivos no aperfeiçoamento pretoriano de nosso Direito, nesse campo, foram dados por acórdãos inesquecíveis, como, por exemplo, o de Luiz Gallotti, de 18.3.1974, da 1ª Turma, unânime, no RE n. 877.803, em que a correção foi concedida na devolução de preço por unidade de venda de imóvel de área inferior ao módulo legal. Outro de igual avanço, o de Adaucto Lúcio Cardoso, da 2ª Turma, unânime, de 18.6.1968, no RE n. 64.122, *RTJ* 45/500, caso de correção admitida em rescisão de contrato de compra e venda pela culpa do vendedor.

"Esses e outros julgados mostram que, ao invés de divergir, o v. acórdão embargado segue as tendências do pensamento do Supremo Tribunal na solução do dificultoso problema. E não percamos de vista que estamos diante dum caso de indenização por atos criminosos dos órgãos jurídicos da empresa embargante.

"Afinal, o Supremo de 1974 é aquele mesmo que Campos Salles modelou no Decreto n. 848, de 11.10.1890, à imagem da Corte Suprema dos Estados Unidos, com as mesmas *funções de freio e também de acelerador do Poder Legislativo*. É desse augusto Tribunal americano que Martin Shapiro escreveu que, entre as suas tarefas, tem a de cientista político, legislador trabalhista, elaborador de diretrizes políticas (*policy maker*) e economista (*Law and Politics in the Supreme Court. New Approaches to Political Jurisprudence*, Nova York, 1964).

"Em nenhum outro assunto atual, pois, é mais urgente a ação construtora do Supremo do que nesse da correção monetária, sem a qual o cumprimento das obrigações se degrada numa irrisão" (ERE 75.504).

No âmbito da desapropriação atendeu-se à proposição constitucional da justa indenização.

Dispõe a Lei 4.686, de 21.6.1965, que, decorrido prazo superior a um ano a partir da avaliação, o juiz ou o tribunal, antes da decisão final, determinará a correção monetária do valor apurado.

Toda a discussão passou a girar em torno da expressão "decisão final", porque, em tese, essa lei trouxe lenitivo a muita injustiça em matéria de desapropriação infindável, contra o dispositivo constitucional do justo preço.

Argumentou-se que essa expressão encerrava a decisão do juiz de primeira instância, e não poderia ser aplicado o princípio à apelação.

No voto do Min. Víctor Nunes (*RTJ* 46/205) demonstrou-se a aplicação da correção monetária aos processos pendentes (nesta Súmula aplicou-se a regra de que a lei nova incide nos processos pendentes). Em exaustivo voto o Min. Aliomar Baleeiro demonstrou a aplicação da correção monetária também em recurso extraordinário (RE 65.395, *RTJ* 52/711, 75/882 e 941, 65/750). A correção monetária é a forma de ajuste da indenização conforme exige a Constituição Federal, isto é, o valor atual e justo. Por isso a lei que a instituiu nos processos de desapropriação deve ser aplicada imediatamente, em qualquer fase, pois a Constituição manda indenizar pelo valor real (RE 71.625).

A correção monetária deferida pela Lei 4.686/1965 dimana do preceito constitucional da justa indenização pela perda da propriedade. Caracteriza-se a indenização pelo depósito da condenação. Se ele não se efetuou, logo, deve haver a atualização (Súmula STF-561).

Alguns pontos têm surgido na aplicação da correção monetária. Em essência, a correção monetária é a atualização da dívida. Portanto, é compatível a cumulação de perdas e danos com a correção monetária. É cumulável a cláusula penal com a correção monetária e também possível a cobrança da correção monetária com juros.

A consagração da correção monetária como forma de atualizar os débitos é perfeita. Para ilustrar o casuísmo basta relermos as aplicações na jurisprudência do Supremo Tribunal: no ilícito contratual (RE 92.780, *RTJ* 96/444); na apuração de haveres comerciais (RE 86.791, *RTJ* 97/264).

Uma observação econômica adverte para a correção monetária como fonte realimentadora da inflação, invocando-se o exemplo da Finlândia. Na verdade, não serão os débitos fixados pelo Poder Judiciário que irão agravar o fenômeno inflacionário, porque no conjunto econômico eles representam uma pequena parcela dos débitos em geral, sejam dívidas de dinheiro ou dívidas de valor. Injustiça seria pagar-se com moeda defasada.

A matéria mais discutida decorreu da aplicação da Lei 6.899, de 8.4.1981, que determinou a incidência da correção monetária nos débitos oriundos de decisão judicial. Exprime o art. 1º: "A correção monetária incide sobre qualquer débito resultante de decisão judicial, inclusive custas e honorários advocatícios". Num caso concreto, o Supremo Tribunal incluiu a correção monetária a partir de 8.4.1981, com índice da ORTN (AR 948, *DJU* 31.8.1981).

O único obstáculo à correção monetária na dívida em dinheiro era a não previsão legal. Portanto, nesse pormenor está superada a omissão, e, por isso, aplicável a correção monetária. Também não há dúvida da desnecessidade do pedido para a condenação com correção monetária. A falta de pedido não importa condenação superior ao demandado, pois a reparação deve ser ampla; assim tem entendido o STF (RE 92.832; RE 93.415, *Juriscível do STF* 101/86), e até admite-se com pedido oral do advogado da tribuna (TFR, ACi 66.386, *DJU* 15.10.1981, p. 10.248).

Veja-se importante decisão do STF:

"Correção monetária – Lei n. 6.899/1981. A entrada em vigor dessa lei, no tocante à aplicação da correção monetária, independe da forma de seu cálculo (interpretação dos arts. 2° e 4°). Ademais, o Plenário do STF já firmou o entendimento de que tal correção é devida apenas a partir da entrada em vigor desse diploma legal, que a criou.

"Com base nessas premissas, as custas já pagas anteriormente a essa lei deverão ser corrigidas monetariamente a partir da vigência dela, e, em caso contrário, a partir do momento em que foram pagas; quanto aos honorários advocatícios que foram fixados em valor certo (aferível por mero cálculo) no momento da condenação, quando se levaram em conta os critérios do § 3° do art. 20 do CPC, a atualização monetária somente ocorrerá a partir da data dessa condenação" (RE 93.644, rel. Min. Moreira Alves, *DJU* 6.11.1981, p. 11.102).

Qual a natureza dessa lei? Afirmaram-na lei processual (Arnoldo Wald, *Revista de Informação Legislativa* 69/260). Mas seria realmente uma lei processual? Logo, invocaríamos o direito intertemporal, isolando os atos anteriores.

No entanto, ela é lei de direito material, porque, apenas aparentemente lei processual, ela manda atualizar o débito preexistente à execução – portanto, o valor da indenização, o *quid* da indenização, a expressão monetária –, tornando-o contemporâneo com a atualidade da condenação (*quantum*). Distinguir-se-ão, assim, a dívida de dinheiro (*quantum*) da dívida de valor (*quid*). Na primeira, o respeito à coisa julgada; e na segunda, a execução, aplicando a lei.

Qual o momento inicial da incidência da correção monetária?

Há precedente legislativo mandando aplicar a correção monetária a partir da lei (Lei 4.862/1965 c/c Lei 5.670/1971). No entanto, na presente lei necessita-se da distinção. Se é dívida em dinheiro, somente a partir da lei poder-se-ia exigir a correção, pois o suporte legislativo somente surgiu com a Lei 6.899/1981. Mas para as dívidas de valor não. Para estas a correção começa a partir da citação, porquanto instalou-se a relação processual (TFR, ACi 34.397, *DJU* 8.10.1981, p. 9.984; STF, RE 92.657, *RTJ* 97/867). Se na dívida de valor houver correção monetária anterior à lei, é uma involução, e até hilariante, pois antes do diploma legal era tranquila a incidência da correção monetária. Se alguém fosse condenado a pagar dívida de valor no dia 8.4.1981, pagaria correção monetária a partir da citação da ação. No entanto, se essa sentença fosse prolatada no dia 10 de abril (9 de abril, data da publicação da lei), ela incidiria a partir da Lei 6.899/1981. A Reunião dos Juízes das Varas Cíveis da Capital de São Paulo considerou, por maioria, a aplicação da correção nas causas pendentes de julgamento a partir do ajuizamento da ação. Diversas decisões do TFR aplicaram a lei aos processos em curso (ACi 66.810, *DJU* 17.9.1981, p. 9.117) e às custas e honorários (ACi 71.163 e 71.244, *DJU* 17.9.1981, p. 9.109; STF, RE 93.644, *DJU* 6.11.1981).

Também aplicou-se a correção monetária na execução (TFR, ACi 72.671, *DJU* 8.10.1981, p. 9.986), visto que a lei fala em "aplicação a todas as causas pendentes de julgamento" (art. 3º); logo, se ainda não houver execução, há pendência de julgamento (TFR, ACi 70.410, *DJU* 17.9.1981, p. 9.118, liquidação não efetivada). Em decisão do STF, por despacho de seu ilustre Presidente na AR 948, em fase de execução, S. Exa. mandou aplicar a correção monetária a partir da lei, e com os índices da ORTN. Essa decisão foi agravada, e o Pretório Excelso manteve a decisão. No caso concreto, tratava-se de vencimentos atrasados; portanto, essa orientação não poderia ser aplicada a todos os casos.

Aplica-se a Lei 6.899/1981 à liquidação do julgado, a partir de sua vigência, com base na ORTN (TFR, ACi 70.330, *DJU* 25.3.1982, p. 2.493; ACi 70.949, *DJU* 25.3.1982, p. 2.493). Na execução da sentença, se não houve pedido inicial, aplica-se a lei a partir de sua vigência (TFR, ACi 74.574, *DJU* 18.2.1982, p. 1.042; ACi 74.559, *DJU* 11.2.1982, p. 727).

Com o advento dessa importante lei, e com sua regulamentação (Decreto 86.649, de 25.11.1981), muitos trabalhos foram publicados com excepcional contribuição: Ada Pellegrini Grinover, "A correção monetária nos tribunais", *O Estado de S. Paulo*, ed. de 21.2.1982, p. 35; Paulo Restiffe Neto, idem, ed. de 29.11.1981; Irineu Strenger, idem, ed. de 8.11.1981; Roberto Mortari Cardillo, idem, ed. de 29.11.1981;

Luiz Benini Cabral, idem, ed. de 24.11.1981; Francisco César Pinheiro Rodrigues, idem, ed. de 1.11.1981; Edgard Silveira Bueno Filho, *Vox Legis*.

V. Súmula STF-562.

44. A definição, em ato regulamentar, de grau mínimo de disacusia não exclui, por si só, a concessão do benefício previdenciário.

A legislação acidentária (Lei 6.367, de 19.10.1976, art. 9º, *DOU* 21.10.1976) remete ao regulamento a fixação do grau de incapacidade – no caso, a auditiva. Mas não pode ser excluída a incapacidade mínima, a ser apurada na lesão definitiva, ainda que mínima, decorrente do trabalho. Em consequência, se a perícia constata a incapacidade, há o direito ao benefício previdenciário.

45. No reexame necessário, é defeso, ao tribunal, agravar a condenação imposta à Fazenda Pública.

O reexame necessário foi instituído a favor da Fazenda Pública, como o fora o recurso *ex officio*. Logo, só pode beneficiar a parte a favor de quem foi criado; e, consequentemente, não pode ser provido para agravar a situação da Fazenda Pública.

V. Luiz Fux, *Curso de Direito Processual Civil*, 3ª ed., p. 976.

46. Na execução por carta, os embargos do devedor serão decididos no juízo deprecante, salvo se versarem unicamente vícios ou defeitos da penhora, avaliação ou alienação dos bens.

Um dos temas mais polêmicos do Código de Processo Civil foi o da competência para o julgamento dos embargos à execução feita por carta. Dizia o art. 747 do CPC/1973 antes da redação da Lei 8.953, de 13.12.1994, que "na execução por carta, os embargos do devedor seriam oferecidos, impugnados e decididos no juízo requerido". Daí a dificuldade em caracterizar o *juízo requerido*. Seria o juízo deprecante? Seria o juízo deprecado? Dependendo, poderia ser um ou outro?

No Anteprojeto oferecido à discussão o dispositivo sobre a matéria especificava que os embargos do devedor seriam decididos pelo *juízo da situação da coisa*.

No Projeto enviado ao Congresso a expressão final foi substituída por "pelo juízo requerido", que passou na redação final a "no juízo requerido".

No Código anterior a decisão dos embargos opostos no foro da situação dos bens competia ao juízo deprecante, a quem seriam remetidos depois de processados pelo juízo deprecado (CPC/1939, art. 899, § 2º).

Em primoroso trabalho, onde é mostrada a evolução da competência para a execução nos Direitos Português e Brasileiro, José de Moura Rocha aponta nos autores clássicos do processo civil a demonstração inequívoca da competência do juiz da execução para os embargos opostos, ainda que opostos em outro juízo, como ocorre com a precatória (José de Moura Rocha, "O juízo requerido", *Anuário do Mestrado em Direito* 1, Recife, Faculdade de Direito do Recife, 1977).

Não foi sem razão orientar-se o Regulamento 737 nesse sentido: "A decisão dos embargos opostos no foro de situação dos bens compete ao juiz da causa, a quem serão remetidos sem suspensão".

No atual Código, "se o devedor não tiver bens no foro da causa, far-se-á a execução por carta, penhorando-se, avaliando-se e alienando-se os bens no foro da situação" (CPC/1973, art. 658). Logo, ao juiz deprecado somente cabe aquilo que se deprecа, por força de lei, lembrando o clássico processualista Leite Velho – o juiz só cumpre aquilo que foi pedido, dentro da linha da Ordenação 3ª, Título 87, § 12 – que o juiz deprecado somente cumpre as diligências de fatos, os atos processuais especificados no CPC/1973, art. 658.

A primeira objeção relevante veio com a palavra de José Frederico Marques. Para ele o processo de execução sofrera modificações, não se admitindo invocações do Regulamento 737 e outros anacronismos. Se a execução se refere a título extrajudicial, basta a formação da carta com a reprodução do título. Se for execução de sentença, o juiz deprecado não tem necessidade alguma de estar compulsando os autos do processo de conhecimento, porque a sentença tem força de lei. Diz, ainda, o ilustre processualista das inconveniências dos embargos apreciados pelo juízo deprecante – há a paralisação da execução (v. opinião idêntica do professor Celso Neves, *Comentários ao Código de Processo Civil*, vol. VII, Rio de Janeiro, p. 250; Willard de Castro Vilar, *Processo de Execução*, p. 342; José Frederico Marques, *Manual de Direito Processual Civil*, vol. 4, p. 246).

Paulo Restiffe Neto, Juiz paulista, atilado processualista, opõe-se a José Frederico Marques. Observa que o juízo deprecado não terá, em qualquer caso, elementos sobre os quais poderá basear-se para proferir decisão (*RT* 483/38). Nesta segunda corrente situou-se Athos Gusmão Carneiro, Ministro do STJ e professor da Faculdade de Direito de

Porto Alegre. Argumentava com a regra mandando autuar os embargos em apenso aos autos do processo de execução, ou a multiplicidade de penhoras, as defesas de mérito fora do juízo da execução (Athos Gusmão Carneiro, "A execução por carta no novo Código de Processo Civil", *Ajuris* 1/125, Porto Alegre; v. também: N. Doreste Baptista, *Do Processo Executivo*, p. 134; Athos Gusmão Carneiro, *O Novo Código de Processo Civil nos Tribunais do Rio Grande do Sul e Santa Catarina*, vol. III, Porto Alegre, Coleção Ajuris, p. 697).

Outra orientação surgiu com Amílcar de Castro (*Comentários ao Código de Processo Civil*, vol. VIII, São Paulo, Ed. RT, p. 416). Para esse ilustre Mestre das Alterosas, o julgamento dos embargos do devedor refere-se, apenas, à matéria atinente ao ocorrido no foro da situação dos bens. O julgamento dos embargos do devedor, opostos no juízo deprecado, deve limitar-se a tomar conhecimento das alegações relativas ao acontecido na penhora, na avaliação e na alienação dos bens. Quanto ao mais (exemplo: legitimidade das partes, falsidade, pagamento, prescrição), deve sempre ser julgado pelo juízo deprecante. A este cabe o julgamento da matéria atinente à substância ou núcleo do título executivo e às exceções.

Na jurisprudência surgiram algumas decisões, se bem que, em grande parte, no sentido da competência do juízo deprecante (TJSP, 1ª Câmara Cível, AI 20.238; TJRJ, 6ª Câmara Cível, ACi 2.623, in *Revista Brasileira de Direito Processual* 11/199, Uberaba).

No TFR algumas decisões orientaram-se pela corrente do juízo requerido, tal qual na competência para embargos de terceiro (CComp 2.701, j. 19.8.1976). No entanto, prevaleceu a tese de Amílcar de Castro (AI 38.471, *DJU* 10.12.1976, p. 10.659).

Com primazia, a 2ª Turma do STF manteve decisão da Justiça carioca que admitiu os embargos do devedor processados e julgados no juízo deprecante. Em execução fora expedida carta precatória, a fim de citar o réu. Não houve o pagamento. Foram oferecidos bens e embargos do devedor com arguição de nulidade da penhora e improcedência da execução, porque nada devia ao exequente (RE 86.772, rel. Min. Moreira Alves, j. 8.3.1977).

De modo expresso, a mesma 2ª Turma do Excelso Pretório examinou com profundidade a questão, para adotar a tese defendida por Amílcar de Castro. Assim ocorreu no RE 87.227, julgado em 19.8.1977, sendo relator o eminente Min. Cordeiro Guerra, que assim ementou o acórdão: "Na execução por carta, os embargos do devedor serão oferecidos, impugnados e decididos no juízo requerido, art. 747 do

CPC. Por 'juízo requerido' se entende juízo deprecante, porque o juiz da ação é o competente para a execução (arts. 575 e 576, c/c o art. 736, do CPC). Somente se excepcionam os embargos referentes a irregularidades da penhora, avaliação ou alienação dos bens atingidos pela execução, art. 658 do CPC".

A matéria pacificou-se com a edição da Lei 8.953, de 13.12.1994, que deu nova redação ao art. 747 do CPC, abrigando expressamente o entendimento da Súmula.

47. *Compete à Justiça Militar processar e julgar crime cometido por militar contra civil, com emprego de arma pertencente à corporação, mesmo não estando em serviço.*

A Constituição atribui à Justiça Militar o julgamento dos crimes militares definidos em lei (CF/1988, art. 124). Já o CPM, art. 9º, II, "f", considerava crime militar aquele praticado por militar, ainda que não em serviço, mas utilizando armamento de propriedade militar – alínea revogada pela Lei 9.299, de 7.8.1996, que alterou dispositivos do Código Penal Militar. No caso, a alínea "c" do inciso II do art. 9º passou a ter a seguinte redação: "Art. 9º. Consideram-se crimes militares, em tempo de paz: (...) II – os crimes previstos neste Código, embora também o sejam com igual definição na lei penal comum, quando praticados: (...); c) por militar em serviço ou atuando em razão da função, em comissão de natureza militar, ou em formatura, ainda que fora do lugar sujeito à administração militar contra militar da reserva, ou reformado, ou civil".

Por isso, *esta Súmula deve ser atualizada*.

48. *Compete ao juízo do local da obtenção da vantagem ilícita processar e julgar crime de estelionato cometido mediante falsificação de cheque.*

Trata-se de crime de falso e estelionato, e não de emissão de cheque sem fundos (Súmula STF-521). É crime material, e acarreta a competência do juízo onde ocorre a vantagem.

49. *Na exportação de café em grão não se inclui na base de cálculo do ICM a quota de contribuição, a que se refere o art. 2º do Decreto-lei 2.295, de 21.11.1986.*

Do voto do Min. Hélio Mosimann no REsp 11.213 extrai-se a razão desse enunciado:

"O litígio versa sobre as denominadas 'quota de contribuição' e 'quota-leilão' na exportação de café em grão.

"O Estado considera que ambas compõem o valor tributável, enquanto a firma exportadora pretende excluí-las da base de cálculo.

"Na boa companhia do eminente Min. Ilmar Galvão, vínhamos desacolhendo as razões do contribuinte.

"É que – segundo o nosso entendimento –, de acordo com o art. 2º, § 8º, do Decreto-lei 406, de 31.12.1968, daquilo que se considera valor líquido faturado abatem-se, apenas, frete, seguro e despesas de embarque, cabendo distinguir se a exigência constitui despesas de embarque, excluída do ICM. As demais despesas não compreendidas taxativamente na norma legal deveriam integrar a base do cálculo, não se emprestando interpretação extensiva à lei, sob pena de violação ao princípio da reserva legal."

50. *O Adicional de Tarifa Portuária incide apenas nas operações realizadas com mercadorias importadas ou exportadas, objeto do comércio de navegação de longo curso.*

Trata-se da interpretação da Lei 7.700, de 21.12.1988, que criou o Adicional de Tarifa Portuária incidente sobre as tabelas das tarifas portuárias. Essa lei isentou a movimentação das mercadorias do mercado interno, inclusive de cabotagem. A discussão cingiu-se ao alcance desse adicional, para excluí-lo da navegação interna e apenas fazê-lo incidir na navegação de longo curso. Outrossim, discutiu-se se a incidência ocorria sobre operação com mercadorias ou sobre as operações sem movimentação de mercadorias (provisão de água, materiais etc.), aquelas pagas com tarifas normais.

51. *A punição do intermediador, no jogo do bicho, independe da identificação do "apostador" ou do "banqueiro".*

A legislação proibitiva do jogo do bicho (Decreto-lei 6.259, de 10.2.1944) impõe as penas aos intermediários na efetuação do jogo (art. 58, § 1º, "a"). Ora, perguntar-se-á: na intermediação não se exige a participação de outras pessoas? O enunciado exclui a referência, para singularizar a infração penal.

52. *Encerrada a instrução criminal, fica superada a alegação de constrangimento por excesso de prazo.*

A soma dos prazos para a instrução criminal não pode exceder o prazo legal. Se a instrução se encerra, então, não há constrangimento.

A instrução compreende os atos processuais anteriores à sentença. Não se admite o retardamento injustificável.

V. Súmula STJ-64.

53. Compete à Justiça Comum Estadual processar e julgar civil acusado de prática de crime contra instituições militares estaduais.

A Constituição distingue a competência da Justiça Militar para julgamento dos crimes militares definidos em lei (CF/1988, art. 124) da competência da Justiça Militar estadual para julgamento dos crimes militares praticados por policiais militares e bombeiros militares (CF/1988, art. 125, § 4º).

O enunciado dirige-se à hipótese de o civil cometer crime contra a Polícia Militar ou Corpo de Bombeiros Militar. Não prevalece a competência do art. 125, § 4º, da CF/1988.

V. Súmula STJ-90.

54. Os juros moratórios fluem a partir do evento danoso, em caso de responsabilidade extracontratual.

Segundo o CC/2002, art. 398 (CC/1916, art. 962), nas obrigações provenientes de ato ilícito ("delito" no art. 962 do CC/1916) o devedor está em mora a partir do fato. A doutrina engloba no conceito de "delito" também o ato ilícito (Clóvis Beviláqua, *Teoria Geral do Direito Civil*, 3ª ed., p. 290; Carvalho Santos, *Código Civil*, vol. 12, p. 373; Orosimbo Nonato, *Curso de Obrigações*, 2ª Parte, vol. I, p. /326).

A Súmula STF-163 não se aplica à hipótese porque lá a obrigação é ilíquida (Yussef Said Cahali, *Responsabilidade Civil do Estado*, 2ª ed., 2ª tir., São Paulo, Malheiros Editores, 1996, p. 259).

V. CC/2002, art. 405.

55. Tribunal Regional Federal não é competente para julgar recurso de decisão proferida por juiz estadual não investido de jurisdição federal.

Se o juiz estadual julga causa de interesse da União, autarquia federal ou empresa pública federal, o recurso está sujeito ao TRF (hipótese da CF/1988, art. 108, II – juiz estadual no exercício da competência federal). Se o juiz estadual não está no exercício da competência federal, mas julga causa de interesse da União, cabe recurso ao Tribunal de Justiça.

56. Na desapropriação para instituir servidão administrativa são devidos os juros compensatórios pela limitação de uso da propriedade.

A instituição de servidão administrativa (em geral, passagem de rede elétrica, oleoduto etc.) acarreta ônus real de uso, de natureza pública (Hely Lopes Meirelles, *Direito Administrativo Brasileiro*, 37ª ed., São Paulo, Malheiros Editores, 2011, p. 674). Ainda que se afirme a possibilidade (no campo) de plantações, tal medida limita ou restringe o uso da propriedade. Os juros compensatórios são pagos pelos obstáculos ao uso do direito de propriedade.

V.: Súmula STF-618; STJ, REsp 750.988.

57. Compete à Justiça Comum Estadual processar e julgar ação de cumprimento fundada em acordo ou convenção coletiva não homologados pela Justiça do Trabalho.

A Justiça do Trabalho julga os litígios decorrentes da relação de trabalho. Outrossim, julga os litígios decorrentes do cumprimento de suas próprias decisões (CF/1988, art. 114). Na hipótese, o acordo ou convenção não foram homologados.

58. Proposta a execução fiscal, a posterior mudança de domicílio do executado não desloca a competência já fixada.

O princípio da *perpetuatio jurisdictionis* não admite a alteração da competência se há alteração do domicílio do executado, porque a competência é determinada no momento da propositura da ação (CPC/1973, art. 87).

59. Não há conflito de competência se já existe sentença com trânsito em julgado, proferida por um dos juízes conflitantes.

O conflito ocorre entre juízes competentes (positivo) ou incompetentes (negativo). Se há sentença com trânsito em julgado, não há demanda em curso; não há, pois, disputa de competência.

60. É nula a obrigação cambial assumida por procurador do mutuário vinculado ao mutuante, no exclusivo interesse deste.

O enunciado envolve a situação criada pelo mandato, em contrato bancário, outorgado por mutuário a empresa pertencente a grupo financeiro do mutuante, que emitira cambial em nome do devedor; no entanto, o interesse único é do mutuante – no caso, a instituição financeira.

Juridicamente, há uma condição potestativa vedada (CC/2002, art. 122; CC/1916, art. 115), porque submete à vontade do credor a emissão da cambial (CC/2002, art. 121; CC/1916, art. 117).

61. O seguro de vida cobre o suicídio não premeditado.

A controvérsia surgiu do parágrafo único do art. 1.440 do CC/1916 (o citado parágrafo único não tem correspondência no Código de 2002; v. CC/2002, art. 798 e parágrafo único), ao entender como morte voluntária (provocada) o suicídio premeditado, excluindo, assim, a validade do seguro de vida destinado à morte involuntária.

É difícil avaliar as condições do chamado suicídio voluntário (premeditado), mas é certa a circunstância daquele seguro feito às vésperas, ou antecedente simultâneo ao suicídio.

V.: Súmula STF-105.

62. Compete à Justiça Estadual processar e julgar o crime de falsa anotação na Carteira de Trabalho e Previdência Social, atribuído a empresa privada.

A Carteira Profissional é emitida pelo Ministério do Trabalho. Entretanto, as anotações sobre ela, se falsas, atingem o empregado, não havendo falsidade material.

63. São devidos direitos autorais pela retransmissão radiofônica de músicas em estabelecimentos comerciais.

A anterior Lei dos Direitos Autorais (Lei 5.988/1973, art. 73; v. Lei 9.610, de 19.2.1998, art. 7º, V) estipulava a cobrança desses direitos na transmissão de composição musical, com letra ou sem ela, ou obra assemelhada. A controvérsia está na difusão da música, por meio de rádio ou assemelhado, em estabelecimento comercial. Discute-se da necessidade de lucro (direto ou indireto), da vantagem ou não. Inclina-se o enunciado por serem devidos os direitos pelo conforto, lazer, ambientação do estabelecimento, e não somente pelo lucro (Lei 9.610/1998, art. 68, § 3º).

V. Súmula STJ-261.

64. Não constitui constrangimento ilegal o excesso de prazo na instrução provocado pela defesa.

Se o obstáculo propiciado pela parte e seu defensor acarretar excesso de prazo na instrução, não pode ser invocado como constrangimento ilegal.

V. Súmula STJ-52.

65. O cancelamento previsto no art. 29 do Decreto-lei 2.303, de 21.11.1986, não alcança os débitos previdenciários.

Esse dispositivo legal objetivava os débitos com a Fazenda Nacional (União Federal), e não da autarquia previdenciária.

66. Compete à Justiça Federal processar e julgar execução fiscal promovida por conselho de fiscalização profissional.

Os conselhos profissionais são autarquias federais; logo, estão subsumidos no art. 109, I, da CF/1988.

67. Na desapropriação, cabe a atualização monetária, ainda que por mais de uma vez, independente do decurso de prazo superior a um ano entre o cálculo e o efetivo pagamento da indenização.

O presente enunciado amplia o texto da Súmula STF-561, para adequá-la à realidade inflacionária, porquanto entre o cálculo e o pagamento sempre há espaço de tempo lesivo ao expropriado. Numa inflação galopante, como ocorria na época, qualquer mês a mais já é suficiente ao prejuízo. Por isso, é possível a atualização mais de uma vez.

V. Súmula STJ-43.

68. A parcela relativa ao ICM inclui-se na base de cálculo do PIS.

Do voto do Min. Garcia Vieira no REsp 16.841 verifica-se a orientação do enunciado:

"Estabelece o art. 3º da Lei Complementar n. 7/1970 constituir-se o Fundo de Participação de duas parcelas, a primeira mediante dedução do Imposto de Renda e a segunda com recursos próprios da empresa, calculados com base no faturamento. O ICM incide sobre valor da mercadoria, compõe o seu preço e integra o faturamento da empresa. Deste fazem parte também as despesas com impostos e outras despesas, pagas pelo comprador. Assim, a contribuição social da empresa, calculada com base no seu faturamento, nos termos da citada

Lei Complementar n. 7/1970, é calculada sobre o total das vendas, de sua receita bruta, composta também do ICM. Se este está incluído no preço da mercadoria, não se pode excluí-lo da base de cálculo do PIS.

"Não se pode pretender dar igual tratamento ao ICM e ao IPI (Súmula 161 do TFR) ou ao antigo IVC (Súmula 125 do STF). O extinto TFR solidificou o seu entendimento, na Súmula n. 161, de que 'não se inclui na base de cálculo do PIS a parcela relativa ao IPI', por considerar as particularidades próprias deste, e não do ICM. No Programa de Integração Social houve a preocupação de valorizar a participação dos empregados nos lucros das empresas."

69. *Na desapropriação direta, os juros compensatórios são devidos desde a antecipada imissão na posse, e na desapropriação indireta, a partir da efetiva ocupação do imóvel.*

V. comentários às Súmulas STF-164 e 345 e STJ-12, 70 e 114.

70. *Os juros moratórios, na desapropriação direta ou indireta, contam-se desde o trânsito em julgado da sentença.*

Os juros compensatórios têm como pressuposto a impossibilidade da utilização do imóvel, ao passo que os juros moratórios objetivam a sanção ao retardamento no pagamento da indenização, que tem como marca o trânsito em julgado.

V. Súmulas STF-164 e 345 e STJ-12 e 114.

71. *O bacalhau importado de País signatário do GATT é isento do ICM.*

O Acordo sobre Tarifas exclui a incidência tributária sobre produto importado de País signatário do GATT (Acordo Geral sobre Tarifas e Comércio, substituído pelo Tratado da OMC) com similar nacional.

Dá-se o peixe salgado e seco como similar ao bacalhau, aquele com isenção do ICM.

V.: Súmulas STF-575 e STJ-20; REsp 209.069, *DJU* 20.9.1999.

72. *A comprovação da mora é imprescindível à busca e apreensão do bem alienado fiduciariamente.*

Dispõe o art. 3º do Decreto-lei 911, de 1.10.1969, que a concessão liminar da busca e apreensão na alienação fiduciária depende da comprovação da mora ou do inadimplemento do devedor, feita por carta registrada expedida através de Cartório de Títulos e Documentos ou pelo protesto do título (art. 2º).

73. *A utilização de papel-moeda grosseiramente falsificado configura, em tese, o crime de estelionato, da competência da Justiça Estadual.*

A falsificação grosseira tem como objeto iludir, primariamente, quem recebe a cédula. Caracteriza-se estelionato, e não crime de moeda falsa (CComp 79.889).

74. *Para efeitos penais, o reconhecimento da menoridade do réu requer prova por documento hábil.*

Segundo o art. 115 do CP, os prazos de prescrição reduzem-se à metade se o réu tiver menos de 21 anos à data do delito. Também pelo art. 65 do CP, "são circunstâncias que sempre atenuam a pena: I – ser o agente menor de 21 (vinte e um), na data do fato, ou maior de 70 (setenta) anos, na data da sentença; (...)". Para esse benefício é necessário prova cabal (Damásio E. de Jesus, *Código de Processo Penal Anotado*, nota ao art. 155).

75. *Compete à Justiça Comum Estadual processar e julgar o policial militar por crime de promover ou facilitar a fuga de preso de estabelecimento penal.*

Os estabelecimentos prisionais não estão sujeitos à administração militar, não se caracterizando, assim, crime militar.

76. *A falta de registro do compromisso de compra e venda de imóvel não dispensa a prévia interpelação para constituir em mora o devedor.*

Segundo o Decreto-lei 745, de 7.8.1969, é necessária a interpelação judicial ou por intermédio do Cartório de Registro de Títulos e Documentos para a constituição do promissário comprador em mora. Não exige o registro da promessa (*RSTJ* 115/187).

77. *A Caixa Econômica Federal é parte ilegítima para figurar no polo passivo das ações relativas às contribuições para o Fundo PIS/PASEP.*

A CEF é mera arrecadadora do PIS. Logo, não é parte passiva em demandas relativas ao PIS/PASEP.

78. Compete à Justiça Militar processar e julgar policial de corporação estadual, ainda que o delito tenha sido praticado em outra unidade federativa.

A competência é da Justiça Militar do Estado ao qual pertence o policial. Ela é o juiz natural, por força da CF/1988, art. 125, § 4º.

79. Os bancos comerciais não estão sujeitos a registro nos Conselhos Regionais de Economia.

A atividade básica dos bancos comerciais não é econômica, e sim função financeira, controlada pelo Banco Central.

80. A Taxa de Melhoramento dos Portos não se inclui na base de cálculo do ICM.

Esta taxa tem característica tributária, e não de despesa aduaneira (preço), prevista no Decreto-lei 406/1968, art. 2º, IV, para fins de cálculo do ICM.

81. Não se concede fiança quando, em concurso material, a soma das penas mínimas cominadas for superior a dois anos de reclusão.

Para a concessão da fiança há a soma das penas, que não podem ser consideradas isoladamente (Damásio E. de Jesus, *Código de Processo Penal Anotado*, 7ª ed., art. 323).

82. Compete à Justiça Federal, excluídas as reclamações trabalhistas, processar e julgar os feitos relativos a movimentação do FGTS.

Não existe litígio trabalhista sobre movimentação do FGTS; logo, exclui-se a competência da Justiça do Trabalho, prevalecendo a da Justiça Federal.

83. Não se conhece do recurso especial pela divergência quando a orientação do tribunal se firmou no mesmo sentido da decisão recorrida.

V.: Súmula STF-286; Luiz Fux, *Curso de Direito Processual Civil*, 2001, p. 942; Araken de Assis, *Manual dos Recursos*, 2ª ed., São Paulo, Ed. RT, 2008, p. 813.

84. **É admissível a oposição de embargos de terceiro fundados em alegação de posse advinda do compromisso de compra e venda de imóvel, ainda que desprovido do registro.**

O promitente comprador é terceiro possuidor (CPC/1973, art. 1.046, § 1º). Logo, para a defesa da posse é-lhe permitida a utilização dos embargos de terceiro. Como defesa da posse, e não da propriedade, desnecessário o registro do título aquisitivo.

V.: Súmulas STF-621 e STJ-239; Teresa Arruda Alvim Wambier, *Controle das Decisões Judiciais*, São Paulo, Ed. RT, 2002, p. 108.

85. **Nas relações jurídicas de trato sucessivo em que a Fazenda Pública figure como devedora, quando não tiver sido negado o próprio direito reclamado, a prescrição atinge apenas as prestações vencidas antes do quinquênio anterior à propositura da ação.**

Observou, para o caso, o Min. Luiz Vicente Cernicchiaro, no REsp 29.448-8: "Há a perda do direito substancial quando a prescrição atinge o direito público subjetivo de pedir a intervenção do Estado, tendo-se a lide como objeto. Há a perda ao direito das prestações quando o direito material permanece intacto. Afetada será apenas a percepção dos efeitos que têm como causa aquele direito".

A prescrição atinge as prestações na medida dos vencimentos (Decreto 20.910, de 6.1.1932, art. 3º).

V.: Súmula STF-443; Luiz Fux, *O Novo Processo de Execução*, Rio de Janeiro, Forense, 2007, p. 132.

86. **Cabe recurso especial contra acórdão proferido no julgamento de agravo de instrumento.**

Não sendo de mérito a controvérsia versada em agravo de instrumento, caracterizar-se-ia como causa para o recurso especial?

Entendeu a Corte que sim, porque no conceito de "causas" estão todas as questões apreciadas em última ou única instância pelos tribunais (Roberto Rosas, "A causa como pressuposto do recurso", in *Recursos no Superior Tribunal de Justiça*, p. 209; Cássio Scarpinella Bueno, *Liminar em Mandado de Segurança*, 2ª ed., São Paulo, p. 309).

87. **A isenção do ICMS relativa às rações balanceadas para animais abrange o concentrado e o suplemento.**

A isenção é ampla em relação às rações balanceadas para animais, principalmente no alcance do Decreto 76.986/1976, que regulamentou a Lei 6.198/1974, que dispôs sobre a inspeção de produtos destinados à alimentação animal (art. 4º, § 1º). Entende-se como ração balanceada a ração animal, o concentrado e o suplemento. O Decreto 76.986/1976 foi revogado pelo Decreto 6.296, de 11.12.2007, que não dispõe sobre a matéria.

88. São admissíveis embargos infringentes em processo falimentar.

O Min. Cláudio Santos, no REsp 4.155, faz amplo estudo de tema controvertido na doutrina e na jurisprudência:

"Efetivamente a Lei de Falências em vigor *[Decreto-lei 7.661, de 21.6.1945]* é omissa, ao contrário da anterior. Nessa não havia lugar para embargos de nulidade e infringentes, di-lo M. Seabra Fagundes, em seu clássico *Dos Recursos Ordinários em Matéria Civil* (Rio, Forense, 1946, p. 406). É que aquela lei (Decreto n. 5.746, de 9.12.1929), em seu art. 188, § 1º, expressamente pronunciava 'não poderão ser opostos outros embargos que os de simples declaração' nas questões falimentares. Mesmo assim, Seabra Fagundes prelecionava: 'Contudo, há uma ação especial disciplinada na Lei Falimentar, cuja decisão, na instância superior, comporta embargos. É a ação revocatória de atos do falido. O julgado de primeira instância nessa demanda dá lugar à apelação, e isto, ao mesmo tempo em que afasta a restrição do art. 188, § 2º, da Lei de Falências, que só veda embargos de nulidade e infringentes quando o recurso anterior for agravo, enseja a aplicação do art. 833 do CPC, *[CPC/1939; CPC/1973, art. 530]* que só permite os embargos à decisão das Turmas de Apelo' (ob. cit., p. 497).

"Poder-se-ia objetar que a Lei de Quebras atual, apesar de omissa, é ordenamento especial de natureza comercial e processual, razão por que não se aplicaria o Código de Processo Civil. Por outro lado, a celeridade do processo estaria a recomendar a vedação do manejo de tal recurso. São as mesmas razões a embasar o entendimento da inaplicabilidade dos embargos infringentes no mandado de segurança, matéria já sumulada pelo Pretório Excelso, no verbete n. 597, a saber: 'Não cabem embargos infringentes de acórdão que, em mandado de segurança, decidiu, por maioria de votos, a apelação'.

"*Data venia*, ouso divergir do entendimento da Corte Maior, e o faço na boa companhia do professor Celso Agrícola Barbi (...) (*RT* 481/11), de Egas Moniz de Aragão (*Ajuris* 10/156), de Jacy de Assis (ob. cit., pp. 90-97), de Arruda Alvim (*RePro* 3/192), do eminente Min. José Néri da Silveira, quando integrante do TFR (*apud* Roberto Rosas, em *Direito Sumular*) e do douto processualista Des. J. C. Barbosa Moreira, em voto no julgamento dos EI na ACi n. 5.856, de dezembro de 1978."

V. art. 189 da Lei 11.101, de 9.2.2005.

89. A ação acidentária prescinde do exaurimento da via administrativa.

A exigência do esgotamento seria a superação do princípio do juiz natural (CF/1988, art. 5º, XXXV). Aliás, o STF na década de 70 do século passado considerou inconstitucional tal esgotamento.

V. Súmula STF-552.

90. Compete à Justiça Estadual Militar processar e julgar o policial militar pela prática do crime militar, e à Comum pela prática do crime comum simultâneo àquele.

Há infrações penais diversas, acarretando a competência das duas Justiças.

V.: Lei 9.299, de 7.8.1996; Súmula STJ-53.

91. Compete à Justiça Federal processar e julgar os crimes praticados contra a fauna.

Súmula cancelada em 8.11.2000 pela 3ª Seção (*DJU*-I 27.11.2000).

Tal previsão está na Lei 7.653, de 12.2.1988, como ofensa a bens da União (CF/1988, art. 109, IV). A Lei 9.605, de 12.3.1998, não prevê tal competência.

92. A terceiro de boa-fé não é oponível a alienação fiduciária não anotada no certificado de registro do veículo automotor.

Antes da vigência da Lei 10.931/2004, que revogou o art. 66, § 1º, da Lei 4.728, de 14.7.1965, o instrumento do contrato de alienação fiduciária devia ser arquivado no Registro de Títulos e Documentos (Lei 4.728, de 14.7.1965, art. 66, § 1º, com a redação dada pelo Decreto-lei 911, de 1.10.1969). Sem isso, não valeria contra terceiros. O STJ entendeu que não cabia ao DETRAN afastar essa exigência de necessidade da inscrição do instrumento de alienação fiduciária (REsp 34.957; REsp 226.856).

93. A legislação sobre cédulas de crédito rural, comercial e industrial admite o pacto de capitalização de juros.

A regra da impossibilidade da capitalização de juros (art. 4º do Decreto 22.626/1933, revogado tacitamente pela Lei 4.595/1964) não se aplicava a esta hipótese, porque o Decreto-lei 167, de 14.2.1967 (art. 5º), admite, especialmente, a capitalização (v. Medida Provisória 2.170-36/2001).

V. Súmulas STF-121 e 596.

Na ADI 2.316 discute-se o art. 5º da Medida Provisória 2.170-36, de 23.8.2001.

94. A parcela relativa ao ICMS inclui-se na base de cálculo do FIN-SOCIAL.

Discute-se se a parte referente ao ICMS paga ao Estado também integra o conjunto que formará a base de cálculo do PIS e FINSOCIAL. Para excluí-la, argumenta-se que a base de cálculo desses tributos federais relaciona-se com faturamento, e o tributo estadual não. Entretanto, como o ICMS é tributo cobrado sem destaque, e sim no conjunto, atinge, assim, o faturamento.

V. Súmula do TFR-58.

95. A redução da alíquota do Imposto sobre Produtos Industrializados ou do Imposto de Importação não implica redução do ICMS.

A legislação tributária (Lei Complementar 4/1969, art. 1º, VI) dá isenção de pagamento de ICM sobre mercadoria isenta de Imposto de Importação. Questiona-se se a redução de alíquota equivale a isenção. Não se trata, sequer, de isenção parcial, razão pela qual não há extensão do benefício.

V. Lei Complementar 87, de 13.9.1996, art. 3º, II.

96. O crime de extorsão consuma-se independentemente da obtenção da vantagem indevida.

Caracterizada como crime formal, a extorsão independe da consumação, isto é, que tenha produzido resultado. A interpretação do art. 158 do CP já conduz a esse raciocínio, porque é suficiente o constrangimento da vítima, ainda que não haja vantagem.

97. Compete à Justiça do Trabalho processar e julgar reclamação de servidor público relativamente a vantagens trabalhistas anteriores à instituição do Regime Jurídico Único.

Entenda-se esse enunciado como a obtenção de vantagens (regime celetista) anteriores à Lei 8.112, de 11.12.1990, que instituiu o Regime Jurídico Único. Entretanto, o STF (ADI 492) decidiu que a Justiça do Trabalho é incompetente para o julgamento dos dissídios individuais de servidor público estatutário.

98. Embargos de declaração manifestados com notório propósito de prequestionamento não têm caráter protelatório.

A finalidade dos embargos declaratórios é expressa no Código de Processo Civil: não têm caráter infringente, ou muito menos trazem matéria não discutida – o que caracteriza, muitas vezes, protelação. Entretanto, insiste-se muito, no recurso especial, na exigência do prequestionamento, Ora, se a matéria foi questionada e não apreciada pelo acórdão, evidente a omissão, e válido o socorro aos embargos. Importante, assim, é separar a hipótese de cabimento, e de inevitabilidade de sua interposição, daquela meramente procrastinatória. A salvo da crítica, portanto, aqueles embargos para ressaltar ou estabelecer o prequestionamento, imunes à multa prevista no CPC/1973, art. 538, parágrafo único.

O pressuposto dos embargos de declaração está na omissão, obscuridade ou contradição. Tais circunstâncias ou decorrem de matéria suscitada e não apreciada no acórdão (omissão), ou surgem do próprio acórdão. Entretanto, tais embargos não servem para discutir matéria não questionada anteriormente. Mas, se da contradição ou da obscuridade surge qualquer negativa de vigência de lei, não há necessidade dos embargos, porque a controvérsia surge do próprio acórdão (v. Antônio de Pádua Ribeiro, "Do recurso especial para o STJ", in *Recursos no Superior Tribunal de Justiça*, São Paulo, Saraiva, p. 54).

V.: Súmula STJ-211; *RSTJ* 110/241.

99. O Ministério Público tem legitimidade para recorrer no processo em que oficiou como fiscal da lei, ainda que não haja recurso da parte.

O CPC/1973, art. 499, § 2º, dá ao Ministério Público legitimidade para recorrer. Entretanto, pergunta-se: na ausência de recurso da parte, poderá recorrer como fiscal da lei? A faculdade é ampla.

V. Súmula STJ-226.

100. *É devido o Adicional ao Frete para Renovação da Marinha Mercante na importação sob o regime de Benefícios Fiscais à Exportação (BEFIEX).*

No sistema BEFIEX o beneficiário desse Programa obriga-se a efetivar, em determinado prazo, um programa especial de exportação de produtos manufaturados, apresentando saldo positivo de divisas. Os benefícios fiscais previstos no Decreto-lei 1.219/1972 só consignam a isenção do IPI e do Imposto de Exportação.

V. Lei 10.206, de 23.3.2001.

101. *A ação de indenização do segurado em grupo contra a seguradora prescreve em um ano.*

Na prescrição ânua para reclamar o seguro estipula-se esse prazo na relação entre segurado e seguradora, afastada a interposição do empregador que instituiu o seguro em grupo.

V.: CC/2002, art. 206, § 1º, II; Súmula STJ-278.

102. *A incidência dos juros moratórios sobre os compensatórios, nas ações expropriatórias, não constitui anatocismo vedado em lei.*

A Constituição impõe a justa indenização em dinheiro (CF/1988, art. 5º, XXIV).

Esse enunciado entende os dois juros como de natureza diversa – e, portanto, podendo ser cumulados.

103. *Incluem-se entre os imóveis funcionais que podem ser vendidos os administrados pelas Forças Armadas e ocupados pelos servidores civis.*

A lei autorizadora da alienação dos imóveis funcionais da União exclui os imóveis residenciais destinados à ocupação por militares, excetuados, portanto, os ocupados por servidores civis.

104. *Compete à Justiça Estadual o processo e julgamento dos crimes de falsificação e uso de documento falso relativo a estabelecimento particular de ensino.*

O objeto do crime é o uso do documento falso perante pessoa jurídica privada. Ainda que esse documento devesse ser expedido por autoridade federal (por exemplo, certificado de alistamento militar), contra a pessoa da União nada foi praticado.

105. Na ação de mandado de segurança não se admite condenação em honorários advocatícios.

O tema do enunciado tem suscitado importantes opiniões, favoráveis e contra.

Indiscutivelmente, a natureza do mandado de segurança é de ação, e, portanto, sujeita à sucumbência. Destaque-se, aqui, que esta tem natureza de ressarcimento, e não de punição, não servindo, assim, ao Estado, que receberia a sucumbência como punição, e não ressarcimento. Ademais, o mandado de segurança foi instituído em 1933 a favor do cidadão, como ação constitucional, e, por isso, deve-se assegurar a maior liberdade ao impetrante.

Ora, quando se fala em sucumbência – e, portanto, no vencido –, veremos que não há essa concepção no mandado de segurança, que não tem *contestação*, e sim *informações*.

Outrossim, o mandado de segurança é impetrado contra ato de autoridade. Pergunta-se: quem pagaria os honorários se a segurança fosse concedida? A autoridade ou a pessoa jurídica?

Ora, como não há honorários em *habeas corpus* e pode haver na ação popular (por força de norma constitucional, art. 5º, LXXIII), deve-se dar a mais ampla liberdade ao impetrante, para que não seja tolhido com a possibilidade da condenação em honorários, se denegatória a sentença.

V.: Súmula STF-512; Carlos Alberto Menezes Direito, *Manual do Mandado de Segurança*, 4ª ed., p. 22; Lei do Mandado de Segurança 12.016, de 7.8.2009 (art. 25).

106. Proposta a ação no prazo fixado para o seu exercício, a demora na citação, por motivos inerentes ao mecanismo da Justiça, não justifica o acolhimento da arguição de prescrição ou decadência.

Segundo a regra processual do art. 219 e seus §§ 1º a 3º (estes com a redação dada pela Lei 8.952, de 13.12.1994), a citação válida interrompe a prescrição. A demora na citação poderia alcançar a prescrição, desde que não haja despacho ordinatório da citação, quando haverá a interrupção, que retroagirá à data da propositura da ação (art. 219, § 1º). Ora, cabe à parte a promoção da citação nos 10 dias seguintes ao despacho, podendo solicitar a prorrogação do prazo até 90 dias. Apesar disso tudo, o serviço forense pode inviabilizar a citação, não podendo ser debitada ao autor a demora – e, consequentemente, a prescrição ou decadência.

A referida Lei 8.952/1994, ao dar nova redação aos §§ 1º a 3º do art. 219 do CPC/1973, acolheu expressamente a tese do enunciado.

V. Súmula Vinculante STF-8.

107. Compete à Justiça Comum Estadual processar e julgar crime de estelionato praticado mediante falsificação das guias de recolhimento das contribuições previdenciárias, quando não ocorrente lesão à autarquia federal.

Quando o lesado é pessoa diversa da autarquia previdenciária a competência é da Justiça Estadual. Caracteriza-se, nessa modalidade delituosa, a falsificação por terceiros, sem qualquer participação de servidores da autarquia.

108. A aplicação de medidas socioeducativas ao adolescente, pela prática de ato infracional, é da competência exclusiva do juiz.

O Estatuto da Criança e do Adolescente (Lei 8.069/1990) determina que a autoridade principal regedora das normas nesse diploma especial é o juiz da infância e da juventude, cabendo-lhe a aplicação das medidas cabíveis por provocação do Ministério Público (art. 148, I).

109. O reconhecimento do direito a indenização, por falta de mercadoria transportada via marítima, independe de vistoria.

Ainda que a legislação reguladora da responsabilidade no transporte marítimo mencione a vistoria imediata de volumes ou carga em falta, tal disposição aplica-se na relação transportador/entidade portuária; tal não se aplica na relação transportador/importador (Decreto 64.387, de 22.4.1969, art. 1º, § 3º), porque a responsabilidade do transportador é objetiva, decorrendo do contrato. Se não há a presença da mercadoria, desde logo há a responsabilidade do transportador.

110. A isenção do pagamento de honorários advocatícios, nas ações acidentárias, é restrita ao segurado.

A Lei 8.213/1991 (art. 129, parágrafo único) estabelece a sucumbência somente para o acidentado, se vencedor na demanda acidentária. Discute-se, no entanto, se a entidade seguradora também tem direito à sucumbência. A legislação citada fixou o entendimento restrito, na linha da Súmula STF-234. A Constituição assegura a assistência judiciária gratuita aos necessitados (CF/1988, art. 5º, LXXIV), mas tal não se aplica ao segurador.

111. Os honorários advocatícios, nas ações previdenciárias, não incidem sobre as prestações vencidas após a sentença.

Em sessão de 27.9.2006 a 3ª Seção deliberou pela *modificação* desta Súmula. Era a seguinte a redação anterior: "Os honorários advocatícios, nas ações previdenciárias, não incidem sobre prestações vincendas" (*DJU* 3.10.2006, p. 281).

A ação previdenciária não tem apoio em ato ilícito, razão pela qual não se aplica a regra do CPC/1973, art. 20, § 5º, que fixa o valor da condenação como soma das prestações vencidas. Esta regra é dirigida à indenização por ato ilícito.

112. O depósito somente suspende a exigibilidade do crédito tributário se for integral e em dinheiro.

O Código Tributário Nacional não incluiu a fiança bancária dentre as hipóteses de suspensão da exigibilidade do crédito tributário, ao contrário da Lei 6.830/1980, na execução fiscal. No entanto, larga doutrina e jurisprudência passaram a admitir a fiança bancária para a suspensão, visto que se a execução fiscal, aparelhada em título executivo, aceita a fiança bancária, como não aceitá-la para a discussão (constitutiva ou declaratória) de uma relação jurídica tributária? Dessa forma, é mais interessante aguardar a execução fiscal e oferecer a fiança bancária como garantia. Ademais, como depositar integralmente em dinheiro, se o contribuinte exatamente discute a exigência?

V. Lei Complementar 104/2001, que acrescentou o inciso V ao art. 151 do CTN – a suspensão da exigibilidade do crédito tributário com "a concessão de medida liminar ou de tutela antecipada, em outras espécies da ação judicial".

113. Os juros compensatórios, na desapropriação direta, incidem a partir da imissão na posse, calculados sobre o valor da indenização, corrigido monetariamente.

Anteriormente a Súmula do TFR-74 fazia incidir os juros compensatórios a partir da imissão na posse, com cálculo até o laudo sobre o valor simples da indenização.

Esta Súmula do STJ esclarece uma circunstância decorrente do princípio constitucional da justa indenização, para estabelecer a incidência sobre o valor total do preço corrigido. Portanto, os juros são contados desde a imissão na posse até o efetivo pagamento atualizado.

V. Súmula STJ-114.

114. Os juros compensatórios, na desapropriação indireta, incidem a partir da ocupação, calculados sobre o valor da indenização, corrigido monetariamente.

Na desapropriação indireta, com a antecipação da imissão na posse, o proprietário vê-se desfalcado do bem sem o pagamento antecipado. Os juros compensatórios têm como finalidade corrigir essa perda imediata; e, por isso, incidem a partir da ocupação, inclusive com correção monetária.

V. Súmulas STF-164 e 345 e STJ-12, 69 e 113.

115. Na instância especial é inexistente recurso interposto por advogado sem procuração nos autos.

O Código de Processo Civil exige o instrumento do mandato para a postulação em juízo (CPC/1973, art. 37, c/c o art. 5º da Lei 8.906, de 4.7.1994). A falta da procuração torna inexistente o ato praticado.

116. A Fazenda Pública e o Ministério Público têm prazo em dobro para interpor agravo regimental no Superior Tribunal de Justiça.

Discute-se sobre a natureza do agravo regimental – se recurso. Assim entendido, aplica-se a regra do CPC/1973, art. 188, que dá prazo em dobro para a Fazenda Pública e o Ministério Público recorrerem.

V. Lei 8.950, de 13.12.1994, nova redação dos arts. 496, II, 532 e 545 do CPC/1973; Cândido Rangel Dinamarco, *A Reforma do Código de Processo Civil*, 5ª ed., São Paulo, Malheiros Editores, 2001, p. 51.

117. A inobservância do prazo de 48 horas, entre a publicação da pauta e o julgamento sem a presença das partes, acarreta nulidade.

Estabelecido que entre a pauta de julgamento publicada e a sessão de julgamento deve mediar o espaço de 48 horas (CPC/1973, art. 552, § 1º), e não contado o dia inicial, e sim o final, o início do prazo ocorre no primeiro dia útil seguinte. Tal controvérsia ocorre nas publicações às sextas-feiras: o início do prazo começa na segunda, e o julgamento será na quarta-feira.

V. Súmulas STF-310 e 392.

118. O agravo de instrumento é o recurso cabível da decisão que homologa a atualização do cálculo da liquidação.

Julgada a liquidação, há a execução, com a citação pessoal do devedor. Logo, se houvesse apelação, obstáculo estaria criado para a execução; daí o agravo de instrumento, não impeditivo à execução imediata. A Lei 8.898, de 29.6.1994, eliminou a liquidação por cálculo do contador, mantidas as liquidações por arbitramento e por artigos (CPC/1973, arts. 603 e ss.)

V. Luiz Fux, *O Novo Processo de Execução*, Rio de Janeiro, Forense, 2007, p. 62.

119. A ação de desapropriação indireta prescreve em 20 anos.

Com o apossamento administrativo do bem, e sua perda, há a possibilidade do uso da propriedade, dando a natureza de ação real à ação de desapropriação indireta. Não há somente ilícito da Administração (a determinar a prescrição quinquenal), e sim a retirada do bem, sem uso da propriedade.

O STF suspendeu o art. 10 da Medida Provisória 2.027-40 (atual MP 2.183-56, de 24.8.2001), que reduzia o prazo para cinco anos (ADI 2.260-1).

V. CC/2002, art. 205 – 10 anos.

120. O oficial de farmácia, inscrito no Conselho Regional de Farmácia, pode ser responsável técnico por drogaria.

A legislação pertinente admite tal equiparação.

121. Na execução fiscal o devedor deverá ser intimado, pessoalmente, do dia e hora da realização do leilão.

Na omissão da Lei 6.830/1980, aplica-se subsidiariamente o disposto no CPC/1973, art. 687, § 5º (com a redação do art. 687 e seus §§ de acordo com a Lei 8.953, de 13.12.1994), que manda intimar pessoalmente o devedor para a realização do leilão.

122. Compete à Justiça Federal o processo e julgamento unificado dos crimes conexos de competência federal e estadual, não se aplicando a regra do art. 78, II, "a", do Código de Processo Penal.

A competência especial fixada na Constituição para a Justiça Federal dá-lhe a condição especial sobre a competência geral (estadual) no julgamento de crimes conexos, infração penal em detrimento de bens, serviços ou interesses da União, e crime comum de julgamento pela Justiça Estadual.

V. Súmula STJ-38.

123. A decisão que admite, ou não, o recurso especial deve ser fundamentada, com o exame dos seus pressupostos gerais e constitucionais.

A motivação é regra geral de qualquer decisão judicial. No juízo de admissibilidade do recurso especial o presidente do tribunal (CPC/1973, art. 542, § 1º, com a redação dada pela Lei 8.950, de 13.12.1994) deve estabelecer as premissas da sua decisão, para não ficar a seu alvedrio aquela decisão, que pode não ser definitiva. Não basta a simples remessa, porque a criação desse juízo de admissibilidade foi etapa entre a total admissão e a total não admissão.

124. A Taxa de Melhoramento dos Portos tem base de cálculo diversa do Imposto de Importação, sendo legítima a sua cobrança sobre a importação de mercadorias de Países signatários do GATT, da ALALC ou ALADI.

O GATT foi substituído pela OMC.

A jurisprudência do STF deu natureza tributária de taxa à chamada Taxa de Melhoramento dos Portos, com pressupostos desse tributo (*RTJ* 127/334). Logo, diversos de imposto.

125. O pagamento de férias não gozadas por necessidade do serviço não está sujeito à incidência do Imposto de Renda.

O pagamento, ao empregado, das férias não gozadas, em dinheiro, por necessidade do serviço, não constitui renda, porque é pagamento como compensação pelo não lazer.

V. Súmula STJ-136.

Esta enunciado foi aplicado, por analogia, à indenização por danos morais. Apenas houve recomposição do patrimônio. Não há acréscimo patrimonial, apenas caráter indenizatório (REsp 410.347, rel. Min. Luiz Fux).

126. *É inadmissível recurso especial quando o acórdão recorrido assenta em fundamento constitucional e infraconstitucional, qualquer deles suficiente, por si só, para mantê-lo, e a parte vencida não manifesta recurso extraordinário.*

Se a parte constitucional não foi atacada em recurso extraordinário, há preclusão dessa matéria. Se ela é fundamento suficiente para, por si só, validar a decisão, ainda que provido o recurso especial, não poderia este ser admitido. Se o fundamento constitucional é irrecorrido, e plausível seria seu acolhimento, não é admitido o recurso especial.

V.: Súmula STF-528; Luiz Guilherme Marinoni, *Manual do Processo de Conhecimento*, São Paulo, Ed. RT, 2001, p. 561; Eduardo Arruda Alvim, *Direito Processual Civil*, 2ª ed., São Paulo, Ed. RT, 2008, p. 895; Araken de Assis, *Manual dos Recursos*, 2ª ed., São Paulo, Ed. RT, 2008, p. 819.

127. *É ilegal condicionar a renovação da licença de veículo ao pagamento de multa, da qual o infrator não foi notificado.*

Aplica-se o princípio do devido processo legal, dando-se ciência ao infrator. Sem esta, determinar-se-ia punição em razão de fato desconhecido do proprietário do veículo.

128. *Na execução fiscal haverá segundo leilão, se no primeiro não houver lanço superior à avaliação.*

O edital do leilão determina a realização de duas licitações. Na primeira há observância do lance mínimo (avaliação). Na segunda, qualquer valor (CPC/1973, art. 686, VI). Entretanto, se o valor é vil, insuficiente para a satisfação do débito, não será considerado (CPC/1973, art. 692). Tais regras são aplicadas subsidiariamente à execução fiscal (Lei 6.830/1980, art. 1º).

129. *O exportador adquire o direito de transferência de crédito do ICMS quando realiza a exportação do produto e não ao estocar a matéria-prima.*

O fato gerador do ICMS é a saída de mercadoria de estabelecimento industrial. Logo, somente ocorre esse fato gerador, na exportação, quando há a saída (para o Exterior) da mercadoria.

130. A empresa responde, perante o cliente, pela reparação de dano ou furto de veículo ocorridos em seu estacionamento.

A natureza jurídica da guarda de veículos em estabelecimentos (gratuita ou paga) é de depósito, e, consequentemente, há o dever de guarda e vigilância (Caio Mário da Silva Pereira, *Responsabilidade Civil*, n. 199; e Yussef Said Cahali, "Furto de veículos em estabelecimentos de *shopping center*", in *Shopping Center (Questões Jurídicas)*, São Paulo, Saraiva, p. 238). Admite-se, à luz do direito do consumidor, que haja contrato de consumo *sui generis*, visto que o estabelecimento oferece um serviço, fruto da comodidade e do interesse de captação da clientela.

Ademais, ainda que se ultrapasse a tese acima exposta, há a responsabilidade civil derivada da guarda do veículo.

131. Nas ações de desapropriação incluem-se no cálculo da verba advocatícia as parcelas relativas aos juros compensatórios e moratórios, devidamente corrigidas.

A base de cálculo dos honorários advocatícios é a diferença entre a oferta e a avaliação, ambas com correção monetária, além dos juros compensatórios e moratórios.

132. A ausência de registro da transferência não implica a responsabilidade do antigo proprietário por dano resultante de acidente que envolva o veículo alienado.

A Súmula STF-489 estabeleceu que a compra e venda de automóvel não podia ser oposta a terceiro se não fosse o contrato transcrito no Registro Público, por força do art. 129 da Lei de Registros Públicos. No entanto, a jurisprudência do STF abrandou tal diretriz, permitindo ao alienante a prova da tradição ainda que não haja o registro na repartição oficial, e muito menos o registro público (STF, *RTJ* 84/929; Álvaro Villaça Azevedo, in *RT* 743/109; Lei 9.503, de 23.9.1997, arts. 123, § 1º, e 134).

133. A restituição da importância adiantada, à conta de contrato de câmbio, independe de ter sido a antecipação efetuada nos 15 dias anteriores ao requerimento da concordata.

V. Súmulas STF-495 e STJ-36.

134. *Embora intimado da penhora em imóvel do casal, o cônjuge do executado pode opor embargos de terceiro para defesa de sua meação.*

A mulher casada pode encontrar-se diante da execução por dívida contraída pelo marido: intimada da penhora, ela pode oferecer embargos de devedor na parte da comunhão do bem e embargos de terceiro na parte relativa à meação. O cônjuge é terceiro quando defende sua meação (CPC/1973, art. 1.046, § 3º).

V. Luiz Fux, *O Novo Processo de Execução*, Rio de Janeiro, Forense, 2007, p. 90.

135. *O ICMS não incide na gravação e distribuição de filmes e videoteipes.*

Discute-se sobre a natureza da comercialização de filmes e videoteipes, se está na atividade de gravação e distribuição, porquanto a Lista anexa ao Decreto-lei 406/1968 inclui como atividade sujeita ao ISS a gravação e distribuição de filmes e videoteipes.

Argumenta-se, em contrário ao texto, que a comercialização dos filmes é venda desses produtos e, portanto, com transferência dos mesmos; e, assim, sujeita ao ICMS.

V. Súmula STF-662.

136. *O pagamento de licença-prêmio não gozada por necessidade do serviço não está sujeito ao Imposto de Renda.*

A licença-prêmio é estipulada como estímulo à assiduidade, decorre do trabalho, simples prêmio pela inexistência de faltas ao serviço; e não gozada porque a Administração necessitou dos serviços do beneficiário, e, portanto, indenização pelo não afastamento do serviço, não significa rendimento do trabalho.

V. Súmula STJ-125.

137. *Compete à Justiça Comum Estadual processar e julgar ação de servidor público municipal pleiteando direitos relativos ao vínculo estatutário.*

O servidor da Municipalidade postulante de direitos previstos no regime estatutário tem situação diversa do pleiteante de direitos oriundos do regime derivado da Consolidação das Leis do Trabalho.

Estes são apreciados na Justiça do Trabalho, e aqueles na Justiça Estadual.

138. O ISS incide na operação de arrendamento mercantil de coisas móveis.

1. Toda discussão sobre o tema deste enunciado está na conceituação de *leasing*, considerando-o ou não distinto da locação de bens e, consequentemente, incluído na Lista de Serviços (item 52) anexa ao Decreto-lei 406/1968 (v. Lei Complementar 116/2003).

2. A necessidade de utilização de certos equipamentos, máquinas etc. demanda capital que se imobilizará. A forma de aquisição desses equipamentos sem compra – isto é, um modo pelo qual se adquirem esses bens sem ônus excessivo – é forma capaz de atender a essa necessidade sem a imobilização de certo capital.

O instituto do *leasing* é forma atípica de financiamento dos meios de produção. Consiste na locação dos meios de produção, que são adquiridos por instituição financeira especializada, a pedido do empresário que vai explorá-los, mediante o pagamento de um percentual do valor ou do produto do seu trabalho, sem comprometer o capital de giro. Em vez de investir vultosas somas na compra de máquinas e veículos, o empresário os aluga a banco ou financeira, por prazo determinado e coincidente com o tempo presumido de sua depreciação.

As vantagens do *leasing* podem ser enumeradas: (a) libera recursos financeiros para a formação do capital de giro da empresa; (b) proporciona financiamento integral; (c) evita os riscos da obsolescência; (d) permite maior flexibilidade financeira da operação; (e) dá maior rapidez na obtenção do equipamento.

Façamos um esquema operativo do *leasing*:

O usuário procura a instituição operadora do *leasing*, pretendendo o arrendamento de certo bem, indicado com características. A instituição propõe as condições operativas, que redundarão no contrato de *leasing*. A instituição adquire, do fabricante ou representante, o bem e o arrenda ao interessado, que pagará a contraprestação durante certo número de anos. Ao fim desse prazo pode adquirir o bem.

Na Idade Média foi criada a "renda fundiária", permitindo a alienação de imóveis sem pagamento de preço à vista.

No Código Civil alemão há a chamada "dívida de renda" (*Rentenschuld*), pela qual uma dívida territorial pode ser constituída de modo que em termos periódicos regulares deva ser paga, à custa do prédio, determinada importância em dinheiro. Determina-se, então, a importância com o pagamento da qual a dívida pode ser resgatada (§ 1.199).

Também o Código suíço dispôs de forma semelhante sobre a chamada "letra de renda". O proprietário de um prédio onerado com uma letra de renda tem o direito de, no fim de cada período de seis anos, exigir o resgate da letra de renda (art. 850).

Durante a II Grande Guerra o Presidente dos Estados Unidos, Franklin Roosevelt, foi autorizado pelo Congresso, sob o *Lend-Lease Program*, instituído em 1941, a fornecer munições, armamentos e navios de guerra às Democracias europeias que combatiam a Alemanha nazista e seus aliados. Os bens e serviços americanos não eram vendidos, apesar de lhes ser transferida a posse. No momento havia mais necessidade que capacidade de pagamento. O acerto final, quanto às indenizações, era deixado para quando a Guerra terminasse.

Acabada, subsistiram por algum tempo os problemas por ela criados, especialmente os de ordem econômico-financeira. A incapacidade de pagamento persistia, agora acrescida pela premente necessidade da reconstrução. O aliado que ajudou a vencer o Nazismo devia ajudar a soerguer a economia dos povos que cederam seus territórios para a luta.

A ideia inicial da alocação de bens e serviços bélicos evoluiu à alocação de bens, capitais e equipamentos para a reconstrução, cuja expressão máxima consubstanciou-se no "Plano Marshall". Com o fim da Guerra, desejou-se recuperar o tempo perdido. E assim surgiu a moderna tecnologia, que trouxe, bem viva em si, uma das características da última conflagração universal, que foi a rapidez.

A indústria do Pós-Guerra parece que não pôde se libertar do reflexo de que tudo que se faz deve ser feito com a maior rapidez, sem perda da qualidade. Rapidez e eficiência vencem a Guerra e os mercados. A luta transferiu-se das frentes de batalha para os distritos industriais. Lá se usava armamento; aqui, equipamento. Entretanto, a moderna tecnologia traz um grande inconveniente, que é a rápida obsolescência dos instrumentos de produção.

A produção em massa, a contínua expansão dos mercados nacional e internacional, favorecida pela exacerbação da sociedade de consumo cada dia mais sofisticada e exigente, além de insaciável em suas crescentes necessidades, justificáveis ou não, aceleram o envelhecimento do maquinário, tornando antieconômicos os instrumentos de produção que não mais se adaptem às modernas exigências da tecnologia.

Esse rápido obsoletismo gerou, e continua gerando, a necessidade da reposição mais ou menos periódica dos equipamentos.

Isto cria problemas ao empresário, que se vê na contingência de destinar a esse setor grandes somas, que desfalcam a empresa de indispensável capital de giro. Os fundos instituídos para obviar tais necessidades são desatualizados pela inflação ou superados por injunções de forças transformadoras dos fenômenos econômico-sociais.

Se o *leasing* foi usado na guerra, por que não seria usado na paz, adaptado às circunstâncias? Assim é que se introduziu na moderna empresa esse atípico financiamento.

Em 1952 um industrial americano da Califórnia necessitava de máquinas para sua indústria de produtos alimentícios. Não tinha o capital para a execução. Então, pensou em alugar esse material. Dessa ideia, o industrial criou a empresa *US Leasing*, mais tarde ajudado pelo *Bank of America*, que possibilitou a ampliação do negócio.

Assim, os americanos iniciaram, há quase 60 anos, uma nova forma contratual: o *leasing*. A raiz da palavra origina-se do verbo inglês *to lease*, "alugar". Mas veremos mais adiante que não se trata simplesmente de locação.

Na França a primeira sociedade de *leasing* foi criada em 1962.

Tão importantes ficaram, que a lei de 2.7.1966 estabeleceu certas regras, entre elas a consideração do *leasing*, que na França é chamado de *crédit-bail* ("crédito-locação"). Diz a lei: "as operações de bens, de equipamentos, de materiais como ferramentas ou de bens imobiliários, para o uso profissional, especialmente comprados prevendo a referida locação pelas empresas, que continuam sendo as proprietárias, quando essa operação, seja qual for a sua denominação, vai dar ao locatário a faculdade de adquirir o todo ou parte dos bens alugados".

Na Inglaterra formou-se a *Airlease International*, exclusivamente destinada a arrendar às empresas que exploram o transporte aéreo de passageiros e carga os mais modernos aviões a jato. A empresa é formada por 10 dos maiores bancos e companhias financeiras da Grã--Bretanha. Os ingleses usam a expressão *hire-purchase* ("locação-venda"). Destacaremos os pontos de real importância dentro do instituto. É de se dizer que o *leasing* se assemelha em tudo a um arrendamento, exceto no objeto, que no arrendamento é sempre imóvel.

Em consequência, ao se redigir um contrato dessa natureza, parece-nos importante que se levem em consideração os seguintes aspectos:

(A) *Segundo os interesses do locador:* (1) especificação minuciosa dos bens de produção dados sob *leasing* à empresa. Em tal especificação devem constar: procedência; marca de fábrica; ano de fabricação; série; número ou expressão alfanumérica constante da identificação do material; (2) destinação e condições de uso do material objeto do contrato; (3) fixação das horas de trabalho a serem impostas ao material; (4) estabelecimento de sistema de fiscalização com vista ao cumprimento do n. 3; (5) estabelecimento de sistema de manutenção a ser empregado exclusivamente pelo locador mediante cronograma; (6) exigência da exclusividade no que se refere a reposição de peças ou a procedimento de eventuais reparos por parte da financeira ou sob sua supervisão; (7) exigência de capacitação para o manuseio dos instrumentos de produção; (8) pressão no sentido de que a empresa aceite as obrigações referentes ao contrato por prazo superior ao tecnicamente previsto como de vida útil do equipamento. A operação implica aluguel de 100% do valor da máquina; (9) pressão no sentido de que, para o cálculo final, sejam incluídas todas as despesas efetivamente feitas pela financiadora na soma total, sobre a qual incidirão os juros acordados e a correção monetária, se for o caso. Se a correção monetária for por taxa fixa não há problema; se for por índices variáveis é necessário um aditivo contratual específico para esse item; (10) exigência de garantias reais e pessoais dos diretores ou principais acionistas da empresa, no valor mínimo de 1,5 para cada 1; (11) observância estrita de que todas as exigências legais sejam cumpridas e de que todas as precauções asseguradoras dos direitos e interesses da financiadora sejam tomadas.

(B) *Segundo o locatário:* (1) concordar com as exigências do locador nos pontos em que a lei é estritamente observada e os interesses do emprego aconselhado pela técnica são reforçados. O capital de giro não fica comprometido; (2) contraditar todos os pontos em que o locador procurar se impor excessivamente, especialmente no item 9 da letra "A", em que deve ficar bem claro se o locador não praticou despesas supérfluas com viagens, peritagens, pareceres técnicos etc. não autorizadas pela empresa. Diminuição do Imposto de Renda pago pela empresa em relação àquele decorrente da depreciação normal; (3) tanto quanto possível, manter sua independência técnica e administrativa; (4) assinado o contrato, cumprir todas as cláusulas para que se evitem litígios que são contra os interesses de toda a sociedade.

3. Devemos acentuar que há dois tipos de *leasing*: o *financeiro* e o *operacional*.

O *leasing* financeiro é contrato de locação de bens em que o locatário se compromete a efetuar série de pagamentos ao locador, de forma que, no total, exceda o preço da venda à vista. O contrato não pode ser rescindido pelo locatário; também pode-se estabelecer cláusula de opção de compra do bem por parte do locatário.

Já o *leasing* operacional, ou *renting*, é contrato de locação de bens ou serviços que pode ser rescindido a qualquer instante pelo locatário (exemplos: aluguel de automóveis, serviço telefônico). É o praticado pelos fabricantes dos bens. Seu mecanismo é diverso do *leasing* financeiro, que é o *leasing* **stricto sensu**. Esta forma é chamada também *self-lease*, que é proibida pelo art. 2º da Lei 6.099, de 12.9.1974.

No *leasing* de intermediação a instituição transforma-se em intermediária entre o interessado e a empresa detentora do bem, é o suporte financeiro. Há contrato de mediação, e não de *leasing*. Acentua-se aqui a tese da natureza jurídica do *leasing* como mandato. Neste caso, sim. Nos demais, não.

Quanto ao objeto, o *leasing* distingue-se em *mobiliário* (é o mais comum) e *imobiliário* (edifícios, parques industriais, *shopping centers*). No *leasing* imobiliário a operação consiste na locação, a termo razoável, de um imóvel de uso profissional, comprado ou construído por uma sociedade financeira, segundo os desejos e indicações do locatário. Acorda-se, então, a opção de compra desse imóvel pelo locatário.

O *lease-back*, ou *"leasing a retro"*, merece estudo. O futuro arrendatário vende seus bens à instituição de *leasing*, que lhe aluga mediante *leasing*. Neste caso há o aumento de disponibilidade financeira do locatário, que disporá desse capital de giro. A Lei 6.099/1974 conhece essa forma de *lease-back*, declarando-a privativa das instituições financeiras (art. 9º: as operações de arrendamento mercantil contratadas com o próprio vendedor do bem).

A garantia ao contrato de *leasing* tem-se acentuado, levando o Instituto de Resseguros do Brasil a aceitar a cobertura aos equipamentos vinculados a operações de *leasing*, no ramo "Riscos Diversos". O seguro garante perdas e danos materiais por acidentes.

Na prática, o contrato de *leasing* contém cláusula dando ao locatário a opção de renovação do contrato ou de compra do equipamento por cerca de 10% do valor de compra.

4. Várias distinções são feitas para entendermos a natureza jurídica do *leasing*. Se o examinarmos, não o consideraremos como compra e venda. A compra e venda consiste na transferência definitiva do bem para o patrimônio do comprador, o que não ocorre no *leasing*. Poderá ocorrer se o locatário optar pela compra, mas após o uso.

Haveria mandato no *leasing*, pelo fato de o arrendador poder adquirir o bem segundo o pacto, expressamente? Haveria um mandato tácito dado pelo usuário e recebido pela sociedade de *leasing*, que permite a esta adquirir o material escolhido pelo usuário.

A oposição afirma que a escolha do material e a negociação das condições eventuais de contratos entre o usuário e a sociedade de *leasing* não fazem nascer obrigação a cargo do usuário.

Em conclusão, não podemos conceituar o contrato de *leasing* numa única categoria contratual. Pecaríamos por restrição.

O contrato de *leasing* é locação com promessa unilateral de venda. É locação com aluguel previamente fixado. É promessa unilateral de venda, porque o usuário não está obrigado à compra, nem daí decorrem prejuízos, ensejadores de perdas e danos, como ocorre na promessa bilateral de compra e venda.

Jacques Coillot critica essa conceituação porquanto deixa de lado o contrato feito entre a sociedade de *leasing* e o fornecedor. Ora, a relação sociedade/vendedor não é integrante do contrato de *leasing*; este é formado pelo locatário e pelo locador (sociedade de *leasing*). Como a sociedade adquirirá, não importa na relação contratual.

Também não há equivalência entre *leasing* e financiamento. Aqui há compra e venda a prestações. A Lei 6.099/1974 o considera nesta situação quando a aquisição pelo arrendatário de bens arrendados se fizer em desacordo com suas disposições (art. 11, § 1º).

Será o *leasing* mais frágil que a forma comum de empréstimos ou arrendamentos? A resposta está ligada à possibilidade de inadimplemento na operação do *leasing* e a perda do bem, caso ocorra o inadimplemento. Havendo o não pagamento, há a repetição do bem. Em consequência, os meios coercitivos podem dificultar a reaquisição do bem. Na alienação fiduciária o Decreto-lei 911, de 1.10.1969, deu os instrumentos de combate ao inadimplemento, com a busca e apreensão e a ação do depósito, esta de caráter violento e com a possibilidade de prisão civil.

Em São Paulo, o Juiz Paulo Restiffe Neto julgou procedente ação de reintegração de posse por ter o locatário descumprido sua principal obrigação, o pagamento da contraprestação. Havendo no contrato a cláusula resolutória expressa, o ajuste ficou resolvido de pleno direito. Não havendo a restituição do bem locado, tem o direito a reaver o bem, isto é, a posse direta.

Mas a ação de reintegração é demorada. Melhor seria a solução dada pelo Decreto-lei 911/1969 à alienação fiduciária em garantia, isto é, a busca e apreensão do bem lisado, e a ação de depósito (CPC/1973, art. 901). O Código de Processo Civil prevê o procedimento sumário nas causas que versam sobre a posse de coisas móveis (CPC/1973, art. 275, II, "a").

A promessa unilateral de venda tem por objetivo a opção de compra. Mas o *leasing* é contrato *intuitu personae*. Ele não admite sublocação ou cessão. A coisa deve ser empregada de acordo com seu objeto, não podendo sofrer outra finalidade, sob pena de desvirtuamento.

Havendo a falência do locatário, o locador tem direito à restituição da coisa segundo o art. 85 e parágrafo único da Lei 11.101, de 9.2.2005 (Lei de Recuperação de Empresas e de Falências; v. a anterior Lei de Falências, Decreto-lei 7.661, de 21.6.1945, arts. 76 e 166), mas a falência não resolve o contrato (art. 117 da Lei 11.101/2005; v. arts. 43 e 165 do Decreto-lei 7.661/1945). No entanto, o crédito do locador é crédito quirografário na execução coletiva.

A obrigação do locatário, caso não haja a compra, é de restituir a coisa, aplicando-se, por isso, o CC/2002, art. 238 (CC/1916, art. 869). Se a coisa se deteriora sendo culpado o locatário, poderá o locador exigir o equivalente ou aceitar a coisa no estado em que se ache, com direito a reclamar indenização das perdas e danos (CC/2002, arts. 234 e 236; CC/1916, art. 871, c/c o art. 867).

A responsabilidade do locatário ficará excluída pelos prejuízos resultantes de caso fortuito ou força maior caso não tenha se responsabilizado expressamente por esses fatos, que dificilmente ocorrerão, porquanto o locador não assumirá esse risco pela omissão de regra protetora (CC/2002, art. 393; CC/1916, art. 1.058).

Outro aspecto a ser observado no contrato do *leasing* diz respeito à cláusula penal, mais em obediência às regras gerais pertinentes à usura (CC/2002, art. 412; CC/1916, art. 920; e arts. 8º e 9º do Decreto 22.626/1933, revogado tacitamente pela Lei 4.595/1964).

No capítulo da execução observemos o inadimplemento do locatário, acima examinado, com a ação de reintegração de posse; também o inadimplemento da sociedade locadora que indefere o exercício da compra. Sendo a promessa unilateral de venda obrigação de fazer, será executada segundo o CPC/1973, art. 632.

O contrato de *leasing* é contrato comutativo. Logo, poderá ser invocado o vício redibitório por parte do locador e locatário como litisconsortes ativos contra o vendedor, e não do locatário contra o locador.

Os direitos e obrigações derivam do mesmo fundamento de fato (CPC/1973, art. 46, II) e existem entre ambos obrigações relativamente à demanda (CPC/1973, art. 46, I).

Ao concluirmos sobre a natureza jurídica do *leasing* devemos distinguir as várias características que poderão levar a várias conceituações, como contrato misto ou negócio jurídico coligado.

O contrato misto é resultado da combinação de elementos contratuais de diferentes espécies, formando um todo contratual. Há pluralidade de prestações e unidade de causa. No *leasing* não há unidade. Pode haver a locação sem aquisição final.

No negócio jurídico coligado há combinação de vários negócios. Há pluralidade de negócios, individualmente perfeitos, produzindo efeitos. Esses efeitos são dirigidos a uma realização. No negócio jurídico coligado não há contrato único. Dois contratos estão unidos entre si, são contratos coligados. Segundo Enneccerus, há união de contratos com dependência. Ambos os contratos condicionam-se quanto à existência e validade, ainda que sejam autônomos, formando uma unidade econômica. Um não pode existir sem o outro. Ora, no contrato de *leasing*, se houver somente locação, sem opção de compra, então, o contrato é de locação somente.

5. Tributação. O Ministério da Fazenda admitiu, por meio do Convênio ICMS-4, de 3.2.1997, a concessão de crédito fiscal nas operações de *leasing* e autorizou a isenção do ICMS na operação de venda do bem arrendado ao arrendatário, sendo certo que, para tanto, a empresa arrendadora deverá cadastrar-se no Cadastro Geral de Contribuintes do ICMS. Estabelece o art. 3º, VIII, da Lei Complementar 87/1996 que o ICMS será devido quando o bem arrendado for vendido ao arrendatário, ou seja, quando este exercer a opção de comprar o bem mediante o pagamento do valor residual estipulado no contrato.

O professor Roque Antônio Carrazza insurge-se contra a cobrança do ICMS nas operações de *leasing*:

"(...) no arrendamento mercantil inexiste venda de mercadoria, mas, apenas, um contrato, pelo qual uma parte (empresa de *leasing*, financiadora ou arrendadora) dispõe-se a adquirir, de terceiro, a pedido de outra parte (empresa financiada ou arrendatária), bens, para serem por esta última utilizados, por prazo determinado. Em tal contrato, a arrendatária assume o compromisso de, mediante certa remuneração, utilizar o bem, tendo o direito de, a final (isto é, esgotado o prazo pactuado), devolvê-lo, adquirir-lhe a propriedade (por um preço residual, de antemão fixado) *ou* renovar a avença, por remuneração menor. Portanto, fluído o prazo contratual, abrem-se, para o arrendatário, três possibilidades: I – comprar o bem; II – restituí-lo; ou III – renovar o *leasing*.

"Insistimos em que não há incidência de ICMS ainda quando o arrendatário exercita sua 'opção de compra', porquanto ela corresponde à última etapa do processo de financiamento, tributável, em tese, pela União (por meio de IOF). Ademais, já não há, aí, mercadoria, mas, apenas, um bem de uso, *extra commercium*.

"Entretanto, a Lei Complementar 87/1996, em seu art. 3º, VIII, prescreve: 'Art. 3º. O imposto não incide sobre: (...) VIII – operações de arrendamento mercantil, não compreendida a venda do bem arrrendado ao arrendatário'.

"Em que pese à circunstância de a lei complementar ter acertadamente estipulado que as operações de arrendamento mercantil refogem à tributação por meio de ICMS, errou ao estatuir que a venda do bem arrendado, quando o arrendatário faz a sua 'opção de compra', sofre a incidência desse tributo.

"É que, como vimos, ao ser exercitada a *opção de compra* não há mais mercadoria e, como se isto não bastasse, não ocorre nenhuma operação mercantil, mas, tão somente, uma operação de financiamento" (*ICMS*, 14ª ed., São Paulo, Malheiros Editores, 2009, pp. 145-146).

Luiz Mélega sustentou que não incide nas operações de *leasing* o ICMS, já que esse contrato, modalidade, que é, de arrendamento, está incluído, quanto aos móveis, no item 52 da Lista do ISS prevista no Decreto-lei 834/1969. Logo, havendo a incidência do ISS, exclui-se o ICMS (Decreto-lei 406/1968, art. 8º, § 1º).

Esta tese não é corroborada por Gláucio Veiga (**Leasing e Tributação**), e Fernando Coelho assevera a incidência do ICMS nas operações resultantes da venda efetuada pelo fabricante à empresa de *leasing*, e por esta ao arrendatário, quando este exercitar a opção de compra.

À saída do produto para locação será dada a tributação sobre 80% do valor, nos termos do art. 22 do RIPI. Mas será o *leasing* uma locação? Não. Nem o quis a Lei 6.099/1974 quando falou em arrendamento. É o texto da lei.

Segundo parecer Normativo da Coordenação do Sistema Tributário do Ministério da Fazenda (Parecer 529, de 10.8.1971, *DOU* 27.8.1971, p. 6.921) que sistematiza a cobrança do IPI no *leasing*, "a) o imposto é devido quanto aos equipamentos importados diretamente pela empresa de *leasing*. A ocasião é o desembaraço aduaneiro; b) se os bens forem adquiridos no mercado interno, de importação de terceiros, não há pagamento do imposto pela remessa dos bens ao arrendatário".

Dispõe a Lei 6.099/1974 que a base de cálculo para efeito do IPI corresponde ao preço do atacado desse bem na praça em que a empresa arrendadora estiver sediada (art. 18).

A Lei 6.099, de 12.9.1974, veio disciplinar esse assunto. Em primeiro lugar, cumpre discordar da conceituação do *leasing* como arrendamento mercantil, se bem que não seja fácil acharmos outra denominação. Como arrendamento não se caracteriza, pois – já foi dito e repetido – que o *leasing* quer algo mais que o arredamento, que é gêmeo da locação. Por outro lado, "mercantil" dá característica de mercancia, do lado oposto à operação financeira. Nesta polêmica centram-se as teses: o *leasing* é uma operação financeira ou mercantil?

Para os que o enquadram na operação mercantil, o *leasing* não compreende a captação de recursos financeiros, característicos do sistema monetário; até a grande mobilização de recursos não enquadraria o *leasing* entre as atividades financeiras. A discussão perde sentido porque a Lei 6.099/1974 (art. 7º) submeteu a fiscalização e o controle das operações de *leasing* ao Banco Central, aplicando-lhe as disposições da Lei 4.595/1964.

A lei não admite o chamado *self-lease*, isto é, o *leasing* contratado entre pessoas jurídicas direta ou indiretamente coligadas ou interdependentes, e o contratado com o próprio fabricante. O fabricante não pode contratar o arrendamento dos produtos de sua fabricação.

A sociedade coligada caracteriza a participação de sociedades no capital de outras. Essas sociedades podem ser controladas quando a sociedade de cujo capital outra sociedade possua mais de 50% do capital com direito de voto, ou esta sociedade esteja em poder de outra, mediante ações ou quotas possuídas por sociedade, ou sociedades, por essa outra já controlada. Também a sociedade é chamada de "filiada" quando outra sociedade possua de 10 a 50% do seu capital com direito a voto.

A lei somente admite o *leasing* entre pessoas jurídicas com a finalidade da entrega dos bens adquiridos a terceiros, para uso destes. Somente encaradas as operações realizadas ou por empresas arrendadoras que tenham como objeto principal de sua atividade o *leasing* ou que centralizem tais operações em um departamento especializado com escrituração própria.

A classificação patrimonial dos bens objeto das operações é feita mediante a escrituração em conta especial do ativo imobilizado da arrendadora. A pessoa jurídica arrendadora manterá registro individualizado, permitindo a verificação do fator determinante da receita e do tempo efetivo de arrendamento (sobre Imposto de Renda, v. REsp 148.229, *RSTJ* 117/356).

Os requisitos do contrato são fixados por lei. Examinemos.

(a) *Prazo do contrato* – A fixação do prazo para o *leasing* é importante, porquanto daí decorrem a determinação do pagamento mensal, a depreciação e o custo final aquisitivo pelo utilizador. A diferença é substancial quando há *leasing* financeiro e *leasing* industrial. O primeiro não tem as mesmas finalidades do segundo. A indústria, em regra, tem um departamento de vendas, enquanto no *leasing* financeiro o operador escolhe o prazo segundo a vida econômica do bem em questão, ou cobra do arrendatário a maior parte do custo do bem durante o arrendamento, ainda que o prazo seja menor que a vida econômica do bem.

O prazo, em média, é de três a cinco anos, equivalente ao período de depreciação do bem, e de sua natureza.

(b) *Valor da contraprestação* – Esse valor consiste no pagamento feito pelo arrendatário do bem. A lei fixou o cálculo máximo do valor até seis meses, isto é, da forma mais comum – mensal, até semestral. Não se especificou a correção monetária, omissão lamentável.

(c) *Opção de compra ou renovação* – Aqui está o ponto capital diferenciador do *leasing* das outras formas contratuais. O utilizador do bem tem opção de compra da coisa ao final do contrato ou, então, à renovação do contrato. Está aí uma promessa unilateral de venda. É unilateral porque o arrendatário pode não utilizá-la.

(d) *Preço para opção de compra ou critério para sua fixação* – Havendo a opção, ínsita no contrato de *leasing*, obviamente fixa-se um critério de preço, ou o próprio preço, que é o chamado *custo de aquisição* (art. 15, parágrafo único da Lei 6.099).

Não se pode deixar ao arbítrio do arrendador a fixação do preço, pois estaríamos diante de condição potestativa, obstada pelo CC/2002, art. 122 (CC/1916, art. 115, *in fine*), ou pelo menos diante de cláusula leonina ou contrato leonino.

As operações de *lease-back* – isto é, aquelas contratadas entre o vendedor do bem e o financiador – são privativas das instituições financeiras.

Os aspectos internacionais são importantes, porque várias opiniões se opuseram à permissão operacional de instituições estrangeiras em *leasing*.

O arrendamento internacional, regulado pelo Conselho Monetário e Banco Central, obriga o registro no Banco Central dos contratos de *leasing* celebrados com entidades com sede no Exterior. Não se admite também o registro de admissão temporária à entrada de bens objeto de *leasing* contratado com entidades sediadas no Exterior, estando essa operação sujeita à tributação comum.

Essa limitação à atuação estrangeira decorre da estrutura do sistema financeiro consolidado pelas Leis 4.595/1964 e 4.728/1965 no sentido do prestígio às instituições nacionais.

Não tem aplicação ao *leasing* o art. 567 do CC/2002 (CC/1916, art. 1.190), que defere ao locatário a redução proporcional do aluguel ou a rescisão do contrato caso haja deterioração da coisa alugada.

V.: Lei Complementar 87, de 13.9.1996, art. 3º, VIII, e Lei Complementar 116, de 31.7.2003; José Augusto Delgado, *Leasing – Doutrina e Jurisprudência*, Curitiba, Juruá, 2001, p. 135; Aires F. Barreto, "O ISS e o arrendamento mercantil (*leasing*) – Dimensão jurídica do tributo", in *Estudos em Homenagem a Dejalma de Campos*, 2003, p. 73; José Francisco Lopes de Miranda Leão, **Leasing** – *O Arrendamento Financeiro*, 2ª ed., São Paulo, Malheiros Editores, 2000, p. 81.

139. *Cabe à Procuradoria da Fazenda Nacional propor execução fiscal para cobrança de crédito relativo ao ITR.*

A representação da União na execução da dívida tributária é da Procuradoria da Fazenda Nacional (CF/1988, art. 131, § 3º; Lei 8.022, de 12.4.1990, art. 1º; Lei 8.383, de 30.12.1991, art. 67).

140. *Compete à Justiça Comum Estadual processar e julgar crime em que o indígena figure como autor ou vítima.*

A Constituição dá competência à Justiça Federal apenas na disputa sobre direitos indígenas (CF/1988, art. 109, XI). Logo, o crime praticado por ou em que é vítima indígena afasta-se dessa hipótese.

No HC 75.404 (morte de índio pataxó em Brasília) o STF decidiu que não houve disputa sobre direitos indígenas. A morte não ocorreu em razão da condição de índio.

141. *Os honorários de advogado em desapropriação direta são calculados sobre a diferença entre a indenização e a oferta, corrigidas monetariamente.*

Na interpretação da Súmula STF-617 acrescentou-se a necessidade da correção monetária.

V. também Súmula STF-378.

142. *Prescreve em 20 anos a ação para exigir a abstenção do uso de marca comercial.*

Súmula cancelada no julgamento da AR 512-DF (2ª Seção, j. 12.5.1999).

V. José Carlos Tinoco Soares, in *RT* 767/11.

143. *Prescreve em cinco anos a ação de perdas e danos pelo uso de marca comercial.*

Aplicava-se o prazo do art. 178, § 10, IX, do CC/1916 no caso de direito à reparação do dano. O CC/2002 não menciona esse prazo especial, mas a regra geral (reparação civil): "Art. 206. Prescreve: "(...). § 3º. Em três anos: (...) V – a pretensão de reparação civil; (...)".

V. Manoel Justino Bezerra Filho, *Súmulas do STJ Comentadas*, São Paulo, Ed. RT, 2003, p. 158.

144. *Os créditos de natureza alimentícia gozam de preferência, desvinculados os precatórios da ordem cronológica dos créditos de natureza diversa.*

Os créditos de natureza alimentícia referidos na CF/1988, art. 100, devem constar de precatórios, para inclusão no orçamento, porém seguindo a ordem cronológica desses créditos, e não a ordem geral de outros créditos.

145. No transporte desinteressado, de simples cortesia, o transportador só será civilmente responsável por danos causados ao transportado quando incorrer em dolo ou culpa grave.

Neste enunciado deve ser feita a distinção entre o transporte gratuito benévolo ou de cortesia e o transporte gratuito porém não de cortesia (exemplo: empresa que transporta os clientes). Sílvio Rodrigues verifica a existência de contrato unilateral, na dicção do art. 1.057 do CC/1916 ("contratos benéficos" na dicção do CC/2002, art. 392), significando contrato gratuito, em oposição ao contrato oneroso; daí o motorista de favor responder se houver dolo, porque, segundo esse art. 1.057, somente responde por dolo o contratante a quem o contrato favoreça e por culpa aquele a quem aproveita (*Direito Civil*, vol. 4, n. 40). Vale, aqui, transcrever a crítica de Caio Mário da Silva Pereira sobre o assunto (*Responsabilidade Civil*, Rio de Janeiro, Forense, 1990, p. 229):

"A ideia do transporte gratuito como contrato, e consequente obrigação de indenizar, embora goze foros de aceitação, não deixa de encontrar resistência, porque a sua generalização em certos casos atenta contra a realidade.

"Com efeito, não obstante a acolhida pretoriana, a mim pessoalmente me parece que a assimilação absoluta ofende o senso de justiça. Não me parece de boa fundamentação jurídica que o motorista que faz um obséquio sem auferir qualquer proveito, e muitas vezes movido por puro altruísmo (como no caso de conduzir um ferido ou doente apanhado na rua e levado a um hospital), possa ser questionado pelo que venha a ocorrer com a pessoa transportada, e compelido a indenizar pelo dano sofrido pelo passageiro durante o trajeto.

"Entendo eu que, com esse raciocínio, deve sustentar-se alteração conceitual, deslocando-se a ocorrência do terreno da responsabilidade contratual para a aquiliana, com aplicação do art. 159 do CC, *[CC/1916; CC/2002, art. 186]* em vez de se invocar uma presunção de culpa, caso em que o condutor somente se eximiria com a prova da *não culpa*. Caberia, portanto, ao prejudicado evidenciar que a lesão ocorreu por culpa do transportador.

"A caracterização da *gratuidade do transporte* tem suscitado indagação, a saber se é *benévolo ou liberal* somente quando o condutor do veículo nada recebe em termos estritos, ou se se considera excluída a *cortesia* se o transportado concorre de alguma forma, como por exemplo pagando o combustível ou estabelecendo reciprocidade com o transportador em dias ou horas alternados.

"Em hipóteses como estas ocorre o que se pode denominar *gratuidade aparente*, uma vez que existe contrapartida que teria o efeito de uma paga indireta. Não se configurando, destarte, transporte de pura cortesia, porém assemelhado ao oneroso ou remunerado, caracterizar-se-ia a responsabilidade contratual, vigorando como nesta qualidade a *presunção de culpa* do motorista transportador ou *presunção de causalidade*, como prefere dizer Aguiar Dias. Transporte a título gratuito não se considera o dos empregadores quando conduzem empregado ao local do trabalho (Wilson Melo da Silva, *Da Responsabilidade Civil Automobilística*, n. 57, p. 120)."

V. CC/2002, art. 736.

146. *O segurado, vítima de novo infortúnio, faz jus a um único benefício somado ao salário-de-contribuição vigente no dia do acidente.*

A legislação previdenciária (Lei 6.367/1976, art. 3º) não considera agravação do acidente do trabalho se ocorrer novo acidente durante o recebimento do primeiro benefício. Como novo acidente, haverá novo cálculo do auxílio-acidente, porém será um só benefício, reajustado.

147. *Compete à Justiça Federal processar e julgar os crimes praticados contra funcionário público federal, quando relacionados com o exercício da função.*

Quando o fato é praticado contra o servidor público no exercício da função, é competente a Justiça Federal para o julgamento, seja crime comum ou político (CF/1988, art. 109, IV).

148. *Os débitos relativos a benefício previdenciário, vencidos e cobrados em juízo após a vigência da Lei 6.899/1981, devem ser corrigidos monetariamente na forma prevista nesse diploma legal.*

A lei instituidora da correção monetária nos débitos cobrados judicialmente (Lei 6.899/1981) aplica-se integralmente à hipótese; com os seus critérios.

149. A prova exclusivamente testemunhal não basta à comprovação da atividade rurícola, para efeito da obtenção de benefício previdenciário.

A Lei 8.213/1991 (art. 55, § 3º) exige a prova ou princípio de prova material.

A 3ª Seção do STJ considerou válido o verbete, sem qualquer inconstitucionalidade, inclusive do art. 55, § 3º, da Lei 8.213/1991 (REsp 258.679).

150. Compete à Justiça Federal decidir sobre a existência de interesse jurídico que justifique a presença, no processo, da União, suas autarquias ou empresas públicas.

O interesse jurídico para a competência da Justiça Federal deve ser aferido pelo juiz federal, pelo princípio do juiz natural para o julgamento da causa.

151. A competência para o processo e julgamento por crime de contrabando ou descaminho define-se pela prevenção do juízo federal do lugar da apreensão dos bens.

Discute-se se o crime de contrabando ou descaminho é crime instantâneo ou continuado, e, portanto, consumado no local de ingresso da mercadoria em território nacional (CPP, art. 70) ou em razão da apreensão em outro local, que não o do ingresso (exemplo: ingresso por Foz do Iguaçu e apreensão em São Paulo). Prevalece a segunda tese.

152. Na venda, pelo segurador, de bens salvados de sinistros incide o ICMS.

Súmula cancelada no julgamento do REsp 73.552-RJ (1ª Seção, j. 13.6.2007: "1. Esta Primeira Seção, julgando o REsp 72.204/RJ, entendeu pela não incidência do ICMS sobre a venda, pelas seguradoras, de bens salvados de sinistros. Tal orientação se justifica pelo fato de que a alienação dos mencionados bens integra a operação de seguro, não configurando operação relativa à circulação de mercadoria para fins de tributação. 2. 'Conforme rezam os contratos de seguro, havendo indenização total, os salvados – que não são mercadorias – passam a pertencer à companhia seguradora. Esta, além de não ser comerciante, não é alvo de nenhuma operação mercantil: apenas torna-se titular dos bens segurados, em decorrência de um evento extraordinário. É o quanto basta para que se afaste, na espécie, a incidência do ICMS' (Roque Antônio Carrazza, *ICMS*, 9ª ed., São Paulo, Malheiros Editores, 2003, pp. 121-122). 3. Recurso especial provido").

153. A desistência da execução fiscal, após o oferecimento dos embargos, não exime o exequente dos encargos da sucumbência.

Ao processo de execução fiscal aplica-se subsidiariamente o Código de Processo Civil (Lei 6.830/1980, art. 1º). O Código de Processo Civil impõe o pagamento de honorários na desistência (CPC/1973, art. 26). Não há escusa com base no art. 26 da Lei 6.830/1980, que apenas exclui ônus na desistência por parte da exequente quanto à execução, e não quanto aos embargos do devedor, ação autônoma. A desistência da execução antes dos embargos é disponível para o exequente, e não nos embargos.

154. Os optantes pelo FGTS, nos termos da Lei 5.958/1973, têm direito à taxa progressiva dos juros, na forma do art. 4º da Lei 5.107/1966.

A taxa progressiva de juros foi criada pela Lei 5.107/1966 (art. 4º), alterada pela Lei 5.705/1971, que fixou a taxa de juros em 3% ao ano; porém, ressalvado o direito dos optantes. Entretanto, a Lei 5.958/1973 não ressalvou, dando aos optantes as vantagens da taxa progressiva. Logo, os optantes antes de 1971 beneficiam-se do sistema progressivo.

155. O ICMS incide na importação de aeronave, por pessoa física, para uso próprio.

Por força do § 8º do art. 34 do ADCT/1988, os Estados que não editassem lei complementar em 60 dias contados da promulgação da Constituição poderiam celebrar convênios sobre o ICMS. Então, foi celebrado o Convênio 66/1988, fixando normas para o ICMS, e em seu art. 2º estabeleceu o fato gerador no recebimento pelo importador de mercadoria ou bem importados do Exterior. A Súmula STF-570 excluía a incidência do ICM sobre a entrada de bens de capital importados. Mas o art. 155, § 2º, IX, da CF/1988 não faz a distinção entre bens de capital e outros bens importados.

A Emenda Constitucional 33/2001 alterou o art. 155, § 2º, IX, da CF/1988.

V. Lei Complementar 114, de 16.12.2002 (art. 1º).

156. A prestação de serviço de composição gráfica, personalizada e sob encomenda, ainda que envolva fornecimento de mercadorias, está sujeita, apenas, ao ISS.

Ainda que a Lista de Serviços da Lei Complementar 116, de 31.7.2003, indique a composição gráfica (item 13.05), cabe a distinção quando há impressão gráfica de serviços personalizados, mesmo com o fornecimento do material usado, como nos impressos gráficos encomendados, para uso próprio do encomendante. Logo, há predominância de serviço executado, e não da circulação da mercadoria.

V. Lei Complementar 116, de 31.7.2003.

1. O enunciado envolve o conceito de *composição gráfica*, seu alcance e distinção, sem alterá-lo ou suprimi-lo.

2. Há necessidade da distinção entre *composição gráfica, produção industrial* e *indústria gráfica*. A má aplicação do enunciado sumular está na confusão dessa terminologia, porque as decisões locais entendem como "composição gráfica" tudo que é gráfico ou é indústria gráfica, quando, na verdade técnica, a *composição gráfica* é uma etapa da *indústria gráfica*, e esta não é um serviço.

A *indústria gráfica* não é um serviço.

Vejamos em dois conceituados dicionários sobre o termo "composição": *Aurélio*: "(Edit.) – Parte tipográfica (textual) de um impresso"; *Houaiss*: "(11. Graf.) – Montagem de material tipográfico para fins de impressão"; "(15. Graf.) – Produto da ação de compor matérias para publicação, por meios manuais, mecânicos, fotomecânicos, fotográficos ou eletrônicos".

Vê-se, então, nessa linha lexicográfica, que não foge da linguagem técnica, que a *composição gráfica* é o conjunto de atividades para a impressão, nela incluídas a digitalização, a editoração de textos, o tratamento de imagens, montagem e preparação de matrizes com fins de impressão. Logo, *a produção e a impressão não se incluem na composição gráfica*; enfim, a indústria gráfica não é a composição gráfica.

A *composição gráfica* é uma das atividades necessárias na indústria gráfica, na produção, adaptada à máquina de impressão, tendo como resultado as cópias desejadas.

Há diversos elementos na composição: manual, mecânica, a máquina de escrever (ou computador), fotografias, filmes. Portanto, não há na composição gráfica produto acabado, porque ela é passo anterior à matriz ou suporte (clichê), que irá à impressão.

Em resumo, na conceituação técnica, a *composição gráfica* é arranjo ou disposição de tipos, formatação de textos digitados, editoração de textos, paginação. A impressão (fase final) é diferente de composição gráfica.

3. A tributação da composição gráfica acentuou-se no Decreto-lei 406/1968, ao inseri-la na Lista de Serviços (item 77). Hoje, a Lei Complementar 116, de 31.7.2003, prevê como serviços: composição gráfica, fotocomposição, clicheria, zincografia, litografia e fotolitografia (item 13.05).

Em 1981 o STF entrou no debate sobre o alcance da expressão "composição gráfica", e no RE 94.939-9 entendeu abrangente de toda a arte gráfica, e não somente uma etapa. *Data venia*, essa interpretação colocou, sempre, Estados e Municípios em antagonismos tributários, não solvidos por esta Súmula STJ-156. Assim, muito importante o exame do REsp 542.242, porque o acórdão recorrido é paradigmático para estremar a cobrança do ISS ou do ICMS. A verdadeira interpretação não exclui um ou outro tributo.

4. Um dos mais importantes tributaristas, o professor Alcides Jorge Costa, professor titular da Faculdade de Direito da USP, em parecer emitido antes da publicação da Súmula STJ-156, mas perfeitamente adequado hoje, e em respeitosa crítica à orientação do STF, concluiu: "26. Por todas estas razões e, como já afirmei acima, com o devido respeito ao STF, entendo que o item 77 da Lista de Serviços constante da Lei Complementar 56/1987 tributa os serviços de composição gráfica quando prestados isoladamente. Todavia, não tributa confecção de impresso, ainda que por encomenda, quando o material é fornecido pelo vendedor. Se o material for fornecido pelo cliente e se o vendedor se limitar a executar a impressão (tendo ele mesmo executado a composição ou tendo encomendado a terceiro), não haverá incidência do ISS, uma vez que o serviço de impressão não consta da Lista".

5. A 1ª Turma do STJ, no REsp 725.246 (rel. Min. Teori Albino Zavascki), deu excelente distinção quanto a esta Súmula STJ-156, adequada à realidade tributária: "2. A Súmula n. 156 do STJ, segundo a qual 'a prestação de serviço de composição gráfica, personalizada e sob encomenda, ainda que envolva fornecimento de mercadorias, está sujeita, apenas, ao ISS', tem por pressuposto, conforme evidenciam os precedentes que a sustentam, que os serviços de impressão gráfica sejam preponderantes na operação considerada. Pode-se afirmar, por-

tanto, sem contradizer a Súmula, que a fabricação de produtos, ainda que envolva secundariamente serviços de impressão gráfica, não está sujeita ao ISS".

6. Em excelente escorço histórico e jurídico, o advogado Gilberto Rodrigues Gonçalves, de São Paulo, expõe o tema ("O ISS e a indústria gráfica", Revista Dialética de Direito Tributário 118/51, 2005).

7. É importante a extração de conclusões sobre esta Súmula STJ-156.

É fundamental a distinção entre *composição gráfica* e *indústria gráfica*.

A *composição gráfica* insere-se na lista da Lei Complementar 116/2003, e portanto sujeita-se ao ISS. Entende-se, portanto, que a composição gráfica pode ser feita numa só empresa de indústria gráfica, ou isoladamente, mas deve ser destacada do conjunto gráfico. Pegue-se, ao acaso, uma *Revista do STJ (RSTJ)*, e em seu expediente claramente haverá destaque para a composição e para a impressão. O produto final, e, portanto, o objeto da indústria gráfica, é submetido ao ICMS.

A manutenção desta Súmula STJ-156 está na linha do acórdão no REsp 542.242.

V. situação de operações mistas (REsp 1.092.206).

O alcance deste texto está em exame no STF na ADI 4.413.

157. É ilegítima a cobrança de taxa, pelo Município, na renovação de licença para localização de estabelecimento comercial ou industrial.

Súmula cancelada no julgamento do REsp 261.571 (1ª Seção, j. 24.4.2002), para admitir a cobrança desde que haja órgão administrativo que execute o poder de polícia do Município e que a base de cálculo não seja vedada.

A taxa, nesta hipótese, não está baseada na contraprestação de serviço ou efetivo poder de polícia, tendo como pressupostos outros fatores.

158. Não se presta a justificar embargos de divergência o dissídio com acórdão de Turma ou Seção que não mais tenha competência para a matéria neles versada.

O objetivo dos embargos de divergência é superar o dissídio entre órgãos fracionários do tribunal. Se o órgão não mais tem competência sobre a matéria, não há divergência, e, portanto, ainda que haja acórdão da Turma ou Seção, ele não se presta para fundamentar os embargos.

V.: Luiz Fux, *Curso de Direito Processual Civil*, 2001, p. 941; Eduardo Arruda Alvim, *Direito Processual Civil*, 2ª ed., São Paulo, Ed. RT, 2008, p. 926; decisão do STF no RE 588.322 (sessão de 16.6.2010).

159. *O benefício acidentário, no caso de contribuinte que perceba remuneração variável, deve ser calculado com base na média aritmética dos últimos 12 meses de contribuição.*

Há outra posição, a de que o benefício deve ser calculado com base no salário-de-contribuição da data do acidente. No entanto, v. a Lei 6.367, de 19.10.1976 (art. 5º, § 4º, c/c Lei 8.213/1991, art. 30).

160. *É defeso ao Município atualizar o IPTU, mediante decreto, em percentual superior ao índice oficial de correção monetária.*

Segundo o art. 97 do CTN, somente a lei pode majorar tributos ou fixar sua base de cálculo. O STF e o STJ consideram ilegal a majoração do IPTU em valor superior à simples atualização decorrente da correção monetária. O tema foi bem desenvolvido no STF no RE 87.763-PI, relatado pelo Min. Moreira Alves (*RTJ* 94/705):

"Imposto predial – Alteração do valor venal do imóvel mediante decreto.

"O § 2º do art. 97 do CTN diz respeito, somente, à correção monetária do valor venal do imóvel (base de cálculo do Imposto Predial), não alcançando a reavaliação mesma (reavaliação econômica) desse valor venal.

"Para se atribuir outro valor venal ao imóvel, que não o decorrente do anterior mais a correção monetária, é mister lei, não bastando, para isso, simples decreto.

"Recurso extraordinário conhecido e provido."

161. *É da competência da Justiça Estadual autorizar o levantamento dos valores relativos ao PIS/PASEP e FGTS, em decorrência do falecimento do titular da conta.*

O interesse envolve direito sucessório, e, portanto, da competência da Justiça Estadual, ainda que para valer a decisão na CEF, empresa pública federal, que não tem interesse jurídico na legitimidade para o levantamento.

162. Na repetição de indébito tributário, a correção monetária incide a partir do pagamento indevido.

Como a repetição do indébito tem como objeto a recuperação do valor do tributo indevidamente cobrado, desde a época do recolhimento deve incidir a correção monetária.

163. O fornecimento de mercadorias com a simultânea prestação de serviços em bares, restaurantes e estabelecimentos similares constitui fato gerador do ICMS a incidir sobre o valor total da operação.

Ao julgar os EDREsp 45.407-5, a 1ª Seção bem explicitou a matéria na ementa de seu Relator, Min. Demócrito Reinaldo:

"Tributário – Embargos de divergência – ICMS – Fornecimento de alimentos e bebidas em bares, restaurantes e similares – Base de cálculo.

"Nos precisos termos do § 2º do art. 8º do Decreto-lei n. 408/1968, o fornecimento de mercadorias, agregado à prestação de serviço não especificada na Lista, sujeita-se unicamente à incidência do Imposto sobre Circulação de Mercadorias/ICMS.

"A prestação de serviço adjunta ao fornecimento de mercadorias em bares, restaurantes e correlatos não constitui hipótese de incidência do ISS, por não integrar a lista anexa ao Decreto-lei n. 406/1968.

"O tributo devido, no caso, é o ICMS, e tem por base de cálculo o valor total da operação, englobando tanto a parcela referente às mercadorias fornecidas como aquela pertinente aos serviços prestados pelo estabelecimento. Precedentes do egrégio STF – Embargos de divergência rejeitados, sem discrepância."

V. Lei Complementar 87, de 13.9.1996, art. 2º, I.

164. O prefeito municipal, após a extinção do mandato, continua sujeito a processo por crime previsto no art. 1º do Decreto-lei 201, de 27.2.1967.

Adota-se a competência por prerrogativa de função.

V. Súmulas STF-394 e 703.

165. *Compete à Justiça Federal processar e julgar crime de falso testemunho cometido no processo trabalhista.*

O crime ocorre perante a Justiça do Trabalho, portanto de interesse da União (CF/1988, art. 109, IV), e, portanto, competente é a Justiça Federal para seu processo e julgamento.

166. *Não constitui fato gerador do ICMS o simples deslocamento de mercadoria de um para outro estabelecimento do mesmo contribuinte.*

O simples deslocamento da mercadoria de um estabelecimento para outro do mesmo comerciante não implica negócio jurídico a caracterizar circulação para fins tributários (exemplos: matriz para filial).

167. *O fornecimento de concreto, por empreitada, para construção civil, preparado no trajeto até a obra em betoneiras acopladas a caminhões, é prestação de serviço, sujeitando-se apenas à incidência do ISS.*

O STF, no RE 82.501 (rel. Min. Moreira Alves, *RTJ* 77/959), bem explica a diretriz:

"A preparação do concreto, seja feita na obra, como ainda se faz nas pequenas construções, seja feita em betoneiras acopladas a caminhões (caso da impetrante), é prestação de serviços técnicos que consiste na mistura, em proporções que variam para cada obra, de cimento, areia, pedra-britada e água, e mistura que, segundo a Lei federal n. 5.194/1965, só pode ser executada, para fins profissionais, por quem registrado no Conselho Regional de Engenharia e Arquitetura, pois demanda cálculos especializados e técnicos para sua correta aplicação.

"O preparo do concreto e a sua aplicação na obra é uma fase da construção civil, e, quando os materiais a serem misturados são fornecidos pela própria empresa que prepara a massa para a concretagem, se configura hipótese de empreitada com a colocação de placas de cimento pré-fabricadas, venda de mercadorias produzidas por quem igualmente se obriga a instalá-las na obra. Para a concretagem há duas fases de prestação de serviços: a da preparação da massa e a da sua utilização na obra.

"Quer na preparação da massa, quer na sua colocação na obra, o que há é prestação de serviços, feita, em geral, sob forma de empreitada, com material fornecido pelo empreiteiro ou pelo dono da obra, conforme a modalidade de empreitada que foi celebrada. A prestação de serviço não se desvirtua pela circunstância de a preparação da massa ser feita no local da obra, manualmente ou em betoneiras colocadas em caminhões, e que funcionem no lugar onde se constrói, ou já venham preparando a mistura no trajeto até a obra. Mistura meramente física, ajustada às necessidades da obra a que se destina, e necessariamente preparada por quem tenha habilitação legal para elaborar os cálculos e aplicar a técnica indispensável à concretagem. Essas características a diferenciam de postes, lajotas ou placas de cimento pré-fabricadas – estas, sim, mercadorias.

"De tudo isso concluo que a mistura física de materiais não é mercadoria produzida pelo empreiteiro, mas parte do serviço a que este se obriga, ainda quando a empreitada envolve o fornecimento de materiais. Material, mesmo misturado para o fim específico de utilização em certa obra, não se confunde com mercadoria."

V. Lei Complementar 116, de 31.7.2003 (art. 3º).

168. *Não cabem embargos de divergência quando a jurisprudência do tribunal se firmou no mesmo sentido do acórdão embargado.*

O pressuposto desses embargos é a existência de discrepância, na tese, entre Turmas do Tribunal. Se ela foi superada, porque orientou-se em determinado sentido, não mais existe divergência.

V. Súmula STF-286.

169. *São inadmissíveis embargos infringentes no processo de mandado de segurança.*

V.: Súmulas STF-294 e 295; Lei do Mandado de Segurança, n. 12.016, de 7.8.2009 (art. 25).

170. *Compete ao juízo onde primeiro for intentada a ação envolvendo acumulação de pedidos, trabalhista e estatutário, decidi-la nos limites da sua jurisdição, sem prejuízo do ajuizamento de nova causa, com o pedido remanescente, no juízo próprio.*

É competente o juízo onde foi proposta a primeira causa (vantagens de natureza celetista e vantagens estatutárias).

171. Cominadas cumulativamente, em lei especial, penas privativa de liberdade e pecuniária, é defeso a substituição da prisão por multa.

Quando a lei especial não trata de multa substitutiva, mas de detenção e multa, não se aplicam os arts. 59, IV, e 60 do CP, lei geral que permite a substituição da pena detentiva.

172. Compete à Justiça Comum processar e julgar militar por crime de abuso de autoridade, ainda que praticado em serviço.

Se o militar praticou crime de abuso de autoridade capitulado na Lei 4.898, de 9.12.1965 (arts. 3º e 4º), lei especial, não se lhe aplica o Código Penal Militar, lei geral, que não prevê a hipótese delitiva do abuso de autoridade. A competência para os crimes militares rege-se pelo Código Penal Militar (Justiça Castrense), e para os de abuso de autoridade pela Lei 4.898/1965 (Justiça Comum).

Esta Súmula não fez a análise da natureza das normas que cuidam do tema. O Código Penal Militar prevê, em seu Capítulo VI, os crimes de usurpação e exercício ou abuso de autoridade. Nesse sentido, os arts. 167 e ss. tratam do abuso de autoridade dentro do bem jurídico tutelado, que interessa ao Código Penal Militar, na preservação da disciplina, da hierarquia e da autoridade militar.

O Código Penal Militar é legislação especial codificada, tendo prevalência sobre lei ordinária que venha a tratar dos abusos de autoridade.

Portanto, ao meu sentir, mesmo que a Lei 4.898/1965 tenha tratado do abuso de autoridade e imposto uma sanção, a mesma tem natureza administrativa.

A sanção penal a ser aplicada nessa lei faz referência aos arts. 42 a 56 do CP, fixação da pena, matéria hoje constante dos arts. 59 a 76, com a reforma de 1984.

Assim sendo, entendo prevalecente a norma inserta no Código sobre a mencionada lei.

173. Compete à Justiça Federal processar e julgar o pedido de reintegração em cargo público federal, ainda que o servidor tenha sido dispensado antes da instituição do Regime Jurídico Único.

A pretensão é de natureza estatutária, isto é, reintegração ao serviço público, no Regime Jurídico Único.

174. No crime de roubo, a intimidação feita com arma de brinquedo autoriza o aumento da pena.

Súmula cancelada no julgamento do REsp 213.054-SP (3ª Seção, j. 24.10.2001).

Pergunta-se se há qualificadora do emprego de arma se houver utilização de revólver de brinquedo. O art. 157, § 2º, I, do CP aumenta a pena de um terço até metade "se a violência ou ameaça é exercida com emprego de arma"; não diz se de brinquedo ou verdadeira. Vale a intimidação pela violência, cuja vítima ignora a realidade da arma. Já Nelson Hungria frisava que por "armas" se deve entender não só as propriamente tais, como qualquer instrumento apto a lesar a integridade física (Comentários ao Código Penal, vol. VII, p. 58). A Lei 9.437/1997 (art. 10, § 1º, II), revogada pela Lei 10.826, de 22.12.2003, incluía a arma de brinquedo como "arma de fogo".

A 3ª Seção do STJ buscou evitar a aplicação do Código Penal como caso de aumento da pena, conforme previsto no seu art. 157, § 2º, I. Buscava-se a aplicação da punição prevista no art. 10 da revogada Lei 9.437/1997, que tornou o porte de arma de brinquedo um crime autônomo. Mas não há dúvida de que a arma, própria ou imprópria, sendo eficaz para afastar a possibilidade de defesa, preenche o requisito de aumento da pena do citado artigo do Código Penal, conforme o voto vencido, na ocasião, do Min. Edson Vidigal.

175. Descabe o depósito prévio nas ações rescisórias propostas pelo INSS.

A Lei 8.620/1996 (art. 8º) dá ao INSS as mesmas prerrogativas e privilégios assegurados à Fazenda Pública; logo, há dispensa do depósito previsto no CPC/1973, art. 488, II, e isenta as pessoas jurídicas de direito público (CPC/1973, art. 488, parágrafo único), aí entendida também a autarquia INSS.

176. É nula a cláusula contratual que sujeita o devedor à taxa de juros divulgada pela ANDIB/CETIP.

A taxa de juros não pode ser fixada por entidade de classe – no caso, a ANDIB –, e sim pelo Conselho Monetário Nacional e pelo Banco Central. Portanto, é cláusula potestativa.

177. *O Superior Tribunal de Justiça é incompetente para processar e julgar, originariamente, mandado de segurança contra ato de órgão colegiado presidido por ministro de Estado.*

A regra da competência dirige-se à autoridade praticante do ato impugnado. Se o ato é do colegiado, e não do ministro de Estado, como quer a Constituição Federal (CF/1988, art. 105, I, "b"), a competência é da Justiça Federal de primeira instância.

178. *O INSS não goza de isenção do pagamento de custas e emolumentos nas ações acidentárias e de benefícios propostas na Justiça Estadual.*

A lei federal não pode isentar a autarquia federal de custas e emolumentos processuais na Justiça Estadual, pois a matéria regula-se por lei estadual (CF/1988, art. 24, IV).

179. *O estabelecimento de crédito que recebe dinheiro, em depósito judicial, responde pelo pagamento da correção monetária relativa aos valores recolhidos.*

O estabelecimento bancário é o depositário das quantias recebidas como depósito, por determinação judicial. Ainda que esses valores fiquem à disposição do juízo, na prática não significa imobilidade, pois a instituição aplica esses valores, obtendo, assim, vantagens. Também à condição de depositário aplica-se o disposto no CC/2002, art. 629 (CC/1916, art. 1.266), como obrigação do depositário, restituindo ao depositante a coisa com seus frutos. E certamente a correção monetária estará incluída como fruto do dinheiro depositado, ao menos a atualização do valor entregue.

V. Súmula STJ-271.

180. *Na lide trabalhista, compete ao Tribunal Regional do Trabalho dirimir conflito de competência verificado, na respectiva Região, entre juiz estadual e Junta de Conciliação e Julgamento.*

A jurisdição trabalhista, de modo natural, é exercida pela Justiça do Trabalho, em suas Varas do Trabalho (que substituíram as Juntas de Conciliação e Julgamento conforme a EC 24/1999). Essa jurisdição é atribuída aos juízes de direito quando não houver Varas da Justiça do Trabalho na comarca (CF/1988, art. 112, *in fine*). Das decisões desses juízes (trabalhista e estadual) cabe recurso ao TRT estadual. Se houver conflito de competência entre juiz do trabalho e juiz estadual, ambos no exercício da jurisdição trabalhista, ao TRT cabe a solução desse conflito, porque a vinculação desses juízes é ao Tribunal do Trabalho, e não ao Tribunal de Justiça.

V. Súmula STJ-3.

181. É admissível ação declaratória visando a obter certeza quanto à exata interpretação de cláusula contratual.

O CPC/1973, art. 4º, admite a declaratória para revelar a existência ou inexistência de relação jurídica ou autenticidade ou falsidade de documento. Para essa verificação numa cláusula contratual impõe-se a apreciação da extensão de seu conteúdo, e sobre os efeitos pretendidos pelos contratantes. Em suma, qual a obrigação a ser cumprida. A ação declaratória visa, nessa hipótese, à composição da lide, controvertida pelos contratantes (Alfredo Buzaid, *A Ação Declaratória no Direito Brasileiro*, 2ª ed., n. 84; RE 89.362, *RTJ* 87/703; RE 93.181, *RTJ* 95/1.390; *RSTJ* 10/417, 48/427). Portanto, não se trata de mera consulta, que, em princípio, deve ser em tese.

182. É inviável o agravo do art. 545 do CPC [CPC/1973] que deixa de atacar especificamente os fundamentos da decisão agravada.

O agravo tem como finalidade desconstituir os termos do despacho agravado. Logo, só pode ser válido se impugnar os fundamentos dessa decisão, e não discutir outros aspectos da causa, como o alcance do recurso especial não admitido, ou, então, simplesmente repetir os fundamentos do recurso especial, sem acrescentar as objeções ao despacho agravado.

183. Compete ao juiz estadual, nas comarcas que não sejam sede de Vara da Justiça Federal, processar e julgar ação civil pública, ainda que a União figure no processo.

Súmula cancelada no julgamento dos ED no CComp 27.676-BA (1ª Seção, 8.11.2000, *DJU* 27.11.2000).

Compete à Justiça Federal o julgamento das causas em que a União seja interessada como autora, ré, assistente ou oponente (CF/1988, art. 109, I). No entanto, a Justiça Estadual também pode decidir essas causas onde não haja Vara Federal (CF/1988, art. 108, II, *in fine*).

A ação civil pública é proposta no foro do local da ocorrência do dano (art. 2º da Lei 7.347, de 24.7.1985). Argui-se a competência do juiz estadual local se a União tem interesse na ação. Necessário compatibilizar a competência determinada por lei (*ratione loci*) e a competência da Justiça Federal para as causas de interesse da União (patrimônio federal, área indígena etc.). A Constituição Federal, a par da preservação do interesse da União, também tutela o patrimônio público e os interesses difusos. Na adequação desses objetivos resultará a validade da competência *ratione loci* imposta pela lei. Na vigência da Constituição Federal de 1969 o TFR decidira pela competência do juiz estadual local para o processamento de ação civil pública movida para impedir ligação de reator atômico (CComp 7.482, *DJU* 24.9.1987).

V. Hely Lopes Meirelles, *Mandado de Segurança e Ações Constitucionais*, 34ª ed., São Paulo, Malheiros Editores, 2012, p. 226.

Diversamente, o STF entendeu ser a competência da Justiça Federal, porque o legislador ordinário, assim autorizado pela CF/1988, art. 109, § 3º, contudo, não atribuiu jurisdição ao juízo estadual do foro do domicílio da outra parte, ou do lugar do ato, não abrangidos pelo art. 2º da Lei 7.347/1985 (RE 228.955, *DJU* 24.3.2000).

184. *A microempresa de representação comercial é isenta do Imposto de Renda.*

A Lei 7.713/1988 (art. 51) excluiu da isenção do Imposto de Renda os serviços profissionais de corretor. Estender ao representante comercial a assemelhação ao corretor – e, portanto, exigir o Imposto de Renda – será fugir da interpretação literal imposta pelo art. 111 do CTN. Na doutrina, a atividade do corretor é transitória, sem caráter duradouro. Já o representante comercial tem permanência de relação com o representado, como, aliás, indica o art. 1º da Lei 4.886, de 9.12.1965; isto é, caráter não eventual de mediação para a realização de negócios mercantis.

185. *Nos depósitos judiciais não incide o Imposto sobre Operações Financeiras.*

A hipótese de incidência do tributo surge da lei. Nesse caso, sua exigência no levantamento desses depósitos surgiu de ato infralegal (portaria), da mais visível ilegalidade. Ademais, depositar-se à disposição do juízo determinada quantia não significa operação financeira.

186. Nas indenizações por ato ilícito, os juros compostos somente são devidos por aquele que praticou o crime.

Na liquidação de ato ilícito incluem-se juros ordinários e também juros compostos contados desde o crime (CC/1916, art. 1.544, regra não repetida no CC/2002, art. 948). Discute-se se na responsabilidade civil do Estado (decorrente de ato do servidor) ou do preponente por ato do preposto, como no caso do empregador por ato do empregado, devem ser pagos juros compostos. O enunciado entende incabíveis os juros compostos pelo Estado (ou preponente), e somente devidos os juros ordinários. Em verdade, o Estado deveria ser obrigado a pagar integralmente, porque o responsável pela indenização é o Estado, que poderá exigir regressivamente. A ação é proposta integralmente contra o Estado, e não necessariamente contra ambos, autor do crime e Estado. Ademais, o art. 37 da CF/1988 determina a responsabilidade da pessoa jurídica de direito público pelos danos causados por seus agentes.

De fato, a regra do art. 1.544 do CC/1916 dirigia-se à responsabilidade criminal, e não à responsabilidade civil (que é a do preponente).

V.: crítica do Min. Ilmar Galvão contra a orientação do enunciado, *RSTJ* 32/211; Yussef Said Cahali, *Responsabilidade Civil do Estado*, 2ª ed., p. 259; Carlos Eduardo Thompson Flores Lenz, "Juros compostos: indevidos nos casos de condenação da Fazenda Pública", *RT* 673/236.

187. É deserto o recurso interposto para o Superior Tribunal de Justiça quando o recorrente não recolhe, na origem, a importância das despesas de remessa e retorno dos autos.

O pagamento do preparo de qualquer recurso é comprovado quando da interposição, isto é, concomitantemente com o oferecimento do recurso (CPC/1973, art. 511).

188. Os juros moratórios, na repetição do indébito tributário, são devidos a partir do trânsito em julgado da sentença.

O art. 167, parágrafo único, do CTN estipula que a restituição vence juros a partir do trânsito em julgado da decisão definitiva. A dúvida consistirá no alcance dessa decisão, de caráter administrativo.

V.: Aliomar Baleeiro, *Direito Tributário Brasileiro*, 10ª ed., p. 569; Eduardo Domingos Bottallo, "Repetição do indébito tributário – Juros de mora", *RDT* 2/278.

189. *É desnecessária a intervenção do Ministério Público nas execuções fiscais.*

O Ministério Público deve intervir nos processos com interesse público (CPC/1973, art. 82, III). Entende-se como "interesse público" a natureza da demanda de interesse maior que o dos litigantes. Na execução fiscal há interesse econômico, e não interesse jurídico. Aquele já está protegido pela defesa feita pelo próprio Estado (Fazenda Pública).

190. *Na execução fiscal processada perante a Justiça Estadual, cumpre à Fazenda Pública antecipar o numerário destinado ao custeio das despesas com o transporte dos oficiais de justiça.*

Segundo o art. 39 da Lei 6.830/1980 (Execução Fiscal) a Fazenda Pública não se sujeita a pagamento de custas e emolumentos. Se houver despesas, ressarcirá as despesas, se for vencida. Em relação ao oficial de justiça mostra-se injusta a carga das despesas a esse auxiliar da Justiça, que efetuará as despesas e depois pedirá o ressarcimento, se possível ao final do processo.

191. *A pronúncia é causa interruptiva da prescrição, ainda que o Tribunal do Júri venha a desclassificar o crime.*

Sobre o tema dissertou o Min. Assis Toledo no REsp 11.813: "A desclassificação pelo Júri pressupõe a existência de uma sentença de pronúncia válida, tanto que, se fosse invalidada a sentença de pronúncia, cessaria, inclusive, a possibilidade de o Júri julgar o mérito e desclassificar o crime. Isso significa que a sentença de pronúncia foi proferida em devida ordem e produziu efeitos que continuam e devem ser acatados. Logo, se ela produziu efeitos, fixando a competência do Júri para o julgamento, e, com isso, permitiu-lhe a desclassificação, temos que extrair os demais efeitos que a sentença de pronúncia produz. E um deles é precisamente o de interromper a prescrição (art. 117, II, do CP)".

192. *Compete ao juízo das execuções penais do Estado a execução das penas impostas a sentenciados pela Justiça Federal, Militar ou Eleitoral, quando recolhidos a estabelecimentos sujeitos à Administração Estadual.*

A competência para a execução da pena dá-se em razão do estabelecimento prisional; se o presídio (penitenciária) é estadual, ao juízo estadual caberá a execução da pena e seus incidentes, ainda que a condenação seja dada pelo juiz federal.

V. Suzana de Camargo Gomes, *A Justiça Eleitoral e sua Competência*, p. 143.

193. O direito de uso de linha telefônica pode ser adquirido por usucapião.

O usucapião pressupõe a posse. Se provada a posse da linha telefônica, dá-se a aquisição da propriedade do direito de uso da linha. Argumenta-se com a inexistência de posse porque o simples contrato entre a empresa telefônica e o usuário não levaria à posse. Mas a jurisprudência já chega também à penhora, na verdade, no direito à linha.

194. Prescreve em 20 anos a ação para obter, do construtor, indenização por defeitos da obra.

O prazo de cinco anos fixado pelo art. 1.245 do CC/1916 (hoje arts. 618 e 205 do CC/2002) é de garantia, não excluindo o prazo para a postulação da indenização decorrente dos defeitos da obra (CC/1916, art. 177, prazo vintenário; hoje CC/2002, art. 205, prazo decenal;) (Carvalho Santos, *Comentários* ... ao art. 1.245; Caio Mário da Silva Pereira, *Responsabilidade Civil*, 1990, p. 220; Aguiar Dias, *Da Responsabilidade Civil*, 7ª ed., p. 330).

O CC/2002, art. 618 (CC/1916, art. 1.245) marca o prazo de garantia quanto à solidez e segurança da empreitada. Já a doutrina inclinou-se para o prazo comum, porque o prazo quinquenal impõe ao construtor assegurar a solidez e segurança da construção, porém fica ressalvada a imperfeição da obra (Clóvis Beviláqua, *Comentários* ..., vol. 4, p. 348; Washington de Barros Monteiro, *Curso ... – Obrigações*, vol. 3, p. 207; Pontes de Miranda, *Tratado* ..., vol. 44, p. 406).

195. Em embargos de terceiro não se anula ato jurídico por fraude contra credores.

Há dois procedimentos diversos para solução do tema. Nos embargos de terceiro há procedimento especial do terceiro adquirente do bem alienado fraudulentamente contra o credor que aja com constrição judicial desse bem (exemplo: penhora). Portanto, ação de desconstituição dessa constrição. Na ineficácia da alienação do bem, a ser obtida no procedimento cuja pretensão é a ação pauliana, a relação jurídica processual é entre devedor-alienante e credor. Não há nos embargos de terceiro a integração do credor, alheio à constrição judicial. Portanto, há procedimentos diferentes para as duas hipóteses. Talvez por amor ao princípio da instrumentalidade admitir-se-ia a anulação. Entretanto, nos embargos de terceiro haveria a integração do devedor alheio ao debate processual, num procedimento cuja pretensão é a desconstituição da constrição judicial.

196. *Ao executado que, citado por edital ou por hora certa, permanecer revel será nomeado curador especial, com legitimidade para apresentação de embargos.*

A princípio a doutrina repudia tal diretriz, sob a alegação de que o embargante não apresenta contestação, como permite o CPC/1973, art. 9º, II, para o curador ao revel. O embargante oferece ação, e não contestação, e a presunção de verdade está no título. Não há revelia pela não propositura da ação. Entretanto, o princípio do contraditório impõe a nomeação do curador. Na verdade, há amplitude do conceito de "contestação", nos termos do art. 9º, II, do Código (Alcides de Mendonça Lima, in *RePro* 33/192; Evandro Gueiros Leite, in *RT* 595/9; José Raimundo Gomes da Cruz, in *RT* 528/279).

197. *O divórcio direto pode ser concedido sem que haja prévia partilha dos bens.*

A exigência da prévia partilha de bens é para o divórcio por conversão da separação judicial, hipótese prevista no art. 31 da Lei 6.515/1977 (Lei do Divórcio). Para o chamado *divórcio direto*, isto é, sem prévia separação judicial, apenas se exige a separação de fato há mais de dois anos (art. 40 da Lei 6.515/1977).

V. CC/2002, art. 1.581.

198. *Na importação de veículo por pessoa física, destinado a uso próprio, incide o ICMS.*

A Constituição Federal prevê a incidência do ICMS na entrada de mercadoria importada do Exterior (CF/1988, art. 155, § 2º, IX, "a"). A Emenda Constitucional 33/2001 alterou o art. 155, § 2º, IX, da CF.

V. Lei Complementar 114, de 11.12.2002, art. 1º.

199. *Na execução hipotecária de crédito vinculado ao Sistema Financeiro da Habitação, nos termos da Lei 5.741/1971, a petição inicial deve ser instruída com, pelo menos, dois avisos de cobrança.*

A Lei 5.741/1971 (art. 2º, IV) exige a juntada de cópia dos avisos (plural).

200. *O juízo federal competente para processar e julgar acusado de crime de uso de passaporte falso é o do lugar onde o delito se consumou.*

O crime previsto no art. 304 do CP – uso de passaporte falso – é crime material consumado no lugar da apresentação desse documento falso.

201. *Os honorários advocatícios não podem ser fixados em salários-mínimos.*

A proibição decorre da Constituição Federal (CF/1988, art. 7º, IV) e das Leis 6.205/1975 e 7.789/1989.

202. *A impetração de segurança por terceiro, contra ato judicial, não se condiciona à interposição de recurso.*

O mandado de segurança não pode substituir o recurso. Por isso, exige-se a interposição de recurso para que não haja trânsito em julgado, impeditivo da impetração (Súmula STF-268). Tal obstáculo aplica-se entre as partes, e não em relação a terceiro.

Tal diretriz está prejudicada pelo atual sistema de agravo de instrumento, que permite ao relator a suspensão dos efeitos do ato judicial agravado.

V. Lei do MS/2009, n. 12.016, de 7.8.2009.

203. *Não cabe recurso especial contra decisão proferida por órgão de segundo grau dos Juizados Especiais.*

Súmula cuja redação foi alterada no julgamento do AgR no Ag 400.076-BA (Corte Especial, j. 23.5.2002). A redação anterior era a seguinte: "Não cabe recurso especial contra decisão proferida, nos limites de sua competência, por órgão de segundo grau dos Juizados Especiais".

O texto foi alterado para não admitir o recurso especial contra decisão proferida por órgão de segundo grau dos Juizados Especiais.

204. Os juros de mora nas ações relativas a benefícios previdenciários incidem a partir da citação válida.

A citação válida instaura a litigiosidade. Entretanto, os juros de mora são contados da citação válida nas obrigações ilíquidas (CC/2002, art. 398; CC/1916, art. 1.536, § 2º).

205. A Lei 8.009/1990 aplica-se à penhora realizada antes de sua vigência.

A Lei 8.009/1990 protegeu o bem de família e, consequentemente, a impenhorabilidade desse bem. Aplicar-se-ia retroativamente esse benefício às penhoras anteriores a essa proteção?

Dentro do sistema dos atos processuais isolados há existência de ato jurídico perfeito, a afirmar direito subjetivo processual, passível ou não da retroatividade da lei. Com propriedade, observou o Min. Eduardo Ribeiro no RMS 1.036: "A hipótese em exame, contudo, é diversa. Visa a penhora à futura alienação do bem. Este ato de alienação a lei superveniente poderá fazer impossível juridicamente. E foi isso o que ocorreu. O imóvel não responderá pela dívida, estabelece o art. 1º da Lei n. 8.009/1990. Admitindo-se prosseguisse a execução, sobre o bem, em virtude de a constrição anteceder a lei, estar-se-ia, em verdade, negando aplicação à lei processual já vigente. Com efeito, a penhora não importa transferência de propriedade. Embora onerado, o bem continua no patrimônio do devedor. Em vigor a lei que dispõe não responder pela dívida, não poderia mais, para isso, ser alienado judicialmente. O ato que consubstanciasse tal alienação tornara-se defeso. Se assim é, não teria sentido a permanência da penhora, preparatória de ato que não poderá ser praticado. A propósito, observou Sálvio de Figueiredo: '(...) mesmo que se considerasse subsistente a penhora, os atos constritivos posteriores a ela, peculiares à execução, já não poderiam ser realizados' – AI n. 12.221, *DJU* 29.8.1991".

206. A existência de Vara privativa, instituída por lei estadual, não altera a competência territorial resultante das leis de processo.

A falta de Vara privativa da Fazenda Pública no foro do domicílio do devedor do Estado onde ocorreu o fato gerador (dívida fiscal) não desloca a competência para a Capital onde há Vara privativa criada por lei, porque o Estado não tem foro privilegiado, podendo existir, ou não, juízo privativo. Se a organização judiciária afirma a competência das Varas da Fazenda na Capital, tal fato não atrai todas as demandas desse gênero aforadas fora da Capital.

207. É inadmissível recurso especial quando cabíveis embargos infringentes contra o acórdão proferido no tribunal de origem.

A CF/1988, art. 105, III, menciona o recurso especial da decisão final e, se cabível, recurso ordinário; quando a decisão na apelação foi por maioria não há possibilidade desse apelo extremo.

V.: Súmula STF-281; Roberto Rosas, *Direito Processual Constitucional*, 3ª ed., p. 141; CPC/1973, art. 530.

Há vários julgados sobre a extensão do tema (STJ, Ag 611.112; Ag 798.313; Ag 699.636; REsp 512 399).

Esta Súmula, em relação aos recursos criminais, é importante em caso de decisão parcialmente não unânime na apelação. Uma hipótese: unanimidade na condenação, mas divergência quanto à pena.

O STJ não tem considerado o recurso especial interposto simultaneamente com os embargos infringentes. No REsp 944.811 (rel. Min. Arnaldo Esteves Lima) entendeu que a interposição do recurso especial fica sobrestada até o julgamento dos infringentes. Essa orientação aplica-se ao processo penal (CPP, art. 3º). Menciona outros precedentes: REsp 767.545 (rel. Min. Hamilton Carvalhido); RE 785.679 (rel. Min. Félix Fischer).

Já o STF aplica o disposto na Súmula STF-355 (Ag 715.603, rel. Min. Ricardo Lewandowski, onde cita: Ag/QO 432.884 e Ag 197.032, *RTJ* 167/1.030).

208. Compete à Justiça Federal processar e julgar prefeito municipal por desvio de verba sujeita a prestação de contas perante órgão federal.

Trata-se de infração penal praticada em detrimento de bem da União (verba federal). Por isso, a competência é da Justiça Federal (CF/1988, art. 109, IV).

209. Compete à Justiça Estadual processar e julgar prefeito por desvio de verba transferida e incorporada ao patrimônio municipal.

Se há patrimônio municipal o crime praticado fica na jurisdição estadual, aplicando-se a competência do Tribunal de Justiça (CF/1988, art. 29, X).

210. A ação de cobrança das contribuições para o FGTS prescreve em 30 anos.

O prazo prescricional é fixado em lei (Lei 8.036, de 11.5.1990, art. 23, § 5º; Decreto 99.684, de 8.11.1990, art. 55). É prazo excessivo, ainda que haja interesse público, pois um direito não pode eternizar-se, obrigando qualquer devedor do FGTS a guardar montanhas de papéis durante 30 anos.

211. Inadmissível recurso especial quanto à questão que, a despeito da oposição de embargos declaratórios, não foi apreciada pelo tribunal a quo.

Os embargos declaratórios têm pressupostos indicados no CPC/1973, art. 535 – dentre eles a *omissão*. Se esta não é superada pelo exame dos embargos, persistirá, e continuará o vazio de apreciação, não podendo a instância superior examinar aquele ponto omisso, obscuro ou contraditório. Portanto, o cabimento tem como finalidade aclarar, e não preencher vazio de questões não suscitadas anteriormente. Parece, logo, assim, principalmente na omissão, que o tema não apreciado não possa ser examinado no recurso especial. O problema surge com a persistência da omissão, quando o tribunal não aprecia o ponto omisso, ainda que suscitado nos embargos. Há necessidade da reiteração dos embargos, que pode tornar-se infinita: há a interposição, o tribunal não examina, com recurso especial, com apoio no art. 535 do CPC/1973, acolhido pelo STJ, devolvendo ao tribunal *a quo* o exame da omissão. E o tribunal novamente não o aprecia... O STF entende diferentemente, aceitando o prequestionamento quando interpostos os embargos de declaração, ainda que o tribunal não examine o ponto (RE 176.626, rel. Min. Sepúlveda Pertence, *RTJ* 168/305).

V. Súmulas STF-282 e 356.

É importante a esclarecedora opinião de Nelson Nery Jr. sobre este verbete, no sentido de que o recurso só tem cabimento se a matéria estiver no acórdão, como manifestação específica do requisito de admissibilidade. V., ainda, sobre o prequestionamento, *Aspectos Polêmicos e Atuais dos Recursos Cíveis*, São Paulo, Ed. RT, 2001, n. 4, p. 853; Cássio Scarpinella Bueno, *Aspectos Polêmicos e Atuais dos Recursos*, São Paulo, Saraiva, 2000, p. 52; Eduardo Arruda Alvim, *Direito Processual Civil*, 2ª ed., São Paulo, Ed. RT, 2008, p. 875.

212. A compensação de créditos tributários não pode ser deferida em ação cautelar ou por medida liminar cautelar ou antecipatória.

Redação da Súmula alterada pela 1ª Seção, em 11.5.2002. A redação anterior era a seguinte: "A Compensação de créditos tributários não pode ser deferida por medida liminar".

A compensação é admitida no âmbito tributário entre créditos tributários da mesma espécie. Assim permite a lei (Lei 8.383/1991, art. 66).

A concessão inicial dessa compensação entre tributos de outra espécie (IOF *versus* IR) não pode ser atendida, porque terá natureza satisfativa, ao invés da decisão final, de mérito, a julgar a possibilidade dessa compensação. Ela, deferida liminarmente (em mandado de segurança cautelar ou antecipação da tutela), será satisfativa. Seria interessante a leitura desta Súmula quando os créditos forem de espécie diferente, e não aplicá-la aos créditos da mesma espécie.

V.: Súmulas STJ-213 e 460; Cássio Scarpinella Bueno, *Liminar em Mandado de Segurança*, 2ª ed., São Paulo, Ed. RT, 1999, p. 94; Mauro Roberto Gomes de Mattos, "A antecipação da tutela em face da Súmula 212/STJ", *Revista Dialética de Direito Tributário* 50/55, sustentando que a Súmula não inibe a concessão de tutelas tributárias.

213. O mandado de segurança constitui ação adequada para a declaração do direito à compensação tributária.

A compensação de crédito tributário é admitida pelo Código Tributário Nacional, porém mediante lei estipuladora da hipótese, com créditos líquidos e certos (art. 170). Aplica-se à espécie o disposto no CC/2002, art. 368 (CC/1916, art. 1.009): "Se duas pessoas forem ao mesmo tempo credor e devedor uma da outra, as duas obrigações extinguem-se, até onde se compensarem". Como observa Paulo de

Barros Carvalho, essa extinção ocupa-se do direito objetivo como do dever jurídico, uma vez que o crédito do sujeito credor, num dos vínculos, é anulado pelo débito, no outro, o mesmo se passando com o sujeito devedor (*Curso de Direito Tributário*, 8ª ed., p. 311; v. também Luciano Amaro, *Direito Tributário Brasileiro*, 1997, p. 364). A Lei 8.383/1991 (art. 66) estabeleceu a compensação:

"Art. 66. Nos casos de pagamento indevido ou a maior de tributos, contribuições federais, inclusive previdenciárias e receitas patrimoniais, mesmo quando resultante de reforma, anulação, revogação ou rescisão de decisão condenatória, o contribuinte poderá efetuar a compensação desse valor no recolhimento de importância correspondente a período subsequente.

"§ 1º. A compensação só poderá ser efetivada entre tributos, contribuições e receitas da mesma espécie."

Sobre o alcance dessa lei, expôs o Min. Ari Pargendler: "O instituto da compensação é originário do direito privado, cuja definição, conteúdo e alcance, nos termos do art. 109 do CTN, devem ser respeitados pela lei tributária. Não se compreenderia, nessa linha, que, impondo tal exigência às demais leis, o Código Tributário Nacional fosse adotar, no seu próprio texto, outro conceito para a compensação em matéria tributária. Por isso, ou a compensação prevista no art. 66 da Lei n. 8.383, de 1991, tem a mesma natureza da compensação prevista nos arts. 156, II, e 170 do CTN, ou aquela não pode subsistir em razão da contrariedade a este diploma legal, que tem força de lei complementar" (EREsp 78.301).

V. Súmula STJ-212: nesta última não se admite a compensação em liminar; aqui admite-se, com o exame de mérito.

214. *O fiador na locação não responde por obrigações resultantes de aditamento ao qual não anuiu.*

A fiança é obrigação acessória. Logo, extinta a obrigação principal, ela estará extinta. Extinto o contrato de locação, extinta estará a fiança.

Quando o contrato de locação não admite a prorrogação, a fiança extingue-se com o contrato, ainda que prorrogado tacitamente, porque a fiança não admite interpretação extensiva, por ser contrato benéfico (CC/2002, art. 819; CC/1916, art. 1.483); por isso, não se pode imputar ao fiador obrigação, que ele não previra, após o prazo contratual.

Também se inclui nesta hipótese acréscimo de aluguel ou de encargos, ainda que mediante ação revisional, pois o fiador não pode ser surpreendido com valores ou condições não previstos, ainda que se argumente com o "aluguel de mercado", com fixação entre as partes ou mediante decisão judicial. Se o contrato previu atualização ou majoração, então, não se aplica o enunciado.

A Súmula foi interpretada com a validade da cláusula expressa de garantia até a efetiva devolução do imóvel (Lei de Locações, n. 8.245/1991, art. 39 – com a redação da Lei 11.112/2009) (EREsp 566.633; REsp 590.956; REsp 821.953).

A Lei 12.112, de 9.12.2009, alterou a redação do art. 39 da Lei 8.245 para dispor que "Salvo disposição contratual em contrário, qualquer das garantias da locação se estende até a efetiva devolução do imóvel, ainda que prorrogada a locação por prazo indeterminado", por força da Lei.

215. *A indenização recebida pela adesão a programa de incentivo à demissão voluntária não está sujeita à incidência do Imposto de Renda.*

O Poder Público instituiu forma de diminuição dos quadros funcionais mediante indenização da estabilidade do servidor com sua saída do serviço público. Não há renda nessa percepção – e, portanto, é hipótese de não incidência, porque a proteção constitucional da relação empregatícia contra a despedida arbitrária é substituída pela indenização compensatória.

216. *A tempestividade de recurso interposto no Superior Tribunal de Justiça é aferida pelo registro no Protocolo da Secretaria e não pela data da entrega na agência do Correio.*

O controle da tempestividade de recurso é dada pelo ingresso na Secretaria do Tribunal. É a forma de controle. Ainda que facilite a atuação do recorrente, o controle via postal acarreta dificuldades na aferição da tempestividade.

Com a Lei 9.800, de 26.5.1999, que admite a interposição do recurso via *fax*, suavizou-se a premência do tempo. Admite-se a interposição por *fax*, devendo os originais ser entregues no STJ até cinco dias da data do término do prazo.

217. Não cabe agravo de decisão que indefere o pedido de suspensão da execução da liminar, ou da sentença em mandado de segurança.

Súmula cancelada no julgamento do AgR na SS 1.204-AM (Corte Especial, j. 23.10.2002).

A Lei 8.038, de 28.5.1990 (art. 25, § 2º) admite agravo da decisão concessiva da suspensão de liminar ou da decisão concessiva de mandado de segurança. Ao contrário, se a decisão é denegatória não cabe o agravo.

V. Súmulas STF-506 e 622.

218. Compete à Justiça dos Estados processar e julgar ação de servidor estadual decorrente de direitos e vantagens estatutárias no exercício de cargo em comissão.

O enunciado dirige-se à hipótese de o servidor, anteriormente regido pela legislação trabalhista, porém agora estatutário, requerer vantagem decorrente do sistema anterior (cargo em comissão ou gratificação desse cargo). Pretende-se, então, vantagem, qual seja, benefício estatutário, que se compõe de vantagem trabalhista. Logo, a relação em debate é estatutária, de natureza administrativa, e não trabalhista. Exclui-se, assim, a competência da Justiça do Trabalho.

219. Os créditos decorrentes de serviços prestados à massa falida, inclusive a remuneração do síndico, gozam dos privilégios próprios dos trabalhistas.

Os créditos dos prestadores de serviços durante o período de falência são equiparados à preferência dada ao crédito trabalhista. Esses serviços serão pagos antes da dívida ativa.

V. art. 83 da Lei 11.101, de 9.2.2005 (Lei de Recuperação de Empresas e de Falências).

220. A reincidência não influi no prazo da prescrição da pretensão punitiva.

O disposto no art. 110 do CP sobre o aumento do prazo de prescrição se o condenado é reincidente refere-se à prescrição ocorrida após o trânsito em julgado da sentença final condenatória. Assim, o dispositivo não se aplica à prescrição relativa à pretensão executória, porquanto o aumento de prazo não alcança as situações anteriores ao trânsito em julgado. Sobre isso esclarece Heleno Fragoso (*Lições de Direito Penal*, 10ª ed., n. 428): "A reincidência que implica o aumento de um terço no prazo é a anterior à condenação referente ao crime de que se trata. O prazo prescricional não se aumenta pelo crime posterior à condenação".

221. São civilmente responsáveis pelo ressarcimento de dano decorrente de publicação pela imprensa tanto o autor do escrito quanto o proprietário do veículo de divulgação.

Súmula prejudicada pela "não recepção em bloco pela nova ordem constitucional" da Lei 5.250, de 9.2.1967 (Lei de Imprensa), cf. ADPF 130-DF.

A Lei de Imprensa (não recepcionada pela CF/1988) impunha a responsabilidade da pessoa natural ou jurídica que explorasse o meio de comunicação. Também previa a responsabilidade do explorador do meio de informação ou divulgação que violasse direito ou causasse prejuízo mediante publicação ou transmissão, com ação regressiva contra o autor do escrito.

Na verdade, havia solidariedade. Como esta redundava da lei ou do contrato, extraía-se, assim, da própria lei a possibilidade da indenização, tanto do autor como do explorador do instrumento de divulgação.

222. Compete à Justiça Comum processar e julgar as ações relativas à contribuição sindical prevista no art. 578 da Consolidação das Leis do Trabalho.

Súmula inaplicável a partir da Emenda Constitucional 45/2004 (CComp 48.891, *DJU* 1.8.2005).

No âmbito trabalhista há três contribuições: (a) contribuição sindical de caráter compulsório para a categoria sindicalizada (CLT, art. 578); (b) contribuição assistencial adotada em dissídio, convenção ou acordo coletivo, com a finalidade do custeio da participação do sindicato nas negociações coletivas; (c) contribuição confederativa prevista na Constituição (CF/1988, art. 8º, IV) e fixada pela assembleia-geral do sindicato, para custeio do sistema confederativo.

O enunciado trata da primeira hipótese (contribuição sindical), para afastar a competência da Justiça do Trabalho (Súmula do TFR-87).

Se a contribuição decorre de convenção ou acordo a competência é da Justiça do Trabalho (Lei 8.984/1995).

V. Súmula STJ-170.

223. *A certidão de intimação do acórdão recorrido constitui peça obrigatória do instrumento de agravo.*

O sistema instituído pela Lei 9.139/1995 para o agravo indica as peças obrigatórias (CPC/1973, art. 525: da decisão agravada, da certidão da respectiva intimação e das procurações outorgadas aos advogados do agravante e do agravado).

V.: Súmulas STF-288 e 639.

224. *Excluído do feito o ente federal, cuja presença levara o juiz estadual a declinar da competência, deve o juiz federal restituir os autos e não suscitar conflito.*

Se a União (ou autarquia federal) manifesta interessa jurídico perante o juiz estadual, este declina da sua competência para a Justiça Federal, em razão do interesse. Se a União é excluída do feito, não mais existe o interesse. Portanto, não há motivo para o juiz federal suscitar conflito, devendo devolver os autos ao Juiz Estadual.

V. Súmula STJ-150.

225. *Compete ao Tribunal Regional do Trabalho apreciar recurso contra sentença proferida por órgão de primeiro grau da Justiça Trabalhista, ainda que para declarar-lhe a nulidade em virtude de incompetência.*

O TRT não pode, de ofício, reconhecer sua incompetência em razão da matéria (exemplo: relação estatutária). Deve julgar a matéria, anulando a sentença do juiz trabalhista, e declinar para a Justiça Federal ou Estadual.

226. *O Ministério Público tem legitimidade para recorrer na ação de acidente do trabalho, ainda que o segurado esteja assistido por advogado.*

Essa atuação do Ministério Público decorre da proteção do acidentado. Não há lei prevendo o exposto no enunciado, nem lhe beneficia o art. 82, II, do CPC/1973 (interesse público), porque ele é individual.

V. Súmula STJ-99.

227. A pessoa jurídica pode sofrer dano moral.

A doutrina repudiou tal tese, porque o dano moral está ligado à dor, ao sofrimento, impossível na pessoa jurídica, mais com características patrimoniais e, portanto, dano material (Wilson Melo da Silva, *O Dano Moral e sua Reparação*, ao contrário de Adriano de Cupis, entendendo o prejuízo, ainda que não material, numa campanha difamatória). Pontes de Miranda entende indenizável o dano não patrimonial às pessoas jurídicas, porque a indenização superará o efeito não patrimonial (*Tratado de Direito Privado*, t. 26, p. 32, e t. 32, p. 217) (v. STJ, voto do Min. Ruy Rosado, *RT* 724/123; v. também *RSTJ* 75/410).

V. CC/2002: "Art. 52. Aplica-se às pessoas jurídicas, no que couber, a proteção aos direitos da personalidade".

228. É inadmissível o interdito proibitório para a proteção do direito autoral.

O interdito proibitório destina-se à proteção de bens materiais (corpóreos). Portanto, longe da sua caracterização como proteção no direito autoral, e, por isso, defendido pelos meios inerentes a todos os direitos (José Carlos Moreira Alves, *Posse*, vol. II, t. 1º, p. 155).

V. Lei 9.610, de 19.2.1998, art. 102.

229. O pedido do pagamento de indenização à seguradora suspende o prazo de prescrição até que o segurado tenha ciência da decisão.

Durante o exame do pedido do segurado, após comunicação do sinistro (CC/2002, art. 771; CC/1916, art. 1.457), fica suspenso o prazo de prescrição até a conclusão sobre se haverá, ou não, o pagamento da indenização pedida. O prazo recomeça com a ciência dada pela seguradora ao segurado (Voltaire Marensi, *O Seguro no Direito Brasileiro*, Porto Alegre, Síntese, p. 21).

V. Súmulas STJ-101 e 278.

230. Compete à Justiça Estadual processar e julgar ação movida por trabalhador avulso portuário, em que se impugna ato do órgão gestor de mão de obra de que resulte óbice ao exercício de sua profissão.

Súmula cancelada no julgamento dos CComp 30.513-SP, 30.500-SP e 30.504-SP (2ª Seção, j. 11.10.2000).

Não há vínculo empregatício entre o trabalhador portuário avulso e o órgão gestor de mão de obra; e, portanto, o litígio entre eles não tem natureza trabalhista.

231. A incidência da circunstância atenuante não pode conduzir à redução da pena abaixo do mínimo legal.

Na aplicação da circunstância judicial atenuante não se pode levá-la à redução do limite mínimo, porque a atenuante difere da causa especial de diminuição da pena.

232. A Fazenda Pública, quando parte no processo, fica sujeita à exigência do depósito prévio dos honorários do perito.

O CPC/1973, art. 27, determina que sejam pagas pelo vencido, a final, as despesas dos atos processuais efetuados a requerimento do Ministério Público ou da Fazenda Pública.

Ainda que o perito seja auxiliar da Justiça, não se obriga a aguardar o final da demanda para o recebimento de seus honorários.

O art. 27 do CPC/1973 trata das despesas em geral, inerentes ao Judiciário, e não aquelas individuais. Aplica-se o disposto no CPC/1973, art. 33, isto é, a parte (e, no caso, o Ministério Público o é) pagará a remuneração do perito quando requerer o exame.

233. O contrato de abertura de crédito, ainda que acompanhado de extrato da conta-corrente, não é título executivo.

Na discussão sobre a executividade do contrato de abertura de crédito em conta-corrente no julgamento dos EREsp 108.259 (j. 9.11.1998) prevaleceu a opinião contrária do Min. César Asfor Rocha, abaixo transcrita:

"Não reconheço nenhuma executividade em cogitado contrato de abertura de crédito, mesmo que estando subscrito pelo eventual devedor e assinado por duas testemunhas, ainda que a execução seja instruída com extrato e que os lançamentos fiquem devidamente esclarecidos, com explicitação dos cálculos, dos índices e dos critérios adotados para a definição do débito, pois esses são os documentos unilaterais de cuja formação não participou o eventual devedor, e o contrato apenas possibilita que uma certa importância possa ser eventualmente utilizada.

"Nele não há nenhuma afirmação de quem quer que seja dizendo-se em dívida de uma importância certa e determinada que lhe teria sido creditada.

"E essa ausência não pode ser suprida com a simples apresentação de extratos, ainda que explicitados pelo banco que abriu o crédito, por serem documentos unilaterais de cuja formação não participou aquele que é indicado como devedor."

V.: Lei 10.931, de 2.8.2004 ("Art. 28. A Cédula de Crédito Bancário é título executivo extrajudicial e representa dívida em dinheiro, certa, líquida e exigível, seja pela soma nela indicada, seja pelo saldo devedor demonstrado em planilha de cálculo, ou nos extratos da conta corrente, elaborados conforme previsto no § 2º").

V. Luiz Fux, *O Novo Processo de Execução*, Rio de Janeiro, Forense, 2007, p. 72.

234. *A participação de membro do Ministério Público na fase investigatória criminal não acarreta o seu impedimento ou suspeição para o oferecimento da denúncia.*

O Ministério Público pode produzir provas e a colheita de elementos para a denúncia, requisitando informações e documentos (CF/1988, art. 129, VI; v. também o art. 47 do CPP).

235. *A conexão não determina a reunião dos processos, se um deles já foi julgado.*

Não há conexão entre processos se um deles já foi julgado e, portanto, nada há a reunir, pois desapareceu a finalidade da reunião.

236. *Não compete ao Superior Tribunal de Justiça dirimir conflitos de competência entre juízes trabalhistas vinculados a Tribunais Regionais do Trabalho diversos.*

A competência do STJ para o julgamento dos conflitos de competência entre juízes vinculados a tribunais diversos (CF/1988, art. 105,

I, "d") cede à especialização da Justiça do Trabalho no concernente à sua competência (*rectius*, "jurisdição") para julgamento dos dissídios entre trabalhadores e empregadores (CF/1988, art. 114). Na hermenêutica do primeiro dispositivo, caberia sempre ao STJ o julgamento desses conflitos, e aí também entre tribunais ou juízes eleitorais.

237. *Nas operações com cartão de crédito, os encargos relativos ao financiamento não são considerados no cálculo do ICMS.*

Na operação feita mediante cartão de crédito com financiamento há dois contratos: compra e venda e financiamento. No primeiro há preço certo e ajustado, e, assim, o valor da circulação da mercadoria que sai do estabelecimento; o dos encargos ocorre no financiamento, portanto pelas vantagens de parcelamento, e não pelo preço da mercadoria. A base de cálculo do imposto é o valor da operação decorrente da saída da mercadoria.

238. *A avaliação da indenização devida ao proprietário do solo, em razão de alvará de pesquisa mineral, é processada no juízo estadual da situação do imóvel.*

A discussão estabelece-se entre particulares, ainda que decorrente do alvará de pesquisa mineral expedido por autoridade federal (Súmula do TFR-24).

239. *O direito à adjudicação compulsória não se condiciona ao registro do compromisso de compra e venda no Cartório de Imóveis.*

O Decreto-lei 58, de 10.12.1937, que rege os imóveis loteados e também os não loteados, para estes admite a adjudicação compulsória desde que inscrito o contrato, para atribuir-lhe direito real oponível a terceiros (art. 22). Já o CPC/1973, art. 466-B, admite a forma compulsória de cumprimento do contrato. Nesta situação, a exigência é de direito pessoal, e, portanto, prescindindo do registro do contrato para o cumprimento da obrigação de fazer (CC/2002, art. 1.418).

240. *A extinção do processo, por abandono da causa pelo autor, depende de requerimento do réu.*

O abandono da causa pelo autor acarreta a extinção do processo. No entanto, é preciso que o autor, que deve ser intimado pessoalmente, não supra a falta de andamento (CPC/1973, art. 267, § 1º).

Não há presunção de desinteresse do autor no prosseguimento da causa; por isso, a parte contrária deve requerer a extinção prevista no CPC/1973, art. 267, III, não podendo o juiz fazê-lo de ofício.

241. *A reincidência penal não pode ser considerada como circunstância agravante e, simultaneamente, como circunstância judicial.*

O art. 68 do CP estabelece o sistema trifásico: na primeira fase a circunstância judicial é levada para a pena-base; na segunda, a circunstância legal, em razão da agravante; e na terceira o aumento ou diminuição de pena. Sendo a reincidência uma agravante já considerada numa fase, não poderá ser considerada também em outra fase.

242. *Cabe ação declaratória para reconhecimento de tempo de serviço para fins previdenciários.*

O CPC/1973, art. 4º, I, admite a ação declaratória para a declaração da existência de relação jurídica – no caso, com a Previdência.

243. *O benefício da suspensão do processo não é aplicável em relação às infrações penais cometidas em concurso material, concurso formal ou continuidade delitiva, quando a pena mínima cominada, seja pelo somatório, seja pela incidência da majorante, ultrapassar o limite de um ano.*

Controverte-se sobre se a suspensão condicional é dada, em relação à pena inferior a um ano, em cada crime, ainda que haja o concurso (Lei 9.099/1995, art. 89, c/c o art. 119 do CP), ou, então, a negativa de suspensão ocorre se há concurso de crimes, e a soma das penas ultrapasse um ano.

244. *Compete ao foro do local da recusa processar e julgar o crime de estelionato mediante cheque sem provisão de fundos.*

V.: Súmula STF-521; *RSTJ* 144/196.

245. *A notificação destinada a comprovar a mora nas dívidas garantidas por alienação fiduciária dispensa a indicação do valor do débito.*

O art. 2º, § 2º, do Decreto-lei 911, de 1.10.1969, caracteriza a mora pelo vencimento, e em carta expedida pelo cartório. A notificação apenas serve à comprovação da mora, que se constitui *ex re*.

246. O valor do seguro obrigatório deve ser deduzido da indenização judicialmente fixada.

O valor do seguro compõe a recomposição do prejuízo sofrido; portanto, deve ser abatido. Logo, da indenização pela responsabilidade civil será descontado o valor pago pelo seguro.

V. Paulo de Tarso Vieira Sanseverino, *Princípio da Reparação Integral*, São Paulo, Saraiva, 2010, p. 66.

247. O contrato de abertura de crédito em conta-corrente, acompanhado do demonstrativo de débito, constitui documento hábil para o ajuizamento da ação monitória.

O contrato do chamado *cheque especial* é documento particular assinado pelos devedores, com a comprovação do débito; assim, atende aos requisitos da ação monitória (CPC/1973, art. 1.102-a). Lembre-se que o STJ não considerou o contrato de abertura de crédito em conta-corrente título executivo extrajudicial, por não demonstrar a liquidez.

V. Súmula STJ-233.

248. Comprovada a prestação dos serviços, a duplicata não aceita, mas protestada, é título hábil para instruir pedido de falência.

A Lei das Duplicatas (Lei 5.474, de 18.7.1968, art. 15, II) admite a execução da duplicata não aceita, com prova da execução do serviço, e protestada. O pedido de falência tem como um dos pressupostos o não pagamento de obrigação líquida baseada em título com características de exequibilidade.

V. Lei 11.101, de 9.2.2005 (Lei de Recuperação de Empresas e de Falências).

249. A Caixa Econômica Federal tem legitimidade passiva para integrar processo em que se discute correção monetária do FTGS.

A Caixa Econômica Federal/CEF recebe, aplica e administra o FGTS. Portanto, a correção monetária desses depósitos é feita pela CEF.

250. É legítima a cobrança de multa fiscal de empresa em regime de concordata.

Súmula prejudicada pelo advento da Lei 11.101, de 9.2.2005 (Lei de Recuperação de Empresas e de Falências).

A anterior Lei de Falências (Decreto-lei 7.661, de 21.6.1945, art. 23, parágrafo único, III) excluía as multas fiscais do processo de falência, nada tratando no da concordata, não repetido o dispositivo na atual Lei de Recuperação de Empresas e de Falências (Lei 11.101, de 9.2.2005, art. 5º, I e II) – que, ao contrário, dispõe, no art. 83, VII: "Art. 83. A classificação dos créditos na falência obedece à seguinte ordem: (...) VII – as multas contratuais e as penas pecuniárias por infração das leis penais ou administrativas, inclusive as multas tributárias; (...)".

251. *A meação só responde pelo ato ilícito quando o credor, na execução fiscal, provar que o enriquecimento dele resultante aproveitou ao casal.*

No regime da comunhão parcial de bens, regime legal brasileiro (CC/2002, art. 1.640), não se comunicam as obrigações provenientes de ato ilícito (CC/2002, art. 1.659, IV; CC/1916, art. 270, II). Entretanto, a interpretação não pode ser absoluta, para excluir essa hipótese, se o cônjuge foi beneficiado pelo ato ilícito ("salvo reversão em proveito do casal" – CC/2002, art. 1.659, IV, *in fine*). O cônjuge pode ser terceiro, para a defesa de sua meação, e, portanto, legitimado para os embargos de terceiro (CPC/1973, art. 1.046, § 3º).

252. *Os saldos das contas do FGTS, pela legislação infraconstitucional, são corrigidos em 42,72% (IPC) quanto às perdas de janeiro/1989, e 44,80% (IPC) quanto às de abril/1990, acolhidos pelo STJ os índices de 18,02% (LBC) quanto às perdas de junho/1987, de 5,38% (BTN) para maio/1990 e 7,00% (TR) para fevereiro/1991, de acordo com o entendimento do STF (RE 226.855-7-RS).*

Esse texto resulta da interpretação das leis pertinentes no REsp 265.556 (1ª Seção do STJ).

253. *O art. 557 do CPC, que autoriza o relator a decidir o recurso, alcança o reexame necessário.*

O CPC/1973, art. 557, defere ao relator, por decisão monocrática, negar seguimento a recurso se manifestamente improcedente ou contrário a súmula do tribunal. A remessa necessária não é recurso, mas condicional de validade da sentença. O objetivo do legislador desse dispositivo processual foi permitir o exame imediato pelo relator; e, assim, o reexame necessário devolve ao tribunal a causa, para manter ou reformar a sentença.

254. A decisão do juízo federal que exclui da relação processual ente federal não pode ser reexaminada no juízo estadual.

Se o juiz federal exclui a União, ou autarquia federal, e remete o feito à Justiça Estadual, esta não pode restabelecer o interesse da União e, portanto, reincluí-la na relação processual. Essa limitação decorre do poder exclusivo do juiz federal, o juiz natural das causas da União.

255. Cabem embargos infringentes contra acórdão, proferido por maioria, em agravo retido, quando se tratar de matéria de mérito.

O agravo retido será examinado quando do julgamento da apelação, se o agravante requerer tal julgamento (CPC/1973, art. 523). Se o agravo retido contiver matéria de mérito, esta envolve-se com a própria apelação; se não arguida nesse agravo, poderá sê-lo na apelação, ou, não sendo arguível futuramente, porque sujeita a preclusão, o mérito estará envolvido com a apelação. Logo, ainda que o art. 530 do CPC/1973 só admita embargos infringentes quando a decisão na apelação for por maioria, aplica-se ao agravo retido com matéria de mérito (v. art. 530 do CPC/1973, na redação da Lei 10.352, de 26.12.2001).

256. O sistema de "Protocolo Integrado" não se aplica aos recursos dirigidos ao Superior Tribunal de Justiça.

Súmula cancelada no julgamento do AgR no Ag 792.846-SP (Corte Especial, j. 21.5.2008), com a seguinte decisão: "Processual civil – Agravo regimental em agravo de instrumento – Art. 545 do CPC – Protocolo integrado – Recursos dirigidos aos Tribunais Superiores – Possibilidade – Cancelamento da Súmula n. 256 do STJ. 1. A Lei n. 10.352, de 26.12.2001, alterou o parágrafo único do art. 547 do CPC visando a permitir que em todos os recursos, não só no agravo de instrumento (art. 525, § 2º, do CPC), pudesse a parte interpor a sua irresignação através do protocolo integrado. 2. Atenta contra a lógica jurídica conceder-se referido benefício aos recursos interpostos na instância local onde a comodidade oferecida às partes é mais tênue do que com relação aos recursos endereçados aos Tribunais Superiores. 3. Deveras, a tendência ao efetivo acesso à Justiça, demonstrada quando menos pela própria possibilidade de interposição do recurso via *fax*, revela a inequivocidade da *ratio essendi* do art. 547, parágrafo único, do CPC, aplicável aos recursos em geral e, *a fortiori*, aos Tribunais Superiores. 4. 'Os serviços de protocolo poderão, a critério do tribunal, ser descentralizados, mediante delegação a ofícios de justiça de primeiro grau' (art. 547 do CPC). 5. O egrégio STF, no AgR no AI n. 476.260-SP, em 23.2.2006, assentou que 'a Lei n. 10.352, de 26.12.2001, ao alterar os arts. 542 e 547 do CPC, afastou o obstáculo à adoção de protocolos descentralizados. Esta nova regra processual, de aplicação imediata, se orienta pelo critério da redução de custos, pela celeridade de tramitação e pelo mais facilitado acesso das partes às diversas jurisdições'. 6. Agravo regimental provido, divergindo do eminente Relator, com o consequente cancelamento da Súmula n. 256 do egrégio STJ".

V. CPC/1973, art. 547, parágrafo único, na redação dada pela Lei 10.352, de 26.12.2001.

257. *A falta de pagamento do prêmio do Seguro Obrigatório de Danos Pessoais Causados por Veículos Automotores de Vias Terrestres (DPVAT) não é motivo para a recusa do pagamento da indenização.*

O art. 7º da Lei 8.441/1992 determina o pagamento da indenização, ainda com o seguro vencido.

258. *A nota promissória vinculada a contrato de abertura de crédito não goza de autonomia em razão da iliquidez do título que a originou.*

Segundo a Súmula STJ-233, o contrato de abertura de crédito em conta-corrente não é título executivo; logo, a nota promissória a ele vinculada não tem liquidez para a execução.

V. Luiz Fux, *O Novo Processo de Execução*, Rio de Janeiro, Forense, 2007, p. 73.

259. *A ação de prestação de contas pode ser proposta pelo titular de conta-corrente bancária.*

Resulta ela da inconformidade do titular da conta com lançamentos efetuados em extratos fornecidos pelo banco, tendo este o ônus de prestação de contas sobre os lançamentos.

260. *A convenção do condomínio aprovada, ainda que sem registro, é eficaz para regular as relações entre os condôminos.*

A convenção considera-se aprovada, e obrigatória, desde que reúna as assinaturas de 2/3 das frações ideais (Lei 4.591, de 16.12.1964

– Lei de Condomínio –, art. 9º, § 2º). O registro é obrigatório para eficácia em relação a terceiros.

V.: CC/2002, art. 1.333; Leonardo Mattietto, "Convenção de condomínio não registrada", *Revista de Direito Privado* 9/225.

261. *A cobrança de direitos autorais pela retransmissão radiofônica de músicas, em estabelecimentos hoteleiros, deve ser feita conforme a taxa média de utilização do equipamento, apurada em liquidação.*

A exigência dos direitos autorais deve ser calculada pela média da efetiva utilização da retransmissão, via rádio, nos estabelecimentos hoteleiros, e não como se todos os apartamentos estivessem ocupados, isto é, pela totalidade das unidades do hotel. Adotar-se-á um sistema de amostragem.

V. Súmula STJ-63.

262. *Incide o Imposto de Renda sobre o resultado das aplicações financeiras realizadas pelas cooperativas.*

Na prática de atos cooperativos, assim definidos em lei, as cooperativas não estão sujeitas ao Imposto de Renda. A Lei 5.764, de 16.12.1971 (art. 79), define esses atos como sendo "os praticados entre as cooperativas e seus associados, entre estes e aquelas e pelas cooperativas entre si, quando associadas, para a consecução dos objetivos sociais". Portanto, os atos não cooperativos não se enquadram nessa relação. As aplicações financeiras não são atos entre associados.

263. *A cobrança antecipada do Valor Residual (VRG) descaracteriza o contrato de arrendamento mercantil, transformando-o em compra e venda a prestação.*

Súmula cancelada no julgamento dos REsp 443.143-GO e 470.632-SP (2ª Seção, j. 27.8.2003).

Caso não ocorra a compra do bem arrendado, a cobrança do resíduo antes de terminado o prazo contratual é ilegal. A cobrança do resíduo retira do arrendatário o direito de opção pela compra, ou não, do bem. Assim, transforma o contrato de *leasing* em compra e venda a prazo.

264. É irrecorrível o ato judicial que apenas manda processar a concordata preventiva.

Súmula prejudicada pelo advento da Lei 11.101, de 9.2.2005 (Lei de Recuperação de Empresas e de Falências).

Tratava-se de despacho de mero expediente; não resolvia nenhuma questão incidente. Nele o juiz aprecia aspectos formais, sem envolvimento da outra parte. Esse despacho apenas deferia o pedido para processar a concordata.

265. É necessária a oitiva do menor infrator antes de decretar-se a regressão da medida socioeducativa.

No estabelecimento de medida mais rigorosa, da liberdade assistida para a internação, o menor deve ser ouvido, para que se explique a razão do não cumprimento da medida mais branda (CF/1988, art. 5º, LIV e LV; Estatuto da Criança e do Adolescente/ECA – Lei 8.069, de 13.7.1990, arts. 110, e 111, III, V e VI).

266. O diploma ou habilitação legal para o exercício do cargo deve ser exigido na posse e não na inscrição para o concurso público.

A Constituição exige o preenchimento de requisitos legais para o exercício de cargo público (CF/1988, art. 37, I). Extrai-se, então, que tal exigência é para o exercício, e este se inicia com a posse.

V. STJ, RMS 21.426.

267. A interposição de recurso, sem efeito suspensivo, contra decisão condenatória não obsta à expedição de mandado de prisão.

Os recursos especial e extraordinário não têm efeito suspensivo (Lei 8.038, de 28.5.1990, art. 27, § 2º); assim, entendeu-se possível a execução da sentença (CPP, art. 637). Argui-se com o art. 669 do CPP, que impõe à execução da sentença o trânsito em julgado, e, assim, aplicável o princípio da presunção de inocência, que desaparece com o trânsito em julgado.

Há decisões do STF sobre o tema: HC 84.677 e Rcl 2.391-5. O STF decidiu pela liberdade do réu até o trânsito em julgado (HC 84.078, j. 5.2.2009).

268. *O fiador que não integrou a relação processual na ação de despejo não responde pela execução do julgado.*

Segundo o CPC/1973, art. 568, somente aqueles nominados são sujeitos passivos na execução, dentre eles "o devedor, reconhecido como tal no título executivo". Se o fiador não integrou a relação processual, não está abrangido na execução.

V.: Lei 12.112, de 9.12.2009, art. 12; Luiz Fux, *O Novo Processo de Execução*, Rio de Janeiro, Forense, 2007, p. 107.

269. *É admissível a adoção do regime prisional semiaberto aos reincidentes condenados a pena igual ou inferior a quatro anos se favoráveis as circunstâncias judiciais.*

Discute-se se obrigatório o regime inicial fechado como efeito da reincidência. Na aplicação do art. 33, § 2º, do CP, o condenado a pena superior a 20 anos começa a cumpri-la em regime fechado. Ao reincidente pode ser adotado o regime inicial semiaberto se condenado a pena não excedente a 4 anos e aplicáveis as circunstâncias do art. 59.

270. *O protesto pela preferência de crédito, apresentado por ente federal em execução que tramita na Justiça Estadual, não desloca a competência para a Justiça Federal.*

A competência da Justiça Federal estabelece-se quando a autarquia é autora, ré, assistente ou opoente. Quando a autarquia intervém para postular a preferência de crédito, não se insere naquelas posições.

271. *A correção monetária dos depósitos judiciais independe de ação específica contra o banco depositário.*

A correção monetária incide automaticamente, sem necessidade de demanda judicial, porque o banco é mero auxiliar da Justiça.

V. Súmula STJ-179.

272. *O trabalhador rural, na condição de segurado especial, sujeito à contribuição obrigatória sobre a produção rural comercializada, somente faz jus à aposentadoria por tempo de serviço se recolher contribuições facultativas.*

Distinguem-se a contribuição obrigatória (incidente sobre a receita bruta da comercialização da produção) e a contribuição facultativa, esta paga pelo segurado especial. Somente a comprovação do pagamento destas facultativas permite a aposentadoria por tempo de serviço.

273. **Intimada a defesa da expedição da carta precatória, torna-se desnecessária intimação da data da audiência no juízo deprecado.**

O art. 222 do CPP indica a regra para o cumprimento da precatória, qual seja, a intimação da defesa.

V. Súmula STF-155.

274. **O ISS incide sobre o valor dos serviços de assistência médica, incluindo-se neles as refeições, os medicamentos e as diárias hospitalares.**

Os serviços incluídos na Lista do Decreto-lei 406/1968 ficam sujeitos ao ISS ainda que a prestação envolva fornecimento de mercadorias. Nos hospitais e similares esses serviços fornecem remédios e alimentação incluídos nas diárias hospitalares.

V. Lei Complementar 116, de 31.7.2003.

275. **O auxiliar de farmácia não pode ser responsável técnico por farmácia ou drogaria.**

O auxiliar de farmácia é técnico de nível médio, com carga horária escolar inferior ao exigido.

276. **As sociedades civis de prestação de serviços profissionais são isentas da COFINS, irrelevante o regime tributário adotado.**

Súmula cancelada no julgamento da AR 3.761-PR (1ª Seção, j. 12.11.2008).

A Lei Complementar 70/1991 isentou as sociedades civis de prestação de serviços profissionais (art. 6º, II) do pagamento da COFINS.

A Lei 9.430/1996, lei ordinária, não pode revogar o disposto na lei complementar.

Este enunciado foi mantido no REsp 382.736. O STF decidiu em contrário (RE 377.457 e 381.964). A lei ordinária não está subordinada à lei complementar, apenas competências relativas a cada espécie.

A COFINS pode ser regulamentada por lei ordinária. Confirmada a incidência no REsp 826.428.

277. *Julgada procedente a investigação de paternidade, os alimentos são devidos a partir da citação.*

Existia controvérsia sobre a aplicação da Lei de Alimentos (Lei 5.478, de 25.7.1968) à investigatória. Os alimentos seriam devidos da data da sentença. Sendo aplicável, incide o disposto no art. 13, § 2º, da Lei 5.478/1968, isto é, a retroação à data da citação, uma vez que a sentença na investigatória é de natureza declaratória.

278. *O termo inicial do prazo prescricional, na ação de indenização, é a data em que o segurado teve ciência inequívoca da incapacidade laboral.*

O *dies a quo* surge com o conhecimento da incapacidade.

V. Súmulas STJ-101 e 229.

279. *É cabível execução por título extrajudicial contra a Fazenda Pública.*

Os títulos executivos extrajudiciais são documentos públicos assinados pelo devedor (CPC/1973, art. 585, II), execução não impedida pelo CPC/1973, art. 730.

V. Luiz Fux, *O Novo Processo de Execução*, Rio de Janeiro, Forense, 2007, p. 73.

280. *O art. 35 do Decreto-lei 7.661/1945, que estabelece a prisão administrativa, foi revogado pelos incisos LXI e LXVII do art. 5º da Constituição Federal de 1988.*

A prisão administrativa era prevista para os casos de descumprimento pelo falido dos deveres a ele impostos pela anterior Lei de Falências (Decreto-lei 7.661, de 21.6.1945, art. 35). Essa orientação não foi recepcionada pelos incisos LXI e LXVII do art. 5º da CF.

Dispõe o parágrafo único do art. 104 da Lei 11.101, de 9.2.2005 (Lei de Recuperação de Empresas e de Falências): "Art. 104. A decretação da falência impõe ao falido os seguintes deveres: (...). Parágrafo único. Faltando ao cumprimento de quaisquer dos deveres que esta

Lei lhe impõe, após intimado pelo juiz a fazê-lo, responderá o falido por crime de desobediência."

281. A indenização por dano moral não está sujeita à tarifação prevista na Lei de Imprensa.

A limitação imposta pela Lei de Imprensa não foi recepcionada pela Constituição de 1988, que manda reparar o dano na sua extensão (CF/1988, art. 5º, V e X). Segundo decisão do STF a própria Lei de Imprensa não foi recepcionada pela CF/1988.

282. Cabe a citação por edital em ação monitória.

A doutrina discute essa possibilidade, opinando Cândido Rangel Dinamarco no sentido do enunciado (*Instituições de Direito Processual Civil*, 6ª ed., vol. III, São Paulo, Malheiros Editores, 2009, n. 1.288). A citação é feita pelos modos estipulados no Código de Processo Civil, sem limites ou restrições ao processo monitório. Mas, como adverte o Min. César Ásfor Rocha, não sendo encontrado o réu e não sendo aceita a citação ficta, teria o autor de desistir da ação monitória para ingressar com nova ação, valendo-se da mesma documentação (REsp 173.591, rel. Min. Menezes Direito, *RSTJ* 177/65).

V.: José Miguel Garcia Medina, *O Prequestionamento nos Recursos Extraordinário e Especial*, 3ª ed., São Paulo, Ed. RT, p. 366; STF, ERE 96.802, rel. Min. Alfredo Buzaid, *RTJ* 109/299.

283. As empresas administradoras de cartão de crédito são instituições financeiras e, por isso, os juros remuneratórios por elas cobrados não sofrem as limitações da Lei de Usura.

As instituições financeiras são regidas pela Lei 4.595, de 31.12.1964, e não limitadas quanto aos juros.

V. Súmula STF-596.

284. A purga da mora, nos contratos de alienação fiduciária, só é permitida quando já pagos pelo menos 40% do valor financiado.

O Decreto-lei 911, de 1.10.1969, impõe esse percentual, não afastado pelo Código do Consumidor (Lei 8.078, de 11.9.1990).

285. *Nos contratos bancários posteriores ao Código de Defesa do Consumidor incide a multa moratória nele prevista.*

Esta multa obedecia ao disposto no art. 5º do Decreto 22.626/1933, revogado tacitamente pela Lei 4.595/1964, isto é, 1% ao ano. Entretanto, após o Código do Consumidor (Lei 8.078, de 11.9.1990) aplica-se o disposto no seu art. 52, § 1º: "As multas de mora decorrentes do inadimplemento de obrigação no seu termo não poderão ser superiores a 2% (dois por cento) do valor da prestação".

286. *A renegociação de contrato bancário ou a confissão da dívida não impede a possibilidade de discussão sobre eventuais ilegalidades dos contratos anteriores.*

A nova negociação do pacto estabelecido com a instituição financeira deve significar a continuidade na operação – e, portanto, relação jurídica continuada. Essa negociação pressupõe continuidade.

A orientação não impede o exame de contrato extinto (STJ, AgR no Ag 968.099).

287. *A Taxa Básica Financeira (TBF) não pode ser utilizada como indexador de correção monetária nos contratos bancários.*

A TBF foi instituída para operações realizadas no mercado financeiro de prazo de duração igual ou superior a 60 dias (art. 5º da Lei 10.192, de 14.2.2001, resultante da conversão da Medida Provisória 1.053/1995), e não como forma de correção monetária em geral (REsp 252.940, rel. Min. Ruy Rosado, *DJU* 18.2.2002, p. 450, onde se lê: "A TBF (Taxa Básica Financeira) foi instituída para a remuneração do capital, não podendo ser usada para a correção dos débitos").

V. Súmula STJ-288.

288. *A Taxa de Juros de Longo Prazo (TJLP) pode ser utilizada como indexador de correção monetária nos contratos bancários.*

A TJLP tem as características da TR, podendo ser usada como índice de correção monetária, quando pactuada (REsp 337.957, rel. Min. Aldir Passarinho, *RSTJ* 177/273).

289. *A restituição das parcelas pagas a plano de previdência privada deve ser objeto de correção plena, por índice que recomponha a efetiva desvalorização da moeda.*

Este verbete está em reexame, porque as entidades recebem contribuições e não depósitos, e ainda não houve a regulamentação da Lei Complementar 109/2001.

O índice deve obedecer à real desvalorização da moeda no período, ainda que haja outro estabelecido; ou seja, o índice de melhor tradução da perda do poder aquisitivo da moeda, para a efetiva recomposição (EREsp 264.061, rel. para o acórdão Min. Aldir Passarinho, *RSTJ* 177/327).

290. *Nos planos de previdência privada, não cabe ao beneficiário a devolução da contribuição efetuada pelo patrocinador.*

Nos planos de previdência privada complementar há contribuição do empregado e do empregador (contribuição vertida). No caso de desligamento do empregado somente são devolvidas aquelas pagas por ele (REsp 148.902, rel. Min. César Ásfor Rocha, *RSTJ* 177/373).

291. *A ação de cobrança de parcelas de complementação de aposentadoria pela previdência privada prescreve em cinco anos.*

Aplicou-se a prescrição quinquenal para a cobrança de parcelas não pagas integralmente. Adotou-se a regra do art. 94 da Lei 6.435/1977, hoje expressa no art. 75 da Lei Complementar 109/2001.

V. STJ, REsp 439.374.

292. *A reconvenção é cabível na ação monitória, após a conversão do procedimento em ordinário.*

Oferecidos embargos na ação monitória, serão processados pelo procedimento ordinário (CPC/1973, art. 1.102-c, § 2º), e a matéria de defesa é a mais ampla.

V.: Humberto Theodoro Jr., *As Inovações do Código de Processo Civil*, 1996, p. 86; REsp 222.937, rela. Min. Nancy Andrighi, *RSTJ* 177/433.

293. *A cobrança antecipada do Valor Residual Garantido (VRG) não descaracteriza o contrato de arrendamento mercantil.*

No julgamento dos EREsp 286.649 e 213.828 foi cancelada a Súmula STJ-263 porque: "O pagamento adiantado do Valor Residual Garantido/VRG não implica necessariamente antecipação de compra, posto subsistirem as opções de devolução do bem ou prorrogação do contrato. Pelo quê não descaracteriza o contrato de *leasing* para compra e venda a prestação" (*RSTJ* 177/453).

294. *Não é potestativa a cláusula contratual que prevê a comissão de permanência, calculada pela taxa média de mercado apurada pelo Banco Central do Brasil, limitada à taxa do contrato.*

A comissão de permanência atinge a correção monetária e os juros, cobrada pelas instituições financeiras após o vencimento do contrato, quando há inadimplemento do devedor. A comissão de permanência é legal, segundo o índice estabelecido, sem cumulação com a correção monetária (Súmula STJ-30). As taxas não são fixadas pelo credor, e sim pelo mercado, descaracterizada a potestatividade (REsp 332.908, *DJU* 25.3.2002, p. 279, e Ag no REsp 268.575, *DJU* 4.2.2002, p. 376).

295. *A Taxa Referencial (TR) é indexador válido para contratos posteriores à Lei 8.177/1991, desde que pactuada.*

A TR é válida como índice de atualização dos contratos (crédito rural, comercial ou industrial) desde que prevista no contrato, não válida como substituta de índices já extintos (REsp 71.004, e REsp 87.615, *RSTJ* 92/223).

296. *Os juros remuneratórios, não cumuláveis com a comissão de permanência, são devidos no período de inadimplência, à taxa média de mercado estipulada pelo Banco Central do Brasil, limitada ao percentual contratado.*

A construção exposta neste enunciado compatibiliza a cobrança dos juros pactuados com a possibilidade da redução, pelo mercado, desse valor de juros, diante da variação brusca na taxa mensal de juros. Num caso concreto, a taxa de juros foi fixada em 51% (1994), depois houve redução substancial dos juros no mercado. Então, estabeleceu-se que durante o contrato os juros seriam os ajustados e se houvesse inadimplência seriam aqueles da taxa média do mercado (REsp 139.343).

297. O Código de Defesa do Consumidor é aplicável às instituições financeiras.

Segundo os termos do art. 3º, § 2º, do Código do Consumidor (Lei 8.078, de 11.9.1990), os bancos são prestadores de serviços. Eles prestam serviços consumidos pelo cliente.

Essa tese foi confirmada no STF (ADI 2.591), que assim decidiu: *"Instituições Financeiras. Sujeição delas ao Código de Defesa do Consumidor. Ação Direta de Inconstitucionalidade julgada improcedente. 1. As instituições financeiras estão, todas elas, alcançadas pela incidência das normas veiculadas pelo Código de Defesa do Consumidor. 2. 'Consumidor', para os efeitos do Código de Defesa do Consumidor, é toda pessoa física ou jurídica que utiliza, como destinatário final, atividade bancária, financeira e de crédito. 3. Ação direta julgada improcedente"*.

298. O alongamento de dívida originada de crédito rural não constitui faculdade da instituição financeira, mas direito do devedor, nos termos da lei.

A Lei 9.138, de 29.11.1995, determinou o alongamento da dívida de crédito rural, desde que preenchidos os requisitos. Não fica, pois, à discricionariedade da instituição financeira, porque é direito subjetivo do devedor.

299. É admissível a ação monitória fundada em cheque prescrito.

A ação monitória é baseada em documento escrito comprovante de um crédito, sem eficácia executiva. O cheque cuja cobrança está prescrita, pela via executiva, caracteriza esse documento.

300. O instrumento de confissão de dívida, ainda que originário de contrato de abertura de crédito, constitui título executivo extrajudicial.

É título executivo o documento particular assinado pelo devedor e por duas testemunhas (CPC/1973, art. 585, II). Pergunta-se: se o título executivo (promissória, cédulas etc.) for invocado na confissão de dívidas, deve ser anexado ou não?

No particular, circunscreve-se o debate ao contrato de abertura de crédito, mas o débito desse contrato pode ser referido na confissão, não sendo relevante a sua origem.

301. Em ação investigatória, a recusa do suposto pai a submeter-se ao exame de DNA induz presunção juris tantum de paternidade.

A recusa impede ao juiz a apuração da veracidade da alegação (cf. CC/2002, arts. 231 e 232).

A Lei 12.004, de 29.7.2009, presumiu a paternidade no caso de recusa de submissão ao exame do DNA.

302. É abusiva a cláusula contratual de plano de saúde que limita no tempo a internação hospitalar do segurado.

Segundo o Código do Consumidor (Lei 8.078, de 11.9.1990), *cláusula abusiva* é aquela desfavorável ao outro contratante (art. 51, IV). Sem previsão do tempo de cura, a suspensão do tratamento pode acarretar mal maior ao paciente/contratante.

303. Em embargos de terceiro, quem deu causa à constrição indevida deve arcar com os honorários advocatícios.

Com base no princípio da causalidade, aquele que motivou a constrição indevida arcará com a sucumbência (Yussef Said Cahali, *Honorários Advocatícios*, 3ª ed., p. 988). A constrição ocorre por desídia do terceiro embargante, razão pela qual o credor não pode arcar com a sucumbência (REsp 525.473).

No REsp 777.393, o STJ assim decidiu: "*Embargos de terceiro. Ônus da sucumbência. Aplicação da Súmula n. 303 da Corte*. 1. Não se aplica a Súmula n. 303 da Corte naqueles casos em que o exequente enfrenta as impugnações do terceiro embargante, desafiando o próprio mérito dos embargos. 2. Recurso especial não conhecido".

304. É ilegal a decretação da prisão civil daquele que não assume expressamente o encargo de depositário judicial.

O depósito não se aperfeiçoa se não houve a aceitação expressa do encargo de ficar como depositário.

V. revogação da Súmula STF-619 (STF, HC 92.566; HC 87.585; RE 349.703; RE 466.343).

305. É descabida a prisão civil do depositário quando, decretada a falência da empresa, sobrevém a arrecadação do bem pelo síndico.

Segundo a Lei de Recuperação de Empresas e de Falências (Lei 11.101, de 9.2.2005, art. 103), desde o momento da abertura da falência o devedor perde o direito de administrar seus bens, não sendo obrigado a devolvê-los. Ora, perdeu a administração, não tem condições de devolução de bem, e, por isso, não é depositário infiel – e, consequentemente, não pode sofrer prisão civil (REsp 241.896).

306. Os honorários advocatícios devem ser compensados quando houver sucumbência recíproca, assegurado o direito autônomo do advogado à execução do saldo sem excluir a legitimidade da própria parte.

A ementa do REsp 290.141 explica o enunciado: "O art. 23 da Lei n. 8.906, de 1994, não revogou o art. 21 do CPC. Em havendo sucumbência recíproca e saldo em favor de uma das partes, é assegurado o direito autônomo do advogado de executar o saldo da verba advocatícia do qual o seu cliente é beneficiário".

307. A restituição de adiantamento de contrato de câmbio, na falência, deve ser atendida antes de qualquer crédito.

O adiantamento não integra o acervo da massa falida, porque não integrava o patrimônio do exportador. Pertence à instituição financeira, colocado na empresa exportadora. Não é crédito, e sim dinheiro de terceiro, não sujeito à falência (Rubens Requião, *Curso de Direito Falimentar*, 13ª ed., n. 225).

V. art. 86, II, da Lei de Recuperação de Empresas e de Falências, n. 11.101, de 9.2.2005.

308. A hipoteca firmada entre a construtora e o agente financeiro, anterior ou posterior à celebração da promessa de compra e venda, não tem eficácia perante os adquirentes do imóvel.

O voto do Min. Ruy Rosado no REsp 187.940 explica o sentido desse enunciado:

"O princípio da boa-fé objetiva impõe ao financiador de edificação de unidades destinadas à venda aprecatar-se para receber o seu crédito da sua devedora ou sobre os pagamentos a ela efetuados pelos terceiros adquirentes. O que se não lhe permite é assumir a cômoda posição de negligência na defesa dos seus interesses, sabendo que os imóveis está sendo negociados e pagos por terceiros, sem tomar nenhuma medida capaz de satisfazer os seus interesses, para que tais pagamentos lhe sejam feitos, e de impedir que o terceiro sofra a perda das prestações e do imóvel. O fato de constar do Registro a hipoteca da unidade edificada em favor do agente financiador da construtora não tem o efeito que se lhe procura atribuir, para atingir também o terceiro adquirente, pois que ninguém que tenha adquirido imóvel neste País, financiado pelo SFH, assumiu a responsabilidade de pagar a sua dívida e mais a dívida da construtora perante o seu financiador. Isso seria contra a natureza da coisa, colocando os milhares de adquirentes de imóveis, cujos projetos foram financiados pelo Sistema, em situação absolutamente desfavorável, situação, essa, que a própria lei tratou claramente de eliminar. Além disso, consagraria abuso de direito em favor do financiador que deixa de lado os mecanismos que a lei lhe alcançou, para instituir sobre o imóvel – que possivelmente nem existia ao tempo do seu contrato, e que estava destinado a ser transferido a terceiro – uma garantia hipotecária pela dívida da sua devedora, mas que produziria necessariamente efeitos sobre o terceiro.

"No comum dos negócios, a existência de hipoteca sobre o bem objeto do contrato de promessa de compra e venda é fator determinante da fixação e abatimento do preço de venda, pois o adquirente sabe que a presença do direito real lhe acarreta a responsabilidade pelo pagamento da dívida. Não é assim no negócio imobiliário de aquisição da casa própria de edificação financiada por instituição de crédito imobiliário, pois que nesta o valor da dívida garantida pela hipoteca não é abatido do valor do bem, que é vendido pelo seu valor real, sendo o seu preço pago normalmente mediante a obtenção de um financiamento concedido ao adquirente final, este, sim, garantido com hipoteca pela qual o adquirente se responsabilizou, pois essa é a sua dívida.

"Dos três personagens que participaram do negócio, dois com intuito de lucro (portanto, correndo riscos) e um com o propósito de adquirir a casa própria, os dois primeiros negligentes e inadimplentes – o primeiro por escolher mal o seu financiado e por deixar de adotar as medidas permitidas na lei para receber o seu crédito sem causar prejuízo a terceiros, o segundo por não pagar o financiamento recebido –, somente correu o risco e perdeu o terceiro, que adquiriu e pagou."

309. O débito alimentar que autoriza a prisão civil do alimentante é o que compreende as três prestações anteriores ao ajuizamento da execução e as que se vencerem no curso do processo.

Redação da Súmula alterada no julgamento do HC 53.068-MS (2ª Seção, j. 22.3.2006). A redação anterior era a seguinte: "O débito alimentar que autoriza a prisão civil do alimentante é o que compreende as três prestações anteriores à citação e as que vencerem no curso do processo".

Em voto no REsp 278.734 (*RSTJ* 138/336) o Min. Ari Pargendler esclarece o sentido deste enunciado:

"Se o credor por alimentos tarda em executá-los, a prisão civil só pode ser decretada se as prestações dos últimos três meses deixarem de ser pagas.

"Isso tem duas justificativas: uma, a de que a inércia do credor por mais de três meses autoriza a presunção de que as necessidades do alimentando não eram urgentes, podendo aguardar a respectiva cobrança pelos meios comuns; outra, a de que o devedor não pode ser surpreendido pelo acúmulo de prestação, situação que poderia ser aproveitada para vinditas.

"Situação diferente, no entanto, é a das prestações que vencem após o início da execução. Nesse caso, o pagamento das três últimas prestações não livra o devedor da prisão civil. A não ser assim, a duração do processo faria por beneficiá-lo. Duração que seria maior ou menor, dependente dos obstáculos e incidentes por ele criados. A ponto de que a cada dois anos provavelmente pagaria as três últimas prestações para se livrar da prisão, as restantes sujeitando-se a cobrança pelos meios comuns, de duvidosa eficácia."

310. O auxílio-creche não integra o salário-de-contribuição.

Esse auxílio é reembolso de despesas com creche, e não salário, e, portanto, indenização. O auxílio é ressarcimento porque a empresa não mantém creche no estabelecimento.

311. Os atos do presidente do tribunal que disponham sobre processamento e pagamento de precatório não têm caráter jurisdicional.

O precatório tem natureza administrativa e, como ato administrativo do presidente do tribunal, pode ser impugnado por mandado de segurança e outros meios processuais.

312. *No processo administrativo para imposição de multa de trânsito, são necessárias as notificações da autuação e da aplicação da pena decorrente da infração.*

Na linha do devido processo legal, o infrator tem direito à defesa antes da imposição da multa.

313. *Em ação de indenização, procedente o pedido, é necessária a constituição de capital ou caução fidejussória para a garantia de pagamento da pensão, independentemente da situação financeira do demandado.*

O CPC/1973, art. 475-Q, determina a constituição de capital para garantir o pagamento dos alimentos decorrentes de ato ilícito, não se admitindo sua substituição pela inclusão em folha de pagamento.

314. *Em execução fiscal, não localizados bens penhoráveis, suspende-se o processo por um ano, findo o qual se inicia o prazo da prescrição quinquenal intercorrente.*

Este enunciado teve sua aplicação suspensa, e submetido a reexame da 1ª Seção (outubro e novembro/2005). Confirmado em 12.12.2005 (data do julgamento), foi publicado no *DJU* 8.2.2006.

315. *Não cabem embargos de divergência no âmbito do agravo de instrumento que não admite recurso especial.*

Os embargos de divergência são admitidos em agravo de instrumento, com decisão da Turma, em recurso especial (CPC/1973, art. 546, I, e RISTJ, art. 266). Se a discussão se limitou a questões procedimentais (falta de peça, autenticação de peças), não houve exame do mérito do recurso especial, e, assim, não cabíveis os embargos de divergência.

V. Súmula STJ-316. A Súmula STF-599 sofre restrições. A jurisprudência do STJ adotou por longo tempo a Súmula STF-599. Várias decisões do STJ admitem os embargos de divergência quando examinado o mérito do recurso (AgPet 3.285; Pet 2.169; EDAg 541.924; ED/EREsp 244.525).

V. Eliana Calmon, "Embargos de divergência e a Súmula 599/STF", in *Direito Processual, Estudos em Homenagem a Sálvio de Figueiredo Teixeira*, p. 214.

316. *Cabem embargos de divergência contra acórdão que, em agravo regimental, decide recurso especial.*

V. Súmula STJ-315.

317. *É definitiva a execução de título extrajudicial, ainda que pendente apelação contra sentença que julgue improcedentes os embargos.*

Em voto da Min. Nancy Andrighi no ED no AgR no REsp 149.533-MG (*DJU* 14.8.2000, p. 159) há explicação sobre o enunciado:

"Uma vez iniciada a execução, por título judicial transitado em julgado ou por título extrajudicial, será esta sempre definitiva, não se transmudando em provisória nem pela oposição de embargos do devedor, nem pela interposição de recurso contra sentença que julgar improcedentes os embargos ou rejeitá-los liminarmente.

"Justifica-se tal entendimento pela plena eficácia executiva de tais títulos executivos, bem como pelo fato de gozarem de presunção de certeza, liquidez e exigibilidade.

"Destarte, uma vez provido o recurso, eventual prejuízo causado ao devedor resolve-se em perdas e danos.

"A jurisprudência desta Corte consolidou-se no sentido acima explicitado.

"No que tange à infringência ao princípio geral do devido processo legal, ressalta-se que tal alegação não tem o condão de abalar o acórdão ora embargado, na medida em que o entendimento adotado decorreu da interpretação e aplicação das normas processuais pertinentes.

"Sendo infringente o propósito dos presentes embargos, e inexistindo quaisquer vícios ensejadores dos embargos declaratórios, é de se rejeitá-los."

V. Lei 11.232, de 22.12.2005.

318. *Formulado pedido certo e determinado, somente o autor tem interesse recursal em arguir o vício da sentença ilíquida.*

Ainda que o juiz não possa proferir sentença ilíquida se o autor formulou pedido certo (CPC/1973, art. 459, parágrafo único), o réu não tem interesse recursal em arguir a iliquidez, por falta de lesividade, que será do autor contra quem se proferiu sentença ilíquida, ainda que certo e determinado o pedido.

319. *O encargo de depositário de bens penhorados pode ser expressamente recusado.*

No auto de penhora será indicada a nomeação do depositário dos bens (CPC/1973, art. 665, IV). O múnus de depositário não pode ser imposto, porque tem consequências sérias, até de depositário infiel, razão pela qual pode ser recusada a nomeação.

320. *A questão federal somente ventilada no voto vencido não atende ao requisito do prequestionamento.*

A questão federal reflete-se no acórdão, naquilo decidido pelo tribunal, que acolhe, ou não, determinada tese ou solução. Prevalece, então, a opinião da maioria, porque, a aceitar o voto vencido como questão federal, seriam duas questões, e o recurso deveria dirigir-se a ambas. Portanto, o prequestionamento está na tese adotada pelo voto vencedor, e esta é a questão federal a ser enfrentada no recurso especial. No REsp 525.790, o Relator, Min. José Delgado, esclareceu: "O suprimento do efetivo prequestionamento exige que o tema controverso, a ser apresentado na via especial, tenha merecido regular enfrentamento pelo acórdão recorrido. Quando a matéria litigiosa e os dispositivos legais correlatos somente forem deduzidos em voto vencido não se tem como atendido aquele requisito, na medida em que a questão a ser dirimida em recurso especial carece de regular discussão no voto vencedor" (*DJU* 24.11.2003).

V. Súmulas STJ-211 e STF-282 e 356.

321. *O Código de Defesa do Consumidor é aplicável à relação jurídica entre a entidade de previdência privada e seus participantes.*

As entidades de previdência privadas são equiparadas às instituições financeiras (Lei 8.177/1991, art. 29).

V. Súmula STJ-297.

322. *Para a repetição de indébito, nos contratos de abertura de crédito em conta-corrente, não se exige a prova do erro.*

O débito decorre de lançamento efetuado pela própria instituição financeira credora, contra a qual é exigida a repetição do indébito. O banco reteve os valores do correntista, autor do pedido de restituição.

323. *A inscrição do nome do devedor pode ser mantida nos Serviços de Proteção ao Crédito até o prazo máximo de cinco anos, independentemente da prescrição da execução.*

Redação da Súmula alterada no julgamento do REsp 676.678 (2ª Seção, j. 25.11.2009). A redação anterior era a seguinte: "A inscrição de inadimplente pode ser mantida nos serviços de proteção ao crédito por, no máximo, cinco anos".

O enunciado foi amplamente examinado no REsp 873.690 (2ª Seção, rela. Min. Nancy Andrighi), com sugestão de revisão do texto.

O Código do Consumidor admite o período máximo de cinco anos das informações negativas nos Cadastros de Proteção ao Crédito (Lei 8.078, de 11.9.1990, art. 43, § 1º).

324. *Compete à Justiça Federal processar e julgar ações de que participa a Fundação Habitacional do Exército, equiparada a entidade autárquica federal, supervisionada pelo Ministério do Exército.*

A Súmula remete ao texto constitucional (CF/1988, art. 109, I) e à Lei 9.649/1998, que estabeleceu a competência da Justiça Federal para julgar as ações em que as fundações públicas federais sejam partes. Dessa forma, a jurisprudência do STJ firmou o entendimento no sentido de que as fundações federais se equiparam às entidades autárquicas para fixação da competência da Justiça Federal para julgar as ações a elas pertinentes (CComp 30.969-MG).

O texto é resultado da discussão de diversos conflitos de competência, e destacam-se: CComp 21.671-DF (2ª Seção, rel. Min. Carlos Alberto Direito), CComp 30.969-MG (1ª Seção, rel. Min. Peçanha Martins) e CComp 18.009-DF (3ª Seção, rel. Min. Fernando Gonçalves).

O Ministério do Exército foi transformado em Comando do Exército, subordinado ao Ministério da Defesa.

325. *A remessa oficial devolve ao tribunal o reexame de todas as parcelas da condenação suportadas pela Fazenda Pública, inclusive os honorários de advogado.*

A remessa oficial impõe o reexame de todas as parcelas da condenação suportadas pela Fazenda Pública, aí incluída a verba honorária (REsp 100.596). Baseia-se no CPC/1973, art. 475, I.

A Súmula tem como acórdãos norteadores: REsp 100.596-BA, REsp 109.086-SC, REsp 143.909-RS e AgR no Ag 631.562-RJ.

326. Na ação de indenização por dano moral, a condenação em montante inferior ao postulado na inicial não implica sucumbência recíproca.

A pretensão contida na inicial da ação de indenização do dano moral tem caráter meramente estimativo, porque o juiz não fica vinculado ao *quantum* pretendido pelo autor, ainda que o valor seja inferior ao pleiteado (REsp 679.040).

327. Nas ações referentes ao Sistema Financeiro da Habitação, a Caixa Econômica Federal tem legitimidade como sucessora do Banco Nacional da Habitação.

A CEF é sucessora, e, portanto, tem legitimidade.

V.: Decreto-lei 2.291/1986; REsp 195.337; REsp 295.370; REsp 313.506.

328. Na execução contra instituição financeira, é penhorável o numerário disponível, excluídas as reservas bancárias mantidas no Banco Central.

A Lei 9.069/1995, que tratou do "Plano Real", não vedou a penhora de dinheiro das instituições bancárias. Ficam excluídas as chamadas "reservas bancárias".

329. O Ministério Público tem legitimidade para propor ação civil pública em defesa do patrimônio público.

A Constituição Federal admite a ação civil pública para a proteção do patrimônio público (CF/1988, art. 129, I e III; Lei Complementar 75/1993, art. 6º, VII, "b").

330. É desnecessária a resposta preliminar de que trata o art. 514 do Código de Processo Penal na ação penal instruída por inquérito policial.

O art. 514 do CPP determina a notificação do acusado para responder à denúncia ou queixa, dispensável se foi baseada em inquérito policial.

331. A apelação interposta contra sentença que julga embargos à arrematação tem efeito meramente devolutivo.

A execução por título extrajudicial é definitiva, razão pela qual apenas se admite o efeito devolutivo. Aplica-se o disposto no CPC/1973, arts. 745 e 746.

332. A fiança prestada sem autorização de um dos cônjuges implica a ineficácia total da garantia.

A outorga uxória na fiança é um dos requisitos da validade fidejussória, porque um dos cônjuges não pode prestar fiança sem a anuência do outro, exceto no regime de separação absoluta (CC/2002, art. 1.647, III; CC/1916, art. 235, III). Assim, haverá a ineficácia total da fiança.

333. Cabe mandado de segurança contra ato praticado em licitação promovida por sociedade de economia mista ou empresa pública.

Entende-se o ato praticado por autoridade, aquele agente relacionado com o processo licitatório (Celso Antônio Bandeira de Mello, *Curso de Direito Administrativo*, 29ª ed., Malheiros Editores, 2012, p. 543).

334. O ICMS não incide no serviço dos provedores de acesso à Internet.

Parte-se da conceituação do serviço do provedor como serviço de valor adicionado (art. 61 da Lei 9.472/1997), e não serviço de telecomunicação.

335. No contratos de locação, é válida a cláusula de renúncia à indenização das benfeitorias e ao direito de retenção.

O art. 35 da Lei 8.245/1991 assegura ao locatário esse direito. Como é direito disponível, é válida a renúncia.

336. A mulher que renunciou aos alimentos na separação judicial tem direito à pensão previdenciária por morte do ex-marido, comprovada a necessidade econômica superveniente.

Na hipótese, não há dependência em razão da renúncia. Outro aspecto sobrevém: o surgimento da necessidade.

V. Súmula STF-379.

337. *É cabível a suspensão condicional do processo na desclassificação do crime e na procedência parcial da pretensão punitiva.*

Se houver a desclassificação do crime, incide o disposto nos arts. 77 do CP e 89 da Lei 9.099/1995 (Lei dos Juizados Especiais Cíveis e Criminais).

338. *A prescrição penal é aplicável nas medidas socioeducativas.*

É importante a transcrição da ementa do REsp 171.080 (rel. Min. Hamilton Carvalhido):

"1. As medidas socioeducativas, induvidosamente protetivas, são também de natureza retributiva e repressiva, como na boa doutrina, não havendo razão para excluí-las do campo da prescrição, até porque, em sede de reeducação, a imersão do fato infracional no tempo reduz a um nada a tardia resposta estatal.

"2. O instituto da prescrição responde aos anseios de segurança, sendo induvidosamente cabível relativamente a medidas impostas coercitivamente pelo Estado, enquanto importam em restrições à liberdade.

"3. Tendo caráter também retributivo e repressivo, não há por que aviventar a resposta do Estado que ficou defasada no tempo. Tem-se, pois, que o instituto da prescrição penal é perfeitamente aplicável aos atos infracionais praticados por menores.

"4. Recurso conhecido e provido para, reconhecendo a prescrição da pretensão punitiva, declarar extinta a punibilidade do ato infracional."

339. *É cabível ação monitória contra a Fazenda Pública.*

O CPC/1973, art. 1.102-a, acrescentado pela Lei 9.079/1995, prevê o instituto da ação monitória a favor de quem "pretender, com base em prova escrita sem eficácia de título executivo, pagamento de soma em dinheiro, entrega de coisa fungível ou de determinado bem móvel". O réu poderá oferecer embargos, com a suspensão do mandado inicial de pagamento. Da mesma forma ocorre na execução com a Fazenda Pública (CPC/1973, art. 730). Assim, não há impedimento à ação monitória, porque até execução por quantia certa é cabível contra a Fazenda Pública.

340. *A lei aplicável à concessão de pensão previdenciária por morte é aquela vigente na data do óbito do segurado.*

A lei do tempo é aquela da data da morte, e não a lei anterior ao óbito. Naturalmente, para assegurar vantagem a beneficiários constituídos. Esse benefício será regido pela data da morte.

341. *A frequência a curso de ensino formal é causa de remição de parte do tempo de execução de pena sob regime fechado ou semiaberto.*

O sentido desta Súmula é extraído da ementa do REsp 445.942 (rel. Min. Gilson Dipp):

"Criminal – Recurso especial – Remição – Frequência em aulas de alfabetização – Possibilidade – Interpretação extensiva do art. 126 da Lei de Execução Penal – Recurso desprovido.

"I – A Lei de Execuções Penais previu a remição como maneira de abreviar, pelo trabalho, parte do tempo de condenação.

"II – A interpretação extensiva ou analógica do vocábulo 'trabalho', para abarcar também o estudo, longe de afrontar o *caput* do art. 126 da Lei de Execução Penal, lhe deu, antes, correta aplicação, considerando-se a necessidade de se ampliar, no presente caso, o sentido ou alcance da lei, uma vez que a atividade estudantil, tanto ou mais que a própria atividade laborativa, se adequa perfeitamente à finalidade do instituto.

"III – Sendo um dos objetivos da lei, ao instituir a remição, incentivar o bom comportamento do sentenciado e a sua readaptação ao convívio social, a interpretação extensiva se impõe *in casu*, se considerarmos que a educação formal é a mais eficaz forma de integração do indivíduo à sociedade."

342. *No procedimento para aplicação de medida socioeducativa, é nula a desistência de outras provas em face da confissão do adolescente.*

A regra moderna é no sentido do confronto das provas, dentre elas, com a confissão; isso está inserido no direito à ampla defesa.

343. *É obrigatória a presença de advogado em todas as fases do processo administrativo disciplinar.*

Orientação derrogada pela Súmula Vinculante STF-5: "A falta de defesa técnica por advogado no processo administrativo disciplinar não ofende a Constituição".

No MS 7.078 (rel. Min. Hamilton Carvalhido) explica-se o sentido:

"Mandado de segurança – Processo administrativo disciplinar – Cerceamento de defesa – Ocorrência – Ausência de advogado constituído e de defensor dativo.

"1. A presença obrigatória de advogado constituído ou defensor dativo é elementar à essência mesma da garantia constitucional do direito à ampla defesa, com os meios e recursos a ela inerentes, quer se trate de processo judicial ou administrativo, porque tem como sujeitos não apenas os litigantes, mas também os *acusados em geral*.

"2. Ordem concedida."

344. *A liquidação por forma diversa da estabelecida na sentença não ofende a coisa julgada.*

Admite-se forma de procedimento mais ampla, como a realização de perícia, ainda que a sentença exequenda não a mencione.

345. *São devidos honorários advocatícios pela Fazenda Pública nas execuções individuais de sentença proferida em ações coletivas, ainda que não embargadas.*

É clara e suficiente a explicação sobre o enunciado feita nos EREsp 653.270 (rel. Min. José Delgado) perante a Corte Especial do STJ:

"Processual civil – Embargos de divergência em recurso especial – Execução de sentença não embargada – Ação ajuizada por sindicato – Honorários advocatícios – Cabimento – Não incidência da Medida Provisória n. 2.180-35/2001 (art. 1º-D da Lei n. 9.494/1997) – Manifestação da Corte Especial.

"1. Em exame embargos de divergência apresentados por Abdo Taufik Abdo Nader e outros com o objetivo de impugnar acórdão proferido pela 5ª Turma desta Corte Superior que entendeu aplicável à hipótese dos autos o posicionamento de que são indevidos honorários advocatícios nas ações coletivas ajuizadas por sindicatos, após o advento da Medida Provisória n. 2.180-35. Colaciona paradigmas na linha de que a regra do art. 1º-D da Lei n. 9.494/1997 destina-se às execuções típicas do Código de Processo Civil, não se aplicando à peculiar execução da sentença proferida em ação civil coletiva. Admitidos os embargos, ouviu-se a parte adversa, pugnando pelo não provimento do recurso.

"2. Esta Casa, em várias oportunidades em que apreciou a matéria, emitiu pronunciamento na linha de que, em se tratando de título executivo proveniente de ação coletiva ajuizada por sindicato, e não de ação civil pública, teria incidência a regra de que, iniciada a execução após a edição da Medida Provisória n. 2.180-35/2001 (que acrescentou o art. 1º-D da Lei n. 9.494/1997), não seriam devidos os honorários advocatícios pela Fazenda Pública nas execuções não embargadas – Precedentes: ED nos ED no AgR no Ag n. 570.876, rel. Min. Gilson Dipp, *DJU* 21.2.2005; AgR no Ag n. 690.080-SC, rel. Min. Hélio Quaglia Barbosa, *DJU* 7.11.2005; AgR no Ag n. 672.729-RJ, rel. Min. Nilson Naves, *DJU* 7.11.2005; AgR nos ED no REsp n. 690.668-SC, rel. Min. Gilson Dipp, *DJU* 29.8.2005.

"3. De outro vértice, existiam manifestações esposando o entendimento de que: 'A norma do art. 4º da Medida Provisória n. 2.180-35, que exclui o pagamento dos honorários advocatícios nas execuções não embargadas, é de ser afastada não somente nas execuções individuais de julgados em sede de ação civil pública, mas, também, nas ações coletivas, ajuizadas por sindicato, como substituto processual, com igual razão de decidir, por indispensável a contratação de advogado, uma vez que também é necessário promover a liquidação do valor a ser pago e a individualização do crédito, inclusive com a demonstração da titularidade do direito do exequente, resultando, pois, induvidoso o alto conteúdo cognitivo da ação de execução' (ED no AgR no REsp n. 639.226-RS, rel. Min. Hamilton Carvalhido, 6ª Turma, *DJU* 12.9.2005) – Precedente: AgR no REsp n. 700.429-PR, rel. Min. Arnaldo Esteves Lima, 5ª Turma, *DJU* 10.10.2005.

"4. Firma-se, nesta assentada, o entendimento pela inaplicabilidade do art. 1º-D da Lei n. 9.494/1997 às execuções não embargadas de sentenças proferidas em ações coletivas ajuizadas por sindicatos, sendo devidos os honorários advocatícios pela Fazenda Pública.

"5. Embargos de divergência providos."

346. *É vedada aos militares temporários, para aquisição de estabilidade, a contagem em dobro de férias e licenças não gozadas.*

A Lei 6.880/1980, regedora da matéria, não admite tal contagem.

347. *O conhecimento de recurso de apelação do réu independe de sua prisão.*

No RHC 6.110 (rel. Min. Luiz Vicente Cernicchiaro) a ementa expressa o entendimento: "Recurso de *habeas corpus* – Processual penal – Sentença condenatória – Réu foragido – Apelação – Processamento – Devido processo legal – Presunção de inocência – Cautelas processuais penais. O princípio da presunção de inocência, hoje, está literalmente consagrado na Constituição da República (art. 5º, inciso LVII). *[CF/1988]* Não pode haver, assim, antes desse termo final, cumprimento da sanção penal. As cautelas processuais penais buscam, no correr do processo, prevenir o interesse público. A Carta Política, outrossim, registra o devido processo legal; compreende o 'contraditório e ampla defesa, com os meios e recursos a ela inerentes'. Não se pode condicionar o exercício de direito constitucional – ampla defesa e duplo grau de jurisdição – ao cumprimento de cautela processual – Impossibilidade de não receber a apelação, ou declará-la deserta, porque o réu está foragido – Releitura do art. 594 do CPP face à Constituição. Processe-se o recurso, sem sacrifício do mandado de prisão".

V. Súmula STJ-9.

348. *Compete ao Superior Tribunal de Justiça decidir os conflitos de competência entre Juizado Especial Federal e juízo federal, ainda que da mesma Seção Judiciária.*

Súmula cancelada no julgamento do CComp 107.635-PR (Corte Especial, j. 17.3.2010), em razão do julgamento do STF no RE 590.409: compete ao TRF o julgamento do conflito entre Juizado Especial Federal e juízo federal da mesma Seção.

V.: Súmula STJ-428; STJ, CComp 101.586.

349. *Compete à Justiça Federal ou aos juízes com competência delegada o julgamento das execuções fiscais de contribuições devidas pelo empregador ao FGTS.*

Adota-se como explicação a ementa do CComp 53.878 (rel. Min. Castro Meira):

"Conflito negativo de competência – Execução fiscal – FGTS – Caixa Econômica Federal – Emenda Constitucional n. 45/2004 – Art. 114, inciso I, da CF/1988 – Não incidência.

"1. Mesmo após a Emenda Constitucional n. 45/2004 a competência para processar e julgar nas execuções fiscais propostas pela União, ou pela Caixa Econômica Federal mediante convênio, para a cobrança do FGTS, permanece com a Justiça Federal, a menos que o domicílio do devedor não seja sede de Vara (...) especializada, quando, então, caberá o processamento do feito ao juiz de direito da comarca por delegação federal, nos termos do art. 109, § 3º, da CF/1988 c/c o art. 15 da Lei n. 5.010/1966 e Súmula do TFR-4.

"2. Os depósitos para o FGTS representam obrigação legal do empregador em benefício do empregado. Há, entretanto, nítido interesse federal na higidez do Fundo, cujos recursos são utilizados, *e.g.*, na implementação de políticas habitacionais vinculadas ao Sistema Financeiro da Habitação/SFH.

"3. A execução fiscal das dívidas do FGTS não se confunde com a relação de trabalho subjacente, já que não envolve diretamente empregador e empregado. Cuida-se de relação que decorre da lei (*ex lege*), e não da vontade das partes (*ex voluntate*). É também uma relação de direito público, que se estabelece entre a União, ou a Caixa Econômica Federal, e os empregadores inadimplentes com o FGTS, e não de direito privado decorrente do contrato de trabalho.

"4. Não incide na hipótese o art. 114, inciso I, da CF/1988, segundo o qual 'compete à Justiça do Trabalho processar e julgar (...) as ações oriundas da relação de trabalho'.

"5. Conflito de competência conhecido para declarar competente o Juízo Federal suscitado."

350. ***O ICMS não incide sobre o serviço de habilitação de telefone celular.***

O ato de habilitação não se inclui entre os serviços de telecomunicação. É apenas a etapa inicial do futuro uso do serviço.

351. ***A alíquota de contribuição para o Seguro de Acidente do Trabalho (SAT) é aferida pelo grau de risco desenvolvido em cada empresa, individualizada pelo seu CNPJ, ou pelo grau de risco da atividade preponderante quando houver apenas um registro.***

A ementa dos EREsp 478.100 (rel. Min. Castro Meira) explicita o conteúdo:

"Embargos de divergência – Contribuição social ao Seguro de Acidentes do Trabalho/SAT – Alíquota – Grau de risco – Art. 22, II, da Lei n. 8.212/1991 – Estabelecimento da empresa – Inscrição da unidade no CNPJ – Necessidade.

"1. Entendimento pacificado na Corte de que, para fins de apuração da alíquota do SAT, deve-se levar em consideração o grau de risco da atividade desenvolvida em cada estabelecimento da empresa. Persiste, entretanto, a divergência no tocante ao registro da unidade no CNPJ para que seja obtido o grau de risco por estabelecimento da empresa, parâmetro aferidor da alíquota da contribuição para o SAT, razão pela qual devem ser conhecidos os embargos.

"2. O Cadastro Nacional de Pessoas Jurídicas/CNPJ, sucessor do Cadastro Geral de Contribuintes/CGC, é a base de dados utilizada pela Administração Tributária, em todos os níveis, para identificar o sujeito passivo da obrigação fiscal.

"3. Atento à evolução das práticas comerciais, o Fisco exige o registro no CNPJ de cada filial ou sucursal da empresa, para uma melhor fiscalização acerca do cumprimento das obrigações tributárias por parte dos contribuintes.

"4. Não há como se impor ao INSS que individualize os graus de riscos (art. 22, II, da Lei n. 8.212/1991) em função de unidades da empresa que não estão sequer registradas no CNPJ. Tal imposição redundaria em premiar os que não providenciam a regularização de suas filiais perante o Fisco, em detrimento das sociedades que, cadastrando suas sucursais, assumem os ônus administrativos, fiscais e contábeis decorrentes da gestão de uma unidade devidamente registrada.

"5. Embargos de divergência conhecidos e providos."

352. A obtenção ou a renovação do Certificado de Entidade Beneficente de Assistência Social (CEBAS) não exime a entidade do cumprimento dos requisitos legais supervenientes.

O conteúdo teve vários debates com votos contrários. Para fixar esse entendimento, v. o MS 10.558 (rel. Min. José Delgado):

"Tributário – Mandado de segurança – Contribuição fiscal-previdenciária – Instituição privada de ensino superior – Isenção/imunidade – Inexistência de direito adquirido – Reconhecimento da natureza filantrópica – Expedição do CEBAS – Exigência de atendimento aos requisitos legais – Necessidade de observância do percentual de 20% de gratuidade – Mandado de segurança denegado.

"1. Trata-se de mandado de segurança manejado pela Universidade Católica de Petrópolis com o objetivo de desconstituir decisão administrativa proferida pelo Ministro da Previdência e Assistência Social que indeferiu pedido de renovação do Certificado de Entidade Beneficente de Assistência Social. Denegada a liminar, o agravo regimental interposto pela Universidade postulante foi provido, para o fim de reconhecer o direito adquirido à isenção da quota patronal previdenciária, bem assim o direito à obtenção do CEBAS.

"2. O enfoque da ação ora analisada não é a existência ou a inexistência de eventual direito adquirido ao indicado favor fiscal, mas sim o cumprimento ou o descumprimento de exigência legal trazida expressamente pela Lei n. 8.212/1991, que pressupõe o atendimento ao percentual de 20% de gratuidade e demanda a realização de acurado processo de dilação probatória, incompatível com a via do mandado de segurança.

"3. A autoridade fiscal não deixou de reconhecer a isenção fiscal da entidade de ensino impetrante, mas se limitou a aplicar critério de verificação da efetiva continuidade e atendimento do objeto social de beneficência e assistência social (no caso, mediante a verificação do atendimento ao percentual de 20% de gratuidade), estando ausente, desta forma, a apontada ilegalidade e abusividade do ato administrativo impugnado.

"4. A própria evolução da legislação aplicada ao tema, até mesmo mediante interpretação literal, afasta o pretendido direito adquirido à isenção. Em sentido contrário, aliás, é expressamente estabelecido que a entidade que perder a natureza de utilidade pública perde também a isenção da contribuição previdenciária (art. 2º do Decreto-lei n. 1.572, de 1.9.1977).

"5. O STF, ao emitir pronunciamento sobre a questão, é firme ao afastar a tese de existência de direito adquirido ao CEBAS e, consequentemente, do benefício à isenção tributária previdenciária.

"6. A isenção fiscal não pode ser empregada como uma benesse, mera indulgência. Em sentido diverso, deve ser empregada como importante instrumento de ação social, pela necessária prevalência do interesse público em relação ao interesse particular.

"7. A pretensão formulada pela Universidade Católica de Petrópolis é substancialmente contraditória, o que resulta em seu manifesto descabimento. Isso porque, se a finalidade dessa Instituição é, precipuamente, a prática de atos de benemerência, de utilidade pública e fins sociais, não é sequer razoável que questione a necessidade de atender a um percentual de 20% de gratuidade em suas atividades, notadamente a atividade de ensino.

"8. Embora o Decreto n. 2.536/1998 tenha revogado o Decreto n. 752/1993, foram preservados os critérios para o deferimento do CEBAS, sendo certo que o atendimento ao percentual de 20% de gratuidade é apenas um dos requisitos de observância necessária pela instituição de natureza filantrópica. No caso em exame, o indeferimento do CEBAS foi exatamente pelo não suprimento dessa faixa de gratuidade.

"9. Mandado de segurança denegado, tornando-se extintos, consequentemente, os efeitos da liminar expedida em sede de agravo regimental."

353. *As disposições do Código Tributário Nacional não se aplicam às contribuições para o FGTS.*

Entendeu-se que o FGTS não tem natureza tributária.

354. *A invasão do imóvel é causa de suspensão do processo expropriatório para fins de reforma agrária.*

A Medida Provisória 2.027-38/2000 introduziu o § 6º no art. 2º da Lei 8.629, de 25.2.1993, modificado, posteriormente, pela Medida Provisória 2.183/2001: "O imóvel rural de domínio público ou particular objeto de esbulho possessório ou invasão motivada por conflito agrário ou fundiário de caráter coletivo não será vistoriado, avaliado ou desapropriado nos dois anos seguintes à sua desocupação, ou no dobro desse prazo, em caso de reincidência; e deverá ser apurada a responsabilidade civil e administrativa de quem concorra com qualquer ato omissivo ou comissivo que propicie o descumprimento dessas vedações".

355. *É válida a notificação do ato de exclusão do Programa de Recuperação Fiscal do REFIS pelo* **Diário Oficial** *ou pela Internet.*

Essa forma é prevista na Lei do REFIS (Lei 9.964, de 10.4.2000, art. 9º, III).

356. *É legítima a cobrança da tarifa básica pelo uso dos serviços de telefonia fixa.*

A matéria foi amplamente decidida pela 1ª Seção do STJ no REsp 911.802 (rel. Min. José Delgado).

357. *A pedido do assinante, que responderá pelos custos, é obrigatória, a partir de 1.1.2006, a discriminação de pulsos excedentes e ligações de telefone fixo para celular.*

Súmula revogada no julgamento do REsp 1.074.799-MG (1ª Seção, j. 27.5.2009).

A matéria foi amplamente discutida no REsp 925.523.

358. *O cancelamento de pensão alimentícia de filho que atingiu a maioridade está sujeito a decisão judicial, mediante contraditório, ainda que nos próprios autos.*

A maioridade nem sempre dá *status* econômico e financeiro. A dependência poderá continuar.

359. *Cabe ao órgão mantenedor do Cadastro de Proteção ao Crédito a notificação do devedor antes de proceder à inscrição.*

Segundo o art. 43, § 2º, do Código do Consumidor (Lei 8.078, de 11.9.1990), compete à entidade do cadastro a comunicação.

360. *O benefício da denúncia espontânea não se aplica aos tributos sujeitos a lançamento por homologação regularmente declarados, mas pagos a destempo.*

Diz o art. 138 do CTN: "A responsabilidade é excluída pela denúncia espontânea da infração, acompanhada, se for o caso, do pagamento do tributo devido e dos juros de mora, ou do depósito da importância arbitrada pela autoridade administrativa, quando o montante do tributo dependa de apuração. Parágrafo único. Não se considera espontânea a denúncia apresentada após o início de qualquer procedimento administrativo ou medida de fiscalização, relacionados com a infração".

Esse benefício do art. 138 do CTN não é aplicável às hipóteses de tributos sujeitos a lançamento por homologação declarados e pagos fora do prazo.

V. Súmula STJ-446.

361. *A notificação do protesto, para requerimento de falência da empresa devedora, exige a identificação da pessoa que a recebeu.*

É essencial a comunicação perfeita ao devedor.

362. *A correção monetária do valor da indenização do dano moral incide desde a data do arbitramento.*

O valor arbitrado é atual, e, portanto, atualizado. A partir da decisão incide a correção.

363. *Compete à Justiça Estadual processar e julgar a ação de cobrança ajuizada por profissional liberal contra cliente.*

A relação entre advogado e cliente não tem natureza trabalhista. Se há rescisão de contrato de prestação de serviços, a natureza é indenizatória.

364. *O conceito de impenhorabilidade de bem de família abrange também o imóvel pertencente a pessoas solteiras, separadas e viúvas.*

O conceito de família na proteção ao bem de família é amplo.

365. *A intervenção da União como sucessora da Rede Ferroviária Federal S/A (RFFSA) desloca a competência para a Justiça Federal ainda que a sentença tenha sido proferida por juízo estadual.*

A intervenção da União desloca a demanda para a Justiça Federal.

366. *Compete à Justiça Estadual processar e julgar ação indenizatória proposta por viúva e filhos de empregado falecido em acidente do trabalho.*

Súmula cancelada no julgamento do CComp 101.977-SP (Corte Especial, j. 16.9.2009).

A postulação é baseada em direitos próprios, e não em razão de relação de trabalho.

367. **A competência estabelecida pela Emenda Constitucional 45/2004 [CF/1988] não alcança os processos já sentenciados.**

A alteração superveniente da competência não atinge a validade da decisão proferida.

368. **Compete à Justiça Comum Estadual processar e julgar os pedidos de retificação de dados cadastrais da Justiça Eleitoral.**

Considerou-se o cadastro eleitoral como registro público, e, portanto, na competência da Justiça Estadual, porque se pretende a alteração da atividade laboral, e não simples correção de erro material.

369. **No contrato de arrendamento mercantil (leasing), ainda que haja cláusula resolutiva expressa, é necessária a notificação prévia do arrendatário para constituí-lo em mora.**

Para a reintegração de posse do bem arrendado deve caracterizar-se a existência da mora, e esta deve dar-se com a notificação prévia.

370. **Caracteriza dano moral a apresentação antecipada de cheque pré-datado.**

A figura do cheque pré-datado desnatura o pagamento à vista e serve como garantia de pagamento para data futura, consignada no cheque. Logo, o emitente talvez não tenha fundos suficientes até aquela data, e, portanto, a apresentação antecipada fará com que o emitente fique em débito, com consequências morais a serem apuradas.

371. **Nos contratos de participação financeira para a aquisição de linha telefônica, o Valor Patrimonial da Ação (VPA) é apurado com base no balancete do mês da integralização.**

Esta solução foi encontrada em minucioso voto do Min. Hélio Quaglia Barbosa no REsp 975.834.

372. **Na ação de exibição de documentos, não cabe a aplicação de multa cominatória.**

A exibição de documento é processo cautelar, como objeto de outro processo (principal). Se não houver a exibição, caberá a busca e apreensão do documento, e não a multa, mesmo porque, se o documento for exibido, poderá não ser usado, a critério do requerente.

373. É ilegítima a exigência de depósito prévio para admissibilidade de recurso administrativo.

A exigência do depósito foi afastada pelo STF na ADI 1.976. Essa exigência era um obstáculo ao direito de defesa.

374. Compete à Justiça Eleitoral processar e julgar a ação para anular débito decorrente de multa eleitoral.

Essa é uma determinação do Código Eleitoral (art. 367, IV).

375. O reconhecimento da fraude à execução depende do registro da penhora do bem alienado ou da prova de má-fé do terceiro adquirente.

O registro de penhora tem caráter público, e, portanto, de conhecimento de terceiros. Se a penhora não foi registrada, não se imputa ao adquirente essa ciência, a menos que haja prova da má-fé do adquirente.

376. Compete à Turma Recursal processar e julgar o mandado de segurança contra ato de Juizado Especial.

Essa é a determinação da Lei 9.099, de 26.9.1995 (art. 41, § 1º).

377. O portador de visão monocular tem direito de concorrer, em concurso público, às vagas reservadas aos deficientes.

A visão monocular foi considerada deficiência física para efeito de permitir aos seus portadores a concorrência às vagas reservados aos deficientes em concurso público.

378. Reconhecido o desvio de função, o servidor faz jus às diferenças salariais decorrentes.

Ainda que o servidor não tenha direito à promoção, tem direitos aos valores correspondentes aos padrões em que, por força de progressão funcional, se enquadraria se fosse servidor daquela classe.

379. **Nos contratos bancários não regidos por legislação específica os juros moratórios poderão ser convencionados até o limite de 1% ao mês.**

Cf. Orientação 3 da 2ª Seção do STJ no REsp 1.061.530, nestes termos: "Orientação 3 – JUROS MORATÓRIOS: Nos contratos bancários, não regidos por legislação específica, os juros moratórios poderão ser convencionados até o limite de 1% ao mês".

380. **A simples propositura da ação de revisão de contrato não inibe a caracterização da mora do autor.**

Cf. Orientação 2 da 2ª Seção do STJ no REsp 1.061.530, nos seguintes termos: "Orientação 2 – CONFIGURAÇÃO DA MORA: a) O reconhecimento da abusividade nos encargos exigidos no período da normalidade contratual (juros remuneratórios e capitalização) descaracteriza a mora; b) Não descaracteriza a mora o ajuizamento isolado de ação revisional, nem mesmo quando o reconhecimento de abusividade incidir sobre os encargos inerentes ao período de inadimplência contratual".

381. **Nos contratos bancários é vedado ao julgador conhecer, de ofício, da abusividade das cláusulas.**

Cf. Orientação 5 da 2ª Seção do STJ no REsp 1.061.530, que é a seguinte: "Orientação 5 – DISPOSIÇÕES DE OFÍCIO: É vedado aos juízes de primeiro e segundo graus de jurisdição julgar, com fundamento no art. 51 do CDC, sem pedido expresso, a abusividade de cláusulas nos contratos bancários. Vencidos quanto a esta matéria a Min. Relatora e o Min. Luís Felipe Salomão".

382. **A estipulação de juros remuneratórios superiores a 12% ao ano, por si só, não indica abusividade.**

Cf. Orientação 1 da 2ª Seção do STJ no REsp 1.061.530, a saber: "Orientação 1 – JUROS REMUNERATÓRIOS: a) As instituições financeiras não se sujeitam à limitação dos juros remuneratórios estipulada na Lei de Usura (Decreto 22.626/33), Súmula 596/STF; b) A estipulação de juros remuneratórios superiores a 12% ao ano, por si só, não indica abusividade; c) São inaplicáveis aos juros remuneratórios dos contratos de mútuo bancário as disposições do art. 591 c/c o art. 406 do CC/2002; d) É admitida a revisão das taxas de juros remuneralórios em situações excepcionais, desde que caracterizada a relação de consumo e que a abusividade (capaz de colocar o consumidor em desvantagem exagerada – art. 51, § 1º, do CDC) fique cabalmente demonstrada, ante às peculiaridades do julgamento em concreto".

383. A competência para processar e julgar as ações conexas de interesse de menor é, em princípio, do foro do domicílio do detentor da sua guarda.

V. art. 147, I, do Estatuto da Criança e do Adolescente/ECA (Lei 8.069, de 13.7.1990).

384. Cabe ação monitória para haver saldo remanescente oriundo de venda extrajudicial de bem alienado fiduciariamente em garantia.

Se não há liquidez, impossível o processo executivo, e, assim, cabível a monitória.

385. Da anotação irregular em Cadastro de Proteção ao Crédito não cabe indenização por dano moral quando preexistente legítima inscrição, ressalvado o direito ao cancelamento.

Segundo o Código do Consumidor (Lei 8.078, de 11.9.1990, art. 43, § 2º), há necessidade da comunicação da negativação do nome do devedor, para defesa ou esclarecimento. Se há a anotação no Cadastro sem prévia comunicação, então, cabe indenização por dano moral.

386. São isentas de Imposto de Renda as indenizações de férias proporcionais e o respectivo adicional.

Essas indenizações têm caráter indenizatório; portanto, não previstas no art. 43, I, do CTN – renda como produto do trabalho, com acréscimo patrimonial.

V. Súmula STJ-125.

387. É lícita a cumulação das indenizações de dano estético e dano moral.

Ambas as indenizações têm pressupostos diversos, razão pela qual há a cumulação.

388. A simples devolução indevida de cheque caracteriza dano moral.

O dano moral independe de prova de reflexo do prejuízo. Se o cheque é devolvido ainda que o cliente tenha provisão, está caracterizado o dano.

389. A comprovação do pagamento do "custo do serviço" referente ao fornecimento de certidão de assentamentos constantes dos livros da companhia é requisito de procedibilidade da ação de exibição de documentos ajuizada em face da sociedade anônima.

Quem pede a exibição de documentos deve comprovar o pagamento do valor correspondente ao custo do serviço de fornecimento de certidões sobre dados dos livros societários (Lei 6.404, de 15.12.1976, art. 100, § 1º).

390. Nas decisões por maioria, em reexame necessário, não se admitem embargos infringentes.

Os embargos infringentes são admitidos em apelação, quando não unânime (CPC/1973, art. 530). O reexame não se equipara à apelação.

391. O ICMS incide sobre o valor da tarifa de energia elétrica correspondente à demanda de potência efetivamente utilizada.

O valor da tarifa para a base de cálculo é idêntico à potência efetivamente utilizada no período de faturamento, isto é, a demanda medida.

392. A Fazenda Pública pode substituir a Certidão de Dívida Ativa (CDA) até a prolação da sentença de embargos, quando se tratar de correção de erro material ou formal, vedada a modificação do sujeito passivo da execução.

A correção de erro material ou erro de cálculo pode ser feita após a prolação da sentença (CPC/1973, art. 463, I). Antes, autor ou réu podem corrigir erro material, sem alteração de pedido ou da sujeição passiva (substituição do executado por outra pessoa física ou jurídica).

393. A exceção de pré-executividade é admissível na execução fiscal relativamente às matérias conhecíveis de ofício que não demandem dilação probatória.

Aplica-se ou não à execução fiscal? A negativa decorre do art. 16, § 3º, da Lei 6.830, de 22.9.1980 (Lei de Execução Fiscal), que não admite exceções, salvo as de suspeição, incompetência e impedimento. Ora, mas o CPC/1973, art. 741, VI, menciona causas impeditivas, modificativas ou extintivas da obrigação. Em última forma, a exceção é resposta (CPC/1973, art. 297); por isso, a jurisprudência hoje é favorável à admissão da exceção na execução fiscal, sempre acentuando-se que ela não pode envolver questão de mérito. Como ocorreu em julgado do STJ, afirmando-se que "nada impede que o executado antes da penhora se dirija ao juiz, advertindo para as circunstâncias prejudiciais (pressupostos e condições da ação)".

394. É admissível, em embargos à execução, compensar os valores de Imposto de Renda retidos indevidamente na fonte com os valores restituídos apurados na declaração anual.

A restituição do Imposto de Renda deve ser abatida do valor exequendo. Se não ocorrer, há excesso de execução. Por isso, admite-se a compensação.

395. O ICMS incide sobre o valor da venda a prazo constante da nota fiscal.

Na venda a prazo a quantia acrescida ao valor da mercadoria integra o preço da operação.

396. A Confederação Nacional da Agricultura tem legitimidade ativa para a cobrança da Contribuição Sindical Rural.

A Contribuição Sindical Rural é exigível das integrantes da categoria "agricultura" (rural *lato sensu*), representada pela Confederação Nacional da Agricultura.

397. O contribuinte do IPTU é notificado do lançamento pelo envio do carnê ao seu endereço.

A notificação pelo carnê dispensa a notificação administrativa.

398. *A prescrição da ação para pleitear os juros progressivos sobre os saldos de conta vinculada do FGTS não atinge o fundo de direito, limitando-se às parcelas vencidas.*

A pretensão aos saldos do FGTS não se confunde com a pretensão aos juros progressivos. Portanto, só há prescrição das parcelas de juros progressivos.

399. *Cabe à legislação municipal estabelecer o sujeito passivo do IPTU.*

Dentre as hipóteses previstas no art. 34 do CTN (proprietário, titular do domínio útil ou possuidor) pode ser eleito o sujeito passivo do IPTU.

400. *O encargo de 20% previsto no Decreto-lei 1.025/1969 é exigível na execução fiscal proposta contra a massa falida.*

Esse encargo é previsto para cobertura das despesas realizadas.

401. *O prazo decadencial da ação rescisória só se inicia quando não for cabível qualquer recurso do último pronunciamento judicial.*

O CPC/1973, art. 495, estabelece o prazo de dois anos para o direito de propor a ação rescisória, contados do trânsito em julgado da decisão.

402. *O contrato de seguro por danos pessoais compreende os danos morais, salvo cláusula expressa de exclusão.*

A compreensão dos dois danos é a regra. Há contratos de seguro com a previsão da cobertura de ambos os danos. Se não houver a opção por um (em geral, moral), há apenas a indenização da cobertura.

403. *Independe de prova do prejuízo a indenização pela publicação não autorizada de imagem de pessoa com fins econômicos ou comerciais.*

O direito à imagem decorre da Constituição (CF/1988, art. 5º, X). A utilização indevida da imagem pode acarretar dano moral, porque não autorizada ou exploradora de uma circunstância.

404. *É dispensável o Aviso de Recebimento (AR) na carta de comunicação ao consumidor sobre a negativação de seu nome em bancos de dados e cadastros.*

A comprovação é feita pela constatação de envio ao endereço fornecido.

405. *A ação de cobrança do Seguro Obrigatório (DPVAT) prescreve em três anos.*

O DPVAT é seguro de responsabilidade civil; assim, aplica-se a prescrição prevista no CC/2002, art. 206, § 3º, IX – três anos.

406. *A Fazenda Pública pode recusar a substituição do bem penhorado por precatório.*

A rejeição à oferta de precatório baseia-se no CPC/1973, art. 656, I, que afasta a nomeação de bens à penhora por não obediência à ordem legal (CPC/1973, art. 655), existência de outros bens etc.

407. *É legítima a cobrança da tarifa de água fixada de acordo com as categorias de usuários e as faixas de consumo.*

A Constituição estabelece o regime de concessões, com política tarifária (CF/1988, art. 175, parágrafo único, III). A Lei 8.987, de 13.2.1995, reguladora desse texto, estabelece política de escalonamento na tarifação, para admitir menor pagamento pelo consumidor com baixo gasto.

408. *Nas ações de desapropriação, os juros compensatórios incidentes após a Medida Provisória 1.577, de 11.6.1997, devem ser fixados em 6% ao ano até 13.9.2001, e a partir de então em 12% ao ano, na forma da Súmula 618 do Supremo Tribunal Federal.*

A Medida Provisória 1.577/1997 reduziu os juros compensatórios na desapropriação de 12% para 6% ao ano. Ela é aplicável entre a data de sua edição (11.6.1997) até 5.9.2001, data da decisão do STF na ADI 2.332 (*DJU* 13.9.2001), que suspendeu a eficácia dessa redução.

V. Súmula STF-618.

409. Em execução fiscal, a prescrição ocorrida antes da propositura da ação pode ser decretada de ofício (art. 219, § 5º, do CPC). [CPC/1973]

O juiz pode decretar de ofício a prescrição (CPC/1973, art. 219, § 5º). A Lei 6.830, de 22.9.1980, determina a audiência da Fazenda Pública para essa decretação, na prescrição intercorrente, e não a já ocorrida antes da propositura a ação.

410. A prévia intimação pessoal do devedor constitui condição necessária para a cobrança de multa pelo descumprimento de obrigação de fazer ou não fazer.

O CPC/1973, art. 632, impõe a citação do devedor para o cumprimento da obrigação de fazer, não bastando a intimação por via de publicação, e sim a intimação pessoal.

411. É devida a correção monetária ao creditamento do IPI quando há oposição ao seu aproveitamento decorrente de resistência ilegítima do Fisco.

A demora fazendária no exame do aproveitamento do crédito impõe a atualização, via correção monetária.

412. A ação de repetição de indébito de tarifas de água e esgoto sujeita-se ao prazo prescricional estabelecido no Código Civil.

Trata-se de restituição de tarifa paga indevidamente. Não é reparação de dano. Inaplicável o Código do Consumidor, e sim o Código Civil (CC/2002, art. 205 – 10 anos), com a regra intertemporal do seu art. 2.028.

413. O farmacêutico pode acumular a responsabilidade técnica por uma farmácia e uma drogaria ou por duas drogarias.

Bem esclarecedora a ementa do REsp 1.112.884 (rel. Min. Luiz Fux):

"1. O farmacêutico pode acumular a responsabilidade técnica por unidade farmacêutica e por unidade de drogaria, bem como a responsabilidade por duas drogarias, espécies do gênero 'farmácia' – Precedentes do STJ: AgR no REsp n. 1.008.547-MG, rel. Min. Humberto Martins, 2ª Turma, *DJU* 27.4.2009; ED no AgR no REsp n. 1.008.960-MG, rel. Min. Humberto Martins, 2ª Turma, *DJU* 23.4.2009; AgR no

REsp n. 1.031.008-MG, rel. Min. Luiz Fux, 1ª Turma, *DJU* 17.12.2008; REsp 1.008.577-MG, rel. Min. José Delgado, 1ª Turma, *DJU* 16.4.2008; e REsp 968.778-MG, rel. Min. José Delgado, 1ª Turma, *DJU* 7.2.2008.

"2. O art. 20 da Lei n. 5.991, de 1973, ao dispor que 'a cada farmacêutico será permitido exercer a direção técnica de, no máximo, duas farmácias, sendo uma comercial e uma hospitalar', *não veda a acumulação de exercício de direção técnica de uma farmácia e uma drogaria, sendo certo que as normas restritivas não podem ser interpretadas ampliativamente, consoante princípio comezinho de Hermenêutica Jurídica.*

"3. A drogaria é uma espécie de farmácia com atividades limitadas (art. 4º, incisos X e XI, da Lei n. 5.991, de 1973), na qual há dispensação e comércio de drogas, medicamentos, insumos farmacêuticos e correlatos em suas embalagens, enquanto na farmácia, além de se efetuar dispensação e comércio de drogas, há a manipulação de fórmulas medicamentosas."

414. *A citação por edital na execução fiscal é cabível quando frustradas as demais modalidades.*

A citação por edital tem caráter excepcional, somente usada no caso de impossibilidade da citação via postal ou por oficial de justiça (art. 8º, III, da Lei 6.830, de 22.9.1980).

415. *O período de suspensão do prazo prescricional é regulado pelo máximo da pena cominada.*

O prazo máximo de suspensão da prescrição não ultrapassa o previsto no art. 109 do CP.

416. *É devida a pensão por morte aos dependentes do segurado que, apesar de ter perdido essa qualidade, preencheu os requisitos legais para a obtenção de aposentadoria até a data do seu óbito.*

Se o falecido preencheu os requisitos para a obtenção da aposentadoria até a data do falecimento, seus dependentes são titulares de direito à pensão, ainda que não mais fosse segurado.

417. *Na execução civil, a penhora de dinheiro na ordem de nomeação de bens não tem caráter absoluto.*

A ordem estabelecida pelo CPC/1973, art. 655, inicia-se pela nomeação de dinheiro. Ainda que a execução seja feita da forma menos gravosa ao devedor, este não pode alterar a ordem, ficando a critério do magistrado a alteração, não admitindo oferta de bem sem valor ou de difícil liquidação.

418. É inadmissível o recurso especial interposto antes da publicação do acórdão dos embargos de declaração, sem posterior ratificação.

A interposição de recurso antes da publicação do acórdão exige a ratificação da interposição desse recurso.

419. Descabe a prisão civil do depositário judicial infiel.

O Min. Luiz Fux explica o alcance desta Súmula no REsp 914.253:

"1. A Convenção Americana sobre Direitos Humanos, em seu art. 7º, § 7º, vedou a prisão civil do depositário infiel, ressalvada a hipótese do devedor de alimentos. Contudo, a jurisprudência pátria sempre direcionou-se no sentido da constitucionalidade do art. 5º, LXVII, da Carta de 1988, o qual prevê expressamente a prisão do depositário infiel. Isto em razão de o referido tratado internacional ter ingressado em nosso ordenamento jurídico na qualidade de norma infraconstitucional, porquanto, com a promulgação da Constituição de 1988, inadmissível o seu recebimento com força de emenda constitucional. Nesse sentido confiram-se os seguintes julgados da Suprema Corte: RE n. 253.071-GO, rel. Min. Moreira Alves, 1ª Turma, DJU 29.6.2006, e RE n. 206.482-SP, rel. Min. Maurício Corrêa, Tribunal Pleno, DJU 5.9.2003.

"2. A edição da Emenda Constitucional n. 45/2004 acresceu ao art. 5º da CF/1988 o § 3º, dispondo que: 'Os tratados e convenções internacionais sobre direitos humanos que forem aprovados , em cada Casa do Congresso Nacional, em 2 (dois) turnos, por três quintos dos votos dos respectivos membros, serão equivalentes às emendas constitucionais' – inaugurando novo panorama nos acordos internacionais relativos a direitos humanos em território nacional.

"3. Deveras, com 'a ratificação pelo Brasil, sem qualquer reserva, do Pacto Internacional dos Direitos Civis e Políticos (art. 11) e da Convenção Americana sobre Direitos Humanos/Pacto de San José da Costa Rica (art. 7º, 7), ambos do ano de 1992, não há mais base legal para prisão civil do depositário infiel, pois o caráter especial desses diplomas internacionais sobre direitos humanos lhes reserva lugar específico no ordenamento jurídico, estando abaixo da Constituição, porém acima da legislação infraconstitucional com eles conflitante, seja ela anterior ou posterior ao ato de ratificação. Assim ocorreu com o art. 1.287 do CC de 1916 e com o Decreto-lei n. 911/1969, assim como em relação ao art. 652 do novo CC (Lei n. 10.406/2002)' (voto proferido pelo Min. Gilmar Mendes na sessão de julgamento do Plenário da Suprema Corte em 22.11.2006, relativo ao RE n. 466.343-SP, da relatoria do Min. Cézar Peluso).

"4. A Constituição da República Federativa do Brasil, de índole pós-positivista, e fundamento de todo o ordenamento jurídico, expressa, como vontade popular, que a República Federativa do Brasil, formada pela união indissolúvel dos Estados, Municípios e do Distrito Federal, constitui-se em Estado Democrático de Direito e tem como um dos seus fundamentos a dignidade da pessoa humana como instrumento realizador de seu ideário de construção de uma sociedade justa e solidária.

"5. O Pretório Excelso, realizando interpretação sistemática dos direitos humanos fundamentais, promoveu considerável mudança acerca do tema em foco, assegurando os valores supremos do Texto Magno. O Órgão Pleno da Excelsa Corte, por ocasião do histórico julgamento do RE n. 466.343-SP, relator o Min. Cézar Peluso, reconheceu que os tratados de direitos humanos têm hierarquia superior à lei ordinária, ostentando *status* normativo supralegal, o que significa dizer que toda lei antagônica às normas emanadas de tratados internacionais sobre direitos humanos é destituída de validade, máxime em face do efeito paralisante dos referidos tratados em relação às normas infralegais autorizadoras da custódia do depositário infiel. Isso significa dizer que, no plano material, as regras provindas da Convenção Americana de Direitos Humanos, em relação às normas internas, são ampliativas do exercício do direito fundamental à liberdade, razão pela qual paralisam a eficácia normativa da regra interna em sentido contrário, haja vista que não se trata, aqui, de revogação, mas de invalidade."

V. Súmula Vinculante STF-25.

420. *Incabível, em embargos de divergência, discutir o valor de indenização por danos morais.*

A quantificação da indenização do dano moral obedece a caráter individual, e, portanto, deve ser avaliado em cada caso. E, assim, não há confronto a ser levado como divergência.

421. Os honorários advocatícios não são devidos à Defensoria Pública quando ela atua contra a pessoa jurídica de direito público à qual pertença.

Sendo pessoas integrantes do mesmo ente, não há como cobrar os honorários (exemplo: Defensoria Estadual contra o Estado).

422. O art. 6º, "e", da Lei 4.380/1964 não estabelece limitação aos juros remuneratórios nos contratos vinculados ao SFH.

A legislação própria do Sistema Financeiro da Habitação/SFH admite essa posição, porque lei especial.

423. A Contribuição para Financiamento da Seguridade Social (COFINS) incide sobre as receitas provenientes das operações de locação de bens móveis.

A Corte pacificou o entendimento no sentido de que a COFINS incide sobre as receitas provenientes das operações de locação de bens imóveis, porque integram o faturamento, isto é, receitas decorrentes da execução de atividade empresarial.

424. É legítima a incidência de ISS sobre os serviços bancários congêneres da Lista anexa ao Decreto-lei 406/1968 e à Lei Complementar 56/1987.

A Lista de Serviços anexa ao Decreto-lei 406/1968 é taxativa; portanto, incluídos os serviços bancários.

425. A retenção da contribuição para a Seguridade Social pelo tomador do serviço não se aplica às empresas optantes pelo SIMPLES.

Aplica-se o princípio da especialidade, porque há incompatibilidade técnica entre o sistema de arrecadação da contribuição previdenciária da Lei 9.711, de 20.11.1998, e o regime do SIMPLES.

426. Os juros de mora na indenização do Seguro DPVAT fluem a partir da citação.

A partir da citação o devedor – no caso, a seguradora – passa a se constituir em mora.

427. *A ação de cobrança de diferenças de valores de complementação de aposentadoria prescreve em cinco anos contados da data do pagamento.*

Como não há regra especial, aplica-se a regra geral do CC/2002, art. 206, § 5º.

428. *Compete ao Tribunal Regional Federal decidir os conflitos de competência entre Juizado Especial Federal e juízo federal da mesma seção judiciária.*

O STF, no RE 590.409, reconheceu a incompetência do STJ para julgar conflito entre Juizado Especial Federal e juízo federal comum da mesma seção judiciária. A competência é do TRF.

429. *A citação postal, quando autorizada por lei, exige o Aviso de Recebimento.*

A citação da pessoa física pelo correio impõe a comprovação da entrega direta ao destinatário (CPC/1973, art. 223, parágrafo único).

430. *O inadimplemento da obrigação tributária pela sociedade não gera, por si só, a responsabilidade solidária do sócio-gerente.*

Há necessidade da verificação dos poderes de gestão do sócio-gerente para incluí-lo na responsabilidade pelo inadimplemento.

431. *É ilegal a cobrança de ICMS com base no valor da mercadoria submetido ao regime de pauta fiscal.*

A pauta fiscal não corresponde ao real valor da mercadoria.

432. *As empresas de construção civil não estão obrigadas a pagar ICMS sobre mercadorias adquiridas como insumos em operações interestaduais.*

O insumo é o elemento necessário a constituir a mercadoria a ser utilizada na construção.

433. *O produto semielaborado, para fins de incidência de ICMS, é aquele que preenche cumulativamente os três requisitos do art. 1º da Lei Complementar 65/1991.*

Essa tributação tem natureza vinculada, isto é, aos requisitos da exigência legal, do dispositivo citado.

434. O pagamento da multa por infração de trânsito não inibe a discussão judicial do débito.

O pagamento da multa não significa o reconhecimento da infração, que pode ser discutida em juízo.

435. Presume-se dissolvida irregularmente a empresa que deixar de funcionar no seu domicílio fiscal, sem comunicação aos órgãos competentes, legitimando o redirecionamento da execução fiscal para o sócio-gerente.

Presume-se dissolvida irregularmente a empresa que deixa de funcionar no seu domicílio fiscal, sem comunicação aos órgãos competentes.

436. A entrega de declaração pelo contribuinte reconhecendo débito fiscal constitui o crédito tributário, dispensada qualquer outra providência por parte do Fisco.

A entrega da DCTF constitui definitivamente o crédito tributário.

437. A suspensão da exigibilidade do crédito tributário superior a 500.000 Reais para opção pelo REFIS pressupõe a homologação expressa do Comitê Gestor e a constituição de garantia por meio do arrolamento de bens.

Tal entendimento decorre da Lei 9.964 (Programa de Recuperação Fiscal), de 10.4.2000 (art. 3º).

438. É inadmissível a extinção da punibilidade pela prescrição da pretensão punitiva com fundamento em pena hipotética, independentemente da existência ou sorte do processo penal.

Não há prescrição antecipada com base em condenação hipotética.
V.: Lei 12.234, de 5.5.2010; Súmula STF-146.

439. Admite-se o exame criminológico pelas peculiaridades do caso, desde que em decisão motivada.

É uma forma de obtenção da convicção do magistrado.

440. *Fixada a pena-base no mínimo legal, é vedado o estabelecimento de regime prisional mais gravoso do que o cabível em razão da sanção imposta, com base apenas na gravidade abstrata do delito.*

Não cabe regime mais rigoroso em razão da gravidade do delito praticado se o paciente preenche os requisitos para o cumprimento da pena em regime semiaberto.

441. *A falta grave não interrompe o prazo para obtenção de livramento condicional.*

Não há previsão legal para a interrupção.

442. *É inadmissível aplicar no furto qualificado, pelo concurso de agentes, a majorante do roubo.*

Essa aplicação ofende o princípio da legalidade.

443. *O aumento na terceira fase de aplicação da pena no crime de roubo circunstanciado exige fundamentação concreta, não sendo suficiente para a sua exasperação a mera indicação do número de majorantes.*

V. CP, art. 68 e § 2º do art. 157.

444. *É vedada a utilização de inquéritos policiais e ações penais em curso para agravar a pena-base.*

Essas circunstâncias não atingem o réu com maus antecedentes. Ao estabelecer essa Súmula, o Tribunal assim se manifestou: "Conforme orientação há muito firmada nesta Corte de Justiça, inquéritos policiais, ou mesmo ações penais em curso, não podem ser considerados como maus antecedentes ou má conduta social para exacerbar a pena-base ou fixar regime mais gravoso".

445. *As diferenças de correção monetária resultantes de expurgos inflacionários sobre os saldos de FGTS têm como termo inicial a data em que deveriam ter sido creditadas.*

O termo inicial da correção monetária origina-se no débito, isto é, a partir da devida inclusão no cálculo, e não da citação.

446. Declarado e não pago o débito tributário pelo contribuinte, é legítima a recusa de expedição de certidão negativa ou positiva com efeito de negativa.

No tributo com lançamento por homologação o crédito surge com a declaração do contribuinte. Se não houve o pagamento, há o inadimplemento.

447. Os Estados e o Distrito Federal são partes legítimas na ação de restituição de Imposto de Renda Retido na Fonte proposta por seus servidores.

Esse imposto vai para a receita estadual, e não para a União, porque pertence aos Estados, segundo a Constituição Federal.

448. A opção pelo SIMPLES de estabelecimentos dedicados às atividades de creche, pré-escola e ensino fundamental é admitida somente a partir de 24.10.2000, data de vigência da Lei 10.034/2000.

A Lei 9.317, de 5.12.1966 (art. 9º, XIII) não admitia essa admissão, somente possível a partir de 24.10.2000 (Lei 10.034, Sistema Integrado de Pagamento de Impostos e Contribuições das Microempresas e das Empresas de Pequeno Porte – SIMPLES, de 24.10.2000, art. 1º).

449. A vaga de garagem que possui matrícula própria no Registro de Imóveis não constitui bem de família para efeito de penhora.

A proteção ao bem de família, como residência, afasta a penhora sobre esse imóvel. Como a vaga de garagem do prédio é unidade autônoma, inclusive para o Registro Imobiliário, pode ser penhorada.

450. Nos contratos vinculados ao SFH, a atualização do saldo devedor antecede sua amortização pelo pagamento da prestação.

Considera-se legal a amortização do saldo devedor, com a correção monetária e juros, e após o abatimento da prestação mensal. Aplica-se a legislação própria, e não o Código do Consumidor.

451. *É legítima a penhora da sede do estabelecimento comercial.*

Admite-se a penhora da sede do estabelecimento comercial quando não há bens passíveis de penhora. A Lei 6.830, de 22.9.1980 admite, excepcionalmente, essa penhora (art. 11, § 1º).

452. *A extinção das ações de pequeno valor é faculdade da Administração Federal, vedada a atuação judicial de ofício.*

Essa extinção foi admitida pela Lei 9.469, de 10.7.1997 (art. 1º, modificado pela Lei 11.941/2009), a cargo do Advogado-Geral da União. Se o valor da causa é ínfimo, não pode o juiz, de ofício, extinguir a execução.

453. *Os honorários sucumbenciais, quando omitidos em decisão transitada em julgado, não podem ser cobrados em execução ou em ação própria.*

Se os honorários da sucumbência não forem fixados no processo de conhecimento, não podem ser pedidos em execução. A matéria está preclusa, com o trânsito em julgado.

454. *Pactuada a correção monetária nos contratos do SFH pelo mesmo índice aplicável à caderneta de poupança, incide a Taxa Referencial (TR) a partir da vigência da Lei 8.177/1991.*

Trata-se da aplicação imediata da Lei 8.177, de 1.3.1991 ("Estabelece regras para a desindexação da economia e dá outras providências").

455. *A decisão que determina a produção antecipada de provas com base no art. 366 do CPP deve ser concretamente fundamentada, não a justificando unicamente o mero decurso do tempo.*

Se o acusado, citado por edital, não comparece nem constitui advogado, o juiz pode determinar a produção antecipada de provas, se considerá-las urgentes; porém, com justificação, afastada a possibilidade de demora.

456. É incabível a correção monetária dos salários-de-contribuição considerados no cálculo do salário-de-benefício de auxílio-doença, aposentadoria por invalidez, pensão ou auxílio-reclusão concedidos antes da vigência da Constituição Federal de 1988.

Esses benefícios foram concedidos antes da vigência da Constituição de 1988, e segundo a legislação vigente.

457. Os descontos incondicionais nas operações mercantis não se incluem na base de cálculo do ICMS.

No valor da operação não se incluem no valor a ser calculado para incidência do ICMS descontos promocionais ou concedidos para pagamento à vista.

458. A contribuição previdenciária incide sobre a comissão paga ao corretor de seguros.

Trata-se de remuneração de trabalhador autônomo (Lei Complementar 84/1996).

459. A Taxa Referencial (TR) é o índice aplicável, a título de correção monetária, aos débitos com o FGTS recolhidos pelo empregador mas não repassados ao Fundo.

Essa previsão está na Lei 8.036, de 11.5.1990 (art. 22).

460. É incabível o mandado de segurança para convalidar a compensação tributária realizada pelo contribuinte.

A compensação tributária depende de dilação probatória. Admite-se apenas a impetração para declaração do direito, não a fixação da quantia a ser compensada.

V. Súmula STJ-212.

461. O contribuinte pode optar por receber por meio de precatório ou por compensação o indébito tributário certificado por sentença declaratória transitada em julgado.

A sentença é título executivo judicial, e, assim, o credor pode optar pela compensação (se for o caso) ou por receber o indébito por meio de precatório.

462. *Nas ações em que representa o FGTS, a CEF, quando sucumbente, não está isenta de reembolsar as custas antecipadas pela parte vencedora.*

A CEF está isenta do pagamento de custas, exceto quando é sucumbente e reembolsa as custas adiantadas pela parte vencedora (Lei 9.028, de 13.4.1995, art. 24-A).

463. *Incide Imposto de Renda sobre os valores percebidos a título de indenização por horas extraordinárias trabalhadas, ainda que decorrentes de acordo coletivo.*

Essa indenização tem caráter remuneratório, e tipifica acréscimo patrimonial do contribuinte (CTN, art. 43).

464. *A regra de imputação de pagamentos estabelecida no art. 354 do Código Civil não se aplica às hipóteses de compensação tributária.*

A regra do CC/2002, art. 354, é inaplicável à matéria tributária.

465. *Ressalvada a hipótese de efetivo agravamento do risco, a seguradora não se exime do dever de indenizar em razão da transferência do veículo sem a sua prévia comunicação.*

O dever de indenização é pressuposto, quando válido o seguro. Mesmo que o contrato exija a comunicação prévia da mudança, deve ser feito um exame concreto das situações envolvidas para autorizar a exclusão da responsabilidade da seguradora, que recebeu o pagamento do prêmio. A obrigação poderia ser excluída em caso de má-fé ou aumento do risco segurado. O texto excetua a obrigação apenas se a transferência significar aumento real do risco envolvido no seguro.

466. *O titular da conta vinculada ao FGTS tem o direito de sacar o saldo respectivo quando declarado nulo seu contrato de trabalho por ausência de prévia aprovação em concurso público.*

Há culpa recíproca na declaração de nulidade do contrato de trabalho porque sem prévio concurso. Há parcela de responsabilidade da Administração.

467. Prescreve em cinco anos, contados do término do processo administrativo, a pretensão da Administração Pública de promover a execução da multa por infração ambiental.

Aplica-se a regra quinquenal prevista no Decreto 20.910, de 6.1.1932, e na Lei 9.873, de 23.11.1999 (art. 1º).

468. A base de cálculo do PIS, até a edição da Medida Provisória 1.212/1995, era o faturamento ocorrido no sexto mês anterior ao do fato gerador.

Previsão da Lei Complementar 7, de 7.9.1970 (art. 6º, parágrafo único). A MP 1.212/1995 teve várias reedições, a última das quais é a MP 2.135-35, de 24.8.2001.

469. Aplica-se o Código de Defesa do Consumidor aos contratos de plano de saúde.

A operadora dos serviços de assistência à saúde presta serviços remunerados.

470. O Ministério Público não tem legitimidade para pleitear, em ação civil pública, a indenização decorrente do DPVAT em benefício do segurado.

O seguro obrigatório para cobertura de sinistro com veículos automotores acarreta direito individual disponível, e, portanto, somente exigível pelo segurado.

471. Os condenados por crimes hediondos ou assemelhados cometidos antes da vigência da Lei 11.464/2007 sujeitam-se ao disposto no art. 112 da Lei 7.210/1984 (Lei de Execução Penal) para a progressão de regime prisional.

"Esta Corte já sedimentou o entendimento de que a exigência do cumprimento do lapso temporal previsto na Lei n. 11.464/2007 somente se aplica como requisito objetivo para a progressão de regime aos crimes cometidos após sua vigência, em obediência ao princípio da irretroatividade da lei penal mais gravosa" (HC 135.211-SP, rel. Min. Napoleão Nunes Maia Filho).

472. *A cobrança de comissão de permanência – cujo valor não pode ultrapassar a soma dos encargos remuneratórios e moratórios previstos no contrato – exclui a exigibilidade dos juros remuneratórios, moratórios e da multa contratual.*

O presente texto deriva da aplicação de outros textos sumulares. Assim a Súmula STJ-30 não admitiu a cumulação de comissão de permanência e correção monetária; já a Súmula STJ-294, admite a comissão de permanência, porém, sujeita à taxa média de mercado; e a Súmula STJ-296 não admite a cumulação de juros remuneratórios com a comissão de permanência.

Agora, estabeleceu-se o teto da comissão de permanência.

473. *O mutuário do SFH não pode ser compelido a contratar o seguro habitacional obrigatório com a instituição financeira mutuante ou com a seguradora por ela indicada.*

O art. 39, I, do Código de Defesa do Consumidor, não admite a chamada "venda casada". No caso, o agente financeiro tem seguro habitacional e o impõe ao mutuário.

474. *A indenização do seguro DPVAT, em caso de invalidez parcial do beneficiário, será paga de forma proporcional ao grau da invalidez.*

Como a invalidez não é total, e sim em parte, cabe o cálculo nessa proporção.

475. *Responde pelos danos decorrentes de protesto indevido o endossatário que recebe por endosso translativo título de crédito contendo vício formal extrínseco ou intrínseco, ficando ressalvado seu direito de regresso contra os endossantes e avalistas.*

Se a instituição financeira recebeu o título (por endosso), e o protestou indevidamente, mesmo com vício formal, essa instituição responde pelos danos desse protesto indevido.

476. *O endossatário de título de crédito por endosso-mandato só responde por danos decorrentes de protesto indevido se extrapolar os poderes de mandatário.*

Essa orientação foi fixada pela 2ª Seção do STJ no REsp 1.063.474: "Para efeito do art. 543-C do CPC, só responde por danos materiais e morais o endossatário que recebe título de crédito por endosso--mandato e o leva a protesto, se extrapola os poderes de mandatário ou em razão de ato culposo próprio, como no caso de apontamento depois da ciência acerca do pagamento anterior ou da falta de higidez da cártula".

477. A decadência do art. 26 do CDC não é aplicável à prestação de contas para obter esclarecimentos sobre cobrança de taxas, tarifas e encargos bancários.

O art. 26 do Código de Defesa do Consumidor dispõe sobre o prazo decadencial para a reclamação por vícios em produtos ou serviços, não aplicável à prestação de contas para esclarecimentos sobre cobrança.

478. Na execução de crédito relativo a cotas condominiais, este tem preferência sobre o hipotecário.

A finalidade da cobrança das cotas de condomínio é a manutenção e conservação do imóvel e, portanto, acima do crédito hipotecário, muitas vezes individual, ao contrário do coletivo, no condomínio.

479. As instituições financeiras respondem objetivamente pelos danos gerados por fortuito interno relativo a fraudes e delitos praticados por terceiros no âmbito de operações bancárias.

A fraude e delitos praticados por terceiros no âmbito de operações bancárias fazem parte do risco do empreendimento, caracterizando-se como fortuito interno, devendo a instituição financeira reparar os danos decorrentes, independente de culpa.

A forma de elidir a responsabilidade objetiva do fornecedor ficou restrita a demonstração de culpa exclusiva do consumidor ou de terceiros que seja estranho ao produto ou serviço (art. 14, § 3º do CDC). Fortuito externo, isso porque a instituição financeira tem o dever contratualmente assumido de gerir com segurança as movimentações bancárias de seus clientes.

A matéria também foi julgada no REsp 1.197.929 e REsp 1.199.782 como representativo da controvérsia sob o rito do art. 543-C do CPC.

V. Súmulas 28 e 297 do STF.

480. *O juízo da recuperação judicial não é competente para decidir sobre a constrição de bens não abrangidos pelo plano de recuperação da empresa.*

Os bens e os negócios tratados no plano de recuperação da empresa limita, objetiva e subjetivamente, a competência do juízo da recuperação judicial.

O juízo da recuperação judicial não é extensível às empresas participantes do mesmo grupo econômico da empresa em recuperação, mesmo que a constrição dos seus bens afete o cumprimento do plano.

481. *Faz jus ao benefício da justiça gratuita a pessoa jurídica com ou sem fins lucrativos que demonstrar sua impossibilidade de arcar com os encargos processuais.*

A gratuidade da justiça exige o fato objetivo de a parte solicitante não ter condição de arcar com as despesas processuais sem severo prejuízo da sua subsistência.

As pessoas físicas e entidades filantrópicas ou de assistência social gozam de presunção de miserabilidade *iuris tantum*, bastando mero requerimento. A negativa, nesses casos, exige a comprovação da ausência desse estado pelo *ex adverso*.

As pessoas jurídicas, com ou sem fins lucrativos, por sua vez, tem que comprovar o seu estado de miserabilidade e que não tem condições de arcar com as despesas processuais para gozar de tal benefício.

482. *A falta de ajuizamento da ação principal no prazo do art. 806 do CPC acarreta a perda da eficácia da liminar deferida e a extinção do processo cautelar.*

Pairava dúvida sobre os efeitos da falta de ajuizamento da ação principal: se acarretava, além da perda de eficácia da liminar, a extinção do processo cautelar.

Por ser a ação cautelar um mero procedimento preparatório ou incidental da ação princial, a propositura desta é um encargo, cujo descumprimento faz presumir a sua desnecessidade, devendo, portanto, ser extinta. Não sendo proposta a ação principal no prazo estipulado, caduca a cautelar, não afetando, porém, o direito a ser resguardado pela ação principal.

O prazo para o ajuizamento da ação principal é de 30 dias.

483. O INSS não está obrigado a efetuar depósito prévio do preparo por gozar das prerrogativas e privilégios da Fazenda Pública.

Não se trata de isenção do pagamento de custas ou despesas processuais pelo INSS.

A Autarquia Federal, equiparada em benefícios e privilégios da Fazenda Pública, nos termos do art. 8º da Lei 8.620/1993, não pode ser compelida a efetuar depósito prévio do preparo como condição de admissibilidade do recurso.

A questão, julgada no REsp 1.101.727, foi considerada representativa da controvérsia, sujeitando-se ao procedimento do art. 543-C do CPC.

V. Súmulas 175, 178 e 232 do STJ e Súmula 240 do STF.

484. Admite-se que o preparo seja efetuado no primeiro dia útil subsequente, quando a interposição do recurso ocorrer após o encerramento do expediente bancário.

O encerramento do expediente bancário antes do expediente forense constitui causa de justo impedimento nos moldes do art. 519 do CPC.

O recurso, contudo, pode ser protocolado durante o expediente forense, mas depois de cessado o expediente bancário, deve o preparo ser efetuado e comprovado no primeiro dia útil subsequente.

O REsp 1.122.064, que tratou da matéria, foi considerado representativo da controvérsia e submetido ao rito do art. 543-C do CPC.

485. A Lei de Arbitragem aplica-se aos contratos que contenham cláusula arbitral, ainda que celebrados antes da sua edição.

A arbitragem é um instituto eminentemente processual, o qual tem aplicação imediata aos feitos pendentes e aos que ainda não se iniciaram. Logo, incide sobre todos os contratos, ainda que tenham sido celebrados antes da edição da Lei 9.307/1996 (Lei de Arbitragem).

486. É impenhorável o único imóvel residencial do devedor que esteja locado a terceiros, desde que a renda obtida com a locação seja revertida para a subsistência ou a moradia da sua família.

Tem-se alargado a compreensão do que seja *bem de família*, a fim de alcançar o objetivo social da propriedade e a proteção da entidade familiar. Com efeito, o imóvel, sendo único da familia, ainda que alugado, mas tendo a renda revertida para o sustento familiar, considera-se impenhorável.

V. Súmulas 205, 364 e 449 do STJ.

487. O parágrafo único do art. 741 do CPC não se aplica às sentenças transitadas em julgado em data anterior à da sua vigência.

O referido dispositivo (art. 741, parágrafo único do CPC) conferiu força rescisória aos Embargos à Execução, cuja natureza é eminentemente processual, portanto, de aplicação imediata.

Todavia, as normas processuais não podem retroagir para desfazer atos perfeitos. O beneficiado pela sentença proferida antes do referido dispositivo tem o direito adquirido de preservar a coisa julgada, própria do regime processual vigente à época em que foi formada.

O REsp 1.189.619, que tratou a matéria, foi considerado representativo da controvérsia e submetido ao rito do art. 543-C do CPC.

488. O § 2º do art. 6º da Lei n. 9.469/1997, que obriga à repartição dos honorários advocatícios, é inaplicável a acordos ou transações celebrados em data anterior à sua vigência.

Por confronto com o art. 5º, XXXVI, da CF, o enunciado indica que somente é aplicável a acordos ou transações celebrados depois da introdução do referido dispositivo pela Medida Provisória 2.226/2001.

A questão, julgada no REsp 1.218.508, foi considerada representativa da controvérsia, sujeitando-se ao procedimento do art. 543-C do CPC.

489. Reconhecida a continência, devem ser reunidas na Justiça Federal as ações civis públicas propostas nesta e na Justiça estadual.

Diante do princípio constitucional do federalismo, reconhece-se supremacia à União sobre os demais entes federativos. Com isso, reconhece-se a preponderância da competência da Justiça Federal sobre a Estadual, devendo àquela serem remetidas ambas as Ações Civis Públicas.

V. Súmulas 150 e 235 do STJ.

490. *A dispensa de reexame necessário, quando o valor da condenação ou do direito controvertido for inferior a sessenta salários-mínimos, não se aplica a sentenças ilíquidas.*

O cabimento do reexame necessário é regra e, como exceção, somente o dispensa quando a condenção é certa e inferior a 60 salários-mínimos.

Assim, a sentença ilíquida por não ter valor certo está sujeita ao duplo grau de jurisdição obrigatório.

491. *É inadmissível a chamada progressão "per saltum" de regime prisional.*

Para a progressão de regime prisional exige-se, como condição objetiva (art. 112 da LEP) que o sentenciado cumpra 1/6 da pena no regime em que se encontra para progredir para o próximo, menos severo.

Não se admite que o sentenciado pule qualquer dos regimes ainda que se tenha cumprido tempo suficiente para tal. Desta forma, não pode o sentenciado sair do regime fechado para o aberto sem passar pelo regime intermediário.

V. Súmula Vinculante 26, Súmulas 698, 715, 716 e 717, do STF, e Súmula 471 do STJ.

492. *O ato infracional análogo ao tráfico de drogas, por si só, não conduz obrigatoriamente à imposição de medida socioeducativa de internação do adolescente.*

O Estatuto da Criança e do Adolescente apresenta, de forma taxativa, no seu art. 122, as hipóteses de aplicação da medida de internação, sendo esta medida excepcional.

Dentre essas hipóteses o ato infracional tem que ter sido praticado: (I) mediante grave ameaça ou violência à pessoa; (II) por reiteração no cometimento de outras infrações graves; ou (III) descumprimento reiterado e injustificável da medida anteriormente imposta.

E, apesar da reprovabilidade da conduta análoga ao tráfico ilícito de drogas, esta não se enquadra em nenhuma das hipóteses acima elencadas, não acarretando, portanto, isoladamente, em internação.

493. *É inadmissível a fixação de pena substitutiva (art. 44 do CP) como condição especial ao regime aberto.*

A exigência de condições especiais para concessão do regime aberto é faculdade do Juiz. No entanto, o magistrado não poderá exigir condição que se classifique como pena substitutiva, pois, se assim ocorrer, estaremos diante de *bis in idem*, já que o sentenciado estará cumprindo nova pena (no caso, substitutiva).

494. *O benefício fiscal do ressarcimento do crédito presumido do IPI relativo às exportações incide mesmo quando as matérias-primas ou os insumos sejam adquiridos de pessoa física ou jurídica não contribuinte do PIS/PASEP.*

O beneficio fiscal do ressarcimento do crédito presumido do IPI, previsto na Lei 9.363/1996, visa ao estímulo das exportações e não impõe, para fazer jus ao benefício, que as matérias-primas ou insumos sejam adquiridas de pessoas contribuintes do PIS/PASEP.

Portanto, não pode o ato estatal, regulamentando a referida lei, fazer a restrição do referido benefício.

495. *A aquisição de bens integrantes do ativo permanente da empresa não gera direito a creditamento de IPI.*

Para fazer jus ao creditamento do IPI, o bem adquirido deve integrar o novo produto (matéria-prima ou embalagem) ou ter sido consumido (produto intermediário), de forma imediata e integral, no processo de industrialização.

A aquisição de bens para o ativo permanente – que, apesar de muitas vezes sofrer desgaste com a atividade industrial – não gera crédito de IPI.

496. *Os registros de propriedade particular de imóveis situados em terrenos de marinha não são oponíveis à União.*

Os terrenos de marinha são de propriedade da União por atribuição da Constituição Federal (art. 20, VII), constituindo bem público dominical, de forma que não poderiam ser de propriedade do particular.

Assim, o registro não cria direito de propriedade sobre esses imóveis, pois a União, por natureza originária, é a detentora do domínio.

497. *Os créditos das autarquias federais preferem aos créditos da Fazenda estadual desde que coexistam penhoras sobre o mesmo bem.*

Recaindo, sobre um mesmo bem, duas ou mais penhoras em decorrência de execução fiscal, haverá concurso de preferência no qual a União e suas autarquias estarão em primeiro lugar, sobrepondo-se aos Estados e aos Municípios (art. 187 do CTN).

V. Súmula 563 do STF.

498. *Não incide imposto de renda sobre a indenização por danos morais.*

Aos danos morais foi reconhecida a natureza de indenização, cujo objetivo é a reparação de um dano sem gerar acréscimo patrimonial. Nesse caso, há apenas recomposição do patrimônio, não constituindo renda e, por consequência, não incidindo imposto de renda.

V. Súmulas 125, 136, 215 do STJ.

ÍNDICE NUMÉRICO DAS SÚMULAS

Supremo Tribunal Federal

1	–	15	56 a 59	–	51	151 e 153	–	83
2	–	18	60 a 66	–	52	154 e 155	–	84
3	–	19	67	–	53	156 a 158	–	85
4	–	22	68 a 72	–	54	159	–	86
5	–	24	73 e 74	–	55	160 e 161	–	87
6	–	26	75 a 78	–	56	162 e 163	–	93
7 e 8	–	28	79 e 80	–	57	164 e 165	–	94
9	–	29	81	–	58	166	–	96
10 e 11	–	30	82 a 86	–	59	167 a 170	–	97
12 a 14	–	31	87 a 91	–	60	171 e 174	–	98
15	–	32	92 a 95	–	61	175 a 178	–	99
16	–	33	96 a 101	–	62	179 a 181	–	100
17 e 18	–	34	102 e 103	–	63	182 a 185	–	101
19	–	35	104 e 105	–	64	186 e 187	–	102
20 e 21	–	36	106 e 107	–	65	188 e 189	–	103
22 a 24	–	37	108 a 110	–	66	190 a 192	–	104
25 a 27	–	38	111 e 112	–	67	193 a 196	–	105
28 e 29	–	39	113 a 116	–	68	197 a 200	–	106
30 a 34	–	40	117 a 119	–	69	201 a 204	–	107
35	–	41	120 e 121	–	70	205 a 207	–	108
36 a 38	–	42	122 e 123	–	71	208 a 211	–	109
39 a 41	–	43	124 a 127	–	73	212 a 214	–	110
42 a 44	–	44	128 a 131	–	74	215 a 217	–	111
45	–	45	132 a 137	–	75	218 a 223	–	112
46	–	46	138 a 143	–	76	224 a 226	–	113
47 a 49	–	47	144 a 146	–	77	227 e 228	–	114
50 e 51	–	48	147	–	80	229	–	115
52	–	49	148	–	81	230 e 231	–	116
53 a 55	–	50	149 e 150	–	82	232 e 233	–	117

234 a 236	–	118	322 a 324	–	159	406 e 407	– 205
237 e 238	–	119	325 a 327	–	160	408 a 411	– 206
239 e 240	–	120	328 a 331	–	162	412	– 207
241 e 242	–	121	332 a 334	–	163	413 e 414	– 212
243 a 246	–	122	335	–	164	415 a 417	– 213
247 e 248	–	123	336 a 339	–	165	418	– 214
249 e 250	–	124	340	–	166	419	– 216
251 e 252	–	125	341	–	167	420 e 421	– 217
253 e 254	–	126	342	–	168	422 e 423	– 218
255 a 257	–	127	343	–	169	424 e 425	– 219
258 e 259	–	128	344	–	170	426 a 429	– 220
260 a 262	–	129	345	–	171	430 e 431	– 221
263 a 265	–	130	346 e 347	–	172	432 a 436	– 222
266	–	131	348 a 351	–	173	437 a 439	– 223
267	–	132	352 e 353	–	174	440 a 443	– 226
268 e 269	–	134	354 e 355	–	175	444 e 445	– 227
270 e 271	–	135	356 e 357	–	176	446	– 228
272 a 276	–	136	358 e 359	–	177	447	– 229
277 a 279	–	137	360 e 361	–	178	448 e 449	– 230
280	–	138	362 a 365	–	179	450 a 453	– 231
281 a 282	–	139	366 e 367	–	180	454	– 232
283 e 284	–	140	368 a 371	–	181	455 e 456	– 233
285 a 288	–	141	372 a 376	–	182	457 e 458	– 234
289	–	142	377	–	183	459 a 464	– 235
290	–	143	378	–	185	465 a 468	– 236
291 a 295	–	144	379	–	186	469 a 473	– 237
296 e 297	–	145	380	–	188	474 e 475	– 240
298 a 301	–	147	381	–	190	476	– 241
302 e 303	–	148	382	–	191	477	– 242
304	–	149	383 a 385	–	193	478	– 243
305	–	151	386	–	194	479	– 244
306	–	152	387 e 388	–	195	480 e 481	– 245
307	–	153	389 a 391	–	196	482	– 246
308 a 310	–	154	392 a 394	–	197	483	– 247
311 e 312	–	155	395 a 397	–	200	484 e 485	– 248
313 a 315	–	156	398	–	202	486 e 487	– 249
316 a 318	–	157	399 e 400	–	203	488 e 489	– 252
319 a 321	–	158	401 a 405	–	204	490	– 255

ÍNDICE NUMÉRICO DAS SÚMULAS

491 e 492	– 256	552	– 316	622 a 624	– 357
493 e 494	– 258	553 a 555	– 317	625 a 628	– 358
495 a 497	– 268	556 a 558	– 318	629 a 633	– 359
498 e 499	– 270	559 e 560	– 319	634 a 638	– 360
500 e 501	– 271	561 e 562	– 320	639 a 642	– 361
502	– 272	563 e 564	– 325	643 a 648	– 362
503	– 273	565 a 567	– 326	649 a 653	– 363
504 e 505	– 274	568 e 569	– 327	654 a 657	– 364
506	– 280	570 a 572	– 328	658 a 663	– 365
507	– 283	573 a 575	– 329	664 a 667	– 366
508 a 510	– 284	576 a 578	– 330	668 a 671	– 367
511 e 512	– 286	579 a 582	– 331	672 e 673	– 368
513	– 289	583 a 585	– 332	674 e 675	– 369
514 a 516	– 294	586	– 333	676 a 679	– 370
517 e 518	– 295	587 a 589	– 334	680 a 684	– 371
519 a 521	– 297	590 a 593	– 337	685 a 690	– 372
522	– 299	594 e 595	– 338	691 a 693	– 373
523	– 300	596 e 597	– 345	694 a 697	– 374
524	– 301	598	– 346	698 a 701	– 375
525	– 302	599 e 600	– 347	702 a 706	– 376
526	– 304	601 e 602	– 348	707 a 710	– 377
527 e 528	– 305	603	– 349	711 a 714	– 378
529 a 531	– 306	604 e 605	– 350	715 a 718	– 379
532 a 535	– 307	606 a 608	– 351	719 a 721	– 380
536 a 538	– 308	609 a 612	– 352	722 a 724	– 381
539 a 541	– 309	613 e 614	– 353	725 e 726	– 382
542 a 544	– 310	615 e 616	– 354	727 a 730	– 383
545 e 546	– 311	617 a 619	– 355	731 a 733	– 384
547 a 549	– 312	620 e 621	– 356	734 a 736	– 385
550 e 551	– 313				

Súmulas Vinculantes

1 a 4	– 389	9 a 12	– 392	22 a 26	– 395
5 e 6	– 390	13 a 17	– 393	27 a 32	– 396
7 e 8	– 391	18 a 21	– 394		

Superior Tribunal de Justiça

1 a 3	–	399	105 e 106	–	440
4 a 7	–	400	107 a 110	–	441
8	–	401	111 a 113	–	442
9 e 10	–	404	114 a 117	–	443
11 a 14	–	405	118 a 121	–	444
15 a 17	–	407	122 a 125	–	445
18	–	408	126 a 129	–	446
19 a 23	–	409	130 a 133	–	447
24 a 27	–	410	134 a 137	–	448
28 e 29	–	411	138	–	449
30 a 32	–	412	139	–	460
33 a 36	–	413	140 a 144	–	461
37 a 39	–	414	145	–	462
40	–	415	146 a 148	–	463
41 a 43	–	416	149 a 152	–	464
44 a 46	–	422	153 a 155	–	465
47 a 49	–	425	156	–	466
50 a 52	–	426	157 e 158	–	468
53 a 55	–	427	159 a 161	–	469
56 a 60	–	428	162 a 164	–	470
61 a 63	–	429	165 a 167	–	471
64 a 68	–	430	168 a 170	–	472
69 a 72	–	431	171 a 173	–	473
73 a 77	–	432	174 a 176	–	474
78 a 83	–	433	177 a 180	–	475
84 a 87	–	434	181 a 183	–	476
88	–	435	184 e 185	–	477
89 a 92	–	436	186 a 188	–	478
93 a 96	–	437	189 a 192	–	479
97 a 99	–	438	193 a 195	–	480
100 a 104	–	439	196 a 198	–	481

199 a 203	–	482
204 a 206	–	483
207 e 208	–	484
209 a 211	–	485
212 e 213	–	486
214	–	487
215 e 216	–	488
217 a 220	–	489
221 e 222	–	490
223 a 226	–	491
227 a 229	–	492
230 a 233	–	493
234 a 236	–	494
237 a 240	–	495
241 a 245	–	496
246 a 250	–	497
251 a 253	–	498
254 a 256	–	499
257 a 260	–	500
261 a 263	–	501
264 a 267	–	502
268 a 272	–	503
273 a 276	–	504
277 a 280	–	505
281 a 284	–	506
285 a 288	–	507
289 a 292	–	508
293 a 296	–	509
297 a 300	–	510
301 a 304	–	511
305 a 308	–	512

309 a **311**	– 514	**361** a **366**	– 531	**434** a **439**	– 546
312 a **315**	– 515	**367** a **372**	– 532	**440** a **445**	– 547
316 a **318**	– 516	**373** a **378**	– 533	**446** a **450**	– 548
319 a **322**	– 517	**379** a **382**	– 534	**451** a **455**	– 549
323 a **325**	– 518	**383** a **387**	– 535	**456** a **461**	– 550
326 a **330**	– 519	**388** a **392**	– 536	**462** a **466**	– 551
331 a **336**	– 520	**393** a **397**	– 537	**467** a **471**	– 552
337 a **339**	– 521	**398** a **403**	– 538	**472** a **476**	– 553
340 a **342**	– 522	**404** a **408**	– 539	**477** a **479**	– 554
343 a **345**	– 523	**409** a **413**	– 540	**480** a **482**	– 555
346 a **349**	– 525	**414** a **417**	– 541	**483** a **486**	– 556
350 e **351**	– 526	**418** e **419**	– 542	**487** a **489**	– 557
352	– 527	**420**	– 543	**490** a **492**	– 558
353 a **355**	– 529	**421** a **426**	– 544	**493** a **496**	– 559
356 a **360**	– 530	**427** a **433**	– 545	**497** e **498**	– 560

ÍNDICE ALFABÉTICO-REMISSIVO

(Os números sem qualquer indicação referem-se às Súmulas do STF; os números das súmulas vinculantes do STF são precedidos da indicação "SV"; as súmulas do STJ são designadas com a indicação "STJ" antes do número.)

Abandono da causa – Extinção do processo, STJ-240
Abertura de crédito – V. Contrato de abertura de crédito
Abono – V.: Servidor público
Abono salarial – Contribuição previdenciária, 241
Absolvição criminal – E punição administrativa, 18
– Falta residual, 18
Abuso de autoridade – Militar – Competência, STJ-172
Ação – Desistência – V.: Execução fiscal
– V. também verbete específico (exs.: Ação acidentária – V.: Acidente do trabalho; Ação de alimentos – V.: Alimentos)
Ação civil pública – Competência – Comarcas que não são sede de Vara da Justiça Federal – Processo e julgamento afetos ao juiz estadual ainda que a União figure no feito, STJ-183 **(cancelada)**
– Competência – Propositura na Justiça Federal e na Justiça estadual – Continência reconhecida, STJ-489
– Mensalidades escolares – Reajuste – Legitimidade do Ministério Público, 643
– Propositura pelo Ministério Público em defesa do patrimônio público – Legitimidade, STJ-329
– V. também: Ministério Público
Ação coletiva – Execuções individuais de sentença não embargadas – Honorários de advogado – Verba devida pela Fazenda Pública, STJ-345
Ação de anulação – Multa eleitoral – Competência da Justiça Eleitoral para o processo e julgamento, STJ-374
Ação de cobrança – Ajuizamento por profissional liberal contra cliente – Competência da Justiça Estadual, STJ-363
– Diferenças de valores de complementação de aposentadoria – Prescrição – Prazo de cinco anos contados da data do pagamento, STJ-427
– Não é substituível por mandado de segurança, 269, 271
– Parcelas de complementação de aposentadoria pela previdência privada – Prescrição, STJ-291
– Seguro obrigatório de veículos/DPVAT – Prescrição da ação em três anos, STJ-405
Ação de cumprimento – Acordo ou convenção coletiva não homologados pela Justiça do Trabalho – Competência, STJ-57
Ação de depósito – Desnecessidade no caso de depósito judicial, 619
Ação de despejo – Execução – Fiador que não integrou a relação processual, STJ-268
Ação de indenização – Constituição de capital ou caução fidejussória para a garantia de pagamento da pensão, STJ-313

- Dano moral, STJ-326
- Termo inicial do prazo prescricional, STJ-278
- V. também: Indenização
Ação de prestação de contas – Pode ser proposta pelo titular de conta-corrente bancária, STJ-259
Ação de revisão – V.: Contrato
Ação declaratória – Cláusula contratual – Demanda visando a obter certeza quanto à sua exata interpretação – Admissibilidade, STJ-181
- Para reconhecimento de tempo de serviço para fins previdenciários, STJ-242
- Reconvenção, 258
Ação direta de inconstitucionalidade – Decadência, 360
- Lei do Distrito Federal – Não cabimento, 642
- Lei municipal, 614
Ação investigatória – Recusa do suposto pai a submeter-se ao exame de DNA, STJ-301
Ação judicial – Exigibilidade de crédito tributário a ser discutida no feito – Exigência de depósito prévio como requisito de admissibilidade – Inconstitucionalidade, SV-28
Ação monitória – Ajuizamento contra a Fazenda Pública – Cabimento, STJ-339
- Cheque prescrito, STJ-299
- Citação por edital, STJ-282
- Contrato de abertura de crédito acompanhado de demonstrativo do débito, STJ-247
- Conversão do procedimento em ordinário – Reconvenção, STJ-292
- Propositura visando a haver saldo remanescente oriundo de venda extrajudicial de bem alienado fiduciariamente em garantia, STJ-384
Ação penal – Absolvição – Imposição de medida de segurança, 422
- Cheque sem fundos – Pagamento após recebimento da denúncia, 554
- Competência por prerrogativa de função, 394
- Crime contra a honra de servidor público em razão do exercício de suas funções, 714
- Crime contra os costumes – Casamento da ofendida com quem não seja seu ofensor, 388
- Inquérito policial arquivado a requerimento do Ministério Público, 524
- Nulidade não arguida no recurso de acusação, 160
- Ofensa à honra – Agente público – Exceção da verdade – Competência para conhecimento, 396
- Prescrição, 146
- Recurso supletivo do assistente da acusação – Prazo, 448
- Resposta preliminar de que trata o art. 514 do CPP – Desnecessidade na ação instruída por inquérito policial, STJ-330
- Suspensão do processo, STJ-243
- Utilização de ação em curso para agravar a pena-base – Vedação, STJ-444
Ação penal pública – Iniciativa exclusiva do Ministério Público, 601, 607
Ação penal pública incondicionada – Estupro – Violência real, 608
- Sonegação fiscal, 609
Ação popular – E mandado de segurança, 101
- Propositura por pessoa jurídica, 365
Ação possessória – V.: Possessória
Ação previdenciária – Antecipação de tutela – Inaplicabilidade da decisão na ADC 4, 729

ÍNDICE ALFABÉTICO-REMISSIVO

- Honorários advocatícios, STJ-111

Ação rescisória – Competência, 249, 515
- Prazo decadencial – Início só quando não for cabível qualquer recurso do último pronunciamento judicial, STJ-401
- Texto de interpretação controvertida, 343

Ação trabalhista – Conflito de competência entre juiz estadual e Junta de Conciliação e Julgamento – Competência do TRT para o julgamento, STJ-180

Aceite – Cambial com omissões ou em branco, 387

Acesso a informações – *Habeas data*, STJ-2

Acesso à Justiça – Violação – Taxa judiciária calculada sem limite, 667

Acidente de trânsito – Envolvimento de viatura da Polícia Militar – Competência para julgamento, STJ-6

Acidente de transporte – Indenização devida à concubina, 35

Acidente do trabalho – Ações de indenização por danos morais e patrimoniais propostas por empregado contra empregador, inclusive aquelas que ainda não possuíam sentença de mérito em primeiro grau quando da promulgação da Emenda Constitucional 45/2004 – Competência da Justiça do Trabalho para o processo e julgamento, SV-22
- Auxílio-enfermidade, 232
- Competência, 235, 501
- Competência da Justiça Estadual, STJ-15
- Controvérsia entre segurador e empregador, 337
- Controvérsia entre seguradoras, 434
- Custas – Sucumbência, 236
- Dispensa de exaurimento da via administrativa, STJ-89
- Dolo ou culpa grave do empregador, 229
- Honorários advocatícios, 234; STJ-110
- Indenização devida à concubina, 35
- Indenização também pelo Direito Comum, 229
- Ministério Público – Legitimidade recursal – Irrelevância de estar o segurado assistido por advogado, STJ-226
- Prescrição, 230
- Recurso – Efeito, 240
- Retardamento da liquidação – Multa, 238, 311
- Segurado vítima de novo infortúnio – Direito a um único benefício reajustado, STJ-146
- Trabalhador rural, 612, 613
- V. também: Benefício acidentário, Seguro de Acidente do Trabalho/SAT

Ações conexas – Feitos de interesse de menor – Competência para o processo e julgamento, em princípio, do foro do domicílio do detentor de sua guarda, STJ-383

Ações de S/A – Desapropriação – Exercício dos direitos, 476
- Transferência – Imposto de Transmissão *Causa Mortis*, 435
- Transferência – Imposto de Transmissão *Inter Vivos*, 329

Acórdão proferido por maioria de votos – Cabem embargos infringentes contra acórdão em agravo retido, quando se tratar de matéria de mérito, STJ-255

Acordo coletivo de trabalho – Não homologação pela Justiça do Trabalho – Ação de cumprimento – Competência da Justiça Estadual, STJ-57

Adicionais ao salário – Habitualidade – Incorporação, 459

Adicional ao Frete para Renovação da Marinha Mercante, STJ-100

Adicional de férias proporcionais – Indenização – V.: Imposto de renda – Isenção

Adicional de insalubridade – Cálculo, 307
- Enquadramento da atividade pelo Ministério do Trabalho, 460
Adicional de tarifa portuária – Incidência, STJ-50
Adicional por tempo de serviço – Acumulação com gratificação bienal, 26
Adicional por trabalho noturno, 313
Adjudicação compulsória – Compromisso de compra e venda, 413; STJ-239
Administração – Anulação de ato dela emanado, 473
Administração Federal – V.: Causa de pequeno valor
Administrador de sociedade – Inclusão no regime da Previdência Social, 466
Administradora de cartão de crédito – Instituição financeira – Juros remuneratórios – Lei de Usura, STJ-283
Adolescente – V.: Medida socioeducativa
Advogado – Inquérito policial – Direito, no interesse do representado, de ter acesso amplo aos elementos de prova que, já documentados em procedimento investigatório realizado por órgão com competência de polícia judiciária, digam respeito ao exercício do direito de defesa, SV-14
- Processo administrativo disciplinar – Presença obrigatória em todas as suas fases, STJ-343 **(derrogada)**
- V. também: Honorários de advogado, Processo administrativo disciplinar
Aeronave – Importação – V.: ICMS
Aforamento – Transferência do domínio útil – Imposto devido, 326
Agente público – Crime – Prerrogativa de função, 394
- Ofensa à honra – Exceção da verdade, 396
- V. também: Funcionário público, Servidor público
Ágios cambiais – Impostos devidos, 332
Agravo – Art. 545 do CPC – Recurso que deixa de atacar especificamente os fundamentos da decisão agravada – Inviabilidade, STJ-182
- Cabimento de recurso especial, STJ-86
- Certidão de intimação do acórdão recorrido – Peça obrigatória do instrumento, STJ-223
- Contra decisão do juiz da execução penal – Prazo de cinco dias, 700
- Decisão que indefere pedido de suspensão de execução liminar, ou da sentença em mandado de segurança – Descabimento, STJ-217 **(cancelada)**
- Demora na juntada ou no despacho, 475
- Julgamento, 242
- Processo penal – Prazo de cinco dias, 699
- Revista para o TST – Traslado de peças, 315
Agravo de instrumento – Decisão que não admite recurso extraordinário, ainda que referente a causa instaurada no âmbito dos Juizados Especiais – Não encaminhamento ao STF – Inadmissibilidade, 727
- Não admissão de recurso especial – Embargos de divergência – Não cabimento, STJ-315
- Não inclusão das cópias das peças necessárias à verificação da tempestividade do recurso extraordinário não admitido pela decisão agravada – Aplicação da Súmula 288, 629
Agravo no auto do processo – Decisão – Embargos, 211
- Julgamento, 242
Agravo regimental – Embargos de divergência em recurso especial – Cabimento, STJ-316
- Mandado de segurança – Não cabimento contra decisão do relator que concede ou indefere liminar, 622

ÍNDICE ALFABÉTICO-REMISSIVO 571

- Não cabimento de embargos de divergência, 599
- STJ – Prazos em dobro, STJ-116

Agravo retido – Cabem embargos infringentes contra acórdão, proferido por maioria, quando se tratar de matéria de mérito, STJ-255

Água – V.: Tarifa de água

Alçada – Recurso, 501

Algemas – Uso somente lícito em casos de resistência e de fundado receio de fuga ou de perigo à integridade física própria ou alheia, por parte do preso ou de terceiros, justificada a excepcionalidade por escrito, sob pena de responsabilidade disciplinar, civil e penal do agente ou da autoridade e de nulidade da prisão ou do ato processual a que se refere, sem prejuízo da responsabilidade civil do Estado, SV-11

Alienação fiduciária – Bem objeto de venda extrajudicial – Ação monitória visando a haver o saldo remanescente – Cabimento, STJ-384
- Bem que já integrava o patrimônio do devedor, STJ-28– Busca e apreensão – Comprovação da mora, STJ-72, STJ-245
- Falta de anotação em certificado de registro de veículo, STJ-92
- Purgação da mora – Admissão – Condição, STJ-284

Alimentos – Cumulação com investigação de paternidade – Foro competente, STJ-1
- Débito que autoriza a prisão civil, STJ-309
- Investigação de paternidade julgada procedente – Devidos a partir da citação, STJ-277
- Pensão alimentícia – Cancelamento em relação a filho que atingiu a maioridade – Sujeição a decisão judicial, mediante contraditório, ainda que nos próprios autos, STJ-358
- Separação judicial – Desde quando são devidos, 226
- Separação judicial – Renúncia, 379
- V. também: Separação judicial

Alíquota – Circulação de mercadorias – Variação conforme o produto, 117

Alíquota de contribuição – V.: Seguro de Acidente do Trabalho/SAT

Alíquota zero – Diferença de isenção, 576

Aluguel – Arbitramento, 179
- V. também: Locação

Aluguel progressivo, 65

Alvará de pesquisa mineral – Indenização devida ao proprietário do solo – Avaliação – Processamento no juízo estadual da situação do imóvel, STJ-238

Ampla defesa – Demissão de funcionário admitido por concurso, 20
- Processo perante o Tribunal de Contas da União – V.: Tribunal de Contas da União

ANATEL – V.: Telefonia

Anatocismo – Cédulas de crédito rural, comercial e industrial, STJ-93
- Desapropriação, STJ-102
- Inadmissibilidade, 121

Anistia – Militar – Expulsão com base em legislação disciplinar ordinária – Não alcance pelo art. 8º do ADCT, 674

Antecipação de tutela – Decisão na ADC 4 – Inaplicabilidade a causa de natureza previdenciária, 729

Anterioridade – Instituição ou cobrança de tributo, 66 a 68

Anualidade – Revogação de isenção tributária, 615
- V. também: Princípio da anualidade

Anulação – Ato administrativo, 6
- Ato administrativo – Vícios – Consequências, 473
- Ato jurídico – V.: Ato jurídico
- Venda de ascendente a descendente, 494
- V. também: Ato administrativo

Apelação – Conhecimento que independe da prisão do réu, STJ-347
- Demora na juntada, após despacho, 320
- Despacho tardio, embora entregue no prazo, 428
- Sentença que julga embargos à arrematação – Efeito meramente devolutivo, STF-331
- Sentença que julga improcedentes embargos – Título extrajudicial, STJ-317

Apelação contra decisões do Júri – Efeito devolutivo adstrito aos fundamentos da sua interposição, 713

Apelação criminal – Exigência de prisão provisória, STJ-9
- Renúncia do réu sem a assistência do defensor – Conhecimento da por este interposta, 705

Apelação em mandado de segurança – Não cabimento de embargos, 597

Aposentadoria – Ação de cobrança de diferenças de valores de complementação – Prescrição – Prazo de cinco anos contados da data do pagamento, STJ-427
- Anulação ou revogação pelo Executivo depois de aprovada pelo Tribunal de Contas, 6
- Ato administrativo de concessão inicial – Legalidade – Processo instaurado perante o TCU – Contraditório e ampla defesa – Descabimento, SV-3
- Lei do tempo, 359
- Reclassificação posterior, 38
- Servidores ferroviários, 37
- Tempo de serviço militar – Contagem, 10

Aposentadoria compulsória – Servidor vitalício, 36

Aposentadoria especial – Professor – Cômputo do tempo de serviço prestado fora da sala de aula – Inadmissibilidade, 726

Aposentadoria por invalidez – Recuperação – Direito ao emprego, 217

Aposentadoria por tempo de serviço – Trabalhador rural – Recolhimento de contribuições facultativas, STJ-272

Apossamento administrativo – Prescrição da ação de desapropriação indireta, STJ-119

Apreensão de mercadoria – Meio coercitivo para pagamento de tributo, 323

Apuração de haveres em alteração de sociedade – Balanço, 265

Aquestos – Regime de separação legal, 377

Arma de brinquedo – Utilização em roubo, STJ-174

Arquiteto – Imposto de Renda, 93

Arrematação – V.: Embargos à arrematação

Arrendamento mercantil – ISS, STJ-138
- Reintegração de posse do bem arrendado – Necessidade de notificação prévia do arrendatário para constituí-lo em mora, ainda que haja cláusula resolutiva expressa no contrato, STJ-369
- Valor Residual Garantido/VRG – Cobrança antecipada, STJ-293

Arrependimento – Compromisso de compra e venda, 166, 412

Artistas e intérpretes – Execução de obra musical – Direito autoral, 386

Assistência social – V.: Certificado de Entidade Beneficente de Assistência Social/CEBAS

Assistente do Ministério Público – Recurso, 210

ÍNDICE ALFABÉTICO-REMISSIVO 573

- Recurso em *habeas corpus*, 208
Atenuante – V.: Pena
Atividade extrativa – Não configuração de locação comercial, 446
Atividade insalubre – Portaria do Ministério do Trabalho, 194
Atividade rurícola – Comprovação para efeito da obtenção de benefício previdenciário – Prova exclusivamente testemunhal – Insuficiência, STJ-149
Ato administrativo – Anulação ou revogação – Possibilidade em processo instaurado perante o TCU – Ato que beneficia o interessado – Contraditório e ampla defesa assegurados na hipótese, excetuada a apreciação da legalidade do ato de concessão inicial de aposentadoria, reforma ou pensão, SV-3
- Anulação ou revogação depois de aprovado pelo Tribunal de Contas, 6
- Anulação ou revogação pela própria Administração, 346, 473
Ato de presidente de tribunal – Processamento e pagamento de precatório, STJ-311
Ato ilícito – Crime dele resultante – Indenização – Juros compostos – Pagamento devido por aquele que praticou o crime, STJ-186
- Dívida – Correção monetária, STJ-43
- Meação só responde quando se provar que o enriquecimento dele resultante aproveitou ao casal, STJ-251
Ato infracional – Internação de adolescente – Ato análogo ao tráfico de drogas – Não imposição de medida socioeducativa, STJ-492
Ato judicial – Possibilidade de recurso ou correição – Não cabimento de mandado de segurança, 267
- V. também: Mandado de segurança
Ato jurídico – Fraude contra credores – Anulação pretendida em embargos de terceiro – Inadmissibilidade, STJ-195
Ato jurídico perfeito – Ofensa – Decisão que, sem ponderar as circunstâncias do caso concreto, desconsidera a validez e a eficácia de acordo constante de termo de adesão instituído pela Lei Complementar 110/2001, SV-1
Ato normativo – V.: Poder Público
Ato processual – Nulidade – V.: Preso – Uso de algemas
Auditor do STM – Acesso, 9
Aumento da pena – V.: Furto qualificado, Roubo circunstanciado
Autarquia – Dirigente – Demissão do nomeado a termo, 25
- Imunidade tributária, 73 a 75
- Imunidade tributária – Particular que com ela contrata, 336
- Representação em juízo – Procurador – Não exigência de instrumento de mandato, 644
- Sentença desfavorável – Reexame necessário, 620
Autarquia federal – Créditos – Coexistência de penhoras sobre o mesmo bem – Preferência aos créditos da Fazenda estadual, STJ-497
Automóvel – Alienação fiduciária – Falta de anotação no certificado de registro, STJ-92
- Importação, 59 a 64
- Importação por bolsista ou servidor em missão no exterior, 406
- Registro – Imposto, 106
- Veículo usado trazido do exterior pelo proprietário, 86
- Venda – Contrato não registrado, 489
- V. também: Importação
Autoridade coatora – Ato praticado em licitação promovida por sociedade de economia mista ou empresa pública – Cabimento de mandado de segurança, STJ-333

- Mandado de segurança contra a nomeação de magistrado da competência do Presidente da República, 627
Auxiliar de farmácia – Não pode ser responsável técnico por farmácia ou drogaria, STJ-275
Auxílio-acidente – V.: Acidente do trabalho
Auxílio-alimentação – Servidores inativos – Não extensão, 680
Auxílio-creche – Salário-de-contribuição, STJ-310
Auxílio-enfermidade e indenização acidentária, 232
Aval – Em branco e superposto, 189
- Simultâneo ou sucessivo, 189
- Título vinculado a contrato – Devedor solidário, STJ-26
Avalista – Cheque – Execução – Prescrição, 600
Avaria – Indenização – Vistoria, 261
Aviso de cobrança – V.: Execução hipotecária
Aviso de Recebimento/AR – Carta de comunicação ao consumidor sobre a negativação de seu nome em bancos de dados e cadastros – Dispensabilidade, STJ-404
- Citação postal – Exigência, STJ-429

Bacalhau – ICM – Isenção, STJ-71
Bagagem – Isenção tributária, 85
- Trazida do estrangeiro, 59 a 64
Balanço – Apuração dos haveres em alteração de sociedade, 265
Banco – Fixação de horário, STJ-19
- ISS, 588
- Não sujeição a registro em Conselho Regional de Economia, STJ-79
- Responsabilidade pelo pagamento de cheque falso, 28
- V. também: Contrato bancário, Contrato de abertura de crédito
Banco Central – Legitimidade passiva nas ações fundadas na Resolução 1.154/1986, STJ-23
Banco do Brasil – Competência para ações em que é parte, 508
- Isenção tributária, 79
Bares, restaurantes e similares – V.: ICMS
Base de cálculo – Imposto e taxa, 595
- Vantagem de servidor público ou empregado – v.: Salário-mínimo
- V. também: ICMS, Imposto, PIS, Taxa – Cálculo do valor
Bem de família – Impenhorabilidade – Conceito que abrange também o imóvel pertencente a pessoas solteiras, separadas e viúvas, STJ-364
- Único imóvel do devedor locado a terceiros, STJ-486
- Vaga de garagem que possui matrícula própria no Registro de Imóveis – Não caracterização como tal para efeito de penhora, STJ-449
Bem móvel – Locação – Contribuição para Financiamento da Seguridade Social/COFINS – Incidência, STJ-423
- Locação – ISS – Constitucionalidade da incidência, SV-31
Bem não abrangido por plano de recuperação da empresa – Juízo da recuperação judicial – Incompetência para decidir sobre sua constrição, STJ-480
Benefício acidentário – Ação a ele relativa – Juros moratórios – Incidência a partir da citação válida, STJ-204
- Contribuinte que percebe remuneração variável – Cálculo com base na média aritmética dos últimos 12 meses de contribuição, STJ-159
Benefício fiscal – Ressarcimento do crédito presumido do IPI relativo às exportações – Incidência mesmo quando as matérias-primas ou os insumos sejam adquiridos de não contribuinte do PIS/PASEP, STJ-494

ÍNDICE ALFABÉTICO-REMISSIVO   575

Benefício previdenciário – Débitos vencidos e cobrados em juízo após a vigência da Lei 6.899/1981 – Correção monetária na forma nela prevista, STJ-148
- Revisão – Art. 58 do ADCT – Não aplicação aos concedidos após a promulgação da Constituição Federal, 687
- V. também: Prova

Benfeitorias – Locação, 158
- V. também: Locação

Bens – Cláusulas de incomunicabilidade e inalienabilidade, 49
- Importação por pessoa física ou jurídica não contribuinte – Não incidência do ICMS até a vigência da Emenda Constitucional 33/2001, 660
- Imposto de Transmissão *Inter Vivos* – Retrocessão, 111

Bens de capital – Importação – Tributação, 570

Bens de domínio público – Margem de rios navegáveis, 479

Bens dominiais – Usucapião, 340

Bens integrantes do ativo permanente da empresa – Aquisição – Não creditamento de IPI, STJ-495

Bens penhorados – Depositário – Recusa expressa do encargo, STJ-319

Bens públicos – Usucapião, 340

Bingo – V. Sistema de consórcios e convênios

Boa-fé – Cobrança excessiva, 159

Brasileiro domiciliado no exterior – Transferência definitiva para o Brasil – Automóvel, 61

Busca e apreensão – Alienação fiduciária – Comprovação da mora, STJ-72

Cadastro de Proteção ao Crédito – Anotação irregular – Indenização por dano moral – Descabimento quando preexistente legítima inscrição, ressalvado o direito ao cancelamento, STJ-385
- Inscrição – Necessidade de anterior notificação do devedor, a ser promovida pelo órgão mantenedor, STJ-359

Cadastro eleitoral – Pedido de retificação de dados cadastrais – Competência da Justiça Estadual Comum, STJ-368

Caderneta de poupança – Saques – Lei 8.033/1990 – Incidência do IOF – Inconstitucionalidade, 664

Café – Exportação – Base de cálculo do ICM, STJ-49

Caixa Econômica Federal – Ações em que representa o FGTS – Sucumbência – Não isenção do pagamento das custas antecipadas pela parte vencedora, STJ-462
- Ilegitimidade de parte nas ações relativas ao PIS/PASEP, STJ-77
- Legitimidade passiva para integrar processo em que se discute correção monetária do FTGS, STJ-249

Cambial – Aval, 189
- Emissão ou aceite com omissões ou em branco, 387
- V. também: Título de crédito

Capitalização de juros, 121

Cargo em comissão – V.: Servidor público estadual

Cargo em comissão ou de confiança – Nomeação de cônjuge, companheiro ou parente em linha reta, colateral ou por afinidade, até o terceiro grau, inclusive, da autoridade nomeante ou de servidor da mesma pessoa jurídica investido em cargo de direção, chefia ou assessoramento para o exercício na Administração Pública direta e indireta em qualquer dos Poderes da União, dos Estados, do Distrito Federal e dos Municípios, compreendido o ajuste mediante designações recíprocas, viola a Constituição Federal, SV-13

Cargo público – Extinção durante estágio probatório de funcionário, 22
- Habilitação de candidato – Exigência de exame psicotécnico, 686
- Preenchimento sem observância de classificação em concurso, 15
- Restrição de inscrição em concurso em razão de idade, 14

Cargo vitalício – V.: Vitaliciedade

Cartão de crédito – Encargos relativos ao financiamento – Não consideração no cálculo do ICMS, STJ-237

Carteira de trabalho/CTPS – Anotações – Valor probatório, 225
- Falsa anotação – Competência para julgamento, STJ-62

Casamento – Regime de bens, 377

Causa de pequeno valor – Extinção – Faculdade da Administração Federal, vedada a atuação judicial de ofício, STJ-452

Celular – V.: Telefone celular

Certidão de Dívida Ativa/CDA – Substituição pela Fazenda Pública – Possibilidade até a prolação da sentença de embargos, quando se tratar de correção de erro material ou formal, vedada a modificação do sujeito passivo da execução, STJ-392

Certidão de intimação do acórdão recorrido – V.: Agravo

Certidão negativa: V.: Débito tributário

Certidão positiva com efeito de negativa – V.: Débito tributário

Certificado de Entidade Beneficente de Assistência Social/CEBAS – Obtenção ou renovação que não exime a entidade do cumprimento dos requisitos legais supervenientes, STJ-352

Cheque – Devolução indevida – Dano moral caracterizado, STJ-388
- Execução – Prescrição, 600
- Falsificação – Estelionato – Competência, STJ-48
- Falsificação – Responsabilidade do banco pelo seu pagamento, 28

Cheque pré-datado – Apresentação antecipada – Damo moral caracterizado, STJ-370

Cheque prescrito – Ação monitória, STJ-299

Cheque sem fundos – Ausência de fraude, 246
- Estelionato – Foro competente, 521; STJ-244
- Pagamento posterior, após o recebimento da denúncia, 554

CIPA – Suplente de cargo de direção – Garantia da estabilidade provisória prevista no art. 10, II, "a", do ADCT, 676

Circunstância agravante ou judicial – Reincidência penal, STJ-241

Circunstância atenuante – V.: Pena

Circunstância qualificadora – V.: Furto qualificado, Qualificadora

Citação – Demora decorrente dos serviços judiciários – Consequências, STJ-106
- Usucapião – Confinante, certo, 391
- Usucapião – Possuidor, 263
- V. também: Juros moratórios, Revelia

Citação edital – Ação monitória, STJ-282
- Execução fiscal – Cabimento quando frustradas as demais modalidades, STJ-414
- Processo penal – Requisitos, 366
- Réu preso, 351

Citação postal – Aviso de Recebimento/AR – Exigência, STJ-429

Cláusula contratual – Ação declaratória visando a obter certeza quanto à sua exata interpretação – Admissibilidade, STJ-181
- Plano de saúde – Limitação na internação hospitalar do segurado, STJ-302

Cláusula contratual abusiva – V.: Contrato bancário

Cláusula de arrependimento – V.: Compromisso de compra e venda

ÍNDICE ALFABÉTICO-REMISSIVO

Cláusula de inalienabilidade – Inclui a incomunicabilidade, 49
Cláusula de incomunicabilidade – Compreende-se na de inalienabilidade, 49
Cláusula de não indenizar – Contrato de transporte, 161
Cláusula de reserva de plenário – CF, art. 97 – Violação – Decisão de órgão fracionário de tribunal que, embora não declare expressamente a inconstitucionalidade de lei ou ato normativo do Poder Público, afasta sua incidência, no todo ou em parte, SV-10
Cláusula resolutiva expressa – V.: Arrendamento mercantil
Clube de jogo – Sede própria, 362
COBAL – Parte processual – Competência, 557
Cobrança – Excesso – Boa-fé, 159
- Honorários sucumbenciais – v.: Sucumbência
- V. também: Ação de cobrança, Contribuição Sindical Rural, Execução hipotecária, Multa, Tarifa de água
Código Civil – Art. 354, STJ-464
- Art. 1.133, II, 165
- Art. 1.199, 158
- Art. 1.531, 159
- Art. 1.536, § 2º, 163
- Direitos de vizinhança – Art. 573, 120
- Enfiteuse anterior, 170
Código de Defesa do Consumidor – Contrato de plano de saúde – Aplicação, STJ-469
- Contratos bancários – Multa moratória, STJ-285
- Decadência prevista no art. 26 – Inaplicabilidade à prestação de contas para obter esclarecimentos sobre cobrança de taxas, tarifas e encargos bancários, 477
- Instituições financeiras – Aplicação, STJ-297
- Relação jurídica entre entidade de previdência privada e seus participantes, STJ-321
Código de Processo Civil – Art. 20, 256
- Art. 219, § 5º, STJ-409
- Art. 330, 424
- Art. 480, 513
- Art. 481, 513
- Art. 545 – V.: Agravo
- Art. 602, 493
- Art. 741, parágrafo único, STJ-487
- Art. 806, STJ-482
- Art. 942, 391
Código de Processo Penal – Art. 366, STJ-455
- Art. 384, 453
- Art. 514, STJ-330
- Art. 598, § 1º, 210
- Art. 777, 520
Código de Trânsito Brasileiro – Derrogação do art. 32 da Lei das Contravenções Penais no tocante à direção sem habilitação em vias terrestres, 720
Código Penal – Art. 44, STJ-493
- Art. 71, 605
- Art. 77, § 1º, 499
- Art. 96, 525
- Art. 97, 525

- Art. 171, § 3º, STJ-24
Código Tributário Nacional – Art. 178, 544
  – Inaplicabilidade às contribuições para o FGTS, STJ-353
COFINS – Legitimidade da cobrança sobre as operações relativas a energia elétrica, serviços de telecomunicações, derivados de petróleo, combustíveis e minerais do país, 659
  – Sociedades civis de prestação de serviços profissionais – Isenção – Irrelevância do regime tributário adotado, STJ-276
  – V. também: Contribuição para Financiamento da Seguridade Social/COFINS
Coisa julgada – Ação para declarar indevida cobrança de imposto em determinado exercício, 239
  – Liquidação de sentença por forma diversa da estabelecida na decisão – Ofensa inexistente, STJ-344
  – Mandado de segurança, 304
Coleta, remoção e tratamento ou destinação de lixo ou resíduos provenientes de imóveis – V.: Taxa
Comarca – Elevação de entrância, 40
Combustível líquido – Diferença de peso, 535
Comissão de permanência – Cláusula contratual – Taxa média de mercado apurada pelo BCB, limitada à taxa do contrato, STJ-294
  – Cobrança – Exclusão de outros encargos, STJ-472
  – Juros remuneratórios – Inadimplência – Cálculo, STJ-296
  – Hipoteca firmada entre a construtora e o agente financeiro – Ineficácia perante adquirente do imóvel, STJ-308
  – Não cumulatividade com correção monetária, STJ-30
  – Valor máximo, STJ-472
Comisso – Aplicação por sentença, 169
  – Purgação da mora em enfiteuse, 122
Comodato – ICM – Fato gerador, 573
Companheiro – Nomeação – V.: Cargo em comissão ou de confiança, Função gratificada
Compensação – V.: Crédito tributário
Compensação de valores – V.: Embargos à execução
Compensação tributária – Convalidação pretendida em mandado de segurança – Descabimento, STJ-460
  – V. também: Imputação de pagamento, Repetição do indébito tributário
Competência – Ação civil pública – Comarcas que não são sede de Vara da Justiça Federal – Processo e julgamento afetos ao juiz estadual ainda que a União figure no feito, STJ-183 **(cancelada)**
  – Ação contra a instituição previdenciária movida pelo segurado, 689
  – Ação de cobrança ajuizada por profissional liberal contra cliente – Processo e julgamento afetos à Justiça Estadual, STJ-363
  – Ação de cumprimento fundada em acordo ou convenção coletiva não homologados pela Justiça do Trabalho, STJ-57
  – Acidente do trabalho, 235; STJ-15
  – Ações conexas de interesse de menor – Competência para o processo e julgamento, em princípio, do foro do domicílio do detentor de sua guarda, STJ-383
  – Aplicação de medidas socioeducativas do Estatuto da Criança e do Adolescente, STJ-108
  – Autorização para levantamento de valores relativos ao PIS/PASEP e FGTS – V.: FGTS, PIS/PASEP

ÍNDICE ALFABÉTICO-REMISSIVO

- Banco do Brasil – Ação em que é parte, 508
- Conflito entre juízes trabalhistas vinculados a TRTs diversos – Incompetência do STJ para sua apreciação, STJ-236
- Contrato de seguro marítimo – Causa nele fundada, 504
- Decisão do juízo federal que exclui da relação processual ente federal não pode ser reexaminada no juízo estadual, STJ-254
- Dúvida sobre direito de tributar manifestado por dois Estados, 503
- Ente federal excluído do feito – Hipótese em que o juiz federal deve restituir os autos ao juiz estadual que declinara da competência, e não suscitar conflito, STJ-224
- Estelionato, mediante cheque sem fundos, STJ-244
- Execução da pena – V.: Pena – Execução
- Execução fiscal – Conselho de Fiscalização Profissional, STJ-66
- Execução fiscal – Mudança de domicílio do executado, STJ-58
- Foro de eleição, 335
- Interesse jurídico da União, suas autarquias ou empresas públicas – Declaração afeta à Justiça Federal, STJ-150
- Intervenção da União como sucessora da Rede Ferroviária Federal/RFFSA – Deslocamento para a Justiça Federal ainda que a sentença tenha sido proferida por juízo estadual, STJ-365
- Intervenção da União em embargos em segunda instância, 518
- Juizado Especial Federal e juízo federal da mesma Seção Judiciária – Julgamento afeto ao TRF, STJ-428
- Justiça Comum – Ações relativas à contribuição sindical prevista no art. 578 da CLT, STJ-222
- Justiça dos Estados – Ação de servidor estadual decorrente de direitos e vantagens estatutárias no exercício de cargo em comissão, STJ-218
- Justiça Eleitoral – Ação para anular débito decorrente de multa eleitoral, STJ-374
- Justiça Estadual – Ação de indenização proposta por viúva e filhos de empregado falecido em acidente do trabalho, STJ-366 **(cancelada)**
- Justiça Estadual – Ação movida por trabalhador avulso portuário, em que se impugna ato do órgão gestor de mão de obra de que remete óbice ao exercício de sua profissão, STJ-230 **(cancelada)**
- Justiça Estadual Comum – Pedido de retificação de dados cadastrais da Justiça Eleitoral, STJ-368
- Justiça Federal – Ações relativas à movimentação do FGTS, STJ-82
- Lei ou ato normativo estadual ou distrital dispondo sobre consórcios e convênios, inclusive sobre bingos e loterias – Inconstitucionalidade – Matéria afeta à União, SV-2
- Mandado de segurança – Atos dos tribunais e seus órgãos, 624; STJ-41
- Matéria trabalhista – Junta de Conciliação e Julgamento instalada – Cessação da competência do juiz de direito, STJ-10
- Mensalidades escolares – Causa a elas relativa, STJ-34
- Processo já sentenciado – Alteração da competência estabelecida pela Emenda Constitucional 45/2004 – Hipótese em que não atinge a validade da decisão proferida, STJ-367
- Protesto pela preferência de crédito apresentado por ente federal em execução que tramita na Justiça Estadual, STJ-270
- Recurso contra sentença proferida por órgão de primeiro grau da Justiça Trabalhista, ainda que para declarar-lhe a nulidade em virtude de incompetência – Julgamento afeto ao TRT, STJ-225

- Recurso de decisão de juiz estadual não investido de jurisdição federal, STJ-55
- Rescisória – STF – Questão federal diversa da examinada pelo Supremo, 515
- Servidor municipal – Ação pleiteando direitos relativos ao vínculo estatutário, STJ-137
- SESI – Sujeição à jurisdição da Justiça Estadual, 516
- Sociedade de economia mista – Causas em que é parte, 517, 556; STJ-42
- Uso de passaporte falso – Processo e julgamento afetos ao juízo federal do lugar onde o delito se consumou, STJ-200
- V. também: Conflito de competência, Justiça do Trabalho, Justiça Estadual

Competência criminal – Abuso de autoridade cometido por militar, STJ-172
- Anotação falsa em CTPS, STJ-62
- Contrabando ou descaminho – Prevenção do juízo federal do lugar da apreensão dos bens, STJ-151
- Crime contra a economia popular, 498
- Crime contra instituições militares estaduais, STJ-53
- Crime praticado contra funcionário público federal e relacionado ao exercício da função – Processo e julgamento afetos à Justiça Federal, STJ-147
- Crimes conexos de competência federal e estadual – Processo e julgamento afetos à Justiça Federal, STJ-122
- Entorpecentes, 522
- Estelionato – Emissão de cheque sem fundos, 521
- Estelionato mediante falsificação, STJ-48
- Facilitação da fuga de preso, STJ-75
- Falsidade documental – Documento relativo a estabelecimento particular de ensino, STJ-104
- Falsificação de guias de recolhimento de contribuições, STJ-107
- Falsificação grosseira de moeda, STJ-73
- Falso testemunho cometido no processo trabalhista – Processo e julgamento afetos à Justiça Federal, STJ-165
- Indígena autor ou vítima de crime, STJ-140
- Justiça Militar – Crime cometido por civil em tempo de paz, 298
- Justiça Militar – Crime praticado em outro Estado, STJ-78
- Justiça Militar – Policial militar em funções civis, 297
- Prefeitos – Competência do Tribunal de Justiça – Crimes da competência da Justiça Comum Estadual – Competência originária do respectivo Tribunal de segundo grau nos demais casos, 702
- Prerrogativa de função – Crime cometido após a cessação do exercício funcional, 451
- Prerrogativa de função – Crime cometido durante o exercício funcional, 394
- Prerrogativa de função – Prefeito municipal – Mandato extinto – Irrelevância – Sujeição a processo por crime previsto no art. 1º do Decreto-lei 201/1967, STJ-164
- Processo penal contra parlamentar, 398
- Uso de documento falso – Documento relativo a estabelecimento particular de ensino, STJ-104

Competência delegada – Mandado de segurança ou medida judicial, 510
Competência originária do STF – *Habeas corpus* contra decisão de Turma Recursal de Juizados Especiais Criminais, 690
- Pedido contra deliberação administrativa de tribunal, 623

Competência penal por prevenção – Inobservância – Nulidade relativa, 706
Competência relativa – Exceção de incompetência, STJ-33
Complementação de aposentadoria – V.: Aposentadoria

ÍNDICE ALFABÉTICO-REMISSIVO

Composição gráfica – V.: ISS
Compra e venda – Venda realizada diretamente pelo mandante ao mandatário, 165
- V. também: Compromisso de compra e venda
Compromisso de compra e venda – Adjudicação compulsória, STJ-239
- Arrependimento, 166, 412
- Execução compulsória, 413
- Falta de registro, STJ-239
- Falta de registro – Constituição em mora do devedor, STJ-76
- Falta de registro – Posse dele decorrente – Embargos de terceiro, STJ-84
- Imposto de Transmissão *Causa Mortis*, 590
- Inscrição no registro imobiliário, 167, 168
- V. também: Embargos de terceiro
Concordata – Cobrança de multa fiscal de empresa nesse regime, STJ-250
- Correção monetária dos créditos habilitados, STJ-8
- Execução de crédito e reclamação trabalhista, 227
- Irrecorribilidade do ato judicial que a manda processar, STJ-264
- Restituição de adiantamento de contrato de câmbio, STJ-36, STJ-133
- Restituição de mercadorias, 495
- Título vencido há mais de 30 dias, 190
Concubinato – Caracterização, 382
- Direito à indenização pela morte do companheiro, 35
- Patrimônio adquirido com o esforço comum, 380
- Sociedade de fato – Dissolução judicial, 380
Concurso de agentes – V.: Furto qualificado
Concurso formal de crimes – Falsidade documental e estelionato, STJ-17
- Suspensão do processo, STJ-243
Concurso material de crimes – Fiança, STJ-81
- Suspensão do processo, STJ-243
Concurso público – Limite de idade para inscrição – Caso de legitimação em face do art. 7º, XXX, da CF, 683
- Portador de visão monocular – Direito de concorrer às vagas reservadas aos deficientes, STJ-377
- Prazo de validade, 15
- Restrição à inscrição em razão de idade, 14
- Veto não motivado à participação de candidato – Inconstitucionalidade, 684
- V. também: Contrato de trabalho
Condenação – Omissão de inclusão de juros de mora, 254
Condomínio – Convenção aprovada, ainda que sem registro, é eficaz para regular as relações entre os condôminos, STJ-260
- Cotas condominiais – Preferência sobre crédito hipotecário, STJ-478
Conexão – Atração por continência ou conexão do processo do corréu do foro por prerrogativa de função de um dos denunciados, 704
- Hipótese em que um dos processos já foi julgado – Finalidade da reunião desaparecida, STJ-235
- V.: também: Ações conexas
Confederação Nacional da Agricultura – Contribuição Sindical Rural – Cobrança – Legitimidade ativa, STJ-396
Confissão – V.: Prova
Confissão de dívida – Renegociação – Ilegalidades de contratos anteriores – Possibilidade de discussão, STJ-286
Conflito de competência – Ação trabalhista – Juiz estadual e Junta de Conciliação e Julgamento – Julgamento afeto ao TRT, STJ-180

582   DIREITO SUMULAR

- Inexistência – Sentença transitada em julgado em um dos juízos, STJ-59
- Juiz de direito e juiz militar, 555
- Juiz federal e juiz estadual investido de jurisdição federal, STJ-3
- Juizado Especial Federal e juízo federal – Julgamento afeto ao STJ, ainda que sejam da mesma Seção Judiciária, STJ-348 **(cancelada)**
- Juízes trabalhistas vinculados a TRTs diversos – Incompetência do STJ para sua apreciação, STJ-236
- Tribunal de Justiça e Tribunal de Alçada do mesmo Estado, STJ-22
- V. também: Competência

Congressista – V.: Parlamentar
Congresso Nacional – Crime em suas dependências – Poder de polícia, 397
Cônjuge – Nomeação – V.: Cargo em comissão ou de confiança, Função gratificada
- V. também: Fiança, Sociedade conjugal

Conselho de Fiscalização Profissional – Execução fiscal – Competência, STJ-66
Conselho de Política Aduaneira, 404
Consignação em pagamento – Aluguel – Valor da causa, 449
Consolidação das Leis do Trabalho – Art. 578, STJ-222
Consórcio – Retirada ou exclusão – Devolução das prestações pagas, STJ-35
- V. também: Sistema de consórcios e convênios

Constitucionalidade – Controle – TCU, 347
- Julgamento pelo Tribunal Pleno do STF – Embargos infringentes – Descabimento, 455

Constituição de capital ou caução fidejussória – Garantia de pagamento da pensão – Ação de indenização, STJ-313
Constituição Federal de 1988 – Art. 5º, X, 491
- Art. 5º, LVII, STJ-9
- Art. 5º, LVIII, 568
- Art. 5º, LXXII, "a", STJ-2
- Art. 7º, IV (redação da Emenda Constitucional 19/1998), SV-16
- Art. 14, § 7º, SV-18
- Art. 39, § 3º (redação da Emenda Constitucional 19/1998), SV-16
- Art. 40, § 3º, 567
- Art. 97, 513; SV-10
- Art. 100, STJ-144
- Art. 100, § 1º, SV-17
- Art. 102, III, "c", 285
- Art. 103, 614
- Art. 125, § 2º, 614
- Art. 129, I, 601, 607
- Art. 145, II, SV-19
- Art. 155, § 2º, IX, "a", 570
- Art. 155, § 2º, IX, "b", 574
- Art. 192, § 3º – Revogação pela Emenda Constitucional 40/2003 – Norma que fixava o limite da taxa de juros reais em 12% ao ano que tinha sua aplicação condicionada à edição de lei complementar, SV-7
- Art. 206, IV, SV-12

Constrangimento ilegal – Excesso de prazo na instrução – Pronúncia do réu, STJ-21
- Excesso de prazo provocado pela defesa, STJ-64

Construção civil – V.: ICMS, ISS, Indenização
Consumação do crime – V.: Flagrante preparado
Consumidor – Negativação de seu nome em bancos de dados e cadastros – Carta de comunicação – Aviso de Recebimento/AR dispensável, STJ-404

ÍNDICE ALFABÉTICO-REMISSIVO 583

- V. também: Código de Defesa do Consumidor, Telefonia
Conta-corrente bancária – Ação de prestação de contas pode ser proposta pelo seu titular, STJ-259
- V. também: Contrato de abertura de crédito
Conta vinculada – V.: FGTS
Continência – Ações Civis Públicas propostas na Justiça Federal e na Justiça estadual, STJ-489
Continuidade delitiva – Suspensão do processo, STJ-243
- V. também: Crime continuado
Contrabando – Extinção da punibilidade, 560
Contrabando ou descaminho – Competência – Prevenção do juízo federal do lugar da apreensão dos bens, STJ-151
Contraditório – Processo perante o TCU – V.: Tribunal de Contas da União
Contrato – Ação de revisão – Propositura que não inibe a caracterização da mora do autor, STJ-380
- Foro de eleição, 335
- Interpretação de cláusulas – Impossibilidade de ensejar recurso especial, STJ-5
- Mera interpretação de cláusulas – Impossibilidade de fundamentar recurso, 454
- Plano de saúde – V.: Código de Defesa do Consumidor
- V. também: Cláusula contratual, Sistema Financeiro da Habitação e verbete específico (ex.: Contrato de locação – V.: Locação)
Contrato administrativo – Negação de registro pelo Tribunal de Contas, 7
Contrato bancário – Cláusula contratual abusiva – Conhecimento de ofício vedado ao julgador, STJ-381
- Código de Defesa do Consumidor – Multa moratória, STJ-285
- Encargos remuneratórios e moratórios – Limite – Cobrança de comissão de permanência, STJ-472
- Juros moratórios – Avença não regida por legislação específica – Hipótese em que poderão ser convencionados até o limite de 1% ao mês, STJ-379
Contrato com cláusula arbitral – Celebração antes da edição da Lei de Arbitragem – Aplicação, STJ-485
Contrato de abertura de crédito – Acompanhado do demonstrativo de débito – Documento hábil para ajuizamento de ação monitória, STJ-247
- Correção monetária – Taxa Básica Financeira/TBF, STJ-287
- Correção monetária – Taxa de Juros de Longo Prazo/TJLP, STJ-288
- Instrumento de confissão de dívida – Título executivo extrajudicial, STJ-300
- Nota promissória vinculada a ele não goza de autonomia em razão de iliquidez do título que o originou, STJ-258
- Renegociação – Ilegalidades de contratos anteriores – Possibilidade de discussão, STJ-286
- Repetição de indébito, STJ-322
- Título executivo – Descaracterização – Irrelevância de estar acompanhado de extrato de conta corrente, STJ-233
Contrato de câmbio – Adiantamento – Restituição em caso de concordata ou falência, STJ-36, STJ-133, STJ-307
Contrato de mútuo – Título de crédito a ele vinculado – Avalista e devedor solidário, STJ-26
Contrato de trabalho – Nulidade declarada por ausência de prévia aprovação em concurso público – Direito do titular de conta vinculada do FGTS de sacar o saldo respectivo, STJ-466
- Obra certa, 195

- Prazo determinado, 195
- Prazo indeterminado, 195

Contrato de transporte – Cláusula de não indenizar, 161
- Responsabilidade, 187

Contravenção penal – Competência da Justiça Estadual para o processo – Irrelevância de ter sido praticada em detrimento de bens, serviços ou interesses da União ou de suas entidades, STJ-38

Contribuição – Não abrangência por imunidade de imposto, 553
- V. também: Tributo

Contribuição confederativa – Art. 8º, IV, da CF – Exigibilidade, 666

Contribuição para Financiamento da Seguridade Social/COFINS – Receitas provenientes das operações de locação de bens móveis – Incidência, STJ-423
- Retenção pelo tomador do serviço – Inaplicabilidade às empresas optantes pelo SIMPLES, STJ-425

Contribuição previdenciária – Abono, 241
- Corretor de seguros – Incidência sobre a comissão a ele paga, STJ-458
- V. também: Benefício acidentário

Contribuição sindical – Art. 578 da CLT – Ações a ela relativas – Competência da Justiça Comum, STJ-222

Contribuição Sindical Rural – Confederação Nacional da Agricultura – Cobrança – Legitimidade ativa, STJ-396

Contribuições à Petrobrás – Servidores de coletorias, 30

Contribuinte – Notificação do lançamento tributário – V.: IPTU
- V. também: Compensação tributária

Contribuinte em débito – Impedimento de exercício profissional, 547

Controle da constitucionalidade – TCU, 347

Convenção coletiva de trabalho – Não homologação pela Justiça do Trabalho – Ação de cumprimento – Competência, STJ-57

Convenção do condomínio – Aprovada, ainda que sem registro, é eficaz para regular as relações entre os condôminos, STJ-260

Convênio – V. Sistema de consórcios e convênios

Cooperativa – Incidência do Imposto de Renda sobre o resultado de suas aplicações, STJ-262
- Isenção tributária, 81 e 84

Correção monetária – Benefício previdenciário – Débitos vencidos e cobrados em juízo após a vigência da Lei 6.899/1981 – Atualização na forma nela prevista, STJ-148
- Comissão de permanência – Não cumulatividade, STJ-30
- Concordata – Créditos habilitados, STJ-8
- Contratos do Sistema Financeiro da Habitação – Atualização pactuada pelo mesmo índice aplicável à caderneta de poupança – Incidência da Taxa Referencial/TR a partir da vigência da Lei 8.177/1991, STJ-454
- Creditamento de IPI – Atualização devida quando há oposição ao seu aproveitamento decorrente de resistência ilegítima do Fisco, STJ-411
- Crédito rural, STJ-16
- Depósito judicial em dinheiro em estabelecimento de crédito – Atualização dos valores recolhidos devida, STJ-179
- Depósitos bloqueados pelo Plano Collor I – Inconstitucionalidade da lei que fixou o BTN Fiscal como seu índice, 725
- Depósitos judiciais – Não dependência de ação contra o banco depositário, STJ-271
- Desapropriação, 561; STJ-67

ÍNDICE ALFABÉTICO-REMISSIVO 585

- Diferenças resultantes de expurgos inflacionários sobre os saldos de FGTS – Termo inicial na data em que deveriam ter sido creditadas, STJ-445
- FGTS – Débitos recolhidos pelo empregador mas não repassados ao Fundo – Aplicação da Taxa Referencial/TR, STJ-459
- Fundamentos, 562
- Honorários advocatícios, STJ-14
- Indenização do dano moral – Incidência desde a data do arbitramento, STJ-362
- Indenização em desapropriação, STJ-67
- Indenização por ato ilícito, 562, STJ-43
- Legitimidade passiva da CEF para integrar processo em que se discute correção monetária do FTGS, STJ-249
- Plano de previdência privada – Restituição das parcelas pagas, STJ-289
- Repetição do indébito tributário – Incidência a partir do pagamento indevido, STJ-162
- Salários-de-contribuição considerados no cálculo do salário-de-benefício de auxílio-doença, aposentadoria por invalidez, pensão ou auxílio-reclusão concedidos antes da vigência da Constituição Federal de 1988 – Descabimento da atualização, STJ-456
- Saldos das contas, de acordo com o entendimento do STF (RE 226.855-7), STJ-252
- Taxa Básica Financeira/TBF – Contratos bancários, STJ-287
- Taxa de Juros de Longo Prazo/TJLP – Contratos bancários, STJ-288
- V. também: IPTU

Corretor de seguros – Contribuição previdenciária – Incidência sobre a comissão a ele paga, STJ-458

Cotas condominiais – Execução – Preferência sobre crédito hipotecário, STJ-478

Creche – V.: Sistema Integrado de Pagamento de Impostos e Contribuições das Microempresas e das Empresas de Pequeno Porte/SIMPLES

Creditamento de IPI – V.: IPI

Crédito – V. Cartão de crédito, Contrato de abertura de crédito

Crédito de natureza alimentícia – Preferência, STJ-144

Crédito presumido do IPI – Exportações – Benefício fiscal do ressarcimento – Incidência mesmo quando as matérias-primas ou os insumos sejam adquiridos de não contribuinte do PIS/PASEP, STJ-494

Crédito rural – Alongamento de dívida – Não constitui faculdade da instituição financeira, mas direito do devedor, STJ-298

- Correção monetária, STJ-16

Crédito tributário – Compensação – Deferimento por medida liminar – Inadmissibilidade, STJ-212
- Compensação – Mandado de segurança – Ação adequada para a declaração do direito, STJ-213
- Constituição – Entrega de declaração pelo contribuinte reconhecendo o débito tributário – Dispensa de qualquer outra providência por parte do Fisco, STJ-436
- Exigibilidade – Depósito, STJ-112
- Exigibilidade a ser discutida em ação judicial – Exigência de depósito prévio como requisito de admissibilidade – Inconstitucionalidade, SV-28
- Prescrição e decadência – Inconstitucionalidade do parágrafo único do art. 5º do Decreto-lei 1.569/1977 e dos arts. 45 e 46 da Lei 8.212/1991, que tratam da matéria, SV-8
- Suspensão da exigibilidade para opção pelo REFIS – Crédito superior a 500.000 Reais – Necessidade de homologação expressa do Comitê Gestor e constituição de garantia por meio do arrolamento de bens, STJ-437
- V. também: Compensação tributária

Créditos privilegiados – V.: Falência
Credor de boa-fé – Cambial emitida ou aceita com omissões ou em branco, 387
Crime comum e crime militar simultâneos – Competência, STJ-90
Crime consumado – V.: Flagrante preparado
Crime continuado – Aplicação da lei penal mais grave se a sua vigência é anterior à cessação da continuidade ou da permanência, 711
- Crimes contra a vida – Continuidade inadmissível, 605
- Prescrição, 497
- Suspensão condicional do processo – Inadmissibilidade se a soma da pena mínima da infração mais grave com o aumento mínimo de um sexto for superior a um ano, 723

Crime contra a economia popular – Competência, 498
Crime contra a fauna – Competência, STJ-91 **(cancelada)**
Crime contra a honra de servidor público em razão do exercício de suas funções
– Legitimidade concorrente do ofendido, mediante queixa, e do Ministério Público, condicionada à representação do ofendido, para a ação penal, 714
Crime contra a ordem tributária – Delito previsto no art. 1º, I a IV, da Lei 8.137/1990 – Não tipificação antes do lançamento definitivo do tributo, SV-24
Crime contra instituições militares estaduais – Competência, STJ-53
Crime contra o patrimônio – V.: Furto qualificado, Roubo circunstanciado
Crime contra os costumes – Casamento da ofendida com quem não seja o ofensor, 388
Crime falimentar – Prescrição, 147
- Prescrição – Interrupção, 592
- Recebimento da denúncia – Falta de fundamentação do despacho, 564

Crime hediondo – Proibição de liberdade provisória – Relaxamento de prisão por excesso de prazo, 697
- Tortura – Admissibilidade de progressão da pena – Não se estende aos demais, 698

Crime hediondo ou assemelhado – Progressão de regime prisional do condenado – Delito cometido antes da vigência da Lei 11.464/2007 – Sujeição ao disposto no art. 112 da Lei 7.210/1984 (Lei de Execução Penal), STJ-471
- Progressão de regime prisional – Hipótese em que o juízo da execução observará a inconstitucionalidade do art. 2º da Lei 8.072, de 25.7.1990, sem prejuízo de avaliar se o condenado preenche, ou não, os requisitos objetivos e subjetivos do benefício, podendo determinar, para tal fim, de modo fundamentado, a realização de exame criminológico, SV-26

Crime impossível – Flagrante preparado, 145
Crime militar e crime comum simultâneos – Competência, STJ-90
Crime não funcional – V.: Servidor público
Crime permanente – Aplicação da lei penal mais grave se a sua vigência é anterior à cessação da continuidade ou da permanência, 711
Crimes conexos – Competência federal e estadual – Processo e julgamento afetos à Justiça Federal, STJ-122
Crimes contra a vida – Continuidade delitiva inadmissível, 605
Crimes de responsabilidade – Competência legislativa da União para definição e estabelecimento das respectivas normas de processo e julgamento, 722
Culpa – V.: Responsabilidade civil
Culpa grave do empregador – Indenização pelo Direito Comum, além da acidentária, 229
Culpa presumida – Dano causado por empregado ou preposto, 341
Cumulação de indenizações – V.: Indenização – Dano estético e dano moral
Cumulação de pedidos – Trabalhista e estatutário, STJ-170

ÍNDICE ALFABÉTICO-REMISSIVO 587

Cumulação de penas – Prisão e multa – Impossibilidade de conversão, STJ-171
Curador – Falta de nomeação a réu menor, 352
Curador especial – V.: Revelia
Custas – Ação acidentária, 236
- Sindicato que representa o reclamante, 223
- V. também: Execução fiscal, Sucumbência

Dano – Ação do segurador contra seu causador, 188
- Acidente com veículo – Falta de registro da transferência – Responsabilidade, STJ-132
- Culpa de empregado ou preposto – Culpa presumida do patrão ou comitente, 341
- Indenização – Base de cálculo, 490
- Indenização – Morte de menor, 491
- Indenização – Responsabilidade solidária da empresa locadora de veículos, 492
- Fortuito interno – Instituições financeiras – Fraudes e delitos praticados por terceiros no âmbito de operações bancárias – Responsabilidade objetiva, STJ-479
- Material e moral – Cumulatividade das indenizações, STJ-37
- Protesto indevido – Responsabilidade, STJ-475 e STJ-476
- V. também: Responsabilidade civil
Dano estético – Indenização – Cumulação com indenização do dano moral – Admissibilidade, STJ-387
Dano moral – Apresentação antecipada de cheque pré-datado – Caracterização, STJ-370
- Condenação em montante inferior ao postulado, STJ-326
- Devolução indevida de cheque – Caracterização, STJ, 388
- Indenização – Anotação irregular em Cadastro de Proteção ao Crédito – Descabimento quando preexistente legítima inscrição, ressalvado o direito ao cancelamento, STJ-385
- Indenização – Cumulação com dano estético – Admissibilidade, STJ-387
- Indenização – Embargos de divergência – Discussão sobre o valor – Descabimento, STJ-420
- Indenização – Não incidência de imposto de renda, STJ-498
- Indenização não sujeita à tarifação prevista na Lei de Imprensa, STJ-281
- Pessoa jurídica – Admissibilidade, STJ-227
- V. também: Indenização, Seguro
Dano patrimonial – V.: Indenização
Dano pessoal – V.: Seguro
DCTF – V.: Débito tributário
Débito alimentar – Prisão civil do alimentante – O que compreende, STJ-309
Débito tributário – Declaração do contribuinte – Falta de pagamento – Legitimidade da recusa de expedição de certidão negativa ou positiva com efeito de negativa, STJ-446
- Entrega de declaração pelo contribuinte reconhecendo-o – Crédito tributário constituído, dispensada qualquer outra providência por parte do Fisco, STJ-436
- Impedimento de exercício de atividade, 547
Débitos previdenciários – Decreto-lei 2.303/1986, STJ-65
Decadência – Crédito tributário – Inconstitucionalidade do parágrafo único do art. 5º do Decreto-lei 1.569/1977 e dos arts. 45 e 46 da Lei 8.212/1991, que tratam da matéria, SV-8
- V. também: Ação rescisória – Prazo decadencial
Décimo-terceiro salário – Contribuição previdenciária – Legitimidade, 688

588 DIREITO SUMULAR

Decisão – Juiz singular – Recurso extraordinário – Cabimento, 527
Decisão judicial – Juiz de primeiro grau nas causas de alçada, ou Turma Recursal de Juizado Especial Cível ou Criminal – Recurso extraordinário – Não cabimento, 640
- Trânsito em julgado – Mandado de segurança, 268
Declaração de inconstitucionalidade – V.: Cláusula de reserva de plenário
Decreto 22.626/1933 – Não aplicação às operações do Sistema Financeiro Nacional, 596
Decreto 22.785/1933, 255
Decreto 24.150/1934 – Revisional de aluguel, 180
- V. também: Lei de Luvas, Locação comercial
Decreto-lei 58/1937, 166 a 168
Decreto-lei 201/1967 – Prefeito – Extinção do mandato, 703
Decreto-lei 406/1968, STJ-424
- Art. 9º, §§ 1º e 3º – Recepção pela Constituição Federal, 663
Decreto-lei 1.025/1969 – Encargo de 20% nele previsto – Exigibilidade na execução fiscal proposta contra massa falida, STJ-400
Decreto-lei 1.569/1977 – Parágrafo único do art. 5º – Inconstitucionalidade – V.: Crédito tributário – Prescrição e decadência
Decreto-lei 2.283/1986, STJ-8
Defeitos de obra – V.: Indenização
Defensoria Pública – Honorários de advogado – Hipótese em que ela atua contra a pessoa jurídica de direito público à qual pertença – Verba não devida, STJ-421
Defesa – Falta ou deficiência – Nulidade, 523
Defesa técnica – V.: Advogado, Processo administrativo disciplinar
Deficiência auditiva – Grau mínimo – Benefício previdenciário, STJ-44
Deficiente – Portador de visão monocular – V.: Concurso público
Delito de trânsito – Acidente envolvendo viatura da Polícia Militar – Competência para julgamento, STJ-6
Demissão voluntária – V.: Indenização
Denúncia – Crime falimentar – Falta de fundamentação do despacho de recebimento, 564
- Rejeição – Recurso provido – Acórdão vale pelo seu recebimento, 709
- V. também: Ministério Público
Denúncia espontânea – V.: Responsabilidade tributária
Depositário infiel – Prisão civil – Descabimento, STJ-419
Depositário judicial – Bens penhorados – Recusa expressa do encargo, STJ-319
- Falência da empresa – Arrecadação do bem pelo síndico – Prisão civil – Descabimento, STJ-305
- Prisão, 619
- Prisão civil – Ilicitude, qualquer que seja a modalidade do depósito, SV-25
- Prisão civil – Não assunção do encargo, STJ-304
Depósito – V.: Ação de depósito, Depositário infiel
Depósito judicial – Imposto sobre Operações Financeiras – Não incidência, STJ-185
- V. também: Estabelecimento de crédito
Depósito prévio – V.: Ação judicial
Depósito prévio do preparo – INSS – Dispensa – Prerrogativas e privilégios da Fazenda Pública, STJ-483
Depósito recursal prévio – Recurso administrativo – Ilegitimidade da exigência, STJ-373
- V. também: Recurso administrativo
Deputado estadual – Imunidades, 3

Desaforamento – Decisão que o determine sem audiência da defesa – Nulidade, 712
Desapropriação – Ações de S/A – Exercício dos direitos, 476
- Competência para julgamento da ação, 218
- Correção monetária, 561; STJ-67
- Correção monetária – Independe de ação específica contra o banco depositário, STJ-271
- Cumulação de juros compensatórios e moratórios, STJ-12
- Declaração de utilidade pública – Licenciamento da obra não impedido, 23
- Empresa de energia elétrica, 156
- Honorários de advogado – Cálculo, 617; STJ-131, STJ-141
- Honorários de advogado – Verba devida, 378
- Indenização – Demora no pagamento, 416
- Juros compensatórios, 618; STJ-69, STJ-102, STJ-113, STJ-114
- Juros compensatórios – Imissão de posse antecipada, 164
- Juros compensatórios – Instituição de servidão administrativa, STJ-56
- Juros compensatórios incidentes após a Medida Provisória 1.577, de 11.6.1997 – Fixação em 6% ao ano até 13.9.2001, e a partir de então em 12% ao ano, na forma da Súmula 618 do STF, STJ-408
- Juros moratórios, STJ-70, STJ-102
- Margens de rios navegáveis, 479
- Não inclusão do valor de obra licenciada após declaração de utilidade pública, 23
- Retrocessão – Imposto de Transmissão, 111
- Utilidade pública – Art. 15, § 1º, do Decreto-lei 3.365/1941 – Não contrariedade à Constituição, 652
Desapropriação indireta – Juros compensatórios, 345
- Prescrição da ação, STJ-119
Descaminho – Extinção de punibilidade, 560
- V. também: Contrabando ou descaminho
Desclassificação criminal – Suspensão condicional do processo – Cabimento, STJ-337
- V. também: Prescrição – Interrupção
Descontos incondicionais – V.: Operações mercantis
Deserção – V.: Recurso – Preparo
Desistência da ação – V.: Execução fiscal
Despacho saneador – Recurso não interposto – Consequências, 494
Despesas de transporte – V.: Oficial de justiça
Despesas processuais – V.: Execução fiscal
Desquite – V.: Separação judicial
Desvio de função – V.: Servidor público
Devedor inadimplente – Anotação irregular no Cadastro de Proteção ao Crédito – Indenização por dano moral – Descabimento quando preexistente legítima inscrição, ressalvado o direito ao cancelamento, STJ-385
- Inscrição no Cadastro de Proteção ao Crédito – Necessidade de anterior notificação, a ser promovida pelo órgão mantenedor, STJ-359
- Inscrição no Serviço de Proteção ao Crédito – Prazo máximo, STJ-323
Devido processo legal – Processo administrativo, 20
- Processo administrativo para imposição de multa de trânsito, STJ-312
- V. também: Inquérito policial – Advogado
Devolução de cheque – V.: Cheque
Dinheiro – Penhora – V.: Execução – Ação proposta contra instituição financeira
Diploma para exercício do cargo – Exigência na posse e não na inscrição para o concurso público, STJ-266

Direção sem habilitação em vias terrestres – Art. 32 da Lei das Contravenções Penais – Derrogação pelo art. 309 do Código de Trânsito Brasileiro, 720
Direito à imagem – Publicação não autorizada de imagem de pessoa com fins econômicos ou comerciais – Indenização que não depende de prova do prejuízo, STJ-403
Direito autoral – Execução de obra musical, 386
– Música ambiente, STJ-63
– Proteção por interdito proibitório – Inadmissibilidade, STJ-228
Direito de defesa – V.: Advogado
Direito de greve – Ação possessória ajuizada na Justiça do Trabalho em decorrência do exercício do direito pelos trabalhadores da iniciativa privada – Competência para o processo e julgamento, SV-23
Direito de retenção por benfeitorias – V.: Locação
Direito de uso – V.: Linha telefônica
Direito de vizinhança – Código Civil, art. 573, 120
– Janela – Construção a menos de metro e meio de prédio vizinho, 120
– Visão direta ou oblíqua de prédio vizinho, 414
Direito do trabalho – Prescrição intercorrente, 327
Direito líquido e certo – Mandado de segurança – Leis cujos efeitos foram regularmente anulados por outra, 474
Direitos autorais – Cobrança – Retransmissão radiofônica de músicas, em estabelecimentos hoteleiros, STJ-261
Direitos trabalhistas – Prescrição, 349
Diretor de sociedade de economia mista – Destituição, 8
Disacusia – Definição em ato regulamentar – Grau mínimo – Benefício previdenciário devido, STJ-44
Disponibilidade de servidor – Reaproveitamento, 39
– Tempo de serviço militar – Contagem, 10
– Vencimentos, 358
Dissídio jurisprudencial – V.: Embargos de divergência
Dissolução irregular de empresa – V.: Empresa
Divergência – Julgados do mesmo tribunal – Recurso especial, STJ-13
– V. também: Embargos de divergência
Divórcio – Homologação de sentença estrangeira – Não nacionais, 381
Divórcio direto – Prévia partilha dos bens – Desnecessidade, STJ-197
Doação – Imóvel – Imposto de Transmissão, 328
Docente-livre – Substituição de titular, 48
Documento – Procedência estrangeira – Autenticação consular – Efeitos em juízo, 259
– V. também: Exibição de documentos
Dolo – V.: Responsabilidade civil
Dolo do empregador – Indenização pelo Direito Comum, além da acidentária, 229
Domicílio – Pessoa jurídica – Vários estabelecimentos, 363
Domínio útil – Transferência – Imposto devido, 326
– V.: Seguro obrigatório de veículos/DPVAT
DPVAT – Seguro – Indenização em caso de invalidez parcial, STJ-474
Drogaria – Responsável técnico, STJ-120
Duplicata de serviços – Título não aceito, mas protestado – Documento hábil para requerimento de falência, STJ-248
Duplo grau de jurisdição – Agravamento de condenação imposta à Fazenda, STJ-45
– Sentença condicional – Efeitos, 423

– V. também: Reexame necessário

Edital – V.: Citação edital
Efeitos da condenação – Perdão judicial – Extinção da punibilidade, STJ-18
Eleição sindical – Competência para solucionar causas dela decorrentes, STJ-4
Embargos – Apelação – Título extrajudicial, STJ-317
Embargos à arrematação – Apelação – Efeito meramente devolutivo, STF-331
Embargos à execução – Compensação de valores de Imposto de Renda retidos indevidamente na fonte com os valores restituídos apurados na declaração anual, STJ-394
Embargos de declaração – Indicação da omissão, 317
– Omissão não apreciada pelo tribunal – Inadmissibilidade da interposição de recurso especial quanto à questão, STJ-211
– Ponto omisso não embargado – Inadmissibilidade de recurso, 356
– Propósito de prequestionamento – Inexistência de caráter protelatório, STJ-98
Embargos de divergência, 273
– Acórdão que, em agravo regimental, decide recurso especial – Cabimento, STJ-316
– Agravo de instrumento que não admite recurso especial – Não cabimento, STJ-315
– Cabimento – RISTF, art. 330, 233
– Decisão da mesma Turma, 354
– Decisão em agravo regimental, 599
– Discussão sobre o valor da indenização por danos morais – Descabimento, STJ-420
– Dissídio com acórdão de Turma ou Seção que não mais tenha competência para a matéria neles versada, STJ-158
– Jurisprudência já firmada no sentido do acórdão embargado, STJ-168
– Paradigmas já repelidos no recurso, 598
Embargos de terceiro – Alegação de posse – Compromisso de compra e venda não registrado, STJ-84
– Anulação de ato jurídico por fraude contra credores – Inadmissibilidade, STJ-195
– Oposição pelo cônjuge para defesa de sua meação, STJ-134
– Penhora – Promessa de compra e venda não inscrita, 621
Embargos do devedor – Execução por carta, STJ-46
– V. também: Execução fiscal
Embargos infringentes – Ação rescisória – STF, 295
– Cabimento contra acórdão, proferido por maioria, em agravo retido, quando se tratar de matéria de mérito, STJ-255
– Decisão em mandado de segurança, 294
– Decisão em matéria constitucional submetida ao plenário dos tribunais, 293
– Decisão por maioria em reexame necessário – Descabimento, STJ-390
– Decisão sobre agravo no auto do processo por ocasião do julgamento da apelação, 211
– Honorários advocatícios, STJ-303
– Julgamento de constitucionalidade por Tribunal Pleno, 455
– Matéria não ventilada por Turma em julgamento de recurso extraordinário, 296
– Não cabimento em apelação em mandado de segurança, 597
– Não cabimento em mandado de segurança, STJ-169
– Processo falimentar, STJ-88
– Reclamação, 368
Embargos infringentes parciais – Recurso extraordinário posterior ao seu julgamento quanto à matéria não embargada, 355

- Trânsito em julgado da parte não embargada, 354
Emendas regimentais – STF – Aplicação, 325
Emissão de cheque sem fundos – Ausência de fraude, 246
Empregado – Exigibilidade de pagamento de tributo, 350
- Faltas ao trabalho por motivo de acidente – Período aquisitivo de férias, 198
- Representação sindical – Estabilidade, 197
- Vantagem – Base de cálculo – v.: Salário-mínimo
Empregado estável – Inquérito para apuração de falta grave – Prazo para instauração, 403
Empreitada – Fornecimento de materiais – Imposto devido, 334
- V. também: ISS
Empresa – Dissolução irregular presumida – Hipótese em que deixou de funcionar no seu domicílio fiscal, sem comunicação aos órgãos competentes, legitimando o redirecionamento da execução fiscal para o sócio-gerente, STJ-435
Empresa administradora de cartão de crédito – Instituição financeira – Juros remuneratórios – Lei de Usura, STJ-283
Empresa de construção civil – V.: ICMS
Empresa de energia elétrica – Desapropriação pelo Estado, 157
- Isenção tributária, 78
Empresa de pequeno porte – V.: Sistema Integrado de Pagamento de Impostos e Contribuições das Microempresas e das Empresas de Pequeno Porte/SIMPLES
Empresa em regime de concordata – Legítima a cobrança de multa fiscal, STJ-250
Empresa industrial ou comercial – Atividade rural – Classificação dos empregados, 196
Empresa pública – Licitação por ela promovida – Mandado de segurança – Cabimento, STJ-333
Empresas de prestação de serviços – FINSOCIAL – Majoração da alíquota – Constitucionalidade dos arts. 7º da Lei 7.787/1989 e 1º da Lei 7.894/1989 e da Lei 8.147/1990, 658
Empréstimo compulsório – Ações nele fundadas – Legitimidade passiva do Banco Central, STJ-23
- Natureza jurídica, 418
Energia elétrica – V.: ICMS
Enfiteuse – Pena de comisso, 169
- Purgação da mora, 122
- Resgate, 170
Enriquecimento por ato ilícito – Meação só responde quando se provar que aproveitou ao casal, STJ-251
Ensino fundamental – V.: Sistema Integrado de Pagamento de Impostos e Contribuições das Microempresas e das Empresas de Pequeno Porte/SIMPLES
Ensino superior – Nota mínima para aprovação, 58
Entidade beneficente de assistência social – V.: Certificado de Entidade Beneficente de Assistência Social/CEBAS
Entidade de classe – Impetração de mandado de segurança coletivo em favor dos associados – Não dependência de autorização destes, 629
- Legitimação para mandado de segurança – Pretensão de interesse apenas de parte da categoria, 630
Entidades fechadas de previdência social privada – Imunidade tributária – Condição, 730
- Relação jurídica com seus participantes – Aplicação do CDC, STJ-321
Entidades sindicais – Registro, 677

Entorpecentes – Competência, 522
Entrância – Elevação de comarca – Situação do juiz, 40
Equiparação de direitos, garantias e vencimentos – V.: Ministério Público, Tribunal de Contas
Equiparação salarial – Critérios, 202
Estabelecimento comercial ou industrial – Fixação de horário de funcionamento – Competência do Município, 419, 645
- Mesmo ramo – Lei municipal que impede sua instalação em determinada área – Ofensa ao princípio da livre concorrência, 646
- Renovação de licença de localização – V.: Taxa
Estabelecimento de crédito – Depósito judicial – Correção monetária relativa aos valores recolhidos, STJ-179
Estabelecimento particular de ensino – Cobrança de mensalidades – Competência para processar e julgar causas a elas relativas, STJ-34
- Falsificação de documento a ele relativo – Competência, STJ-103
Estabilidade – CIPA – Suplente de cargo de direção, 676
- Empregado com representação sindical, 197
- Indenização, 220
- V. também: Militar temporário
Estacionamento – Dano ou furto de veículo, STJ-130
Estado – Limite imposto aos Municípios na cobrança de tributos, 69
- Ônus impostos por legislação federal, 440
Estágio probatório – Demissão ou exoneração, 21
- Extinção de cargo, 22
Estatutário – V.: Servidor público estadual
Estatuto da Criança e do Adolescente – Aplicação de medidas socioeducativas, STJ-108
- Art. 109, 568
- Ato infracional análogo ao tráfico de drogas – Internação de adolescente – Não imposição de medida socioeducativa, STJ-492
Estelionato – Absorção da falsidade documental, STJ-17
- Cheque sem fundos – Foro competente, 521; STJ-244
- Falsidade – Absorção pelo crime mais grave, STJ-17
- Falsificação de cheque – Competência, STJ-48
- Falsificação de guias de recolhimento de contribuições – Competência, STJ-107
- Vítima autarquia da Previdência Social – Qualificadora do art. 171, § 3º, do CP, STJ-24
Estrangeiro – Expulsão, 1
- Importação de automóvel, 60
- V. também: Extradição
Estupro – Violência real – Ação penal pública incondicionada, 608
Exame criminológico – V.: Pena – Progressão de regime prisional, Prova criminal
Exame de DNA – Ação investigatória – Recusa do suposto pai, STJ-301
Exame pericial – Processo penal – Realização por um só perito, 361
Exceção da verdade – Ofensa à honra – Competência funcional, 396
Exceção de domínio – Posse disputada, 487
Exceção de incompetência – Incompetência relativa, STJ-33
Exceção de pré-executividade – V.: Execução fiscal
Execução – Ação proposta contra instituição financeira – Penhorabilidade do numerário disponível, excluídas as reservas bancárias mantidas no Banco Central, STJ-328

- Cheque – Prescrição, 600
- Cotas condominiais – Preferência sobre crédito hipotecário, STJ-478
- Crédito trabalhista – Empregador concordatário, 227
- Fundamento em mais de um título extrajudicial, STJ-27
- Obrigação de dar, 500
- Penhora de dinheiro que não tem caráter absoluto na ordem de nomeação de bens, STJ-417
- Penhora de imóvel do casal – Embargos de terceiro opostos pelo cônjuge na defesa de sua meação, STJ-134
- Prescrição, 150
- Processo trabalhista – Remição, 458
- Recurso extraordinário pendente, 228
- Revelia – Executado citado por edital ou por hora certa – Nomeação de curador especial, com legitimidade para apresentação de embargos, STJ-196
- V. também: Certidão de Dívida Ativa/CDA, Embargos à execução, Fraude à execução

Execução criminal – Aplicação da lei mais benigna, 611
Execução da pena – V.: Pena
Execução de sentença – V.: Ação coletiva
Execução definitiva – Título extrajudicial – Apelação pendente contra sentença que julgue improcedentes os embargos, STJ-317
Execução fiscal – Bens penhoráveis não localizados – Suspensão do processo por um ano, findo o qual se inicia o prazo da prescrição quinquenal intercorrente, STJ-314
- Citação por edital – Cabimento quando frustradas as demais modalidades, STJ-414
- Conselho de Fiscalização Profissional – Competência, STJ-66
- Contribuições devidas pelo empregador ao FGTS – Julgamento afeto à Justiça Federal ou aos juízes com competência delegada, STJ-349
- Desistência após o oferecimento de embargos – Fato que não exime o exequente dos encargos da sucumbência, STJ-153
- Despesas com o transporte de oficiais de justiça – Ação processada perante a Justiça Estadual – Antecipação do numerário devida pela Fazenda Pública, STJ-190
- Exceção de pré-executividade – Admissibilidade relativamente às matérias conhecíveis de ofício que não demandem dilação probatória, STJ-393
- Fazenda Pública – Prazo ampliado, 507
- ITR – Cobrança, STJ-139
- Leilão – Intimação ao devedor, STJ-121
- Leilão – Lanço não superior à avaliação, STJ-128
- Ministério Público – Intervenção desnecessária, STJ-189
- Mudança de domicílio do executado, STJ-58
- Prescrição ocorrida antes da propositura da ação – Decretação de ofício (art. 219, § 5º, do CPC) – Admissibilidade, STJ-409
- Propositura contra massa falida – Encargo de 20% previsto no Decreto-lei 1.025/1969 – Exigibilidade, STJ-400
- Recurso, 276
- Redirecionamento para o sócio-gerente – Presunção de dissolução irregular da empresa, que deixou de funcionar no seu domicílio fiscal, sem comunicação aos órgãos competentes, STJ-435
- Sucumbência, 519

Execução hipotecária – Crédito vinculado ao Sistema Financeiro da Habitação – Lei 5.741/1971 – Petição inicial – Necessidade de ser instruída com pelo menos dois avisos de cobrança, STJ-199

ÍNDICE ALFABÉTICO-REMISSIVO 595

Execução penal – Agravo contra decisão do juiz – Prazo de cinco dias, 700
Execução por carta – Embargos do devedor, STJ-46
Execução por título extrajudicial – V.: Embargos à arrematação
Execução por título extrajudicial contra a Fazenda Pública – Cabimento, STJ-279
Executivo fiscal – V.: Execução fiscal
Exibição de documentos – Ação ajuizada em face de sociedade anônima – Comprovação do pagamento do "custo do serviço" referente ao fornecimento de certidão de assentamentos constantes dos livros da companhia – Requisito de procedibilidade, STJ-389
– Multa cominatória – Descabimento, STJ-372
Exibição judicial – Livros comerciais, 390
Exportação – Crédito de ICMS – Quando ocorre, STJ-129
Expropriação – V.: Desapropriação, Reforma Agrária
Expulsão de estrangeiro, 1
Extinção da punibilidade – Pagamento de tributo, 560
– Perdão judicial – Efeitos, STJ-18
– Prescrição da pretensão punitiva – Decisão fundamentada em pena hipotética
– Inadmissibilidade, independentemente da existência ou sorte do processo penal, STJ-438
Extinção de cargo – Vitaliciedade, 11
Extinção do mandato – V.: Prefeito municipal
Extinção do processo por abandono da causa – Depende de requerimento do réu, STJ-240
Extinção parcial de estabelecimento – Empregado estável, 221
Extorsão – Consumação independentemente da obtenção de vantagem, STJ-96
Extradição – Extraditando casado com brasileira ou com filho brasileiro, 413
– Liberdade vigiada, 2
– Não retirada do extraditando – Consequências, 367
– Omissão do relator – Não cabimento de *habeas corpus*, 692
Extranumerário – Equiparação a efetivo, 13
– V. também: Funcionário público

Facilitação da fuga de preso – Competência para julgamento, STJ-75
Faixa de fronteira – Concessão de terras devolutas, 477
Falência – Créditos decorrentes de serviços prestados à massa falida, inclusive a remuneração do síndico – Verbas que gozam dos privilégios próprios dos créditos trabalhistas, STJ-219
– Duplicata de serviços não aceita mas protestada, STJ-248
– Embargos infringentes, STJ-88
– Multa fiscal, 191, 192
– Multa fiscal moratória – Habilitação, 565
– Notificação do protesto à empresa devedora – Exigência de identificação da pessoa que a recebeu, STJ-361
– Pagamento elisivo – Encargos devidos, STJ-29
– Pedido de restituição – Dinheiro de que o falido não tenha a disponibilidade, 417
– Recurso – Prazo, STJ-25
– Restituição de adiantamento de contrato de câmbio, STJ-36
– Restituição de mercadorias, 193, 495
Falsidade documental – Absorção pelo estelionato, STJ-17
– Anotação falsa em CTPS – Competência, STJ-62

- Crime contra estabelecimento particular de ensino – Competência, STJ-104
Falsificação – Guias de recolhimento de contribuições – Competência, STJ-107
Falso testemunho – Crime cometido no processo trabalhista – Competência – Processo e julgamento afetos à Justiça Federal, STJ-165
Falta grave – Empregado com representação sindical, 197
- Greve – Simples adesão, 316
- Inquérito para apuração – Prazo para instauração, 403
- V. também: Livramento condicional
Falta residual – V.: Servidor público
Faltas ao trabalho – V.: Empregado
Farmacêutico – Responsabilidade técnica por uma farmácia e uma drogaria ou por duas drogarias – Acumulação admissível, STJ-413
Fato gerador – ICM – Momento da ocorrência, 577
- Taxa e imposto – Identidade – Inadmissibilidade, 551
- V. também: ICMS
Fauna – Crime – Competência, STJ-91 **(cancelada)**
Fazenda estadual – Coexistência de penhoras sobre o mesmo bem – Preferência sobre seus créditos pelos de autarquia federal, STJ-497
Fazenda Pública – Ação monitória contra ela proposta – Cabimento, STJ-339
- Agravo regimental no STJ – Prazo, STJ-116
- Certidão de Dívida Ativa/CDA – Substituição – Possibilidade até a prolação da sentença de embargos, quando se tratar de correção de erro material ou formal, vedada a modificação do sujeito passivo da execução, STJ-392
- Condenação – Remessa oficial – Devolução ao tribunal do reexame de todas as parcelas condenatórias, inclusive os honorários de advogado, STJ-325
- Execução fiscal – Prazo, 507
- Execução por título extrajudicial – Cabimento, STJ-279
- Honorários de advogado – Execuções individuais de sentença proferida em ações coletivas não embargadas – Verba devida, STJ-345
- Interrupção da prescrição – Novo prazo, 383
- Parte no processo – Exigência do depósito prévio dos honorários do perito, STJ-232
- Reexame necessário – Condenação – Impossibilidade de agravamento, STJ-45
- V. também: Execução fiscal, Penhora
Férias – Empregado horista, 199
- Militar temporário – Contagem em dobro das não gozadas para fins de estabilidade – Vedação, STJ-346
- Período aquisitivo – Faltas por acidente do trabalho, 198
Férias indenizadas – Pagamento – Imposto de Renda, STJ-125
Férias proporcionais – Indenização, 200
- V. também: Imposto de renda – Isenção
FGTS – Ação relativa à sua movimentação – Competência, STJ-82
- Conta vinculada – Ação pleiteando juros progressivos sobre os saldos – Prescrição que não atinge o fundo de direito, limitando-se às parcelas vencidas, STJ-398
- Conta vinculada – Expurgos inflacionários sobre os saldos – Correção monetária das diferenças deles resultantes – Termo inicial na data em que deveriam ter sido creditadas, STJ-445
- Correção monetária – Competência passiva da CEF, STJ-249
- Correção monetária dos saldos das contas, de acordo com o entendimento do STF (RE 226.855-7), STJ-252
- Débitos recolhidos pelo empregador mas não repassados ao Fundo – Correção monetária – Aplicação da Taxa Referencial/TR, STJ-459
- Horas extras – Incidência, 593

ÍNDICE ALFABÉTICO-REMISSIVO

- Inaplicabilidade das disposições do Código Tributário Nacional às contribuições, STJ-353
- Levantamento de valores em decorrência do falecimento do titular da conta – Competência da Justiça Estadual para sua autorização, STJ-161
- Optantes, nos termos da Lei 5.958/1973 – Direito à taxa progressiva dos juros, na forma do art. 4º da Lei 5.107/1966, STJ-154
- Saque do saldo de conta vinculada – Titular que tem seu contrato de trabalho declarado nulo por ausência de prévia aprovação em concurso público – Direito reconhecido, STJ-466
- Termo de adesão – V.: Ato jurídico perfeito
- V. também: Caixa Econômica Federal, Execução fiscal

Fiador – Ação de despejo – Execução, STJ-268

Fiança – Concurso material de crimes, STJ-81
- Garantia prestada sem autorização de um dos cônjuges – Ineficácia total, STJ-332
- V. também: Locação

Filho maior de idade – V.: Alimentos

Filiação – Filho havido fora do casamento – Validade de disposição testamentária a seu favor, 447

Filmes – Gravação e distribuição – Não incidência de ICMS, STJ-135

Financiamento – V. Cartão de crédito

FINSOCIAL – Base de cálculo – Inclusão do ICMS, STJ-94
- Empresas dedicadas exclusivamente à prestação de serviços – Majoração da alíquota – Constitucionalidade dos arts. 7º da Lei 7.787/1989 e 1º da Lei 7.894/1989 e da Lei 8.147/1990, 658
- Legitimidade da cobrança sobre as operações relativas a energia elétrica, serviços de telecomunicações, derivados de petróleo, combustíveis e minerais do país, 659

Firma individual – Inclusão no regime da Previdência Social, 466

Fiscalização tributária ou previdenciária – Livros comerciais, 439

Fixação da pena – V.: Pena

Flagrante preparado – Crime impossível, 145

Fornecimento de concreto – V.: ISS

Fornecimento de mercadorias com prestação de serviços – V.: ICMS

Foro – Cláusula contratual, 335

Foro privilegiado – Atração por continência ou conexão do processo do corréu do foro por prerrogativa de função de um dos denunciados, 704
- Estabelecimento por Constituição Estadual – Não prevalece sobre a competência constitucional do Tribunal do Júri, 721

Fraude à execução – Reconhecimento que depende do registro da penhora do bem alienado ou da prova de má-fé do terceiro adquirente, STJ-375

Fraude contra credores – V.: Ato jurídico

Fraudes e delitos praticados por terceiros no âmbito de operações bancárias – Responsabilidade objetiva das instituições financeiras, STJ-479

Fuga de preso – V.: Preso – Uso de algemas

Função gratificada – Nomeação de cônjuge, companheiro ou parente em linha reta, colateral ou por afinidade, até o terceiro grau, inclusive, da autoridade nomeante ou de servidor da mesma pessoa jurídica investido em cargo de direção, chefia ou assessoramento para o exercício na Administração Pública direta e indireta em qualquer dos Poderes da União, dos Estados, do Distrito Federal e dos Municípios, compreendido o ajuste mediante designações recíprocas, viola a Constituição Federal, SV-13

Função pública – Desvio de função – v.: Servidor público

Função social da propriedade urbana – IPTU – Alíquotas progressivas, 668
Funcionário público – Cargo em comissão – Lei 1.741/1952, 31 a 33
– Demissão durante estágio probatório, 21
– Disponibilidade – Aproveitamento, 39
– Disponibilidade e demissão pela mesma falta, 19
– Estágio probatório, 21
– Extinção de cargo durante estágio probatório, 22
– Extranumerário – Demissão, 50
– Falta residual – Absolvição de crime não funcional, 18
– Gratificações concedidas em leis gerais e em lei especial, 26
– Licenciamento – Funcionário eleito vereador, 34
– Nomeação por concurso – Direito à posse, 16
– Nomeação sem concurso – Anulação, 17
– Segunda punição em processo em que se fundamenta a primeira, 19
– Servidor federal – Sujeito passivo de crime relacionado ao exercício da função – Processo e julgamento afetos à Justiça Federal, STJ-147
– Substituto interino – Demissão, 24
– Vencimentos, 27
– V. também: Servidor público
Fundação Habitacional do Exército – V.: Fundação pública federal
Fundação pública federal – Fundação Habitacional do Exército – Equiparação a entidade autárquica federal, supervisionada pelo Ministério do Exército – Ações de que participa – Competência da Justiça Federal para seu processo e julgamento, STJ-324
Fundo de Garantia do Tempo de Serviço – V.: FGTS
Furto qualificado – Concurso de agentes – Aplicação da majorante do roubo – Inadmissibilidade, STJ-442

GATT/*General Agreements on Tarifs and Trade* – Importação – Isenção tributária, 88, 89, STJ-71;
– Taxa de despacho aduaneiro 130, 131
Gratificação – Acumulação com adicional por tempo de serviço, 26;
– Habitualidade, 207, 459
– V. também: Servidor público
Gratificação de Desempenho de Atividade Técnico-Administrativa/GDATA – V.: Servidor público inativo
Greve – Simples adesão, 316
– V. também: Direito de greve
Guarda de menor – V.: Menor

Habeas corpus – Ato do próprio tribunal, 606
– Contra decisão condenatória a pena de multa, ou processo por infração penal a que seja cominada unicamente pena pecuniária, 693
– Contra decisão de Turma Recursal de Juizados Especiais Criminais, 690
– Contra decisão do relator que, em *habeas corpus* requerido a Tribunal Superior, indefere liminar, 691
– Contra omissão de relator de extradição, 692
– Crime contra interesses da União, 344
– Discussão sobre custas – Não cabimento, 395
– Finalidade, 395
– Não cabimento do originário para o Pleno de decisões de Turma ou do Pleno, em *habeas corpus* ou recurso, 606

ÍNDICE ALFABÉTICO-REMISSIVO

- Pena de exclusão de militar ou de perda de patente ou de função pública, 694
- Pena privativa de liberdade já extinta, 695
- Recurso do assistente do Ministério Público, 208
- Recurso ordinário para o STF – Prazo, 319

Habeas data – Cabimento, STJ-2
Habilitação de crédito – Falência – Multa, 191, 192
Habilitação de telefone celular – V.: Telefone celular
Habilitação legal para exercício do cargo – Exigência na posse e não na inscrição para o concurso público, STJ-266
Herança – V.: Petição de herança
Hipoteca – Honorários advocatícios – Embargos de terceiro, STJ-303
- V. também: Execução hipotecária

Homologação de sentença estrangeira – Divórcio – Não nacionais, 381
- Prova do trânsito em julgado, 420

Honorários de advogado – Ação acidentária, 234; STJ-110
- Ação previdenciária, STJ-111
- Ação regressiva do segurador, 257
- Acordos ou transações celebrados em data anterior à vigência da Lei 9.469/1997, STJ-488
- Arbitragem em percentual sobre o valor da causa – Correção monetária devida, STJ-14
- Cumulação com multa contratual, 616
- Defensoria Pública – Hipótese em que ela atua contra a pessoa jurídica de direito público à qual pertença – Verba não devida, STJ-421
- Desapropriação, 378, 617; STJ-141
- Falta de pedido expresso, 256
- Fazenda Pública – Execuções individuais de sentença proferida em ações coletivas não embargadas – Verba devida, STJ-345
- Fixação – Critérios, 389
- Fixação em salários-mínimos – Inadmissibilidade, STJ-201
- Imposto de Transmissão *Causa Mortis* – Não incidência, 115
- Justiça gratuita, 450
- Mandado de segurança, 512; STJ-105
- Recurso extraordinário interposto em processo trabalhista – Não cabimento – Exceção das hipóteses previstas na Lei 5.584/1970
- Sucumbência – Direito autônomo à execução sem excluir a legitimidade da própria parte assegurado, STJ-306
- Sucumbência – Direito autônomo do advogado à execução sem excluir a legitimidade da própria parte assegurado, STJ-306
- Sucumbência recíproca – Compensação, STJ-306
- V. também: Remessa oficial

Honorários do perito – V.: Fazenda Pública
Honorários sucumbenciais – V.: Sucumbência
Horário de funcionamento bancário – Fixação, STJ-19
Horário de funcionamento de comércio local – Fixação – Competência municipal, 419, 645
Horas extras – Cômputo para efeito do FGTS, 593
- V. também: Imposto de Renda

Horista – Férias, 199

ICM – Exportação de café em grão – Base de cálculo, STJ-49

- Fato gerador, 573, 577
- Fornecimento de alimentação ou bebidas em restaurante ou similar, 574
- Importação de bens de capital, 570
- Inclusão de fretes e carretos, 572
- Isenção – Mercadoria importada de país signatário de acordo comercial, 575; STJ-20
- Não cumulatividade, 571
- Não inclusão da Taxa de Melhoramento dos Portos em sua base de cálculo, STJ-80
- Quota dos Municípios – Redução, 578
- Revogação de isenção – Princípio da anualidade, 615
- Saída de mercadoria para o exterior, 572
- V. também: ICMS

ICMS – Alienação de salvados de sinistro pelas seguradoras – Não incidência, SV-32
- Antigo "Imposto de Vendas e Consignações", 540, 541
- Cobrança com base no valor da mercadoria submetido ao regime de pauta fiscal – Ilegalidade, STJ-431
- Crédito na exportação – Quando ocorre, STJ-129
- Empresas de construção civil – Mercadorias adquiridas como insumos em operações interestaduais – Hipótese em que não estão obrigadas a pagar o tributo, STJ-432
- Fato gerador inocorrente – Simples deslocamento de mercadoria de um para outro estabelecimento do mesmo contribuinte, STJ-166
- Fornecimento de mercadorias com a simultânea prestação de serviços em bares, restaurantes e estabelecimentos similares – Incidência sobre o valor total da operação, STJ-162
- Gravação e distribuição de filmes e videoteipes – Não incidência, STJ-135
- Habilitação de telefone celular – Não incidência, STJ-350
- Importação de aeronave por pessoa física, para uso próprio – Incidência, STJ-155
- Importação de bens por pessoa física ou jurídica não contribuinte – Não incidência até a vigência da Emenda Constitucional 33/2001, 660
- Importação de veículo por pessoa física para uso próprio – Incidência, STJ-198
- Imunidade, 536
- Inclusão na base de cálculo do FINSOCIAL, STJ-94
- Mercadoria importada do Exterior – Legitimidade da cobrança por ocasião do desembaraço aduaneiro, 661
- Obras cinematográficas gravadas em fitas de videocassete – Comercialização – Incidência – Legitimidade, 662
- Operações com cartão de crédito – Cálculo – Não consideração dos encargos relativos ao financiamento, STJ-237
- Operações mercantis – Base de cálculo que não inclui os descontos incondicionais, STJ-457
- Produto semielaborado – Compreensão, para fins de incidência do tributo, como aquele que preenche cumulativamente os três requisitos do art. 1º da Lei Complementar 65/1991
- Provedores de acesso à Internet – Não incidência, STJ-334
- Redução de alíquota do IPI ou do Imposto de Importação, STJ-95
- Valor da tarifa de energia elétrica correspondente à demanda de potência efetivamente utilizada – Incidência, STJ-391
- Venda a prazo – Incidência sobre o valor da operação constante da nota fiscal, STJ-395

- Venda pelo segurador de bens salvados de sinistros, STJ-152
- V. também: Imposto de Vendas e Consignações

Identificação criminal – Constrangimento ilegal, 568
Iluminação pública – Não remuneração mediante taxa, 670
Imóvel – Doação – Imposto de Transmissão, 328
- Imposto de Transmissão *Inter Vivos*, 108
- Promessa de venda por autarquia – Tributos, 74
- Venda por autarquia – Imposto de transmissão, 75

Imóvel funcional – Venda, STJ-103
Imóvel situado em terreno de marinha – Registro de propriedade particular – Não oponibilidade à União, STJ-496
Imóvel único do devedor locado a terceiros – Impenhorabilidade, STJ-486
Impedimento – V.: Ministério Público
Impenhorabilidade – V.: Bem de família
Importação – Aeronave – V.: ICMS
- Ágios – Incidência de tributos, 83
- Automóvel, 59 a 64, 406
- De bens por pessoa física ou jurídica que não seja contribuinte do imposto – Não incidência até a vigência da Emenda Constitucional 33/2001, 660
- Pessoa física – Veículo destinado a uso próprio – ICMS – Incidência, STJ-198
- Produto originário de país signatário de acordo comercial com similar nacional, STJ-71

Imposto – Anualidade – Coisa julgada em relação a outros exercícios, 239
- Base de cálculo, 540
- Incidência, 541
- Isenção – Mercadoria importada de país signatário de acordo comercial – Similar nacional, 575
- Remessa para fora do Estado, 107
- Venda por "crediário" – Base de cálculo, 533
- V. também: Tributo

Imposto de "cessão" de imóvel, 82
Imposto de Importação – Adicional de taxa de despacho aduaneiro, 308
- Redução de alíquota – Não extensão ao ICMS, STJ-95

Imposto de Indústrias e Profissões, 90, 91
Imposto de Licença – Base de cálculo, 92
Imposto de Renda – Arquiteto, 93
- Cooperativas – Incidência sobre o resultado de suas aplicações, STJ-262
- Despachante aduaneiro – Retenção na fonte, 94
- Férias indenizadas, STJ-125
- Indenização por danos morais – Não incidência, STJ-498
- Indenização por horas extraordinárias trabalhadas, ainda que decorrentes de acordo coletivo – Incidência, STJ-463
- Indenização recebida pela adesão a programa de incentivo à demissão voluntária – Não incidência, STJ-215
- Isenção – Indenizações de férias proporcionais e o respectivo adicional, STJ-386
- Lei aplicável, 584
- Lei vigente no exercício financeiro da apresentação da declaração, 584
- Licença-prêmio não gozada, STJ-136
- Lucro extraordinário, 95
- Lucro imobiliário, 97
- Microempresa de representação comercial – Isenção, STJ-184

- Remessa de divisas para pagamento de serviços prestados no Brasil, 587
- Remessa de divisas para pagamento de serviços prestados no exterior, 585
- Valores indevidamente retidos na fonte – Embargos à execução – Compensação com os valores restituídos apurados na declaração anual, STJ-394

Imposto de Renda Retido na Fonte – V.: Repetição do indébito tributário
Imposto de Transações do antigo Distrito Federal, 139
Imposto de Transmissão *Causa Mortis* – Alíquota, 112
- Cálculo, 113
- Honorários de advogado – Não incidência, 115
- Morte presumida, 331
- Promessa de compra e venda, 590
- Quando é exigível, 114
- Transferência de ações de sociedade anônima, 435

Imposto de Transmissão *Inter Vivos* – Ações de S/A, 329
- Autarquia vendedora, 75
- Construção realizada pelo adquirente ou promitente comprador do terreno, 110, 470
- Doação de imóvel, 328
- Domínio útil, 326
- Lei estabelecendo alíquotas progressivas – Inconstitucionalidade – Base no valor venal do imóvel, 656
- Retrocessão, 111

Imposto de Vendas e Consignações – Adicional sobre café, 124
- Incidência sobre outros impostos, 125
- Mercadoria proveniente de outro Estado, 143
- Transações com minerais – Incidência, 118
- Variação conforme o produto, 117
- Vendas de café, 119

Imposto Predial e Territorial Urbano – V.: IPTU
Imposto sobre Circulação de Mercadorias e Serviços – V.: ICMS
Imposto sobre o Lucro Imobiliário – Benfeitorias, 538
Imposto sobre Operações Financeiras – Depósitos judiciais – Não incidência, STJ-185
- Imposto Territorial Rural – Execução fiscal – Competência da Procuradoria da Fazenda Nacional, STJ-139

Imposto sobre Serviços – V.: ISS
Imposto Único sobre Combustíveis – Incidência de outros tributos, 91
Imposto Único sobre Minerais, 118
Imprensa – V.: Responsabilidade civil
Impressos personalizados – V.: ISS
Imputação de pagamento – Art. 354 do CC – Regra que não se aplica às hipóteses de compensação tributária, STJ-464
Imunidade parlamentar – Congressista nomeado Ministro de Estado, 4
- Deputado estadual, 3
- Não extensão ao corréu, 245

Imunidade tributária – Art. 150, VI, "d", da CF – Abrangência de filmes e papéis fotográficos necessários à publicação de jornais e periódicos, 657
- Autarquia, 73 a 75
- Autarquia – Contrato com particular, 336
- Autarquia – Não transmissão ao cocontratante, 583
- ICM, 536

ÍNDICE ALFABÉTICO-REMISSIVO 603

- Imposto e contribuição, 553
- Instituições de assistência social sem fins lucrativos pelo art. 150, VI, "c", da CF
  - Somente alcança as entidades fechadas de previdência social privada se não houver contribuição dos beneficiários, 730
  - Não transmissibilidade, 391
  - Parte em contrato – Não beneficia a outra parte, 468
  - Sociedade de economia mista, 76
- **Imunidade tributária recíproca** – Taxas, 324
- **Inatividade** – V.: Militar
- **Incapacidade** – Grau mínimo – Benefício previdenciário, STJ-44
- **Incidente de inconstitucionalidade** – Recurso, 513
- **Incompetência** – V.: Competência
- **Incompetência relativa** – Provocação da parte, STJ-33
- **Inconstitucionalidade** – Declaração – Lei municipal, 614
  - Lei ou ato normativo estadual ou distrital dispondo sobre consórcios e convênios, inclusive sobre bingos e loterias, SV-2
  - Representação – Decadência, 360
  - V. também: Cláusula de reserva de plenário, Incidente de inconstitucionalidade
- **Indébito** – Repetição – Contratos de abertura de crédito em conta-corrente, STJ-322
- **Indébito tributário** – V.: Repetição do indébito tributário
- **Indenização** – Ação proposta por viúva e filhos de empregado falecido em acidente do trabalho – Competência da Justiça Estadual para o processo e julgamento, STJ-366 **(cancelada)**
  - Acidente do trabalho, 232
  - Adesão a programa de incentivo à demissão voluntária – Imposto de Renda – Não incidência, STJ-215
  - Ato ilícito – Correção monetária, 562; STJ-43
  - Ato ilícito de que resultou crime – Juros compostos – Pagamento devido por aquele que praticou o crime, STJ-186
  - Benfeitorias – V.: Locação
  - Constituição de renda – Imposto de Renda devido, 493
  - Dano estético e dano moral – Cumulação admissível, STJ-387
  - Dano material e dano moral – Cumulatividade, STJ-37
  - Dano moral – Anotação irregular em Cadastro de Proteção ao Crédito – Descabimento quando preexistente legítima inscrição, ressalvado o direito ao cancelamento, STJ-385
  - Dano moral – Correção monetária – Incidência desde a data do arbitramento, STJ-362
  - Dano moral – Embargos de divergência – Discussão sobre o valor – Descabimento, STJ-420
  - Dano moral – Não incidência de imposto de renda, STJ-498
  - Danos morais e patrimoniais decorrentes de acidente de trabalho – Ações propostas por empregado contra empregador, inclusive aquelas que ainda não possuíam sentença de mérito em primeiro grau quando da promulgação da Emenda Constitucional 45/2004 – Competência da Justiça do Trabalho para o processo e julgamento, SV-22
  - Defeitos de obra – Ação proposta contra o construtor – Prescrição em 20 anos, STJ-194
  - Desapropriação – Correção monetária, STJ-67
  - Despedida injusta – Férias proporcionais – Parcela correspondente, 200

- Falta de pagamento do prêmio do DPVAT não é motivo para a recusa do pagamento da indenização, STJ-257
- Férias proporcionais e o respectivo adicional – Isenção do Imposto de Renda, STJ-386
- Fixação judicial – Dedução da parcela do seguro obrigatório, STJ-246
- Horas extraordinárias trabalhadas – Incidência do Imposto de Renda, ainda que decorrentes de acordo coletivo, STJ-463
- Responsabilidade civil – Cálculo, 490
- Seguro – Pedido de pagamento de indenização à seguradora – Suspensão do prazo de prescrição até que o segurado tenha ciência da decisão, STJ-229
- Seguro obrigatório de veículos/DPVAT – Juros moratórios – Fluência a partir da citação, STJ-426
- Verba devida ao proprietário do solo em razão de alvará de pesquisa mineral – Avaliação – Processamento no juízo estadual da situação do imóvel, STJ-238
- V. também: Direito à imagem, Seguro

Indexação – Taxa Referencial/TR – Contratos posteriores à Lei 8.177/1991, STJ-295
- V. também: Salário-mínimo

Indígena – Autor ou vítima de crime – Competência, STJ-140
- Terras ocupadas, 480

Inelegibilidade – V.: Mandato

Inflação – Expurgo inflacionário – v.: FGTS

Infração ambiental – Multa – Execução pela Administração Pública – Prescrição em cinco anos, contados do término do processo administrativo, STJ-467

Infração de trânsito – V.: Multa

Inquérito administrativo – Falta grave – Empregado com representação sindical, 197
- Falta grave – Prazo para instauração, 403

Inquérito policial – Ação penal por ele instruída – Desnecessidade da resposta preliminar de que trata o art. 514 do CPP, STJ-330
- Advogado – Direito, no interesse do representado, de ter acesso amplo aos elementos de prova que, já documentados em procedimento investigatório realizado por órgão com competência de polícia judiciária, digam respeito ao exercício do direito de defesa, SV-14
- Arquivamento por requisição do Ministério Público – Ação penal, 524
- Utilização de inquérito em curso para agravar a pena-base – Vedação, STJ-444

Insalubridade – Adicional – Base de cálculo, 307
- Enquadramento da atividade pelo Ministério do Trabalho, 460
- Especificação das atividades insalubres pelo Ministério do Trabalho, 194

Insumos ou matérias-primas adquiridos de não contribuinte do PIS/PASEP – Ressarcimento do crédito presumido do IPI relativo às exportações – Incidência de benefício fiscal, STJ-494

INSS – Depósito prévio em rescisória, STJ-175
- Gozo das prerrogativas e privilégios da Fazenda Pública, STJ-483.
- Justificação judicial – Competência, STJ-32

Instituição financeira – Código de Defesa do Consumidor – Aplicação, STJ-297
- Execução contra ela proposta – Penhorabilidade do numerário disponível, excluídas as reservas bancárias mantidas no Banco Central, STJ-328
- Responsabilidade objetiva por danos – Fraudes e delitos praticados por terceiros, STJ-479.
- V. também: Juros remuneratórios

Instituições de previdência social – Taxa de assistência médica, 128

Instituto do Açúcar e do Álcool – Taxa de aguardente – Inconstitucionalidade, 126

ÍNDICE ALFABÉTICO-REMISSIVO 605

Instrução criminal – Excesso de prazo, STJ-52, STJ-64
Instrumento de agravo – V.: Agravo
Instrumento de confissão de dívida – Título executivo extrajudicial, STJ-300
Insumos – V.: ICMS – Empresas de construção civil
Interdição de estabelecimento – Cobrança de tributos, 70
Interdito proibitório – Proteção do direito autoral – Inadmissibilidade, STJ-228
Interesse da União – V.: Ação civil pública – Competência
Interesse recursal – Pedido certo e determinado – Sentença ilíquida, STJ-318
Internet – V.: Provedores de acesso à Internet
Interpretação de cláusula contratual – V.: Cláusula contratual
Interpretação de lei – Controvérsia nos tribunais – Ação rescisória, 343
Interrupção da prescrição – V.: Prescrição
Intervenção da União – V.: União Federal
Intervenção do Ministério Público – V.: Ministério Público
Intimação – Ocorrência em sexta-feira – Início do prazo judicial, 310
Invalidez parcial de beneficiário – Seguro – Indenização – DPVAT, STJ-474
Invasão de imóvel objeto de reforma agrária – V.: Reforma agrária
Inventário – Imposto "de Reposição", 116
– Retardamento – Multa, 542
Investigação criminal – Participação de membro do Ministério Público – Fato que não acarreta o impedimento ou suspeição do *Parquet* para o oferecimento da denúncia, STJ-234
Investigação de paternidade – Cumulação com ação de alimentos – Foro competente, STJ-1
– Imprescritibilidade da ação, 149
– Procedência – Alimentos devidos a partir da citação, STJ-277
– Recusa do suposto pai a submeter-se ao exame de DNA, STJ-301
IOF – Saques em caderneta de poupança – Inconstitucionalidade do inciso V do art. 1º da Lei 8.033/1990, 664
IPI – Creditamento – Aquisição de bens integrantes do ativo permanente – Inocorrência, STJ-495
– Creditamento – Correção monetária devida quando há oposição ao seu aproveitamento decorrente de resistência ilegítima do Fisco, STJ-411
– Crédito presumido – Exportações – Benefício fiscal do ressarcimento – Incidência mesmo quando as matérias-primas ou os insumos sejam adquiridos de não contribuinte do PIS/PASEP, STJ-494
– Redução de alíquota – Não extensão ao ICMS, STJ-95
IPTU – Imunidade – Imóvel pertencente a qualquer das entidades referidas pelo art. 150, VI, "c", da CF, ainda quando alugado a terceiros – Condição, 724
– Inconstitucionalidade de lei municipal estabelecendo alíquotas progressivas antes da Emenda Constitucional 29/2000, 668
– Majoração pelo Município mediante decreto em percentagem superior ao índice oficial de correção monetária – Inadmissibilidade, STJ-160
– Notificação do lançamento ao contribuinte pelo envio de carnê ao seu endereço, STJ-397
– Progressividade em função do número de imóveis do contribuinte, 589
– Promitente comprador de imóvel transcrito em nome de autarquia, 583
– Redução – Constitucionalidade, 539
– Sujeito passivo – Eleição que cabe à legislação municipal, STJ-399
Irredutibilidade de vencimentos, 27
Isenção tributária – Acordos comerciais, 89
– Adicionais de tributo – Alcance, 308, 309

- Bagagem, 85
- Banco do Brasil, 79
- Concessão por lei ordinária – Revogação, 436
- Condição onerosa – Supressão, 544
- Cooperativa, 81, 84
- Diferenciação da alíquota zero, 576
- Empresas de energia elétrica, 78
- Mercadoria importada de país signatário de acordos comerciais, 575; STJ-20
- Produto importado – O que compreende, 134
- Ração animal, STJ-87
- Rede Ferroviária Federal, 77
- Revogação – Princípio da anualidade, 615
- V. também: Imposto de Renda

Isonomia – V.: Princípio da isonomia
Isonomia salarial – Critérios, 202
- Servidor público – Não cabimento de aumento pelo Judiciário, 339

ISS – Bancos, 588
- Exigência de empregado não autônomo, 350
- Fornecimento de concreto, por empreitada, para construção civil, preparado no trajeto até a obra em betoneiras acopladas a caminhões – Prestação de serviço caracterizada – Incidência, STJ-167
- *Leasing*, STJ-138
- Operações de locação de bens móveis – Constitucionalidade da incidência, SV-31
- Serviço de composição gráfica personalizada e sob encomenda – Incidência – Irrelevância de envolver fornecimento de mercadorias, STJ-156
- Serviços bancários congêneres da Lista anexa ao Decreto-lei 406/1968 e à Lei Complementar 56/1987 – Incidência legítima, STJ-424
- Serviços de assistência médica – Inclusão de refeições, medicamentos e diárias hospitalares, STJ-274

ITBI – Lei estabelecendo alíquotas progressivas – Inconstitucional – Base no valor venal do imóvel, 656

Janela – Construção a menos de metro e meio de prédio vizinho, 120
- Visão direta ou oblíqua de prédio vizinho, 414

Jogo – Clube – Exigência de sede própria, 362

"Jogo do bicho" – Intermediador, STJ-51

Jornada de trabalho – Turnos ininterruptos de revezamento – Intervalos para descanso e alimentação – Não descaracterização do sistema, 675

Jornais e periódicos – Imunidade prevista no art. 150, VI, "d", da CF – Abrangência de filmes e papéis fotográficos necessários à sua publicação, 657

Juiz de direito – Elevação de entrância da comarca, 40
- Princípio da identidade física, 222
- Substituto ou preparador – Vencimentos, 41

Juiz de Tribunal de Contas – Equiparação aos membros do Poder Judiciário, 42

Juiz do trabalho – Não aplicação do princípio da identidade física do juiz, 222
- Substituto – Ordem de nomeação, 478
- V. também: Conflito de competência

Juiz estadual – V.: Ação civil pública – Competência

Juizado Especial – Mandado de segurança impetrado contra ato seu – Competência da Turma Recursal para o processo e julgamento, STJ-376

Juizado Especial Federal – Conflito de competência com juízo federal – Julgamento afeto ao STJ, ainda que sejam da mesma Seção Judiciária, STJ-348 **(cancelada)**

ÍNDICE ALFABÉTICO-REMISSIVO 607

- Conflito de competência com juízo federal da mesma Seção Judiciária – Julgamento afeto ao TRF, STJ-428
Juizados Especiais – Recurso especial interposto contra decisão proferida por seu órgão de segundo grau nos limites de sua competência – Descabimento, STJ-203
Juízo da recuperação judicial – Constrição de bens não abrangidos por plano de recuperação da empresa – Incompetência, STJ-480
Juízo de admissibilidade – Recurso especial – Motivação, STJ-123
Juízo federal – Conflito de competência com Juizado Especial Federal – Julgamento afeto ao STJ, ainda que sejam da mesma Seção Judiciária, STJ-348 **(cancelada)**
- Conflito de competência com Juizado Especial Federal – Julgamento afeto ao TRF, STJ-428
Julgamento em segunda instância – Nova definição jurídica do fato delituoso – Inadmissibilidade, 453
- Nulidade – Falta de prévia intimação ou publicação da pauta, 431
Junta de Conciliação e Julgamento – Instalação em comarca onde o juiz de direito exerça a jurisdição trabalhista – Competência, STJ-10
Júri – Apelação – Efeito devolutivo adstrito aos fundamentos da sua interposição, 713
- Competência – Latrocínio, 603
- Competência constitucional– Prevalece sobre o foro por prerrogativa de função estabelecido exclusivamente pela Constituição Estadual, 721
- Desaforamento sem audiência da defesa – Nulidade da decisão, 712
- Nulidade – Falta de quesito obrigatório, 156
- Nulidade – Jurado que funcionou em julgamento anterior, 206
- Nulidade – Ordem dos quesitos, 162
- Pronúncia – Causa interruptiva da prescrição ainda que o Tribunal venha a desclassificar o crime, STJ-191
Juros – Capitalização – Admissibilidade, STJ-93
- Competência para sua fixação, STJ-176
- Desapropriação – Inclusão para cálculo de honorários advocatícios, STJ-131
- Limite – Não aplicação da Lei de Usura às operações do Sistema Financeiro Nacional, 596
- Norma que limitava a taxa de juros reais a 12% ao ano (revogada pela Emenda Constitucional 40/2003) – Aplicabilidade condicionada à edição de lei complementar, 648
- Remessa para o Exterior – Mútuo, 586
Juros compensatórios – Desapropriação, 164, 345, 618; STJ-12, STJ-56, STJ-69, STJ-102, STJ-113, STJ-114
- Desapropriação indireta, 345
- Desapropriação para instituição de servidão administrativa, STJ-56
- V. também: Desapropriação
Juros compostos – Indenização por ato ilícito de que resultou crime – Pagamento devido por aquele que praticou o crime, STJ-186
Juros moratórios – Ação relativa a benefícios previdenciários – Incidência a partir da citação válida, STJ-204
- Contagem – Início, 163
- Contrato bancário não regido por legislação específica – Hipótese em que poderão ser convencionados até o limite de 1% ao mês, STJ-379
- Desapropriação, STJ-12, STJ-70, STJ-102
- Fazenda Pública condenada, 255
- Inclusão na liquidação, embora omisso o pedido inicial ou a condenação, 254

- Indenização do seguro obrigatório de veículos/DPVAT – Fluência a partir da citação, STJ-426
- Precatórios – Não incidência sobre os que sejam pagos durante o período previsto no § 1º do art. 100 da CF, SV-17
- Reclamação trabalhista, 224
- Repetição do indébito – Incidência a partir do trânsito em julgado da sentença, STJ-188
- Responsabilidade extracontratual, STJ-54

Juros reais – Taxa – Limite de 12% ao ano fixado pelo § 3º do art. 192 da CF, revogado pela Emenda Constitucional 40/2003 – Norma que tinha sua aplicação condicionada à edição da lei complementar, SV-7

Juros remuneratórios – Comissão de permanência – Inadimplência – Cálculo, STJ-296
- Estipulação em percentual superior a 12% ao ano – Fato que, por si só, não indica abusividade, STJ-382
- V. também: Sistema Financeiro da Habitação

Juros remuneratórios e moratórios – Exclusão de sua exigibilidade pela cobrança de comissão de permanência, STJ-472

Justiça Comum – Competência, STJ-6
- Competência – Ações relativas à contribuição sindical prevista no art. 578 da CLT, STJ-222

Justiça do Trabalho – Ação possessória ajuizada em decorrência do exercício do direito de greve pelos trabalhadores da iniciativa privada – Competência para o processo e julgamento, SV-23
- Ação rescisória, 338
- Ações de indenização por danos morais e patrimoniais decorrentes de acidente de trabalho propostas por empregado contra empregador, inclusive aquelas que ainda não possuíam sentença de mérito em primeiro grau quando da promulgação da Emenda Constitucional 45/2004 – Competência para o processo e julgamento, SV-22
- Ações que tenham como causa de pedir o descumprimento de normas trabalhistas relativas à segurança, higiene e saúde dos trabalhadores – Competência, 736
- Competência – Mandado de segurança contra ato de presidente de TRT, 433
- Competência – Reclamação de servidor por direitos anteriores ao regime jurídico único, STJ-97
- Competência de Junta de Conciliação e Julgamento recém-instalada, STJ-10
- Divergência entre decisões de tribunais – Recurso cabível, 432
- Princípio da identidade física do juiz, 222
- Recurso contra sentença proferida por órgão de primeiro grau, ainda que para declarar-lhe a nulidade em virtude de incompetência – Julgamento afeto ao TRT, STJ-225
- Recurso para o STF – Cabimento, 505

Justiça Eleitoral – Competência – Ação para anular débito decorrente de multa eleitoral, STJ-374

Justiça Estadual – Autorização para levantamento de valores relativos ao PIS/PASEP e FGTS – V.: FGTS, PIS/PASEP
- Causas entre consumidor e concessionária de serviço público de telefonia quando a ANATEL não seja litisconsorte passiva necessária, assistente, nem opoente – Competência, SV-27
- Competência – Ação de cobrança ajuizada por profissional liberal contra cliente, STJ-363

ÍNDICE ALFABÉTICO-REMISSIVO 609

- Competência – Ação de indenização proposta por viúva e filhos de empregado falecido em acidente do trabalho, STJ-366 **(cancelada)**
- Competência – Ação de servidor estadual decorrente de direitos e vantagens estatutárias no exercício de cargo em comissão, STJ-218
- Competência – Ação movida por trabalhador avulso portuário, em que se impugna ato do órgão gestor de mão de obra de que remete óbice ao exercício de sua profissão, STJ-230 **(cancelada)**
- Competência – Pedido de retificação de dados cadastrais da Justiça Eleitoral, STJ-368
- Competência – Processo eleitoral sindical, STJ-4

Justiça Federal – Competência, 218, 508, 511, 517, 518; STJ-173, STJ-324
- Competência – Crime praticado contra funcionário público federal e relacionado ao exercício da função, STJ-147
- Competência – Interesse jurídico da União, suas autarquias ou empresas públicas – Decisão que exclui da relação processual ente federal não pode ser reexaminada no juízo estadual, STJ-254
- Competência – Recurso de decisão de juiz estadual não investido de jurisdição federal, STJ-55
- Competência – V. também: Execução fiscal
- Conflito de competência – Juiz federal e juiz estadual com jurisdição federal, STJ-3
- Declaração a ela afeta, STJ-150
- Intervenção da União, 250
- Usucapião especial – Presença da União ou de seus entes, STJ-11

Justiça gratuita – Honorários de advogado, 450
- Pessoa jurídica com ou sem fins lucrativos, STJ-481.
- V. também: Competência criminal

Justiça Militar – Competência, STJ-6, STJ-47
- Competência – Crime cometido em outro Estado, STJ-78
- Competência – Crime cometido por civil em tempo de paz, 298
- Competência – Crime cometido por policial militar em funções civis, 297
- Competência – Crime militar e crime comum simultâneos, STJ-90

Justificação judicial – Competência, STJ-32

Lançamento tributário – V.: Crime contra a ordem tributária, Responsabilidade tributária
Latrocínio – Competência do Júri, 603
- Homicídio consumado ainda que sem subtração de bens da vítima – Caracterização, 610
Leasing – Cobrança antecipada do valor residual Garantido/VRG – Descaracterização, STJ-263 **(cancelada)**
- ISS, STJ-138
- Não descaracterização, STJ-293
- V. também: Arrendamento mercantil

Legitimidade *ad causam* – Ministério Público – Ação civil pública por ele proposta em defesa do patrimônio público, STJ-329
Legitimidade passiva *ad causam* – V.: Repetição do indébito tributário
Legitimidade recursal – V.: Ministério Público
Lei – Iniciativa viciada – Sanção, 5
- Irretroatividade – Impossibilidade de invocação pela entidade estatal que a tenha editado, 654

– V. também: Poder Público
Lei 209/1948, 182
Lei 313/1948 (GATT), 88
Lei 623/1949, 233, 247, 253, 273, 290, 353
Lei 1.002/1949, 182
Lei 1.300/1950, 109, 123
Lei 1.341/1951, 44
Lei 1.530/1951, 200
Lei 1.533/1951 – Art. 15, 304
– Art. 16, 304
Lei 1.741/1952, 31 a 33
Lei 2.804/1956, 275
Lei 3.085/1956, 172, 179
Lei 3.244/1957, 87, 88, 404
Lei 3.470/1958, 96, 98 a 100
Lei 3.519/1958, 102 a 104
Lei 3.780/1960, 270
Lei 3.844/1960, 171
Lei 4.348/1964 – Art. 4º, 506
Lei 4.380/1964 – Art. 6º, "e", STJ-422
Lei 5.107/1966, STJ-154
Lei 5.958/1973, STJ-154
Lei 6.899/1981, STJ-148
Lei 7.210/1984 – Art. 58, *caput*, SV-9
– Art. 112, STJ-471
– Art. 127 – Recepção pela ordem constitucional vigente, não se lhe aplicando o limite temporal previsto no *caput* do art. 58, SV-9
Lei 7.274/1984, STJ-8
Lei 7.940/1989 – Taxa de fiscalização dos mercados de títulos e valores mobiliários – Constitucionalidade, 665
Lei 8.033/1990 – Incidência do IOF sobre saques em caderneta de poupança – Inconstitucionalidade, 664
Lei 8.038/1990: Art. 25, 506
– Art. 26, 602
– Art. 27, 602
– Art. 28, 602
– Art. 29, 602
Lei 8.072/1990 – Art. 2º – Inconstitucionalidade, SV-26
Lei 8.078/1990 – V.: Código de Defesa do Consumidor
Lei 8.137/1990 – Art. 1º, I a IV, SV-24
Lei 8.177/1991, STJ-454
Lei 8.212/1991 – Arts. 45 e 46 – Inconstitucionalidade – V.: Crédito tributário – Prescrição e decadência
Lei 8.213/1991 – Art. 28, 464
– Art. 129, parágrafo único, 236
– Art. 130, 240
Lei 8.245/1991, 174 a 181
– Art. 8º, 442
– Art. 44, II, 409
– Art. 47, III, 80, 484
– Art. 47, § 1º, 410

ÍNDICE ALFABÉTICO-REMISSIVO 611

- Art. 51, 375
- Art. 51, § 1º, 482
- Art. 52, 444
- Art. 52, II, 485, 486
- Art. 52, § 1º, 481
- Art. 58, III, 449
- Art. 74, 370

Lei 8.383/1991: Art. 98, 560
Lei 8.069/1990 – V.: Estatuto da Criança e do Adolescente
Lei 8.162/1991, 678
Lei 8.627/1993, 672
Lei 8.662/1993, 672
Lei 8.950/1994, 699
Lei 9.307/1996, STJ-485
Lei 9.469/1997 – Art. 6º, § 2º, STJ-488
Lei 10.034/2000, STJ-448
Lei 10.404/2002 – Art. 5º, parágrafo único – V.: Servidor público inativo
Lei 11.464/2007, STJ-471
Lei Complementar 56/1987, STJ-424
Lei Complementar 65/1991 – Art. 1º, STJ-433
Lei Complementar 110/2001 – Termo de adesão por ela instituído – Decisão que, sem ponderar as circunstâncias do caso concreto, desconsidera a validez e a eficácia de acordo dele constante – Ofensa ao ato jurídico perfeito, SV-1
Lei de Arbitragem – Aplicação a contratos que contenham cláusula arbitral, ainda que celebrados antes da sua edição, STJ-485
Lei de Execução Penal – V.: Lei 7.210/1984
Lei de Imprensa – Dano moral, STJ-281
Lei de Luvas – Renovação judicial, 178
- Retomada para construção mais útil, 181
- V. também: Locação comercial
Lei de Usura – Empresas administradoras de cartão de crédito – Juros remuneratórios por elas cobrados, STJ-283
- Não aplicação às operações do Sistema Financeiro Nacional, 596
Lei em tese – Mandado de segurança – Não cabimento, 266
Lei Orgânica da Magistratura Nacional – Art. 21, VI, STJ-41
Lei penal – Aplicação da mais benigna na execução, 611
- Aplicação da mais grave a crime permanente se a sua vigência é anterior à cessação da continuidade ou da permanência, 711
Leilão – Execução fiscal – Intimação ao devedor, STJ-121
- Execução fiscal – Lanço não superior à avaliação, STJ-128
Liberdade provisória – Crime hediondo – Proibição – Relaxamento da prisão por excesso de prazo, 697
Liberdade vigiada – Extradição, 2
Licença – Militar temporário – Contagem em dobro das licenças não gozadas para fins de estabilidade – Vedação, STJ-346
Licença de construção – Imóvel declarado de utilidade pública para fins de desapropriação – Fato que não a impede, 23
Licença de localização – V.: Taxa
Licença-prêmio – Pagamento da não gozada – Imposto de Renda, STJ-136
Licitação – Promoção por sociedade de economia mista ou empresa pública – Mandado de segurança – Cabimento, STJ-333
Lide trabalhista – V.: Ação trabalhista

612 DIREITO SUMULAR

Liminar – Perda da eficácia e extinção do processo cautelar – Prazo para ajuizamento da ação principal – CPC, art. 806, STJ-482

Liminar em mandado de segurança – Deferimento ou indeferimento – Não cabimento de agravo regimental, 622
- Denegação posterior, 405
- Suspensão – Recurso, 506
- Suspensão – Vigência, 626
- V. também: Mandado de segurança, Medida liminar, Medida liminar possessória

Linha telefônica – Contrato de participação financeira para sua aquisição – Valor Patrimonial da Ação/VPA – Apuração com base no balancete do mês da integralização, STJ-371
- Direito de uso – Aquisição por usucapião – Admissibilidade, STJ-193

Liquidação – Homologação de cálculo – Recurso, STJ-118

Liquidação de sentença – Procedimento diverso do estabelecido na decisão – Ofensa à coisa julgada inexistente, STJ-344

Litisconsortes – Sucumbência só de um – Prazo para recorrer, 641

Livramento condicional – Falta grave cometida pelo preso – Não interrupção do prazo para obtenção do benefício, STJ-441

Livros comerciais – Exame, 260
- Exibição – Medida preventiva, 390
- Fiscalização – Objeto, 439

Lixo domiciliar – V.: Taxa – Serviços públicos de coleta, remoção e tratamento ou destinação de lixo ou resíduos provenientes de imóveis

Locação – Aluguel – Arbitramento, 179
- Aluguel – Consignação em pagamento – Valor da causa, 449
- Aluguel – Purgação da mora fora do prazo legal, 173
- Aluguel – Reajuste – Contrato por prazo determinado, 172
- Aluguel progressivo, 65
- Autorização de cessão – Sublocação, 411
- Benfeitorias, 158
- Bens móveis – Contribuição para Financiamento da Seguridade Social/COFINS – Incidência, STJ-423
- Bens móveis – ISS – Constitucionalidade da incidência, SV-31
- Cláusula contratual de renúncia à indenização das benfeitorias e ao direito de retenção – Validade, STJ-335
- Fiança – Obrigações resultantes de aditamento ao qual não anuiu o fiador – Impossibilidade de imputação, STJ-214
- Inscrição do contrato no Registro de Imóveis, 442
- Majoração de encargos, 171
- Retomada do imóvel locado – Cessionário do promitente comprador, 177
- Retomada do imóvel locado – Notificação prévia, 174
- Retomada do imóvel locado – Prédio fora do domicílio do locador, 80
- Retomada do imóvel locado – Promitente comprador, 176, 177
- Retomada do imóvel locado – Proprietário de mais de um prédio locado, 409, 410
- Retomada do imóvel locado – Prova da necessidade, 80, 410, 483
- Retomada do imóvel locado – Uso de filho, 175, 484
- Retomada do imóvel locado – Uso por sociedade da qual o locador seja sócio, 486
- Retomada do imóvel locado para construção mais útil, 181, 374
- Retomada do imóvel locado para construção mais útil – Indenização de despesas com mudança do locatário, 181
- Retomada do imóvel locado para uso próprio – Fundo de comércio compreendido na locação, 481

ÍNDICE ALFABÉTICO-REMISSIVO 613

- Revisional de aluguel – Renúncia, 357
- V. também: Locação comercial
Locação comercial – Aluguel – Purgação da mora, 123
- Contratos de exploração de jazida ou pedreira – Não sujeição, 446
- Fundo de comércio, 481
- Renovatória, 178, 376, 482
- Renovatória improcedente – Prazo para desocupação, 370
- Retomada do imóvel locado – Presunção de sinceridade, 485
- Retomada do imóvel locado para construção mais útil – Indenização, 444
Locação de veículo – Responsabilidade solidária da empresa locadora por danos causados a terceiros, 492
Loteria – V.: Sistema de consórcios e convênios

Má-fé – V.: Fraude à execução
Magistrados – Direito à licença-prêmio em face da LOMAN – Interesse geral da Magistratura para fim da competência originária do STF, 731
Magistratura – V.: Juiz de direito
Maioridade – V.: Alimentos
Mandado de prisão – Expedição não obstante a interposição de recurso sem efeito suspensivo, STJ-267
Mandado de segurança – Apelação – Não cabimento de embargos, 597
- Ato de autoridade no exercício de competência delegada, 510
- Ato de presidente de TRT em execução, 433
- Ato do TCU – Competência, 248
- Ato judicial – Impetração por terceiro – Não condicionamento à interposição de recurso, STJ-202
- Ato judicial passível de recurso ou correição, 267
- Ato praticado em licitação promovida por sociedade de economia mista ou empresa pública – Cabimento, STJ-333
- Atos de tribunais – Competência, 330
- Atos dos tribunais e seus órgãos – Competência, 623, 624; STJ-41
- Autoridade coatora – Nomeação de magistrado da competência do Presidente da República, 627
- Compensação tributária – Ação adequada para a declaração do direito, STJ-213
- Concessão ou indeferimento de liminar – Não cabimento de agravo regimental, 622
- Contra deliberação administrativa de Tribunal, 623
- Decadência para impetração – Constitucionalidade de lei que fixa prazo, 632
- Decisão do STF – Embargos infringentes – Inadmissibilidade, 294; STJ-169
- Decisão judicial com trânsito em julgado – Descabimento, 268
- Direito líquido e certo – Leis cujos efeitos foram regularmente anulados por outra, 474
- Efeitos patrimoniais, 269, 271
- Extinção – Impetrante que não promove, no prazo assinado citação do litisconsorte passivo necessário, 631
- Honorários de advogado, 512; STJ-105
- Impetração contra ato de Juizado Especial – Competência da Turma Recursal para o processo e julgamento, STJ-376
- Impetração pelo Ministério Público contra decisão em processo penal – Citação obrigatória do réu como litisconsorte passivo, 701
- Impetração visando a convalidar a compensação tributária realizada pelo contribuinte – Descabimento, STJ-460

614 DIREITO SUMULAR

- Indeferimento do pedido de suspensão da execução liminar, ou da sentença – Agravo incabível, STJ-217 **(cancelada)**
- Integrante de lista de candidatos a vaga de Tribunal – Parte legítima para impugnar validade da nomeação de concorrente, 628
- Lei em tese – Não cabimento, 266
- Liminar – Suspensão – Vigência, 626
- Matéria de direito – Controvérsia – Não é óbice para sua concessão, 625
- Não substitui ação popular, 101
- Omissão de autoridade – Previsão de recurso administrativo com efeito suspensivo – Irrelevância, 429
- Ordem concedida – Recurso – Prazo, 392
- Ordem denegada – Coisa julgada inocorrente – Possibilidade de uso de ação própria, 304
- Ordem denegada – Consequências quanto à liminar concedida, 405
- Ordem denegada – Recurso, 272
- Prazo para impetração – Pedido de reconsideração na via administrativa – Lapso não interrompido, 430
- Prova, 270
- Suspensão de liminar – Recurso cabível, 506

Mandado de segurança coletivo – Entidade de classe – Legitimação para mandado de segurança – Pretensão de interesse apenas de parte da categoria, 630
- Impetração por entidade de classe em favor dos associados – Não dependência da autorização destes, 629

Mandante – Venda realizada diretamente ao mandatário, 165

Mandatário – Endossatário de título de crédito por endosso-mandato – Responsabilidade por protesto indevido, STJ-476
- Venda realizada diretamente pelo mandante, 165

Mandato – Dissolução da sociedade ou do vínculo conjugal no seu curso – Inelegibilidade prevista no § 7º do art. 14 da CF não afastada, SV-18
- Instrumento – Procurador de autarquia – Não exigência a para representá-la em juízo, 644
- V. também: Prefeito municipal, Procuração

Marca comercial – Abstenção de uso, STJ-142 **(cancelada)**
- Perdas e danos pelo seu uso, STJ-143

Margens de rios navegáveis – Domínio público, 479

Massa falida – V.: Falência

Matéria de direito – Controvérsia – Concessão de segurança, 625

Matérias-primas ou insumos adquiridos de não contribuinte do PIS/PASEP – Ressarcimento do crédito presumido do IPI relativo às exportações – Incidência de benefício fiscal, STJ-494

Matrícula – V.: Universidade pública

Maus antecedentes criminais – V.: Pena

Meação – Só responde pelo ato ilícito quando o enriquecimento aproveitou ao casal, STJ-251

Medida cautelar – Recurso extraordinário pendente de juízo de admissibilidade – Competência do presidente do tribunal de origem, 634, 635

Medida de segurança – Aplicação em segunda instância – Recurso do réu, 525
- Benefício legal – Exame prévio, 520
- Imposição mesmo com absolvição criminal, 422

Medida liminar – Acórdão que a defere – Recurso extraordinário – Não cabimento, 735

- Compensação de créditos tributários deferida por tal meio – Inadmissibilidade, STJ-212
Medida liminar possessória – Liberação de mercadoria, 262
Medida Provisória 1.212/1995, STJ-468
Medida Provisória 1.577/1997, STJ-408
Medida Provisória 198/2004 – Art. 1º: SV-20
Medida provisória anterior à Emenda Constitucional 32/1998 – Não apreciação pelo Congresso – Possibilidade de ser reeditada dentro do prazo de eficácia, 651
Medida socioeducativa – Adolescente – Desistência de outras provas, em face da confissão – Nulidade da desistência, STJ-342
- Adolescente – Internação – Ato infracional análogo ao tráfico de drogas – Não imposição de medida socioeducativa, STJ-492
- Menor infrator – Decretação de regressão – Oitiva necessária, STJ-265
- Prescrição criminal – Aplicabilidade, STJ-338
Menor – Ações conexas de seu interesse – Competência para o processo e julgamento, em princípio, do foro do domicílio do detentor de sua guarda, STJ-383
- Morte em acidente – Indenização, 491
- Não sujeição a aprendizagem metódica – Salário, 205
- V. também: Réu menor
Menor infrator – Decretação de regressão da medida socioeducativa – Oitiva necessária, STJ-265
Menoridade – Efeitos penais – Comprovação, STJ-74
Mensalidades escolares – Causa a elas relativa – Competência da Justiça Estadual, STJ-34
Mercadoria – Liberação alfandegária – Medida possessória, 262
Microempresa – Representação comercial – Imposto de Renda – Isenção, STJ-184
- V. também: Sistema Integrado de Pagamento de Impostos e Contribuições das Microempresas e das Empresas de Pequeno Porte/SIMPLES
Militar – Abuso de autoridade – Competência, STJ-172
- Crime contra civil praticado com arma da corporação – Competência para o processo e julgamento, STJ-47
- Expulsão com base em legislação disciplinar ordinária – Anistia prevista no art. 8º do ADCT – Não alcance, 674
- Inatividade – Promoção, 51, 52
- Inatividade – Vantagens, 441
- Perda da graduação, 673
- Praças prestadoras de serviço militar inicial – Remuneração inferior ao salário--mínimo – Violação à Constituição inexistente, SV-6
- Professor, 53, 54
- Reforma – Casos especiais, 385
- "Zona de Guerra" – Adicional, 407
Militar da reserva – Pena disciplinar, 55
Militar inativo – Uso do uniforme, 57
Militar reformado – Pena disciplinar, 56
Militar temporário – Aquisição de estabilidade – Contagem em dobro de férias e licenças não gozadas para tal fim – Vedação, STJ-346
Ministério Público – Ação civil pública pleiteando indenização decorrente do DPVAT em benefício do segurado – Ilegitimidade *ad causam*, STJ-470
- Ação civil pública por ele proposta em defesa do patrimônio público – Legitimidade, STJ-329
- Ação penal pública – Iniciativa, 601, 607

616 DIREITO SUMULAR

- Agravo regimental no STJ – Prazo, STJ-116
- Equiparação de seus membros aos da Magistratura, 43
- Execução fiscal – Intervenção desnecessária, STJ-189
- Fiscal da lei – Legitimidade para recorrer, STJ-99
- Legitimidade recursal – Ação de acidente do trabalho – Irrelevância de estar o segurado assistido por advogado, STJ-226
- Mensalidades escolares – Reajuste – Legitimidade para promover ação civil pública, 643
- Participação de membro do *Parquet* na fase investigatória criminal – Fato que não acarreta seu impedimento ou suspeição para o oferecimento da denúncia, STJ-234
- Vencimentos – Irredutibilidade, 321

Ministério Público Militar – Substitutos, 45

Ministro do STF – Participação no TSE – Não impedimento, 72

Moeda falsa – Descaracterização – Falsificação grosseira – Estelionato configurado – Competência, STJ-73

Mora – Alienação fiduciária – Comprovação, STJ-245
- Constituição – V.: Arrendamento mercantil
- Purgação – Admissão fora do prazo legal, 173
- Purgação – Contratos de Alienação fiduciária – Permissão – Condição, STJ-284
- Purgação – Enfiteuse, 122
- Purgação – Locação comercial, 123
- V. também: Contrato – Ação de revisão, Juros moratórios

Morte do segurado – V.: Pensão previdenciária

Morte presumida – Inventário – Imposto *Causa Mortis*, 331

Movimento econômico como base de tributo, 90

Multa – Descumprimento de obrigação de fazer ou não fazer – Ação de cobrança – Necessidade de prévia intimação pessoal do devedor, STJ-410
- Falta de notificação – Exigência de pagamento para renovação de licença de veículo, STJ-127
- Infração ambiental – Execução pela Administração Pública – Prescrição em cinco anos, contados do término do processo administrativo, STJ-467
- Infração de trânsito – Pagamento que não inibe a discussão judicial do débito, STJ-434

Multa cominatória – Ação de exibição de documentos – Descabimento, STJ-372

Multa contratual – Cumulação com honorários advocatícios, 616

Multa de trânsito – Processo administrativo – Notificações da autuação e da aplicação da pena decorrente da infração, STJ-312

Multa eleitoral – Ação de anulação – Competência da Justiça Eleitoral para o processo e julgamento, STJ-374

Multa fiscal – Empresa em regime de concordata, STJ-250
- Falência, 191, 192

Multa moratória – Contratos bancários posteriores ao Código de Defesa do Consumidor, STJ-285
- Habilitação em falência, 565

Município – Horário de funcionamento de comércio local – Competência para fixação, 419, 645
- Tributos – Limites impostos pelo Estado, 69

Músico – Empregado – Sujeição à legislação do trabalho, 312

Mutuário do SFH – Seguro habitacional obrigatório – Liberdade para contratar, STJ-473

ÍNDICE ALFABÉTICO-REMISSIVO 617

Mútuo – Obrigação cambial assumida por procurador, STJ-60

Negativação de nome – V.: Consumidor
Nomeação – V.: Cargo em comissão ou de confiança, Função gratificada
Nomeação de bens à penhora – V.: Execução
Nota fiscal – V.: Venda a prazo
Nota promissória vinculada a contrato de abertura de crédito – Não goza de autonomia em razão de iliquidez do título que o originou, STJ-258
Notificação do contribuinte – V.: IPTU
Notificação prévia – Constituição em mora – V.: Arrendamento mercantil
Nova definição jurídica do fato delituoso – Não aplicação à segunda instância, 453
Nulidade – Decisão que determina o desaforamento de processo da competência do Júri sem audiência da defesa, 712
– Falta de intimação do denunciado para oferecer contrarrazões ao recurso interposto da rejeição da denúncia – Não suprimento pela nomeação de defensor dativo, 707
– Julgamento da apelação – Renúncia do único defensor – Réu não previamente intimado para constituir outro, 708
– V. também: Ato administrativo, Processo crime
Nulidade relativa – Competência penal por prevenção – Inobservância, 706
Numerário – Penhora – V.: Execução – Ação proposta contra instituição financeira

Obras cinematográficas gravadas em fitas de videocassete – Comercialização – Legitimidade da incidência do ICMS, 662
Obrigação cambial – Assunção por procurador do mutuário, STJ-60
Obrigação de dar – Execução, 500
Obrigação de fazer ou não fazer – Descumprimento – Multa – Ação de cobrança – Necessidade de prévia intimação pessoal do devedor, STJ-410
Obrigação ilíquida – Juros da mora – Contagem, 163
Obrigação tributária – Alteração do prazo de recolhimento – Não sujeição ao princípio da anterioridade, 669
– Inadimplemento pela sociedade – Fato que não gera, por si só, a responsabilidade solidária do sócio-gerente, STJ-430
Oficial de farmácia – Responsável técnico por drogaria, STJ-120
Oficial de justiça – Despesas com transporte – Execução fiscal processada perante a Justiça Estadual – Antecipação do numerário devida pela Fazenda Pública, STJ-190
Operações mercantis – ICMS – Base de cálculo que não inclui os descontos incondicionais, STJ-457
Operações relativas a energia elétrica, serviços de telecomunicações, derivados de petróleo, combustíveis e minerais do país – Legitimidade da cobrança do PIS, 659
Ordem tributária – V.: Crime contra a ordem tributária
Órgão fracionário de tribunal – V.: Cláusula de reserva de plenário
Outorga uxória – V.: Fiança

Pagamento – V.: Imputação de pagamento
Parcelas de complementação de aposentadoria pela previdência privada – Ação de cobrança – Prescrição, STJ-291
Parente – Nomeação – V.: Cargo em comissão ou de confiança, Função gratificada
Parlamentar – Crime por ele cometido – Competência para o processo e julgamento, 398

- Imunidades, 3, 4
- Imunidades – Não extensão a corréu, 245
Partilha – Imposto "de Reposição", 116
Partilha de bens – V.: Divórcio direto
PASEP – V.: PIS/PASEP
Passaporte – V.: Uso de documento falso
Patrimônio público – Proteção – V.: Ação civil pública
Pauta de julgamento – Publicação – Antecedência à realização da sessão de julgamento, STJ-117
Pauta fiscal – V.: ICMS
Pecuária – Reajustamento de débitos, 182 a 185
Pedido inicial – Certo e determinado – Interesse recursal – Sentença ilíquida, STJ-318
- Omissão de inclusão de juros de mora, 254
Pena – Circunstância atenuante – Incidência que não pode conduzir à redução da reprimenda abaixo do mínimo legal, STJ-231
- Cumulação de prisão e multa – Impossibilidade de conversão, STJ-171
- Exclusão de militar ou de perda de patente ou de função pública – Não cabimento de *habeas corpus*, 694
- Execução – Aplicação da lei mais benigna, 611
- Execução – Competência – Reprimendas impostas a sentenciados pela Justiça Federal, Militar ou Eleitoral, recolhidos a estabelecimentos sujeitos à administração estadual – Matéria afeta ao juízo das Execuções Penais do Estado, STJ-192
- Fixação no mínimo legal – Vedação do estabelecimento de regime prisional mais gravoso do que o cabível em razão da sanção imposta, com base apenas na gravidade abstrata do delito, STJ-440
- Imposição de regime mais severo que o permitido segundo a pena aplicada – Exigência de motivação idônea, 719
- Imposição de regime mais severo que o permitido segundo a pena aplicada – Opinião do julgador sobre a gravidade em abstrato do crime – Inadmissibilidade, 718
- Maus antecedentes – Utilização de inquéritos policiais e ações penais em curso para agravar a pena-base – Vedação, STJ-444
- Prescrição da pretensão executória, 604
- Privativa de liberdade já extinta – Não cabimento de *habeas corpus*, 695
- Regime prisional – Progressão, STJ-40
- Regime prisional – Progressão – Crime hediondo ou equiparado – Hipótese em que o juízo da execução observará a inconstitucionalidade do art. 2º da Lei 8.072, de 25.7.1990, sem prejuízo de avaliar se o condenado preenche, ou não, os requisitos objetivos e subjetivos do benefício, podendo determinar, para tal fim, de modo fundamentado, a realização de exame criminológico, SV-26
- Regime prisional – Progressão fixada em sentença não transitada em julgado – Réu que se encontra em prisão especial – Admissibilidade, 717
- Regime prisional – Progressão ou a aplicação imediata de regime menos severo antes do trânsito em julgado da sentença condenatória – Possibilidade, 716
  • V. também: Crime hediondo ou assemelhado
- Remição – Cumprimento em regime fechado ou semiaberto – Cômputo do tempo de frequência a curso de ensino formal – Admissibilidade, STJ-341
  • V. também: Lei 7.210/1984
- Superior a um ano – Suspensão do processo, STJ-243
- Tortura – Admissibilidade de progressão da pena – Não se estende aos demais crimes hediondos, 698

ÍNDICE ALFABÉTICO-REMISSIVO 619

- Unificação das penas – Limite determinado pelo art. 75 do CP – Não consideração para a concessão de outros benefícios, 715
- V. também: Medida socioeducativa, Roubo circunstanciado, Suspensão condicional da pena

Pena de comisso – V.: Comisso
Pena de multa – Condenação – Não cabimento de *habeas corpus*, 693
Pena substitutiva – Fixação – Inadmissibilidade como condição especial ao regime aberto, STJ-493
Penhora – Depositário de bens – Recusa expressa do encargo, STJ-319
- Execução fiscal – Não localização de bens – Suspensão do processo – Prescrição intercorrente, STJ-314
- Sede de estabelecimento comercial – Legitimidade, STJ-451
- Substituição do bem penhorado por precatório – Recusa pela Fazenda Pública – Admissibilidade, STJ-406
- Vaga de garagem que possui matrícula própria no Registro de Imóveis – Não caracterização como bem de família, STJ-449
- V. também: Bem de família, Execução, Fraude à execução

Penhoras – Mesmo bem – Créditos de autarquia federal – Preferência sobre os da Fazenda estadual, STJ-497
Pensão – Ato administrativo de concessão inicial – Legalidade – Processo instaurado perante o TCU – Contraditório e ampla defesa – Descabimento, SV-3
Pensão alimentícia – V.: Alimentos, Separação judicial
Pensão previdenciária – Morte do segurado – Aplicabilidade da lei vigente à data do óbito, STJ-340
- Morte do segurado – Verba devida aos dependentes apesar de aquele ter perdido essa qualidade, se preencheu os requisitos legais para a obtenção de aposentadoria até a data do seu óbito, STJ-416
- V. também: Separação judicial

Perdão judicial – Extinção da punibilidade, STJ-18
Perigo à integridade pública própria ou alheia – V.: Preso – Uso de algemas
Perigo de dano – Art. 309 do Código de Trânsito Brasileiro – Derrogação do art. 32 da Lei das Contravenções Penais no tocante à direção sem habilitação em vias terrestres, 720
Perito – Honorários – V.: Fazenda Pública
Pesquisa mineral – V.: Alvará de pesquisa mineral
Pessoa física – V.: Importação
Pessoa jurídica – Ação popular, 365
- Com ou sem fins lucrativos – Benefício da justiça gratuita, STJ-481
- Dano moral – Admissibilidade, STJ-227
- Domicílio – Mais de um estabelecimento, 363

Pessoas jurídicas de direito público interno – Imunidade tributária recíproca – Taxas, 324
Petição de herança – Prescrição, 149
Petição inicial – Execução hipotecária – Crédito vinculado ao Sistema Financeiro da Habitação – Lei 5.741/1971 – Necessidade de ser instruída com pelo menos dois avisos de cobrança, STJ-199
PIS – Base de cálculo – Inclusão do ICMS, STJ-68
- Base de cálculo até a edição da Medida Provisória 1.212/1995 – Faturamento ocorrido no sexto mês anterior ao do fato gerador, STJ-468
- Legitimidade da cobrança sobre as operações relativas a energia elétrica, serviços de telecomunicações, derivados de petróleo, combustíveis e minerais do país, 659

PIS/PASEP – Ações a eles relativas – Ilegitimidade de parte da CEF, STJ-77
- Levantamento de valores em decorrência do falecimento do titular da conta – Competência da Justiça Estadual para sua autorização, STJ-161

Plano de previdência privada – Não cabe ao beneficiário a devolução da contribuição efetuada pelo patrocinador, STJ-290
- Restituição das parcelas pagas – Correção plena, STJ-289

Plano de saúde – Cláusula contratual – Limitação na internação hospitalar do segurado, STJ-302
- V. também: Código de Defesa do Consumidor

Planos econômicos – Correção monetária dos saldos das contas do FTGS de acordo com o entendimento do STF (RE 226.855-7), STJ-252
- Plano Collor I – Inconstitucionalidade da lei que fixou o BTN Fiscal como índice de correção monetária dos depósitos bloqueados, 725

Poder de polícia – Congresso Nacional – Crime cometido em suas dependências, 397

Poder Judiciário – Órgão de controle administrativo – Participação de representantes de outros Poderes ou entidades – Criação por Constituição Estadual – Inconstitucionalidade, 649

Poder Público – Lei ou ato normativo – Incidência afastada por decisão de órgão fracionário de tribunal, no todo ou em parte – Violação à cláusula de reserva de plenário (CF, art. 97), ainda que não declarada expressamente a inconstitucionalidade, SV-10

Policial militar – Crime cometido no exercício de função civil – Competência para o processo e julgamento, 297
- Crime militar e crime comum simultâneos – Competência para o processo e julgamento, STJ-90
- Facilitação da fuga de preso – Competência para o processo e julgamento, STJ-75

Polícias Civil e Militar do Distrito Federal – Competência privativa da União para legislar sobre vencimentos, 647

Portador de visão monocular – Deficiente – V.: Concurso público

Portuário – V.: Trabalhador avulso

Posse – V.: Embargos de terceiro, Possessória

Posse de funcionário público – V.: Funcionário público

Possessória – Ação ajuizada na Justiça do Trabalho em decorrência do exercício do direito de greve pelos trabalhadores da iniciativa privada – Competência para o processo e julgamento, SV-23
- Disputa baseada em domínio, 487

Praça – V.: Militar

Prazo – Ajuizamento da ação principal – Perda da eficácia da liminar e extinção do processo cautelar – Art. 806 do CPC, STJ-482
- Contagem em dobro – Agravo regimental no STJ, STJ-116
- Excesso – Culpa dos serviços judiciários, 320, 425, 478
- Fazenda Pública – Execução fiscal, 507
- Processo penal – Contagem da data da intimação e não da juntada aos autos do mandado ou da carta precatória ou de ordem, 710
- Recurso – Sucumbência de só um dos litisconsortes, 641
- Recurso extraordinário no processo penal, 602
- Recurso ordinário de *habeas corpus* para o STF, 319
- V. também: Ação rescisória, Decadência, Livramento condicional, Prescrição, Recurso

Prazo de decadência – Impetração de mandado de segurança – Constitucionalidade de lei que o fixa, 632
Prazo judicial – Intimação feita em sexta-feira, 310
Pré-escola – V.: Sistema Integrado de Pagamento de Impostos e Contribuições das Microempresas e das Empresas de Pequeno Porte/SIMPLES
Precatória – Expedição – Intimação da defesa – Desnecessidade de intimação da data da audiência no juízo deprecado, STJ-273
Precatório – Atos do presidente do tribunal dispondo sobre seu processamento e pagamento, 311
– Créditos de natureza alimentícia – Exceção prevista no art. 100, *caput*, da CF – Não dispensa da sua expedição – Isenção da observância da ordem cronológica dos precatórios de outra natureza, 655
– Decisão proferida no seu processamento – Não cabimento de recurso extraordinário, 733
– Juros moratórios – Não incidência sobre os que sejam pagos durante o período previsto no § 1º do art. 100 da CF, SV-17
– Preferência, STJ-144
– V. também: Penhora, Repetição do indébito tributário
Prefeito municipal – Crimes da competência da Justiça Comum Estadual – Competência do Tribunal de Justiça – Competência originária do respectivo Tribunal de segundo grau nos demais casos, 70
– Extinção do mandato – Não impedimento para instauração de processo penal – Crimes previstos no art. 1º do Decreto-lei 201/1967, 703
– Extinção do mandato – Sujeição, inobstante, a processo por crime previsto no art. 1º do Decreto-lei 201/1967, STJ-164
Prêmio do DPVAT – Falta de seu pagamento não é motivo para a recusa do pagamento da indenização, STJ-257
Preparo – Depósito prévio – INSS – Prerrogativas e privilégios da Fazenda Pública, STJ-483
– Recurso interposto após o encerramento do expediente bancário – Efetivação no primeiro dia útil subsequente, STJ-484
– V.: Recurso
Prequestionamento – Questão federal – Voto vencido, STJ-320
Prerrogativa de função – V.: Competência criminal
Prescrição – Ação acidentária, 230
– Ação de anulação de venda de ascendente a descendente, 152, 494
– Ação de cobrança de diferenças de valores de complementação de aposentadoria – Prazo de cinco anos contados da data do pagamento, STJ-427
– Ação de cobrança de seguro obrigatório de veículos/DPVAT – Prazo de três anos, STJ-405
– Ação de indenização – Termo inicial do prazo, STJ-278
– Ação de petição de herança, 149
– Ação penal, 146
– Ação pleiteando juros progressivos sobre os saldos de contas vinculadas do FGTS – Hipótese em que não atinge o fundo de direito, limitando-se às parcelas vencidas, STJ-398
– Ação visando à abstenção de uso de marca comercial, STJ-142 **(cancelada)**, STJ-143
– Crédito tributário – Inconstitucionalidade do parágrafo único do art. 5º do Decreto-lei 1.569/1977 e dos arts. 45 e 46 da Lei 8.212/1991, que tratam da matéria, SV-8
– Crime continuado, 497

- Crime falimentar, 147, 592
- Desapropriação indireta, STJ-119
- Direitos trabalhistas, 349
- Execução, 150
- Execução de cheque, 600
- Execução de multa por infração ambiental – V.: Multa
- Fazenda Pública – Interrupção – Novo prazo, 383
- Indenização – Responsabilidade civil de sociedade de economia mista, STJ-39
- Indenização de seguro de carga, 151
- Indenização por defeitos – Ação proposta contra o construtor – Prazo de 20 anos, STJ-194
- Interrupção – Demora na citação causada pelos mecanismos da Justiça, STJ-106
- Interrupção – Pronúncia – Irrelevância de o Tribunal do Júri ter desclassificado o crime, STJ-191
- Investigação de paternidade, 149
- Medidas socioeducativas – Aplicabilidade, STJ-338
- Não interrupção – Protesto cambiário, 153
- Não interrupção – Vistoria, 154
- Parcelas de complementação de aposentadoria pela previdência privada – Ação de cobrança, STJ-291
- Prestações anteriores ao período previsto em lei – Quando ocorre, 443
- Prestações de trato sucessivo, 443; STJ-85
- Pretensão executória da pena, 604
- Pretensão punitiva – Reincidência – Não influência no prazo prescricional, STJ-220
  - V.: Extinção da punibilidade
- Redução do prazo – Prescrições em curso, 445
- Repetição do indébito tributário – Tarifas de água e esgoto – Sujeição da ação ao prazo estabelecido no Código Civil, STJ-412
- Seguro em grupo, STJ-101
- Suspensão do prazo – Período regulado pelo máximo da pena cominada, STJ-415
- V. também: Crime falimentar, Execução fiscal, Indenização

Prescrição intercorrente – Ação rescisória, 264
- Direito do Trabalho, 327
- Execução fiscal – Não localização de bens penhoráveis, STJ-314

Prescrição quinquenal – Início do prazo – Execução fiscal, STJ-314

Preso – Uso de algemas – Licitude somente em casos de resistência e de fundado receio de fuga ou de perigo à integridade física própria ou alheia, por parte do preso ou de terceiros, justificada a excepcionalidade por escrito, sob pena de responsabilidade disciplinar, civil e penal do agente ou da autoridade e de nulidade da prisão ou do ato processual a que se refere, sem prejuízo da responsabilidade civil do Estado, SV-11

Prestação de contas para obter esclarecimentos sobre cobrança de taxas, tarifas e encargos bancários – Decadência do art. 26 do CDC – Inaplicabilidade, STJ-477

Prestação de serviços – Duplicata não aceita mas protestada, acompanhada de comprovação – Documento hábil para requerimento de falência, STJ-248

Prestações de trato sucessivo – Prescrição, 443, STJ-85

Presunção de inocência – Prisão provisória para apelar, STJ-9

Pretensão executória – V.: Prescrição

Pretensão punitiva – Procedência parcial – Suspensão condicional do processo – Cabimento, STJ-337

- Prescrição – V.: Extinção da punibilidade
- V. também: Prescrição
Prevenção – V.: Competência criminal
Previdência privada – Contribuição efetuada pelo patrocinador – Devolução, STJ-290
- Relação jurídica entre entidade e participantes – Aplicação do Código de Defesa do Consumidor, STJ-321
- Restituição das parcelas pagas – Correção plena, STJ-289
Previdência Social – Ação declaratória para fins de reconhecimento de tempo de serviço, STJ-242
- Inclusão de sócios administradores, 466
- V. também: Benefício previdenciário, Contribuição previdenciária
Princípio da anterioridade – Obrigação tributária – Norma legal que altera prazo de recolhimento – Não sujeição, 669
Princípio da anualidade – Direito Tributário, 66 a 68
Princípio da identidade física do juiz – Justiça do Trabalho, 222
Prisão – Excesso de prazo na instrução – Pronúncia do réu, STJ-21
- Nulidade – V.: Preso – Uso de algemas
Prisão administrativa – Revogação do art. 35 do Decreto-lei 7.661/1945 pela Constituição Federal, STJ-280
Prisão civil – Alimentante – Débito que a autoriza, STJ-309
- Depositário – Falência da empresa – Arrecadação do bem pelo síndico – Descabimento, STJ-305
- Depositário judicial, 619; STJ-304
- Depositário infiel – Descabimento, STJ-419
- Depositário infiel – Ilicitude, qualquer que seja a modalidade do depósito, SV-25
Prisão especial – Progressão da pena fixada em sentença não transitada em julgado – Admissibilidade, 717
Prisão para apelar – V.: Apelação
Prisão provisória – Exigência para apelar – Presunção de inocência, STJ-9
Processo – Conexão – Hipótese em que um dos feitos já foi julgado – Finalidade da reunião desaparecida, STJ-235
- Feito já sentenciado – Alteração da competência estabelecida pela Emenda Constitucional 45/2004 – Hipótese em que não atinge a validade da decisão proferida, STJ-367
- Nulidade – Inobservância do prazo entre a publicação da pauta e o julgamento sem presença das partes, STJ-117
- Suspensão condicional – Hipóteses de desclassificação do crime e procedência parcial da pretensão punitiva – Cabimento, STJ-337
Processo administrativo – Imposição de multa de trânsito – Notificações da autuação e da aplicação da pena decorrente da infração, STJ-312
- Pedido de reconsideração – Prazo para impetração de mandado de segurança, 430
Processo administrativo disciplinar – Advogado – Presença obrigatória em todas as suas fases, STJ-343 **(derrogada)**
- Defesa técnica por advogado – Ausência – Ofensa à Constituição inexistente, SV-5
Processo cautelar – Falta de ajuizamento da ação principal no prazo do art. 806 do CPC, STJ-482
Processo civil – Revelia – Efeitos, 231
Processo crime – Citação edital – Requisitos, 366

DIREITO SUMULAR

- Crime continuado – Suspensão condicional – Inadmissibilidade se a soma da pena mínima da infração mais grave com o aumento mínimo de um sexto for superior a um ano, 723
- Denúncia – Rejeição – Acórdão de provimento de recurso vale pelo seu recebimento, 709
- Exigência de prisão provisória para apelar, STJ-9
- Instrução criminal – Excesso de prazo, STJ-52, STJ-64
- Interposição de agravo – Prazo de cinco dias, 699
- Mandado de segurança impetrado pelo Ministério Público – Citação obrigatória do réu como litisconsorte passivo, 701
- Nulidade – Crime falimentar – Falta de fundamento da denúncia, 564
- Nulidade – Exame por um só perito, 361
- Nulidade – Falta de intimação ou publicação da pauta de julgamento, 431
- Nulidade – Falta de nomeação de curador a réu menor, 352
- Nulidade – Falta ou deficiência de defesa, 523
- Nulidade – Jurado que funcionou em julgamento anterior, 206
- Nulidade – Júri – Falta de quesito obrigatório, 156
- Nulidade – Júri – Ordem dos quesitos, 162
- Nulidade – Não arguição em recurso da acusação – Acolhimento pelo tribunal – Decisão nula, 160
- Nulidade – V. também: Julgamento em segunda instância
- Nulidade relativa – Falta de intimação da expedição de precatória para inquirição de testemunha, 155
- Nulidade relativa – Inobservância da competência penal por prevenção, 706
- Prazos – Contagem da data da intimação e não da juntada aos autos do mandado ou da carta precatória ou de ordem, 710
- Precatória – Expedição – Intimação da defesa – Desnecessidade de intimação da data da audiência no juízo deprecado, STJ-273
- Prefeito – Extinção do mandato – Não impedimento para instauração de processo penal – Crimes previstos no art. 1º do Decreto-lei 201/1967, 703
- Renúncia do réu ao direito de apelação sem a assistência do defensor – Conhecimento da apelação por este interposta, 705

Processo do trabalho – Execução – Remição, 458
- Princípio da identidade física do juiz – Não aplicação, 222
- V. também: Falso testemunho

Processo expropriatório – V.: Reforma agrária
Procuração – Falta – Recurso especial prejudicado, STJ-115
Procurador de autarquia – Instrumento de mandato para representá-la em juízo – Não exigência, 644
Procuradoria da Fazenda Nacional – Cobrança do ITR, STJ-139
Produção antecipada de prova – V.: Prova
Produto semielaborado – V.: ICMS
Produtor rural – Invernista, 333
Professor – Aposentadoria especial – Cômputo do tempo de serviço prestado fora da sala de aula – Inadmissibilidade, 726
Professor catedrático – Desdobramento de cátedra, 12
- Substituição em rodízio, 48
Professor militar – Reforma, 53, 54
Profissional liberal – Ação de cobrança movida contra cliente – Competência da Justiça Estadual, STJ-363
Programa de demissão voluntária – V.: Indenização

ÍNDICE ALFABÉTICO-REMISSIVO   625

Programa de Recuperação Fiscal/REFIS – Exclusão – Notificação pelo *Diário Oficial* ou pela Internet – Validade, STJ-355
- V. também: Crédito tributário
Progressão de regime prisional, STJ-40
Progressão *per saltum* – Inadmissibilidade, STJ-491
- V. também: Crime hediondo ou assemelhado, Pena
Projeto de lei – Sanção, 5
Promessa de compra e venda – V.: Compromisso de compra e venda
Pronúncia – Réu preso – Excesso de prazo na instrução, STJ-21
- V. também: Júri
Propriedade industrial – Uso de marca comercial, STJ-142 **(cancelada)**, STJ-143
Protesto – Cambial – Emissão ou aceite com omissões ou em branco, 387
- Não interrupção da prescrição, 153
- V. também: Falência
Protesto indevido – Danos decorrentes – Responsabilidade, STJ-475, STJ-476
Protocolo integrado – Sistema não se aplica aos recursos dirigidos ao STJ, STJ-256
Prova – Anotações constantes da carteira profissional, 225
- Confissão – Medida socioeducativa imposta a adolescente – Desistência de outras provas – Nulidade da desistência, STJ-341
- Exame criminológico – Admissão em face das peculiaridades do caso, desde que em decisão motivada, STJ-439
- Mandado de segurança, 270
- Produção antecipada com base no art. 366 do CPP – Decisão que deve ser concretamente fundamentada, não a justificando unicamente o mero decurso do tempo, STJ-455
- Reexame – Recurso especial, STJ-7
- Reexame – Recurso extraordinário, 279
- Revel em processo civil – Possibilidade, 231
- V. também: Execução fiscal – Exceção de pré-executividade
Prova testemunhal – Insuficiência para comprovação da atividade rurícola para efeito da obtenção de benefício previdenciário, STJ-149
Pulsos excedentes – V.: Telefonia fixa
Punibilidade – V.: Extinção da punibilidade
Punição administrativa e absolvição criminal, 18
Provedor de acesso à Internet – ICMS – Não incidência, STJ-334

Qualificadora — Emprego de arma de brinquedo em roubo, STJ-174
- Estelionato cometido contra autarquia da Previdência Social, STJ-24
- V. também: Furto qualificado
Queixa – Exercício do direito pelo ofendido ou seu representante, 594
Quesitos – V.: Júri
Questão federal – Voto vencido – Prequestionamento, STJ-320

Ração animal – Isenção de ICM, STJ-87
Ratificação – V.: Recurso especial
Reajustamento pecuário – 182 a 185
- Lei 2.804/1956, 275
Reclamação – Embargos, 368
- Trânsito em julgado do ato judicial que se alega tenha desrespeitado decisão do STF – Não cabimento, 734
Reclamação trabalhista – Empregador concordatário, 227

– Juros de mora, 224
Reclassificação de cargos – Funcionário aposentado, 38
Reconvenção – Ação declaratória, 258
– Ação monitória – Cabimento, STJ-292
– Não admissão – Recurso cabível, 342
Recuperação judicial – Constrição de bens não abrangidos por plano de recuperação da empresa, STJ-480
Recurso – Alçada, 501
– Art. 557 do CPC, que autoriza o relator a decidir o recurso, alcança o reexame necessário, STJ-253
– Assistente do Ministério Público, 208, 210
– Decisão denegatória de mandado de segurança, 272
– Despacho que não admite reconvenção, 342
– Divergência de julgados do mesmo tribunal, 369; STJ-13
– Embargos de divergência – Paradigmas já repelidos, 597
– Embargos infringentes contra acórdão, proferido por maioria, em agravo retido, quando se tratar de matéria de mérito, STJ-255
– Homologação do cálculo da liquidação, STJ-118
– Incidente de inconstitucionalidade, 513
– Interposição após o encerramento do expediente bancário – Preparo efetuado no primeiro dia útil subsequente – Admissibilidade, STJ-484
– Interposição para o STF – Decisão da Justiça do Trabalho – Descabimento, 505
– Interposição para o STJ – Tempestividade aferida pelo registro no Protocolo da Secretaria, e não pela data de entrega na agência do Correio, STJ-216
– Interpretação de cláusulas contratuais – Impossibilidade, 454
– Lei de Falências – Prazo, STJ-24
– Ministério Público – Fiscal da lei – Legitimidade, STJ-99
– Ministério Público – Legitimidade recursal – Ação de acidente do trabalho – Irrelevância de estar o segurado assistido por advogado, STJ-226
– Parte não embargada anteriormente, 356
– Prazo – Excesso por culpa dos serviços judiciários, 320, 425, 428
– Preparo – Interposição para o STJ sem recolhimento, na origem, da importância das despesas de remessa e retorno dos autos – Deserção, STJ-187
– Razoável interpretação de lei, 400
– Revista para o TST – Agravo – Traslado de peças, 315
– Sentença proferida por órgão de primeiro grau da Justiça Trabalhista, ainda que para declarar-lhe a nulidade em virtude de incompetência – Competência do TRT, STJ-225
– STF – Negativa de seguimento, 322
– Violação de lei federal – Regimento de tribunal, 399
– V. também verbete específico (ex.: Recurso de apelação – V.: Apelação)
Recurso administrativo – Depósito prévio – Ilegitimidade da exigência, STJ-373
– Efeito suspensivo – Omissão de autoridade – Cabimento de mandado de segurança, 429
– Exigência de depósito ou arrolamento prévios de dinheiro ou bens para sua admissibilidade – Inconstitucionalidade, SV-21
Recurso crime – Julgamento – Nova definição jurídica do fato delituoso – Inadmissibilidade, 453
– Julgamento – Nulidade – Falta de prévia intimação ou publicação da pauta, 431
– Prazo para o assistente da acusação, 448
– Sem efeito suspensivo – Decisão condenatória – Mandado de prisão, STJ-267

Recurso de revista – Julgamento pelo TST, 457
- Justiça do Trabalho – Jurisprudência firmada, 401
Recurso eleitoral – Prazo de três dias para a interposição de recurso extraordinário contra decisão do TSE, 728
Recurso em mandado de segurança – Prazo, 392
Recurso especial – Acórdão em agravo de instrumento, STJ-86
- Cláusula contratual – Interpretação, STJ-5
- Decisão que o admite ou não – Fundamentação, STJ-123
- Divergência entre julgados do mesmo tribunal, STJ-13
- Falta de procuração, STJ-115
- Fundamento da divergência – Orientação firmada da decisão recorrida, STJ-83
- Interposição antes da publicação do acórdão dos embargos de declaração, sem posterior ratificação – Inadmissibilidade, STJ-418
- Interposição de decisão de que caiba também recurso extraordinário, STJ-126
- Interposição de decisão proferida por órgão de segundo grau dos Juizados Especiais nos limites de sua competência – Descabimento, STJ-203
- Interposição quanto a questão que, a despeito da oposição de embargos declaratórios, não foi apreciada pelo tribunal *a quo* – Inadmissibilidade, STJ-211
- Simples reexame de provas, STJ-7
- Sistema de "protocolo integrado" – Inaplicabilidade aos recursos dirigidos ao STJ, STJ-256
Recurso ex officio – *Habeas corpus* – Crime contra interesses da União, 344
- Não interposição, 423
- V. também: Duplo grau de jurisdição
Recurso extraordinário – Acórdão que defere medida liminar – Não cabimento, 735
- Admissão parcial – Devolução ao STF de todas as demais questões, 528
- Aplicação do Direito pelo STF, 456
- Arguição de inconstitucionalidade não razoável, 285
- Cabimento, 280 a 287
- Cabimento de decisão de juiz singular, 527
- Causa criminal – Prazo, 602
- Decisão pendente – Execução, 228
- Decisão por juiz de primeiro grau nas causas de alçada, ou por Turma Recursal de Juizado Especial Cível ou Criminal – Não cabimento, 640
- Decisão proferida no processamento de precatórios – Não cabimento, 733
- Decisão que não o admite, ainda que referente a causa instaurada no âmbito dos Juizados Especiais – Não encaminhamento de agravo de instrumento ao STF – Inadmissibilidade, 727
- Decisão que se assenta em mais de um fundamento – Cabimento, 283
- Deficiência de fundamentação, 284, 287
- Descabimento no reexame de prova, 279
- Falta de peças do traslado, 288
- Interposição contra decisão do TSE – Prazo de três dias, 729
- Interpretação dada a normas infraconstitucionais pela decisão recorrida – Não cabimento, 636
- Juízo de admissibilidade – Não apreciação – Pedido de medida cautelar com efeito suspensivo – Competência do presidente do tribunal de origem, 634, 635
- Matéria não ventilada por Turma – Inadmissibilidade de embargos infringentes, 296

- Não admissão – Não inclusão no traslado do agravo de instrumento das cópias das peças necessárias à verificação da tempestividade – Aplicação da Súmula 288, 639
- Não interposição de decisão de que caiba também recurso especial, STJ-126
- Operações de crédito rural – Incidência, ou não, de correção monetária – Natureza infraconstitucional – Não cabimento, 638
- Orientação assente em Plenário, 286
- Partes autônomas da decisão – Admissão parcial – Consequências, 528
- Pedido de intervenção estadual em Município – Deferimento pelo Tribunal – Não cabimento, 637
- Processo penal – Prazo, 602
- Processo trabalhista – Não cabimento de condenação em verba honorária – Exceção das hipóteses previstas na Lei 5.584/1970, 633
- Provimento de agravo por uma das Turmas do STF, 289

Recurso interposto de rejeição da denúncia – Falta de intimação do denunciado para oferecer contrarrazões – Nulidade, 707

Rede Ferroviária Federal – Isenção tributária, 77

Reexame de prova – Recurso especial, STJ-7
- Recurso extraordinário, 279

Reexame necessário – Decisão por maioria – Embargos infringentes – Descabimento, STJ-390
- Dispensa – Valor da condenação ou do direito controvertido inferior a sessenta salários-mínimos – Inaplicabilidade nas sentenças ilíquidas, STJ-490
- E o art. 557 do CPC, que autoriza o relator a decidir o recurso, STJ-253
- Sentença contra autarquia, 620
- V. também: Remessa oficial

REFIS – V.: Programa de Recuperação Fiscal/REFIS

Reforma – Ato administrativo de concessão inicial – Legalidade – Processo instaurado perante o TCU – Contraditório e ampla defesa – Descabimento, SV-3

Reforma agrária – Processo expropriatório – Suspensão em razão da invasão do imóvel, STJ-354

Reformatio in pejus – Medida de segurança, 525

Regime matrimonial de bens – Separação judicial – Aquestos, 377

Regime prisional – Inadmissibilidade da chamada progressão *per saltum*, STJ-491
- Progressão – V.: Crime hediondo ou assemelhado
- V. também: Pena

Regime prisional aberto – Fixação de pena substitutiva como condição especial – Inadmissibilidade, STJ-493

Regime prisional semiaberto – Reincidentes condenados a pena igual ou inferior a quatro anos, STJ-269

Regimento de tribunal – Violação – Recurso, 399

Regimento Interno do STF – Art. 103, 247
- Art. 297, 506
- Art. 325, 501
- Art. 330, 233, 290
- Art. 332, 247
- Art. 333, IV, 455
- Emendas – Aplicação, 325

Registro imobiliário – Inscrição de compromisso de compra e venda, 167, 168
- Propriedade particular em terrenos de marinha – Não oponibilidade à União, STJ-496

ÍNDICE ALFABÉTICO-REMISSIVO 629

Registros públicos – Contrato de compra e venda de automóvel, 489
– Convenção do condomínio aprovada, ainda que sem registro – Eficácia para regular relações entre condôminos, STJ-260
– Inscrição de contrato de locação, 447
– Não inscrição de promessa de venda – Embargos de terceiro, 621
Regulamento disciplinar do Exército, 55, 56
Reincidência – Circunstância agravante ou judicial, STJ-241
– V. também: Prescrição
Reincidente – Condenação a pena igual ou inferior a quatro anos – Regime prisional semiaberto – Admissibilidade, STJ-269
Reintegração de posse – Bem arrendado – V.: Arrendamento mercantil
Reitor de universidade – Demissão pelo Presidente da República, 47
Relator – Art. 557 do CPC, que o autoriza a decidir o recurso, alcança o reexame necessário, STJ-253
Remessa de divisas para o exterior – Imposto, 585 a 587
Remessa oficial – Devolução ao tribunal de todas as parcelas da condenação suportadas pela Fazenda Pública, inclusive os honorários de advogado, STF-325
Remição – Execução trabalhista, 458
Remição da pena – V.: Lei 7.210/1984, Pena
Remuneração – V.: Militar, Servidor público
Remuneração do síndico da falência – V.: Falência
Remuneração variável – V.: Benefício acidentário
Renovação de licença de localização – V.: Taxa
Renovatória de locação – Improcedência – Prazo para desocupação do imóvel, 370
– Locação comercial, 178
– Soma dos prazos, 482
Renúncia do único defensor – Réu não previamente intimado para constituir outro – Nulidade do julgamento da apelação, 708
Repetição de indébito – Contratos de abertura de crédito em conta-corrente – Não exigência da prova do erro, STJ-322
Repetição do indébito tributário – Contribuinte *de jure* e contribuinte *de facto*, 546
– Correção monetária – Incidência a partir do pagamento indevido, STJ-162
– Imposto de Renda Retido na Fonte – Ação proposta por servidores dos Estados e do Distrito Federal – Legitimidade passiva *ad causam* destes, STJ-447
– Juros moratórios – Incidência a partir do trânsito em julgado da sentença, STJ-188
– Recebimento por precatório ou por compensação – Opção do contribuinte, STJ-461
– Tarifas de água e esgoto – Prescrição – Sujeição da ação ao prazo estabelecido no Código Civil, STJ-412
Repouso – Trabalho em dia a ele destinado, 461
Repouso semanal remunerado – Vendedor pracista, 201
Representação – Exercício do direito pelo ofendido ou seu representante, 594
Representação de inconstitucionalidade – Decadência, 360
Representante comercial – V.: Microempresa
Rescisória – Competência, 515
– Decisão baseada em texto de interpretação controvertida nos tribunais, 343
– Decisão unânime do STF – Embargos, 295
– Fundamento diverso de recurso extraordinário anterior, 515
– Impedimento de juiz para seu julgamento, 252
– Justiça do Trabalho, 338
– Não esgotamento de recursos, 514

630 DIREITO SUMULAR

- Prescrição intercorrente, 264
Reserva de capital, 95
Reserva de plenário – V.: Cláusula de reserva de plenário
Reservas bancárias – V.: Execução – Ação proposta contra instituição financeira
Responsabilidade civil – Acidente de trânsito – Falta de registro de transferência do veículo, STJ-132
- Acidente do trabalho, 229
- Banco – Cheque falso, 28
- Cláusula de não indenizar, 161
- Culpa presumida por ato de empregado ou de preposto, 341
- Dano material e moral – Cumulatividade da indenização, STJ-37
- Empresa locadora de veículos – Solidariedade, 492
- Estacionamento de veículos – Dano ou furto de veículo, STJ-130
- Falta de mercadoria em transporte – Indenização independente de vistoria, STJ-109
- Indenização devida à concubina pela morte do amásio em acidente, 35
- Morte de menor em acidente, 491
- Pensão – Base de cálculo, 490
- Ressarcimento de dano resultante de publicação pela imprensa – Imputação tanto ao autor do escrito quanto ao proprietário do veículo de divulgação, STJ-221
- Seguro – Ação do segurador contra o causador do dano, 188
- Sociedade de economia mista – Indenização – Prescrição, STJ-39
- Transporte, 187
- Transporte de cortesia – Danos ao transportado, STJ-145
Responsabilidade civil, disciplinar e penal do agente ou da autoridade – V.: Preso – Uso de algemas
Responsabilidade civil do Estado – V.: Preso – Uso de algemas
Responsabilidade extracontratual – Juros moratórios, STJ-54
Responsabilidade técnica – V.: Farmacêutico
Responsabilidade tributária – Denúncia espontânea – Benefício que não se aplica aos tributos sujeitos a lançamento por homologação regularmente declarados, mas pagos a destempo, STJ-360
Resposta preliminar – V.: Ação penal
Ressarcimento do dano – V.: Responsabilidade civil
Restaurantes, bares e similares – V.: ICMS
Restituição – Falência – Dinheiro de que o falido não tenha a disponibilidade, 417
Restituição de adiantamento de contrato de câmbio – Falência, STJ-307
Restituição de mercadoria – Falência – Prazo, 193
- Falência ou concordata, 495
Restituição do indébito tributário – V.: Repetição do indébito tributário
Retenção por benfeitorias – V.: Locação
Retomada de imóvel locado – V.: Locação, Locação comercial
Retrocessão – Imposto de Transmissão devido, 111
Réu menor – Curador ou defensor dativo – Ausência, 351
- V. também: Menoridade
Réu preso – Citação por edital, 351
Reunião de processos – V.: Conexão
Revelia – Efeitos no Cível, 231
- Execução – Executado citado por edital ou por hora certa – Nomeação de curador especial, com legitimidade para apresentação de embargos, STJ-196
Revisão criminal – Desnecessidade de o condenado se recolher à prisão, 393

ÍNDICE ALFABÉTICO-REMISSIVO   631

Revisão de contrato – V.: Contrato
Revisional de aluguel – Locação comercial, 180
– Renúncia, 357
Revogação de ato administrativo – V.: Ato administrativo
Risco – V.: Seguro
Roubo circunstanciado – Aumento na terceira fase de aplicação da pena – Exigência de fundamentação concreta, não sendo suficiente para sua exasperação a mera indicação do número de majorantes, STJ-443

Salário – Adicional por trabalho noturno, 313
– Empregado horista – Férias, 199
– Menor não sujeito a aprendizagem metódica, 205
Salário extra – Trabalho em dia de repouso, 461
Salário-benefício – *Quantum*, 314
Salário-de-contribuição – Auxílio-creche, STJ-310
– V.: também: Correção monetária
Salário-educação – Cobrança – Constitucionalidade seja sob a Constituição Federal de 1988 ou no regime da Lei 9.424/1996, 732
Salário-mínimo – Remuneração de praças prestadoras de serviço militar inicial a ele inferior – Violação à Constituição inexistente, SV-6
– Uso como indexador de base de cálculo de vantagem de servidor público ou de empregado ou substituição por decisão judicial – Inadmissibilidade, salvo nos casos previstos na Constituição, SV-4
– Vigência, 203
– V. também: Honorários de advogado, Servidor público
Salário-prêmio – Habitualidade, 209
Salário-produção – Habitualidade, 209
Saldo devedor de contrato – V.: Sistema Financeiro da Habitação
Salvados de sinistros – Alienação pelas seguradoras – ICMS – Não incidência, SV-32
Sanção de lei – Iniciativa viciada, 5
Saneador – V.: Despacho saneador
Saque do FGTS – V.: FGTS
Sede de estabelecimento comercial – V.: Penhora
Segurança, higiene e saúde do trabalho – Ações que tenham como causa de pedir seu descumprimento – Competência da Justiça do Trabalho, 736
Seguridade Social – V.: Contribuição para Financiamento da Seguridade Social/COFINS
Seguro – Ação do segurador contra o causador do dano, 188
– Aquisição de mais de um imóvel na mesma localidade pelo Sistema Financeiro da Habitação, STJ-31
– Danos pessoais – Contrato que compreende os danos morais, salvo cláusula expressa de exclusão, STJ-402
– Pedido do pagamento de indenização à seguradora – Suspensão do prazo de prescrição até que o segurado tenha ciência da decisão, STJ-229
– Segurador inadimplente – Responsabilidade subsidiária do contratante, 529
– Suicídio, 105, STJ-61
– Transferência de veículo sem prévia comunicação à seguradora – Fato que não a exime do dever de indenizar, ressalvada a hipótese de efetivo agravamento do risco, STJ-465
– Venda pelo segurador de bens salvados de sinistros – ICMS – Incidência, STJ-152

– V. também: Corretor de seguros, Pensão previdenciária, Salvados de sinistros
Seguro de Acidente do Trabalho/SAT – Alíquota de contribuição – Aferição pelo grau de risco desenvolvido em cada empresa, individualizada pelo seu CNPJ, ou pelo grau de risco da atividade preponderante quando houver apenas um registro, STJ-351
Seguro de carga – Prescrição da ação de indenização, 151
Seguro em grupo – Ação contra seguradora – Prescrição, STJ-101
Seguro habitacional obrigatório – Mutuário do SFH – Liberdade para contratar, STJ-473
Seguro marítimo – Causas nele fundadas – Competência, 504
Seguro obrigatório – Dedução da indenização fixada judicialmente, STJ-246
– Falta de pagamento do prêmio do DPVAT não é motivo para a recusa do pagamento da indenização, STJ-257
Seguro obrigatório de veículos/DPVAT – Ação de cobrança – Prescrição no prazo de três anos, STJ-405
– Falta de pagamento do prêmio não é motivo para a recusa do pagamento da indenização, STJ-257
– Indenização – Juros moratórios – Fluência a partir da citação, STJ-426
– Indenização em caso de invalidez parcial, STJ-STJ-474
– Indenização pretendida em ação civil pública – Ilegitimidade *ad causam* do Ministério Público, STJ-470
– V. também: Prêmio do DPVAT
Seguro-saúde – Cláusula contratual – Limitação na internação hospitalar do segurado, STJ-302
Sentença – V.: Liquidação de sentença, Mandado de segurança
Sentença estrangeira – Homologação – Prova do trânsito em julgado, 420
Sentença ilíquida – Dispensa de reexame necessário – Valor da condenação ou do direito controvertido inferior a sessenta salários-mínimos – Inaplicabilidade, STJ-490
Separação judicial – Acordo ratificado por ambos os cônjuges, 305
– Alimentos – Desde quando são devidos, 226
– Imposto "de Reposição", 116
– Renúncia a alimentos, 379
– Renúncia aos alimentos pela mulher – Direito à pensão previdenciária por morte do ex-marido, comprovada a necessidade econômica superveniente, STJ-336
Serventia de Justiça – Desmembramento, 46
Serventuário de Justiça – Vitaliciedade, 46
Serviço de Proteção ao Crédito – Inscrição de inadimplente – Pode ser mantida por, no máximo, cinco anos, STJ-323
Serviço militar obrigatório – Contagem como tempo de serviço, 10, 463
Serviço público – Preço e taxa – Distinção, 545
Serviço público de telefonia – V.: Telefonia
Serviço Social da Indústria – Sujeição à jurisdição da Justiça Estadual, 516
Serviços bancários – V.: ISS
Serviços contratados no exterior – Remessa de divisas – Imposto de Renda devido, 587
Serviços de composição gráfica – V.: ISS
Serviços prestados no Exterior – Remessa de divisas – Imposto de Renda não devido, 585
Servidão administrativa – Desapropriação – Juros compensatórios, STJ-56
Servidão de luz – Código Civil, art. 573, 120

Servidão de trânsito – Proteção possessória, 415
Servidão não titulada – Casos em que se lhe confere proteção possessória, 415
Servidor público – Cálculo de gratificações e outras vantagens – Não incidência sobre o abono utilizado para se atingir o salário-mínimo, SV-15
– Crime não funcional – Falta residual, 18
– Demissão do admitido por concurso, 20
– Demissão do já posto em disponibilidade pela mesma falta, 19
– Desvio de função – Reconhecimento que propicia a percepção das diferenças salariais decorrentes, STJ-378
– Disponibilidade – Vencimentos, 358
– Equiparação de extranumerário a efetivo, 13
– Extranumerário – Demissão, 384
– Fixação de vencimentos – Impossibilidade de convenção coletiva, 679
– Isonomia – Não cabimento de aumento de vencimentos pelo Judiciário, 339
– Proventos da inatividade voluntária, 359
– Provimento que propicie investir-se sem aprovação em concurso em cargo não integrante da carreira – Inconstitucionalidade, 685
– Readaptação – Desvio funcional, 566
– Regime celetista anterior – Reclamação – Competência da Justiça do Trabalho, STJ-97
– Regime celetista e regime jurídico único – Anuênios e licença-prêmio – Contagem do tempo de serviço, 678
– Regime estatutário – Competência da Justiça Federal, STJ-173
– Remuneração – Arts. 7º, IV, e 39, § 3º, da CF (redação da Emenda Constitucional 19/1998) – Dispositivos que se referem ao total da remuneração percebida, SV-16
– "Sistema fazendário" – Quem se considera, 29
– Vantagem – Base de cálculo – V.: Salário-mínimo
– Vencimentos – Atraso no pagamento – Correção monetária – Não ofensa à Constituição, 682
– V. também: Competência criminal – Prerrogativa de função, Funcionário público
Servidor público estadual – Ação decorrente de direitos e vantagens estatutárias no exercício de cargo em comissão, STJ-218
– Reajuste de vencimentos – Vinculação a índices federais de correção monetária – Inconstitucionalidade, 681
Servidor público inativo – Gratificação de Desempenho de Atividade Técnico--Administrativa/GDATA, instituída pela Lei 10.404/2002 – Deferimento nos valores correspondentes a 37,5 pontos no período de fevereiro a maio/2002 e, nos termos do art. 5º, parágrafo único, da Lei 10.404/2002, no período de junho/2002 até a conclusão dos efeitos do último ciclo de avaliação a que se refere o art. 1º da Medida Provisória 198/2004, a partir da qual passa a ser de 60 pontos, SV-20
Servidor público municipal – Ação pleiteando direitos relativos ao vínculo estatutário – Competência, STJ-137
– Reajuste de vencimentos – Vinculação a índices federais de correção monetária – Inconstitucionalidade, 681
Servidor público vitalício – Aposentadoria compulsória, 36
Servidores civis do Poder Executivo – Reajuste concedido aos militares pelas Leis 8.662/1993 e 8.627/1993 – Extensão, 672
Servidores inativos – Auxílio-alimentação – Não extensão, 680
SIMPLES – V.: Contribuição para Financiamento da Seguridade Social/COFINS
Sindicato – Contribuição confederativa – Art. 8º, IV, da CF – Exigibilidade, 666

634 DIREITO SUMULAR

- Eleição – Causa decorrente do processo eleitoral – Competência, STJ-4
- Registro, 677
- Representação em reclamação – Custas, 223
Síndico da falência – V.: Falência
Sinistro – V.: Salvados de sinistros
Sistema de consórcios e convênios – Lei ou ato normativo estadual ou distrital dispondo a respeito, inclusive sobre bingos e loterias – Inconstitucionalidade, SV-2
Sistema Financeiro da Habitação – Aquisição pelo segurado de mais de um imóvel na mesma localidade, STJ-31
- Contrato – Juros remuneratórios – Limitação inexistente no art. 6º, "e", da Lei 4.380/1964, STJ-422
- Correção monetária nos contratos pactuada pelo mesmo índice aplicável à caderneta de poupança – Incidência da Taxa Referencial/TR a partir da vigência da Lei 8.177/1991, STJ-454
- Legitimidade da CEF como sucessora do BNH, STJ-327
- Saldo devedor de contrato – Atualização antecedente à sua amortização pelo pagamento da prestação, STJ-450
- Seguro habitacional obrigatório – Liberdade do mutuário para sua contratação, STJ-473
- V. também: Execução hipotecária
Sistema Financeiro Nacional – Lei de Usura – Não aplicação às suas operações, 596
Sistema Integrado de Pagamento de Impostos e Contribuições das Microempresas e das Empresas de Pequeno Porte/SIMPLES – Estabelecimentos dedicados às atividades de creche, pré-escola e ensino fundamental – Opção admitida somente a partir de 24.10.2000, data de vigência da Lei 10.034/2000, STJ-448
Sociedade anônima – Ação de exibição de documentos contra ela ajuizada – Comprovação do pagamento do "custo do serviço" referente ao fornecimento de certidão de assentamentos constantes dos livros da companhia – Requisito de procedibilidade, STJ-389
- Transferência de ações – Imposto de Transmissão, 329
- Transferência de ações *causa mortis* – Imposto devido, 435
Sociedade comercial – Exclusão, falecimento ou retirada de sócio – Apuração de haveres, 265
Sociedade conjugal – Dissolução do vínculo no curso de mandato – Inelegibilidade prevista no § 7º do art. 14 da CF não afastada, SV-18
Sociedade de economia mista – Causa de seu interesse – Competência, 517, 556; STJ-42
- Diretor, 8
- Imunidade fiscal, 76
- Indenização por responsabilidade civil – Prescrição, STJ-39
- Licitação por ela promovida – Mandado de segurança – Cabimento, STJ-333
Sociedade de fato – Concubinato – Dissolução judicial, 380
Sociedades civis de prestação de serviços profissionais – Isenção da COFINS – Irrelevância do regime tributário adotado, STJ-276
Sócio – Exclusão, falecimento ou retirada – Balanço para apuração de haveres, 265
Sócio-gerente – Responsabilidade solidária – V.: Obrigação tributária
- V. também: Execução fiscal
Soldo – V.: Militar
Solidariedade – Avalista – Título vinculado a contrato, STJ-26

ÍNDICE ALFABÉTICO-REMISSIVO 635

- Empresa locadora de veículos – Danos causados pelo locatário a terceiro no uso do carro locado, 492
Sonegação fiscal – Ação penal pública incondicionada, 609
Sublocação – Autorização de cessão da locação, 411
Sucessão – Concubinato, 380
- Imposto de Transmissão – Alíquota, 112
Sucumbência – Caixa Econômica Federal – Ações em que representa o FGTS – Não isenção do pagamento das custas antecipadas pela parte vencedora, STJ-462
- Execução fiscal – Desistência após o oferecimento de embargos – Fato que não exime o exequente dos encargos, STJ-153
- Honorários – Omissão na decisão transitada em julgado – Impossibilidade de cobrança em execução ou em ação própria, STJ-453
- Honorários de advogado – Fixação, 389
Sucumbência recíproca – Dano moral – Condenação inferior ao postulado, STJ-326
- Honorários advocatícios, STJ-306
Suicídio – Seguro, 105, STJ-61
Sujeito passivo – V.: IPTU
Súmula de jurisprudência – V.: Supremo Tribunal Federal
Superior Tribunal de Justiça – Sistema de "protocolo integrado" – Inaplicabilidade aos recursos a ele dirigidos, STJ-256
- V. também: Competência, Recurso
Superior Tribunal Militar – Auditores – Acesso, 9
Supremo Tribunal Federal – Aplicação do Direito ao caso em julgamento, 456
- Deliberação administrativa de Tribunal, 623
- Emendas regimentais – Aplicação, 325
- *Habeas corpus* contra decisão de Turma Recursal de Juizados Especiais Criminais, 690
- Mandado de segurança – Competência originária, 248
- Mandado de segurança contra atos de tribunais, 330
- Recurso – Negativa de seguimento, 322
- Recurso de decisão da Justiça do Trabalho, 505
- Recurso ordinário em *habeas corpus*, 319
- Rescisória – Competência, 249
- Súmula 618, STJ-408
- V. também: Regimento Interno do STF, Tribunal Superior Eleitoral – Questão constitucional vinculada à sua decisão
Suspeição – V.: Ministério Público
Suspensão condicional da pena (*sursis*) – Condenação anterior a pena de multa – Benefício concedido, 499
Suspensão condicional do processo – Recusa do promotor – Remessa ao Procurador-Geral – Aplicação por analogia do art. 28 do CPP, 696
- V. também: Processo
Suspensão da exigibilidade do crédito tributário – V.: Crédito tributário
Suspensão de liminar – V.: Mandado de segurança
Suspensão do prazo – V.: Prescrição

Tarifa de água – Cobrança de acordo com as categorias de usuários e as faixas de consumo – Legitimidade, STJ-407
Tarifa de água e esgoto – Repetição do indébito tributário – Prescrição – Sujeição da ação ao prazo estabelecido no Código Civil, STJ-412

Tarifa de energia elétrica – V.: ICMS
Tarifa portuária – Aumento por portaria ministerial, 148
Taxa – Adicional de imposto, 308, 309
- Base de cálculo idêntica à de imposto, 595
- Cálculo do valor – Adoção de um ou mais elementos da base de cálculo própria de determinado imposto – Constitucionalidade, desde que não haja integral identidade entre uma base e outra, SV-29
- Distinção de preço de serviço público, 545
- Fato gerador idêntico ao de imposto, 551
- Matéria de competência do Estado – Legitimidade, 306
- Renovação de licença para localização de estabelecimento comercial ou industrial – Cobrança ilegítima pelo Município, STJ-157 **(cancelada)**
- Serviços públicos de coleta, remoção e tratamento ou destinação de lixo ou resíduos provenientes de imóveis – Cobrança que não viola o art. 145, II, da CF, SV-19
- V. também: Telefonia fixa
Taxa Básica Financeira/TBF – Correção monetária – Contratos bancários, STJ-287
Taxa Contra fogo de Minas Gerais, 138
Taxa de Aguardente – IAA, 126
Taxa de Armazenagem – Imposto de Consumo não devido, 127
Taxa de Calçamento, 129
Taxa de "Cessão" de Imóvel, 82
Taxa de Construção, Conservação e Melhoramento de Estradas, 348
Taxa de Despacho Aduaneiro, 130 a 134
Taxa de Eletrificação de Pernambuco, 135
Taxa de Estatística da Bahia, 136
Taxa de Fiscalização da Exportação, 137
Taxa de Fiscalização dos Mercados de Títulos e Valores Mobiliários – Lei 7.940/1989 – Constitucionalidade, 665
Taxa de juros – V.: FGTS
Taxa de Juros de Longo Prazo/TJLP – Correção monetária – Contratos bancários, STJ-288
Taxa de juros reais – V.: Juros reais
Taxa de matrícula – V.: Universidade pública
Taxa de Melhoramento dos Portos – Base de cálculo diversa do Imposto de Importação, STJ-124
- Não inclusão na base de cálculo do ICM, STJ-80
Taxa de Previdência Social, 140 a 142
- Importação, 132, 133, 134
Taxa de Recuperação Econômica de Minas Gerais, 144
Taxa de Serviço Contra Fogo de Pernambuco, 549
Taxa de Serviço de Iluminação Pública – Impossibilidade de sua cobrança, 670
Taxa Judiciária – Cálculo sem limite – Violação da garantia constitucional de acesso à jurisdição, 667
Taxa Referencial/TR – Indexador para contratos posteriores à Lei 8.177/1991, STJ-295
- V. também: Correção monetária
Telefone celular – Habilitação – ICMS – Não incidência, STJ-350
Telefonia – Causas entre consumidor e concessionária de serviço público – Hipóteses em que a ANATEL não é litisconsorte passiva necessária, assistente, nem opoente – Competência da Justiça Estadual, SV-27
Telefonia fixa – Cobrança de tarifa básica pelo uso dos serviços – Legitimidade, STJ-356

- Discriminação obrigatória de pulsos excedentes e ligações de telefone fixo para celular a partir de 1.1.2006, a pedido do assinante, que responderá pelos custos, STJ-357 **(revogada)**
- V. também: Linha telefônica
Tempestividade – V.: Recurso
Tempo de serviço – Ação declaratória para seu reconhecimento, STJ-242
- Contagem recíproca, 567
- Regido pela Consolidação das Leis do Trabalho – Servidores que passaram para o regime jurídico único – Anuênios e licença-prêmio, 678
Terceiro – V.: Embargos de terceiro, Mandado de segurança – Ato judicial
Terceiro adquirente – Má-fé – v.: Fraude à execução
Terceiro de boa-fé – Contrato de compra e venda de automóvel – Alienação fiduciária não anotada no certificado de registro de veículo – Inoponibilidade, STJ-92
- Contrato de compra e venda de automóvel não transcrito – Inoponibilidade, 489
Terras devolutas – Faixa de fronteira, 477
Terras indígenas – Aldeamentos extintos ocupados em passado remoto – Não incidência dos incisos I e XI do art. 20 da CF, 650
Terras ocupadas por silvícolas, 480
Terreno de marinha – Registro de propriedade particular de imóvel – Não oponibilidade à União, STJ-496
- Transferência do domínio útil – Imposto devido, 326
Testamento – Filho havido fora do casamento, 447
Testemunha – V.: Falso testemunho, Prova testemunhal
Teto de vencimentos – V.: Servidor público – Remuneração
Título de crédito – Aval, 189
- Endosso-mandato – Danos decorrentes de protesto indevido, STJ-476
- Nota promissória vinculada a contrato de abertura de crédito não goza de autonomia em razão de iliquidez do título que o originou, STJ-258
- Vencimento há mais de 30 dias, 190
- Vício formal extrínseco ou intrínseco – Danos decorrentes de protesto indevido – Responsabilidade, STJ-475
- Vinculação a contrato – Avalista devedor solidário, STJ-26
- V. também: Cambial
Título executivo – Contrato de abertura de crédito – Não descaracterização – Irrelevância de estar acompanhado de extrato de conta-corrente, STJ-233
Título extrajudicial – Execução – V.: Embargos à arrematação
- Execução contra a Fazenda Pública – Cabimento, STJ-279
- Execução definitiva, STJ-317
- Instrumento de confissão de dívida, STJ-300
- Multiplicidade – Fundamento de execução, STJ-27
Tóxicos – V.: Entorpecentes
Trabalhador – Indenização, 219
Trabalhador avulso – Portuário – Ação em que se impugna ato do órgão gestor de mão de obra de que remete óbice ao exercício de sua profissão – Competência da Justiça Estadual, STJ-230 **(cancelada)**
Trabalhador rural – Acidente do trabalho, 612, 613
- Contribuição obrigatória sobre a produção rural comercializada – Aposentadoria por tempo de serviço – Recolhimento de contribuições facultativas, STJ-272
Trabalhador substituto – Salário, 204
Trabalho noturno – Remuneração, 313

– Vigia, 402
Transferência de estabelecimento – Empregado estável, 221
Transferência de veículo – V.: Seguro
Transportador – Acidente – Culpa de terceiro, 187
Transporte – Cláusula de não indenizar, 161
Transporte de cortesia – Danos ao transportado – Responsabilidade civil, STJ-145
Transporte ferroviário – Quebra de 1%, 186
Transporte gratuito – V.: Transporte de cortesia
Tribunais do mesmo Estado – Inexistência de conflito de competência, STJ-22
Tribunal de Contas – Equiparação de seus membros aos do Poder Judiciário, 42
– Negativa de registro de contrato, 7
– Revogação ou anulação pelo Executivo de atos por ele aprovados, 6
Tribunal de Contas da União – Apreciação da constitucionalidade de leis e atos do Poder Público, 347
– Mandado de segurança contra ato seu – Competência, 248
– Processo perante ele instaurado – Contraditório e ampla defesa assegurados quando da decisão puder resultar anulação ou revogação de ato administrativo que beneficie o interessado, excetuada a apreciação da legalidade do ato de concessão inicial de aposentadoria, reforma ou pensão, SV-3
Tribunal de Contas Estadual – Composição – Número ímpar – Critério de indicação, 653
Tribunal de Justiça Estadual – Mandado de segurança contra seus atos – Competência, 330
Tribunal Regional do Trabalho – Competência – Mandado de segurança contra ato de seu presidente em execução de sentença trabalhista, 433
– Competência – Recurso contra sentença proferida por órgão de primeiro grau da Justiça Trabalhista, ainda que para declarar-lhe a nulidade em virtude de incompetência, STJ-225
– Competência – V. também: Conflito de competência – Ação trabalhista
– V. também: Conflito de competência
Tribunal Regional Federal – Competência – Conflito de competência verificado na respectiva região entre juiz federal e juiz estadual investido de jurisdição federal, STJ-3
– Competência – Conflito entre Juizado Especial Federal e juízo federal da mesma seção judiciária, STJ-428
– Recurso de decisão de juiz estadual, STJ-55
Tribunal Superior do Trabalho – Agravo – Traslado das razões da revista, 315
– Aplicação do Direito ao caso em julgamento, 457
Tribunal Superior Eleitoral – Questão constitucional vinculada à sua decisão – Julgamento pelo STF – Inexistência de impedimento de ministros do Supremo que ali tenham funcionado no mesmo processo ou no processo originário, 72
Tributo – Apreensão de mercadoria como meio coercitivo de pagamento, 323
– Base de cálculo – Movimento econômico do contribuinte, 90
– Cobrança – Interdição de estabelecimento, 70
– Empréstimo compulsório, 418
– Imunidade de autarquia, 73 a 75
– Instituição ou aumento após aprovação do orçamento mas antes do início do exercício, 66 a 68
– Isenção, 77 a 79, 81
– Isenção – Revogação – Princípio da anualidade, 615
– Matéria de competência estadual – Legitimidade de criação de taxa, 306

ÍNDICE ALFABÉTICO-REMISSIVO 639

– Pretensão de dois Estados de cobrá-lo – Competência para julgamento, 502
– Registro de automóvel, 106
– Restituição, 546
– V. também: Compensação tributária, Crédito tributário, Crime contra a ordem tributária, Débito tributário, Execução fiscal, ICMS, Imposto de Renda, Imposto sobre Operações Financeiras, ISS, Obrigação tributária, Repetição do indébito tributário, Responsabilidade tributária, Taxa
Tributos municipais – Limite imposto pela Constituição Estadual, 69
Turma Recursal – V.: Mandado de segurança
Turnos ininterruptos de revezamento – Intervalos para descanso e alimentação – Jornada de seis horas – Não descaracterização do sistema, 675

União – Ônus impostos aos Estados, 440
União Federal – Intervenção no feito como sucessora da Rede Ferroviária Federal/RFFSA – Deslocamento da competência para a Justiça Federal ainda que a sentença tenha sido proferida por juízo estadual, STJ-365
– V. também: Ação civil pública – Competência, Justiça Federal
Universidade pública – Taxa de matrícula – Cobrança que viola o disposto no art. 206, IV, da CF, SV-12
URP de abril-maio/1988 – Direito, 671
Uso de marca comercial – Prescrição da ação de perdas e danos, STJ-143
– Prescrição da ação para exigir abstenção de seu uso, STJ-142 **(cancelada)**
Uso de passaporte falso – Competência – Processo e julgamento afetos ao juízo federal do lugar onde o delito se consumou, STJ-200
Usucapião – Arguição em defesa, 237
– Bens dominais – Bens públicos, 340
– Citação do confinante certo, 391
– Citação do possuidor, 263
– Direito de uso de linha telefônica – Admissibilidade, STJ-193
– Foro da situação do imóvel, STJ-11

Vaga de garagem – Penhora – Unidade que possui matrícula própria no Registro de Imóveis – Não caracterização como bem de família, STJ-449
Valor Patrimonial da Ação/VPA – V.: Linha telefônica – Contrato de participação financeira para sua aquisição
Valor Residual Garantido/VRG – Cobrança antecipada – Arrendamento mercantil, STJ-293
Vantagem – Servidor público ou empregado – Base de cálculo – V.: Salário--mínimo
– V. também: Servidor público
Vantagens de inatividade – Militar, 441
Veículo – Dano ou furto em estacionamento, STJ-130
– Falta de registro de transferência – Não responsabilidade do antigo proprietário, STJ-132
– Renovação de licença – Exigência de pagamento de multa não notificada, STJ-127
– V. também: Importação, Seguro obrigatório de veículos/DPVAT
Vencimentos – Irredutibilidade – A quem alcança, 27
– Servidor público em disponibilidade, 358
– V. também: Servidor público – Remuneração
Venda a prazo – ICMS – Incidência sobre o valor da operação constante da nota fiscal, STJ-395

DIREITO SUMULAR

Venda de ascendente a descendente – Anulação – Prescrição da ação, 152, 494
Venda de bens salvados de sinistros – V.: ICMS
Vendedor pracista – Repouso semanal remunerado, 201
Vereador – Funcionário público – Licenciamento, 34
Videoteipe – Gravação e distribuição – Não incidência do ICMS, STJ-135
Vigia noturno – Salário-adicional, 402
Violência real – V.: Estupro
Vistoria – Indenização por avaria, 261
– Não interrupção da prescrição, 154
Vitaliciedade – Desdobramento de cátedra, 12
– Extinção de cargo, 11
– V. também: Servidor público vitalício
Vizinhança – V.: Direito de vizinhança

* * *